Martin Weimann

Kollektiver Rechtsschutz

Martin Weimann

Kollektiver Rechtschutz

Ein Memorandum der Praxis

DE GRUYTER

Dr. *Martin Weimann*, Rechtsanwalt, Berlin

ISBN 978-3-11-060761-1
e-ISBN (PDF) 978-3-11-060917-2
e-ISBN (EPUB) 978-3-11-060781-9

Library of Congress Control Number: 2018948105

Bibliografische Information der Deutschen Nationalbibliothek
Die Deutsche Nationalbibliothek verzeichnet diese Publikation in der Deutschen Nationalbibliografie; detaillierte bibliografische Daten sind im Internet über http://dnb.dnb.de abrufbar.

Einbandabbildung: Schöning / ullstein bild
Satz: jürgen ullrich typosatz, Nördlingen
Druck und Bindung: CPI books GmbH, Leck

www.degruyter.com

Inhaltsverzeichnis

https://doi.org/10.1515/9783110609172-202

I. Vorwort

BAV Bundesverband Anleger- und Verbraucherrecht e.V.

Der Bundesverband Anleger- und Verbraucherrecht e.V. (BAV) versteht sich als ein Zusammenschluss von Rechtsanwälten, die überwiegend Interessen von Anlegern bzw. Verbrauchern vertreten.

Der BAV schafft ein Forum für den Erfahrungsaustausch unter Kollegen. Wir kennen die Praxis und erleben immer wieder, wie die regulatorischen Rahmenbedingungen die rechtlichen Möglichkeiten vor Gericht limitieren und damit den Justizgewährleistungsanspruch reduzieren. Daher sammeln wir über den Erfahrungsaustausch hinaus den legislativen Handlungsbedarf und erläutern ihn gegenüber Politik und Gesetzgeber.

Auch wenn Verbraucher, Privatanleger und Investoren die strukturelle Mehrheit bilden, können sie ihre Rechtspositionen in Gesetzgebungsverfahren und dann vor Gericht manchmal nicht durchsetzen. Das liegt häufig auch daran, dass gut strukturierte Partikularinteressen sich mittlerweile einen effektiven Zugriff auf das Gesetzgebungsverfahren verschaffen können. Das Vertrauen weiter Bevölkerungskreise in den Rechtsstaat und die Justiz setzt aber auch voraus, dass es in Schadensfällen auch einen effektiven und bezahlbaren kollektiven Rechtsschutz gibt.

Die Bürger erleben hier oft ein Rechtsschutzdefizit. Bezeichnenderweise gibt es nach den Ereignissen am „Neuen Markt" und den Börsengängen der Deutsche Telekom AG in Deutschland auch vergleichsweise wenige Aktionäre. Sie partizipieren insoweit auch nicht von der Wertschöpfung unserer Volkswirtschaft. Angesichts der Versorgungslücke müsste der Gesetzgeber eigentlich nach Wegen suchen, die erwirtschafteten Vermögen sinnvoll anzulegen. Dazu gehört auch, sie stärker gegen Emittenten und den Kapitalvertrieb zu schützen. Die Verfahren von Haltern und Anlegern nach Dieselgate bieten eine gute Gelegenheit, die rechtlichen Rahmenbedingungen bzw. den Rechtsschutz für Anleger zu verbessern.

Viele berechtigte Ansprüche scheitern in der Praxis bereits daran, dass die Anspruchsinhaber vor Darlegungs- und Beweislasten stehen, denen sie mangels Zugang zu den Tatsachen nicht entsprechen können. Außerdem fehlt – abgesehen vom KapMuG und SpruchG – ein effektiver kollektiver Rechtsschutz. Daher greift der BAV das als erstes Thema auf. Als Praktiker fassen wir in diesem Memorandum den Regelungsbedarf zusammen, der nach unserer Erfahrung in dem nun anstehenden Gesetzgebungsverfahren zum kollektiven Rechtsschutz erörtert werden sollte. Dazu gehören neben der Regelung in der ZPO auch materiell-rechtliche Vorschriften sowie die Möglichkeit, sachgerechten Zugang zu anspruchsbegründenden Tatsachen zu erhalten.

https://doi.org/10.1515/9783110609172-001

Wir laden alle Kollegen dazu ein, Erfahrungen auszutauschen und Regelungsbedarf für Anleger zusammenzutragen. Bitte nehmen Sie mit uns Kontakt auf.

Berlin, Mitte April 2018

BAV Bundesverband Anleger- und Verbraucherrecht e.V.

RA Dr. Reiner Fuellmich, Göttingen, Sprecher
RA Dr. Wolfgang Schirp, Berlin, Sprecher

RA Dietmar Kälberer
RA Dr. Marc Liebscher
RA Mario Poberzin
RAin Antje Radtke-Rieger LL.M. (Wellington)
RAin Dr. Susanne Schmidt-Morsbach
Prof. Dr. Martin Schwab
RA André Tittel
RA Dr. Martin Weimann

Leipziger Platz 9
10117 Berlin

Telefon:	+49 (0)30 – 440 34 136
Telefax:	+49 (0)30 – 440 34 137
E-Mail:	kontakt@bav-recht.info
Internet:	www.bav-recht.info
Twitter:	twitter.com/bav_recht

Hartmut Bäumer

Recht und Justiz verfolgen keinen Selbstzweck. Sie regeln unser Zusammenleben und geben jedem die Gewissheit, sich gegebenenfalls mit gerichtlicher Hilfe wehren zu können. Dieser Gewährleistungsrahmen kollabiert, wenn Lobbyisten die Gesetze schreiben und der Staat nicht mehr für einen fairen und nachhaltigen Interessenausgleich stehen kann. Es ist heute in vielen Fällen eine Fiktion davon auszugehen, dass sich im Zivilprozess zwei gleichstarke Prozessgegner auf Augenhöhe gegenüberstehen, wie dies dem Bürgerlichen Gesetzbuch und der Zivilprozessordnung zugrunde liegt. Der Bankenskandal, Dieselgate und viele andere Massenverfahren gegen Großkonzerne machen deutlich, dass ohne neue prozessuale Mittel wie dem kollektiven Rechtschutz eine annähernde Gleichheit beim Zugang zur Justiz und bei der Rechtsdurchsetzung (Justizgewährleistungsanspruch) nicht mehr gewährleistet ist. Hinzu kommt die Überlastung der Gerichte durch gleich gelagerte Zahlungsklagen, die sich nicht verbinden lassen.

Die Frage nach der Kontrolle von wirtschaftlicher Macht stellt sich so zu allen Zeiten. Dazu schreibt Prof. Dr. Hans-Ulrich Wehler in seinem Standardwerk „Deutsche Gesellschaftsgeschichte“:

> „Die politische Kontrolle ökonomischer und finanzieller Machtballung ist in einer Zeit, in der nationale und internationale Konzentrationsprozesse den Großunternehmen eine beispiellose Ausdehnung verschafft haben, immer dringender geworden. Der Markt genügt hier keineswegs als Regulator. Am Ende des 20. Jahrhunderts ähneln die Großunternehmen den schwer kontrollierbaren Feudalherren des Mittelalters. Wie diese bilden sie ein „imperia in imperio“: Sie vergeben ihre Belohnungen, teilen Strafen aus und folgen privaten Strategien mit gewaltigen gesamtgesellschaftlichen Konsequenzen. Daher kann der Abbau sozialer Ungleichheit und sozialer Privilegien, die auf solche ökonomischen oder auf politische Machtpositionen zurückgeführt werden können, nicht dem „freien Spiel“ der gesellschaftlichen Kräfte überlassen werden. Dieser Sozialdarwinismus begünstigt nur weiterhin die Mächtigen. Sondern hier muss wiederum politische Herrschaft erkämpft und zu steuernden, kontrollierbaren, verändernden Eingriffen bewußt genutzt werden.“[1]

Wie das Bürgertum und die Kaufleute in den Hansestädten gegenüber den Feudalherren müssen wir heute nach Wegen suchen, wie wir unsere rechtlichen und wirtschaftlichen Freiheiten auch gegenüber Oligopolen, Datensammlern und Lobbyisten verteidigen und ausbauen. Dazu gehören nicht nur die Bekämpfung von Korruption im strafrechtlichen Sinne und mehr oder weniger verdecktem Lobbyismus. Die zahlenmäßige Mehrheit, zum Beispiel die Anleger und Kraftfahrzeughalter, muss effektive Rechtsbehelfe erhalten, um sich in einem vertretbaren Risi-

1 *Hans-Ulrich Wehler*, Deutsche Gesellschaftsgeschichte Band I – Studienausgabe 2008, Seite 18.

ko- und Kostenrahmen gegenüber Betrug und Übervorteilung durch wirtschaftlich Mächtige wehren zu können.

Die Bundesrepublik Deutschland kann es sich auch als Volkswirtschaft nicht leisten, wenn Unternehmen wie die Deutsche Bank AG und die Volkswagen AG ihre Kräfte in einer kostenintensiven Aufarbeitung von Skandalen binden müssen und gleichzeitig geprellte Verbraucher und Anleger individuell machtlos diesen Großkonzernen gegenüber stehen. Ein „Exportweltmeister" braucht eine Bank, die seine Interessen in der Welt vertritt und innovative Unternehmen, die sich einen Vorsprung durch Technik und nicht durch Tricksereien verschaffen. Es überrascht nicht, wenn große Wirtschaftsunternehmen in einem kürzlich vom Institut für Demoskopie in Allensbach erhobenen Vertrauensindex 2017 auf der letzten Stufe landen[2]. Vergleichbar sind die Ergebnisse einer Erhebung von Transparency International zum Vertrauen der Bevölkerung in politische, soziale und wirtschaftliche Institutionen[3]. Auch hier schneidet die „Wirtschaft" signifikant schlecht ab.

Angesichts der sich abzeichnenden Versorgungslücke und Eigenkapitalstruktur der großen Unternehmen benötigen wir auch einen effektiven Rechtsschutz für Anleger. Dazu gehört auch ein Unternehmensstrafrecht. In der Volkswirtschaft eines Exportweltmeisters muss für die Reinvestition von erwirtschaftetem Einkommen und Vermögen ein deutlich besserer Rechtsrahmen geschaffen werden. Schließlich weisen andere vergleichbare Volkswirtschaften eine ganz andere Aktionärsquote auf. Es überrascht daher nicht, dass viele DAX-Unternehmen heute ganz nennenswerte Beteiligungen von Ausländern haben.

Das Primat des Rechts darf nicht Kostenüberlegungen geopfert werden. Eine kostengünstige Rechtspflege durch Bürger im Rahmen eines effektiven kollektiven Rechtsschutzes wirkt auch präventiv. Deshalb spricht sich auch Transparency International Deutschland für die Einführung eines kollektiven Rechtsschutzes im deutschen Zivilprozess aus. Ansätze kollektiven Rechtsschutzes gibt es bereits im Umwelt- und im Aktienrecht. Diese müssen ausgebaut und über Verbände hinaus geöffnet werden. Auch heute gilt, was schon Rudolf von Ihering einmal gesagt hat: "*Das Privatrecht wird durch die Berechtigten verwirklicht*"[4]. Wie die Telekom-Fälle zeigen, funktioniert der kollektive Rechtsschutz aber nur bei gleichzeitiger Justizentlastung. „Placebo-Verfahren" bzw. „gefühlte Rechtsbehelfe" sind nicht dazu

---

2 Roland Rechtsreport 2018, Zusammenfassung Seite 8, Einzelergebnisse ab Seite 11.

3 Siehe zum Beispiel https://www.transparency.de/aktuelles/detail/article/umfrage-waehlerinnen-und-waehler-wollen-unternehmensstrafrecht-und-transparenten-lobbyismus/.

4 *Ihering*, Der Kampf ums Recht, 1872. Zum hundertsten Todestag des Autors herausgegeben von Felix Ermacora, 1992, S. 35 – zitiert nach BT Drucks 18/13426 S. 14.

geeignet, das Vertrauen weiter Bevölkerungskreise in die Funktionsfähigkeit des Rechtsstaates zu stärken.

Hartmut Bäumer

Rechtsanwalt
Stellvertretender Vorsitzender von Transparency International Deutschland e.V.

Initiative Minderheitsaktionäre e.V. (IM)

Die Aktie als Anlageform ist in Deutschland weiterhin nicht sehr populär. Nur etwa 7 Prozent der Deutschen besitzt Aktien. Der Gesetzgeber hat seit Jahren versprochen, diesen Umstand zu verbessern, denn die Experten sind sich darüber einig, dass Aktien langfristig die besten Renditen bringen und als Element der Altersvorsorge unabdingbar sind. Trotzdem ist wenig geschehen, um Aktiensparen attraktiver zu machen. Im Gegenteil, über viele Jahre hinweg hat man die Rechte der Minderheitsaktionäre zugunsten der Mehrheitseigner abgebaut und es dem Management erleichtert, kleinere Anleger aus den Unternehmen heraus zu drängen. Dazu kommt, dass Informationspflichten oft vernachlässigt werden und dieses Wissensgefälle Anleger schädigt, weil sie am Markt nicht zeitnah handeln können.

Wer sich wehren will, hat kaum rechtliche Möglichkeiten. Das liegt vor allem daran, dass im Aktien- und Kapitalmarktrecht kein überzeugender Rechtsschutz besteht. Es fehlt vor allem an einer umfassenden kapitalmarktrechtlichen Haftung für Informationen. Während die Haftung für fehlerhafte Ad-hoc-Mitteilungen praktikabler werden muss, gibt es noch keine Schadensersatzpflicht für Regelinformationen. Nach wie vor fehlt die Bereitschaft, nach dem Debakel am neuen Markt die richtigen Konsequenzen zu ziehen. Effektiver Rechtsschutz und die im Aktienrecht eigentlich möglichen umfassenden Teilhabemöglichkeiten könnten eine Vertrauens- und Handlungsgrundlage schaffen. Die „EU-Richtlinie über Märkte für Finanzinstrumente" – auch „Markets in Financial Instruments Directive" oder MiFID II – hat die Sache eher komplizierter und für Anleger nicht einfacher gemacht.

Zudem fehlt ein funktionierender kollektiver Rechtsschutz. Die Verfahren nach dem Kapitalanleger-Musterverfahrensgesetz (KapMuG) sind nicht geeignet, als Sammelklage für geschädigte Aktionäre zügig zu Schadensersatz zu führen, siehe Telekom-Fälle. Hier stellt sich die Frage, wie sich die in den USA gemachten Erfahrungen sinnvoll auswerten und nutzen lassen. Schließlich haben sich Unternehmen wie die Deutsche Telekom AG[5] und die Volkswagen AG[6] in den USA anders verhalten. Während sie in den USA die verursachten Schäden noch in der ersten Instanz vergleichsweise ausgeglichen haben, stehen Anleger und Kunden in Deutschland vor jahrzehntelangen gerichtlichen Auseinandersetzungen. Die seit 2001 unerledigten 17.000 Einzelklagen zum dritten Börsengang zeigen[7], dass es ohne eine spürbare Justizentlastung keine Einzelfallgerechtigkeit geben kann. Die Musterfeststellungsklage

---

5 Case summary Stanford Law School http://securities.stanford.edu/filings-case.html?id=101658.

6 *Rechtslage in Deutschland und den USA – Abgas-Skandal: VW hat sich verraten, und kaum einer hat's gemerkt* auf Focus Online am 7.6.2017: https://www.focus.de/auto/experten/rogert/rechtslage-in-deutschland-und-den-usa-abgas-skandal-vw-hat-sich-verraten-und-kaum-einer-hats-gemerkt_id_7221725.html.

7 https://de.wikipedia.org/wiki/T-Aktie.

für Verbraucher geht in die gleiche Richtung und bringt dem Einzelnen keinen Ersatz seines Schadens. Die vorliegende Schrift „Kollektiver Rechtsschutz" versucht den Diskussionsbedarf zu umschreiben und Lösungsmöglichkeiten aufzuzeigen, die auch Anlegern in Deutschland zu ihrem Recht verhelfen. Langfristig kann das für eine Verbesserung der Aktienkultur nur von Vorteil sein.

Initiative Minderheitsaktionäre e.V.
Robert Peres (Vorsitzender)
Fasanenstrasse 29
10719 Berlin

Telefon:	+49 (0)30 – 33 00 226 655
Telefax:	+49 (0)30 – 33 00 226 699
E-Mail:	info@initiative-minderheitsaktionaere.org
Internet:	www.initiative-minderheitsaktionaere.org
Twitter:	twitter.com/Initiative_MA

SdK Schutzgemeinschaft der Kapitalanleger e.V.

Diese Publikation erscheint vor dem Hintergrund der Einführung der Musterfeststellungsklage in die deutsche Zivilprozessordnung. Diese Klageart ist ein erster Schritt, eine klaffende Lücke im System des kollektiven Rechtsschutzes in Deutschland zu schließen. Allerdings ist die Musterfeststellungsklage geprägt durch schmerzhafte Kompromisse, und nicht ausreichend, um kollektiven Rechtsschutz effektiv zu gewähren. Daher ist die vorliegende Publikation unbedingt und gerade jetzt notwendig. Denn den deutschen Verbraucherinnen und Verbrauchern und der deutschen Rechtspolitik muss angesichts der zahlreichen Defizite der Musterfeststellungsklage bewusst werden, dass deren Einführung keineswegs die Beseitigung des „rationalen Desinteresses" der Verbraucher und eine effektive Klagemöglichkeit zur Durchsetzung von Verbraucherinteressen bedeutet. Dieses Bewusstsein verlangt von Verbrauchern und Rechtspolitik die Kenntnis von Ausgangspunkt, Systematik und Regelungszielen von Systemen des kollektiven Rechtsschutzes. Dies Kenntnis vermittelt diese Publikation und sie ist damit ein wichtiger Beitrag zur Modernisierung des deutschen Zivilprozessrechts.

Die 1959 gegründete SdK ist mit aktuell ca. 5.000 Mitgliedern eine der führenden deutschen Anlegervereinigungen. Der Schwerpunkt der Arbeit der SdK ist die Interessenvertretung ihrer Mitglieder. Hierzu zählen vor allem der Schutz von Minderheitsaktionären und die Interessensvertretung von Gläubigern in Sondersituationen (Sanierungen, Insolvenzverfahren). Als begeisterte Kapitalmarktteilnehmer erbringen die drei Vorstände und 60 Sprecherinnen und Sprecher der SdK viel ehrenamtliches Engagement vor allem zu Gunsten einer Verbesserung der Investitionsbedingungen und der Fortentwicklung der Investitions- und Aktienkultur. Jährlich besuchen Vertreter der SdK rund 500 Hauptversammlungen deutscher börsennotierter Aktiengesellschaften und zahlreiche Gläubigerversammlungen. Um die Interessen Ihrer Mitglieder zu schützen, führt die SdK auch zahlreiche Gerichtsverfahren und Spruchverfahren. Durch letztere konnten alleine in den zurückliegenden Jahren mehrere Mrd. Euro an Nachbesserungen für die Minderheitsaktionäre erstritten werden. Die SdK weiß also um die Notwendigkeit und Defizite des kollektiven Rechtsschutzes in Deutschland.

Daher hat sich die SdK an den Gesetzgebungsarbeiten zur Musterfeststellungsklage intensiv beteiligt. Die SdK entsandte den Unterzeichner als Experten in die Netzwerkgruppe des Verbraucherzentrale Bundesverband e.V. (VZBV) zur verbandsmäßigen Begleitung Gesetzesvorhabens. Im Gesetzgebungsverfahren wurde der Unterzeichner namens der SdK als Sachverständiger zur Anhörung in den Rechtsausschuss des Deutschen Bundestages geladen. Die SdK konnte im Deutschen Bundestag deutlich machen, dass insbesondere die Zweistufigkeit der Musterfeststellungsklage, die hohen Anforderungen an eine Anmeldung (an welche letztlich die Verjährungshemmung geknüpft ist), die viel zu eng gefasste Klagebefugnis, die Beschränkung auf Verbraucher und die ungenügenden Regelungen zu haftungs- und versicherungsrechtlichen Fragen einem Erfolg dieser Klageart in der Praxis entgegenstehen. Die Kritik der SdK wurde im Gesetzgebungsverfahren aufgenommen, aber, so wie die Kritik vieler Verbraucherverbände, aufgrund politischer Zwänge nicht voll berücksichtigt.

Daher wird die SdK sich weiter engagieren, um eine moderne Ausgestaltung des kollektiven Rechtsschutzes im deutschen Zivilprozessrecht Wirklichkeit werden zu lassen.

SdK Schutzgemeinschaft der Kapitalanleger e.V.

Rechtsanwalt Dr. Marc Liebscher, LL.M. (Washington, D.C.), Sprecher
Hackenstr. 7b
80331 München

Telefon: +49 (0)89 – 20 20 846 0
Telefax: +49 (0)89 – 20 20 846 10
E-Mail: info@sdk.org
Internet: www.sdk.org

Verbraucherzentrale für Kapitalanleger e.V. (VzfK)

Die Zivilrechtsordnung geht vom klassischen **Zwei-Parteien-Rechtsstreit** aus, in dem beide Parteien auf gleicher Augenhöhe stehen und zum Beispiel gleichermaßen Zugang zu allen relevanten Tatsachen haben. Viele Prozesslagen – vor allem im Recht der Kapitalanlage – kennzeichnet aber ein **strukturelles Ungleichgewicht**, das die Zivilprozessordnung nicht ausgleicht. Für diese **asymmetrischen Prozesslagen** gewährleistet das Zivilprozessrecht nicht die Durchsetzbarkeit der materiellrechtlichen Rechtsordnung. Das begrenzt nicht nur das Primat des Rechts, sondern verletzt auch die Justizgrundrechte wie vor allem den **Justizgewährleistungsanspruch** und das **Rechtsstaatsprinzip**.

Der Abbau dieses Rechtsschutzdefizits muss bereits im materiellen Recht beginnen, zum Beispiel bei der Verteilung der Darlegungs- und Beweislasten. Es fehlt aber auch ein effektiver **kollektiver Rechtsschutz**, in dem eine unbestimmte Anzahl von Klägern aufgrund eines einheitlichen Lebenssachverhalts durch einen oder mehrere Verursacher Ansprüche auf Unterlassung oder Schadensersatz durchsetzen können. Hier gibt es aber noch einen zweiten wesentlichen Gesichtspunkt: Verfahren wie die „Telekom-Klagen“, Dieselgate und die Kartellklagen überfordern die Justiz. Daher geht es hier auch um **Justizentlastung**.

Der Handlungsbedarf ist auch in den Umfragen angekommen, was die im 19. Bundestag vertretenen Parteien erkannt haben. Nach den diversen Bankskandalen, Immobilienpleiten, Dieselgate und den vielen vom Bundeskartellamt festgestellten Kartellen akzeptieren die Wähler nicht mehr ohne weiteres, dass eine **umfassende rechtliche Aufarbeitung** unterbleibt und Schadensersatz nicht durchgesetzt werden kann[8]. Das gilt zunehmend auch für **Investoren**, die sich Gedanken über die regulatorische Absicherung ihrer Investments machen. Auch **Aktienfonds** können im Interesse ihrer Anleger im Schadensfall nicht länger untätig bleiben. Bezeichnenderweise ist die Aktionärsquote in Deutschland deutlich geringer als in anderen vergleichbaren Volkswirtschaften, in denen es vor allem wie in den USA einen funktionierenden kollektiven Rechtsschutz gibt. Das mag auch daran liegen, dass große Wirtschaftsunternehmen in einem aktuellen Vertrauensindex zusammen mit den Kirchen und der Bundesregierung mit 34 % das Schlusslicht bilden[9].

---

8 In einer Umfrage von Transparency International Deutschland unterstützen sogar 82 Prozent der Befragten die Einführung eines Unternehmensstrafrechts. *Umfrage zur Bundestagswahl* https://www.transparency.de/aktuelles/detail/article/umfrage-waehlerinnen-und-waehler-wollen-unternehmensstrafrecht-und-transparenten-lobbyismus/ und *Transparency-Umfrage: Bundesbürger fordern Strafrecht für Unternehmen*, Spiegel Online am 14.9.2017 http://www.spiegel.de/wirtschaft/soziales/umfrage-bundesbuerger-fordern-strafrecht-fuer-unternehmen-a-1167581.html.

9 Roland Rechtsreport 2018, Seiten 8 und 11 ff., bezogen über https://www.roland-rechtsschutz.de/media/rechtsschutz/pdf/unternehmen_1/ROLAND_Rechtsreport_2018.pdf.

Dieser Beitrag erhebt nicht den Anspruch, alle Sach- und Rechtsfragen abschließend zu erörtern und den gegenwärtigen fachlichen Diskussionsstand aufzuzeigen. Dieser Beitrag beansprucht auch nicht das letzte Wort, weshalb er keinen Vorschlag für eine gesetzliche Regelung vorlegt. Vielmehr fasst er die Sach- und Rechtsfragen aus der Praxis zusammen, über die man sich in anstehenden Gesetzgebungsverfahren Gedanken machen könnte.

Berlin, März 2018

Verbraucherzentrale für Kapitalanleger e.V. (VzfK e.V.)
RA Dr. Martin Weimann

Verbraucherzentrale für Kapitalanleger e.V. (VzfK e.V.)
Hiddenseer Straße 9
10437 Berlin
Telefon: +49 (0)30 – 395 09 428
Telefax: +49 (0)30 – 395 09 429
E-Mail: info@vzfk.de
Internet: www.vzfk.de
www.spruchverfahren.info
Twitter: twitter.com/VzfKinfo

Rechtsanwalt Dr. Martin Weimann
Prenzlauer Allee 8
10405 Berlin
Telefon: +49 (0)30 – 864 22 011
Telefax: +49 (0)30 – 864 22 012
E-Mail: office@weimann.de
Internet: www.weimann.de
www.kollektivverrechtsschutz.de

Redaktionsschluss war Mitte April 2018. Die weitere Entwicklung wie zum Beispiel in den laufenden Gesetzgebungsverfahren in Deutschland, Österreich und der Schweiz sowie in den EU-Empfehlungen begleiten wir auf www.kollektiverrechtsschutz.de.

II. Vorschlag – Zusammenfassung

Die wesentlichen Anforderungen und großen Linien für einen effektiven kollektiven Rechtsschutz lassen sich wie folgt stichwortartig zusammenfassen. Wenn der Gesetzgeber die **Prozesstrennung** in § 145 ZPO anders ausgestalten würde[10], ließen sich die Einzelklagen schon jetzt typisierend zusammenfassen und einheitlich entscheiden. Trotzdem spricht manches dafür, den kollektiven Rechtsschutz umfassend in der ZPO zu kodifizieren. Dabei geht dieser Vorschlag grundsätzlich von einem **Opt-in-Modell** aus:

1. Anforderungen

An einen effektiven kollektiven Rechtsschutz bestehen die folgenden Anforderungen:
- Rechtsschutz für Anspruchsinhaber;
- Entlastung der Justiz;
- Rechtssicherer Abschluss für Verursacher;
- Spezial- und Generalprävention;
- Effektive Rechtspflege durch Private mit hinreichend qualifizierten Rechtsanwälten auf eigenes Kostenrisiko bzw. mit Prozessfinanzierern statt durch Behörden oder halbstaatliche Stellen;
- Primat des Rechts durchsetzen – rechtmäßiges Verhalten darf weder eine Kostenfrage, noch abhängig vom prozessualen Tatsachenzugang sein.

Die Legitimität und Glaubwürdigkeit eines Wirtschaftsstandorts hängt auch davon ab, ob es effektiven Rechtsschutz für Kunden und Anleger gibt:
- Ein Schutz vor Rechtsverfolgung darf kein Standortkriterium darstellen bzw. werden.
- Außerdem kann es keine Volkswirtschaft hinnehmen, wenn so wesentliche Unternehmen wie die Deutsche Bank AG oder Volkswagen AG in Skandalen versinken bzw. mit ihren Erträgen Schadensersatz und Strafen zahlen müssen statt sie in neue Produkte zu investieren.
- Viele Investoren machen ihre Anlageentscheidung auch von der Qualität des lokalen Rechtsschutzes abhängig.

10 Zwischen dem 1.11.2012 und dem 31.12.2012 lautete Abs. 1 Satz 2: „*Eine Prozesstrennung ist nur zulässig, wenn eine gemeinsame Verhandlung und Entscheidung der erhobenen Ansprüche zu einer verzögerten Erledigung eines wesentlichen Teils des Rechtsstreits führen würde.*“

https://doi.org/10.1515/9783110609172-002

2. Musterfeststellungsklage

Bei den Telekom-Fällen hat sich gezeigt, dass die Musterfeststellungsklage – kurz auch Musterklage genannt – zumindest auf der Zeitschiene und in der gerichtstechnischen Handhabung nicht funktioniert:

- Die Telekom-Klagen begannen im Jahr 2000 und ein Ende zeichnet sich für die etwa 17.000 Klagen auch jetzt noch nicht ab. Unterstellt man eine Arbeitsleistung von 100 Urteilen pro Richter und Jahr, stehen noch 170 Mann-Jahre Arbeit alleine für das Landgericht an.
- Soweit die Telekom dann verliert bzw. die Kläger Berufung einlegen, wiederholt sich das beim Oberlandesgericht. Das bedeutet alleine schon auf der Zeitschiene für die Kläger eine **Justizverweigerung**. Die Justiz muss Kapazitäten nur für diese Verfahrensart aufbauen. Falls die Deutsche Telekom AG verurteilt werden sollte, kommen auf sie erhebliche Zinszahlungen und Verfahrenskosten zu.
- Auch in anderen Verfahren zeigt sich immer wieder eine deutlich zu lange **Verfahrensdauer**. Häufig beansprucht bereits das Landgericht meist mehr als ein Jahr bis es eine Verweisung an das Oberlandesgericht beschließt. Dort vergehen unter Umständen weitere Jahre bis zu einer ersten mündlichen Verhandlung. Es wäre wesentlich schneller, wenn bereits das Landgericht in einer typisierenden Betrachtung die Fälle zusammenfasst und gegebenenfalls über Grund und Höhe des Ersatzanspruchs in zwei Urteilen (Grundurteil und Endurteil) entscheidet.

Ein effektiver kollektiver Rechtsschutz darf nicht wesentlich länger dauern als ein normales streitiges Verfahren. Er muss auch für die Justizverwaltung praktisch handhabbar sein. Ohne eine deutliche Justizentlastung gibt es keine Verbesserung der Rechtsstellung für Anspruchsinhaber.

3. Typisierung/Grund- und Endurteil

Eine Musterfeststellungsklage kostet viel Zeit und Aufwand. Erst wenn die Musterfeststellungsklagen vom Bundesgerichtshof bzw. nach Rückverweisung vom Oberlandesgericht rechtskräftig entschieden sind, werden die Einzelklagen fortgeführt. Das führt zu der Frage, ob der **Einzelfallgerechtigkeit** bei gleichgerichteten Anspruchslagen auch mit sachgerechten **Typisierungen** entsprochen werden kann. Es widerspricht jedenfalls den Justizgrundrechten, wenn in Klageverfahren nach dem dritten Börsengang der Deutsche Telekom AG voraussichtlich mehr als zwanzig Jahre bis zu einem rechtskräftigen Abschluss vergehen.

Eine hohe Anzahl von Klagen ließe sich auch schon im geltenden Recht bewältigen, wenn die **Prozesstrennung** nach § 145 ZPO wieder an überprüfbare sachliche Voraussetzungen gebunden würde[11]:

- Die Gerichte bilden auf der Grundlage der **§§ 286, 287 ZPO** typisierende Fallgruppen.
- Dabei bietet es sich an, zunächst in einem **Zwischenurteil** nach **§ 304 ZPO** über den Grund
- und dann im **Endurteil** über die Schadenshöhe zu entscheiden, wenn das Zwischenurteil rechtskräftig geworden ist.

Die Suche nach Einzelgerechtigkeit darf – wie in den Telekom-Fällen – im Ergebnis nicht zu einer Justizverweigerung führen. Dennoch spricht alles dafür, alleine schon aus Praktikabilitätsgründen den kollektiven Rechtsschutz mit seinen weiteren Besonderheiten an einer Stelle in der ZPO umfassend zu regeln.

4. Schadensersatz/Gruppenzahlungsklage

Bei Klagen wegen Schadensersatz bietet sich zunächst eine Gruppenzahlungsklage[12] bis zu einem **Zwischenurteil** nach § 304 ZPO über den Haftungsgrund an. Nach dessen rechtskräftigem Abschluss entscheidet im anschließenden Betragsverfahren das **Endurteil** über individuelle Schadensvoraussetzungen sowie die Schadenshöhe. Für beide Verfahrensteile bietet sich eine typisierende Zusammenfassung der Kläger an. Falls im Hinblick auf die Schadenshöhe keine Typisierungen möglich sind, können insoweit auch Einzelurteile gefällt werden.

Mögliche Ansätze für Typisierungen:

- Bei Dieselgate ließen sich die Klagen zum Beispiel nach den verwendeten Motoren bzw. Zeitpunkt des Kaufs/Baujahr typisieren.
- Klagen von Anlegern, z.B. wegen Ad-hoc-Pflicht-Verletzungen, lassen sich nach dem Kaufzeitpunkt typisieren.
- Ähnliches gilt auch für Schadensersatzklagen wegen Kartellen, die das Bundeskartellamt festgestellt hat.

---

11 Zwischen dem 1.11.2012 und dem 31.12.2012 lautete Abs. 1 Satz 2: „*Eine Prozesstrennung ist nur zulässig, wenn eine gemeinsame Verhandlung und Entscheidung der erhobenen Ansprüche zu einer verzögerten Erledigung eines wesentlichen Teils des Rechtsstreits führen würde.*“

12 Der Begriff Gruppenzahlungsklage wird in diesem Beitrag als Synonym für Sammelklage und Massenklage verwendet, wenn es um Zahlungsklagen geht.

5. Unterlassung/Schadensersatz

Bei Ansprüchen auf ein Unterlassen fehlt für viele Kläger das rationale Interesse an einer Klageerhebung. Auf der Grundlage des UKlaG können zugelassene Vereine einen Anspruch auf Unterlassung durchsetzen. Angesichts der geringen Streitwerte stellt sich allerdings die Frage, warum hier eine systemfremde **Beschränkung der Klagebefugnis** für „qualifizierte Einrichtungen" eines Fahrzeughalters auf den Unterlassungsanspruch bestehen muss.

In jedem Fall fehlen aber Regelungen, wie auf der Grundlage so erzielter rechtskräftiger Entscheidungen in einem vereinfachten Verfahren individuelle Ansprüche in **Leistungsklagen** geltend gemacht werden können. Außerdem bieten sich hier **Gewinnabschöpfungen** zur Spezialprävention und Generalprävention an.

6. Zugang zum Recht/Kosten

Die Kostenregelungen müssen für Verfahren im kollektiven Rechtsschutz an mehreren Stellen neu justiert werden.

- Die wirtschaftlichen Risiken eines Rechtsstreits stellen immer eine Zugangshürde dar und begründen damit ein **rationales Desinteresse.** Wie weiter unten vorgerechnet, führt zum Beispiel ein typisches „Dieselgate" – Verfahren eines Fahrzeughalters mit einem Streitwert in der Höhe von 10.000 Euro zu einem wirtschaftlichen Risiko in der Höhe von 15.119,98 Euro bei drei Instanzen bzw. 11.029,28 Euro bei zwei Instanzen zuzüglich möglicher Kosten für Beweisverfahren. Dabei lassen sich komplexe Streitgegenstände bei diesen Streitwerten durch Klägeranwälte nicht immer abschließend aufarbeiten.
- Zudem kommt auf den **Gruppenzahlungskläger**[13] ein erheblicher zusätzlicher Arbeitsaufwand zu, der abgerechnet werden muss. Er könnte wie ein gemeinsamer Vertreter im gesellschaftsrechtlichen Spruchverfahren nach § 6 SpruchG zunächst über die Staatskasse abgerechnet werden.
- Entsprechendes gilt für technische bzw. fachliche **Sachverständigengutachten.** Sie werden auch dadurch erschwert, dass die Kläger angesichts des hier bestehenden strukturellen Informationsgefälles oft keinen Zugang zu allen Tatsachen haben.
- Auf der anderen Seite privilegiert das Kostenrecht die **Beklagten.** Ihre Verfahrensbevollmächtigten bearbeiten in gleichgelagerten Fällen immer wieder die gleichen Sach- und Rechtsfragen, was den Arbeitsaufwand reduziert. Dennoch können sie hier voll abrechnen.

13 Dieser Begriff wird hier als Synonym für Sammelkläger und Massenkläger benutzt.

7. Klageberechtigung/Verbindungsbeschluss

Um eine „**Klageindustrie**" zu vermeiden, soll die Klageberechtigung auf „qualifizierte Einrichtungen" begrenzt werden. Das ist jedoch nur ein Scheinargument.

- Eine solche Regelung ist **systemfremd** – sieht man mal vom Verfahrensbeistand nach §§ 158, 167, 174 191 FamFG ab. Es gibt keinen sachlichen Grund für diese Art der faktischen Bevormundung.
- Rechtssuchende Anspruchsinhaber suchen nach **Spezialisten**, einem hinreichend spezialisierten Rechtsanwalt, der im Idealfall auch eine Prozessfinanzierung vermitteln kann. Bieten die „qualifizierten Einrichtungen" das nicht, entfalten sie auch keine Filterfunktion. Damit geht ein darauf ausgerichteter kollektiver Rechtsschutz ins Leere. Keine der bisher zugelassen „qualifizierten Einrichtungen" verfügt über den erforderlichen Spezialisierungsgrad in allen Rechtsgebieten bzw. Verfahrensarten.
- Die dringend gebotene Justizentlastung tritt nur dann ein, wenn das Gericht möglichst früh viele gleichgerichtete Verfahren miteinander verbinden kann. Der Gewährleistungsrahmen des Grundgesetzes zu den Justizgrundrechten wird durch die **Filterfunktion** von wie auch immer gearteten „qualifizierte Einrichtungen" nicht erweitert.

Die Beschränkung der Klagebefugnis stärkt nicht den Anspruchsinhaber, sondern macht den kollektiven Rechtsschutz zu einem „gefühlten Rechtsbehelf". Wenn der Gesetzgeber den hier bestehenden Handlungsbedarf nicht erkennt, werden weiterhin Einzelklagen die Justiz beanspruchen. Der Bedarf nach einem effektiven kollektiven Rechtsschutz bleibt dann auf der Agenda.

8. Rechtmäßiges Handeln als Kostenfaktor/ früher Vergleichsschluss

Zwar werden Compliance-Fragen immer wichtiger. Dennoch führt zunächst einmal der **Kosten- und Ertragsdruck** dazu, dass rechtmäßige Verhaltensweisen nicht immer die erste Handlungsoption sind. Daher ist der kollektive Rechtsschutz im materiellen Recht und im Prozessrecht so auszugestalten, dass sich rechtswidrige Geschäftspraktiken „nicht rechnen" können und sich die Parteien möglichst früh vergleichen.

Das erfordert Änderungen im materiellen Recht und im Prozessrecht, wie zum Beispiel

- **Nivellierung** des strukturellen Informationsgefälles durch
  - Zugriff auf Tatsachen in der Sphäre der Beklagten durch die Kläger und
  - Modifizierung der Darlegungs- und Beweislasten,
- **Verjährungseintritt** erst sechs Monate nach Ablauf der Verfahren im kollektiven Rechtsschutz,

- Verdoppelung der **Prozesszinsen,**
- Reduzierung des **Gebührenanspruchs** der Verfahrensbevollmächtigten auf der Beklagtenseite und
- **Gewinnabschöpfung** bei Streuschäden.

Das hier vorgeschlagene auf Schadensersatz gerichtete Klageverfahren hat als Verfahren im kollektiven Rechtsschutz die folgenden Abschnitte:
- Das Gericht entscheidet – auch auf Antrag der Parteien – über eine **Klageverbindung.**
- Bei einer **überschaubaren Anzahl** von Klägern bietet sich zur Justizentlastung eine typisierende Entscheidung zu Grund und Höhe des Anspruchs an.
- Bei einer **größeren Anzahl von Klägern** mag es sinnvoll sein, das Verfahren zwischen dem Anspruchsgrund und der Anspruchshöhe zu trennen.
  - Zunächst soll eine Klärung zum **Anspruchsgrund erfolgen.** Das erfolgt gegenwärtig mit dem Musterbescheid nach § 16 KapMuG. Weil hier aber im Normalfall der Anspruch nach Grund und Höhe streitig ist, bietet sich – wie in anderen schadensrechtlichen Verfahren – ein Grundurteil nach § 304 ZPO zur Entscheidung über den Anspruchsgrund an. Alternativ kommt auch ein **Teilurteil** nach § 301 ZPO oder ein **Zwischenurteil** nach § 303 ZPO in Betracht.
  - Die Entscheidung über den individuellen Schaden erfolgt im **Endurteil,** § 300 ZPO.
  - Zur Entlastung der Justiz und zur Beschleunigung der Verfahren führen diese Urteile zu **typisierbaren Rechtsfolgen.**

9. Ablauf des Verfahrens – Überblick

Das hier vorgeschlagene, nachfolgend unter VI.7.a. in Grundzügen dargestellte, auf Zahlung von Schadensersatz gerichtete Gruppenverfahren lässt sich wie folgt zusammenfassen:

Phase 1: Einreichung der Klagen bei Gericht
Phase 2: Typisierende Zusammenfassung durch das Gericht
Phase 3: Bildung der Gruppen
Phase 4: Einarbeitung des Gruppenzahlungsklägers
Phase 5: Vorbereitung der mündlichen Verhandlung
Phase 6: Entscheidung über die Verfahrensführung
Phase 7: Durchführung des Rechtsstreits
Phase 8: Eintritt der Verjährung

III. Begriffe

Diesem Beitrag liegen die folgenden Begriffe zugrunde:

1. Kollektiver Rechtsschutz

Die wissenschaftlichen Dienste des Deutschen Bundestages definieren unter Verweis auf die Empfehlungen der EU-Kommission kollektiven Rechtsschutz bzw. kollektive Rechtsdurchsetzung in einer Stellungnahme vom 7. Oktober 2016 wie folgt[14]:

> *„Die in der erwähnten Presseveröffentlichung gewählte Formulierung „europaweite Schadensersatzregeln" fußt auf dem langjährigen Bestreben der Kommission, den kollektiven Rechtsschutz sowie die kollektive Rechtsdurchsetzung innerhalb der europäischen Union weiter voran zu treiben. Der allgemeine Begriff des kollektiven Rechtsschutzes schließt dabei sämtliche Verfahren ein, mit denen die Unterlassung oder Verhütung unerlaubter Geschäftspraktiken mit nachteiligen Folgen für eine Vielzahl von Klägern oder der Ersatz des durch derartige Praktiken entstandenen Schadens erwirkt werden kann. Die beiden wichtigsten kollektiven Rechtsschutzverfahren stellen somit die Unterlassungsklage und die Schadensersatzklage dar. Ziel dieser kollektiven Verfahren ist die Förderung der Durchsetzung von EU-Recht. Bürger und Unternehmen sollen grundsätzlich die Möglichkeit haben, ein individuelles Verfahren anzustrengen, wenn sie durch die Verletzung geltenden EU-Rechts, das ihnen subjektive Rechte verleiht, geschädigt werden. Diese Verfahren könnten, aus Sicht der Kommission, vereinfacht und die Verfahrenskosten gesenkt werden, wenn Bürger und Unternehmen, die durch eine Rechtsverletzung ein und desselben Unternehmens geschädigt werden, ihre Ansprüche in einem einzigen kollektiven Verfahren bündeln könnten oder wenn eine ihre Interessen vertretene Einrichtung oder eine im öffentlichen Interesse handelnde Stelle klageberechtigt wären. In Bezug auf Schadensersatzklagen werden kollektive Verfahren vorrangig für zwei Schadensarten diskutiert: Massenschäden und Streuschäden."*
> *[Unterstreichung nur für diesen Beitrag]*

Dieser Beitrag unterbreitet anhand einiger aktueller Beispiele Vorschläge, wie in asymmetrischen Prozesslagen die Anspruchsinhaber ihre materiell-rechtlichen Rechtspositionen im kollektiven Rechtsschutz durchsetzen können.

---

14 *Sachstand – Zur Einführung europaweiter Schadensersatzregeln*, Az. WD 7 – 3000 – 149/16 vom 7.10.2016, bezogen über https://www.bundestag.de/blob/483612/57cdec1064b51427b2ee86d34242bfb3/wd-7-149-16-pdf-data.pdf.

https://doi.org/10.1515/9783110609172-003

2. Klagearten

Für einen kollektiven Rechtsschutz gibt es grundsätzlich drei Ansätze:

- Die Einzelklagen werden ausgesetzt bis das Oberlandesgericht einzelne Rechtsfragen – wie beim KapMuG –in einer **Musterfeststellungsklage,** auch **Musterklage** genannt, einheitlich für alle angeschlossenen Verfahren entschieden hat. Das Landgericht legt die dann in den Musterentscheiden abschließend entschiedenen Sach- und Rechtsfragen den Urteilen in den einzelnen Verfahren zugrunde.
- In einer **Gruppenzahlungsklage**[15], auch **Gruppenklage, Sammelklage** oder **Massenklage** genannt, werden alle rechtshängigen Verfahren zusammengefasst und einheitlich entschieden. Typisierungen treten hier an die Stelle von Einzelfallentscheidungen. Dieser Beitrag verwendet für diese Verfahrensart ausschließlich den Begriff Gruppenzahlungsklage. Er unterstreicht die Möglichkeit für das Gericht, aufgrund eines Schadensereignisses die Verfahren in verschiedene Gruppen zusammenzufassen.

  Ein gutes Beispiel ist das Landgericht Ingolstadt[16]. Zur Vereinheitlichung der Rechtsprechung wurden alle Verfahren auf eine Kammer übertragen und thematisch sortiert. Schließlich richten sich die Klagen gegen unterschiedliche Beklagte wie Händler, Hersteller oder beide. Inhaltlich geht es beispielsweise um arglistige Täuschungen beim Vertragsschluss, wesentliche Eigenschaften oder die Mangelfreiheit (Dieselgate), Folgeschäden des Updates der Kaufentscheidungen (Updategate) oder Wertverlust (Valuegate). Hier bietet es sich unter Umständen an, wegen Dieselgate die Verfahren abhängig von den jeweiligen Typisierungen zu Streitgegenstand und Beklagten zu **mehreren parallelen Gruppenzahlungsklagen** zusammenzufassen.
- Bei **Verbandsklagen** klagen Verbände, Interessenvereinigungen oder berufsständische Einrichtungen, z.B. § 8 Abs. 3 UWG, § 33 Abs. 2 GWB, §§ 3 ff. UKlaG als „qualifizierte Einrichtungen“.

Beim gegenwärtigen Rechtsstand lassen sich die Klagen verbinden und einheitlich – gegebenenfalls mit zwei Urteilen – entscheiden. Das setzt aber voraus, dass eine **Prozesstrennung** nach § 145 ZPO an enge sachliche Voraussetzungen geknüpft wird. Es spricht aber einiges dafür, den kollektiven Rechtsschutz mit seinen besonderen Anforderungen wie an das Verfahren sowie zur Typisierung in der ZPO als eine **Gruppenzahlungsklage** zu regeln.

---

15 Der Begriff Gruppenzahlungsklage wird nachfolgend als Synonym für Sammelklage und Massenklage verwendet.

16 *Justiz – In Sachen „dicke Luft“* in Augsburger Allgemeine Homepage am 15.2.2018, http://www.augsburger-allgemeine.de/neuburg/In-Sachen-dicker-Luft-id44228126.html.

- Zunächst erfolgt ein **Teilurteil** nach § 301 ZPO oder **Zwischenurteil** nach § 304 ZPO über den Haftungsgrund.
- Im anschließenden **Betragsverfahren** entscheidet ein Endurteil nach § 300 ZPO über die individuellen Schadensvoraussetzungen sowie die Schadenshöhe.
- Die nach § 286 ZPO möglichen **Typisierungen** lassen bei beiden Urteilen für typisierbare Klägergruppen grundsätzlich einheitliche Entscheidungen zu. Nur soweit das nicht möglich ist, ergehen Individualentscheidungen. Der Gesetzgeber betritt also lediglich im Hinblick auf die erforderlichen Typisierungen Neuland.

In den USA gibt es seit etwa 50 Jahren die **Class Action**. Sie verschafft dem einzelnen Kunden bzw. Verbraucher die Möglichkeit, sich gegen die rechtswidrigen Praktiken von großen Unternehmen zu wehren. Im Wertpapierrecht enthalten der Securities Act of 1933[17] und der Securities Exchange Act of 1934[18] die wesentlichen Anspruchsgrundlagen. Die Kostenregelungen und einige Anspruchsgrundlagen haben aber zu Auswüchsen geführt, die im Ergebnis auch den Rechtsschutz der Kunden bzw. Verbraucher eingeschränkt haben. Es mag zwar durchaus sein, dass das dort praktizierte **Opt-out-Modell** stärkere präventive Wirkungen entfaltet als das **Opt-in-Modell**. Schließlich dient der kollektive Rechtsschutz auch der Spezial- und der Generalprävention, womit er behördlichen Aufwand vermeidet. Damit besteht aber im Opt-out-Modell von Anfang an ein höherer Streitwert, der noch durch Strafschadensersatz (punitive damages[19]) steigt.

Dieser Vorschlag geht von einem Opt-in-Modell aus und vermeidet so gebührentechnische Fehlanreize. Damit wie in den USA möglichst schon ein **erstinstanzlicher Vergleichsschluss** gelingt, müssen neben den prozessualen Regelungen auch materiell-rechtliche Regelungen das strukturelle Ungleichgewicht zwischen den Parteien beseitigen. Der in der ZPO kodifizierte Zwei-Parteien-Rechtsstreit geht jedenfalls im Normalfall davon aus, dass beide Parteien auf gleicher Augenhöhe stehen und zum Beispiel den gleichen Zugang zu allen streitentscheidenden Tatsachen haben. Genau das ist aber in den für den kollektiven Rechtsschutz typischen Prozesslagen nicht der Fall. Wie weiter unten noch dargestellt wird, ist an dieser Stelle genauso anzusetzen wie beim Eintritt der Verjährung.

---

17 Bezogen über http://legcounsel.house.gov/Comps/Securities%20Act%20Of%201933.pdf und https://www.sec.gov/answers/about-lawsshtml.html#secact1933.

18 Bezogen über http://legcounsel.house.gov/Comps/Securities%20Exchange%20Act%20Of%201934.pdf und https://www.sec.gov/answers/about-lawsshtml.html#secexact1934.

19 Zur weiteren Erläuterung: https://en.wikipedia.org/wiki/Punitive_damages.

3. Massenschaden – Streuschaden

Der kollektive Rechtsschutz unterscheidet zwischen Massenschaden und Streuschäden. Der Unterschied liegt nicht bei den Anspruchsvoraussetzungen, sondern in der Höhe des auszugleichenden Schadens[20]:

- **Massenschäden** entstehen durch eine Handlung oder mehrere gleichartige Handlungen und führen zu einer Vielzahl von gleichartigen Individualschäden. Besonders häufig gibt es sie im Energielieferungsrecht, Kapitalmarkrecht, Kartellrecht, in der Produkthaftung und nach Unfällen mit großen Personenbeförderungsmitteln.
- **Streuschäden** umfassen dagegen vergleichsweise geringe Schäden im Bagatellbereich. Hier macht eine Rechtsverfolgung alleine schon unter Kostenaspekten eigentlich keinen Sinn, dennoch ist sie zur Spezial- und Generalprävention geboten. Aus rechtspolitischen Gründen bietet sich hier eine Gewinnabschöpfung zugunsten der Landesjustizkassen bzw. Kläger oder klagenden Verbände bzw. „qualifizierte Einrichtungen" an, weil der Aufwand zur Individualisierung vergleichsweise hoch ist. Andernfalls besteht die Gefahr, dass Rentabilitätsüberlegungen das Primat des Rechts verdrängen.

Dieser Beitrag setzt sich schwerpunktmäßig mit dem kollektiven Rechtsschutz bei Massenschäden auseinander. Dabei geht es um besonders hohe Individualschäden.

4. Klage auf Unterlassung/Schadensersatz

Ein effektiver kollektiver Rechtsschutz erfordert neben Klagen auf Schadensersatz immer auch Unterlassungsklagen. Beide Klagearten richten sich gegen Schäden bzw. rechtswidrige Zustände, die eine unbestimmte Anzahl von Anspruchsinhabern betreffen können.

- In der Praxis dürfte es aber immer wesentlich mehr **auf Schadensersatz gerichtete Klagen** als auf Unterlassung gerichtete Klagen geben. Es klagt immer der Anspruchsinhaber, bei dem auch der Schaden entstanden ist.
- Bei **Unterlassungsklagen** geht es zunächst – wie in einem Grundurteil – um die Rechtswidrigkeit eines Tuns oder Unterlassens. Diese Klageart verstärkt dann den kollektiven Rechtsschutz, weil sie unabhängig von einem konkreten Schadensfall erhoben werden kann. Wie weiter unten noch aufgezeigt wird,

---

20 Wissenschaftliche Dienste des Deutschen Bundestags, *Sachstand – Zur Einführung europaweiter Schadensersatzregeln*, Az. WD 7-3000 – 149/16 vom 7. Oktober 2016 https://www.bundestag.de/blob/483612/57cdec1064b51427b2ee86d34242bfb3/wd-7-149-16-pdf-data.pdf.

sollte – wie in § 16 SpruchG – dann über ein vereinfachtes Verfahren für individuelle Leistungsklagen nachgedacht werden. Diese Präventionswirkungen verstärken Gewinnabschöpfungen.

5. Anschlussverfahren

Das Spruchverfahrensgesetz kennt in § 16 SpruchG eine Leistungsklage für den Fall, dass nach dem rechtskräftigen Abschluss des Spruchverfahrens der Hauptaktionär nicht zahlt. Ein solches Anschlussverfahren bietet sich auch im kollektiven Rechtsschutz an. Es entlastet die Justiz und erweitert den Gewährleistungsrahmen für Anspruchsinhaber.

Im kollektiven Rechtsschutz geht es um eine unbestimmte Vielzahl von gleichgelagerten Ansprüchen. Hier bestehen drei Ansatzpunkte für ein vereinfachtes Verfahren:

- Kommt ein Verfahren **innerhalb der Verjährungsfrist** zum Abschluss, ist es grundsätzlich denkbar, dass es noch weitere Anspruchsinhaber gibt. Für sie sollte die Möglichkeit geschaffen werden, sich in einem vereinfachten Verfahren dem abgeschlossenen Verfahren anzuschließen.
- Es entspricht dem Schutzzweck des kollektiven Rechtsschutzes, sich auch auf den **Sach- und Rechtsstand** der Einzelverfahren beziehen zu können. Ein gutes Beispiel sind die Dieselgate – Klagen von Fahrzeughaltern. Hier dürfte es auch auf die Gutachten von technischen Sachverständigen zum Dieselmotor sowie auf Stellungnahmen von Verwaltungsrechtlern zur Typenzulassung ankommen. Es reduziert den Kosten- und Verwaltungsaufwand, wenn zum Beispiel die tatsächlichen Feststellungen aus bereits ergangenen Urteilen sowie die zugrundeliegenden Gutachten auch in nachfolgende Verfahren eingebracht werden könnten.
- Der nächste Anwendungsbereich liegt bei den **Unterlassungsklagen im Verbandsklagerecht**, siehe unten.

6. Verbandsklagen

Im kollektiven Rechtsschutz spielt ein Verbandsklagerecht für „qualifizierte Einrichtungen“ bei mehreren Streitgegenständen immer eine Rolle (a.). Dabei geht es häufig auch um eine Reduzierung des Kostenrisikos (b.). In den Musterfeststellungsklagen erhalten sie eine Filterfunktion (c.). Auch die Rechtsstellung (d.) und die Haftungsrisiken (e.) für „qualifizierte Einrichtungen“ wurden bislang noch nicht umfassend untersucht.

a. Streitgegenstand

Wie bereits zuvor dargestellt, gibt es ohne Justizentlastung keine verbesserte Justizgewährleistung für Anspruchsinhaber. Daher bietet es sich an, ein Verbandsklagerecht für „qualifizierte Einrichtungen" für folgende Betätigungsfelder zu diskutieren:

- **Unterlassungsklagen** wenden sich gegen Rechtsverletzungen, zum Beispiel in Allgemeinen Geschäftsbedingungen, die dazu geeignet sind, den anderen Vertragspartner zu benachteiligen bzw. zu schädigen. Ein konkreter Schaden muss noch nicht eingetreten sein. Damit stellen Unterlassungsklagen ein sinnvolles Betätigungsfeld für „betroffene" Vereine dar. Allerdings lässt es das Grundgesetz als Klagevoraussetzung nicht zu, einen bestimmten Dienstleister zu beauftragen. Damit scheidet eine Monopolisierung des Klagerechts für bestimmte Vereine aus.
- Etwas anderes gilt für den **Ausgleich der Schäden**, die wegen der so festgestellten Rechtsverletzungen eingetreten sind. Der gegenwärtige Regelungsrahmen kennt keinen Weg, wie auf der Grundlage eines rechtskräftigen Unterlassungstitels in einem vereinfachten Verfahren ein Anspruch auf Schadensersatz durchgesetzt werden kann. Hier wäre in Anlehnung an § 16 SpruchG an ein vereinfachtes Verfahren für Anspruchsinhaber beim erstinstanzlichen Prozessgericht ohne eine mündliche Verhandlung zu denken. Es macht im Hinblick auf die individuellen Schäden keinen Sinn, hierzu ein Verbandsklagerecht oder eine Hinterlegung einer bestimmten Summe bei einer Gerichtskasse zu postulieren.
- Das gilt auch für **Ansprüche auf Schadensersatz**. Es gibt keinen sachlichen Grund, die Klagebefugnis in einer freiheitlichen, von der Privatautonomie im Zivilrecht und der Dispositionsgrundsatz im Zivilprozess geprägten Wirtschaftsordnung der Dispositionsbefugnis der Anspruchsinhaber zu entziehen. Selbst wenn hier ein Verbandsklagerecht geschaffen werden sollte, verbleibt im „Opt-in-Modell" die Entscheidung zum Ob und Wie der Verfahrensführung beim Anspruchsinhaber. Es gibt keinen verfassungsrechtlichen Rahmen, um an dieser Stelle die Dispositionsbefugnis vom Anspruchsinhaber auf einen wie auch immer legitimierten Verband zu delegieren.
- Zudem werden sich die Anspruchsinhaber nur dann von einem Verband bzw. einer qualifizierten Einrichtung vertreten lassen, wenn dieser über die gleiche **Spezialisierung und Qualifizierung** wie die Rechtsanwälte der Gegenseite verfügt. Entsprechendes gilt für Rechtsanwälte: Alleine schon unter Haftungsgesichtspunkten können sie Empfehlungen ausschließlich unter fachlichen Aspekten aussprechen. Damit wird ein Verbandsklagerecht an dieser Stelle nicht funktionieren.
- Eine **Entlastung der Justiz** tritt jedenfalls nur dann ein, wenn möglichst alle Klagen zu einem frühen Zeitpunkt miteinander verbunden und einer typisierenden Entscheidung zugeführt werden. Es bedeutet einen zusätzlichen Aufwand, wenn nicht sofort entschieden werden kann, sondern zunächst (fast) der gesamte

Streitstoff noch durch eine Musterfeststellungsklage läuft. Idealerweise gelingt – wie in den USA – schon in der ersten Instanz ein vergleichsweiser Abschluss.

Ein gutes Beispiel sind die **LKW-Kartelle**, wo die Deutsche Bahn AG geschädigte Großabnehmer vertreten möchte:

> „Die Bahn will die größten Spediteure und Lkw-Besteller vertreten. „Wir werden uns dabei darauf beschränken, eine begrenzte Zahl von namhaften Groß-Unternehmen in einem Premium-Modell zu vertreten. In etwa 30 Stück", sagt Gommlich. „Die Bahn kann und will nicht Anlaufstelle für zahlreiche Geschädigte sein." Das Interesse potenziell Geschädigter sei von Anfang an groß gewesen, es gebe viele Anfragen, so Gommlich. „Eine ganze Reihe von Interessenten haben wir bereits gewonnen, offenbar ist unser Angebot hochinteressant für die Geschädigten des Lkw-Kartells."[21]

Die **Deutsche Bahn AG** geht davon aus, direkt oder indirekt von jedem dritten Kartell betroffen zu sein[22]. Auch im Interesse ihrer Kunden hat die Deutsche Bahn AG in den letzten Jahren vielfach Ansprüche auf Schadensersatz gerichtlich durchgesetzt und sich damit viel Anerkennung erworben. Ein klassischer Wirtschafts- oder Verbraucherverband wird den Anspruchsinhabern auch als „qualifizierte Einrichtung" hier kein sinnvolles vergleichbares Angebot unterbreiten können. Umgekehrt gewährt der Justizgewährleistungsanspruch auch diesen Geschädigten einen Anspruch auf effektiven Rechtsschutz. Zudem tritt eine Entlastung der Gerichte hier nur dann ein, wenn die Verfahren in einer Gruppenzahlungsklage zusammengefasst werden können. Daher ist der kollektive Rechtsschutz auch für dieses Rechtsgebiet so auszugestalten, dass er die hier bestehende Regelungslücke schließt. Es muss jedem hinreichend spezialisierten und qualifizierten Dienstleister möglich sein, andere Anspruchsinhaber sachgerecht und im Rahmen der standesrechtlichen Vorgaben zu vertreten.

b. Verteilung der Kosten

In diesen Zusammenhang gehört auch die **Kostenseite** eines Rechtsstreits:

- Wie weiter unten noch im Hinblick auf eine Halterklage wegen Dieselgate aufgezeigt wird, besteht im Verhältnis zum Fahrzeugwert ein nicht unerhebliches Kostenrisiko. Diese **Kosten- und Nutzenrelation** lässt viele Klagen bereits am wirtschaftlichen Risiko scheitern. Daher reicht es nicht, nur über die Musterfeststellungsklage die Kosten- und Gerichtsrisiken im Hinblick auf wesentliche Sach- und Rechtsfragen zu reduzieren.

---

21 *Jetzt haben Daimler & Co. auch noch die Bahn gegen sich* vom 4. August 2017 https://www.welt.de/wirtschaft/article167364863/Jetzt-haben-Daimler-Co-auch-noch-die-Bahn-gegen-sich.html.
22 *Jetzt haben Daimler & Co. auch noch die Bahn gegen sich* vom 4. August 2017 https://www.welt.de/wirtschaft/article167364863/Jetzt-haben-Daimler-Co-auch-noch-die-Bahn-gegen-sich.html.

- Das erhebliche Kostenrisiko einer Leistungsklage besteht weiterhin. Beim gegenwärtigen Rechtsstand vermögen nur eine **Prozessfinanzierung** oder **Prozesskostenhilfe** nach §§ 114 ff. ZPO dieses Risiko zu reduzieren. Allerdings stellt sich die Frage, ob das gesetzliche Honorarvolumen dann das vor allem für komplizierte Verfahren erforderliche Honorarvolumen abdeckt.
- Eine nachhaltige Reduzierung des Kostenrisikos träte aber nur dann ein, wenn auch die streitentscheidenden Sach- und Rechtsfragen einer Leistungsklage in einem typisierenden Verfahren rechtskräftig entschieden werden könnten. Das ermöglicht nur eine **Gruppenzahlungsklage** bzw. **Sammelklage**. Eine **Musterfeststellungsklage** reduziert das Prozess- und Kostenrisiko nur im Hinblick auf die Sach- und Rechtsfragen, die Gegenstand des **Musterentscheids** sein können. Bei der auf Zahlung gerichteten Leistungsklage tritt keine Entlastung ein. Hier bleibt auch weiterhin die Prozessstrategie möglich, durch das Kostenrisiko den Kläger unter Druck zu setzen. Möglicherweise kommen so Vergleichsabschlüsse zustande, bei denen das Entgegenkommen höher ist als die Erfolgsbeteiligung für den Prozessfinanzierer.

c. Funktion bei Musterfeststellungsklage

Zur Funktion der „qualifizierten Einrichtungen" in der vom Bundesministerium der Justiz und für Verbraucherschutz vorgeschlagenen Musterfeststellungsklage heißt es schon im Mehrheitsbericht der Regierungsparteien CDU/CSU/SPD im Abschlussbericht des 5. Untersuchungsausschuss des 18. Bundestages (Dieselausschuss) zur Ausgestaltung eines kollektiven Rechtsschutzes[23] auf Seite 540:

> Die Einführung einer Musterfeststellungsklage wäre dafür ein geeignetes Mittel. In einem Musterprozess würden gleichgelagerte Streitpunkte bei einer Vielzahl von Fällen einheitlich – auch durch einen Vergleich – entschieden werden. Sie wäre eine Verstärkung des Verbraucherschutzes, da viele betroffene Verbraucher ihre Mittel gebündelt nutzen könnten. Die Verbraucher würden mit Hilfe eines Prozesses Klarheit über ihr individuelles Prozessrisiko sowie ihre Ansprüche erhalten. Gleichzeitig würde die Musterfeststellungsklage aufgrund der Beschränkung hinsichtlich der Klageberechtigten einer Klageindustrie wie etwa in den Vereinigten Staaten vorbeugen. Denn es sollten nur Verbände klagebefugt sein, die die Aufklärung der Verbraucherbelange nicht gewerbsmäßig betreiben. Sie wäre aber auch eine Hilfe für Unternehmen, denn so müssten diese nicht mehr das Risiko einer Vielzahl gegen sie gerichteter Prozesse fürchten. Dabei ist eine Orientierung an bereits bestehenden Spezialregelungen wie § 3 Nr. 1 UKlaG und §§ 17–19 KapMuG sinnvoll.
> [Unterstreichung nur für diesen Beitrag]

23 BT Drucks. 18/12900, Bericht vom 22. Juni 2017 bezogen über http://dip21.bundestag.de/dip21/btd/18/129/1812900.pdf.

Diese „Risikominimierung“ zugunsten „der Unternehmen“ untergräbt das Verursacherprinzip. Die verfassungsrechtlichen Gewährleistungen wie zum Justizgewährleistungsanspruch verlangen, das Primat des Rechts durchzusetzen und Anspruchsinhabern einen effektiven Rechtsschutz zu schaffen. Für Überlegungen zur Risikominimierung ist da kein Raum, weil sie Verbraucherrechte schwächen. Der Verlauf von Dieselgate und die Entwicklungen bei der Volkswagen AG bzw. der Deutschen Bank zeigen jedenfalls, zu welchen Schäden eine falsch verstandene Entfesselungspolitik führen kann. Daher erweitert es nicht den rechtlichen Spielraum der Anspruchsinhaber, hier ein Verbandsklagerecht zu schaffen.

In diesem Zusammenhang stellt sich auch die Frage, ob die **Verbraucherzentrale Bundesverband e.V.** überhaupt fachlich und personell im erforderlichen Umfang für die Durchführung von Musterfeststellungsklagen aufgestellt ist. Aus einer Stellenausschreibung aus dem März 2018[24] lässt sich entnehmen, dass man für die rechtliche Betreuung von Musterklagen, wie zum Beispiel den „VW-Klagen“, einen Referenten einstellen möchte, bei dem es sich nicht zwingend um einen Volljuristen handeln muss. In der anwaltlichen Praxis bestehen jedenfalls für ein solches Projekt andere qualitative und quantitative Anforderungen. Angesichts der hier bestehenden Haftungsrisiken gibt es auch keinen Grund, der für eine Befristung bis zum 31. Dezember 2018 spricht. Außerdem dürfte es nur für Rechtsanwälte den hier erforderlichen Rechtsschutz in einer Berufshaftpflichtversicherung geben.

Damit stellt sich die Frage, ob die Musterfeststellungsklage so von Anfang an als ein „gefühlter Rechtsbehelf“ konstruiert wurde. Weder die Quoren noch die Einschaltung der „qualifizierten Einrichtungen“ erweitern den Rechtsschutz der Verbraucher. Vielmehr dürfte beides, wie im Bericht des 5. Untersuchungsausschusses des 18. Bundestages angedacht, dazu führen, die Anzahl der Klagen zu reduzieren.

d. Rechtsstellung

Der am 31. Juli 2017 veröffentlichte Diskussionsentwurf für ein „Gesetz zur Einführung einer **Musterfeststellungsklage**“ durch das Bundesministerium der Justiz und für Verbraucherschutz schneidet die Musterfeststellungsklage zwar auf die „qualifizierten Einrichtungen“ zu[25]. Es lässt aber offen, welche Rechtsstellung die „qualifizierten Einrichtungen“ im Klageverfahren erhalten. Das gilt beispielhaft für die folgenden Punkte:

---

24 Zu beziehen über https://www.vzbv.de/sites/default/files/gbvp-gbl-ref-musterfeststellungsklagen-ausschreibung.pdf.

25 Zu beziehen über https://www.bmjv.de/SharedDocs/Gesetzgebungsverfahren/Dokumente/DiskE_Musterfeststellungsklage.pdf?__blob=publicationFile&v=3.

- Umfang der Werbung zum Erreichen des Quorums für eine Musterfeststellungsklage;
- Kriterien für die Entscheidungen zur Einleitung, Verfahrensdurchführung und Verfahrensbeendigung eines Musterverfahrens;
- Können die Kläger eine Musterfeststellungsklage auch dann fortführen, wenn die „qualifizierte Einrichtung" zum Beispiel im Hinblick auf das Kostenrisiko aus dem Verfahren ausscheidet?
- Stehen die Anspruchsinhaber und/oder die „qualifizierte Einrichtung" im Rubrum des Verfahrens?

Die „qualifizierten Einrichtungen" erscheinen wie ein Fremdkörper im Zivil- und Zivilprozessrecht. Sie erinnern im Regelungskonzept an die **Verfahrensbeistandschaft** für Minderjährige wie in den §§ 158, 17, 174 und 191 FamFG[26]. Er hat die Aufgabe, die Interessen Minderjähriger zu vertreten. Dazu nimmt er am Verfahren teil, stellt Anträge und legt Rechtsmittel ein. Eine ähnliche Funktion haben der **gemeinsame Vertreter** in Spruchverfahren, § 6 SpruchG oder der gemeinsame Vertreter der Gläubiger, § 7 SchVG.

Es spricht jedenfalls einiges dafür, die „qualifizierten Einrichtungen" wie zum Beispiel die Inkassogesellschaften in § 10 RDG zu verankern. Sie fallen nicht unter Inkassounternehmen, weil es in der Musterfeststellungsklage nicht um die Durchsetzung von Geldforderungen geht, sondern um die Durchführung eines Klageverfahrens. Andernfalls lässt das **Rechtsdienstleistungsgesetz** keine Rechtsdienstleistungen zu. So lassen sich auch die vielfältigen Haftungsrisiken versichern.

e. Haftungsrisiko

Auch wenn der gegenwärtige rechtliche Status der „qualifizierten Einrichtungen" in der Musterfeststellungsklage noch ungeklärt ist, zeichnen sich schon jetzt die folgenden Haftungsrisiken ab:
- Die **Entscheidung über die Durchführung** einer Musterfeststellungsklage ist angesichts des fehlenden Richterprivilegs besonders haftungsrelevant. Das gilt insbesondere dann, wenn es anderen Anspruchsinhabern gelingt, ihre Forderungen gerichtlich durchzusetzen, die „qualifizierte Einrichtung" aber die Aufnahme eines Verfahrens abgelehnt hat.
- **Intensität der Werbemaßnahmen** zum Erreichen des Quorums;
- **Führung des Verfahrens** durch hinreichend qualifizierte Verfahrensbevollmächtigte und Entscheidungsträger als Vertreter der „qualifizierten Einrichtung";
- Entscheidungen über die **Verfahrensbeendigung** eines Musterverfahrens.

26 Weitere Informationen auf https://de.wikipedia.org/wiki/Verfahrensbeistand.

Angesichts dieser nicht unerheblichen Haftungsrisiken liegt es im Interesse der „qualifizierten Einrichtungen“, dass der Gesetzgeber ihre Rechtsstellung eindeutig regelt. Andernfalls besteht die Gefahr, dass der Umfang des Versicherungsschutzes die Handlungsoptionen limitiert.

7. Opt-in/Opt-out

Die Diskussion über einen effektiven kollektiven Rechtsschutz beginnt häufig mit der Frage nach einem „Opt-in“ oder „Opt-out“. Schließlich geht es darum, die Auswüchse, wie in den USA, zu vermeiden.

- Im **Opt-out-Modell** nehmen zunächst alle von einem Schadenereignis Betroffene als Anspruchsinhaber am Ausgang eines Verfahrens teil. So wirken in den USA die Verfahren im kollektiven Rechtsschutz (Class Action) im Normalfall für alle Geschädigten, wenn sie keinen „Opt-out“ erklären.
- In einem **Opt-in-Modell** partizipieren nur die Anspruchsberechtigten am Ausgang eines Verfahrens, die ihre Ansprüche bei einem Gericht oder Register anmelden.

In den USA besteht ein **Opt-out-Modell**, dessen erhebliche wirtschaftliche Belastungen bei den Verursachern immer wieder moniert werden:

- Für ein solches Modell spricht das rechtspflegerische Interesse, die Zivilrechtsordnung und damit ein Primat des Rechts durchzusetzen. Die damit verbundene **Spezialprävention** soll den Verursacher von künftigen Rechtsbrüchen abhalten, die **Generalprävention** zielt auf Dritte. Solche **Präventionswirkungen** entfaltet ein Opt-in-Modell nur eingeschränkt.
- Gegen ein Opt-out-Modell spricht aber, dass durch die große Anzahl von Anspruchstellern von Anfang an ein **hoher Streitwert** besteht. Das führt zu gebührentechnischen Fehlanreizen.
- Das Opt-in-Modell entspricht dem **Dispositionsgrundsatz** im Zivilrecht: In der Privatautonomie liegt es bei jedem Einzelnen, ob und wie er seine Rechte ausübt. Auch die verfassungsrechtlichen Gewährleistungen verlangen es an dieser Stelle nicht, wie im öffentlichen Recht durch ein Opt-out-Modell einen allgemeinen Anspruch auf Gefahrenabwehr zu generieren.

Dieser Beitrag spricht sich im Kern für das **Opt-in-Modell** aus. Für Massenschäden und Streuschäden sind allerdings Ergänzungen erforderlich, damit die Justiz bei gleich gelagerten Verfahren nachhaltig entlastet wird:

- Entscheidet man sich bei **Massenschäden** für das Opt-in-Modell, reduziert das zunächst den Vergleichsdruck: Das Verfahren betrifft nicht mehr alle Anspruchsinhaber, was den Umfang einer Inanspruchnahme reduziert.

Wie in den USA müssen daher das materielle Recht und das Verfahrensrecht dann aber so ausgestaltet werden, dass die Verfahren schon in der ersten Instanz und möglichst im Vergleichsweg beendet werden. Nur so kann die Justiz nachhaltig entlastet und das Vertrauen in den Rechtsstaat gestärkt werden. Ein schneller Abschluss schafft auch Spielräume für das anspruchsverpflichtete Unternehmen, was das schnelle Comeback der Volkswagen AG in den USA schon im Herbst 2017 zeigt[27]. Ein Beklagter schließt nur dann einen Vergleich, wenn er aufgrund der zivil- und verfahrensrechtlichen Rahmenbedingungen eine Inanspruchnahme für hinreichend wahrscheinlich hält. Weil in Deutschland ein Kläger – anders als in den USA – keinen Zugang zu Geschäftsunterlagen des schädigenden Unternehmens hat, bestehen schon ganz andere Darlegungs- und Beweislasten.
Eine schnelle Aufarbeitung liegt auch im Interesse der gesamten Branche. Angesichts der schleppenden Aufarbeitung mit vielen offenen Risiken wirkt sich Dieselgate in Deutschland inzwischen für die gesamte Branche geschäftsschädigend aus[28]. Wahrscheinlich wäre die Sache für alle Beteiligten anders verlaufen, wenn die Volkswagen AG im September 2015 jedem betroffenen Kfz-Halter 1.000 Euro in bar oder 1.500 Euro als Gutschein geboten hätte. Daher muss der im kollektiven Rechtsschutz noch zu schaffende materiell-rechtliche und zivilprozessuale Rechtsrahmen die hier übliche anwaltliche Abwehrstrategie durch massives Nichtbestreiten aushebeln.

– Bei **Streuschäden** muss nach anderen Wegen gesucht werden, damit die Anspruchsinhaber ihre Rechtsposition durchsetzen können bzw. sich rechtswidrige Verhaltensweisen nicht „rechnen“. Schließlich macht es keinen Sinn, für eine Kurtaxe in der Höhe von drei Euro[29] oder eine Bankgebühr in der Höhe von 35 Euro[30] eine Zahlungsklage zu erheben. Hier kann man sich Gedanken über eine Gewinnabschöpfung sowie ein vereinfachtes Verfahren für Geschädigte machen, die ihre Schäden geltend machen möchten.

---

27 *Volkswagens erstaunliches Comeback in den USA* vom 4.10.2017 http://www.manager-magazin.de/unternehmen/autoindustrie/volkswagen-comeback-in-den-usa-mit-klarem-absatzplus-a-1171129.html.

28 *Autokäufer sind verunsichert/Diesel-Zulassungszahlen brechen ein* vom 5.10.2017 http://www.bild.de/geld/wirtschaft/abgas-skandal/immer-weniger-diesel-autos-in-deutschland-53435544.bild.html.

29 *Urteil zur Gemeinde Wangerland/Strandgebühr ist rechtswidrig* vom 14.9.2017 http://www.spiegel.de/reise/aktuell/urteil-zur-gemeinde-wangerland-eintrittsgebuehren-an-zwei-nordsee straenden-sind-rechtswidrig-a-1167555.html und das Urteil, bezogen über http://www.bverwg.de/presse/pressemitteilungen/pressemitteilung.php?jahr=2017&nr=60&PageSpeed=noscript.

30 *BGH-Urteil/Bearbeitungsgebühren auch bei Geschäftskrediten unzulässig* vom 5.7.2017 http://www.manager-magazin.de/politik/deutschland/bgh-urteil-bearbeitungsgebuehr-auch-bei-firmen krediten-unzulaessig-a-1156032.html und das Urteil, bezogen über http://juris.bundesgerichtshof.de/cgi-bin/rechtsprechung/document.py?Gericht=bgh&Art=en&sid=fe4499388351f2f03032520b1ce 0d578&nr=78794&linked=pm&Blank=1.

IV. Ausgangspunkt

Der kollektive Rechtsschutz ermöglicht eine Rechtsdurchsetzung zur Spezial- und Generalprävention durch Private. Insoweit ähnelt er der öffentlich-rechtlichen Gefahrenabwehr, die natürlich nicht in zivilrechtliche Leistungsbeziehungen eingreifen kann (1.). Bislang hat der Gesetzgeber die Empfehlung der EU, einen effektiven Rechtsschutz bis zum 26. Juli 2015 einzuführen (2.), vor allem mit dem KapMuG und anderen Regelungen wie dem SpruchG nur sehr bruchstückhaft umgesetzt. Hier ist auch zu berücksichtigen, dass sich das KapMuG vor allem in den Telekom-Klagen nicht bewährt hat. Zudem tritt es am 1. November 2020 außer Kraft, § 28 KapMuG. Der Gewährleistungsrahmen des Grundgesetzes verlangt jedenfalls, den Justizgewährleistungsrahmen über die kontradiktorischen Verfahren hinaus auch auf alle Prozesslagen mit einer unbestimmten Anzahl von Klägern zu erweitern (3.), was der gegenwärtige Rechtsstand nicht vorsieht (4.). Der gegenwärtige Diskussionsstand (5.) und die demoskopischen Erhebungen (6.) zeigen jedenfalls, dass dieses Thema in der Gesellschaft angekommen ist und die Politik den Handlungsbedarf reflektiert. Die Sondierungsgespräche zwischen CDU/CSU, FDP und BÜNDNIS 90/DIE GRÜNEN (7.) und die Koalitionsvereinbarungen zwischen CDU/CSU und SPD (8.) entsprechen jedenfalls nicht dem hier bestehenden Problemdruck und Regelungsbedarf.

1. Rechtsdurchsetzung im Zivilrecht

Der Gesetzentwurf der Fraktion BÜNDNIS 90/DIE GRÜNEN stellt zutreffend unter Verweis auf ein Zitat von Rudolf von Ihering heraus, dass in der Konzeption des Zivilrechts die Rechtsdurchsetzung bei den Anspruchsinhabern liegt[31]:

> „Die Verwirklichung des Privatrechts geschieht durch Thätigkeit der berechtigten Personen. [...] Nur dann wird das Recht auch wirklich, wenn das Subject für sein Recht eintritt, wenn es verletzt ist."

Diese Überlegungen gelten auch für den kollektiven Rechtsschutz: In einer von der Privatautonomie und der sozialen Marktwirtschaft getragenen Wirtschaftsordnung kann es keine **„Gerechtigkeitsbehörde"** geben, die wie eine Staatsanwaltschaft im Zivilrecht Rechtsverletzungen verfolgt. Unterhalb einer polizei- und ordnungsrechtlichen Ermächtigungsgrundlage verlangt keine verfassungsrechtliche Gewährleistung, dass staatliche Stellen in zivilrechtliche Rechtsverhältnisse eingreifen. Das gilt

31 Ihering, *Der Kampf ums Recht*. Zum hundertsten Todestag des Autors herausgegeben von Felix Ermacora, 1992, S. 35 – zitiert nach BT Drucks 18/13426 S. 14.

https://doi.org/10.1515/9783110609172-004

sinngemäß auch für halbstaatliche „qualifizierte Einrichtungen", wenn auf sie eine wie auch immer geartete systemfremde landesweite Wächterfunktion übertragen werden soll[32]. Das Grundgesetz geht von einem mündigen Bürger aus, der seine Lebensumstände reflektiert und eigenständig gestaltet.

Daher muss die Zivilprozessordnung um Rechtsbehelfe erweitert werden, die auf der einen Seite die Justiz entlasten und auf der anderen Seite in asymmetrischen Prozesslagen mit schnellen, möglichst vergleichsweisen Lösungen den zivilrechtlichen Rechtsrahmen durchsetzen. Auch gegenüber großen und finanzkräftigen Marktteilnehmern darf eine effektive Rechtsdurchsetzung im Zivilrecht keine Frage der wirtschaftlichen Möglichkeiten sein. Andernfalls entsagen sich das Zivilrecht und der Rechtsstaat auch ihrer zivilgesellschaftlichen Steuerungsfunktion im Rahmen ihrer verfassungsrechtlichen Gewährleistungen.

In der **Schweiz** wird dieser Aspekt zunehmend auch im Hinblick auf die Rahmenbedingungen für einen fairen Wettbewerb diskutiert. So stellt vor allem die SP-Nationalrätin Frau Prisca Birrer-Heimo immer wieder heraus, dass redlich handelnde Unternehmen im **Wettbewerb** mit gewissenlosen Unternehmen nicht benachteiligt werden dürfen[33]. Rechtsbruch darf nicht zum Wettbewerbsvorteil führen. Außerdem lässt es sich nicht ausschließen, dass der Wettbewerbsdruck auch weitere Mitbewerber zu Rechtsbrüchen verleitet.

2. Empfehlungen der EU

Die EU hat sich mehrfach mit dem kollektiven Rechtsschutz befasst:

a. Grünbuch vom 27.11.2008

Die ersten Überlegungen enthält das ***„Grünbuch über kollektive Rechtsdurchsetzungsverfahren für Verbraucher"*** der Kommission der Europäischen Gemeinschaften vom **27. November 2008** mit dem Aktenzeichen KOM(2008) 794 endgültig[34]. Es

32 „Qualifizierte Einrichtungen" spielen vor allem z.B. für § 8 Abs. 3 UWG, § 33 Abs. 2 GWB, §§ 3ff. UKlaG eine Rolle. Es mag zwar durchaus sein, dass sie in bestimmten Prozesslagen zur Missbrauchsabwehr geeignet sind. Es ist aber nicht unproblematisch, solchen „qualifizierten Einrichtungen" nun eine Wächterfunktion zuzubilligen, ohne diese Missbrauchsgefahr hinreichend präzise zu begrenzen.

33 *Gemeinsam statt einsam zum Recht* vom 9.3.2018, bezogen über http://www.luzernerzeitung.ch/nachrichten/wirtschaft/gemeinsam-statt-einsam-zum-recht;art9642,1213971.

34 Bezogen über http://eur-lex.europa.eu/legal-content/DE/TXT/PDF/?uri=CELEX:52008DC0794&qid=1400252103025&from=EN, abgedruckt unter II. Materialien.

entwickelt mehrere Optionen, von denen die Option 4 „Gerichtliche kollektive Rechtsdurchsetzungsverfahren" dann auch umgesetzt wurde.

b. Empfehlungen vom 11.6.2013

Am 11. Juni 2013 hat die EU-Kommission ***„Gemeinsame Grundsätze für kollektive Unterlassungs- und Schadensersatzverfahren in den Mitgliedsstaaten bei Verletzung von durch Unionsrecht garantierten Rechten***" als Empfehlung (2013/396/EU) ausgesprochen[35]. Dort heißt es zum Zweck und Gegenstand dieser Verfahrensart:

> I. ZWECK UND GEGENSTAND
>
> 1. Zweck dieser Empfehlung ist es, den Zugang zur Justiz zu erleichtern, rechtswidrige Verhaltensweisen zu unterbinden und bei einem Massenschadensereignis, das auf eine Verletzung von durch Unionsrecht garantierten Rechten zurückzuführen ist, den Geschädigten Schadensersatz zu ermöglichen, gleichzeitig aber auch dafür zu sorgen, dass angemessene Verfahrensgarantien vorhanden sind, um eine missbräuchliche Rechtsverfolgung zu verhindern.
> 2. Alle Mitgliedstaaten sollten über innerstaatliche kollektive Rechtsschutzverfahren für Unterlassungs- und für Schadensersatzklagen verfügen, die auf den in dieser Empfehlung aufgeführten Grundsätzen beruhen. Diese Grundsätze sollten unionsweit einheitlich gelten, gleichzeitig aber den unterschiedlichen Rechtstraditionen der Mitgliedstaaten Rechnung tragen. Die Mitgliedstaaten sollten sicherstellen, dass die Verfahren des kollektiven Rechtsschutzes fair, gerecht, zügig und nicht übermäßig teuer sind."
>
> [Unterstreichung nur in diesem Beitrag.]

In den zur Erwägung stehenden Gründen heißt es in Ziffer 6:

> „(6) Es gehört zu den Kernaufgaben der öffentlichen Rechtsverfolgung, die Verletzung von durch Unionsrecht garantierten Rechten zu verhüten und zu ahnden. Ergänzt wird die öffentliche Rechtsverfolgung durch die Möglichkeit der privaten Verfolgung von Ansprüchen aufgrund solcher Rechtsverletzungen. Wird in dieser Empfehlung auf die Verletzung von durch Unionsrecht garantierten Rechten Bezug genommen, so fallen darunter alle Sachverhalte, bei denen natürliche und juristische Personen durch eine Verletzung von auf Unionsebene begründeten Rechten geschädigt wurden oder geschädigt zu werden drohen."
>
> [Unterstreichung nur in diesem Beitrag.]

Die Kommission schlägt den Mitgliedsstaaten vor, spätestens bis zum **26. Juli 2015** in ihre innerstaatlichen Systeme einen kollektiven Rechtsschutz zu integrieren. Außerdem sollten sie die außergerichtlichen und gerichtlichen kollektiven Rechts-

35 Bezogen über http://eur-lex.europa.eu/legal-content/DE/TXT/PDF/?uri=CELEX:32013H0396&from=DE, abgedruckt unter IV. Materialien.

schutzverfahren jährlich erheben und der Kommission übermitteln. Spätestens zum 26. Juli 2017 wollte die Kommission die Umsetzung der Empfehlungen auf der Grundlage der praktischen Erfahrungen bewerten[36].

c. „A New Deal for Consumers" vom 11.4.2018

Die EU-Kommission hat im Zeitraum vom 22. Mai 2017 bis zum 15. August 2017 ein Evaluierungsverfahren zu ihren Empfehlungen vom 11. Juni 2013 durchgeführt[37]. Diese so gewonnenen Erkenntnisse führten dann zu **„A New Deal for Consumers"** vom 11. April 2018[38], dessen Rechtstext zunächst nur in einer englischen Fassung vorlag[39]. Das EU-Parlament und die Mitgliedsstaaten müssen dem noch zustimmen.

Die wesentlichen Punkte lassen sich in groben Zügen wie folgt zusammenfassen:

- Die Rechtsausübung liegt bei den **„qualifizierten Einrichtungen"**, die die Interessen von **„Verbrauchern"** wahrnehmen, Art. 1, 4.
- In der Richtlinie geht es unter anderem um **„Kollektivinteressen der Verbraucher"** und **„repräsentative Maßnahmen"**. Dabei geht es um Maßnahmen zum Schutz von Verbrauchern, an denen die betroffenen Verbraucher nicht beteiligt sind, Art. 3, 5, 6.
- Die Einlegung einer „repräsentativen Maßnahme" führt zu einer Unterbrechung der **Verjährung**, Art. 11.
- Auf Ersuchen einer „qualifizierten Einrichtung" hat der Verursacher im Vorfeld einer Klage **Beweismittel** vorzulegen, Art. 13.
- Die EU-Kommission wagt offenbar auch einen Schritt in das **Unternehmensstrafrecht** mit Präventionswirkungen. Art. 14 verlangt wirksame, verhältnismäßige und abschreckende Strafen.
- Im **Kostenrecht** werden die finanziellen Hindernisse für die „qualifizierten Einrichtungen" beseitigt. Der Verursacher muss die Kosten nur erstatten, wenn die „repräsentative Maßnahme" erfolgreich ist, Art. 15.

---

36 Empfehlungen der Kommission vom 11. Juni 2013 (2013/396/EU), Randnummern 38 ff.

37 Bezogen über http://ec.europa.eu/newsroom/just/item-detail.cfm?item_id=59539.

38 Das ist die Seite mit den „Factsheets explaining the New Deal for Consumers": https://ec.europa.eu/info/publications/factsheets-explaining-new-deal-consumers_de.

39 Der Rechtstext kann über diese Seite bezogen werden: https://ec.europa.eu/info/files/communication-new-deal-consumers_de.

3. Gewährleistungsrahmen des Grundgesetzes

Im stattgebenden Kammerbeschluss des Bundesverfassungsgerichts vom 31. Januar 2017 – 1 BvR 1259/16 heißt es zum **Justizgewährleistungsanspruch** in der Randnummer 13:

> „Auch außerhalb des unmittelbaren Anwendungsbereichs des Art. 19 Abs. 4 GG sichert der allgemeine Justizgewährleistungsanspruch den Zugang zu Gerichten, die Prüfung des Streitbegehrens in einem förmlichen Verfahren sowie die verbindliche gerichtliche Entscheidung (BVerfGE 108, 341 <347 f.>). Der Bürger hat einen Anspruch auf eine möglichst wirksame gerichtliche Kontrolle in allen ihm von der Prozessordnung zur Verfügung gestellten Instanzen (vgl. BVerfGE 40, 272 <275>; 113, 273 <310>; 129, 1 <20>)."

Aus zwei Gründen besteht für den Gesetzgeber – zum Teil seit Jahren erkennbar – **Handlungsbedarf**:

- Der **Gewährleistungsrahmen zum Justizgewährleistungsanspruch** verlangt vom Gesetzgeber, das Zivil- und Prozessrecht um wirksame Rechtsbehelfe des kollektiven Rechtsschutzes für **Anspruchsinhaber** zu erweitern. Unterlassung und Schadensersatz müssen auch bei einer unbestimmten Vielzahl gleichgelagerter Schadensfälle effektiv durchgesetzt werden können. Asymmetrische Prozesslagen sowie strukturelle Informationsgefälle sind dazu gegebenenfalls zu nivellieren. Schließlich besteht ein Primat des Rechts.
- Hinzu treten **fiskalpolitische Überlegungen**: Für die Justiz bedeuten Bagatellfälle wie bei den Fluggastrechten sowie Verfahren mit tausenden von Klägern wie gegen die Deutsche Telekom AG oder die Volkswagen AG eine erhebliche Belastung. Verfahren mit kleineren Streitwerten wie bei den Fluggastrechten sind kaum kostendeckend. Der Abschluss der 17.000 Telekom-Klagen vor dem Landgericht Frankfurt beanspruchen mindestens 170 Mann-Jahre – wenn man eine (unrealistische) Arbeitsleistung von 100 Urteilen pro Richter und Jahr unterstellt[40]. Damit steht die **Justizentlastung** gleichrangig neben dem Schutz der Anspruchsinhaber. Die Verfahren sind so auszugestalten, dass sie auch ohne weitere Planstellen in der Justiz durchgeführt werden können.

Daher stellt sich die Frage, wie sich die in den USA gemachten Erfahrungen sinnvoll auswerten und nutzen lassen. Schließlich haben sich Unternehmen wie die Deut-

---

40 Die Studie zur Berechnung des Personalbedarfs (PEBB§Y) kann in der Fortschreibung 2014 über die Homepage des Deutschen Richterbundes bezogen werden: http://www.drb.de/index.php?id=126.

sche Telekom AG[41] und die Volkswagen AG[42] in den USA anders verhalten. Sie haben die verursachten Schäden noch in der ersten Instanz vergleichsweise ausgeglichen und 120 Millionen US-Dollar bzw. mehr als 20 Milliarden US-Dollar bezahlt. In Deutschland muss jeder Geschädigte klageweise sein Recht durchsetzen. Dabei beansprucht die Regulierung von Großschäden Jahre und Jahrzehnte!

4. Rechtsstand in Deutschland

Das Zivil- und Prozessrecht geht in seiner Grundkonzeption davon aus, dass sich die Vertragspartner bzw. Prozessparteien immer auf gleicher Augenhöhe begegnen (a.). Dieses Regelungskonzept funktioniert aber schon bei einem strukturellen Informationsgefälle nicht, bei der nur der Beklagte Zugang zu allen relevanten Tatsachen hat. Aktuelle Beispiele bilden die „Telekom-Klagen" (b.), Dieselgate (c.), das LKW-Kartell (d.) und das Wurst-Kartell (e.). Der Rechtsrahmen für einen effektiven kollektiven Rechtsschutz bedarf vielfältiger Erweiterungen, wie zum Beispiel der Prozessfinanzierung (f.), bei den Darlegungs- und Beweislasten (g.), der Gewinn- und Vorteilsabschöpfung (h.) und der Verjährungsunterbrechung (i.). Bei vielen Regelungssystemen und Prozesslagen besteht ein typischer Handlungsbedarf (j.), den das Außerkrafttreten des KapMuG zum 1. November 2020 verstärkt (k.).

a. Grundkonzept Zivil- und Prozessrecht

Das Bürgerliche Gesetzbuch und die Zivilprozessordnung von 1896 bzw. 1879 regeln als Normalfall einen Zwei-Parteien-Prozess. Das Recht der Allgemeinen Geschäftsbedingungen und andere einzelne Regelungen haben später Rechtsverhältnisse kodifiziert, bei denen auf einer Seite eine **unbestimmte Vielzahl von Vertragspartnern bzw. Geschädigten** stehen kann. Das digitale Zeitalter hat diese Entwicklung noch beschleunigt. Im Schadensfall erhalten Anspruchsinhaber schnellen Zugang zu den relevanten Informationen für die weitere Rechtsverfolgung.

---

41 *Schlappe vor Gericht – Deutsche Telekom hat Aktionäre getäuscht: Was das Urteil für Anleger bedeutet* auf Focus Online am 30.11.2016 (am Ende des Beitrags): Die Deutsche Telekom AG hat in einem Vergleich 120 Millionen US-Dollar gezahlt. http://www.focus.de/finanzen/boerse/schlappe-vor-gericht-deutsche-telekom-hat-aktionaere-getaeuscht-was-das-urteil-fuer-anleger-bedeutet_id_6277161.html und case summary Stanford Law School http://securities.stanford.edu/filings-case.html?id=101658.

42 *Rechtslage in Deutschland und den USA – Abgas-Skandal: VW hat sich verraten, und kaum einer hat's gemerkt* auf Focus Online am 7.6.2017: https://www.focus.de/auto/experten/rogert/rechtslage-in-deutschland-und-den-usa-abgas-skandal-vw-hat-sich-verraten-und-kaum-einer-hats-gemerkt_id_7221725.html.

Bislang gibt es zwar einige Regelungen, die verschiedene Ansprüche bzw. Verfahren zusammenführen:

- Ansprüche lassen sich im Wege einer **Forderungsabtretung** nach § 398 BGB bündeln[43].
- Die §§ 59 ff. ZPO ermöglichen im Wege einer **Streitgenossenschaft** bzw. **subjektiven Klagehäufung,** mehrere Ansprüche zu bündeln, wenn sie in Rechtsgemeinschaft stehen und sich aus demselben rechtlichen oder tatsächlichen Grund ergeben.
- § 79 Abs. 1 Satz 2, Abs. 2 Satz 2 Ziffer 3 ZPO ermöglicht Verbraucherzentralen und anderen, mit öffentlichen Mitteln geförderten Verbrauchervereinigungen die **Einziehung von Forderungen von Verbrauchern** im Rahmen ihres Aufgabenkreises.
- Im Wege einer **Prozessverbindung** nach § 147 ZPO können Klagen miteinander verbunden werden, wenn die Ansprüche in einem rechtlichen Zusammenhang stehen oder in einer Klage hätten geltend gemacht werden können.

Wie die folgenden Beispiele zeigen, eignen sich diese Regelungsmechanismen aber nur sehr eingeschränkt dazu, eine unbestimmte Vielzahl von Klägern zu bündeln:

b. Dritter Börsengang Deutsche Telekom AG (Beispiel)

Zwar wurde das KapMuG auch im Hinblick auf die „Telekom-Klagen" erlassen. Allerdings zeigt sich schon jetzt, dass es den Erwartungen nicht entspricht:

- Nachdem die Aktien im **dritten Börsengang** für 66,50 Euro gezeichnet werden konnten, brach der Kurs auf einen Tiefstand von 8,42 Euro ein. Die Kläger berufen sich auf **Mängel im Börsenprospekt.**
- Siebzehn Jahre nach dem dritten Börsengang der Deutschen Telekom AG im Jahr 2000 zeichnet sich für die **17.000 klagenden Aktionäre** noch nicht ab, wann es zu einem Abschluss kommt. Es dürften insgesamt mehr als zwanzig Jahre vergehen, bis alle Individualansprüche rechtskräftig vom OLG Frankfurt bzw. dem BGH entschieden sind.
- In den **USA** hatte die Deutsche Telekom AG in derselben Sache in einem Vergleich über **120 Millionen US Dollar** gezahlt, um einer Gruppenzahlungsklage zu entgehen[44].

---

43 Zu den weiteren Einzelheiten Richter *Kollektiver Rechtsschutz im Aufbruch*, Berliner Anwaltsblatt 2018, 71.

44 *Schlappe vor Gericht – Deutsche Telekom hat Aktionäre getäuscht: Was das Urteil für Anleger bedeutet* auf Focus Online am 30.11.2016 (am Ende des Beitrags): http://www.focus.de/finanzen/boerse/schlappe-vor-gericht-deutsche-telekom-hat-aktionaere-getaeuscht-was-das-urteil-fuer-

- In **Deutschland** geht es um **80 Millionen Euro** Schadensersatz, der aufgrund der Zinsentwicklung auf rund 200 Millionen angewachsen ist[45]. Die tatsächlichen Verfahrenskosten für die Parteien und die Gerichte dürften alles in allem über diesen 80 Millionen Euro liegen.
- Anders als nach dem dritten Börsengang hat der Bundesgerichtshof beim **zweiten Börsengang** einen Prospektfehler und damit Ansprüche von Anlegern verneint[46].
- Bei der **7. Kammer für Handelssachen beim Landgericht Frankfurt** liegt inzwischen die ausschließliche Zuständigkeit nach § 32b ZPO für Klagen gegen die Deutsche Telekom AG. Die Vorsitzende Richterin ist dieser Kammer gegenwärtig nur mit einer 2,5/10 Stelle zugewiesen. Das wird sich aber ändern, wenn diese Kammer nach dem rechtskräftigen Abschluss des KapMuG-Verfahrens alle 17.000 Klagen einzeln zu entscheiden hat.
  Daher müssten auch **Haushaltspolitiker** an einer nachhaltigen Entschärfung dieser Situation interessiert sein. Bei einer unterstellten Arbeitsleistung von 100 Urteilen pro Richter und Jahr bedeutet das alleine für das Landgericht einen Zeitaufwand von 170 Mann-Jahren[47]. Diese Daten zeigen, dass es im kollektiven Rechtsschutz gleichermaßen um die Anspruchsinhaber und Justizentlastung geht.
- Dabei ist davon auszugehen, dass in vielen Verfahren eine Rechtsschutzversicherung das Kostenrisiko trägt und die Deutsche Telekom sich grundsätzlich allenfalls vor dem Oberlandesgericht vergleicht. Es wird also zu vergleichsweise wenigen Klagerücknahmen oder Vergleichen und **überdurchschnittlich vielen Berufungen** kommen. Die Prozesswelle rollt also weiter zum Oberlandesgericht Frankfurt.

c. VW – Dieselgate (Beispiel)

Auch die Volkswagen AG verhält sich in den USA anders als in Deutschland. Während in den USA möglichst früh und vor dem erstinstanzlichen Gericht umfassende vergleichsweise Lösungen für alle Fahrzeughalter sowie die Behörden gesucht wer-

---

anleger-bedeutet_id_6277161.html und case summary Stanford Law School http://securities.stanford.edu/filings-case.html?id=101658.

45 *Gericht – Später Triumph bei Prozess für die 17.000 Telekom-Aktionäre*, bezogen über https://www.morgenpost.de/wirtschaft/article208839775/Spaeter-Triumph-bei-Prozess-fuer-die-17-000-Telekom-Aktionaere.

46 Einen Überblick gibt: http://tilp.de/deutsche-telekom/musterentscheid-des-bgh-sachen-deutsche-telekom-dt-2.

47 Die Studie zur Berechnung des Personalbedarfs (PEBB§Y) kann in der Fortschreibung 2014 über die Homepage des Deutschen Richterbundes bezogen werden: http://www.drb.de/index.php?id=126.

den[48], werden hier die Gerichte im gesamten Instanzenzug bemüht. Die Verfahren sind angesichts der asymmetrischen Prozesslagen bereits deshalb aufwendig, weil die Kläger keinen Zugang zu den streitentscheidenden Tatsachen erhalten. Außerdem muss – anders als in den USA – nur an die Kläger gezahlt werden. Schließlich gibt es hier keine „Opt-out" Regelungen.

d. LKW-Kartell (Beispiel)

Am 19. Juli 2016 hat die **Europäische Kommission** gegen die LKW-Hersteller Volvo/Renault, Daimler, IVECO und DAF eine Rekord-Geldbuße in Höhe von 2,93 Mrd. Euro wegen Verstoßes gegen das europäische Kartellrecht verhängt. Nach den Feststellungen der Kommission haben die LKW-Hersteller im Zeitraum von 1997 bis 2011 Verkaufspreise für mittelschwere (6–16t) und schwere (>16t) Lastkraftwagen abgesprochen und die mit der Einhaltung der strengeren Emissionsvorschriften verbundenen Kosten in abgestimmter Form an die Kunden weitergegeben. Dabei ist davon auszugehen, dass möglicherweise etwa **15 Prozent zu viel** bezahlt wurde[49].

Auch hier steht die Justiz vor einer Vielzahl von Verfahren, die sich typisierend nach Grund und Höhe entscheiden lassen. Bei den Anspruchsinhabern handelt es sich überwiegend um **Gewerbetreibende**. Daher wird es hier – wie bei Dieselgate – vor jedem größeren Landgericht eine Vielzahl von Klagen gegen die örtlichen Autohäuser geben. Es spricht alles dafür, zur **Justizentlastung** den kollektiven Rechtsschutz auch auf Gewerbetreibende zu erstrecken.

e. Wurst-Kartell (Beispiel)

Ein weiteres Beispiel ist das „Wurst-Kartell": Im Jahr 2014 hat das Bundeskartellamt Bußgelder in der Höhe von 338 Millionen Euro gegen 22 Wursthersteller und 33 verantwortliche Einzelpersonen verhängt. Nach den Ermittlungen des Bundeskartellamts hatten sich 22 Wursthersteller jahrelang über ihre Preisforderungen in den Verhandlungen mit dem Lebensmittelhandel abgestimmt, um eine bessere Bezah-

---

48 *Rechtslage in Deutschland und den USA – Abgas-Skandal: VW hat sich verraten, und kaum einer hat's gemerkt* auf Focus Online am 7.6.2017: https://www.focus.de/auto/experten/rogert/rechtslage-in-deutschland-und-den-usa-abgas-skandal-vw-hat-sich-verraten-und-kaum-einer-hats-gemerkt_id_7221725.html.

49 *Bundeskartellamt, Erfolgreiche Kartellverfolgung – Nutzen für Wirtschaft und Verbraucher*, Dezember 2016, bezogen über https://www.bundeskartellamt.de/SharedDocs/Publikation/DE/Broschueren/Informationsbrosch%C3%BCre%20-%20Erfolgreiche%20Kartellverfolgung.pdf;jsessionid=5FA20BAA4CD2603D31F7FA802686CDAB.2_cid387?__blob=publicationFile&v=12.

lung durchsetzen zu können. Durch die sogenannte „**Wurstlücke**" konnten mehrere Firmen mit Umstrukturierungen den gegen sie verhängten Strafen entgehen: Sie ließen die haftenden Tochterunternehmen vom Markt verschwinden, damit sie nicht mehr haftbar waren[50].

Zunächst stellt sich die Frage, welcher Anspruch auf Schadensersatz hier wie durchgesetzt werden könnte. Auf der einen Seite wird kaum ein Käufer noch seine Kassenbons vorlegen können. Der Handel könnte überhöhte Preise reklamieren, die Berechnung des Preises für den Weiterverkauf bleibt aber fiktiv. **Präventionswirkungen** treten hier aber nur ein, wenn es schon im Kartellverfahren zu einer Gewinnabschöpfung käme. In einem Verfahren des kollektiven Rechtsschutzes könnte allenfalls der Schaden des Handels oder der Gastronomie justiziabel greifbar gemacht werden. Der Endverbraucher dürfte keine erforderlichen Belege vorlegen können, zudem dürfte es nur um geringe Beträge gehen.

f. Prozessfinanzierung

Fast alle der zuvor genannten Rechtsgebiete stellen etwaige Kläger vor besondere Herausforderungen:

- Zunächst erfordern die Rechtsgebiete eine gewisse anwaltliche **Spezialisierung**, die auch regional nicht überall angeboten wird. Das gilt besonders bei geringen Streitwerten, wie zum Beispiel den Fluggastrechten. Angesichts des geringen Gebührenaufkommens wird schon die Klageschrift zu einem anwaltlichen Verlustgeschäft, wenn diese Verfahrensart nicht immer wieder betrieben wird. Entsprechendes gilt für komplexe Rechtsgebiete wie das Kartellrecht sowie im Kapitalmarktrecht.
- Die Anspruchsbegründung erfordert häufig Zugriff auf weitere **Tatsachen und Informationen**, die nicht ohne weiteres bezogen werden können.
  - Bei den **Fluggastrechten** sind das zum Beispiel die Daten zu den tatsächlich durchgeführten Flügen.
  - Bei **Dieselgate** kommt es für die Kfz-Halter auf technische Fragen[51] und eine komplizierte Rechtslage wie zur Typenzulassung an. Beides erfordert umfangreiche Gutachten, deren Kosten über dem Streitwert liegen können. Die Verfahren werden auch dadurch aufwendiger, weil die Volkswagen AG und ihre Konzerngesellschaften immer wieder schon das Vorliegen einer

---

50 *Abzock-Sauerei mit Wurst-Aufschnitt* auf Bild online am 19.12.2017 http://www.bild.de/geld/wirtschaft/wirtschaft/wurst-kartell-deutsche-zahlten-zu-viel-fuer-aufschnitt-54238354.bild.html.

51 Ein gutes Beispiel ist das von Hausfeld eingeholte Gutachten zu den Defeat Devices, das so ein einzelner Kläger bei einem typischen Streitwert in der Höhe von EUR 10.000 nicht einholen kann. https://www.hausfeld.com/uploads/Case_Studies/2016.03.14_Foster_Report_Final.pdf.

Rechtsverletzung bestreiten, obwohl sie wegen Dieselgate in den USA bereits etwa 25 Milliarden US-Dollar bezahlt haben[52].

- Auch in **Kartellklagen** gibt es eine Reihe von Besonderheiten, die einen hohen Spezialisierungsgrad erfordern.
- Häufig gehen solche Verfahren durch alle Instanzen. Das verlangt nicht nur Nerven, sondern auch **wirtschaftliches Leistungsvermögen** und **Risikobereitschaft**. Schließlich verlangen einige Kfz-Hersteller von ihren Händlern, etwaige Klagen zum Beispiel auf Schadensersatz mindestens bis zur zweiten Instanz abzuwehren[53]. Wie nachfolgend unter VI.12.b. noch vorgerechnet wird, liegt das Prozesskostenrisiko bei einer typischen Klage wegen Dieselgate-Schäden bei drei Instanzen schon deutlich über dem fiktiven Streitwert in der Höhe von 10.000 Euro. Daher verzichten viele Kläger auf ein Verfahren, weil sie nicht bereit sind, mehrjährige Verfahren durch mindestens zwei Instanzen zu finanzieren.

In den letzten Jahren haben sich für viele Rechtsgebiete spezialisierte **Prozessfinanzierer** etabliert. Zur eigenen **Risikominimierung** schaffen sie Voraussetzungen für den Prozesserfolg, wozu ein einzelner Kläger alleine schon aus wirtschaftlichen Gründen nicht in der Lage ist.

- Zunächst arbeiten sie mit hinreichend **spezialisierten Rechtsanwälten** zusammen. Das gilt nicht nur bei der Erstellung der Schriftsätze, sondern auch bei der Wahrnehmung der Gerichtstermine. Das ist besonders bei geringen Streitwerten, wie zum Beispiel bei den Fluggastrechten, wichtig.
- Sie verfügen auch über die **erforderlichen Daten**. Kein Einzelanwalt kann alle Daten von verspäteten und annullierten Flügen während der Verjährungsfrist vorhalten!
- Die entscheidungserheblichen Sach- und Rechtsfragen werden zum Beispiel mit **technischen und juristischen Gutachten** aufbereitet. So stehen bei den Dieselgate-Klagen die Kfz-Halter vor komplexen zulassungsrechtlichen und technischen Fragen, die aufwendig aufbereitet werden müssen. Diese Gutachten lassen sich nicht nur in tausenden von Verfahren einsetzen, sondern auch fortschreiben. Angesichts der damit verbundenen Kosten lassen sich einzelne Klagen kaum noch wirtschaftlich führen.

---

52 *Reuters am 2.3.2018: Volkswagen-Chef lehnt Diesel-Nachrüstungen nicht rundweg ab*, bezogen über https://de.reuters.com/article/deutschland-diesel-nachr-stung-idDEKCN1GE264.

53 Interview mit dem Verbandschef der VW- und Audi-Händler, Dirk Weddigen von Knapp im Nachrichtenmagazin Der Spiegel, Heft 38/2017, Vorabbericht: http://www.spiegel.de/wirtschaft/unternehmen/dieselskandal-vw-haendler-gehen-gegen-eigenen-konzern-auf-die-barrikaden-a-1167791.html.

- Die Vielzahl von Verfahren führt zu einem **Erfahrungsstand**, den Einzelanwälte nicht aufbauen können.
- Außerdem übernehmen Prozessfinanzierer das **vollständige Kostenrisiko** für alle Instanzen. Zum Beispiel dürften bei den Dieselgate-Klagen von Fahrzeughaltern die Kosten der erforderlichen technischen bzw. zivil- und verwaltungsrechtlichen Gutachten häufig schon den Streitwert der einzelnen Klage übersteigen.

In der Kombination dieser Leistungen erweitern Prozessfinanzierer den **Justizgewährleistungsanspruch** und **entlasten die Gerichte**. Bei einer angemessenen Erfolgsbeteiligung, in der der Anspruchsinhaber mehr als die Hälfte der erstrittenen Summe samt Zinsen erhält, spricht nichts gegen dieses Geschäftsmodell. Zudem dürfte der Wettbewerb verschiedener Anbieter dazu führen, dass auch in Zukunft die Erfolgsbeteiligung nicht wesentlich mehr als etwa ein Drittel des Streitwerts ausmacht.

Angesichts solcher Möglichkeiten gibt es keinen sachlichen Grund, die Einschaltung von **„qualifizierten Einrichtungen“** zur Zugangsvoraussetzung zum kollektiven Rechtsschutz zu machen. Zudem dürften solche Vereine weder über den erforderlichen juristischen Spezialisierungsgrad verfügen, noch über die finanziellen Möglichkeiten. Außerdem stellt es sicherlich keine klassische Aufgabe der öffentlichen Daseinsvorsorge dar, halbstaatliche „qualifizierte Einrichtungen“ mit dem für eine effektive Rechtsverfolgung erforderlichen Kapital auszustatten.

g. Darlegungs- und Beweislasten

Im kontradiktorischen Zwei-Parteien-Prozess liegen die Darlegungs- und Beweislasten immer bei der behauptenden Partei. Das ist sachgerecht, wenn sich die Parteien auf **gleicher Augenhöhe** begegnen und jeder Zugang zu allen streitentscheidenden Tatsachen hat. Bei asymmetrischen Prozesslagen haben insbesondere die Kläger von Anfang an wesentlich geringere Chancen, ihre Rechtspositionen auch gerichtlich durchzusetzen. Das widerspricht dem **Justizgewährleistungsanspruch**, wonach jede Rechtsposition auch gerichtlich durchsetzbar sein muss.

Bei verschiedenen Prozesslagen, die typischerweise dem kollektiven Rechtsschutz zugänglich sind, verfügen die Parteien nicht über den gleichen Zugang zu den entscheidungserheblichen Tatsachen. Das gilt beispielsweise

- bei einem **strukturellen Informationsgefälle** wie im Kapitalmarktrecht,
- bei der Erforderlichkeit von **besonderen Daten**, auf die wie bei den Fluggastrechten nicht jeder Kläger Zugriff haben kann oder
- bei der Klärung von rechtlichen oder technischen Fragen zur Anspruchsbegründung durch aufwendige **Gutachten,** wie zum Beispiel bei Dieselgate oder Kartellklagen.

In solchen Verfahrenslagen besteht **keine prozessuale Waffengleichheit.** Weil sich ein Beklagter nur auf die vom Kläger aufgeworfenen Sach- und Rechtsfragen einlassen muss, können viele Sach- und Rechtsfragen nicht streitgegenständlich werden, wenn kein **identischer Zugriff auf Tatsachen** möglich ist. Daher genügt es für einen effektiven kollektiven Rechtsschutz nicht, die Zivilprozessordnung nur um verfahrensrechtliche Regelungen zu erweitern. Hier sind vor allem die **Darlegungs- und Beweislasten** so zu modifizieren, dass auch Verfahren dieser Art auf gleicher Augenhöhe geführt werden können. Im materiellen Recht sind vor allem die **Verjährungsregelungen** so zu verlängern, dass sie erst mit dem Abschluss der Verfahren im kollektiven Rechtsschutz enden. Das schafft nicht nur die wirtschaftlichen Voraussetzungen für einen Vergleich, weil die Modifizierung der Darlegungs- und Beweislasten auch die Prozessstrategie der Beklagten modifiziert. Der strukturelle Informationsvorsprung in den hier bestehenden asymmetrischen Prozesslagen ließe sich so nicht mehr ohne weiteres ausspielen.

h. Gewinn- bzw. Vorteilsabschöpfung

Bislang kennt das Zivilrecht nur in § 34a GWB und § 10 UWG eine Gewinn- bzw. Vorteilsabschöpfung. Das erfolgt in beiden Fällen zugunsten des Bundeshaushalts, das Prozessrisiko liegt aber bei privaten Klägern. Damit dienen diese Normen nicht der Schadenskompensation, sondern dem **Strafmonopol des Staates.** Dennoch gilt in den vorangegangenen Zivilverfahren nicht der Amtsermittlungsgrundsatz, was das Risiko für Kläger mindern könnte. Ähnliche Wirkungen treten über die §§ 73ff. StGB, § 111 StPO, §§ 17 Abs. 4 S. 1, 29a OWiG ein. Hier liegt allerdings das Prozessrisiko bei den Strafverfolgungsbehörden.

Die **Präventivfunktion des kollektiven Rechtsschutzes** führt natürlich auch zu der Frage, unter welchen Voraussetzungen eine Gewinn- bzw. Vorteilsabschöpfung als sinnvoll erscheint.

- Zunächst stellt sich die Frage, bei welchen **Rechtsverletzungen** die Präventions- und Ausgleichsfunktion einer Rechtsnorm durch eine Gewinn- bzw. Vorteilsabschöpfung verstärkt werden soll.
- Dabei wäre es systemwidrig, wenn wie in den oben genannten Normen die **Wirkungen von Strafzahlungen** eintreten. Schließlich setzt die Präventionsfunktion des kollektiven Rechtsschutzes unterhalb der polizei- und ordnungsrechtlichen Ermächtigungsgrundlagen ein. Außerdem bedeutet nicht jede zivilrechtliche Rechtsverletzung zugleich auch eine Straftat. Zudem liegt das Prozessrisiko bei Privaten, die in kontradiktorischen Verfahren nur einen sehr eingeschränkten Zugang zu Beweismitteln aus der Sphäre des Vertragspartners haben.
- Nicht nur im Prozessrecht müssen **Chancen und Risiken** in einem ausgewogenen Verhältnis stehen. Daher spricht einiges dafür, klagenden Verbänden bzw.

„qualifizierte Einrichtungen" an der Gewinn- bzw. Vorteilsabschöpfung angemessen und gegebenenfalls mit einer Zweckbindung zu beteiligen. Weil hier – anders als in den USA – auch ein Honoraranspruch nur im Falle einer Klagestattgabe erfolgt, besteht hier nicht die Gefahr eines sachwidrigen Anreizsystems.
- Eine **Hinterlegung** zumindest eines Teilbetrags für weitere Anspruchsberechtigte würde die Präventionswirkungen des kollektiven Rechtsschutzes verstärken. So eine Regelung wäre aber weder verhältnismäßig, noch systemkonform. In einem von der Privatautonomie geprägten Zivilrecht liegt es bei jedem Einzelnen, ob und wie er seine Rechtspositionen geltend macht. Dazu gehört auch das Insolvenzrisiko. Auf der anderen Seite hätte es Strafcharakter, Zahlungen zu verlangen, die mit großer Wahrscheinlichkeit auch nicht vollständig von den Anspruchsinhabern beansprucht werden. Dann stellt sich zudem die Frage, wer diese Mittel mit Ablauf der Verjährungsfrist erhalten soll. Offen ist auch, wie der Gesamtbetrag nach Grund und Höhe zu ermitteln ist. Daher spricht alles gegen eine Hinterlegung.

i. Verjährungsunterbrechung

Bislang führen die Rechtsbehelfe im KapMuG nicht zu einer Hemmung oder Unterbrechung der Verjährung für weitere Anspruchsinhaber. Etwas anderes gilt nach § 204 Abs. 1 Nr. 6a BGB nur bei einer **Anmeldung** nach § 10 Abs. 2 und 3 KapMuG.

Wie weiter unten noch im Einzelnen aufgezeigt wird, vermag eine Verjährungsunterbrechung die **Prozessstrategie der Beklagten** zu modifizieren. Bislang macht es durchaus Sinn, die Verfahren erst nach Ablauf der Verjährungsfrist aktiv zu betreiben. Wenn die Verjährung aber erst sechs Monate nach dem rechtskräftigen Abschluss der Verfahren eintritt, spricht alles für eine beschleunigte Verfahrensführung. So wäre zum Beispiel auch heute noch nach dem dritten Börsengang bei der Deutschen Telekom am 19. Juni 2000 eine Klageerhebung möglich.

Hier ist bei komplexen Sachverhalten aber auch zu berücksichtigen, dass manche Folgeschäden erst wesentlich später erkennbar werden. Ein gutes Beispiel sind Updategate[54] und Valuegate[55]. Wie der Wirtschaftspresse zu entnehmen war, waren

---

54 *VW-Dieselskandal – Probleme mit VW-Update-Aktion wachsen* vom 13.11.2017, bezogen über https://www.auto-motor-und-sport.de/news/vw-dieselskandal-software-updates-probleme-partikelfilter-agr-ventil-erfahrungen-fakten-12797435.html.

55 *Nach Fahrverbots-Urteil – Diesel-Verbote verbrennen Milliarden* vom 27.2.2018, bezogen über https://www.focus.de/auto/news/nach-fahrververbots-urteil-diesel-verbote-verbrennen-milliarden-leasing-ruecklaeufer-werden-zum-risiko_id_8533824.html und *VW gibt erstmals Millionen-Wertver-*

die Unternehmen des Volkswagen-Konzerns bezeichnenderweise auch nicht dazu bereit, die Verjährung für die Sachmängelgewährleistung signifikant zu verlängern. Falls die Durchführung von Verfahren im kollektiven Rechtsschutz die Verjährung unterbricht, besteht auch für später eintretende **Mangelfolgeschäden** kein rechtlicher Klärungsbedarf mehr.

j. Möglicher Anwendungsbereich

Es gibt eine Reihe von Regelungssystemen und Prozesslagen, die Ansprüche für Massen- und Streuschäden schaffen. Es fehlt aber ein praktikabler kollektiver Rechtsschutz bei gleichgelagerten Schäden zur Rechtsdurchsetzung. Das gilt vor allem für die folgenden Ansprüche:

- Im Kapitalmarktrecht besteht eine Haftung für **Ad-hoc-Mitteilungen** aus den §§ 39b, 39c WpHG und aus § 12 WpÜG für die **Angebotsunterlage.** Hinzu treten die Ansprüche aus der **zivilrechtlichen Prospekthaftung** wie aus §§ 21ff. WpPG.
- Im klassischen **Vertragsrecht** werden bei **Dieselgate** zum Beispiel die Klagen von Kfz-Haltern jedes Landgericht und nachfolgend Oberlandesgericht vor besondere Herausforderungen stellen. Jedes Autohaus, das Fahrzeuge zum Beispiel aus dem VW-Konzern vertreibt, dürfte eine Vielzahl von Klagen erhalten, bei denen es immer wieder um die gleichen Sach- und Rechtsfragen geht.
- Entsprechendes gilt bei **Klagen gegen Banken** wegen unwirksamer Bankgeschäfte bzw. Gebührenvereinbarungen.
- Das Gesetz über die **Haftung für fehlerhafte Produkte** (Produkthaftungsgesetz-ProdHaftG) enthält in § 1 einen sehr weitreichenden Haftungsanspruch. Eigenartigerweise sind bislang kaum Fälle bekannt geworden, in denen geschädigte Käufer in einem substantiellen Umfang Schadensersatz durchgesetzt haben.
- **Kartellrecht:** Alleine durch das Schienenkartell dürfte die Deutsche Bahn AG einen dreistelligen Millionenbetrag verloren haben, den letztlich die Bahnkunden oder der Steuerzahler zu tragen haben[56]. Ein weiteres gutes Beispiel ist das **„Lkw-Kartell[57]“.** Danach haben einige Hersteller in den letzten Jahren teilweise um etwa 15 % überhöhte Preise genommen.

---

lust bei Dieseln zu vom 19.3.2018, bezogen über https://www.bild.de/geld/wirtschaft/abgas-skandal/diesel-leasing-hammer-55143936.bild.html.

56 *Schienenkartell: Deutsche Bahn treibt Hunderte Millionen Euro Schadensersatz ein* vom 21.3.2016, bezogen über http://www.sueddeutsche.de/wirtschaft/illegale-preisabsprachen-schienenkartell-deutsche-bahn-treibt-hunderte-millionen-euro-schadenersatz-ein-1.2915565

57 *Autokrise – Jetzt haben Daimler & Co. auch noch die Bahn gegen sich* vom 4.8.2017, bezogen über: https://www.welt.de/wirtschaft/article167364863/Jetzt-haben-Daimler-Co-auch-noch-die-Bahn-gegen-sich.html.

- **Fluggastrechte** aus der Verordnung Nr. 261/2004 des Europäischen Parlaments müssen häufig im Klagewege durchgesetzt werden[58]. Für **Bahn-, Fernbus-, Flug- und Schiffsreisende** gibt es daher jetzt auch mehrere Schlichtungsstellen. Allerdings wird nicht mitgeteilt, wie hoch die durchgesetzten Forderungen sind.
- Bei **Energielieferungsverträgen** (Fernwärme, Gas, Strom, Wasser) kommt es immer wieder vor, dass die Gerichte eine Preiserhöhung für unwirksam erklären. Dann wären eigentlich die auf dieser Grundlage geleisteten Zahlungen zurückzuzahlen. In der Praxis erfolgt das jedoch – wie bei den Fluggastrechten – häufig nur unter Druck von Zahlungsklagen.
- Das **Unterlassungsklagengesetz** (UKlaG) entstand im Rahmen der Schuldrechtsmodernisierung im Jahr 2002. Es enthält ein Verbandsklagegerecht zur Inhaltskontrolle von Allgemeinen Geschäftsbedingungen nach §§ 307 ff. BGB sowie weiteren Ansprüchen von Verbrauchern bzw. § 95b UrhG. Danach können „qualifizierte Einrichtungen" einen Anspruch auf Unterlassung und Widerruf geltend machen. Es gibt aber keinen kollektiven Rechtsschutz für einzelne Verbraucher bzw. Vertragspartner. Er kann sich zwar auf die Unwirksamkeit einer Klausel berufen, § 11 UKlaG. In diesem Regelungskonzept fehlt aber ein wichtiger Punkt: Etwaige Schäden muss jeder Anspruchsinhaber mit einer eigenen Klage geltend machen. Weil es dazu nur selten kommt, behalten die Verwender von rechtswidrigen und unwirksamen Klauseln ihre Vorteile.

k. KapMuG – Außerkrafttreten

Das Kapitalanleger-Musterverfahrensgesetz tritt am **1. November 2020** außer Kraft, § 28 KapMuG. Damit muss sich der 19. Bundestag mit dem kollektiven Rechtsschutz befassen. Er steht vor der Entscheidung, die Wirksamkeit des KapMuG zu verlängern oder andere Regelungen, zum Beispiel in der ZPO, zu schaffen.

5. Diskussionsstand in Deutschland, Österreich und Schweiz

Bislang hat der Gesetzgeber den **Empfehlungen der EU-Kommission** vom 11. Juni 2013 (2013/396/EU) noch nicht entsprochen[59]. Während der Koalitionsvertrag für die

58 *Verschleppen, Lügen, Zahlung verweigern – Die Abzocker-Airlines und ihre miesesten Tricks* vom 4.10.2017, bezogen über http://www.bild.de/bild-plus/reise/fluege/airline/airlines-druecken-sich-vor-entschaedigung-schwarze-schafe-53340854,view=conversionToLogin.bild.html.

59 Bezogen über http://eur-lex.europa.eu/legal-content/DE/TXT/PDF/?uri=CELEX:32013H0396&from=DE.

17. Legislaturperiode aus dem Jahr 2013 das Thema kollektiver Rechtsschutz noch nicht aufgriff[60], kam das Thema – wahrscheinlich beschleunigt durch Dieselgate – vor allem seit 2015 auf die Agenda. Der Diskussionsstand wird für Deutschland Ende 2017/Anfang 2018 unter a. bis m. dargestellt. Für Österreich (n.) und die Schweiz sowie das Fürstentum Liechtenstein (o.) kann hier nur ein kurzer Überblick gegeben werden. Zum Zeitpunkt des Redaktionsschlusses lag der im Koalitionsvertrag vereinbarte Gesetzentwurf für eine Musterklage noch nicht vor (p.)

a. Koalitionsvertrag für die 18. Legislaturperiode

Im Koalitionsvertrag zwischen CDU, CSU und SPD für die 18. Legislaturperiode[61] geht es nur am Rande um Justiz und Rechtschutz:

- „1.5. Regeln für die Finanzmärkte
  Die BaFin erhält die Möglichkeit, entsprechend den europäischen Regeln den Vertrieb komplexer und intransparenter Finanzprodukte zu beschränken oder zu verbieten, sofern diese die Finanzmarktstabilität gefährden oder unverhältnismäßige Risiken für Anleger bergen. Sie erhält den kollektiven Schutz der Verbraucher als wichtiges Ziel ihrer Aufsichtstätigkeit."
- „5.2. Moderner Staat, lebendige Demokratie und Bürgerbeteiligung/„moderne Justiz" „Wir wollen einen bürgernahen und effektiven Zivilprozess. ..."

Der kollektive Rechtsschutz kommt hier noch nicht vor.

b. XX. Hauptgutachten der Monopolkommission

Die Monopolkommission hat sich in den letzten Jahren immer wieder im Zusammenhang mit der Durchsetzung von Schadensersatz- und Unterlassungsklagen mit dem kollektiven Rechtsschutz auseinandergesetzt. Bereits im XX. Hauptgutachten vom 1. Juli 2014 wird auf die Bedeutung eines effektiven Rechtsschutzes für den Gerichtsstandort Deutschland hingewiesen. Damit dürfte mittelbar auch der Wirtschaftsstandort Deutschland gemeint sein. Dazu heißt es am Ende von Randnummer 954[62]:

---

60 *Koalitionsvertrag für die 17. Legislaturperiode*, bezogen über http://www.csu.de/common/_migrated/csucontent/091026_koalitionsvertrag.pdf.

61 *Koalitionsvertrag für die 18. Legislaturperiode*, Seite 62 unten und Seite 154 oben, bezogen über https://www.bundesregierung.de/Content/DE/_Anlagen/2013/2013-12-17-koalitionsvertrag.pdf?__blob=publicationFile

62 *Eine Wettbewerbsordnung für Finanzmärkte – Zwanzigstes Hauptgutachten der Monopolkommission gemäß § 44 Abs. 1 Satz 1 GWB – 2012/2013* – bezogen über http://www.monopolkommission.de/images/PDF/HG/HG20/HG_XX_gesamt.pdf.

„**6.2 Private Kartellverfolgung**

954.

...

Die britische Regierung hat im Berichtszeitraum Änderungen für eine Reform des Verfahrensrechts für private Schadenersatzklagen vorgeschlagen, welche die Erhebung von Sammelklagen (Opt-out) und nicht an eine behördliche Verfügung anknüpfende Kartellklagen vor einem speziellen Kartellgericht (Competition Appeal Tribunal) möglich machen würde. Diese Maßnahmen werden nach Einschätzung von Marktbeobachtern die Attraktivität des Vereinigten Königreichs als Gerichtsstand für Kartellschadenersatzklagen weiter steigern. Sie dürften zugleich allerdings das Risiko erhöhen, dass Schadenersatzklagen gegen deutsche Unternehmen außerhalb Deutschlands und damit in einer für heimische Unternehmen nicht leicht einschätzbaren Rechtsordnung erhoben werden.

Die Monopolkommission warnt vor diesem Hintergrund davor, die Umsetzung der Richtlinie zu privaten Schadenersatzklagen in deutsches Recht zu verzögern. Für den Fall einer spürbaren Verlagerung von Kartellschadenersatzklagen zu ausländischen Gerichtsständen tritt sie dafür ein, die geltenden Verfahrensregeln für Schadenersatzklagen mit Blick auf die Kommissionsempfehlung zu kollektiven Unterlassungs- und Schadenersatzverfahren zu überprüfen, um das deutsche Verfahrensrecht in geeigneter Weise anzupassen."

[Unterstreichung nur für diesen Beitrag]

Daher spricht einiges dafür, einen effektiven und ausgewogenen Rechtsschutz auch als einen Standortvorteil zu begreifen. Dieser Vorschlag greift diesen Aspekt allerdings nicht weiter auf. In einer globalisierten Wirtschaftswelt spricht aber einiges dafür, hier ansässigen Unternehmen in möglichst vielen Prozesslagen die Risiken ausländischer Rechts- und Verfahrensordnungen zu ersparen. Das zeigt sich gegenwärtig auch bei Dieselgate.

c. XXI. Hauptgutachten der Monopolkommission

Unter dem 20. September 2016 empfiehlt die Monopolkommission in ihrem XXI. Hauptgutachten die Einführung eines kollektiven Rechtsschutzes durch **Gruppenzahlungsklagen.** Dazu steht in den Randziffern 182 bis 184[63]:

5.8.3. Kollektiver Rechtsschutz

2.8.3.3 Empfehlung

182. Die Monopolkommission steht Gruppenklagen positiv gegenüber, da durch sie Geschädigten der Zugang zur Justiz erleichtert wird und zugleich deutsche Gerichte entlastet werden. Die Monopolkommission unterstützt den geplanten Gesetzesentwurf des Justizministeriums zum Musterfeststellungsverfahren, durch den ebenfalls Gerichtskosten der Parteien und öffentliche

---

63 *Wettbewerb 2016 – Einundzwanzigstes Hauptgutachten der Monopolkommission gemäß § 44 Abs. 1 Satz 1 GWB*, bezogen über http://www.monopolkommission.de/images/HG21/HGXXI_Gesamt.pdf.

Ausgaben gesenkt werden können. Sie weist darauf hin, dass diese Einsparungen bei einer echten Gruppenklage deutlich höher ausfallen würden, da im Anschluss an ein Musterfeststellungsverfahren jeder Geschädigte seine Ansprüche noch individuell durchsetzen werden muss.

183. Zur Überwindung des rationalen Desinteresses bei Kleinstschäden wären nur Opt-out-Gruppenklagen geeignet. Eine Vorteilsabschöpfung kann jedoch durch eine Reform des § 34a GWB leichter bewerkstelligt werden. Vor diesem Hintergrund sollte dem Opt-in-Modell als „milderes Mittel" der Vorzug gegeben werden. Zudem plädiert auch die Europäische Kommission in ihrer unverbindlichen Empfehlung für Opt-in-Gruppenklagen. Vorbehalte in Bezug auf das rechtliche Gehör und die Entstehung einer Klageindustrie stehen der Einführung insbesondere von Opt-in-Gruppenklagen nach Auffassung der Monopolkommission nicht im Wege.

184. Die Monopolkommission empfiehlt daher die Einführung einer Gruppenklage nach dem Opt-in-Modell sowie eine Reform des § 34a GWB. Erstens sollte das Vorsatzerfordernis aus § 34a GWB gestrichen werden. Zweitens sollte der Schadensnachweis durch eine widerlegbare Schadensvermutung und ggf. durch einen Mindestschätzbetrag erleichtert werden. Drittens könnte im Gesetz vorgesehen werden, dass zumindest ein Teil der abgeschöpften Summe bei dem Verband verbleibt."

[Unterstreichung nur für diesen Beitrag]

d. Wissenschaftliche Dienste des Deutschen Bundestages

Die wissenschaftlichen Dienste des Deutschen Bundestages fassen unter dem 7. Oktober 2016 mit dem Aktenzeichen WD 7 – 3000 – 149/16 den Sachstand *„zur Einführung europaweiter Schadensersatzregeln"* zusammen[64]. Darin werden im Wesentlichen die Vorgaben der EU und die Empfehlungen der EU-Kommission wiedergegeben. Außerdem wird an die Empfehlung der EU-Kommission 2013/396 vom 11. Juni 2013 erinnert, einen kollektiven Rechtsschutz bis zum 26. Juli 2015 einzuführen[65].

e. 5. Untersuchungsausschuss („Abgasskandal")

Die Beschlussempfehlungen und der Bericht des 5. Untersuchungsausschusses des 18. Bundestages zum „Abgasskandal" sprechen sich im Hinblick auf die Schäden bei Fahrzeughaltern und Anlegern für einen Ausbau des kollektiven Rechtsschutzes aus[66].

---

64 *Sachstand – Zur Einführung europaweiter Schadensersatzregeln*, Az. WD 7 – 3000 – 149/16 vom 7.10.2016, bezogen über https://www.bundestag.de/blob/483612/57cdec1064b51427b2ee86d34242bfb3/wd-7-149-16-pdf-data.pdf, siehe nachfolgend Materialien VI.

65 Bezogen über http://eur-lex.europa.eu/legal-content/DE/TXT/PDF/?uri=CELEX:32013H0396&from=DE.

66 BT Drucks. 18/12900, Bericht vom 22. Juni 2017 bezogen über http://dip21.bundestag.de/dip21/btd/18/129/1812900.pdf.

Im Mehrheitsbericht der Regierungsparteien CDU /CSU/SPD heißt es auf Seite 540:

> **„9. Musterfeststellungsklage als Beitrag zum Verbraucherschutz**
> Traditionell sieht das deutsche Schadensersatzrecht ein Zwei-Parteienverhältnis vor, das auf die Beseitigung von Mängeln gerichtet ist. Dieses Prinzip hat sich bewährt. Grundsätzlich soll jeder Kunde sich im Rahmen des Individualklageweges an den Verkäufer – unter Umständen auch an den Hersteller – wenden, um seine Rechte durchzusetzen.
> Dies fällt bei Massenschadensereignissen wie im Falle des Abgasskandals bei VW jedoch vielen Kunden schwer, insbesondere bei geringen Streitwerten, für die der Aufwand für eine gerichtliche Durchsetzung im Verhältnis häufig zu hoch ist. Der Ausschuss empfiehlt daher, den Individualklageweg für solche besonders gelagerten Fälle zu ergänzen.
> Die Einführung einer Musterfeststellungsklage wäre dafür ein geeignetes Mittel. In einem Musterprozess würden gleichgelagerte Streitpunkte bei einer Vielzahl von Fällen einheitlich – auch durch einen Vergleich – entschieden werden. Sie wäre eine Verstärkung des Verbraucherschutzes, da viele betroffene Verbraucher ihre Mittel gebündelt nutzen könnten. Die Verbraucher würden mit Hilfe eines Prozesses Klarheit über ihr individuelles Prozessrisiko sowie ihre Ansprüche erhalten. Gleichzeitig würde die Musterfeststellungsklage aufgrund der Beschränkung hinsichtlich der Klageberechtigten einer Klageindustrie wie etwa in den Vereinigten Staaten vorbeugen. Denn es sollten nur Verbände klagebefugt sein, die die Aufklärung der Verbraucherbelange nicht gewerbsmäßig betreiben. Sie wäre aber auch eine Hilfe für Unternehmen, denn so müssten diese nicht mehr das Risiko einer Vielzahl gegen sie gerichteter Prozesse fürchten[67]. Dabei ist eine Orientierung an bereits bestehenden Spezialregelungen wie § 3 Nr. 1 UKlaG und §§ 17–19 KapMuG sinnvoll.
> Mit Hilfe der Ergebnisse eines Musterfeststellungsklageverfahrens können betroffene Kunden in anschließenden Individualklagen ihre Rechte effektiver durchsetzen."
> [Unterstreichung nur für diesen Beitrag]

In den Forderungen der Fraktion DIE LINKE steht:

> Seiten 545:
> **„Beweislast umkehren**
> Wie der Abgasskandal gezeigt hat, lassen sich Abschalteinrichtungen und vergleichbare Strategien zur Beeinflussung der Emissionsminderungssysteme nicht ohne hohen Aufwand nachweisen. Die Hersteller beweisen bei der Entwicklung entsprechender Strategien eine hohe „Kreativität" und haben beim sich rasant entwickelnden technologischen Fortschritt immer „eine Nase vorn". Um die damit einhergehenden Nachweisschwierigkeiten für die Genehmigungsbehörde abzumildern, ist im Gesetz eine Umkehr der Beweislast zu verankern, wie sie in den USA bereits etabliert ist. Solange Hersteller Gründe für Messwertabweichungen nicht eindeutig plausibel technisch gegenüber der Genehmigungsbehörde darlegen, besteht die widerlegliche Vermutung, dass die Grenzwerte nicht eingehalten werden bzw. Abschalteinrich-

---

67 Anmerkung des Verfassers: Diese „Risikominimierung" zugunsten der „Unternehmen" untergräbt das Verursacherprinzip. Die verfassungsrechtlichen Gewährleistungen wie zum Justizgewährleistungsanspruch verlangen, das Primat des Rechts durchzusetzen und einen effektiven Rechtsschutz zu schaffen. Für Überlegungen zur Risikominimierung ist da kein Raum, weil sie die Rechte der Anspruchsinhaber schwächen.

tungen verbaut sind. Eine Beweislastumkehrregelung erscheint vor dem Hintergrund, dass Hersteller bereits nach derzeitiger Rechtslage die Wirkungsweise des Emissionsminderungssystems zu belegen haben, eher deklaratorisch. Gleichwohl erscheint sie notwendig, um einem erneuten Abgasskandal entgegenzuwirken."
[Unterstreichung nur für diesen Beitrag]

Seite 547:
„Verbraucherrechte stärken
Die Ermittlungsergebnisse belegen, dass vor Bekanntwerden des Abgasskandals in der Öffentlichen Wahrnehmung der Irrglaube vom „sauberen Diesel" kursierte, obwohl die hohen Realbetriebsemissionen bekannt gewesen sind. Viele Verbraucherinnen und Verbraucher zeigten sich entsetzt, als sie mit Bekanntwerden des Abgasskandals von den hohen Realbetriebsemissionen der eigenen Fahrzeuge erfuhren.
Es obliegt der Bundesregierung, dafür zu sorgen, dass Verbraucherinnen und Verbraucher deutlich besser über das reale Emissionsverhalten von Fahrzeugen im Realbetrieb aufgeklärt werden. Nur so können Verbraucher in die Lage versetzt werden, ihre Kaufentscheidung für ein Fahrzeug so umweltverträglich wie möglich zu gestalten. Die Bundesregierung ist aufgefordert, Initiativen zu ergreifen, um Methoden wie Greenwashing, mit dem die Hersteller wider der Realität Fahrzeuge als besonders umwelt- und/oder klimafreundlich darstellen, Einhalt zu gebieten. Zudem ist den Verbraucherinnen und Verbrauchern die Möglichkeit von Gruppen- und Musterfeststellungsklagen einzuräumen, damit diese gemeinsam gegen unlautere Unternehmensmethoden vorgehen können und ihre Rechtsansprüche wirksamer durchsetzen können."
[Unterstreichung nur für diesen Beitrag]

Im Berichtsteil bzw. den Forderungen von BÜNDNIS 90/DIE GRÜNEN steht:

Seite 614 f.:
„4. Wo bleiben die Musterfeststellungsklagen, die Justizminister Maas auch als Reaktion auf den Abgasskandal einführen wollte?
Der Abgasskandal hat zudem den Mangel an rechtlichen Instrumenten für die Verbraucherinnen und Verbraucher unterstrichen. Wer aufgrund manipulierter Abgaswerte gegen einen Hersteller klagen will, muss dies ganz alleine bewerkstelligen, da es in Deutschland keine Möglichkeit zur Gruppenklage gibt.
Pläne des Justizministeriums, das Rechtssystem an dieser Stelle anzupassen, wurden jahrelang nicht vorangetrieben. Doch der Abgasskandal sorgte für neuen Aktionismus bei Verbraucherschutzminister Heiko Maas. Der hatte nach Bekanntwerden des Skandals angekündigt, das Instrument der Musterfeststellungsklage einzuführen. Erklärtes Ziel war es, gerichtliche Entscheidungen für ähnliche Sachverhalte in einem Verfahren zu bündeln.[3561]
Bereits früh wurde das Vorhaben von Verkehrsminister Dobrindt torpediert. In dem Entwurf es zuvor erwähnten Berichts für den Rechtsausschuss des Deutschen Bundestages war auch ein Kapitel zur Prüfung der Musterfeststellungsklage vorgesehen. Verkehrsminister Dobrindt hat dieses Kapitel höchstpersönlich gestrichen. In den Unterlagen des Verkehrsministeriums findet sich seine handschriftliche Notiz am Seitenrand: „Lehnen wir ab!!! Komplett streichen!"[3562]
Ein Jahr später, im Dezember 2016, wurde dennoch ein Referentenentwurf vorgelegt.[3563] Dieser Entwurf ließ jedoch zu wünschen übrig: Zwar könnten Rechtsfragen in Musterprozessen geklärt werden, doch nach der Entscheidung müsste jeder Einzelne trotzdem klagen. Wesentlich sinnvoller wäre die Umsetzung des Grünen-Gesetzentwurfs zu Gruppenverfahren aus dem Jahr 2014. Dieser sieht vor, dass sowohl eingetragene Verbände als auch jedes Mitglied der Gruppe als „Gruppenkläger" klagen können. Ein weiteres Manko des Referentenentwurfs: Für die Ge-

schädigten des Abgasskandals käme das Gesetz aufgrund der langen Einführungsphase wohl ohnehin zu spät.[3564]

Doch erneut wurde der Justizminister von seinen Kollegen zurückgepfiffen. Ein Medienbericht[3565] vom Februar 2017 offenbart: Insbesondere die Unionsminister Alexander Dobrindt (CSU), Wolfgang Schäuble (CDU) und Christian Schmidt (CSU), aber auch die Bundeskanzlerin haben die Arbeiten am Entwurf auf Eis gelegt. Unter anderem wird das Argument ins Feld geführt, man habe sich im Koalitionsvertrag nicht auf die Einführung einer Musterfeststellungsklage verständigt.

Damit hat es die Bundesregierung in der Legislaturperiode nicht geschafft, die Verbraucherrechte bei künftigen Skandalen zu stärken. Vom verbraucherschutzpolitischen Aktionismus des Justizministers Heiko Maas ist nicht viel übriggeblieben.

3561 Die Welt (2015): „Berlin will im Abgas-Skandal Gruppenklagen ermöglichen", 28. September 2015, S. 9.

3562 MAT A BMVI-2-1, LA 23, Ordner 9, Bl. 243.

3563 Der Tagesspiegel (2016): „Viele Kleine gegen einen Großen", 2. Dezember 2016, S. 16.

3564 Künast/Grünen-Bundestagsfraktion (2016): „Verspäteter Gesetzentwurf zur Musterfeststellungsklage – Verbraucher haben das Nachsehen" (Internetnachweis: https://www.gruene-bundestag.de/presse/pressemitteilungen/2016/dezember/verspaeteter-gesetzentwurf-zur-musterfeststellungsklage-verbraucher-haben-das-nachsehen-02-12-2016.html, letzter Zugriff am 27. April 2017).

3565 Ludwig/Süddeutsche Zeitung online (2017): „Union blockiert Sammelklagen für VW-Fahrer" (Internetnachweis: http://www.sueddeutsche.de/wirtschaft/konsumentenrechte-union-blockiert-sammelklagen-fuer-verbraucher-1.3364565 , letzter Zugriff am 27. April 2017)."

Seite 623:

„4. Verbraucherinteressen ernst nehmen und illegale Abschalteinrichtungen entfernen

Verschiedene Rechtsgutachter und andere Sachverständige weisen darauf hin, dass der Einsatz von Abschalteinrichtungen, die beim normalen, bestimmungsgemäßen Gebrauch eines Autos wirksam werden, nicht vom EU-Recht gedeckt ist. Den Verbraucherinnen und Verbrauchern sind erhebliche Schäden dadurch entstanden, dass sie Fahrzeuge gekauft haben, die nicht den zugesicherten Standards entsprechen und nicht die gesetzlichen Vorgaben erfüllen. Weitere Nachteile für die Besitzer schmutziger Dieselfahrzeuge drohen: Immer mehr Gerichte entscheiden, dass in betroffenen Städten Einfahrverbote für Fahrzeuge erlassen werden müssen, die besonders viele Schadstoffe ausstoßen. Dies alles ist auf das Fehlverhalten der Autohersteller und der zuständigen Behörden zurückzuführen. Die Verantwortung liegt nicht bei den Verbraucherinnen und Verbrauchern.

Die Bundesregierung muss deshalb

- „(...) den kollektiven Rechtsschutz für Verbraucherinnen und Verbraucher ausbauen, indem sie Gruppenklagemöglichkeiten entlang des bereits im Jahr 2014 von der Grünen-Bundestagsfraktion vorgeschlagenen Entwurfs eines Gesetzes über die Einführung von Gruppenverfahren einführt."

[Unterstreichungen nur für diesen Beitrag]

f. Bundesministerium der Justiz und für Verbraucherschutz

Die Justizministerkonferenz hat im Juni 2017 den Bundesminister der Justiz und für Verbraucherschutz, Heiko Maas, darum gebeten, ihr einen aktuellen Diskussionsentwurf zur **Musterfeststellungsklage** zukommen zu lassen. Die weiteren Einzelheiten, der Diskussionsentwurf des Ministeriums und eine Stellungnahme des Ministers *„zu der Entwicklung des Diesel-Skandals"* können über die Homepage des Ministeriums bezogen werden[68].

Die wesentlichen Eckpunkte lassen sich wie folgt zusammenfassen:

- Musterfeststellungsklage;
- Anspruchsinhaber: mindestens 50 Verbraucher, keine Gewerbetreibenden;
- Klagebefugt sind nur Einrichtungen nach § 4 UKlaG;
- Anmeldung von weiteren Ansprüchen im Klageregister möglich;
- Vergleich wird wirksam, wenn weniger als 30 Prozent der Anmelder austreten.

g. Bundestagsfraktion CDU/CSU

In einer Pressemitteilung vom 30. November 2016 legt die Bundestagsfraktion der CDU/CSU „Eckpunkte zur Stärkung der Verbraucherrechte mit vielen Betroffenen" vor[69]. Darin heißt es unter anderem:

> - „Zur Stärkung des individuellen Rechtsschutzes und zu einer Verbesserung der gerichtlichen Rechtsdurchsetzung wollen wir bei Massenschäden die Bündelung gleichgerichteter Ansprüche im Rahmen eines Musterverfahrens erleichtern und gleichzeitig an bestehende Klagebefugnisse anknüpfen. Dabei wollen wir uns auch an Erfahrungen mit dem Kapitalanleger-Musterverfahrensgesetz (KapMuG) orientieren.
> - Wir wollen dieses Musterfeststellungsverfahren für die Fälle einführen, in denen nicht bereits eine verwaltungsrechtliche Möglichkeit für den Schadensausgleich besteht und eingeleitet ist (so z.B. FinDAG).
> - Daneben wollen wir die Geltendmachung von Streuschäden, bei denen die Verfahrenskosten für den einzelnen Verbraucher unverhältnismäßig hoch erscheinen, verbessern. Eine Abtretung solcher Schäden darf in AGB nicht mehr ausgeschlossen werden können.
> - Für Rechtswirkungen in allen Verfahren soll das Opt-in-Prinzip gelten. Danach müssen Prozessgeschädigte ihre Beteiligung an dem Musterklageverfahren ausdrücklich erklären.

---

68 *Diskussionsentwurf zur Musterfeststellungsklage* vom 31.7.2017, bezogen über https://www.bmjv.de/SharedDocs/Gesetzgebungsverfahren/DE/Musterfeststellungsklage.html, siehe nachfolgend Materialien VII.

69 Pressemitteilung der CDU/CSU Fraktion im Deutschen Bundestag vom 30.11.2016: *Musterfeststellungsklage bei Massenschäden für Verbraucher öffnen*, bezogen über https://www.cducsu.de/presse/pressemitteilungen/musterfeststellungsklage-bei-massenschaeden-fuer-verbraucher-oeffnen.

- Für Geschädigte, die nicht optieren, soll die Verjährung ihrer Ansprüche gegebenenfalls für die Dauer des Musterverfahrens ausgesetzt werden.
- Das Kostenrecht wollen wir so anpassen, dass damit keine neuen kostenträchtigen Geschäftsmodelle für Prozessvertreter entstehen."

[Unterstreichungen nur für diesen Beitrag]

Eine weitere Pressemitteilung fasst am 1. August 2017[70] und am 24. August 2017[71] die Kritik an dem abgelehnten Entwurf des Bundesministeriums der Justiz und Verbraucherschutz zusammen.

h. SPD

Die SPD vertritt den Diskussionsentwurf des Bundesministeriums der Justiz und für Verbraucherschutz. Im Regierungsprogramm 2017 bis 2021 steht auf Seite 36[72]:

> **„Verbraucherrechte stärken:**
> Wir benötigen im Verbraucherschutz gute Gesetze und ihre wirksame Durchsetzung, damit Recht bekommt, wer Recht hat. Qualifizierte Verbände sollen rechtliche Streitigkeiten, die viele Verbraucherinnen und Verbraucher betreffen, mit nur einer Klage vor Gericht (Musterfeststellungsklage) klären lassen können. Verbraucherorganisationen können schon heute bestimmte Verbraucherrechte auf dem Weg der Verbandsklage durchsetzen. Wir werden diese Möglichkeit weiter ausbauen."
>
> [Unterstreichungen nur für diesen Beitrag]

i. BÜNDNIS 90/DIE GRÜNEN

Auf der Grundlage des Berichts des 5. Untersuchungsausschusses des **18. Deutschen Bundestages**[73] hat die Fraktion BÜNDNIS 90/DIE GRÜNEN unter dem **28. August 2017** den *„Entwurf eines Gesetzes zur Einführung von Gruppenverfahren"*

---

70 Pressemitteilung der CDU/CSU Fraktion im Deutschen Bundestag vom 1.8.2017: *Entwurf des Ministeriums zur Musterfeststellungsklage erneut mangelhaft*, bezogen über https://www.cducsu.de/presse/pressemitteilungen/entwurf-des-ministeriums-zur-musterfeststellungsklage-erneut-mangelhaft.

71 Pressemitteilung der CDU/CSU Fraktion im Deutschen Bundestag vom 24.8.2017: *Union hat lange vor BMJV Eckpunkte zur Musterfeststellungsklage vorgelegt*, bezogen über https://www.cducsu.de/presse/pressemitteilungen/union-hat-lange-vor-bmjv-eckpunkte-zur-musterfeststellungsklage-vorgelegt.

72 *Zeit für mehr Gerechtigkeit. Unser Regierungsprogramm für Deutschland.* Bezogen über https://www.spd.de/fileadmin/Dokumente/Regierungsprogramm/SPD_Regierungsprogramm_BTW_2017_A5_RZ_WEB.pdf.

73 BT-Drucksache 18/12900 vom 22.6.2017, bezogen über http://dip21.bundestag.de/dip21/btd/18/129/1812900.pdf.

eingebracht[74]. Der Entwurf aus dem Jahr 2017 entwickelt den Gesetzentwurf vom **21. Mai 2014** [75] weiter, der wiederum weitgehend dem Gesetzentwurf vom **5. Juni 2013**[76] aus der **17. Legislaturperiode** entspricht. Der Bundestag lehnte am 5. September 2017 den Geschäftsordnungsantrag der Oppositionsfraktionen Die Linke und BÜNDNIS 90/DIE GRÜNEN ab, sich mit diesem Gesetzentwurf zu befassen[77]. Wenige Tage zuvor hatten sich die beiden Kanzlerkandidaten in ihrer Fernsehdiskussion am 3. September 2017 noch darauf geeinigt[78], den kollektiven Rechtsschutz voranzubringen. Auch der dazu diskutierte Entwurf des Bundesministeriums der Justiz und für Verbraucherschutz wurde nicht aufgegriffen.

Zu Beginn der **19. Legislaturperiode** wurde dieser Gesetzentwurf erneut mit einer veränderten Einleitung am **12. Dezember 2017** eingebracht.[79] Der Bundestag hat am 16. März 2018 den Entwurf beraten und an den Ausschuss für Recht und Verbraucherschutz verwiesen[80].

j. Die Linke

In den Themenpapieren der Fraktion Die Linke im 18. Deutschen Bundestag heißt es zum Stichwort „Sammelklagen“[81]:

> „Bei Sammel-/Gruppenklagen ist Deutschland ein Entwicklungsland innerhalb der EU, obwohl die Durchsetzung von Verbraucherrechten ein Herzstück des Verbraucherschutzes ist. Dadurch kann VW die deutschen von Dieselskandal betroffenen Autofahrerinnen und Autofahrer an der Nase herum. Denn von Entschädigungen können sie nur träumen. Aber auch bei Kartellabsprachen bei Kaffee, Bier oder Zucker werden Verbraucherinnen und Verbraucher mit überhöhten Preisen geschädigt. Die Unternehmen wissen: Wer zieht wegen 10 Euro Schaden vor

74 BT-Drucksache 18/13426 vom 28.8.2017, bezogen über http://dipbt.bundestag.de/doc/btd/18/134/1813426.pdf, siehe nachfolgend Materialien VIII.

75 BT-Drucksache 18/1464 vom 21.5.2014, bezogen über https://www.bundestag.de/blob/356150/b47bab89b198448e132e983b96400d0c/gesetzentwurf-data.pdf, siehe nachfolgend Materialien V.

76 BT Drucksache 17/13756 vom 5.6.2013, bezogen über http://dip21.bundestag.de/dip21/btd/17/137/1713756.pdf, siehe nachfolgend Materialien III.

77 *Bundestag lehnt Anträge auf Erweiterung der Tagesordnung ab*, Bericht vom 5.9.2017, bezogen über http://www.bundestag.de/dokumente/textarchiv/2017/kw36-go-debatte/525756.

78 *TV-Duell-Thema Musterklagen/Ganz unbürokratisch*, Handelsblatt Online am 4.9.2017: http://www.handelsblatt.com/politik/deutschland/bundestagswahl/alle-schlagzeilen/tv-duell-thema-musterklagen-ganz-unbuerokratisch/20280034.html.

79 Bezogen über http://dip21.bundestag.de/dip21/btd/19/002/1900243.pdf, siehe nachfolgend Materialien IX.

80 Für weitere Einzelheiten siehe https://www.bundestag.de/recht#url=L2Rva3VtZW50ZS90ZXh0YXJjaGl2LzIwMTgva3cxMS1kZS1ncnVwcGVudmVyZmFocmVuLzU0NjQyNg==&mod=mod539670.

81 *Sammelklagen – Themenpapiere der Fraktion*, Abruf am 15.9.2017 und 8.3.2018 https://www.linksfraktion.de/themen/a-z/detailansicht/sammelklagen/.

Gericht? Damit bleibt der unrechtmäßige Gewinn bei den Unternehmen, die oftmals weiter gegen Gesetze verstoßen.

In Deutschland gibt es keine echten Gruppen-/Sammelklagen. Es gibt nur das Zusammenfassen von Einzelklagen oder die Abtretung von Ansprüchen. Die meisten Verbraucher*innen gehen bei solchen Prozessen leer aus. Individuelle Klagen stoßen schnell an Beweis- und Finanzierungsgrenzen. Bei Bagatellschäden ist für Verbraucher zudem der Aufwand für eine gerichtliche Auseinandersetzung zu hoch.

Bei einer Sammelklage würden sich mehrere Verbraucher im Vorfeld vor der Klage zusammenschließen, dann aber in der Klage nur ein Verbraucher oder eine Verbraucherorganisation klagen. Damit müssten nicht Tausend oder gar Millionen betroffener vor Gericht ziehen. Die Kosten und bürokratische Prozedur des Gerichtsverfahrens würden sich dann auf eine oder einige wenige Personen beschränken. Bedarf dafür gebe es genug – zum Beispiel beim fahrlässigen Umgang der Unternehmen mit Kundendaten, der Rechtmäßigkeit von Energiepreiserhöhungen oder dem Anspruch auf Entschädigung von Flugpassagieren.

DIE LINKE will

- Sammel-/Gruppenklagen in Deutschland, damit Betroffene gemeinsam und unmittelbar Schadensersatz einklagen und damit Geld bekommen können. Für so genannte Bagatell- und Streuschäden muss es ein „opt-out – Verfahren" geben, wie es zum Beispiel in Dänemark praktiziert wird.
- Musterfeststellungsklagen, damit strittige und kostenintensive Rechtsfragen gebündelt geklärt werden können und alle betroffenen Verbraucherinnen und Verbraucher davon profitieren. Bedingung wäre natürlich, dass Verbraucherinnen und Verbraucher ihre Ansprüche niedrigschwellig, kostenfrei und mit verjährungshemmender Wirkung anmelden können."

k. AfD

Das Wahlprogramm der AfD enthält keine Aussagen zum kollektiven Rechtsschutz[82].

l. FDP

Das Wahlprogramm der FDP enthält keine Aussagen zum kollektiven Rechtsschutz[83].

---

82 *Programm für Deutschland – Wahlprogramm der Alternative für Deutschland für die Wahl zum Deutschen Bundestag am 24. September 2017*, bezogen über https://www.afd.de/wp-content/uploads/sites/111/2017/08/AfD_Wahlprogramm_2017_A5-hoch.pdf.

83 *Wir denken neu. Das Programm der Freien Demokraten zur Bundestagswahl 2017*, bezogen über https://www.fdp.de/sites/default/files/uploads/2017/08/07/20170807-wahlprogramm-wp-2017-v16.pdf.

m. Wahlprüfsteine von SdK – Initiative Minderheitsaktionäre – VzfK

Die Schutzgemeinschaft der Kapitalanleger e.V., die Initiative Minderheitsaktionäre e.V. und die Verbraucherzentrale für Kapitalanleger e.V. haben den im Bundestag vertretenen Parteien und der FDP im Vorfeld der Wahlen zum 19. Deutschen Bundestag am 26. September 2017 Wahlprüfsteine vorgelegt. Die Antworten zeigen, dass alle Parteien – bis auf die FDP – die Erforderlichkeit eines kollektiven Rechtsschutzes erkannt haben und sich damit befassen. Die weiteren Einzelheiten ergeben sich aus der gemeinsamen Presseerklärung vom 20. September 2017[84] sowie den ausgewerteten Antworten[85].

n. Österreich

Auch in Österreich werden in der Folge von Dieselgate Wege in den kollektiven Rechtsschutz diskutiert. Dabei diskutieren die Parteien praktisch alle Lösungsansätze. Dabei gibt es – anders als die Große Koalition in der Koalitionsvereinbarung – nicht von Anfang an eine Festlegung auf eine Musterklage für Verbraucher, die ausschließlich von Verbänden betrieben werden kann. Das Parlament hat die Anträge am **28. Februar 2018** dem Justizausschuss zugewiesen. Dabei geht es im Wesentlichen um die folgenden Positionen[86]:

- Die SPÖ schlägt ein **Gruppenverfahren** vor.
- Die Liste Pilz plädiert für eine **Verbandsmusterfeststellungsklage** nach niederländischem Vorbild.
- Die ÖVP möchte die Diskussionen auf der **europäischen Ebene** noch abwarten und hält einen Alleingang Österreichs nicht für zielführend. Man spricht sich unter anderem gegen Schadensersatzzahlungen in Millionenhöhe und eine Vorverurteilung von Unternehmen aus.
- Für die FPÖ ist die gegenwärtige Rechtslage unbefriedigend, wobei in einer **Gruppenklage** ein notwendiges Instrument gesehen wird. Es gehe um eine Stärkung der berechtigten Interessen der VerbraucherInnen, gleichzeitig müsse aber auch die Situation der Unternehmen Berücksichtigung finden.

---

84 Pressemitteilung der SdK, IM, VzfK vom 20.9.2017 – *Parteien äußern sich vor Bundestagswahl zum Aktionärsschutz*, bezogen über http://www.vzfk.de/fileadmin/content/pdf/IM_BT/PM_Wahlpruefsteine_SdK_IM_VzfK_BTW_2017.pdf.

85 Wahlprüfsteine der SdK, IM, VzfK – *Auswertung der Antworten von CDU/CSU, SPD, Bündnis 90/Die Grünen* vom 20.9.2017, FDP, bezogen über http://www.vzfk.de/fileadmin/content/pdf/IM_BT/Wahlpruefsteine_SdK_IM_VzfK_BTW_2017.pdf, siehe nachfolgend Materialien I.

86 Weitere Einzelheiten stehen auf der Homepage der Parlaments: https://www.parlament.gv.at/PAKT/PR/JAHR_2018/PK0166/

o. Schweiz

Die Stiftung für Konsumentenschutz (SKS) bringt nach ihren Erfahrungen mit den Dieselgate – Klagen eine direkte, **auf Schadensersatz gerichtete Gruppenklage ins Gespräch.** Das wäre deutlich weniger aufwendig als das gegenwärtig praktizierte Verfahren mit einer Forderungsabtretung[87].

Schon im Jahr 2011 hatte die SKS bzw. Frau **Prisca Birrer-Heimo** eine Motion eingereicht, um den kollektiven Rechtsschutz in der Schweiz zu verankern. In der Motion 13.3931 heißt es[88]:

> „Der Bundesrat wird beauftragt, die notwendigen Gesetzesänderungen auszuarbeiten, welche es einer grossen Anzahl gleichartig Geschädigter erleichtern, ihre Ansprüche gemeinsam vor Gericht geltend zu machen. Es sollen einerseits die bereits bestehenden Instrumente ausgebaut und andererseits auch neue Instrumente des kollektiven Rechtsschutzes geschaffen werden. Deren Ausgestaltung trägt den spezifischen schweizerischen Gegebenheiten sowie der Verhinderung von Missbräuchen Rechnung und orientiert sich an den Erfahrungen, die in anderen europäischen Ländern mit solchen Modellen gesammelt wurden."

Der Bundesrat teilt in einer Stellungnahme vom **15. Februar 2017** mit, gegenwärtig mit der Ausarbeitung von Gesetzesvorschlägen für einen kollektiven Rechtsschutz beschäftig zu sein[89].

Der Bundesrat hat am **2. März 2018** eine Vernehmlassungsvorlage verabschiedet, um die Rechtsdurchsetzung im Zivilrecht zu erleichtern[90]. Die wesentlichen Punkte sind:

- Punktuelle Anpassungen der Zivilprozessordnung sollen Privaten und Unternehmen den Zugang zum Gericht erleichtern.
- Kostenschranken sollen abgebaut, die kollektive Rechtsdurchsetzung erleichtert und die Verfahrenskoordination vereinfacht werden.
- Das neue **Gruppenvergleichsverfahren** soll einvernehmliche kollektive Streiterledigung mit Wirkung für alle Geschädigten ermöglichen.

---

87 *Der Bundesrat will Sammelklagen in der Schweiz möglich machen* vom 12.2.2108, bezogen über https://www.nzz.ch/wirtschaft/der-drang-des-bundesrats-zu-sammelklagen-ld.1356315 Weitere Einzelheiten stehen auf der Homepage der SKS: https://www.konsumentenschutz.ch/medienmitteilungen/2018/03/zpo-revision-besserer-rechtsschutz-fuer-alle/.

88 https://www.parlament.ch/de/ratsbetrieb/suche-curia-vista/geschaeft?AffairId=20133931.

89 Für weitere Einzelheiten: https://www.parlament.ch/de/ratsbetrieb/suche-curia-vista/geschaeft?AffairId=20164026.

90 Weitere Einzelheiten stehen auf der Homepage des Eidgenössischen Justiz- und Polizeidepartements: https://www.ejpd.admin.ch/ejpd/de/home/aktuell/news/2018/2018-03-02.html.

- Die Vernehmlassung für die Änderung der Zivilprozessordnung dauert bis zum **11. Juni 2018.**

Im **Fürstentum Liechtenstein** wird die Entwicklung in der Schweiz verfolgt[91].

p. Gesetzentwurf der Bundesregierung

Der Koalitionsvertrag vom 7. Februar 2018[92] zwischen CDU, CSU und SPD sieht auf den Seiten 124f. unter den Randnummern 5810ff. die Einführung einer Musterfeststellungsklage vor[93]. Wie der Wirtschaftspresse zu entnehmen ist, soll sich der Gesetzentwurf bereits seit Ende März in der **Ressortabstimmung** befinden[94]. Es spricht einiges dafür, dass der Gesetzentwurf im Kern dem Diskussionsentwurf für eine **Musterfeststellungsklage** aus dem Bundesminister um der Justiz und für Verbraucherschutz vom 31. Juli 2017 entspricht.

Die Bundesregierung setzt sich unter Zeitdruck, weil zum 31. Dezember 2018 die Ansprüche wegen Dieselgate verjähren dürften. Es stellt sich aber die Frage, ob bis zum 1. November 2018 ein durchdachter Gesetzentwurf verabschiedet werden kann. Schließlich hat die EU-Kommission erst am 10. April 2018 den **„A New Deal for Consumers“** veröffentlicht[95]. Dieser Entwurf enthält zum Beispiel die folgenden Regelungen, die bislang in Deutschland noch nicht diskutiert wurden:

- Die Einlegung einer „repräsentativen Maßnahme“ führt zu einer Unterbrechung der **Verjährung**, Art. 11.
- Auf Ersuchen einer „qualifizierten Einrichtung“ hat der Verursacher im Vorfeld einer Klage **Beweismittel** vorzulegen, Art. 13.

---

91 *Unglücke/Verbrechen, Verband soll für Geschädigte klagen können* vom 2.3.2018, bezogen über http://www.vaterland.li/vermischtes/ungluecke/unglueck/geschaedigte-sollen-als-gruppe-klagen-koennen;art602,317772.

92 Bezogen über https://www.bundesregierung.de/Content/DE/_Anlagen/2018/03/2018-03-14-koalitionsvertrag.pdf.

93 Für weitere Einzelheiten siehe nachfolgend IV.8.

94 *Barley mahnt bei Musterverfahren zur Eile* vom 23.3.2018, bezogen über https://www.welt.de/newsticker/news1/article174832013/Justiz-Barley-mahnt-bei-Musterfeststellungsklage-zur-Eile.html.

95 Informationsunterlagen können über https://ec.europa.eu/info/publications/factsheets-explaining-new-deal-consumers_de bezogen werden, der Rechtstext über https://ec.europa.eu/info/files/communication-new-deal-consumers_de und https://ec.europa.eu/info/sites/info/files/proposal_for_a_directive_on_representative_actions_for_the_protection_of_the_collective_interests_of_consumers_0.pdf.

- Die EU-Kommission wagt offenbar auch einen Schritt in das **Unternehmensstrafrecht** mit Präventionswirkungen. Art. 14 verlangt wirksame, verhältnismäßige und abschreckende Strafen.
- Im **Kostenrecht** werden die finanziellen Hindernisse für die „qualifizierten Einrichtungen" beseitigt. Der Verursacher muss die Kosten nur erstatten, wenn die „repräsentative Maßnahme" erfolgreich ist, Art. 15.

Daher spricht einiges dafür, dass die Bundesregierung zunächst einmal die **Verjährungsfrist** gegebenenfalls in einem Sondergesetz für die Anspruchsinhaber wegen Dieselgate, Updategate[96] und Valuegate[97] verlängern sollte. Vielleicht gelingt es der Bundesregierung auch noch, sich mit der Autoindustrie auf einen Fonds für Diesel-Nachrüstungen zu einigen. Nach Presseberichten war die Autoindustrie dazu Anfang April 2018 noch nicht bereit[98].

6. Demoskopische Erhebungen

Demoskopische Erhebungen zeigen, dass breite Bevölkerungskreise kollektiven Rechtsschutz verlangen.

a. Verbraucherzentrale Bundesverband e.V.

Im „**Trendreport Verbraucherpolitik**" der Verbraucherzentrale Bundesverband e.V., von Kantar Emnid im Oktober 2016 erhoben, fordern 70 Prozent der Befragten als Maßnahme zur Verbesserung des Verbraucherschutzes *„einfachere und kostengünstigere gerichtliche Klagemöglichkeiten"*[99].

---

96 *VW-Dieselskandal – Probleme mit VW-Update-Aktion wachsen* vom 13.11.2017, bezogen über https://www.auto-motor-und-sport.de/news/vw-dieselskandal-software-updates-probleme-partikelfilter-agr-ventil-erfahrungen-fakten-12797435.html.

97 *Nach Fahrverbots-Urteil – Diesel-Verbote verbrennen Milliarden* vom 27.2.2018, bezogen über https://www.focus.de/auto/news/nach-fahrververbots-urteil-diesel-verbote-verbrennen-milliarden-leasing-ruecklaeufer-werden-zum-risiko_id_8533824.html und *VW gibt erstmals Millionen-Wertverlust bei Dieseln zu* vom 19.3.2018, bezogen über https://www.bild.de/geld/wirtschaft/abgas-skandal/diesel-leasing-hammer-55143936.bild.html.

98 *Abgasskandal – Bundesregierung erwägt Milliardenfonds für Dieselnachrüstungen* vom 6.4.2018, bezogen über http://www.spiegel.de/auto/aktuell/abgasskandal-bundesregierung-erwaegt-nachruestung-fuer-teil-der-dieselflotte-a-1201537.html.

99 *Trendreport Verbraucherpolitik*, Berichtsgrafiken Oktober 2016, Blatt 9, bezogen über http://www.vzbv.de/sites/default/files/trendreport_verbraucherpolitik_2016_-_infografiken_0.pdf.

In der nächsten Frage ging es um die Politikziele der nächsten Bundesregierung nach der Bundestagswahl 2017. 76 Prozent der Befragten verlangen, die gerichtliche Durchsetzung von berechtigten Ansprüchen zu verbessern[100].

b. Transparency International Deutschland e.V.

In einer **Umfrage zur Bundestagswahl 2017** unterstützen 82 Prozent der Befragten die Einführung eines Unternehmensstrafrechts[101]. Dazu heißt es in einer Presserklärung vom 14. September 2017[102]:

> „Die großen Skandale bei Unternehmen und Banken haben gezeigt, dass diese bei Gesetzesverstößen zu deutlich härteren Strafen verurteilt werden müssen, als das bisher möglich ist. „Die Autoindustrie hat die Reputation Deutschlands und der deutschen Wirtschaft beschädigt. Durch eine gesetzliche Regelung und Sanktionsmöglichkeiten muss verhindert werden, dass sich ein solcher Skandal wiederholt. Dies ist die deutsche Politik ihren Wählern, den Arbeitnehmern und dem deutschen Wirtschaftsstandort schuldig", so Hartmut Bäumer, Stellvertretender Vorsitzender von Transparency Deutschland."

c. Google: Sachbegriffe nach TV-Duell der Kanzlerkandidaten

Google hat während des **TV-Duells** zwischen den Kanzlerkandidaten Dr. Angela Merkel und Martin Schulz die **Suchbegriffe** ermittelt. Danach steht „Musterfeststellungsklage" auf Platz 3 der „Aufsteiger-Themen"[103].

d. Roland Rechtsreport 2018

Der **Roland Rechtsreport 2018** ermittelt auch die Einstellung der Bevölkerung zur Einführung von Gruppenklagen bzw. Sammelklagen vor dem Hintergrund von Die-

---

100 *Trendreport Verbraucherpolitik*, Berichtsgrafiken Oktober 2016, Blatt 11, bezogen über http://www.vzbv.de/sites/default/files/trendreport_verbraucherpolitik_2016_-_infografiken_0.pdf.

101 *Transparency-Umfrage, Bundesbürger fordern Strafrecht für Unternehmen* vom 14.9.2017, bezogen über http://www.spiegel.de/wirtschaft/soziales/umfrage-bundesbuerger-fordern-strafrecht-fuer-unternehmen-a-1167581.html.

102 *Umfrage: Wählerinnen und Wähler wollen Unternehmensstrafrecht und transparenten Lobbyismus*, Pressemitteilung vom 14.9.2017, bezogen über https://www.transparency.de/aktuelles/detail/article/umfrage-waehlerinnen-und-waehler-wollen-unternehmensstrafrecht-und-transparenten-lobbyismus/.

103 *TV-Duell zur Bundestagswahl – Merkel, Schulz und die Musterfeststellungsklage* vom 4.9.2017, bezogen über http://www.zeit.de/politik/deutschland/2017-09/tv-duell-bundestagswahl-live.

selgate[104]. Dazu hat das Institut für Demoskopie Allensbach im Dezember 2017 insgesamt 1.443 Personen befragt.

Dort heißt es in der Zusammenfassung zur Einführung von Sammelklagen[105]:

> „KEINE KLARE MEHRHEIT FÜR FINANZIELLE ENTSCHÄDIGUNGEN ALLERDINGS FÜR DIE EINFÜHRUNG VON SAMMELKLAGEN IN DEUTSCHLAND
> Viele Dieselfahrer ließen ihre Fahrzeuge im vergangenen Jahr technisch nachrüsten. Ein Drittel der Bevölkerung ist der Ansicht, dass diese Kompensation durch die Hersteller ausreichend ist. 46 Prozent meinen, dass den Betroffenen darüber hinaus auch eine finanzielle Entschädigung ähnlich den Zahlungen an Volkswagen-Kunden in den USA zustehe.
> In diesem Zusammenhang wurde in den Medien häufiger über die Einführung von Musterfeststellungsklagen in Deutschland diskutiert. Bei dieser oft auch „Sammelklage" genannten Form können mehrere Verbraucher zusammen Klage einreichen, um den Sachverhalt gemeinsam vor Gericht zu klären. 79 Prozent der Bundesbürger würden die Einführung von Sammelklagen als juristisches Mittel begrüßen, lediglich 6 Prozent wären dagegen. Wenn man den Bürgern jedoch die Nachteile von Sammelklagen vor Augen führt – nämlich, dass unter Umständen eine Klageindustrie entstehen kann, an der vor allem Anwaltskanzleien verdienen – fällt das Urteil anders aus: Die Gruppe der Befürworter schrumpft auf 63 Prozent, während die Gruppe der Gegner auf 21 Prozent wächst.
> Diese starke Beeinflussung des Meinungsbilds durch ein einziges Argument ist häufig ein Hinweis darauf, dass sich die Bevölkerung noch nicht besonders stark mit der entsprechenden Thematik auseinandergesetzt hat. Insofern hinge die Akzeptanz von Sammelklagen in der deutschen Bevölkerung sehr stark davon ab, wie diese Klageform in der Praxis ausgestaltet wäre."
> [Unterstreichungen durch den Verfasser.]

In dieser Umfrage ging es auch um die Justiz in Deutschland. Dazu heißt es in der Zusammenfassung auf Seite 8[106]:

> „Trotz der insgesamt positiven Wahrnehmung schätzen 77 Prozent der Deutschen die Gerichte als überlastet ein. Nur rund jeder Vierte ist der Meinung, dass deutsche Gerichte gewissenhaft und gründlich arbeiten und hier alles mit rechten Dingen zugeht. Stattdessen bemängeln die Bürger wie schon im Vorjahr lange Verfahren, komplizierte Gesetze und zu milde Strafen. Zudem ist die Mehrheit (58 Prozent) davon überzeugt, dass Urteil und Strafmaß stark vom zuständigen Gericht abhängen. 66 Prozent meinen, dass ein bekannter Anwalt die Chancen auf ein günstiges Urteil erhöht."
> [Unterstreichungen durch den Verfasser.]

---

104 Roland Rechtsreport 2018, bezogen über https://www.roland-rechtsschutz.de/media/rechtsschutz/pdf/unternehmen_1/ROLAND_Rechtsreport_2018.pdf.

105 Roland Rechtsreport 2018, Zusammenfassung Seite 9, bezogen über https://www.roland-rechtsschutz.de/media/rechtsschutz/pdf/unternehmen_1/ROLAND_Rechtsreport_2018.pdf, zu den Einzelheiten Seiten 32 f.

106 Roland Rechtsreport 2018, bezogen über https://www.roland-rechtsschutz.de/media/rechtsschutz/pdf/unternehmen_1/ROLAND_Rechtsreport_2018.pdf, zur Überlastung der Gerichte Seite 18 mit Schaubild 7 und zur Arbeitsweise der Justiz Seite 19 mit Schaubild 8.

Die Umfrage hat auch Daten zum Vertrauen in Institutionen erhoben[107]. Bezeichnenderweise bilden große Wirtschaftsunternehmen zusammen mit den Kirchen und der Bundesregierung mit 34 % das Schlusslicht. Dazu steht in der Zusammenfassung:

> Schlusslichter im Vertrauens-Ranking sind die Kirche, die Bundesregierung und große Wirtschaftsunternehmen. Während das Vertrauen gegenüber der Kirche seit vielen Jahren relativ gering ist, gibt es im Verhältnis zur Bundesregierung merkliche Schwankungen, die sich auf konkrete Ereignisse und Stimmungen zurückführen lassen. So tragen die gescheiterten Verhandlungen über eine Jamaika-Koalition und die langwierige Regierungsbildung dazu bei, dass aktuell nur noch 34 Prozent der Bundesbürger der Regierung ihr Vertrauen aussprechen. Noch im Mai 2017 taten das 61 Prozent.
> [Unterstreichungen durch den Verfasser.]

Dann werden die folgenden Werte für „sehr viel Vertrauen“ und „viel Vertrauen“ dargestellt:
- 78 % mittlere und kleinere Unternehmen
- 74 % die Polizei
- 68 % die Gesetze
- 64 % die Gerichte
- 45 % Gewerkschaften
- 43 % die Zeitungen
- 43 % die Verwaltung
- 34 % die Kirche
- 34 % die Bundesregierung
- 34 % große Wirtschaftsunternehmen

Das geringe Vertrauen in große Wirtschaftsunternehmen mag auch erklären, warum die Aktionärsquote in Deutschland vergleichsweise gering ist. Für einen Exportweltmeister ist es aber sehr bedenklich, wenn wesentliche Träger der volkswirtschaftlichen Gesamtleistung auch an dieser Stelle nur eine so geringe Vertrauensbasis aufweisen können. Auch dieses Ergebnis spricht dafür, den Rechtsrahmen auf den Prüfstand zu stellen und effektiv auszugestalten.

Die Ergebnisse zeigen, dass die Wähler Rechtsschutzdefizite wahrgenommen haben. In den nächsten Jahren wird sich diese Entwicklung durch aktuelle Fälle wie Dieselgate oder die in den letzten Jahren aufgedeckten Kartelle noch verstärken.

---

107 Roland Rechtsreport 2018, bezogen über https://www.roland-rechtsschutz.de/media/rechtsschutz/pdf/unternehmen_1/ROLAND_Rechtsreport_2018.pdf, Zusammenfassung Seite 8, Einzelergebnisse ab Seite 11.

7. Sondierungsgespräche zwischen CDU/CSU, FDP und BÜNDNIS 90/DIE GRÜNEN

Im „Ergebnis der Sondierungsgespräche zwischen CDU/CSU, FDP und BÜNDNIS 90/DIE GRÜNEN" vom 15. November 2017 steht auf der Seite 28 in den Textzeilen 984 ff.:

> „Kollektiver Rechtsschutz/Gruppenklagen
> Im Sinne einer Verbesserung der Rechtsdurchsetzung führen wir eine Musterfeststellungsklage ein. Eine ausufernde Klageindustrie lehnen wir ab."

In der Nacht vom 19. November zum 20. November 2017 hat die FDP die Sondierungsgespräche für beendet erklärt.

8. Koalitionsvertrag für die 19. Legislaturperiode CDU/CSU – SPD

Im Koalitionsvertrag vom 7. Februar 2018[108] haben CDU, CSU und SPD auf den Seiten 124 f. unter den Randnummern 5810 ff. vereinbart:

> **„Musterfeststellungsklage**
> Durch die Einführung einer Musterfeststellungsklage werden wir die Rechtsdurchsetzung für die Verbraucherinnen und Verbraucher verbessern.
> Wir wollen die Klagebefugnis auf festgelegte qualifizierte Einrichtungen beschränken, um eine ausufernde Klageindustrie zu vermeiden. Bewährte wirtschaftliche Strukturen sollen nicht zerschlagen werden.
> Wir werden drohende Verjährungen zum Jahresende 2018 verhindern und deshalb das Gesetz (spätestens) zum 1. November 2018 in Kraft treten lassen.
> Wir werden für die Einleitung des Verfahrens die schlüssige Darlegung und Glaubhaftmachung einer Mindestzahl von zehn individualisierten Betroffenen sowie für die Durchführung des Verfahrens von 50 Anmelderinnen und Anmeldern zum Klageregister in einer Frist von zwei Monaten festsetzen, um die Effektivität des Verfahrens für Gerichte und Parteien zu gewährleisten.
> Die Feststellungen des Urteils sind für die Beklagte oder den Beklagten und die im Klageregister angemeldeten Betroffenen bindend. Die Bindungswirkung entfällt nur, wenn die Anmeldung bis zum Beginn der ersten mündlichen Verhandlung zurückgenommen ist.
> Mit Blick auf kleine „Streuschäden" prüfen wir einen Ausschluss von Abtretungsverboten für Forderungen in AGB."

Die **Kritikpunkte** liegen auf der Hand:
- In der **Musterfeststellungsklage** geht es nicht um den Zahlungsanspruch, sondern um die Klärung von Grundsatzfragen. Das führt nicht zu einer Justiz-

---

108 Bezogen über https://www.bundesregierung.de/Content/DE/_Anlagen/2018/03/2018-03-14-koalitionsvertrag.pdf.

entlastung, sondern zu einer zusätzlichen Belastung. Außerdem dauern Verfahren dieser Art sehr lange. Daher sollte man im Gesetzgebungsverfahren über eine Gruppenzahlungsklage[109] mit typisierenden Urteilen über Grund und Höhe des Anspruchs sprechen.

- Es fehlt eine nachhaltige **Beseitigung aller asymmetrischen Prozesslagen**. Das erfordert Anpassungen im materiellen Recht. Dazu sollte der Rechtsstand in den USA eingehend analysiert werden. Schließlich haben sich die Deutsche Telekom AG und die Volkswagen AG schon in der ersten Instanz verglichen. Das verschafft den Anspruchsinhabern nicht nur schnellen Schadensersatz. Die Justiz wird so besonders nachhaltig entlastet.
- Es widerspricht den Grundsätzen der Privatautonomie und dem Dispositionsgrundsatz, die Klagebefugnis auf festgelegte **„qualifizierte Einrichtungen"** zu beschränken und eine Mindestzahl an Klägern bzw. Antragstellern festzulegen:
  - Die Rechtswahrnehmung beginnt unter dem Grundgesetz und der ZPO mit der freien Wahl eines qualifizierten Rechtsanwalts des Vertrauens. Es gibt keinen Grund, dass nun noch eine „qualifizierte Einrichtung" hinzutreten muss.
  - Es bleibt unklar, welche Funktion die „qualifizierte Einrichtung" erlangt: Gibt sie zum Beispiel einen Rechtsanwalt vor oder bleibt der Anspruchsinhaber bei einem Rechtsanwalt seines Vertrauens?
  - Wie und anhand welcher Kriterien übt die „qualifizierte Einrichtung" ihre Filterfunktion bei der Auswahl der Kläger bzw. Annahme der Vertretungsmandate aus? Hierzu fehlen alle Vorgaben.
  - Welche sachlichen Gründe sprechen zum Beispiel für eine Anzahl von 10 Klägern bzw. 50 Anmeldern? In der Praxis hat sich jedenfalls immer wieder gezeigt, dass auch unter dieser Schwelle ein Rechtsschutzdefizit besteht.
- Wie Dieselgate und diverse Kartellverfahren zeigen, können **Verbrauchern** und **Gewerbetreibenden** gleichgelagerte Ansprüche zustehen. Es gibt keinen sachlichen Grund für eine Ungleichbehandlung im Prozessrecht. Das hat auch der Bundesgerichtshof erkannt, der zunehmend auch die Rechtsprechung, zum Beispiel zu Bankverträgen, von Verbrauchern auf Gewerbetreibende überträgt[110].

---

109 Der Begriff Gruppenzahlungsklage wird in diesem Beitrag als Synonym für Sammelklage und Massenklage verwendet.

110 *BGH-Urteil Bearbeitungsgebühren auch bei Geschäftskrediten unzulässig* vom 5.7.2017, bezogen über http://www.manager-magazin.de/politik/deutschland/bgh-urteil-bearbeitungsgebuehr-auch-bei-firmenkrediten-unzulaessig-a-1156032.html und *Bundesgerichtshof – Mitteilung der Pressestelle Nr. 104/2017* vom 4.7.2017, bezogen über Pressemitteilung des http://juris.bundesgerichtshof.de/cgi-bin/rechtsprechung/document.py?Gericht=bgh&Art=en&sid=fe4499388351f2f03032520b1ce0d578&nr=78794&linked=pm&Blank=1 Siehe auch *Streit um Entgelte – BGH kippt erneut Bankgebühren* vom 12.9.2017, bezogen über http://www.handelsblatt.com/finanzen/banken-versicherungen/streit-um-entgelte-bgh-kippt-erneut-bankgebuehren/20317188.html?share=mail.

Daher spricht auch an dieser Stelle nichts dafür, den Schutz ausschließlich auf Verbraucher zu beschränken. Außerdem tritt keine Justizentlastung ein, wenn die Verfahren der Verbraucher im kollektiven Rechtsschutz betrieben werden können und zeitgleich die Verfahren der Gewerbetreibenden als Einzelklagen durchgeführt werden.

- Unklar bleibt, bei welchen Ansprüchen eine **Verjährung** zum Jahresende verhindert werden soll. Schließlich geht es nicht nur um **Dieselgate**, weil Abschalteinrichtungen eingebaut wurden. Hier müsste es sich auch um die Ansprüche von Anlegern und Fahrzeughaltern wegen **Updategate**[111] handeln, falls das Update zu Folgeschäden führt. Entsprechendes gilt für **Valuegate**, wenn zum Beispiel ein Entzug von Typenzulassungen oder das Fahrverbots-Urteil des Bundesverwaltungsgerichts[112] zu Wertverlusten führen[113].
- Es gibt keinen Grund, mindestens **50 Anmelder** zu verlangen. Der Regelungsbedarf besteht auch schon bei 20 oder 30 Anmeldern.
- Das Thema **„Streuschäden"** ist weitaus vielschichtiger. Es fehlt vor allem ein vereinfachtes Verfahren zur Durchsetzung von Schadensersatz.
- Die **Diskussion und Konzeption der Musterklagen** fokussiert sich vor allem auf die Abwehr von Missbrauch auf der Seite der Anspruchsteller bzw. ihrer Rechtsanwälte. Die bereits oben dargestellten demoskopischen Erhebungen zeigen aber, dass die Teilnehmer an den Umfragen vor allem regulatorische Defizite nach Dieselgate wahrnehmen. Das wird sich verstärken, wenn der Gesetzgeber im Hinblick auf Updategate[114] und Valuegate[115] keine Verjährungsunter-

---

111 *VW-Dieselskandal – Probleme mit VW-Update-Aktion wachsen* vom 13.11.2017, bezogen über https://www.auto-motor-und-sport.de/news/vw-dieselskandal-software-updates-probleme-partikel filter-agr-ventil-erfahrungen-fakten-12797435.html.

112 Pressemitteilung Nr. 9/2018 vom 27.2.2018 zu BVerwG 7 C 26.16 und BVerwG 7 C 30.17: *Luftreinhaltepläne Düsseldorf und Stuttgart: Diesel-Verkehrsverbote ausnahmsweise möglich*, bezogen über http://bundesverwaltungsgericht.de/pm/2018/9.

113 *Nach Fahrverbots-Urteil – Diesel-Verbote verbrennen Milliarden* vom 27.2.2018, bezogen über https://www.focus.de/auto/news/nach-fahrververbots-urteil-diesel-verbote-verbrennen-milliarden-leasing-ruecklaeufer-werden-zum-risiko_id_8533824.html und *VW gibt erstmals Millionen-Wertverlust bei Dieseln zu* vom 19.3.2018, bezogen über https://www.bild.de/geld/wirtschaft/abgas-skandal /diesel-leasing-hammer-55143936.bild.html.

114 Schon am 13.11.2017 wurde über technische Probleme nach der Installation von Updates berichtet: „*VW-Dieselskandal – Probleme mit VW-Update-Aktion wachsen*" bezogen über https://www. auto-motor-und-sport.de/news/vw-dieselskandal-software-updates-probleme-partikelfilter-agr-ven til-erfahrungen-fakten/.

115 Möglicherweise stehen Fahrzeuge mit einem Dieselmotor vor mehr oder weniger massiven Wertverlusten: „*Volkswagen-Händler im Aufruht – Der Wertverfall beim Diesel gefährdet Existenzen*" vom 19.3.2018, bezogen über http://www.manager-magazin.de/unternehmen/autoindustrie/volks wagen-haendler-warnen-vor-diesel-wertverfall-a-1198876.html.

brechung normiert. Hier lassen sich die verursachten Schäden möglicherweise gegenwärtig noch nicht nach Grund und Höhe absehen.

- Wie bereits oben dargestellt, nennt der Mehrheitsbericht der Regierungsparteien CDU/CSU/SPD im Abschlussbericht des 5. Untersuchungsausschusses des 18. Bundestags auf Seite 540 den **Grund für die Beauftragung der „qualifizierten Einrichtungen"**:

  Denn es sollten nur Verbände klagebefugt sein, die die Aufklärung der Verbraucherbelange nicht gewerbsmäßig betreiben. Sie wäre aber auch eine Hilfe für Unternehmen, denn so müssten diese nicht mehr das Risiko einer Vielzahl gegen sie gerichteter Prozesse fürchten.[116]
  Damit haben die Regierungsparteien wohl erkannt, dass es hier nicht um eine möglichst effektiven Rechtsschutz gehen soll. Vielmehr geht man wohl davon aus, so den „Verfolgungsdruck zu reduzieren".

- Die **Filterfunktion** begründet für die „qualifizierten Einrichtungen" auch noch ein weiteres Haftungsrisiko. Es geht über das Haftungsrisiko einer Inkassogesellschaft gemäß § 10 Nr. 1 RDG hinaus. Das **Haftungsrisiko** entsteht zum Beispiel dann, wenn eine „qualifizierte Einrichtung" eine Tätigkeit ablehnt und andere Anspruchsinhaber ihre Forderungen gerichtlich durchsetzen. Auch die **Art und Weise der Verfahrensführung** begründet bei nicht hinreichender Qualifikation der beauftragten Rechtsanwälte oder fehlender Darlegungs- und Erörterungstiefe – wie zum Beispiel fehlender bzw. nicht ausreichender technischer Gutachten – erhebliche Risiken. Daher spricht einiges dafür, den Gesetzentwurf um einen weiteren Artikel zum Rechtsdienstleistungsgesetz zu erweitern.

9. Gesetzentwurf der Bundesregierung vom 5.6.2018

Der Gesetzentwurf der Bundesregierung bzw. CDU/CSU und SPD für die Einfügung einer Musterfeststellungsklage vom 5. Juni 2018[117] entspricht im Kern dem „Diskussionsentwurf zur Musterfeststellungsklage" des Bundesministeriums für Justiz und Verbraucherschutz vom 31. Juli 2017[118]. Damit gelten auch hier die schon zuvor gemachten Kritikpunkte. Weitere wesentliche Kritikpunkte fasst die Verbraucherzentrale für Kapitalanleger unter dem 21. Juni 2018[119] zusammen.

---

116 BT Drucks. 18/12900, Bericht vom 22. Juni 2017 bezogen über http://dip21.bundestag.de/dip21/btd/18/129/1812900.pdf.

117 http://dip21.bundestag.de/dip21/btd/19/025/1902507.pdf.

118 Bezogen über https://www.bmjv.de/SharedDocs/Gesetzgebungsverfahren/DE/Musterfeststellungsklage.html, siehe nachfolgend Materialien VII.

119 Die Zusammenfassung kann über http://www.vzfk.de/kollektiver-rechtsschutz/musterfeststellungsklage-kritik/index.html bezogen werden, siehe auch nachfolgenden Materialien XIII.

Auch die 70. Jahrestagung der Präsidentinnen und Präsidenten der Oberlandesgerichte, des Kammergerichts und des Bundesgerichtshofs vom 28. bis 30. Mai 2018 in Stuttgart unterstütze zwar das Anliegen, die Rechtsdurchsetzung für Verbraucher zu verbessern. Die Richter warnen aber, dass die geplanten Regelungen die damit verbundenen Erwartungen nicht werden erfüllen können[120]. Bedauerlicherweise lud der Ausschuss für Recht und Verbraucherschutz keinen Tagungsteilnehmer zu seiner Anhörung ein.

Der Bundestag hat das Gesetzgebungsverfahren in aller Eile durchgezogen. Die erste Lesung fand am 8. Juni 2018 statt, die Anhörung des Ausschusses für Recht und Verbraucherschutz folgte am 11. Juni 2018. Der Bundestag verabschiedete das Gesetz nach der zweiten und dritten Beratung schon am 14. Juni 2018 in der vom Ausschuss für Recht und Verbraucherschutz überarbeiteten Fassung[121]. Dabei wurden die meisten Kritikpunkte an der Musterfeststellungsklage aus der Anhörung vor dem Ausschuss nicht berücksichtigt[122]. Die Eile wurde mit der Verjährung der Ansprüche wegen Dieselgate zum 31. Dezember 2018. Es blieb aber offen, warum das Gesetz nicht schon deutlich früher als zum 1. November 2018 in Kraft treten kann. Schließlich reichen diese zwei Monate nicht für den Ablauf der gesetzlichen Fristen.

Schon jetzt spricht einiges dafür, dass der Gesetzgeber sich schon bald wieder mit dem kollektiven Rechtsschutz befassen muss:

- Nach § 28 KapMuG tritt das Kapitalanleger-Musterverfahrensgesetz am 1. November 2020 außer Kraft.
- Die zigtausend Klagen nach dem dritten Börsengang bei der Deutsche Telekom AG sowie wegen Dieselgate lassen sich nicht in getrennten Verfahren bewältigen. Hier wird kein Weg an einer Gruppenzahlungsklage vorbeiführen, in denen die mehrere Klagen nach einer Typisierung gemeinsam entschieden werden. Alleine diese beiden Fälle zeigen, dass es ohne Justizentlastung keinen effektiven Rechtsschutz geben kann.
- Auch der „New Deal for Consumers" der EU-Kommission führt beim Bundestag zu Handlungsbedarf.
- In der Praxis wird sich möglicherweise schon bald zeigen, dass die Musterfeststellungsklage wie von der 70. Jahrestagung und den Sachverständigen in der

120 Weitere Einzelheiten ergeben sich aus der Pressemitteilung des OLG Stuttgart vom 30. Mai 2018: http://www.olg-stuttgart.de/pb/,Lde/Startseite/Medien/Ergebnisse+der+70_+Jahrestagung+der+Praesidentinnen+und+Praesidenten+der+Oberlandesgerichte_+des+Kammergerichts+und+des+Bundesgerichtshofs+vom+28_+bis+30_+Mai+2018+in+Stuttgart/?LISTPAGE=1178276.

121 Für die weiteren Einzelheiten und die Materialien: https://www.bundestag.de/dokumente/textarchiv/2018/kw24-de-musterfeststellungsklage/558850.

122 Zum Verlauf und Ergebnissen der Anhörung: https://www.bundestag.de/#url=L2Rva3VtZW50ZS90ZXh0YXJjaGl2LzIwMTgva3cyNC1kZS1tdXN0ZXJmZXN0c3RlbGx1bmdza2xhZ2UvNTU4ODUw&mod=mod493054 und Heute im Bundestag (hib) vom 12. Juni 2018 Nr. 399 https://www.bundestag.de/hib#url=L3ByZXNzZS9oaWIvMjAxOF8wNi8tLzU1OTY2Mg==&mod=mod454590.

Anhörung schon aufgezeigt, so nicht praktikabel ist. Die §§ 606 ff. ZPO sind dann zu novellieren bzw. das Artikelgesetz um Regelungen zum Beispiel in der RVG zu erweitern.

10. Entschließungsantrag von BÜNDNIS 90/DIE GRÜNEN vom 13.6.2018

In dem Entschließungsantrag BT-Drucksache 19/2743[123] geht es um eine Verlängerung der Verjährungsfrist, um den Zeitdruck aus diesem Gesetzgebungsverfahren zu nehmen und Präventivwirkungen zu entfalten. Die Verlängerung der Verjährungsfrist soll für die Fälle gelten, in denen „*der tatsächliche Zustand einer Kaufsache von ihrem gesetzlich vorgegebenen oder dokumentierten Zustand*" abweicht. Dieser Antrag fand keine Zustimmung[124].

Dazu bietet es sich an, in § 197 Abs. 1 BGB die Verjährung auf dreißig Jahre in den Fällen zu verlängern, in denen der Vertragsgegenstand nicht der öffentlich-rechtlichen Genehmigung entspricht. Das würde auch alle Ansprüche zum Beispiel wegen Dieselgate, Valuegate und Updategate umfassen, wenn der Kaufgegenstand zum Beispiel nicht der Typengenehmigung entspricht.

123 http://dip21.bundestag.de/dip21/btd/19/027/1902743.pdf.

124 https://www.bundestag.de/#url=L2Rva3VtZW50ZS90ZXh0YXJjaGl2LzIwMTgva3cyNC1kZS1tdXN0ZXJmZXN0c3RlbGx1bmdza2xhZ2UvNTU4ODUw&mod=mod493054.

V. Regelungsbedarf

Diese Ausführungen verstehen sich als ein Beitrag für die vorparlamentarischen Diskussionen im Hinblick auf den weiterhin bestehenden legislatorischen Handlungsbedarf. Dazu reflektiert dieser Abschnitt den gegenwärtigen Rechtsstand und diskutiert anhand von aktuellen Fällen mögliche Regelungsmodelle. Dabei geht es um die Rechtspositionen von Gewerbetreibenden, Anlegern und Verbrauchern, die sich in **asymmetrischen Prozesslagen** oft nur mit besonderen Risiken durchsetzen lassen. Wie bereits weiter oben dargestellt, widerspricht das dem Justizgewährleistungsanspruch. Daher ist durch weitere materiell-rechtliche Regelungen vor allem das **strukturelle Informationsgefälle** zu nivellieren.

Dieser Beitrag zeigt aus der Sicht der anwaltlichen Praxis den wesentlichen Regelungsbedarf (1.), einen möglichen Anwendungsbereich (2.) und die Zielsetzungen (6.) auf. Letztlich geht es auch um ein Primat des Rechts (3. bis 5.). Er versteht sich als **Gesprächs- und Moderationsgrundlage** im vorparlamentarischen Raum. Daher wird von einer vollständigen Aufarbeitung des Schrifttums und Darstellung bestehender Regelungsmodelle in anderen Ländern, beispielsweise in der Europäischen Union oder den USA, abgesehen.

1. Legislatorischer Handlungsbedarf für den 19. Bundestag

Die **EU-Kommission** empfahl unter dem 11. Juni 2016 den Mitgliedsstaaten, bis zum 26. Juli 2015 kollektive Rechtsschutzverfahren einzuführen[125]. Diese Klagen sollen sich auf Schadensersatz oder Unterlassen richten. Bedauerlicherweise haben **Bundesregierung** und **Bundestag** diese Empfehlungen bislang nur mit wenigen Spezialgesetzen umgesetzt: dem KapMuG, dem SpruchG und dem UKlaG. Diese Gesetze regeln aber noch nicht alle relevanten Prozesslagen.

Der 19. Bundestag steht mit dem Außerkrafttreten des KapMuG am 1. November 2020[126] vor einem Neuanfang für den **kollektiven Rechtsschutz**. Dazu bietet sich eine umfassende Regelung für alle Prozesslagen an, in denen eine unbestimmte Anzahl von Anspruchsinhabern aufgrund eines einheitlichen Lebenssachverhalts gleichgerichtete Ansprüche auf Schadensersatz bzw. Unterlassung geltend machen können. Außerdem sind die sich abzeichnenden Empfehlungen der EU zum **„New**

---

125 *Empfehlung der Kommission vom 11. Juni 2013 „Gemeinsame Grundsätze für kollektive Unterlassungs- und Schadensersatzverfahren in den Mitgliedsstaaten bei Verletzung von durch Unionsrecht garantierten Rechten“ (2013/396/EU)*, bezogen über http://eur-lex.europa.eu/legal-content/DE/TXT/PDF/?uri=CELEX:32013H0396&from=DE, siehe nachfolgend Materialien IV.

126 § 28 KapMuG – Außerkrafttreten: „Dieses Gesetz tritt am 1. November 2020 außer Kraft.“

https://doi.org/10.1515/9783110609172-005

Deal for Consumers“ umzusetzen sowie die am 14. Juli 2018 verabschiedete **Musterfeststellungsklage** zu modifizieren.

2. Anwendungsbereich

Hier geht es um die möglichen Rechtsgebiete (a.), Anspruchsinhaber (b.) und Anspruchsgrundlagen (c.).

a. Rechtsgebiete

Es würde den Rahmen dieses Beitrages sprengen, das gesamte Zivilrecht an dieser Stelle auf asymmetrische Prozesslagen zu durchsuchen. Die in diesem Beitrag vorgestellten Fälle zeigen aber schon jetzt den legislatorischen Handlungsbedarf für diese **Rechtsgebiete**:

- Bankrecht
- Crowdfunding
- Fluggastrechte
- Kapitalmarktrecht/Prospekthaftung
- Kartellrecht
- Produkthaftung
- Unterlassungsklagegesetz: Folgeschäden nach festgestellten Rechtsverletzungen
- Vertragsrecht (teilweise auch mit Deliktsrecht)
  - Allgemeine Geschäftsbedingungen, zum Beispiel in Bank- und Versicherungsverträgen
  - „Dieselgate“
  - Energielieferungsverträge
  - Handyverträge
  - Bank- und Versicherungsverträge
  - Füllmengenunterschreitungen
- Wettbewerbsrecht (UWG, Lauterkeitsrecht)

b. Anspruchsinhaber

Nichts spricht dafür, den kollektiven Rechtsschutz auf **Verbraucher** als Anspruchsinhaber zu reduzieren. Auch **Gewerbetreibende** bzw. **juristische Personen** können Massenschäden oder Streuschäden erleiden. Es gibt keinen sachlichen Grund, die möglichen Anspruchsinhaber nicht gleich zu behandeln. Der Justizgewährleistungsanspruch lässt es nicht zu, in der Rechtsverfolgung zwischen Gewerbetreibenden und Verbrauchern zu unterscheiden.

- Ein gutes Beispiel ist das „**Lkw-Kartell**[127]“. Danach haben einige Hersteller in den letzten Jahren teilweise um etwa 15 % überhöhte Preise genommen. Bei den Anspruchsinhabern handelt es sich um Gewerbetreibende.
- Auch im **Bankrecht** überträgt der Bundesgerichtshof immer wieder die Rechtsprechung zu Verbrauchergeschäften auf Gewerbetreibende[128].

c. Anspruchsgrundlagen

Nach **§ 1 Abs. 1 KapMuG** gilt das Gesetz für „bürgerliche Rechtsstreitigkeiten“, in denen es im Wesentlichen um Schadensersatzansprüche wegen fehlerhafter Kapitalmarktinformationen oder einige vertragliche Ansprüche aus dem BörsG oder WpÜG geht. Auch zur Justizentlastung sollte das erweitert werden:
- Schon **§ 17 Abs. 2 GVG** verlangt, einen Rechtsstreit unter allen in Betracht kommenden Gesichtspunkten zu entscheiden. Daher ist der Anwendungsbereich des § 1 Abs. 1 KapMuG teleologisch zu erweitern.
- Nichts spricht dafür, den kollektiven Rechtsschutz wie in § 1 Abs. 1 KapMuG auf einige Rechtsgebiete zu begrenzen. Vielmehr eignen sich alle **vertraglichen und gesetzlichen zivilrechtlichen Rechtsverhältnisse** dazu, in Verfahren des kollektiven Rechtsschutzes entschieden zu werden.

3. Primat des Rechts – Rentabilität

Die Verfahren im kollektiven Rechtsschutz richten sich häufig gegen Beklagte mit effizienz- bzw. gewinnorientierten Eigentümern bzw. Aktionären. Nicht nur die Produktpalette, auch die Arbeitsabläufe stehen daher ständig unter Optimierungsdruck. Auch wenn Fragen der Compliance immer wichtiger werden, stehen die rechtlichen Rahmenbedingungen auch unter **Rentabilitätsgesichtspunkten** auf dem Prüfstand. Sicherlich stellt sich auch manchmal die Frage nach einem sachgerechten Normzweck.

Dazu schreibt Prof. Dr. Ulrich Schwalbe, Inhaber des Lehrstuhls für Mikroökonomik, insbesondere Industrieökonomik an der Universität Hohenheim[129]:

---

127 *Wirtschaft – Jetzt haben Daimler & Co. auch noch die Bahn gegen sich*, vom 4.8.2017, bezogen über https://www.welt.de/wirtschaft/article167364863/Jetzt-haben-Daimler-Co-auch-noch-die-Bahn-gegen-sich.html.

128 *Streit um Entgelte – BGH kippt erneut Bankgebühren* vom 12.9.2017 http://www.handelsblatt.com/finanzen/banken-versicherungen/streit-um-entgelte-bgh-kippt-erneut-bankgebuehren/20317188.html?share=mail.

129 Schwalbe in Kollektivklagen aus ökonomischer Sicht in „*Im Namen der Verbraucher – Kollektive Rechtsdurchsetzung für Verbraucher*“, Herausgeber: Schmidt-Kessel, Strünck, Kramme, 2015, 23, 27.

„Die Schädiger haften also für die von ihnen verursachten Schäden faktisch nicht oder nicht in vollem Umfang. In einer solchen Situation sprechen Ökonomen von „negativen externen Effekten“, denn die Kosten, die ein Schädiger verursacht hat, werden nicht oder zumindest nicht vollständig von ihm getragen, sondern von Dritten, nämlich dem Geschädigten. Wirksame Haftungsregeln haben jedoch den Zweck, dafür zu sorgen, dass jeder das sozial optimale Maß an Vorsicht aufwendet, um mögliche Schäden zu vermeiden. Wenn jedoch ein Schädiger nicht oder nicht in vollem Umfang für die von ihm verursachten Schäden haftet, dann wird er nicht das ökonomisch effiziente an Vorsicht aufwenden, um derartige Schäden zu vermeiden, oder anders ausgedrückt, das Rechtssystem bewirkt nicht das sozial optimale Maß an Abschreckung. Das öffentliche Gut der Rechtsdurchsetzung wird daher in solchen Fällen in einer, gemessen am sozialen Optimum, zu geringen Mengen angeboten.“
[Unterstreichung für diesen Beitrag.]

Zum **Ausgleich dieses Defizits** im Rechtssystem schlägt Prof. Dr. Schwalbe dann
- Kompensation durch Schadensersatz bzw. Strafschadensersatz sowie
- Sammel- oder Kollektivklagen vor.

Für viele Unternehmen stellt rechtskonformes Verhalten keinen Selbstzweck dar, sondern eine **Kostenfrage**. Der gesamte betriebliche und technische Aufwand muss auch unter wirtschaftlichen Gesichtspunkten Sinn machen. Daher benötigen Verfahren im kollektiven Rechtsschutz auch ein präventives Element. Um dem Primat des Rechts Geltung zu verschaffen, muss sich rechtskonformes Handeln „rechnen“. Daher ist der kollektive Rechtsschutz vor allem so auszugestalten,
- dass bei Fehlverhalten Ansprüche auf Schadensersatz hinreichend wahrscheinlich werden und
- möglichst schon in der ersten Instanz eine abschließende vergleichsweise Erledigung auch unter wirtschaftlichen Gesichtspunkten als sachgerecht erscheint.

Vor allem bei Verfahren im **Kapitalmarktrecht** steht ein Vergleich mit den USA im Raum. Wie an anderer Stelle aufgezeigt, haben sich die Deutsche Telekom AG (Börsengänge)[130] und die Volkswagen AG (Dieselgate)[131] in den USA relativ zügig und angemessen mit den Geschädigten verglichen. Daher stellt sich die Frage, warum in anderen Ländern wie Deutschland keinerlei Vergleichsbereitschaft gezeigt wird und auf Zeit gespielt wird. Schließlich werden die ersten Urteile häufig bis zum Ablauf

130 *Schlappe vor Gericht – Deutsche Telekom hat Aktionäre getäuscht: Was das Urteil für Anleger bedeutet* auf Focus Online am 30.11.2016 (am Ende des Beitrags): http://www.focus.de/finanzen/boerse/schlappe-vor-gericht-deutsche-telekom-hat-aktionaere-getaeuscht-was-das-urteil-fuer-anleger-bedeutet_id_6277161.html.
131 *Rechtslage in Deutschland und den USA – Abgas-Skandal: VW hat sich verraten, und kaum einer hat's gemerkt* auf Focus Online am 7.6.2017: https://www.focus.de/auto/experten/rogert/rechtslage-in-deutschland-und-den-usa-abgas-skandal-vw-hat-sich-verraten-und-kaum-einer-hats-gemerkt_id_7221725.html.

der Verjährung verschleppt. Diese Verfahrensstrategie gehört zum Beispiel mit den folgenden Regelungen auf den Prüfstand:
- Modifizierung der **Darlegungs- und Beweislasten;**
- **Prozesszinsen** anheben;
- **Einziehung** von rechtswidrig erzielten Gewinnen, zum Beispiel
  - zugunsten der Geschädigten bei Massenschäden bzw.
  - zugunsten der Staatskasse bei Streuschäden;
- **Verjährungsende** für die noch nicht anhängigen Ansprüche z. B. sechs Monate nach rechtskräftigem Abschluss der Gruppenzahlungsklage;
- **Verjährungsunterbrechung** ab Eröffnungsbeschluss.

4. Primat des Rechts – Präventionswirkungen

Bislang werden **Präventionswirkungen** schwerpunktmäßig im Strafrecht diskutiert. Es gilt aber auch für das Zivilrecht, dass jede Gebotsnorm nur so stark wie ihre Bewehrung ist[132]:
- Zunächst hat der Verursacher in dem konkreten Fall **Schadensersatz** zu leisten bzw. sich zur Unterlassung zu verpflichten.
- Der Verursacher ist dann davon abzuhalten, das rechtswidrige Verhalten zu wiederholen (**Spezialprävention**).
- Für andere Personen darf das schädigende Verhalten nicht attraktiv sein (**Generalprävention**).

Dabei geht es häufig nicht nur um Einzelfälle, sondern auch um **volkswirtschaftlich relevante Schadenslagen.** Wenn die Deutsche Bahn AG zum Beispiel davon ausgeht, direkt oder indirekt von jedem dritten Kartell betroffen zu sein[133], betrifft das jeden Kunden und den Steuerzahler. Entsprechendes gilt für diverse Korruptionsfälle, wie zum Beispiel bei Airbus und Siemens oder das Geschäftsgebaren der Deutschen Bank. Ein weiteres Beispiel ist Dieselgate: Nachdem im September 2015 Dieselgate bekannt wurde, sprach Volkswagen noch von einem Einzelfall und versprach schonungslose Aufklärung. Während der Verhandlungen zwischen Audi und den

132 Ein gutes Beispiel liefert Apple: Kurz nachdem der Verdacht einer künstlich verkürzten Lebensdauer von i-Phones im Raum stand, entschloss sich das Unternehmen zu einem günstigeren Austausch der Batterien: *„Apple macht Akkuwechsel für alte i-Phones günstiger“* auf Manager Magazin Online vom 29.12.2017: http://www.manager-magazin.de/unternehmen/it/iphone-apple-macht-akkuwechsel-billiger-a-1185398.html.

133 *Wirtschaft – Jetzt haben Daimler & Co. auch noch die Bahn gegen sich,* vom 4.8.2017, bezogen über https://www.welt.de/wirtschaft/article167364863/Jetzt-haben-Daimler-Co-auch-noch-die-Bahn-gegen-sich.html.

Behörden in den USA fand man bei Audi eine Getriebesoftware und eine Abschalteinrichtung, die auf Lenkradbewegungen reagierte[134]. Die nächsten Abschaltvorrichtungen fanden dann Prüfer des Kraftfahrtbundesamtes Anfang 2018 im Porsche-Macan und VW-Transporter T 6[135]. Letztlich geht es um die optimale **Allokation der Ressourcen.** Daher muss ein Rechtsrahmen geschaffen werden, der präventiv jedes wirtschaftliche Fehlverhalten unattraktiv macht. Die zu erwartenden **„negativen externen Effekte“**[136] dürfen sich nicht rechnen!

5. Primat des Rechts – Entfesselungspolitik

In allen Studien gehören zu den **Standortfaktoren** auch die rechtlichen Rahmenbedingungen[137]. Dabei kommt es den Autoren dieser Studien meist auf ein ausgeglichenes Regelungskonzept an, das die Belange aller Beteiligten reflektiert. Allerdings entsteht manchmal der Eindruck, dass es vielfach letztlich nicht nur um eine **Entfesselungspolitik** geht, die neue Kräfte freisetzen und sinnlose Hemmnisse beseitigen soll. Vielmehr geht es wohl um möglichst geringe regulatorische Anforderungen an Unternehmen, um einen kostengünstigen Standort darstellen zu können. Dabei geht es dann nicht mehr beispielsweise um den Abbau von Bürokratie oder ein praktikables Steuersystem. Vielmehr tritt dann das **Primat des Rechts** hinter reine Wirtschaftlichkeitsüberlegungen zurück, womit auch verfassungsrechtliche Gewährleistungen ausgehebelt werden können.

Diese Studie ist nicht die Gelegenheit, um Maßnahmen der letzten Zeit näher zu untersuchen und zu diskutieren: Dazu lassen sich zum Beispiel die Zerschlagung

---

134 Einen Überblick zu den Folgeskandalen gehen: *Rückruf VW Touareg – 57.000 Modelle mit unzulässiger Abschaltvorrichtung* vom 13.12.2017 auf https://www.auto-motor-und-sport.de/news/illegale-abschaltsysteme-vw-ruft-v6-diesel-touareg-zurueck-3957032.html *Zur Lenkrad-Erkennung: Audi soll Automatikwagen manipuliert haben* vom 12.11.2016, bezogen über http://www.zeit.de/mobilitaet/2016-11/abgasskandal-audi-manipulation-automatik-ermittlungen.

135 *Dieselaffäre – Autokonzernen droht neue Rückrufwelle* auf Spiegel Online am 16.2.2018 http://www.spiegel.de/auto/aktuell/daimler-und-volkswagen-rueckrufe-bei-vw-und-mercedes-a-1193865.html.

136 *Kollektivklagen aus ökonomischer Sicht* in „Im Namen der Verbraucher – Kollektive Rechtsdurchsetzung für Verbraucher“, Herausgeber: Schmidt-Kessel, Strünck, Kramme, 2015, 23, 27.

137 Hier wird beispielhaft nur auf den *Doing Business Report – Measuring Business Regulations* der Weltbank, siehe http://www.doingbusiness.org/ und auf das Ranking beim IMD World Competitiveness Center https://www.imd.org/wcc/world-competitiveness-center-rankings/countries-profiles/ verwiesen, siehe auch *Der schleichende Abstieg des Standort Deutschlands* vom 31.5.2017, bezogen über https://www.welt.de/wirtschaft/article165132931/Der-schleichende-Abstieg-des-Standorts-Deutschland.html.

der Stabsstelle für Umweltkriminalität[138] und die Personalpolitik bei der Steuerfahndung im Finanzamt Wuppertal[139] prüfen und diskutieren. Allerdings wirft die Konzeption der Musterfeststellungsklage die Frage auf, ob sie schon im Ansatz nur eine eingeschränkte Rechtsverfolgung ermöglichen soll.

Der **Mehrheitsbericht der Regierungsparteien** CDU/CSU/SPD im Abschlussbericht des 5. Untersuchungsausschusses des 18. Bundestags (Dieselausschuss) stellt zur Ausgestaltung der Musterfeststellungsklage[140] auf Seite 540 fest:

> Die Einführung einer Musterfeststellungsklage wäre dafür ein geeignetes Mittel. In einem Musterprozess würden gleichgelagerte Streitpunkte bei einer Vielzahl von Fällen einheitlich – auch durch einen Vergleich – entschieden werden. ... Gleichzeitig würde die Musterfeststellungsklage aufgrund der Beschränkung hinsichtlich der Klageberechtigten einer Klageindustrie wie etwa in den Vereinigten Staaten vorbeugen. Denn es sollten nur Verbände klagebefugt sein, die die Aufklärung der Verbraucherbelange nicht gewerbsmäßig betreiben. Sie wäre aber auch eine Hilfe für Unternehmen, denn so müssten diese nicht mehr das Risiko einer Vielzahl gegen sie gerichteter Prozesse fürchten. Dabei ist eine Orientierung an bereits bestehenden Spezialregelungen wie § 3 Nr. 1 UKlaG und §§ 17–19 KapMuG sinnvoll.
> [Unterstreichung nur für diesen Beitrag]

Auch Frau Dr. Katarina Barley, Bundesministerin der Justiz und für Verbraucherschutz verfolgt diese Linie. Danach enthält der zu erwartende Entwurf zwei **„neue Schutzvorkehrungen“**, um Befürchtungen der Industrie zu mildern:

> „Der Entwurf von Barley enthält nach Angaben der „Frankfurter Allgemeinen Zeitung“ vom Freitag neue Schutzvorkehrungen, um Befürchtungen der Industrie zu mildern. Viele Unternehmen fürchten, dass die neuen Massenverfahren zu einer Klageindustrie wie in den USA führen könnten. Nun soll eine Klage nur zulässig sein, wenn sie mindestens zehn Verbrauchern helfen kann und sich zwei Monate nach öffentlicher Bekanntmachung der Klage mindestens 50 Betroffene ins Klageregister eingetragen haben.
> Klagebefugt sind, wie es auch im vorherigen Entwurf geplant war, ausschließlich Verbraucherschutzverbände, die schon heute Unternehmen auf Unterlassung in Anspruch nehmen können. Dazu gehören zwingend die Verbraucherzentralen, derzeit aber auch Mieterschutzverbände und die Deutsche Umwelthilfe.“[141]
> [Unterstreichung nur in diesem Beitrag]

---

138 *„Aufforderung zur Kriminalität“* vom 7.3.2018, bezogen über https://www1.wdr.de/wissen/natur/kommentar-aufforderung-zur-umweltkriminalitaet-100.html.

139 *Wuppertal – Politik bremste Steuerfahnder aus – jetzt wechseln sie die Seiten* vom 18.1.2018, bezogen über http://www.spiegel.de/wirtschaft/soziales/wuppertal-erfolgreiche-steuerfahnder-wechseln-die-seiten-a-1188631.html,

140 BT Drucks. 18/12900, Bericht vom 22. Juni 2017 bezogen über http://dip21.bundestag.de/dip21/btd/18/129/1812900.pdf.

141 *Barley mahnt bei Musterfeststellungsklage zur Eile* vom 23.3.2018, bezogen über https://www.welt.de/newsticker/news1/article174832013/Justiz-Barley-mahnt-bei-Musterfeststellungsklage-zur-Eile.html.

Wie bereits an anderer Stelle dargestellt, limitiert die **Musterfeststellungsklage** bereits deshalb den Rechtsschutz, weil es sich nicht um eine Zahlungsklage handelt. Die Einschaltung von „qualifizierten Einrichtungen", das Quorum und die Beschränkung auf Verbraucher begrenzen den Anwendungsbereich noch weiter. In der Praxis wird sich noch zeigen, ob sich ein solches Regelungskonzept nicht doch als ein **„gefühlter Rechtsbehelf"**" darstellt. Die bisherigen Erfahrungen mit dem KapMuG zeigen jedenfalls, dass viel Zeit bis zu einem Zahlungstitel vergeht. Damit hat sich dieses Regelungskonzept eigentlich nicht bewährt, was sich auch schon bei den Telekom-Klagen gezeigt hat.

Während in Österreich[142] und in der Schweiz[143] verschiedene Regelungsansätze wenigstens diskutiert werden, hat man sich hier ohne offene Diskussion von Anfang an auf die Musterfeststellungsklage festgelegt. Eine solche „Risikominimierung" zugunsten der „Unternehmen" entspricht einer Entfesselungspolitik. Sie untergräbt das Verursacherprinzip und die hier bestehenden verfassungsrechtlichen Gewährleistungen wie zum Justizgewährleistungsanspruch sowie das Primat des Rechts.

6. Zielsetzungen

Für Verfahren im kollektiven Rechtsschutz bestehen vor allem die folgenden **Zielsetzungen**:

- Modifizierung der Darlegungs- und Beweislasten zum
  - Abbau von asymmetrischen Prozesslagen, zum Beispiel durch Waffengleichheit beim
  - vereinfachten Zugang zu Beweismitteln in der Sphäre des Verursachers,
- General- und Spezialprävention durch effektiven Rechtsschutz,
- Verbesserung des individuellen Rechtsschutzes durch
  - Beschleunigung der Verfahren,
  - Senkung des Kostenrisikos für Kläger und Beklagte,
  - die Bündelung gleichgerichteter Ansprüche, die sich auf denselben/gleichen Lebenssachverhalt beziehen,
- Entlastung der Justiz,
- Vermeidung von divergierenden Entscheidungen und
- Anpassung des Kostenrechts.

Ein Staatswesen und sein Normengefüge verfolgen keinen Selbstzweck. Die Normen müssen dem Regelungsbedarf entsprechen und einen sinnvollen Interessenausgleich zwischen den Beteiligten ermöglichen. Die **Akzeptanz des Normengefüges**

142 Siehe IV.5.n. zum Stand des Gesetzgebungsverfahrens.
143 Siehe IV.5.o. zum Stand des Gesetzgebungsverfahrens.

und das **Vertrauen in die Justiz** hängen wesentlich auch davon ab, ob und wie gegebenenfalls auch gerichtliche Hilfe erfolgt. Der bereits oben genannte dritte Börsengang der Deutschen Telekom AG und Dieselgate sowie die diversen Bankskandale, wie z. B. bei der Deutschen Bank, sind gute Beispiele dafür, wie es nicht geht:

- Der Vergleich zum Rechtsstand in den USA zeigt den Handlungsbedarf. Bei den „Telekom-Klagen“[144] und Dieselgate[145] kam es in den USA zu **schnellen Vergleichsschlüssen schon in der ersten Instanz.** Während die Volkswagen AG in den USA einen „zweistelligen Milliardenbetrag“ zahlen musste[146], gibt es in Europa keine vergleichsweise Lösung. Hier muss jeder Halter gerichtliche Hilfe in Anspruch nehmen[147]. In Deutschland dürfte es noch Jahre und Jahrzehnte dauern, bis die nun laufenden streitigen Verfahren gegenüber der Deutschen Telekom AG, der Volkswagen AG und der Porsche Automobil Holding SE abgeschlossen sind.
- Die **Schäden aus Dieselgate** tragen die Anleger und Fahrzeughalter. Wenn auf Dieselgate dann Updategate[148] folgen sollte, weil die Nachrüstung zu Folgeschäden führt, gibt es weiteren Handlungsbedarf. Das gilt auch im Hinblick auf Valuegate, weil erst zeitlich versetzt die Wertverluste greifbar werden. Der Gesetzgeber muss sich auch insoweit Gedanken über eine Verlängerung der Verjährungsfrist machen. Andernfalls verspielt der Rechtsstaat Vertrauen. Es lässt sich jedenfalls schon jetzt nicht erklären, warum es in den USA innerhalb weniger Monate vergleichsweise Lösungen gibt, hier aber jahrelange kostenträchtige Verfahren geführt werden müssen – und sich „die Politik“ nicht ernsthaft um dieses Thema kümmert.

---

144 *Schlappe vor Gericht – Deutsche Telekom hat Aktionäre getäuscht: Was das Urteil für Anleger bedeutet* auf Focus Online am 30.11.2016 (am Ende des Beitrags): http://www.focus.de/finanzen/boerse/schlappe-vor-gericht-deutsche-telekom-hat-aktionaere-getaeuscht-was-das-urteil-fuer-anleger-bedeutet_id_6277161.html.

145 *Rechtslage in Deutschland und den USA – Abgas-Skandal: VW hat sich verraten, und kaum einer hat's gemerkt* auf Focus Online am 7.6.2017: https://www.focus.de/auto/experten/rogert/rechtslage-in-deutschland-und-den-usa-abgas-skandal-vw-hat-sich-verraten-und-kaum-einer-hats-gemerkt_id_7221725.html.

146 *Rechtslage in Deutschland und den USA – Abgas-Skandal: VW hat sich verraten, und kaum einer hat's gemerkt* auf Focus Online am 7.6.2017: https://www.focus.de/auto/experten/rogert/rechtslage-in-deutschland-und-den-usa-abgas-skandal-vw-hat-sich-verraten-und-kaum-einer-hats-gemerkt_id_7221725.html.

147 *Dieselgate in den USA – Volkswagen verliert weitere Milliarden* vom 27.6.2017, bezogen über http://www.handelsblatt.com/unternehmen/industrie/dieselgate-in-den-usa-volkswagen-verliert-weitere-milliarden/19985176.html.

148 *VW-Dieselskandal – Probleme mit VW-Update-Aktion wachsen* vom 13.11.2017, bezogen über https://www.auto-motor-und-sport.de/news/vw-dieselskandal-software-updates-probleme-partikelfilter-agr-ventil-erfahrungen-fakten-12797435.html.

- Der **Niedergang der Deutschen Bank** trat auch durch riskante Geschäfte ein, die zu Zahlungen von Strafen und Schadensersatz in der Höhe von Milliarden geführt haben. Bezeichnenderweise gab es praktisch keine negativen Ad-hoc-Mitteilungen. Auch die Regelinformationen berichten nur über die eingetretenen Belastungen, nicht aber über sich abzeichnende bzw. mögliche Schäden. Hier zeigt sich, dass eine umfassende Haftung für unterlassene oder fehlerhafte Kapitalmarktinformationen fehlt.

Damit geht es letztlich auch um die **Reputation eines Rechtsstaats** und seiner rechtlichen Rahmenbedingungen. Die hier lebenden Bürger, aber auch ausländische Geschäftspartner und Investoren müssen sich darauf verlassen können, dass es hier die erforderlichen und funktionierenden Rechtsbehelfe in einer vernünftigen Kosten-/Nutzenrelation gibt. Es darf nicht möglich sein, die Ertragskraft durch kalkulierte Rechtsverstöße in asymmetrischen Prozesslagen dauerhaft zu verbessern und so einen Wettbewerbsvorteil zu erlangen. Außerdem wirbt ein funktionierender Rechtsschutz auch für den Wirtschaftsstandort Deutschland.

Ein **effektiver Rechtsschutz** nutzt auch den Schadensverursachern. Ein schneller Verfahrensabschluss ermöglicht ihnen auch einen schnellen „Neustart" auf den für sie relevanten Märkten. Während bei der Volkswagen AG die Umsätze in Deutschland im Herbst 2017 noch zurückgingen, gibt es aus den USA erhebliche Zuwächse zu vermelden[149]. Daher macht in den USA meist keine Prozesstaktik Sinn, die auf ein Aussitzen durch Negieren, Verschleppen und Flucht in die Verjährung setzt. Die in Deutschland bestehende Verteilung der Darlegungs- und Beweislasten legt so etwas allerdings nahe. Die Verursacher müssen nur zugestehen, was entdeckt wird. Außerdem darf rechtskonformes Verhalten nicht zu wirtschaftlichen Nachteilen durch zusätzliche Kosten führen. Das allgemeine **Integritäts- und Legalitätsinteresse** des Wirtschaftslebens setzt voraus, dass Rechtsverletzungen sich „nicht rechnen" dürfen.

---

149 *Wirtschaft IAA – VW verkauft in den USA, als gäbe es keine Abgasaffäre* vom 12.9.2017, bezogen über https://www.welt.de/wirtschaft/article168590110/VW-verkauft-in-den-USA-als-gaebe-es-keine-Abgasaffaere.html.

VI. Vorschlag

Dieser Beitrag sieht davon ab, einen Gesetzesvorschlag zu unterbreiten. Er beschränkt sich im Wesentlichen darauf, in groben Zügen den zentralen Regelungsbedarf aus der Praxis zusammenzufassen und Vorschläge für einen effektiven kollektiven Rechtsschutz zu unterbreiten. Natürlich erhebt diese Zusammenstellung weder den Anspruch auf Vollständigkeit, noch beansprucht sie das letzte Wort. Eine spürbare **Entlastung der Justiz** sowie eine nachhaltige Beseitigung der bestehenden **asymmetrischen Prozesslagen** treten jedoch nur dann ein, wenn zu den folgenden Punkten eine Lösung gefunden wird:

1. „Keine US-Verhältnisse!"

Die Diskussion um kollektiven Rechtsschutz prägt das **Schlagwort** „keine US-Verhältnisse". Dabei bezieht man sich pauschal auf Presseberichte zu Übertreibungen, die sich aus einem widersinnigen Anreizsystem auf der Kostenseite (a.) und nicht sachgerechten Anspruchsgrundlagen (b.) ergeben. Das verdrängt eine weitere Diskussion über die Vorteile, die der kollektive Rechtsschutz in den USA für alle Beteiligten bietet (c.).

a. Widersinniges Anreizsystem auf der Kostenseite

Das US-Rechtssystem enthält auch streitwerterhöhende Regelungen, die widersinnige Anreize setzen. Soweit ersichtlich, gibt es keine vergleichbaren Regelungen in Deutschland. So etwas wird hier auch nicht gefordert:

- Die Verfahren betreffen zunächst alle Anspruchsinhaber, was zu hohen Gesamtansprüchen führt. Wer eine **Opt-out-Erklärung** abgibt, nimmt an dem Verfahren nicht weiter teil. Damit besteht von Anfang an ein großer Gesamtschaden, der zu einem hohen Streitwert führt.
  Dieser Vorschlag gilt für das **Opt-in-Modell**: Nur wer fristgerecht eine Klage erhebt oder eine Beitrittserklärung abgibt, nimmt an dem Verfahren teil. Damit besteht von Anfang an ein deutlich niedrigerer Streitwert als in den USA.
- Weitere Schäden wie „*treble damages*[150]" und „*punitive damages*[151]" erhöhen die Streitwerte ebenfalls. Damit verstärken sie ein zweckwidriges Anreizsystem, das auf hohe Zahlungen an Berater hinausläuft.

150 Zur weiteren Erläuterung: https://en.wikipedia.org/wiki/Treble_damages.
151 Zur weiteren Erläuterung: https://en.wikipedia.org/wiki/Punitive_damages.

https://doi.org/10.1515/9783110609172-006

Das BGB kennt im Zwei-Parteien-Rechtsstreit keinen **Strafschadensersatz**[152]. Das heißt aber nicht, dass man sich darüber keine Gedanken machen sollte. Schließlich entfalten solche Regelungen genauso wie Gewinnabschöpfungen auch **Präventionswirkungen**. Letztlich geht es darum, dass rechtskonformes Verhalten auch unter wirtschaftlichen Gesichtspunkten nicht lohnender sein darf als Rechtsverletzungen.

Die hier befürwortete Anhebung der Prozesszinsen wirkt als Nebenforderung nicht streitwerterhöhend. Vielmehr verstärkt sie auf der Zeitschiene ihre Wirkungen. Schließlich geht es auch darum, wie in den USA möglichst schnell vergleichsweise Lösungen zu finden. Unter Präventionsaspekten kann man sich aber auch über streitwerterhöhende Zuschläge Gedanken machen, die auf bestimmte Rechtsgutverletzungen, wie zum Beispiel Behinderung der Justiz, Täuschung der Verfahrensbeteiligten oder einen Verstoß gegen § 138 Abs. 2 ZPO abstellen.

- In der ZPO gibt es zur **Kostenverteilung** keine „*American rule*", wonach jeder seine Kosten trägt. Die ZPO verpflichtet die unterlegene Partei zur Kostentragung. Das führt zu einer ganz anderen Kosten-/Nutzenkalkulation als wenn jede Partei nur ihre Kosten trägt. Die Telekom-Klagen zeigen aber, dass die Anwaltsgebühren der Beklagten zu reduzieren sind. Auch der Grundsatz der Waffengleichheit macht es nicht erforderlich, dass die Bearbeitung wiederholender Sach- und Rechtsfragen von den Klägern jeweils in voller Höhe zu bezahlen sind.
- **Gruppenzahlungskläger** ist in den USA häufig der erste Kläger, was immer wieder zu absurden Konstellationen führt. Dieses Memorandum spricht sich für eine Auswahl des Gruppenzahlungsklägers durch das Gericht nach der Höhe der Schadenssumme und der rechtlichen Qualität der Verfahrensbeiträge aus.
- Das Anspruchssystem in den USA sieht teilweise auch **Klagen ohne individuelle Mandatierung** eines Anwalts vor, womit das Klagevolumen ansteigt. So etwas gibt es in Deutschland nicht.

b. Anspruchsgrundlagen

Die Anspruchsgrundlagen lassen auch ausgesprochen absurde Verfahren zu. So schloss Red Bull im Jahr 2014 einen Vergleich über US $ 13 Millionen, weil Red Bull eben doch keine Flügel verleiht[153]. In Deutschland gibt es keine vergleichbaren Anspruchsgrundlagen wegen überzogenen Werbebotschaften.

152 Zur weiteren Erläuterung: https://de.wikipedia.org/wiki/Punitive_damages.

153 *Verbrauchertäuschung – Red Bull zahlt Millionen, weil keine Flügel wachsen* vom 9.10.2017, bezogen über https://www.welt.de/wirtschaft/article133111842/Red-Bull-zahlt-Millionen-weil-keine-Fluegel-wachsen.html.

c. Sinnvolle Regelungen

Das US-Rechtssystem hat aber auch Vorteile, über die hier nachgedacht werden sollte. Wie bereits weiter oben aufgezeigt, haben sich die Deutsche Telekom AG[154] und die Volkswagen AG[155] mit den Klägern in den USA relativ schnell verglichen. In Deutschland werden diese Verfahren noch Jahre dauern. Wie an anderer Stelle dargestellt, erfordern alleine die 17.000 noch offenen Telekom-Klagen beim Landgericht Frankfurt wahrscheinlich einen Zeitaufwand von etwa 170 Mann-Jahren. Als Nächstes werden die Dieselgate-Verfahren der Halter und Anleger sowie das LKW-Kartell die Justiz überfordern. Das Rechtssystem in den USA zeigt, dass sich ein **effektiver Rechtsschutz** für Anspruchsinhaber und eine **Justizentlastung** nicht ausschließen.

Soweit nicht in einem frühen Stadium ein **Vergleich** die Verfahren beendet, muss die ZPO **typisierbare Entscheidungen** ermöglichen. Die in den Telekom-Klagen zu erwartenden 17.000 Einzelurteile bedeuten im Ergebnis keine Einzelfallgerechtigkeit, sondern Zeitverlust und einen erheblichen vermeidbaren Arbeitsaufwand. Schließlich geht es im Kapitalmarktrecht um Geldschäden, die sich anhand von Bankbelegen schnell berechnen lassen. Daher kann dem Gebot der Einzelfallgerechtigkeit in den typischen Prozesslagen des kollektiven Rechtsschutzes im Normalfall auch mit typisierbaren Entscheidungen entsprochen werden. Einzelfallentscheidungen dürften hier nicht erforderlich sein. Es spricht aber Einiges dafür, einen besonderen Rechtsbehelf, wie zum Beispiel eine Abhilfeentscheidung, vorzusehen, um etwaige Fehler in der Schadensberechnung möglichst noch vor dem Ausgangsgericht zur Überprüfung zu stellen.

Dazu haben sich die folgenden Regelungen in den USA besonders bewährt:

- Während nach der ZPO bereits die Klageschrift die anspruchsbegründenden Tatsachen hinreichend substantiiert darlegen muss, genügt in den USA zunächst eine oberflächliche Darstellung der Klageforderung. Nach der Klageerhebung findet ein Beweisermittlungsverfahren, ein **pre-trial discovery**, statt. Darin kann der Kläger vom Beklagten Auskünfte verlangen[156]. Die Kläger erhalten somit einen **Zugriff auf anspruchsbegründende Beweismittel** in der Sphäre der Beklagten.

---

154 *Gericht – Später Triumph bei Prozess für die 17.000 Telekom-Aktionäre* bezogen über https://www.morgenpost.de/wirtschaft/article208839775/Spaeter-Triumph-bei-Prozess-fuer-die-17-000-Telekom-Aktionaere und case summary Stanford Law School http://securities.stanford.edu/filings-case.html?id=101658.

155 *Dieselgate in den USA – Volkswagen verliert weitere Milliarden* vom 27.6.2017, bezogen über http://www.handelsblatt.com/unternehmen/industrie/dieselgate-in-den-usa-volkswagen-verliert-weitere-milliarden/19985176.html.

156 Zu den Grundzügen: https://de.wikipedia.org/wiki/Discovery_(Recht) mit weiterführenden US-Links. Für weitere Einzelheiten siehe http://www.unitedstates.de/zivilrechtliche-klagen-usa/.

In Deutschland liegen die Darlegungs- und Beweislasten bei den Klägern. Da sich die Parteien nicht auf gleicher Augenhöhe begegnen, reduziert das hier bestehende strukturelle Informationsgefälle die Reichweite der gerichtlichen Kontrolle der Verursacher. Bedauerlicherweise machen die Gerichte nur sehr zögerlich von den Vorlageregelungen in den §§ 142, 143, 273 Abs. 2 Nr. 2 ZPO Gebrauch.

- Beim jetzigen Rechtsstand warten die Verursacher den Ablauf der Verjährungsfrist ab, um keine Präzedenzfälle zu schaffen. Häufig werden weitere anspruchsbegründende Tatsachen erst im Laufe der Zeit bekannt. Daher bietet sich eine **Aussetzung** der **Verjährung** an. Sie tritt sinnvollerweise erst sechs Monate nach dem rechtskräftigen Abschluss der Verfahren ein. Entspricht ein Vertragsgegenstand nicht einer öffentlich-rechtlichen Genehmigung, spricht einiges für eine dreißigjährige Verjährungsfrist nach § 197 BGB.
- Das Kostenrisiko[157] können hinreichend spezialisierte **Prozessfinanzierer** übernehmen, die die hier bestehenden Risiken einschätzen und in den Verfahren handhaben können. Sie sind auch dazu in der Lage, wie zum Beispiel bei Dieselgate, die besonderen Rechtsfragen wie zur Typenzulassung umfassend klären zu lassen und die erforderlichen technischen Gutachten einzuholen. Das entlastet die Justiz von aussichtslosen Verfahren.

2. Gesetzgebungsauftrag

Die verfassungsrechtlichen Gewährleistungen wie zum Rechtsstaatsprinzip und Justizgewährleistungsanspruch begründen keinen Rechtsanspruch auf den Erlass von Gesetzen oder Rechtsänderungen. Dabei handelt es sich letztlich um **politische Gestaltungsaufgaben**, die nicht justiziabel sind. Allerdings darf sich der Gesetzgeber durchaus von der Gesamtkonzeption des Grundgesetzes leiten lassen. Dabei bestehen zeitliche Vorgaben:

- Die **Empfehlungen der EU-Kommission** vom 11. Juni 2013 (2013/396/EU) stellen die nationalen Gesetzgeber vor die Gestaltungsaufgabe[158], einen kollektiven Rechtsschutz zu schaffen. Innerhalb von zwei Monaten nach der Veröffentlichung

157 Hier wird bewusst in einer Fußnote die Frage aufgeworfen, ob es sich bei der Erfolgsprovision für den Prozessfinanzierer nicht auch um einen Schaden handelt, der vom Verursacher zu ersetzen ist. Schließlich handelt es sich um Kosten der Rechtsverfolgung. Angesichts der Kosten-/Risikorelation lässt sich vielfach eine gerichtliche Rechtsverfolgung sonst nicht mehr verantworten. So liegt bei einem Streitwert von EUR 10.000 das Kostenrisiko bei drei Instanzen deutlich über EUR 10.000.

158 Bezogen über http://eur-lex.europa.eu/legal-content/DE/TXT/PDF/?uri=CELEX:32013H0396&from=DE, siehe nachfolgend Materialien IV.

der Empfehlungen sollen die Mitgliedsstaaten die erforderlichen Maßnahmen ergreifen, Textziffer 24. Bedauerlicherweise erfolgte das bis zum **11. Juni 2015** nicht.
- Das KapMuG tritt am **1. November 2020** außer Kraft, § 28 KapMuG.
- Bezeichnenderweise ist der **Europäische Gerichtshof für Menschenrechte** mehrfach zu dem Ergebnis gelangt, dass im Rechtsschutzsystem der Bundesrepublik Deutschland **überlange Verfahrensdauern** ein **strukturelles Problem** darstellen. Für die weiteren Einzelheiten kann beispielsweise auf das Urteil vom 2. September 2010 in der Individualbeschwerde Nr. 46344/06 Rn. 64ff. verwiesen werden[159].

Daher spricht nun alles dafür, zeitnah einen effektiven kollektiven Rechtsschutz zu schaffen, der gleichermaßen
- die Justiz entlastet,
- asymmetrische Prozesslagen beseitigt,
- strukturelle Informationsgefälle nivelliert und
- Anspruchsinhaber in gleich gelagerten Sachverhalten unterstützt.

3. Entlastung der Justiz/Effektiver Rechtsschutz

Kollektiver Rechtsschutz entlastet nur dann die Justiz und die Parteien, wenn die Verfahren schnell zu Ende gebracht werden. Das **KapMuG** hat sich vor allem bei den Telekom-Fällen nicht bewährt. Die Verfahren begannen im Jahr 2000, ein Ende zeichnet sich noch nicht ab. Das Landgericht steht noch vor der Herausforderung, etwa 17.000 Klagen Einzelner auf der Grundlage von rechtskräftigen Musterfeststellungen zu entscheiden. Beim Landgericht Frankfurt ist gegenwärtig die 7. Kammer für Handelssachen ausschließlich für die Rechtsstreitigkeiten der Deutsche Telekom AG zuständig. Die Vorsitzende Richterin hatte dort im Herbst 2017 eine 2,5/10 Stelle. Das wird aber nicht ausreichen, nach der rechtskräftigen Entscheidung der Musterklage alle offenen Klagen zu entscheiden.

Die **Arbeitsleistung eines Richters am Landgericht** dürfte bei 100 Urteilen pro Jahr liegen. Damit wird es etwa 170-Mann-Jahre dauern, um diese etwa 17.000 Verfahren in der ersten Instanz zu entscheiden. Soweit die Deutsche Telekom AG verliert, dürfte ein Berufungsverfahren folgen. Diese Besonderheiten könnten dazu führen, dass die Ansätze im Personalbedarfsberechnungssystem der Justiz (PEBB§Y) hier nicht zutreffen[160]. Die Personalplanung des Landgerichts Frankfurt steht jedenfalls vor be-

159 Bezogen über https://hudoc.echr.coe.int/eng#{%22itemid%22:[%22001-139471%22]}.

160 Die Studie zur Berechnung des Personalbedarfs (PEBB§Y) kann in der Fortschreibung 2014 über die Homepage des Deutschen Richterbundes bezogen werden: http://www.drb.de/index.php?id=126.

sonderen Anforderungen, wenn sie drei Jahre lang 13 Kammern für Handelssachen mit der erforderlichen Infrastruktur (Geschäftsstelle, Arbeitszimmer, Verhandlungsraum, Schöffen) aufbauen und nach Abschluss der Verfahren wieder abbauen muss. Beim Oberlandesgericht – und gegebenenfalls vor dem Bundesgerichtshof – wird sich das so wiederholen. Sinnvollerweise stellen sich die Kläger noch einmal auf eine Verfahrensdauer von weiteren zehn Jahren ein.

Diese Daten zeigen, dass eine Musterklage nicht sachgerecht ist. Sie mag zwar einzelne Sach- und Rechtsfragen lösen. Das wirkt sich aber nicht auf die laufenden Verfahren aus, die einzeln entschieden werden. Daher spricht alles dafür, in Sammel- oder Gruppenverfahren typisierbare Fallgestaltungen rechtsverbindlich zu entscheiden. Die verfassungsrechtlichen Gewährleistungen zum **Justizgewährleistungsanspruch** und **Rechtsstaatsprinzip** verlangen, dieses Rechtsschutzdefizit zu beseitigen. Dazu heißt es in dem stattgebenden Kammerbeschluss des Bundesverfassungsgerichts vom 17. Dezember 2015 – 1 BvR 3164/13 – in den Randnummern 25 ff.[161]:

„25

Die seitens des Oberlandesgerichts gestellten Anforderungen an die Auslegung des Begriffs der Verzögerungsrüge bei überlanger Verfahrensdauer verletzen den Beschwerdeführer in seinen Rechten aus Artikel 2 Abs. 1 GG in Verbindung mit dem Rechtsstaatsprinzip (Art. 20 Abs. 3 GG).

26

1. a) Aus Artikel 2 Abs. 1 GG in Verbindung mit dem Rechtsstaatsprinzip (Art. 20 Abs. 3 GG) lässt sich ein Anspruch auf wirkungsvollen Rechtsschutz im materiellen Sinn für bürgerlichrechtliche Streitigkeiten ableiten (vgl. BVerfGE 82, 126 <155>; 93, 99 <107>). Die daraus folgende Rechtsschutzgarantie gewährleistet nicht nur, dass überhaupt ein Rechtsweg zu den Gerichten offensteht, sie garantiert vielmehr auch die Effektivität des Rechtsschutzes. Die Rechtsschutzgewährung durch die Gerichte bedarf allerdings einer normativen Ausgestaltung durch eine Verfahrensordnung. Dabei kann der Gesetzgeber auch Regelungen treffen, die für ein Rechtsschutzbegehren besondere formelle Voraussetzungen vorsehen und sich dadurch für den Rechtsuchenden einschränkend auswirken (vgl. BVerfGE 10, 264 <268>; 60, 253 <268 f.>; 77, 275 <284>). Solche Einschränkungen müssen aber mit den Belangen einer rechtsstaatlichen Verfahrensordnung vereinbar sein und dürfen den einzelnen Rechtsuchenden nicht unverhältnismäßig belasten. Darin findet die Ausgestaltungsbefugnis des Gesetzgebers zugleich ihre Grenze. Der Rechtsweg darf danach nicht in unzumutbarer, durch Sachgründe nicht mehr zu rechtfertigender Weise erschwert werden (vgl. BVerfGE 10, 264 <268>; 77, 275 <284> m.w.N.). Formerfordernisse für Prozesshandlungen können der Rechtssicherheit dienen, sofern sie geeignet sind, die prozessuale Lage für alle Beteiligten rasch und zweifelsfrei zu klären.

27

Diese Grundsätze gelten nicht nur für den ersten Zugang zum Gericht, sondern für die Ausgestaltung des gesamten Verfahrens (vgl. BVerfGE 40, 272 <275>). Sie sind auf das Rechtsschutzbegehren der klagenden Partei in gleicher Weise wie auf das auf Rechtsverteidigung gerichtete

---

161 Bezogen über https://www.bundesverfassungsgericht.de/SharedDocs/Entscheidungen/DE/2015/12/rk20151217_1bvr316413.html.

Begehren des Gegners anwendbar. Auch der Richter muss die Tragweite des Grundrechts auf einen wirkungsvollen Rechtsschutz beachten (vgl. BVerfGE 77, 275 <284>). Er darf verfahrensrechtliche Regelungen, die den vorgenannten Grundsätzen widersprechen, nicht anwenden (Art. 100 Abs. 1 GG). Soweit Verfahrensvorschriften einen Auslegungsspielraum lassen, darf er sie nicht in einem Sinne auslegen, der zu einem solchen Widerspruch führen würde (vgl. BVerfGE 88, 118 <123ff.>).

28
Die Gestaltung des Verfahrens, die Feststellung und Würdigung des Sachverhalts, die Auslegung des einfachen Rechts und seine Anwendung auf den einzelnen Fall sind allerdings Sache der dafür allgemein zuständigen Gerichte und der Nachprüfung durch das Bundesverfassungsgericht entzogen. Das Bundesverfassungsgericht beschränkt seine Überprüfung gerichtlicher Entscheidungen auf die Verletzung von Verfassungsrecht (vgl. BVerfGE 18, 85 <92>; stRspr). Die Schwelle eines derartigen Verstoßes gegen Verfassungsrecht ist erst erreicht, wenn die Auslegung der Fachgerichte Auslegungsfehler erkennen lässt, die auf einer grundsätzlich unrichtigen Anschauung von der Bedeutung des Grundrechts, insbesondere vom Umfang seines Schutzbereichs, beruhen und auch in ihrer materiellen Bedeutung für den konkreten Rechtsfall von einigem Gewicht sind (vgl. BVerfGE 89, 1 <9f.>; 99, 145 <160>; 129, 78 <102>). Dies ist hier der Fall."

Auch die Haushaltspolitiker dürfen es nicht zulassen, dass hier auch noch der Steuerzahler Gerichtsverfahren finanziert, die sich über Jahrzehnte hinziehen. Dem werden dann wohl noch **Verfahren nach § 198 GVG** folgen. Viele Kläger werden ein Urteil nicht mehr erleben. Es mag zwar sein, dass ein solcher Rechtsschutz weitere Anspruchsinhaber von Klagen abhält. Diese mittelbaren Wirkungen zugunsten eines Verursachers sind aber kein verfassungskonformes Regelungsziel.

Daher muss der kollektive Rechtsschutz so ausgestaltet werden, dass die Justiz den Parteien schnell eine **sachgerechte vergleichsweise Verfahrensbeendigung** vorschlagen kann. Für keine Partei darf es sich lohnen, die Verfahren zu verschleppen. Daher spricht einiges dafür, den Vergleichsdruck für die Beklagte, zum Beispiel durch veränderte Darlegungs- und Beweislasten sowie eine Unterbrechung der Verjährung und eine Anhebung der Prozesszinsen zu erhöhen.

Bei den in den USA geführten Telekom- und Dieselgate-Klagen hat das funktioniert. Wie bereits zuvor dargestellt, hat es bei den Klagen gegen die Deutsche Telekom AG[162] und die Volkswagen AG[163] schnelle vergleichsweise Lösungen gegeben. Das ist für alle Seiten vorteilhaft:

---

162 *Schlappe vor Gericht – Deutsche Telekom hat Aktionäre getäuscht: Was das Urteil für Anleger bedeutet* vom 30.11.2016 (am Ende des Beitrags): http://www.focus.de/finanzen/boerse/schlappe-vor-gericht-deutsche-telekom-hat-aktionaere-getaeuscht-was-das-urteil-fuer-anleger-bedeutet_id_6277161.html.

163 *Rechtslage in Deutschland und den USA – Abgas-Skandal: VW hat sich verraten, und kaum einer hat's gemerkt* vom 7.6.2017: https://www.focus.de/auto/experten/rogert/rechtslage-in-deutschland-und-den-usa-abgas-skandal-vw-hat-sich-verraten-und-kaum-einer-hats-gemerkt_id_7221725.html.

- Die klagenden **Anspruchsinhaber** erhalten schnell Schadensersatz.
- Die **Beklagten** sparen Zinsen und können schnell unbelastet an die relevanten Märkte zurückkehren. Während zum Beispiel der Volkswagen AG ein schnelles Comeback in den USA gelungen ist[164], lähmt Dieselgate in Deutschland die gesamte Branche[165].
- Die **Gerichte** können typisierbare Verfahren schnell und mit einem überschaubaren zusätzlichen Personalaufwand beenden. Der Zeitaufwand für Richter in den Telekom-Klagen wird bei mehr als einhundert Mann-Jahren liegen. Das Streben nach Einzelfallgerechtigkeit endet so in Aktenbergen und auf der Zeitschiene. So etwas dürfte eigentlich nur in der Welt eines Franz Kafka oder George Orwell vorkommen.

Vor diesem Hintergrund geht es bei **jedem Verfahrensschritt** um
- eine Entlastung der Justiz,
- die Beseitigung von asymmetrischen Prozesslagen,
- effektiven Rechtsschutz für Anspruchsinhaber,
- einen rechtskräftigen Abschluss für Verursacher und
- Präventionswirkungen für die weiteren Marktteilnehmer.

4. Klageart: Verbandsklage – Musterfeststellungsklage – Gruppenklage

Im kollektiven Rechtsschutz gibt es drei Ansätze für Klagen:
- In einer **Gruppenklage**[166] bzw. **Gruppenzahlungsklage** werden alle rechtshängigen Verfahren zusammengefasst und einheitlich entschieden. Typisierungen treten hier an die Stelle von Einzelfalllösungen. Dem Grundurteil nach § 304 ZPO folgt das Endurteil zur Schadenshöhe. Beide Urteile fassen typisierbare Verfahren zusammen.
- In der **Musterfeststellungsklage** entscheidet das Oberlandesgericht einzelne Rechtsfragen– wie beim KapMuG –im **Musterentscheid** einheitlich. Das Land-

164 So konnte der VW-Konzern schon im Oktober 2017 ein Comeback in den USA melden: *Vom Schmuddelkind zum Absatzkönig – Volkswagens erstaunliches Comeback in den USA* vom 4.10.2017, bezogen über http://www.manager-magazin.de/unternehmen/autoindustrie/volkswagen-comeback-in-den-usa-mit-klarem-absatzplus-a-1171129.html.

165 *Auto-Käufer sind verunsichert – Diesel-Zulassungszahlen brechen ein* vom 5.10.2017, bezogen über http://www.bild.de/geld/wirtschaft/abgas-skandal/immer-weniger-diesel-autos-in-deutschland-53435544.bild.html.

166 Der Begriff Gruppenzahlungsklage wird in diesem Beitrag als Synonym für Sammelklage und Massenklage verwendet, wenn es um Zahlungsklagen geht.

gericht legt die rechtskräftig entschiedenen Sach- und Rechtsfragen dann in den Leistungsklagen seinen weiteren Urteilen zugrunde.

– Bei **Verbandsklagen** klagen „qualifizierte Einrichtungen" wie Verbände, Interessenvereinigungen oder berufsständische Einrichtungen, z.B. § 8 Abs. 3 UWG, § 33 Abs. 2 GWB, §§ 3ff. UKlaG.

Dieser Beitrag spricht sich für eine **Gruppenzahlungsklage**[167] aus. Dieser Ansatz wird jetzt auch zunehmend in der Schweiz[168] und in Österreich[169] diskutiert. Für eine Gruppenzahlungsklage auf Schadensersatz spricht neben der damit verbundenen Justizentlastung auch die Verfahrensdauer. Die Anspruchsinhaber erhalten wesentlich früher ein Urteil. Zudem gibt es keinen erkennbaren Grund, nur Verbrauchern und nicht zugleich allen Gewerbetreibenden diesen Rechtsbehelf zu eröffnen.

Der **Begriff Gruppenzahlungsklage** unterscheidet dieses Verfahren begrifflich schärfer von der Musterfeststellungsklage, in der es nur um Rechtsfragen geht. Die Gruppenzahlungsklage verbindet beide Elemente: einheitliche Entscheidung der wesentlichen Sach- und Rechtsfragen sowie Titulierung einer auf Zahlung bzw. Leistung gerichteten Forderung. Es mag zwar durchaus sein, dass die Musterfeststellungsklage die Anspruchsinhaber bzw. **Verbraucher** im Hinblick auf ihren Streitgegenstand entlastet. Bei der anschließenden Leistungsklage trifft ihn aber das volle Kostenrisiko – und zwar allein.

Die **Musterfeststellungsklage** (auch **Musterklage**) ist in der Ausprägung im Kapitalanleger-Musterverfahrensgesetz dazu gedacht, durch ein Oberlandesgericht einzelne Sach- und Rechtsfragen bindend für die noch vom Landgericht ausgesetzten Einzelklagen zu entscheiden. Wie bereits zuvor anhand der „Telekom-Klagen" aufgezeigt, hat sich diese Art der Verfahrensführung nicht bewährt. Seit dem Jahr 2000 sind etwa 17.000 Klagen rechtshängig, ein Ende zeichnet sich noch nicht ab. Es gibt noch nicht einmal die ersten Endurteile. Wie bereits zuvor vorgerechnet, dürfte die gerichtliche Aufarbeitung mehr als einhundert Mann-Jahre beanspruchen. Daher stellt sich die Frage, ob die Durchführung von Pilotverfahren bis zum Bundesgerichtshof bei gleichzeitiger Aussetzung nach § 248 ZPO bzw. Ruhen nach § 251 ZPO nicht zu schnelleren Lösungen geführt hätte.

Im kontradiktorischen Zivilprozess liegt die Disposition über den Streitgegenstand beim Kläger bzw. Widerkläger. Schließlich entscheidet in der Privatautonomie jeder Anspruchsinhaber, ob und wie er seine Rechte ausübt. Daher ist eine Gel-

167 Der Begriff Gruppenzahlungsklage wird in diesem Beitrag als Synonym für Sammelklage und Massenklage verwendet, wenn es um Zahlungsklagen geht.

168 *Der Bundesrat will Sammelklagen in der Schweiz möglich machen* vom 12.2.2018, bezogen über https://www.nzz.ch/wirtschaft/der-drang-des-bundesrats-zu-sammelklagen-ld.1356315.

169 Weitere Einzelheiten stehen auf der Homepage der Parlaments: https://www.parlament.gv.at/PAKT/PR/JAHR_2018/PK0166/.

tendmachung individueller Ansprüche auf Schadensersatz im Wege einer **Verbandsklage** systemfremd. Schließlich stehen diese „qualifizierten Einrichtungen" im Wettbewerb zu spezialisierten Rechtsanwälten, die mit kapitalkräftigen Prozessfinanzierern zusammenarbeiten.

5. Prävention

Bei jedem Verfahrensschritt stellt sich auch die Frage nach den Präventionswirkungen und dem Integritäts- und Legalitätsinteresse des Wirtschaftslebens. Während die **Spezialprävention** den Verursacher von Wiederholungen abhalten soll, sollen im Wege der **Generalprävention** andere Marktteilnehmer bzw. potentielle Verursacher von Rechtsverletzungen abgehalten werden[170]. Dabei gilt es aber – anders als in den USA – Fehlanreize durch übermäßige Streitwertanhebungen zu vermeiden.

6. Kronzeugenregelung

Vor allem im Kartellrecht haben sich Kronzeugenregelungen bewährt. Daher spricht einiges dafür, hier das Kronzeugenregelungsmodell des **European Competition Network**[171] zu berücksichtigen. Das Bundeskartellamt gibt hierzu weitere Praxishinweise[172]. Damit können sich vor allem die Organmitglieder der Verursacher entlasten, die häufig in einer gesamtschuldnerischen Haftung stehen.

Ein effektiver kollektiver Rechtsschutz setzt auch voraus, asymmetrische Prozesslagen zu beseitigen. Dazu bieten sich auch Kronzeugenregelungen an. Sie vermögen vor allem die Organe zu entlasten, deren wirtschaftliches Leistungsvermögen häufig nicht ausreicht, um die entstandenen Schäden auszugleichen.

7. Gruppenzahlungsklage: Verfahrensgang/Urteilsart

Das Verfahren lässt sich wie folgt zusammenfassend darstellen:

170 BVerfGE 45, 187 und https://de.wikipedia.org/wiki/Punitive_damages.

171 European Competition Network, *Das ECN-Kronzeugenmodell*, bezogen über http://ec.europa.eu/competition/ecn/model_leniency_de.pdf.

172 *Erfolgreiche Kartellverfolgung*, Hrsg. Bundeskartellamt Dezember 2016, bezogen über https://www.bundeskartellamt.de/SharedDocs/Publikation/DE/Broschueren/Informationsbrosch%C3%BCre%20-%20Erfolgreiche%20Kartellverfolgung.pdf;jsessionid=5FA20BAA4CD2603D31F7FA802686CDAB.2_cid387?__blob=publicationFile&v=12.

a. Überblick

Wie bereits eingangs unter II.9. dargestellt, lässt sich die hier vorgeschlagene, auf Schadensersatz gerichtete Gruppenzahlungsklage stichwortartig wie folgt zusammenfassen:

- Das Gericht entscheidet – auch auf Antrag der Parteien – über eine **Klageverbindung**.
- Bei einer **überschaubaren Anzahl** von Klägern bietet sich zur Justizentlastung eine typisierende Entscheidung zu Grund und Höhe des Anspruchs an.
- Bei einer **größeren Anzahl von Klägern** mag es sinnvoll sein, das Verfahren zwischen dem Anspruchsgrund und der Anspruchshöhe zu trennen.
  - Zunächst soll eine Klärung zum **Anspruchsgrund erfolgen.** Das erfolgt gegenwärtig mit dem Musterbescheid nach § 16 KapMuG. Weil hier aber im Normalfall der Anspruch nach Grund und Höhe streitig ist, bietet sich – wie in anderen schadensrechtlichen Verfahren – ein Grundurteil nach § 304 ZPO zur Entscheidung über den Anspruchsgrund an. Alternativ kommt auch ein **Teilurteil** nach § 301 ZPO oder ein **Zwischenurteil** nach § 303 ZPO in Betracht.
  - Die Entscheidung über den individuellen Schaden erfolgt im **Endurteil**, § 300 ZPO.
  - Zur Entlastung der Justiz und zur Beschleunigung der Verfahren liegen diesen Urteilen **Typisierungen** beim Sachverhalt und den Rechtsfolgen zugrunde.

Die hier vorgeschlagene **Gruppenzahlungsklage** lässt sich in mehreren Phasen zusammenfassen:

Phase 1: Einreichung der Klagen bei Gericht

Phase 2: Typisierende Zusammenfassung durch das Gericht nach
- Verbindungsbeschluss, ab dem gegebenenfalls eine Anmeldung wie nach § 10 Abs. 2, 3 KapMuG erfolgen kann;
- Bekanntmachung im Klageregister wie nach § 10 Abs. 1 KapMuG:
  - Gegebenenfalls Anmeldung von weiteren, noch nicht rechtshängigen Ansprüchen wie nach § 10 Abs. 2, 3 KapMuG;
  - Angebot an weitere Anspruchsinhaber, eine eigene Klage zu erheben;
- Streitgegenstand;
- Beklagte(r);
- gegebenenfalls Hinweis nach §§ 139, 273 Abs. 2 Nr. 1 ZPO/§ 12 Abs. 1 KapMuG zur Gruppenbildung;
- Klärung der örtlichen Zuständigkeit;

Phase 3: Bildung der Gruppen
- Mehrere parallele Gruppenzahlungsklagen möglich, wenn sich zum Beispiel Klagen wegen Dieselgate gegen verschiedene Hersteller und deren örtliche Händler richten;
- Bestimmung des oder der Gruppenzahlungskläger auf Antrag der Parteien oder von Amts wegen;
- Bekanntmachung im Klageregister wie nach § 10 Abs. 1 KapMuG
  - Gegebenenfalls Anmeldung von weiteren, noch nicht rechtshängigen Ansprüchen wie nach § 10 Abs. 2, 3 KapMuG;
  - Angebot an weitere Anspruchsinhaber, eine eigene Klage zu erheben;
- Unterbrechung der Verjährung bis zum Ende der Gruppenzahlungsklage;

Phase 4 Einarbeitung des Gruppenzahlungsklägers
- Übermittlung der Akten zur Einarbeitung;

Phase 5 Vorbereitung der mündlichen Verhandlung
- Einholung von Gutachten wie in § 7 Abs. 6 SpruchG;
- Hinweise nach § 139 ZPO/§ 12 Abs. 1 KapMuG;
- Ergänzung des Vorbringens durch Parteien, § 273 Abs. 2 Nr. 1 ZPO;
- Vorlage von Urkunden/Auskünften durch Behörden bzw. Trägern eines öffentlichen Amtes, § 273 Abs. 2 Nr. 2 ZPO;
- Ladung von Zeugen und benannten Sachverständigen, §§ 273 Abs. 2 Nr. 4, 378 ZPO;
- Anordnung zur Vorlage von Unterlagen nach §§ 273 Abs. 2 Nr. 5, 142, 144 ZPO;
- Anordnung der Vorlage von Akten nach § 142 ZPO;

Phase 6 Entscheidung über die Verfahrensführung
- Trennung zwischen Schadensgrund und Schadenshöhe;
- Einheitliches Grund- und Endurteil;
- Vorbereitung von Vergleichsgesprächen gegebenenfalls mit Sachverständigengutachten;

Phase 7 Durchführung des Rechtsstreits
- Gegebenenfalls über drei Instanzen mit Zurückverweisung(en);
- Grundurteil zu Schadensgrund/Endurteil zu Schadenshöhe;

Phase 8 Eintritt der Verjährung
- sechs Monate nach rechtskräftigem Abschluss/Vergleichsschluss;

- Die Inhaber der angemeldeten Ansprüche werden über den Verfahrensabschluss und den Zeitpunkt des Verjährungseintritts informiert.

b. Streitgegenstand

Der materiell-rechtliche Streitgegenstand ergibt sich aus § 194 BGB, der prozessuale Streitgegenstand aus § 253 Abs. 2 Nr. 2 ZPO. Das Gericht darf im Urteil nicht über den Streitgegenstand hinausgehen. Daraus ergibt sich eine Besonderheit für den kollektiven Rechtsschutz: In der Praxis dürfte es aber kaum vorkommen, dass allen miteinander verbundenen Klagen ein identischer Sachverhalt zugrunde liegt. Daher beginnt die **Typisierung** im kollektiven Rechtsschutz bereits beim Streitgegenstand.

So lassen sich zum Beispiel bei Dieselgate nicht alle Klagen in einem Verfahren bearbeiten. Ein gutes Beispiel ist das **Landgericht Ingolstadt** mit etwa 140 Klagen im Februar 2018. Sie wenden sich gegen den Händler, den Hersteller (z. B. Volkswagen, Audi, Porsche oder Skoda bzw. BMW oder Daimler) oder beide. Die Klagen stützen sich auf unterschiedliche Klagegründe wie zu **Dieselgate** (Gewährleistung, Wertverlust, Täuschung), **Updategate**[173] (fehlende Gewährleistung, Schäden, Leistungsabfall, Mehrverbrauch nach Update) oder **Valuegate**[174] (Wertverlust z. B. aus rechtlichen Gründen). Fast jeder Einzelfall liegt anders. Zur Vereinheitlichung der Rechtsprechung sind mittlerweile alle Verfahren auf eine Kammer übertragen worden[175].

In einem Verfahren des kollektiven Rechtsschutzes lassen sich Klagen zu einer gleichzeitigen Verhandlung und Entscheidung bündeln, wenn sich die Ansprüche aus **vergleichbaren Lebenssachverhalten** ergeben bzw. sie in einem **rechtlichen Zusammenhang** stehen. Dabei handelt es sich hier vor allem um

- Ansprüche aus Vertrag oder Gesetz,
- die durch eine einzige oder einheitliche, nicht aber notwendigerweise auch gleichzeitige und identische Verletzungshandlung entstanden sind,
- deren Anspruchsinhaber nicht in einer Rechtsgemeinschaft stehen müssen und

---

173 *VW-Dieselskandal – Probleme mit VW-Update-Aktion wachsen* vom 13.11.2017, bezogen über https://www.auto-motor-und-sport.de/news/vw-dieselskandal-software-updates-probleme-partikelfilter-agr-ventil-erfahrungen-fakten-12797435.html.

174 *Nach Fahrverbots-Urteil – Diesel-Verbote verbrennen Milliarden* vom 27.2.2018, bezogen über https://www.focus.de/auto/news/nach-fahrververbots-urteil-diesel-verbote-verbrennen-milliarden-leasing-ruecklaeufer-werden-zum-risiko_id_8533824.html und *VW gibt erstmals Millionen-Wertverlust bei Dieseln zu* vom 19.3.2018, bezogen über https://www.bild.de/geld/wirtschaft/abgas-skandal/diesel-leasing-hammer-55143936.bild.html.

175 *Justiz – In Sachen „dicke Luft“* vom 15.2.2018, bezogen über http://www.augsburger-allgemeine.de/neuburg/In-Sachen-dicker-Luft-id44228126.html.

- bei denen ein typisierbarer, aber individuell zu ermittelnder Schaden entstanden ist.

Die **Vielschichtigkeit der Lebenssachverhalte** sowie des **anwaltlichen Vortrags** machen es erforderlich, dass der Gesetzgeber dem Gericht einen angemessenen Handlungsspielraum für Typisierungen schafft. Das muss nicht nur für **Leistungsklagen** gelten, sondern auch für **Feststellungsklagen**. Schließlich lässt sich beispielsweise bei Updategate oder vor allem Valuegate der Schaden zwar dem Grunde nach, nicht aber der Höhe nach zum Zeitpunkt der Klageerhebung absehen.

Zur Vereinheitlichung des Sach- und Rechtsvortrags bietet es sich auch an, die **Hinweispflichten aus § 139 ZPO** zu erweitern. Es mag durchaus sein, dass ein Landgericht erst bei der typisierenden Zuordnung der Verfahren erkennt, dass ein ergänzender Vortrag sachgerecht wäre. Auch nach Ablauf einer etwaigen Verjährungsfrist muss es dann noch möglich werden, sachgerechte Ergänzungen anzuregen. Eine vergleichbare Regelung gibt es schon jetzt in § 12 Abs. 1 KapMuG.

c. Mehrere Beklagte

Die ZPO geht davon aus, dass sich eine Klage im Normalfall gegen einen Beklagten richtet. Im kollektiven Rechtsschutz gibt es aber eine Vielzahl von Konstellationen, in denen sich die Klagen sinnvollerweise gegen mehrere Beklagte richten:
- Klagen wegen **Ad-hoc-Pflichtverletzungen**: Emittent (AG) und Organe (Vorstand/Aufsichtsrat);
- **Dieselgate, Updategate**[176] bzw. **Valuegate**[177]: Klagen gegen Hersteller und Vertrieb;
- **Kapitalanlage**: Emittent, Prospektverantwortliche und Vertrieb;
- **„Lkw-Kartell**[178]**"**: Die Deutsche Bahn AG will federführend die Ansprüche anderer großer Geschädigter gegenüber Verursachern geltend machen.

---

176 *VW-Dieselskandal – Probleme mit VW-Update-Aktion wachsen* vom 13.11.2017, bezogen über https://www.auto-motor-und-sport.de/news/vw-dieselskandal-software-updates-probleme-partikelfilter-agr-ventil-erfahrungen-fakten-12797435.html.

177 *Nach Fahrverbots-Urteil – Diesel-Verbote verbrennen Milliarden* vom 27.2.2018, bezogen über https://www.focus.de/auto/news/nach-fahrververbots-urteil-diesel-verbote-verbrennen-milliarden-leasing-ruecklaeufer-werden-zum-risiko_id_8533824.html und *VW gibt erstmals Millionen-Wertverlust bei Dieseln zu* vom 19.3.2018, bezogen über https://www.bild.de/geld/wirtschaft/abgas-skandal/diesel-leasing-hammer-55143936.bild.html.

178 *Wirtschaft – Jetzt haben Daimler & Co. auch noch die Bahn gegen sich* vom 4.8.2017, bezogen über https://www.welt.de/wirtschaft/article167364863/Jetzt-haben-Daimler-Co-auch-noch-die-Bahn-gegen-sich.html.

Auch hier bietet es sich nach einer typisierenden Betrachtung an, **die Hinweispflichten aus § 139 ZPO** auch auf mögliche weitere Beklagte zu erstrecken. Das dient nicht nur der Justizentlastung, weil so möglichst viele Verfahren einheitlich betrieben werden können. Es erweitert auch die Rechtsschutzmöglichkeiten der Anspruchsinhaber.

d. Gerichtsstand

Angesichts der verschiedenen Anspruchsarten und Beklagten kommen grundsätzlich mehrere Gerichtsstände in Betracht:
- Während es bei vertraglichen Ansprüchen den besonderen **Gerichtsstand des Erfüllungsortes** gibt, § 29 ZPO, besteht daneben der **deliktische Gerichtsstand** aus § 32 ZPO. Im Normalfall dürften diese Gerichtsstände zusammenfallen, wenn es zum Beispiel um Kapitalanlagen oder Fahrzeuge geht.
- Bei **juristischen Personen** ist das der Satzungssitz, § 17 ZPO, oder der besondere Gerichtsstand der Niederlassung, § 21 ZPO.
- Sonst gilt der **allgemeine Gerichtsstand**, der auch Gerichtsstandvereinbarungen zulässt, § 12 ZPO.

Sinnvollerweise reicht der Kläger seine Klage bei dem für ihn örtlich zuständigen Gericht ein.

Diese Frage nach dem Gerichtsstand stellt sich aber auch bei **Klagen gegen mehrere Vertriebsgesellschaften.** Es kommt immer wieder vor, dass wegen eines Finanzprodukts (z.B. Beteiligung an einem Fonds) oder wegen schadhafter Fahrzeuge (Dieselgate) gegen den Hersteller und mehrere Vertriebsgesellschaften geklagt wird.
- Da jede **Vertriebsgesellschaft** anders agiert, spricht alles dafür, diese Gerichtsstände nicht miteinander zu verbinden. Zwar geht es letztlich um die Mängel an Produkten, zum Beispiel eines Emittenten oder eines Fahrzeugherstellers. Solange aber die Emittenten bzw. Fahrzeughersteller nicht verklagt werden, trifft sie auch keine Rechtskraft. Das Zuständigkeitskonzept der ZPO kennt aber keinen Gerichtsstand aufgrund mittelbarer Urteilswirkungen.
- Etwas anderes gilt aber dann, wenn **zugleich** der **Emittent** bzw. der **Hersteller** verklagt werden. Auf der einen Seite macht es keinen Sinn, die Klage zu trennen und an zwei Gerichtsständen durchzuführen. Hier sollte auf den Gerichtsstand der Person abgestellt werden, die den Kundenkontakt hatte. Die besonderen Umstände dieser Vertragsbeziehung prägen letztlich auch die Rechtsbeziehung zum Hersteller.
- Richtet sich die Klage **nur** gegen den **Emittenten** oder **Hersteller**, erfolgt das an seinem Gerichtsstand.

Daher bietet es sich an, auch die Zuständigkeit im Verbindungsbeschluss zu klären.

e. Verbindungsbeschluss

Das BGB und die ZPO gehen im Normalfall von kontradiktorischen Verfahren zwischen zwei Personen aus. Soweit ein Verfahrensbevollmächtigter nicht mehrere Kläger gleichzeitig vertritt, kennen nur das zuständige Gericht und die Beklagte den Stand der Verfahren. Der Zivilprozess geht vom **Dispositionsgrundsatz** über den Streitgegenstand aus. In besonderen Prozesslagen kommt eine Verbindung in Betracht:

- Nach § **147 ZPO** können mehrere anhängige Verfahren zu einer gemeinsamen Verhandlung und Entscheidung verbunden werden.
- Im **Gesellschaftsrecht** handelt es sich beim Verbindungsbeschluss nicht mehr um eine Ermessensentscheidung. Die Beschlussfassungen einer Gesellschafter- oder Hauptversammlung gelten immer gleichermaßen für und gegen alle Gesellschafter bzw. Aktionäre, siehe auch § 53a AktG. Daher sind mehrere Anfechtungs- und Nichtigkeitsprozesse miteinander zu verbinden, §§ 246 Abs. 3 Satz 6, 249 AktG, § 75 Abs. 2 GmbHG, siehe auch § 20 FamFG im Hinblick auf § 2 Abs. 2 Nr. 8 SpruchG.

Der Verbindungsbeschluss im **kollektiven Rechtsschutz** kann sich somit auch am Streitgegenstand sowie dem Verfahrensziel orientieren:

- Eine **Entlastung der Justiz** sowie eine **Verkürzung der Verfahrensdauer** treten nur dann ein, wenn möglichst viele Verfahren miteinander verbunden werden. Das spricht für eine Verbindung von Amts wegen, wenn kein Antrag erfolgt.
- Das widerspricht aber dem **Dispositionsgrundsatz**. Deshalb könnte es eine Austrittsoption geben, die dem jeweiligen Kläger eine eigenständige Führung des Verfahrens nach Abschluss des Verfahrens im kollektiven Rechtsschutz ermöglicht. Allerdings spricht manches dafür, die nicht verbundenen Verfahren z. B. nach § 148 ZPO auszusetzen.
- Die Verbindung der Verfahren und ihre einheitliche Entscheidung führen aber auch dazu, dass der gesamte Sach- und Rechtsvortrag zusammenzufassen und einheitlich zu beurteilen ist. Zur Angleichung an den Sachvortrag der anderen Parteien kann es dann als sinnvoll erscheinen, einzelnen Klägern wie nach § 273 Abs. 2 Nr. 1 ZPO oder § 12 Abs. 1 KapMuG eine **Ergänzung des Sachvortrags** aufzugeben bzw. einen Hinweis nach § 139 ZPO zu erteilen. Dazu kann ein Sachverständigengutachten gehören, beispielsweise bei Kapitalmarktprodukten, Zinsschäden oder um den entgangenen Gewinn zu berechnen. Bei Dieselgate-Verfahren von Anlegern dürfte es auch noch auf einen ergänzenden Sachvortrag zu technischen Fragen ankommen.
- Wie in den KapMuG-Verfahren bietet es sich an, dass das Landgericht einen oder mehrere **„Gruppenzahlungskläger**[179]**“** bestimmt. Sie erhalten zunächst

179 Dieser Begriff wird in diesem Beitrag als Synonym für Sammelklage und Massenklage verwendet, wenn es um Zahlungsklagen geht.

die Befugnisse des „Musterklägers" in § 9 KapMuG und führen das Verfahren stellvertretend für die anderen Kläger.

- Es bietet sich aber an, die Rechtsstellung des Gruppenzahlungsklägers auch wie die eines gemeinsamen Vertreters im Spruchverfahren auszugestalten, § 6 SpruchG. Schließlich fällt ein nicht unerheblicher weiterer Arbeitsaufwand an, der auch bezahlt werden muss. Nach § 6 Abs. 2 SpruchG hat ihm der Antragsgegner die Kosten nach dem RVG zu ersetzen. Hier wäre zu überlegen, dass die Gerichtskasse wie bei einem Sachverständigen die **Kosten nach Zeitaufwand** verauslagt. Im Urteil trifft das Gericht auch insoweit eine Kostenentscheidung nach den Grundsätzen des § 91 ZPO.
- Die Übertragung der Prozessführungsbefugnis auf den oder die „Gruppenzahlungskläger" endet aber bei einem etwaigen **Vergleichsschluss**. Hier lässt der Dispositionsgrundsatz eine Übertragung der Entscheidung auf Dritte nicht zu, siehe unten.

f. Mindestzahl von Klägern

Im Hinblick auf eine Justizentlastung erscheint es nicht als sachgerecht, an dieser Stelle eine **Mindestzahl von Klägern** zu verlangen. Der Koalitionsvertrag von CDU/CSU und SPD sieht gegenwärtig eine Mindestzahl von *„50 Anmelderinnen und Anmeldern"* vor[180]. Außerdem soll sich der kollektive Rechtsschutz nur auf *„Verbraucherinnen und Verbraucher"* erstrecken[181].

Die Entlastungswirkungen bei einem Gericht können bei **komplexen Schadenslagen** schon bei zwei oder drei Klagen eintreten, wenn es um das gleiche schädigende Ereignis geht. Ein gutes Beispiel sind die Klagen von Großkunden gegenüber Lkw-Herstellern wegen des Lkw-Kartells. Hier dürften mindestens vierzig Großkunden fünf Hersteller verklagen[182]. Hierbei kommt es nicht darauf an, ob die Klagen von „Verbraucherinnen und **Verbrauchern**" oder **Gewerbetreibenden** kommen. Beide Gruppen fallen gleichermaßen in den Schutzbereich des Justizgewährleistungsanspruchs.

Das **Regelungsziel Justizentlastung** wird aber nur dann erreicht, wenn gegebenenfalls auch schon zwei gleichgerichtete Klagen miteinander verbunden werden können. Eine solche Regelung enthält bereits **§ 20 FamFG**, wonach das Gericht Verfahren miteinander verbinden kann, soweit es das für sachdienlich hält.

---

180 Seite 124, Rn. 5811 f. bezogen über https://www.mdr.de/nachrichten/politik/inland/download-koalitionsvertrag-quelle-spd-100-downloadFile.pdf.

181 Seite 125, Rn. 5821 ff. bezogen über https://www.mdr.de/nachrichten/politik/inland/download-koalitionsvertrag-quelle-spd-100-downloadFile.pdf.

182 *Bahn verklagt LKW-Hersteller wegen Preis-Kartells* vom 20.12.2017, bezogen über http://www.sueddeutsche.de/wirtschaft/lkw-kartell-bahn-verklagt-lkw-hersteller-wegen-preis-kartell-1.3798124.

g. Fristengefüge

Ein Musterverfahren auf der Grundlage des **KapMuG** führt nicht zu einer Unterbrechung der Verjährung für die streitgegenständlichen Anspruchsgrundlagen. Nach § 10 Abs. 2 und 3 KapMuG können weitere Anspruchsinhaber noch nicht rechtshängige Ansprüche innerhalb der Frist von sechs Monaten ab Bekanntmachung im Klageregister geltend machen. Die Anmeldung hemmt die Verjährung der angemeldeten Ansprüche, § 204 Abs. 1 Nr. 6a BGB. Die Anmelder können dann innerhalb von sechs Monaten nach dem rechtskräftigen Abschluss des Musterverfahrens über eine eigenständige Klageerhebung entscheiden.

Wie weiter unten noch im Einzelnen aufgezeigt wird, sprechen Präventionswirkungen für eine Unterbrechung der **Verjährung** bis zum rechtskräftigen Abschluss des Gruppenverfahrens. Das schafft für den Schadensverursacher auch einen Anreiz, eine schnelle vergleichsweise Lösung zu finden.

Die Komplexität der Sachverhalte sowie die asymmetrischen Prozesslagen mit strukturellem Informationsvorsprung des Schädigers führen immer wieder dazu, dass es im Laufe der Zeit zu **weiteren Erkenntnissen** kommt. Daher ist im Verlauf des Gruppenverfahrens immer wieder mit weiteren verfahrensrelevanten Tatsachen zu rechnen. Das Fristengefüge ist deshalb so auszugestalten, dass spätere wesentliche Erkenntnisse noch streitgegenständlich werden können.

h. Informationen zur Verfahrensführung

Eine weitere Entlastung der Gerichte erfolgt über elektronische Kommunikationswege. Diese Verfahrensart bietet sich dazu an, die Erfahrungen im elektronischen Rechtsverkehr zu vertiefen und weitere Erfahrungen auch mit einer elektronischen Akte zu sammeln.

- Ein **zentrales Klageregister,** wie zum Beispiel das Klageregister auf www.bundesanzeiger.de, informiert über den Stand des Verfahrens.
- Verfahrensbeteiligte erhalten auf Antrag Zugang zu einer **elektronischen Akte**. Sie enthält alle Schriftsätze der Parteien sowie die gerichtlichen Verfügungen und Ladungen. Hier kann offen bleiben, ob die verbindliche Zustellung einer Ladung auch auf diesem Weg erfolgen kann.
- Zugang zu der **elektronischen Akte** erhalten alle Kläger sowie die weiteren Anspruchsinhaber, die sich zunächst nur für eine Verjährungsunterbrechung wie nach § 204 Abs. 1 Nr. 6a BGB bei den Gerichten registrieren lassen.

i. Klageberechtigung

Eine Entlastung für die Justiz und eine Beschleunigung der Verfahren tritt nur ein, wenn sich **alle Anspruchsberechtigten** an diesem Verfahren beteiligen können. Es macht keinen Sinn, für Verbraucher ein Gruppenverfahren durchzuführen und die anderen Anspruchsberechtigten auf kontradiktorische Verfahren zu verweisen. Zudem entlastet das nicht die Justiz. Schließlich zeigt sich in der Praxis immer wieder, dass **Verbraucher** und **Gewerbetreibende** gleichermaßen kollektiven Rechtsschutz beanspruchen können.

- So gibt es bei „Dieselgate" auch Leasinggesellschaften, Flottenbetreiber und private sowie öffentliche Großkunden, die zur Durchsetzung ihrer Ansprüche auf **Schadensersatz** ebenfalls auf effektiven Rechtsschutz angewiesen sind.
- Entsprechendes gilt für **Unterlassungsansprüche**. So zeigt zum Beispiel die Rechtsprechung zu Kreditverträgen, dass bestimmte Klauseln für Verbraucher und Gewerbetreibende gleichermaßen rechtswidrig sind[183].

Vor diesem Hintergrund gibt es keinen sachlichen Grund, das Klagerecht auf Verbrauchervereine und andere **„qualifizierte Einrichtungen"** wie nach § 4 UKlaG zu monopolisieren. Das begründet nicht nur die Gefahr, dass die Eigeninteressen solcher Vereinigungen die Verfahrensführung überlagern. Zudem dürfte keine Einrichtung auf allen Rechtsgebieten über die erforderliche Qualifikation verfügen, die hier erforderlich ist. Außerdem dürften die finanziellen Mittel fehlen, um die Verfahren gegebenenfalls über mehrere Instanzen und mit Rückverweisungen zu finanzieren. Es macht keinen Sinn, dass zum Beispiel die Deutsche Bahn AG erst einmal eine „qualifizierte Einrichtung" gründen oder finden muss, um kartellrechtliche Schadensersatzansprüche auch für andere geltend machen zu können[184].

Zur Begründung der Klageberechtigung für ein **Verbandsklagerecht** wird zwar immer vorgebracht, man solle **„amerikanische Verhältnisse"** vermeiden. Es bleibt dann aber offen, was man damit genau meint. Ansatzweise wird dann behauptet, es gelte die Geschäftsinteressen von Anwälten zurückzudrängen. Eine genaue Auseinandersetzung mit den materiell-rechtlichen und prozessualen Grundlagen dieser Praktiken findet dann nicht mehr statt. In der Praxis wird sich zeigen, dass der kollek-

---

183 BGH Urteile vom 4. Juli 2017 in den Verfahren XI ZR 562/15 und XI ZR 233/16 bezogen über http://juris.bundesgerichtshof.de/cgi-bin/rechtsprechung/document.py?Gericht=bgh&Art=en&sid=fe4499388351f2f03032520b1ce0d578&nr=78794&linked=pm&Blank=1 und *Bearbeitungsgebühr auch bei Geschäftskrediten unzulässig* vom 5. Juli 2017 bezogen über http://www.manager-magazin.de/politik/deutschland/bgh-urteil-bearbeitungsgebuehr-auch-bei-firmenkrediten-unzulaessig-a-1156032.html.

184 *Wirtschaft – Jetzt haben Daimler & Co. auch noch die Bahn gegen sich* vom 4.8.2017, bezogen über https://www.welt.de/wirtschaft/article167364863/Jetzt-haben-Daimler-Co-auch-noch-die-Bahn-gegen-sich.html.

tive Rechtsschutz nicht nur eine hohe fachliche Kompetenz der Anwälte voraussetzt. Auch für das Kostenrisiko muss eine Lösung gefunden werden. Es dürfte jedenfalls keine klassische Aufgabe der öffentlichen Daseinsvorsorge darstellen, „qualifizierte Einrichtungen" mit den erforderlichen Mitteln auszustatten, wenn es jetzt schon hinreichend qualifizierte Investoren und Prozessfinanzierer gibt.

Die verfassungsrechtlichen Gewährleistungen kennen bislang auch keine vergleichbare **Zugangsschranke** zum Rechtsschutz. Es gibt keinen sachlichen Grund, der von Rechtssuchenden verlangt, sich zunächst eine „qualifizierte Einrichtung" zu suchen und dann abzuwarten, bis sich mindestens 49 weitere Anmelder finden. Daher spricht alles dafür wie bisher alleine auf die Qualifikation der Klägeranwälte sowie die Finanzkraft der Prozessfinanzierer abzustellen.

j. Gruppenzahlungskläger

Soweit das Verfahren nicht eine vergleichsweise Erledigung findet, führt das Landgericht das **streitige Verfahren** auf der Klägerseite mit einem oder mehreren Gruppenzahlungsklägern[185] durch. Die Auswahl liegt im Ermessen des Gerichts. Sinnvollerweise stellt es auf den

- **Spezialisierungsgrad** des Verfahrensbevollmächtigten sowie die Qualität der Verfahrensführung und Schriftsätze bis zum Bestellungsbeschluss und
- die Höhe des von ihm geltend gemachten **Schadens** ab.
- Außerdem kann man überlegen, ob ein oder mehrere Gruppenzahlungskläger auch im Hinblick auf die sich abzeichnenden **Typisierungen** ausgewählt werden.

Wie bereits zuvor angesprochen, spricht nichts für ein **Verbandsklagerecht.** Die Aufnahme in die Liste der „qualifizierten Einrichtungen" nach § 4 UKlaG gewährleistet weder eine fachliche Qualifikation, noch das erforderliche wirtschaftliche oder organisatorische Leistungsvermögen. Nichts spricht dafür, dass es für jedes für den kollektiven Rechtsschutz geeignete Rechtsgebiet auch einen hinreichend kompetenten Verbandskläger gibt. Hier ist auch an die ominösen ausländischen Klägervereine zu erinnern, vor denen schon jetzt immer wieder gewarnt wird – die es aber immer noch nicht gibt. Damit eignet sich dieses Merkmal nicht, um Missbrauch entgegenzutreten. Die Einschaltung von „qualifizierten Einrichtungen" führt auch nicht automatisch zu einer Justizentlastung.

Im Hinblick auf eine mögliche **vergleichsweise Beendigung** des Verfahrens kommt es zunächst auf die fachliche Kompetenz an. Nur bei einem hohen Speziali-

---

185 Dieser Begriff wird hier als Synonym für Sammelkläger benutzt, wenn es um Zahlungsklagen geht.

sierungsgrad der Verfahrensbevollmächtigten werden sich möglichst viele Kläger auch einem Vergleich anschließen. Es macht aber keinen Sinn, die Zulassung als Einrichtung nach § 4 UKlaG auch noch von fachlichen Kriterien abhängig zu machen. Schließlich finden die Anspruchsinhaber in der Praxis auch auf anderen Wegen hinreichend qualifizierte Rechtsanwälte.

Der Gruppenzahlungskläger steht vor einem erheblichen weiteren **Arbeitsaufwand**. Auf der einen Seite hat er die rechtlichen Interessen aller Kläger zu vertreten. Auf der anderen Seite muss er sich mit den Abwehrstrategien der Beklagten auseinandersetzen. Hinzu kommt, dass hier ein strukturelles Informationsgefälle besteht und er sich die streitentscheidenden Informationen gegebenenfalls mit einem erheblichen Arbeitsaufwand beschaffen muss. Eine effektive Rechtsverfolgung darf aber nicht an der Kostenfrage scheitern. Daher muss der Gesetzgeber einen zusätzlichen **Honoraranspruch** schaffen.

k. Rechtsstellung der weiteren Kläger, Anmelder und Anspruchsinhaber

Die weiteren Kläger erhalten neben den Gruppenzahlungsklägern einen anderen Status als die Anmelder, die im Hinblick auf die Wirkungen aus § 204 Abs. 1 BGB nur ihre Ansprüche anmelden. Zur **Entlastung der Justiz** bietet es sich an, ab der Bestellung des Gruppenzahlungsklägers die Formen der Verfahrensbeteiligung zu erweitern.

- Die **weiteren Kläger** erhalten wie in § 9 Abs. 1 Nr. 3 KapMuG den Status eines Beigeladenen. Sie bekommen Zugang zu den Schriftsätzen, zum Beispiel über die elektronische Akte. Sie können sich schriftsätzlich dazu äußern, da sie die Wirkungen wie aus § 22 KapMuG auch beim Urteil zum Abschluss der Gruppenzahlungsklage treffen. Das entspricht dem **Dispositionsgrundsatz.**
- Im Falle einer **Anmeldung ohne Klageerhebung** erhalten die Anspruchsinhaber nur einen eingeschränkten Zugang zu Informationen über den Verlauf des Verfahrens. Für ihre Belange genügen Informationen über den Stand des Verfahrens, mündliche Verhandlungen sowie sich abzeichnende Verfahrensbeendigungen.
- Nach der hier vertretenen Auffassung tritt die Verjährung erst nach dem rechtskräftigen Abschluss der Gruppenzahlungsklage ein. Daher gibt es keinen sachlichen Grund, den nicht am Verfahren beteiligten **weiteren Anspruchsinhabern** Zugang zur Verfahrensakte zu verschaffen. Ihnen ist aber für die eigene weitere Rechtsverfolgung eine Abschrift der gerichtlichen Entscheidungen zu übermitteln.

Eine wirksame **Justizentlastung** setzt jedenfalls auch voraus, dass alle Anspruchsinhaber ihre Argumente rechtzeitig einer umfassenden gerichtlichen Würdigung zuführen können. Schließlich geht es auch darum, das Quorum für einen Vergleich zu erreichen. Schließlich gilt es zu vermeiden, dass einzelne Anspruchsinhaber ausscheren und in Einzelklagen versuchen, höhere Forderungen durchzusetzen.

Wie die Telekom-Klagen zeigen, stehen die Landgerichte vor einer erheblichen Arbeitsbelastung, wenn sie auf der Grundlage der Musterurteile etwa 17.000 Klagen zu entscheiden haben. Entlastungseffekte treten bei der Justiz nur bei **typisierenden Urteilen** ein. Kommt es bei der typisierenden Erfassung zu Fehlern, bietet sich insoweit ein besonderes **Rechtsmittel** an. Sinnvollerweise erhält das erstinstanzliche Gericht wie in § 572 Abs. 1 Satz 1 ZPO oder § 68 Abs. 1 Satz 1 FamFG die Möglichkeit für eine Abhilfeentscheidung.

I. Nebenintervention

Der Bundesgerichtshof hat mit Beschluss vom 19. September 2017 mit dem Aktenzeichen XI ZB 13/14 entschieden[186], dass im Musterverfahren eine Nebenintervention nicht möglich ist. Der Bundesgerichtshof begründet das unter anderem damit, dass es sich beim Musterverfahren um keinen bestimmten Rechtsstreit handele, sondern um einen **Abschnitt der jeweiligen Ausgangsverfahren.** In den Ausgangsverfahren sei auch weiterhin eine Nebenintervention möglich.

Dieser Beschluss entspricht nicht dem **Streitgegenstand** einer Nebenintervention. Nach dem Willen des Gesetzgebers soll das Musterverfahren einheitlich und mit Breitenwirkung Klärungen herbeiführen[187]. Das Ziel erreicht der Musterentscheid nur dann, wenn die Feststellungen im Musterentscheid auch größtmögliche Drittwirkungen erreichen. Es dient aber nicht der Justizentlastung, wenn Dritte dann – wie vom Bundesgerichtshofs vorgeschlagen – in allen Ausgangsverfahren ihren Beitritt erklären müssen. Entgegen der Auffassung des Bundesgerichtshof besteht auch ein **rechtliches Interesse** nach § 66 Abs. I ZPO, weil sich der Musterentscheid auch auf andere Verfahren auswirke[188].

Eine **Justizentlastung** tritt nur ein, wenn im Verlauf des Verfahrens möglichst viele Anspruchsinhaber ihre Sach- und Rechtsstandpunkte einbringen und einer gerichtlichen Entscheidung zuführen können. Damit steigen auch die Integrationswirkungen etwaiger Vergleichsschlüsse. Daher ist das hier vorgeschlagene zweigeteilte Verfahren so auszugestalten, dass die Anspruchsinhaber in den beiden Verfahrensteilen zu Schadensgrund und Schadenshöhe auch eine Nebenintervention einlegen können.

---

186 Bezogen über http://juris.bundesgerichtshof.de/cgi-bin/rechtsprechung/document.py?Gericht=bgh&Art=en&Datum=2017&Seite=28&nr=79911&pos=851&anz=3087.

187 BT-Drucksache 15/5091, Seite 1, bezogen über http://dip21.bundestag.de/dip21/btd/15/050/1505091.pdf.

188 *Giesen Streitverkündung und KapMuG*, NJW 2017, 3691.

m. Zugriff auf Beweismittel aus der Sphäre des Beklagten

In kontradiktorischen Verfahren gibt es keinen Amtsermittlungsgrundsatz. Der Dispositionsgrundsatz sowie die Beibringungsmaxime führen dazu, dass die Parteien den streitgegenständlichen Sachverhalt umfassend darzulegen und zu beweisen haben. In **asymmetrischen Prozesslagen** besteht jedoch ein Ungleichgewicht, welches die Reichweite des Justizgewährleistungsanspruchs reduziert. Das gilt vor allem bei einem strukturellen Informationsgefälle, bei dem eine Partei keinen Zugang zu allen streitrelevanten Tatsachen hat.

Die verfassungsrechtlichen Gewährleistungen zum Rechtsstaatsprinzip sowie besonders zum **Justizgewährleistungsanspruch** lassen es jedoch nicht zu, dass eine Partei ein Klageverfahren nur deshalb gewinnt, weil sie ihren **strukturellen Informationsvorsprung** in asymmetrischen Prozesslagen zu verteidigen vermag. Das gilt vor allem in Verfahren des kollektiven Rechtsschutzes. Bei vielen kapitalmarkt- und aktienrechtlichen Verfahren hat vor allem die Beklagte Zugang zu allen Informationen, nicht aber der Kläger. Entsprechendes gilt bei Dieselgate sowie dem sich möglicherweise abzeichnenden Folgeskandal Updategate[189] und Valuegate. Bei manchen Verfahren gegen Banken reden viele Gerichte sogar schon ganz offen von zumindest versuchtem Prozessbetrug[190].

Daher spricht einiges dafür, den strukturell unterlegenen Klägern in der ZPO einen **Zugriff auf die anspruchsbegründenden Tatsachen** in der Sphäre des anspruchsverpflichteten Beklagten zu erleichtern. Insbesondere in den USA hat sich gezeigt, dass nach einer pre-trial discovery die Verfahren auf gleicher Augenhöhe geführt werden können, wenn ein Gericht diesen Zugang zu einem möglichst frühen Zeitpunkt ermöglicht.

Schon jetzt gibt es in der ZPO Möglichkeiten, die gesetzliche Beweislastverteilung zu modifizieren. Schon jetzt ist es für die Gerichte möglich, zum Beispiel auf die durch die Presse bekannten und benennbaren Unterlagen und weitere **Beweismittel aus der Sphäre des Beklagten und Dritter** zuzugreifen. Bedauerlicherweise machen die Gerichte davon aber nur sehr zögerlich Gebrauch:

- Vorlage von Urkunden/Auskünften durch Behörden bzw. Trägern eines öffentlichen Amtes, § 273 Abs. 2 Nr. 2 ZPO;
- Ladung von Zeugen und benannten Sachverständigen, §§ 273 Abs. 2 Nr. 4, 378 ZPO;

---

189 *VW-Dieselskandal – Probleme mit VW-Update-Aktion wachsen* vom 13.11.2017, bezogen über https://www.auto-motor-und-sport.de/news/vw-dieselskandal-software-updates-probleme-partikelfilter-agr-ventil-erfahrungen-fakten-12797435.html.

190 *„Spitze des Eisbergs"? Peinliches Urteil gegen die Deutsche Bank* vom 9.1.2018 zu LG Heilbronn Bi 6 O 154/17 bezogen über http://www.faz.net/aktuell/finanzen/meine-finanzen/sparen-und-geld-anlegen/versuchter-prozessbetrug-urteil-gegen-deutsche-bank-15382761.html.

- Anordnung der Vorlage von Unterlagen nach §§ 273 Abs. 2 Nr. 5, 142, 144 ZPO;
- Anordnung der Vorlage von Akten nach § 142 ZPO.

Daher bietet es sich an, in Verfahren des kollektiven Rechtsschutzes den Zugriff auf Beweismittel aus der Sphäre des Beklagten zu vereinfachen. Das beseitigt nicht nur die asymmetrische Prozesslage und das strukturelle Informationsgefälle. Die Beklagten müssen ihre Prozessstrategie ändern, weil sie nicht mehr über einen umfassenden Informationsvorsprung verfügen. Das Gericht kann schon in der **ersten Instanz** mit wirksamen Argumenten beiden Parteien Vorschläge für einen **Vergleich** unterbreiten.

n. Ziel: Vergleich in der ersten Instanz

Im Idealfall gelingt schon in der **ersten Instanz** eine vergleichsweise Beendigung, was allen nutzt:
- Zunächst entlastet das die Justiz.
- Die Anspruchsinhaber erhalten schnellen Schadensersatz.
- Der Verursacher kann wieder unbelastet am weiteren Marktgeschehen teilnehmen. Er spart auch die weiteren Verfahrenskosten sowie Zinszahlungen.

Ein Vergleich kommt aber nur dann zustande, wenn das Gericht beiden Parteien gute Gründe aufzeigen bzw. vorrechnen kann. Die Praxis in den USA zeigt, wie das funktioniert. Verfahren wegen der Börsengänge gegen die Deutsche Telekom AG[191] und wegen Dieselgate gegen die Volkswagen AG[192] wurden in den **USA** vergleichsweise beendet. In **Deutschland** werden die Klagen die Gerichte noch Jahre oder vielmehr Jahrzehnte beanspruchen, weil die Beklagten angesichts ihres strukturellen Informationsvorsprungs eine ganz andere Prozessstrategie verfolgen können.

Daher stellt sich die Frage, wie das Prozessrecht und das materielle Recht den Verfahrensabschluss beschleunigen können:
- Zunächst sind die **Darlegungs- und Beweislasten** zu modifizieren. Die Parteien stehen vor allem im Kapitalmarktrecht nicht auf gleicher Augenhöhe. Im

---

191 *Schlappe vor Gericht – Deutsche Telekom hat Aktionäre getäuscht: Was das Urteil für Anleger bedeutet* auf Focus Online am 30.11.2016 (am Ende des Beitrags): http://www.focus.de/finanzen/boerse/schlappe-vor-gericht-deutsche-telekom-hat-aktionaere-getaeuscht-was-das-urteil-fuer-anleger-bedeutet_id_6277161.html und http://securities.stanford.edu/filings-case.html?id=101658.
192 *Rechtslage in Deutschland und den USA – Abgas-Skandal: VW hat sich verraten, und kaum einer hat's gemerkt* auf Focus Online am 7.6.2017: https://www.focus.de/auto/experten/rogert/rechtslage-in-deutschland-und-den-usa-abgas-skandal-vw-hat-sich-verraten-und-kaum-einer-hats-gemerkt_id_7221725.html.

Idealfall erhalten die Kläger Zugriff auf die sonst nur den Beklagten zugänglichen Informationen.

- Vor allem wenn – wie bei Dieselgate – neben den zivilrechtlichen Verfahren auch noch strafrechtliche Verfahren betrieben werden, kann das auch die Informationsgrundlage für die Kläger in den zivilrechtlichen Verfahren erweitern. Umgekehrt können die Strafverfahren auch weitere Kenntnisse aus den laufenden zivilrechtlichen Verfahren erhalten. Daher ist hier ein **umfassender Informationsfluss zwischen behördlichen, strafrechtlichen und zivilrechtlichen Verfahren** zu gewähren. Das verlangt auch der Grundsatz der Einheit der Rechtsordnung.
- So bietet sich eine **Verjährungsunterbrechung** an. Es könnte zum Beispiel ein Eröffnungsbeschluss im Rahmen des § 204 Abs. 1 BGB zu einer Hemmung führen. Alternativ könnte über eine Ablaufhemmung von sechs Monaten wie in den §§ 210 ff. BGB nach dem rechtskräftigen Abschluss von Verfahren des kollektiven Rechtsschutzes nachgedacht werden. Ein schneller vergleichsweiser Abschluss könnte daher gegebenenfalls auch schon vor dem Ablauf der regulären Verjährungsfrist erfolgen.
- Eine **Anhebung der Prozesszinsen** macht einen zeitnahen Abschluss auch wirtschaftlich attraktiv.
- Diese Effekte verstärken noch andere Sanktionsmechanismen wie **Strafschadensersatz** oder **Gewinnabschöpfungen.**

Zur Vorbereitung auf eine erste mündliche Verhandlung bietet es sich daher an, dass das Gericht sich und den anderen Verfahrensbeteiligten Klarheit über das schädigende Ereignis verschafft. Dazu mag es in Einzelfällen notwendig sein, einen Sachverständigen mit den dazu erforderlichen technischen Feststellungen zu beauftragen. Auf dieser Grundlage lässt sich dann in einer **typisierenden Betrachtung** der Schadensfälle ein Vorschlag für eine vergleichsweise Regulierung entwerfen. Entsprechende Regelungsmodelle gibt es schon in §§ 142, 273 Abs. 2 ZPO und § 7 SpruchG.

Jeder Kläger muss dann für sich entscheiden, ob er den Vergleichsvorschlag für sachgerecht hält oder lieber das Verfahren weiterführt. Es spricht einiges dafür, die **„Opt-out“ Regelung** wie in § 17 KapMuG mit einem Zustimmungsquorum von 70 % aller Aktien aufrecht zu erhalten. Nur die in § 11 SpruchG vorgesehene Einstimmigkeit steht in der Praxis zunächst einmal vielen Vergleichsschlüssen entgegen.

o. Zwischen- und Endurteil

Soweit keine vergleichsweise Erledigung gelingt, lässt sich das Verfahren aufteilen. An die Stelle der Vorlage an ein Oberlandesgericht nach den Regelungen des KapMuG tritt eine Aufteilung des Verfahrens.

- Im **Zwischenurteil über den Grund** nach § 304 ZPO geht es um den Grund des Schadensersatzanspruchs. Durch Abtrennung wird es möglich, die Voraussetzungen für einen Anspruch auf Schadensersatz im Instanzenzug bis zum Bundesgerichtshof zu klären.
- Eine weitere Entscheidung regelt dann die Höhe des Schadensersatzes. In einer typisierenden Betrachtung spricht das **Endurteil** nach § 300 ZPO den Anspruchsinhabern Schadensersatz zu. Bei Klagen auf Schadensersatz wegen einer Verletzung der Ad-hoc-Pflichten nach §§ 37b, 37c WpHG könnte zum Beispiel auf den zeitlichen Abstand zu einem Stichtag abgestellt werden, der dann zu Abschlägen führt.
- Auf der Grundlage des Zwischenurteils bieten sich weitere **Vergleichsgespräche** an.

Sinnvollerweise entscheiden beide Urteile möglichst viele Einzelklagen in einer **typisierenden Betrachtungsweise**. Im **Hinblick auf Fehlerfassungen** bietet sich ein besonderes Rechtsmittel an. Unabhängig von einer Berufung sollte die Erfassung bei der Typisierung Gegenstand eines eigenständigen Beschwerdeverfahrens zu werden, in dem das entscheidende Gericht insoweit eine Abhilfeentscheidung wie in § 572 Abs. 1 Satz 1 ZPO oder § 68 Abs. 1 Satz 1 FamFG erlassen kann.

8. Darlegungs- und Beweislasten

Die Entlastung der Justiz beginnt bereits mit der Handhabung der Darlegungs- und Beweislasten. Nur wenn die Parteien sich **auf gleicher Augenhöhe** begegnen, besteht **Waffengleichheit**. Das führt auch zu einer **Entlastung der Justiz**, weil der Sachvortrag belastbarer ist. Die schnellen Verfahrensabschlüsse in den USA sind schließlich auch darauf zurückzuführen, dass die relevanten Tatsachen schnell und umfassend in das Verfahren eingebracht werden (a.). Auch in Deutschland gibt es dazu prozessuale Möglichkeiten, die allerdings kaum genutzt werden (b.). Das Zurückbehaltungsrecht der Beklagten darf jedenfalls nicht so weit gehen, dass es effektiven Rechtsschutz vereitelt (c.). Dazu sind „interessengerechte Umgestaltungen" strafrechtlich zu bewehren (d.). Falls sich nach dem rechtskräftigen Abschluss ein anderer Sachstand ergibt, muss das zu einer Wiederaufnahme des Verfahrens führen (e.). Anders kann dem hier bestehenden verfassungsrechtlichen Gewährleistungsrahmen (f.) nicht entsprochen werden.

a. Vorlagepflicht von Unterlagen

In den USA verschafft die **pre-trial discovery** Zugang zu Tatsachen und Beweismitteln aus der Sphäre der Beklagten[193]. Die §§ 142, 143, 273 Abs. 2 ZPO enthalten bereits ähnliche Regelungen, die bedauerlicherweise kaum angewendet werden. Es spricht aber einiges dafür, sich an dieser Stelle auch Gedanken über die Tätigkeit von Sonderprüfern, besonderen Vertretern oder sonstigen Sachverständigen wie in §§ 142ff., 147, 293b AktG oder § 7 Abs. 6 SpruchG zu machen. Damit erhalten die Kläger Zugang zu Beweismitteln aus der Sphäre des Beklagten.

b. Gegenwärtiger Rechtsstand

Beim gegenwärtigen Rechtsstand gibt es schon jetzt mehrere prozessuale Möglichkeiten, von denen die Praxis bedauerlicherweise kaum Gebrauch macht:
- **Vorlage von Urkunden und Unterlagen** nach § 142 Abs. 1 Satz 1 ZPO, die zum Beispiel in den parallelen ausländischen Verfahren, wie in den USA, Gerichten vorzulegen waren;
- **Ergänzungen oder Erläuterungen des eigenen Vorbringens** nach § 273 Abs. 2 Nr. 1 ZPO;
- **Vorlage von Urkunden und Erteilung von Auskünften** durch Behörden oder **Träger öffentlicher Ämter** nach § 273 Abs. 2 Nr. 2 ZPO;
- **Vorlage von Unterlagen durch die Beklagte** wie in § 7 Abs. 5 und Abs. 7 SpruchG; **Beauftragung eines Sachverständigen** zur Vorbereitung der mündlichen Verhandlung nach § 7 Abs. 6 SpruchG;
- **Beauftragung eines Sonderprüfers** wie in § 142 AktG, **besonderen Vertreters** wie in § 147 oder **Sachverständigen** nach §§ 402ff. ZPO auf Kosten der beweisverpflichteten Partei.

Die Vorlagepflicht kann bereits mit den Unterlagen beginnen, deren Existenz sich aus der **Presseberichterstattung** ergibt. So könnte es zum Beispiel in einem gegen die Volkswagen AG gerichteten Verfahren um die folgenden Unterlagen gehen:
- E-Mail von Herrn Gottweis, über die die Süddeutsche Zeitung am 15. Februar 2016 und andere berichtet haben;
- E-Mail von Herrn Frank Tuch, über die Spiegel Online und andere ab dem 19. Juli 2016 berichtet haben;

---

193 Zu den Grundzügen: https://de.wikipedia.org/wiki/Discovery_(Recht) mit weiterführenden US-Links. Für weitere Einzelheiten siehe http://www.unitedstates.de/zivilrechtliche-klagen-usa/.

- Präsentation der Audi AG und das Teilnehmerverzeichnis der Besprechung, die im April 2010 nach einem Bericht im Handelsblatt am 18. Juli 2016 stattgefunden hat;
- Vorlage des „vertraulichen Papiers des VW-Konzerns vom November 2015“ durch das ZDF bzw. den Autor oder Empfänger der Sendung oder die Beklagte;
- Bericht der US-Kanzlei Jones Day, der in den USA Grundlage der Vergleichsverhandlungen war;
- Anlagen zu den Schriftsätzen aus den US-Verfahren, in die über das Internet eine Einsichtnahme möglich ist.

Möglicherweise stellt sich der Sachverhalt dann völlig anders dar. Die verfassungsrechtlichen Gewährleistungen zum Rechtsstaatsprinzip sowie § 138 ZPO lassen es jedenfalls nicht zu, dass sich der Sachvortrag in kontradiktorischen Verfahren ausschließlich an den **Erkenntnismöglichkeiten der Kläger** orientiert. Wenn die Kläger schon – wie in § 166 Abs. 1 HGB – keinen Zugang zu den „Büchern und Papieren“ ihrer Gesellschaft erlangen können, müssen die z. B. über die Presse bekannt gewordenen weiteren Unterlagen und Informationen in das Verfahren einfließen können.

c. Zurückbehaltungsrecht

Vor dem Hintergrund der hier bestehenden verfassungsrechtlichen Gewährleistungen kann es nicht hingenommen werden, dass in den USA umfassende vergleichsweise Regulierungen gelingen und das dabei verwendete Tatsachenmaterial in Deutschland aus „rechtssystematischen Gründen“ nicht verwendet werden kann. Gerade in einer **globalisierten Wirtschaftswelt** muss das Prozessrecht nachziehen und einen Zugriff auf diese Unterlagen ermöglichen. Etwaige „Geheimhaltungsinteressen“ schützen ohnehin nur den Verursacher. Da die Tatsachen in den USA verwendet wurden, können sich etwaige Mitbewerber die erforderlichen Kenntnisse schon dort verschaffen.

Naturgemäß werden sich die Beklagten immer mit allen Mitteln gegen jede Form der Einsichtnahme wehren. Hier geht es aber auch um **verfassungsrechtliche Rechtsgüter** wie den Justizgewährleistungsanspruch oder die Durchsetzung der Zivilrechtsordnung. Hier kann es kein Recht auf „Verdunkelung“ zur Abwehr von Schadensersatzansprüchen geben. Deshalb sind die hier bestehenden **asymmetrischen Verfahrenslagen** nachhaltig zu beseitigen. Daher muss sich ein Herausgabeanspruch auch angesichts der hier immer wieder behaupteten Geschäftsgeheimnisse auf alle Unterlagen und Informationen erstrecken, die zur sachgerechten Rechtsverfolgung durch Anspruchsinhaber erforderlich sind.

In vielen für den kollektiven Rechtsschutz typischen Verfahrenslagen, wie zum Beispiel dem Kapitalmarktrecht, besteht zwischen den Parteien ein **strukturelles**

Informationsgefälle. Bei einer Aktiengesellschaft kann es angesichts der Anzahl der Aktionäre anders als bei einer Kommanditgesellschaft aus § 166 Abs. 1 HGB kein Einsichtsrecht in die Bücher der Gesellschaft geben. Vielmehr sind die Aktionäre und die übrigen Kapitalmarktteilnehmer darauf angewiesen, dass die Gesellschaft ihren anlassbezogenen Informationspflichten z. B. in einer Ad-hoc-Mitteilung sowie den Regelinformationspflichten vollständig, richtig und nicht verschleiernd nachkommt. Dieses strukturelle Informationsgefälle führt dazu, dass eine Aktiengesellschaft die Reichweite und Tiefe ihrer rechtlichen Kontrolle selbst regulieren kann.

Daher kann es an dieser Stelle auch kein „Grundrecht" auf Anspruchsabwehr durch ein **Zurückhalten von Tatsachen** geben. Hier greifen auch keine „rechtssystematischen" Überlegungen. Schließlich führt eine Beweisvereitelung an dieser Stelle dazu, dass berechtigte Ansprüche von Anspruchsinhabern nicht durchgesetzt werden können.

d. Interessengerechte „Umgestaltung" von Unterlagen

In der Praxis besteht natürlich immer die Gefahr, dass herauszugebende Unterlagen interessenorientiert „gestaltet" werden. So gab es zum Beispiel in den Kirch-Breuer-Deutsche Bank-Verfahren Unterlagen, die zwar von beiden Seiten als Anlage vorgelegt wurden. Sie enthielten aber unterschiedliche Bearbeitungsvermerke. Dazu heißt es in einem Bericht bei Spiegel Online am 14. Dezember 2012[194]:

> „Zudem zeigte sich der Richter erbost über Teile der Prozessführung. Dass das Kreditinstitut etwa eine Version einer Anfrage der Bundesbank vorgelegt habe, die nicht von Breuer abgezeichnet war, während die Prozessgegner ein Exemplar mit dem Handzeichen des einstigen Bankchefs vorlegte, habe die Justiz "im höchsten Maße irritiert", sagte Kotschy. "Das kann nicht zu Ihren Gunsten ausgelegt werden.""

Daher spricht manches dafür, den jeweiligen Beklagten eine **strafbewehrte Vollständigkeits- und Richtigkeitserklärung** abzuverlangen. Sie müssen in einer von den §§ 153 ff. StGB erfassten Erklärung bestätigen, dass die vorgelegte Kopie gegenüber dem Original keine Änderungen enthält. Andernfalls sind die Änderungen darzulegen.

194 *Drohender Schadensersatz – Deutsche Bank bereitet sich auf Niederlage im Kirch-Prozess vor –* vom 14.12.2012, bezogen über http://www.spiegel.de/wirtschaft/unternehmen/kirch-prozess-deutsche-bank-bereitet-sich-auf-niederlage-vor-a-872966.html.

e. Wiederaufnahme bei modifiziertem Tatsachenstand

Gerade bei komplexen Sachverhalten wie Dieselgate, Updategate[195] und Valuegate[196] bei den Gesellschaften des Volkswagen-Konzerns sowie anderen Fahrzeugherstellern gibt es häufig keinen einheitlichen Sachstand. Das liegt zum Beispiel daran, dass den zeitgleich betriebenen Verfahren in den USA manchmal ein anderer Sachverhalt zugrunde liegt. In den USA können die Kläger im Rahmen einer **pre-trial discovery**[197] Zugang zu Tatsachen und Beweismitteln aus der Sphäre der Beklagten erhalten. Außerdem ist es durchaus vorstellbar, dass strafrechtliche Ermittlungsverfahren zu einem Sachstand führen, der sich vom Sachvortrag einer Beklagten unterscheidet.

Die Zivilprozessordnung geht davon aus, dass die Parteien ihrer **Wahrheitspflicht** aus § 138 ZPO entsprechen. Nach Absatz 1 haben sie ihre Erklärungen über die tatsächlichen Umstände vollständig und der Wahrheit gemäß abzugeben. Dazu gibt es nur sehr eingeschränkte Ausnahmen, wie zum Beispiel in § 138 Abs. 4 ZPO oder §§ 383 ZPO für Zeugen. Die Parteien haben sich jedenfalls auf dieser Grundlage umfassend über die vom Gegner behaupteten Tatsachen zu erklären. Da es in Deutschland kein Unternehmensstrafrecht gibt, bestehen insoweit auch keine Aussageverweigerungsrechte. Auch das gesellschaftsrechtliche Haftungsrecht lässt es nicht zu, dass sich eine juristische Person schützend vor möglicherweise schadensersatzpflichtige Vorstände, Aufsichtsräte oder sonstige Mitarbeiter stellt.

Damit lässt es sich zumindest nicht ausschließen, dass sich im Laufe der Zeit einzelne Angaben zum Sachverhalt anders darstellen. Bei der Volkswagen AG könnte das zum Beispiel die Behauptung sein, dass die Organe erst im September 2015 von den zu Dieselgate, Updategate[198] und Valuegate[199] führenden Umständen Kenntnis erlangt

---

195 *VW-Dieselskandal – Probleme mit VW-Update-Aktion wachsen* vom 13.11.2017, bezogen über https://www.auto-motor-und-sport.de/news/vw-dieselskandal-software-updates-probleme-partikel filter-agr-ventil-erfahrungen-fakten-12797435.html.

196 *Nach Fahrverbots-Urteil – Diesel-Verbote verbrennen Milliarden* vom 27.2.2018, bezogen über https://www.focus.de/auto/news/nach-fahrververbots-urteil-diesel-verbote-verbrennen-milliarden-leasing-ruecklaeufer-werden-zum-risiko_id_8533824.html und *VW gibt erstmals Millionen-Wertverlust bei Dieseln zu* vom 19.3.2018, bezogen über https://www.bild.de/geld/wirtschaft/abgas-skan dal/diesel-leasing-hammer-55143936.bild.html.

197 Zu den Grundzügen: https://de.wikipedia.org/wiki/Discovery_(Recht) mit weiterführenden US-Links. Für weitere Einzelheiten siehe http://www.unitedstates.de/zivilrechtliche-klagen-usa/.

198 *VW-Dieselskandal – Probleme mit VW-Update-Aktion wachsen* vom 13.11.2017, bezogen über https://www.auto-motor-und-sport.de/news/vw-dieselskandal-software-updates-probleme-partikel filter-agr-ventil-erfahrungen-fakten-12797435.html.

199 *Nach Fahrverbots-Urteil – Diesel-Verbote verbrennen Milliarden* vom 27.2.2018, bezogen über https://www.focus.de/auto/news/nach-fahrververbots-urteil-diesel-verbote-verbrennen-milliarden-leasing-ruecklaeufer-werden-zum-risiko_id_8533824.html und *VW gibt erstmals Millionen-Wertverlust bei Dieseln zu* vom 19.3.2018, bezogen über https://www.bild.de/geld/wirtschaft/abgas-skandal /diesel-leasing-hammer-55143936.bild.html.

haben. Zudem steht die Frage im Raum, ob die auch vom Kraftfahrtbundesamt angeordneten Updates den Anforderungen entsprechen bzw. zu Folgeschäden und Mehrverbrauch führen. Außerdem zeichnen sich die Wertverluste und damit die Ausmaße von Valuegate noch nicht ab. Damit kann eine veränderte Tatsachenlage durchaus dazu führen, dass sich der **Streitgegenstand anspruchserweiternd modifiziert**.

Die hier bestehenden verfassungsrechtlichen Gewährleistungen sowie der zivilprozessuale Regelungsrahmen lassen es nicht zu, dass eine Partei so dauerhaft Vorteile zu erlangen vermag. Daher spricht einiges dafür, eine Wiederaufnahme des Verfahrens dann zu erleichtern, wenn sich der streitentscheidende Sachverhalt später anders darstellt. Dazu könnten zum Beispiel die **Restitutionsgründe** in § 580 ZPO um die Besonderheiten für die Verfahren erweitert werden, in denen sich die Parteien nicht auf gleicher Augenhöhe gegenüberstehen. Ein strukturelles Informationsgefälle in asymmetrischen Prozesslagen darf nicht die Reichweite des Justizgewährleistungsanspruchs bzw. des Rechtsstaatsprinzips reduzieren. Niemand darf sich durch einen interessengeprägten Sachvortrag unter Umgehung der prozessualen Wahrheitspflicht dauerhaft Rechtsvorteile verschaffen können.

f. Rechtsprechung des BVerfG

Das Bundesverfassungsgericht hat schon im Beschluss vom 25. Juli 1979 – 2 BvR 878/74 – BVerfGE 52, 131–187, Rn. 74 f. entschieden, wie die **Beweislast** dann zu verteilen ist, wenn eine Seite **typischerweise** ihren Darlegungslasten nicht entsprechen kann:

> „74
> b) Die Verteilung der Beweisführungslast wie der Beweislast im Arzthaftungsprozeß begegnet besonderen praktischen Schwierigkeiten. Sie entspringen der typischen Situation der Parteien eines solchen Verfahrens (vgl. Baumgärtel und Wittmann, JA 1979, S 113 ff (114)). Sie führt von der Sache her insbesondere dazu, daß sich der Patient wegen der tatsächlichen Gegebenheiten einer Heilbehandlung üblicherweise erheblichen Schwierigkeiten in seiner Beweisführung ausgesetzt sieht; dies schlägt typischerweise zum Vorteil des Arztes oder des Krankenhausträgers aus. Diese typische Situation wird noch dadurch verschärft, daß im Bereich der vertraglichen Haftung nach Auffassung der Rechtsprechung, die im Schrifttum nicht unumstritten ist (vgl. Rosenberg-Schwab, Zivilprozeßrecht, 11. Aufl, 1974, S 611), die gesetzliche Beweislastregel des § 282 BGB im Arzthaftungsprozeß nicht anzuwenden sei (vgl. BGH, VersR 1967, S 663; BGH, NJW 1969, S 553). Bei dieser „Eigenart des Arzthaftungsprozesses" (BGH, Urteil vom 15. Mai 1979 – VI ZR 70/77 –) muß es verfassungsrechtlichen Bedenken begegnen, die Beweislast für ein bestimmtes Vorbringen generell einer Seite aufzubürden, die von der typischen Art der Fallkonstellation her in der Regel nicht in der Lage sein kann, den erforderlichen Beweis zu erbringen.
>
> 75
> Diese im Hinblick auf die bestehenden Möglichkeiten der Beweisführung typische Situation der Parteien im Arzthaftungsprozeß hat die Rechtsprechung schon frühzeitig erkannt und im Bereich des haftungsbegründenden Ursachenzusammenhangs auf verschiedene Weise durch Beweiserleichterungen bis hin zur Beweislastumkehr auszugleichen versucht (vgl. Baumgärtel

> und Wittmann, aaO, S 114 ff). Damit ist insbesondere von der Rechtsprechung ein Instrumentarium geschaffen worden, das auch im Arzthaftungsprozeß in beweisrechtlicher Hinsicht ein faires Verfahren, eine „gerechte Interessenabwägung" (vgl. RGZ 171, 168 (171); BGH, NJW 1959, S 1583 (1584)) ermöglicht.
> [Unterstreichungen nur für diesen Beitrag]

Damit steht der Gesetzgeber hier vor der Aufgabe, den Anspruchsinhabern den erforderlichen Zugriff auf die verfahrensrelevanten Tatsachen zu ermöglichen bzw. die Darlegungs- und Beweislasten anders zu verteilen.

9. Schadensberechnung

Dieser Beitrag ist sicherlich nicht der Rahmen, um alle möglichen Sach- und Rechtsfragen einer vereinfachten Schadensberechnung zu erörtern. Allerdings soll hier ein Vorschlag aus dem **XXI. Hauptgutachten der Monopolkommission** vom 20. September 2016 aufgegriffen werden. Dort steht in den Empfehlungen zum kollektiven Rechtsschutz unter der Randziffer 184[200]:

> „184. Die Monopolkommission empfiehlt daher die Einführung einer Gruppenklage nach dem Opt-in-Modell sowie eine Reform des § 34a GWB. Erstens sollte das Vorsatzerfordernis aus § 34a GWB gestrichen werden. Zweitens sollte der Schadensnachweis durch eine widerlegbare Schadensvermutung und ggf. durch einen Mindestschätzbetrag erleichtert werden. Drittens könnte im Gesetz vorgesehen werden, dass zumindest ein Teil der abgeschöpften Summe bei dem Verband verbleibt."
> [Unterstreichung nur für diesen Beitrag]

Daher bietet es sich an, auch beim Schaden nach Grund und Höhe zu typisieren.

10. Verjährung

Angesichts der laufenden Verjährungen bei Dieselgate zum Ende des Jahres 2018 setzt der Koalitionsvertrag[201] den Gesetzgeber unter **Zeitdruck**. Es gibt aber keinen sachlichen Grund dafür, ein so komplexes Gesetzgebungsverfahren jetzt in aller Eile durchzuziehen. Daher spricht einiges dafür, die Verjährung für deliktische An-

---

200 Monopolkommission, *Wettbewerb 2016, Einundzwanzigstes Hauptgutachten der Monopolkommission gemäß § 44 Abs. 1 Satz 1 GWB* bezogen über http://www.monopolkommission.de/images/HG21/HGXXI_Gesamt.pdf.

201 Seiten 124 f., Rn. 5810 ff., bezogen über https://www.bundesregierung.de/Content/DE/_Anlagen/2018/03/2018-03-14-koalitionsvertrag.pdf.

spruchsgrundlagen zu verlängern (a.). Angesichts der Komplexität dieser Verfahren sollte die Klageerhebung zu einer Hemmung der Verjährung führen (b.).

a. Verlängerung

Für deliktische Ansprüche gilt die dreijährige Verjährung aus § 195 BGB, die abhängig von der Kenntniserlangung nach § 199 BGB beginnt. Angesichts der Komplexität dieser Ansprüche spricht einiges dafür, diese Verjährungsfrist auf zum Beispiel **fünf Jahre** zu verlängern. Das würde auch die Ansprüche wegen Dieselgate und die Folgeansprüche wegen Valuegate und Updategate umfassen. Auch in anderen Rechtsgebieten zeigt sich immer wieder, dass die Regelverjährung für viele deliktische Schadenslagen zu kurz ist. Alternativ könnte man auch ein Sondergesetz zur Verlängerung ausschließlich der vertraglichen und deliktischen Ansprüche wegen Dieselgate verabschieden.

Wie bereits zuvor dargestellt, spricht einiges dafür, dass **Dieselgate** zu nachhaltigen Wertverlusten bei Dieselfahrzeugen führt (**Valuegate**). Im Hinblick auf mögliche Mängel wegen der aufgespielten **Updates** haben die Unternehmen des Volkswagen Konzerns bislang einer Verlängerung widersprochen. Auch hier werden sich manche Schäden erst deutlich nach Ablauf der Verjährungsfrist zeigen, da das Update häufig erst viele Jahre nach dem Kauf aufgespielt wird. Daher könnte man auch über eine Verlängerung der vertraglichen Ansprüche nachdenken. Innerhalb der gesetzlichen Fristen ist es kaum möglich, diese Schäden zu erkennen, zu beziffern und rechtlich geltend zu machen. Das gilt besonders für die wegen Valuegate eingetretenen Wertverluste. Außerdem ließe sich die Verjährungsfrist in § 197 Abs. 1 BGB auf **dreißig Jahre** verlängern, wenn der Vertragsgegenstand nicht einer öffentlich-rechtlichen Genehmigung wie z. B. der Typenzulassung entspricht.

Der Gesetzgeber kann laufende Verjährungsfristen auch ohne besondere Begründung verlängern. Angesichts der besonderen Komplexität der jeweiligen Sachverhalte hat er das beispielsweise in den §§ 37b, 37c WpHG gemacht, indem er im **Kleinanlegerschutzgesetz**[202] mit Wirkung vom 10. Juli 2015 die kurze Verjährung in Absatz 4 gestrichen und an die gesetzliche Verjährung angepasst hat. So etwas wäre hier auch möglich: entweder verlängert der Gesetzgeber die ohnehin schon zu kurze Verjährung in der deliktischen Haftung oder er schafft Sonderregelungen vor allem im Hinblick auf Dieselgate und die Folgeschäden Updategate sowie Valuegate . Damit erhält der Gesetzgeber genug Zeit, um im weiteren Verlauf der Legislaturperiode die komplexe Materie sachgerecht zu regeln.

---

202 Zur Begründung siehe BT-Drucksache 18/4708, S. 67 f.

b. Hemmung

Beim gegenwärtigen Rechtsstand hemmen nur eine Klageerhebung oder andere Maßnahmen der Rechtsverfolgung, wie zum Beispiel die Anmeldung der Ansprüche nach § 10 Abs. 2, 3 KapMuG, die Verjährung, § 204 BGB. Zur Abwehr von berechtigten Ansprüchen bietet sich daher eine **Verschleppungstaktik** an. Mit allen Mitteln gilt es zu verhindern, dass es noch vor dem Ablauf der Verjährungsfrist zu gerichtlichen Entscheidungen kommt, mit denen die Anspruchsinhaber ihre Ansprüche durchsetzen können.

Diese Prozessstrategie greift nicht mehr, wenn die Verjährung erst einige Monate nach dem rechtskräftigen Abschluss der Verfahren im kollektiven Rechtsschutz abläuft. Dann sind die Anspruchsinhaber nicht mehr dazu gezwungen, verjährungsunterbrechende Maßnahmen nach § 204 BGB einzuleiten. Das bedeutet zugleich eine **Entlastung der Gerichte:**
- Wie in den USA könnte dann die Bereitschaft steigen, erstinstanzlich einen umfassenden Vergleich zu schließen.
- Die Gerichte müssen die Klagen dann nicht mehr über mehrere Instanzen durchführen.
- Wenn diese Vergleiche auch für die nicht am Rechtsstreit beteiligten Anspruchsinhaber eröffnet werden, werden viele Klagen nicht mehr erhoben.

11. Verzinsung

Viele vergleichsweise – auch außergerichtliche Lösungen – scheitern daran, dass die Beklagten grundsätzlich einen Vergleich ablehnen. Der dritte Börsengang der **Deutschen Telekom AG**[203] und Dieselgate bei **Volkswagen**[204] sind gute Beispiele. Während in den USA erhebliche Zahlungen geleistet werden, redet man sich in Europa auf einen anderen Rechtsrahmen hinaus. Ein früher Vergleich muss sich auch für einen Beklagten „rechnen".

Gegenwärtig liegt die **gesetzliche Verzinsung** nach § 246 BGB bei vier Prozentpunkten über dem Basiszins. Den Basiszins legt die Bundesbank jeweils zum

---

203 *Schlappe vor Gericht – Deutsche Telekom hat Aktionäre getäuscht: Was das Urteil für Anleger bedeutet* auf Focus Online am 30.11.2016 (am Ende des Beitrags): http://www.focus.de/finanzen/boerse/schlappe-vor-gericht-deutsche-telekom-hat-aktionaere-getaeuscht-was-das-urteil-fuer-anleger-bedeutet_id_6277161.html und http://securities.stanford.edu/filings-case.html?id=101658.
204 *Rechtslage in Deutschland und den USA – Abgas-Skandal: VW hat sich verraten, und kaum einer hat's gemerkt* auf Focus Online am 7.6.2017: https://www.focus.de/auto/experten/rogert/rechtslage-in-deutschland-und-den-usa-abgas-skandal-vw-hat-sich-verraten-und-kaum-einer-hats-gemerkt_id_7221725.html.

1. Januar und 1. Juli eines jeden Jahres fest, § 247 BGB. Bei Handelsgeschäften sind das nach § 352 Abs. 1 Satz 1 HGB fünf Prozentpunkte. Eine erhebliche Anhebung der Prozesszinsen für alle im kollektiven Rechtsschutz geltend gemachten Forderungen auf zum Beispiel zehn Prozentpunkte über dem Basiszins erhöht den **Kostendruck.** Damit treten – anders als bei vielen Kostenregelungen im US-Recht – keine widersinnigen Kosteneffekte ein:

- Weil es sich dabei um eine **Nebenforderung** handelt, erhöht das nicht den Streitwert.
- Außerdem entsteht dieser Kostendruck nur bei **berechtigten Forderungen** im Rahmen einer Klagestattgabe.

12. Kosten

Bei der Verteilung der Kosten ist auch die Rechtsprechung des Bundesverfassungsgerichts zu berücksichtigen. Der **Grundsatz der Waffengleichheit** verlangt, dass eine effektive Rechtsverfolgung nicht an einem unbezahlbaren Rechtsschutz scheitern darf (a.). Eine beispielhafte Kalkulation für „Dieselgate-Verfahren“ zeigt die hier bestehenden wirtschaftlichen Risiken (b.) für Prozessfinanzierer (c.), Kläger (d.), Gruppenzahlungskläger (e.) und Beklagte (f.). Für Rechtsschutzversicherungen drohen hier Klumpenrisiken, was sich aber zunächst nicht auf das einzelne Verfahren auswirkt (g.). Die Kostenfrage stellt sich auch für Sachverständige (h.) und das Gericht (i.).

a. Verfassungsrechtliche Gewährleistungen

Das **Bundesverfassungsgericht** hat mehrfach aufgezeigt, wie das Grundrecht auf wirkungsvolle **Justizgewährleistung** sowie die Grundsätze des **fairen Verfahrens** und der **Waffengleichheit** als Ausprägung des **Rechtsstaatsprinzips** und das Kostenrecht ineinander greifen. Dazu heißt es in einem stattgebenden Kammerbeschluss des Bundesverfassungsgerichts vom 12. September 2005 mit dem Aktenzeichen 2 BvR 277/05 unter den Juris-Randnummern 13 ff.:

> „13
> 1. Die angegriffenen Entscheidungen des Landgerichts Darmstadt verletzen die Beschwerdeführerin in ihrem Grundrecht auf wirkungsvolle Justizgewährung aus Art. 2 Abs. 1 GG in Verbindung mit dem Rechtsstaatsprinzip (Art. 20 Abs. 3 GG).
>
> 14
> a.) Die Garantie wirkungsvollen Rechtsschutzes ist ein wesentlicher Bestandteil des Rechtsstaates (vgl. BVerfGE 88, 118 <123>; 96, 27 <39 f.>), die vom Grundgesetz nicht nur durch Art. 19 Abs. 4 GG, sondern darüber hinaus im Rahmen des allgemeinen Justizgewährungsanspruchs garantiert wird. Dieser ist Bestandteil des Rechtsstaatsprinzips in Verbindung mit den Grundrechten, insbesondere Art. 2 Abs. 1 GG (vgl. BVerfGE 93, 99 <107>; 107, 395 <401>). Die grundge-

setzliche Garantie eines wirkungsvollen Rechtsschutzes gewährleistet nicht nur den Rechtsweg im Rahmen der jeweiligen einfach-gesetzlichen Verfahrensordnungen, sondern garantiert auch die Effektivität des Rechtsschutzes. Der Zugang zu Gericht darf nicht in unzumutbarer, aus Sachgründen nicht mehr zu rechtfertigender Weise erschwert werden (vgl. BVerfGE 40, 272 <274 f.>; 78, 88 <99>; 88, 118 <124>).

15

b) Auch die Festsetzung der Verfahrenskosten darf daher nicht in einer Weise erfolgen, die dem Betroffenen die Anrufung des Gerichts praktisch unmöglich macht (vgl. BVerfGE 11, 139 <143>; 54, 39 <41>). Eine Kostenregelung darf in ihrer tatsächlichen Auswirkung nicht dazu führen, dass Rechtsschutz vor staatlichen Gerichten vornehmlich nach Maßgabe wirtschaftlicher Leistungsfähigkeit eröffnet wird (vgl. BVerfGE 50, 217 <231>). Andernfalls würde das Kostenrecht zur faktischen Rechtswegsperre, weil ein Unbemittelter oder wirtschaftlich schwächer Gestellter schon aus finanziellen Gründen außerstande wäre, sein Recht zu verfolgen. Eine derartig rechtsschutzhemmende Wirkung liegt aber nicht nur vor, wenn das Kostenrisiko die wirtschaftliche Leistungsfähigkeit des Einzelnen übersteigt. Vielmehr wird die Beschreitung des Rechtswegs oder die Ausschöpfung prozessualer Möglichkeiten auch dann faktisch vereitelt, wenn das Kostenrisiko zu dem mit dem Verfahren angestrebten Erfolg außer Verhältnis steht, so dass die Inanspruchnahme der Gerichte nicht mehr sinnvoll erscheint (vgl. BVerfGE 85, 337 <347>). Auch die Versagung des Kostenerstattungsanspruchs für die obsiegende Partei widerspricht daher grundsätzlich den verfassungsrechtlichen Garantien (vgl. BVerfGE 74, 78 <94>).

16

c) Für den Nebenkläger ergibt sich dies ferner aus dem Grundsatz des fairen Verfahrens und der Waffengleichheit. Es wäre widersprüchlich, wenn einerseits eine Stärkung der aktiven Teilnahme des Verletzten im Strafverfahren angestrebt würde (vgl. Gesetzentwurf der Bundesregierung zum Opferrechtsreformgesetz, BT Drucks 15/2536, S. 1), andererseits aber die tatsächliche Ausübung der Nebenklägerrechte von der Finanzkraft des Opfers abhängig wäre. Strukturell ist der Nebenkläger aber darauf angewiesen, aktiv und gestaltend am Verfahren teilzunehmen. Denn im Gegensatz zum Angeklagten, für den die Unschuldsvermutung streitet, kann das Strafinteresse des Nebenklägers nur dann zum Erfolg führen, wenn hinreichende Gewissheit über die Schuld des Angeklagten erzielt werden kann. Die Nebenklage führt daher nur zum Erfolg, wenn die Beweisaufnahme des Gerichts ausreichende Anhaltspunkte für eine Verurteilung zu Tage fördert; sie muss gleichsam den für den Angeklagten sprechenden Grundsatz in dubio pro reo überwinden."

In anderen Verfahren hat das Bundesverfassungsgericht entschieden, dass diese Grundsätze auch im **Zivilrecht** gelten. Hier sind auch die Grundrechte des Rechtsanwalts, wie zum Beispiel auf eine angemessene Bezahlung, zu berücksichtigen. Dazu heißt es in dem auch weiter hinten zitierten Beschluss des Bundesverfassungsgerichts vom 12. Dezember 2006 – 1 BvR 2576/04 –, BVerfGE 117, 163-202, Rn. 99 ff.:

„99

(2) Dieses strikte, ausnahmslose Verbot einer erfolgsbasierten Vergütung beeinträchtigt nicht nur die Vertragsfreiheit der Rechtsanwälte und ihrer Auftraggeber, es führt auf Grund seines umfassenden Geltungsanspruchs vielmehr auch zu nachteiligen Folgen für die Wahrnehmung und Durchsetzung der Rechte des Einzelnen.

100
(a) Für die Wahrnehmung und Durchsetzung von Rechten ist es im Rechtsstaat aus Gründen der Chancen- und Waffengleichheit von maßgeblicher Bedeutung, dass sich der Einzelne der Unterstützung durch Rechtsanwälte versichern kann (vgl. BVerfGE 110, 226 <252> m.w.N.). Bei der Entscheidung der Rechtsuchenden über die Inanspruchnahme anwaltlicher Hilfe ist die Kostenfrage von maßgebender Bedeutung (vgl. die Prognos/Infratest-Studie „Inanspruchnahme anwaltlicher Leistungen – Zugangsschwellen, Beratungsbedarf und Anwaltsimage", veröffentlicht von Wettmann/Jungjohann, 1989, S. 34). Zwar können die von der Rechtsordnung eröffneten Möglichkeiten, Beratungshilfe im außergerichtlichen Bereich und Prozesskostenhilfe in Gerichtsverfahren in Anspruch zu nehmen, die Verwirklichung des Rechtsschutzes zugunsten unbemittelter Rechtsuchender fördern. Die Bewilligung einer solchen Unterstützung ist jedoch von engen wirtschaftlichen Voraussetzungen abhängig (vgl. § 115 ZPO; § 1 Abs. 2 BerHG). Vor diesem Hintergrund können auch Rechtsuchende, die auf Grund ihrer Einkommens- und Vermögensverhältnisse keine Prozesskostenhilfe oder Beratungshilfe beanspruchen können, vor der Entscheidung stehen, ob es ihnen die eigene wirtschaftliche Lage vernünftigerweise erlaubt, die finanziellen Risiken einzugehen, die angesichts des unsicheren Ausgangs der Angelegenheit mit der Inanspruchnahme qualifizierter rechtlicher Betreuung und Unterstützung verbunden sind. Nicht wenige Betroffene werden das Kostenrisiko auf Grund verständiger Erwägungen scheuen und daher von der Verfolgung ihrer Rechte absehen. Für diese Rechtsuchenden ist das Bedürfnis anzuerkennen, das geschilderte Risiko durch Vereinbarung einer erfolgsbasierten Vergütung zumindest teilweise auf den vertretenden Rechtsanwalt zu verlagern. Anders als der einzelne Rechtsuchende ist er auf Grund der Vielzahl der Mandate zur Diversifikation der Kostenrisiken in der Lage und kann nicht zuletzt deshalb diese besser tragen."

Das wirkt sich hier am Beispiel von Dieselgate wie folgt aus:

- Der Kläger trägt hier ein besonderes Prozessrisiko, weil ein **strukturelles Informationsgefälle** besteht. In den hier bestehenden **asymmetrischen Prozesslagen** treffen ihn Darlegungs- und Beweislasten, denen er ohne Beweiserleichterungen vielfach nicht entsprechen kann.
- Für den Rechtsanwalt des Klägers bedeutet das einen **erheblichen zusätzlichen Arbeitsaufwand**. Außerdem muss er neben den kaufrechtlichen Fragen auch verwaltungsrechtliche Fragen zur Typenzulassung klären.
- Die technischen Fragen erfordern häufig **zusätzliche Gutachten** vor Klageerhebung.
- Während der klägerische Anwalt meist nur einen Mandanten hat, lässt ein Beklagter sinnvollerweise alle Klagen von einem Anwalt bearbeiten. Das bedeutet bei den gleichgelagerten Dieselgate-Fällen eine erhebliche Arbeitserleichterung. Das darf nicht dazu führen, dass für die Kläger die wirtschaftlichen Risiken einer Klage wegen einem Anwaltsaufwand steigen, der sachlich nicht geboten ist. Daher ist die **Verteilung der außergerichtlichen Kosten** neu zu justieren, wobei die Kosten auf der Beklagtenseite zu deckeln sind.
- Auf den oder die **Gruppenzahlungskläger** kommt nicht nur ein zusätzlicher anwaltlicher Aufwand zu. Er muss gegebenenfalls auch durch Sachverständigengutachten vor allem technische Fragen klären. Zudem steht er vor komplexen öffentlich-rechtlichen Fragestellungen zu Typenzulassungen.

b. Beispiel Dieselgate – Klage von Pkw-Haltern gegen Händler

Das nachfolgende Rechenbeispiel geht beispielhaft von **Dieselgate-Klagen** von Kfz-Haltern **gegen ein Autohaus** aus dem Volkswagen Konzern (Audi/Porsche/Skoda/ Volkswagen) oder einem anderen Hersteller, wie zum Beispiel BMW oder Daimler, aus. Den Berechnungen liegen die folgenden Annahmen zugrunde:

- Es gibt 50 Klagen von Haltern gegen ein Autohaus, nicht aber auch gegen den Hersteller.
- In jeder Klage geht es um die Ansprüche von einem Halter wegen Schäden an seinem Fahrzeug mit einem Streitwert in der Höhe von 10.000,00 Euro wegen Schadensersatz (Dieselgate, ohne Updategate[205] und Valuegate[206]). In den USA wurden 10.000 US-Dollar pauschal an jeden Halter bezahlt.
- Das Autohaus wählt zur Abwehr aller Klagen einen einzelnen Rechtsanwalt. Die Klagen werden nicht miteinander verbunden. Der Rechtsstreit geht über zwei Instanzen (LG/OLG) bzw. alternativ über drei Instanzen (LG/OLG/BGH).
- Der Kläger ist ein Verbraucher und nicht zum Vorsteuerabzug berechtigt. Die Summe stellt also das Gesamtrisiko für einen Verbraucher dar.
- In dieser Aufstellung fehlen die Kosten für technische Gutachten, die von der jeweils beweisbelasteten Partei zu verauslagen unterlegenen Partei zu tragen sind. Auch an dieser Stelle können weitere vier- oder fünfstellige Kosten anfallen.
- Es fehlen auch die Kosten für ein etwaiges selbständiges Beweisverfahren nach §§ 485ff. ZPO zu den technischen Daten vor und nach dem Update, welches nach § 493 ZPO auch in einen Prozess eingeführt werden kann.
- Falls sich die Klage auch gegen den Hersteller wendet, verdoppeln sich die außergerichtlichen Kosten auf der Beklagtenseite (siehe RA-Kosten Gegner). Es spricht einiges dafür, dass der Hersteller eine Anwaltskanzlei mit der Vertretung in allen Verfahren beauftragt und nicht mit den Verfahrensbevollmächtigten der Händler zusammenarbeitet.

---

205 *VW-Dieselskandal – Probleme mit VW-Update-Aktion wachsen* vom 13.11.2017, bezogen über https://www.auto-motor-und-sport.de/news/vw-dieselskandal-software-updates-probleme-partikel filter-agr-ventil-erfahrungen-fakten-12797435.html.

206 *Nach Fahrverbots-Urteil – Diesel-Verbote verbrennen Milliarden* vom 27.2.2018, bezogen über https://www.focus.de/auto/news/nach-fahrververbots-urteil-diesel-verbote-verbrennen-milliarden-leasing-ruecklaeufer-werden-zum-risiko_id_8533824.html und *VW gibt erstmals Millionen-Wertverlust bei Dieseln zu* vom 19.3.2018, bezogen über https://www.bild.de/geld/wirtschaft/abgas-skandal /diesel-leasing-hammer-55143936.bild.html.

Daraus ergibt sich das folgende Prozesskostenrisiko:

	LG	OLG	BGH
Eigene RA-Kosten	1.683,85 €	1.883,06 €	2.547,08 €
RA-Kosten Gegner	1.683,85 €	1.883,06 €	2.547,08 €
Gerichtskosten	723,00 €	964,00 €	1.205,00 €
	4.090,70 €	4.730,12 €	6.299,16 €
	Ein Beklagter	**Zwei Beklagte**	
Kosten LG	4.090,70 €	5.973,76 €	
Kosten zwei Instanzen (LG / OLG)	8.820,82 €	12.387,73 €	
Kosten drei Instanzen (LG / OLG / BGH)	15.119,98 €	21.233,97 €	
Einnahmen für Klägeranwalt LG / OLG	3.566,91 €		
Einnahmen für Beklagtenanwalt LG / OLG bei 50 Verfahren	178.345,50 €		

Richtet sich die Klage gegen den örtlichen Händler und den Hersteller und damit gegen **zwei Beklagte**, erhöht sich das Kostenrisiko also ganz signifikant.

Ein Kostenrisiko in der Höhe von 12.387,73 Euro bzw. 21.233,97 Euro zuzüglich etwaiger Kosten für Sachverständigengutachten stellt für weite Bevölkerungskreise eine erhebliche **Zugangshürde** dar. Die Kosten liegen ganz erheblich über dem Streitwert des Verfahrens in der Höhe von 10.000 Euro. Schließlich bestehen bei jedem Gerichtsverfahren weitere nicht kalkulierbare Prozessrisiken. Die Dauer der Verfahren sowie die technische und juristische Komplexität dieser Verfahren führen häufig auch zu einem **rationalen Desinteresse**. Die Anspruchsinhaber fühlen sich überfordert und scheuen auch die emotionale Belastung mit jahre- und jahrzehntelangen Verfahren.

Diese Berechnungen zeigen, dass die Musterfeststellungsklage den Anspruchsinhabern letztlich nicht weiterhilft. Sie reduziert zwar das Verfahrensrisiko, wenn die für die Einzelklage relevanten Sach- und Rechtsfragen verbindlich entschieden werden. Der Anspruchsinhaber ist dann aber auf sich alleine gestellt, wenn er seine Forderung im Wege einer **Leistungsklage** weiterverfolgen muss. Dann trifft ihn zunächst einmal das oben dargestellte Kostenrisiko. Nur die Gruppenzahlungsklage erreicht das Ziel, Anspruchsinhaber und die Justiz dauerhaft zu entlasten. Schließlich lassen sich die Typisierungen einer Musterfeststellungsklage auch einer Gruppenzahlungsklage zugrunde legen.

Ein Kläger trifft dann weiterhin auf die mögliche **Abwehrstrategie** eines finanzkräftigen Beklagten, ihn mit seinem Kostenrisiko zu konfrontieren. Bei großen Streitwerten ist auch zu berücksichtigen, dass eine Zahlung auf die Klägerforderungen oft nicht mehr ohne weiteres im Ermessen des Vorstands oder Geschäftsführers liegt. So verlangen auch manche **Versicherungen** oder **Compliance-Grundsätze** von Verursachern, dass ohne eine gerichtliche Entscheidung die Klägerforderung nicht beglichen wird.

c. Prozessfinanzierung

Diese Kalkulation zeigt, dass sich Verfahren dieser Art häufig nur mit einem **Prozessfinanzierer** wirtschaftlich vertreten lassen. Das Risiko lässt sich dann von Anfang an mit 30 % bis 40 % des Streitwerts kalkulieren – je nach Konditionen. Zudem wird ein Prozessfinanzierer im eigenen Interesse die erforderlichen **Sachverständigengutachten** zu technischen und rechtlichen Verfahren einholen – und in allen Verfahren auch verwenden. Die im Koalitionsvertrag gegenwärtig vorgesehenen „qualifizierten Einrichtungen“[207] dürften jedenfalls nicht über die für eine Prozessfinanzierung erforderlichen Finanzmittel verfügen.

d. Kläger

Wie das Berechnungsbeispiel zu Dieselgate zeigt, liegt das Kostenrisiko eines Klägers deutlich über dem fiktiven Streitwert, wenn man von einem Rechtsstreit über zwei oder drei Instanzen ausgeht. Um die **Rechtszugangsschwelle** im kollektiven Rechtsschutz zu senken, muss auch angesichts der hier bestehenden verfassungsrechtlichen Gewährleistungen eine spürbare Entlastung stattfinden. Das beginnt schon damit, dass die Anwaltskosten der Gegenseite zu deckeln sind, wenn der anwaltliche Aufwand im Fall einer Beauftragung in mehreren gleichgelagerten Fällen angemessen bezahlt ist. Dann besteht die Gefahr einer **Überbezahlung** zu Lasten der klagenden Verbraucher.

Bei den Kostenregelungen sind auch das **Prozessrisiko** und der damit verbundene **anwaltliche Aufwand** für einen Verfahrensbevollmächtigten der Klägerseite zu berücksichtigen. Einen Kläger und seinen Rechtsanwalt treffen zum Beispiel bei Dieselgate ganz umfassende Darlegungslasten:

- Zunächst sind die bereits zuvor in den Ausführungen zum **Sachverständigen** angesprochenen technischen Fragen zu klären.
- Gegebenenfalls hat ein Kläger auch noch im Wege eines **selbständigen Beweisverfahrens** nach §§ 485 ff. ZPO schon vor der Umrüstung eines Fahrzeugs die Verbrauchs- und Fahrwerte zu ermitteln.

207 *Koalitionsvertrag zwischen CDU/CSU und SPD* vom 7. Februar 2018, Seite 124 f., Rn. 5814 ff., bezogen über https://www.bundesregierung.de/Content/DE/_Anlagen/2018/03/2018-03-14-koalitionsvertrag.pdf.

– Außerdem geht es in diesen Verfahren nicht nur um Kaufrecht, sondern auch um komplexe **verwaltungsrechtliche Zulassungsfragen**.

Vertritt ein Rechtsanwalt nur einen Mandanten, stellt sich schnell bei gründlicher Arbeitsweise die Frage nach der **Wirtschaftlichkeit** eines solchen Mandats. Schließlich trifft er auf der Seite von Gesellschaften wie der Volkswagen AG auf hochspezialisierte Prozessanwälte, deren Stundensätze deutlich über 300,00 Euro liegen dürften. Vertritt ein Rechtsanwalt nur einen oder wenige Anspruchsinhaber, bedroht eine „Materialschlacht" in der Verfahrensführung schnell die Wirtschaftlichkeit des Mandats.

e. Gruppenzahlungskläger

Wie bereits zuvor dargestellt, steht der Gruppenzahlungskläger vor einem erheblichen zusätzlichen Arbeitsaufwand. Während die Beklagten – auch angesichts der Streitsummen – über fast unbeschränkte Budgets verfügen, stellt sich das für die Kläger anders dar. Daher verlangen der Grundsatz der **Waffengleichheit** sowie der **Justizgewährleistungsanspruch**, dass hier die wirtschaftlichen Grundlagen für die erforderlichen Tätigkeiten geschaffen werden.

Das Gruppenverfahren ist nicht nur mit der Verantwortung auch für die anderen Kläger verbunden, sondern auch mit viel Arbeit. Daher stellt sich die Frage nach einer **angemessenen Vergütung**. Bei einem hohen Streitwert bestehen natürlich andere Spielräume als bei Klägern mit geringen Streitwerten. Mit der Rechtsprechung des Bundesverfassungsgerichts ist aber zu gewährleisten, dass hier eine effektive Rechtsverfolgung nicht an den Kosten scheitern darf.

Eine **zusätzliche Vergütung** könnte über eine Sonderregelung im RVG oder in Anlehnung an § 6 Abs. 2 SpruchG erfolgen. Im Spruchverfahren gibt es einen gemeinsamen Vertreter, der die nicht am Verfahren beteiligten (ehemaligen) Aktionäre vertritt. Sein Zeitaufwand ließe sich – wie bei einem Sachverständigen – nach vorheriger Absprache und auf Stundenbasis von der Staatskasse verauslagen. Nach dem Abschluss des Verfahrens tragen dessen Kosten dann die Parteien in Abhängigkeit vom Verfahrensausgang.

f. Beklagter

Die oben dargestellte Musterrechnung zeigt[208], zu welchen Einnahmen das gegenwärtige System der Einzelklagen auf der Seite der Beklagten führt. Bei Klagen wegen

208 Siehe oben VI.12.b.

Ad-hoc-Pflichtverletzungen im Kapitalmarktrecht dürften sich solche Berechnungen noch in ganz anderen Größenordnungen bewegen. Angesichts der gleichgelagerten Fälle kann in solchen Verfahren ab einem bestimmten Punkt vielfach mit Textbausteinen und Musterschriftsätzen gearbeitet werden. Damit stellen sich **gleichgerichtete Prozesslagen** gegenwärtig als ein höchst attraktives Geschäftsmodell für die Rechtsanwälte der Beklagten in Verfahren des kollektiven Rechtsschutzes dar.

In der Fachpresse wird immer vor einem Geschäftsmodell für „gebührenhungrige Anwälte" gewarnt. Damit sind die Klägeranwälte im kollektiven Rechtsschutz gemeint. Dabei wird aber übersehen, dass der gegenwärtige Rechtsstand bei den Prozessbevollmächtigten der Beklagten Einnahmen generiert, die sachlich nicht gerechtfertigt sind. Er erhält im oben dargestellten Beispiel das Fünfzigfache der Vergütung eines durchschnittlichen Klägeranwalts. Das wird zu einer sachlich nicht gerechtfertigten **Belastung für beide Parteien:**

- Den Beklagten trifft für den eigenen Verfahrensbevollmächtigten eine Kostenlast, die deutlich über dem tatsächlich erforderlichen Aufwand liegen kann.
- Der Kläger muss zu Beginn des Verfahrens eine Risiko-/Chancen-Analyse machen und auf der Gegenseite Risiken übernehmen, die sachlich nicht erforderlich sind.
- Nach Abschluss des Rechtsstreits trägt die unterlegene Partei an dieser Stelle Kosten, die zur zweckgerechten Rechtsverfolgung nicht erforderlich waren.

Falls der Gesetzgeber sachlich nicht gerechtfertigten Gebührenansprüchen einen Riegel vorschieben möchte, bieten sich dazu zunächst einmal die Gebühren des Beklagtenanwalts an.

g. Rechtsschutzversicherungen

Für Rechtsschutzversicherungen besteht hier die Gefahr von **Klumpenrisiken.** Es ist durchaus denkbar, dass sie bei mehreren tausend Klägern in Verfahren des kollektiven Rechtsschutzes die Verfahrenskosten tragen müssen und die Verfahren verlieren. Dieses kaufmännische Risiko wirkt sich aber nicht auf die Rechtsbeziehungen zwischen den Parteien eines Zivilrechtsstreits aus.

h. Sachverständige

In vielen Verfahren des kollektiven Rechtsschutzes, wie zum Beispiel in den Dieselgate-Verfahren, geht es beispielsweise auch um **technische Fragen**, die von Gutachtern zu klären sind:

- Ist die Konstruktion von Motor, Steuerungssoftware und Abgasableitung fehlerhaft?

- Wie wirken sich das Softwareupdate und der Einbau eines Plastikteils auf die Motor- und Fahreigenschaften (Updategate) aus? Diese Frage ist hypothetisch zu klären, wenn der Halter noch keine Nachrüstung durchgeführt hat.
- Wie wirken sich Dieselgate, Updategate und die nach der Entscheidung des Bundesverwaltungsgerichts zu erwartenden Fahrverbote[209] auf den Wert der Fahrzeuge aus (Valuegate)?
- Gegebenenfalls ist für den Vortrag von jeder Partei ein eigener Gutachter zu beauftragen.
- Idealerweise legt ein Kläger bzw. der Beklagte ein Privatgutachten vor, welches den Weg für den gerichtlich bestellten Sachverständigen vorzeichnet.

In Verfahren des kollektiven Rechtsschutzes lassen sich die gemeinsamen Sach- und Rechtsfragen einmal und für alle Verfahren verbindlich klären. Damit sinkt das **Kostenrisiko** für alle Verfahren, während es für den Gruppenzahlungskläger steigt. Daher sind die Sachverständigenkosten auf die anderen Kläger sowie Anspruchsberechtigten zu verteilen. Um den einzelnen Kläger nicht zu überfordern, bietet sich in besonders gelagerten Einzelfällen eine Verauslagung durch die Staatskasse oder den Beklagten an. Das gilt besonders dann, wenn die Beweise aufgrund des hier bestehenden strukturellen Informationsgefälles in seiner Sphäre zu erheben sind.

i. Gericht

Die Gerichte sind nicht nur an Recht und Gesetz gebunden, sie stehen auch unter einem gewissen **Erledigungsdruck**[210]. Das begrenzt vor allem bei komplexen Verfahren die Bearbeitungszeit. Diese Entwicklung zeigt, dass und wie Wirtschaftlichkeitsüberlegungen bei der Justiz angekommen sind[211]. Daher können die Verfahrensbeteiligten vor allem bei geringeren Streitfällen nicht mehr ohne weiteres davon

---

209 Pressemitteilung Nr. 9/2018 vom 27.2.2018 zu BVerwG 7 C 26.16 und BVerwG 7 C 30.17: *Luftreinhaltepläne Düsseldorf und Stuttgart: Diesel-Verkehrsverbote ausnahmsweise möglich*, bezogen über http://bundesverwaltungsgericht.de/pm/2018/9.

210 BGH – Urteile vom 7.9.2017 – RiZ 1/15, 2/15 und 3/15 seihe auch Mitteilung der Pressestelle Nr. 138/2017 mit Links zu den Entscheidungen, zu beziehen über http://juris.bundesgerichtshof.de/cgi-bin/rechtsprechung/document.py?Gericht=bgh&Art=pm&Datum=2017&Sort=3&nr=79478&pos=1&anz=139. Zu einem Interview mit dem Kläger, RiOLG Thomas Schulte-Kellinghaus: https://www.lto.de/recht/hintergruende/h/kellinghaus-interview-erledigungsquote-richter/ Weitere Gedanken zu Erledigungsquoten in der Praxis macht sich FAZ am 8.9.2017: http://www.faz.net/aktuell/politik/inland/richter-klagt-gegen-aufforderung-zu-schnellerem-arbeiten-15188170.html.

211 In der Studie zur Berechnung des Personalbedarfs (PEBB§Y) – Fortschreibung 2014 geht es um die zu erwartende Arbeitsleistung von Justizangehörigen. Die Studie kann über die Homepage des Deutschen Richterbundes bezogen werden: http://www.drb.de/index.php?id=126.

ausgehen, dass die Verfahren mit der erforderlichen Gründlichkeit betrieben werden.

Hinzu kommt, dass auch die Justiz wirtschaften muss. Sicherlich kann es hier keinen Budgetzwang geben wie bei einem Rechtsanwalt oder Sachverständigen. Der Gesetzgeber muss die Verfahren aber so ausgestalten, dass die Justiz eine angemessene Beteiligung erhält. Ein gutes Beispiel sind die Telekom-Klagen: Es wird mehrere Jahre dauern, bis das Landgericht Frankfurt auf der Grundlage der Musterverfahren die rechtshängigen 17.000 Klagen abgearbeitet hat. Daher bietet es sich an, anhand dieses Beispiels im Gesetzgebungsverfahren die verschiedenen **Verfahrenswege durchzukalkulieren.**

Auch an dieser Stelle muss nach einem wirtschaftlich sinnvollen Weg gesucht werden. Die **Entlastung der Justiz** steht daher auf der gleichen Stufe wie die bereits oben genannten Zielsetzungen wie effektiver Schutz der Anspruchsinhaber. Auch aus diesem Grund spricht alles für eine möglichst frühe vergleichsweise Verfahrensbeendigung. Die Verhältnisse in den USA zeigen, dass so etwas möglich ist.

13. Unterlassungsklagen

Das Gesetz über Unterlassungsklagen bei Verbraucherrechten und anderen Verstößen regelt zwar die Geltendmachung von **Unterlassungsansprüchen**. Es hilft den Verbrauchern aber nicht bei der **Durchsetzung von Schadensersatzansprüchen**. Zudem stellt sich die Frage, warum nicht auch Gewerbetreibende in den Schutzrahmen des Gesetzes aufgenommen werden. Wie die Rechtsprechung des Bundesgerichtshofs immer wieder zeigt, unterscheidet das materielle Recht nicht zwischen Verbrauchern und Gewerbetreibenden. Dabei handelt es sich in vielen typischen Fällen wie diesen beiden aktuellen Entscheidungen nur um geringe Beträge:

- Im Urteil vom 4. Juli 2017 mit dem Aktenzeichen XI ZR 233/16 u. a. überträgt der Bundesgerichtshof Grundsätze für Kreditgeschäfte zwischen Banken und Verbrauchern auch auf Geschäftskredite[212].

212 Weitere Einzelheiten stehen in der Mittelung der Pressestelle des Bundesgerichtshofs Nr. 104/2017, zu beziehen über http://juris.bundesgerichtshof.de/cgi-bin/rechtsprechung/document.py?Gericht=bgh&Art=en&Datum=Aktuell&Sort=8196&Seite=17&nr=78794&linked=pm&Blank=1 Das Urteil kann bezogen werden über http://juris.bundesgerichtshof.de/cgi-bin/rechtsprechung/document.py?Gericht=bgh&Art=en&Datum=Aktuell&Sort=8196&Seite=17&nr=79293&pos=528&anz=578. Mit den möglichen Rückforderungen befasst sich *Geschäftskredite – BGH kippt Bearbeitungsgebühren* vom 4.7.2017, zu beziehen über http://www.handelsblatt.com/finanzen/banken-versicherungen/geschaeftskredite-bgh-kippt-bearbeitungsgebuehren/20017864.html.

- Der Bundesgerichtshof hat mit Urteil vom 12. September 2017 – XI ZR 590/15 erneut verschiedene Bankgebühren gekippt, die sich nicht an den tatsächlichen Kosten orientiert hätten[213].
- Das Bundesverwaltungsgericht hat mit Urteil vom 14. September 10 C 7.16 die „großflächige Kommerzialisierung des Strandzugangs in Wangerland (Niedersachsen) für rechtswidrig erklärt[214].

Das Unterlassungsklagegesetz regelt aber nicht, wie auf der Grundlage der so erstrittenen Entscheidungen ein **Anspruch auf Schadensersatz** geltend gemacht werden kann. Das gilt auch für andere Unterlassungsansprüche, wie zum Beispiel im Verwaltungsrecht. Es gibt teilweise auch keine Erstreckung auf eine **Inter-Omnes-Wirkung**. Möglicherweise bietet sich auch hier eine **Gewinnabschöpfung** zugunsten der Landesjustizverwaltungen an. Auch die **EU-Kommission** hat erkannt, dass Unterlassungsanordnungen einer wirksamen **Durchsetzung** bedürfen. Dazu heißt es in den Empfehlungen der Kommission vom 11. Juni 2013 mit dem Geschäftszeichen 2013/396/EU unter Randziffer 20[215]:

> „Wirksame Durchsetzung von Unterlassungsanordnungen
> 20. Die Mitgliedstaaten sollten für den unterlegenen Beklagten geeignete Sanktionen vorsehen, um sicherzustellen, dass er der Unterlassungsanordnung Folge leistet, darunter einen bestimmten Betrag für jeden Tag der Nichtbeachtung oder einen sonstigen in den einzelstaatlichen Rechtsvorschriften vorgesehenen Betrag."

Beim **gegenwärtigen Rechtsstand** fehlen hier nicht nur Präventivwirkungen, es gibt auch keine vereinfachten Verfahren zur Durchsetzung der Schäden. Es bleibt auch den durch die Rechtsprechung eigentlich geschützten Personen nichts anderes übrig, als im Klagewege Beträge von unter 100 Euro geltend zu machen. Daher bietet es sich wie schon in § 16 Spruchverfahrensgesetz an, eine **vereinfachte Leistungsklage** zu normieren. Dabei handelt es sich um ein vereinfachtes, ausschließlich auf Titulierung gerichtetes Verfahren, das wie in § 495a ZPO gegebenenfalls auch ohne mündliche Verhandlung durchzuführen ist.

---

213 *Streit um Entgelte – BGH kippt erneut Bankgebühren* vom 12.9.2017, bezogen über http://www.handelsblatt.com/finanzen/banken-versicherungen/streit-um-entgelte-bgh-kippt-erneut-bankgebuehren/20317188.html?share=mail.

214 Weitere Einzelheiten stehen in der Pressemitteilung Nr. 60/2017 vom 14.9.2017 des Bundesverwaltungsgerichts sowie den dort genannten Urteilen, zu beziehen über http://www.bverwg.de/presse/pressemitteilungen/pressemitteilung.php?jahr=2017&nr=60&PageSpeed=noscript.

215 Zu beziehen über http://eur-lex.europa.eu/legal-content/DE/TXT/PDF/?uri=CELEX:32013H0396&from=DE, siehe Materialien IV.

14. Zuständiges Gericht

Für die etwa 17.000 „Telekom-Klagen" liegt gegenwärtig die Zuständigkeit noch bei der **7. Kammer für Handelssachen** beim Landgericht Frankfurt[216]. Nach Abschluss der Musterfeststellungsklagen steht dann ein Berufsrichter mit seinen Schöffen vor der Aufgabe, alle Verfahren abzuarbeiten. Es liegt auf der Hand, dass das personell nicht geht. Daher spricht alles dafür, die Klagen im kollektiven Rechtsschutz vor einer **ordentlichen Zivilkammer** zu verhandeln.

Bei **Musterfeststellungsklagen** lassen sich die einzelnen Klagen durch Einzelrichter entscheiden, wenn der Musterentscheid vorliegt und sich die Kammer auf eine Linie verständigt hat. Soweit nach § 348 Abs. 2 Nr. 2 ZPO die Übertragung auf einen originären **Einzelrichter** ausscheidet, kann die Kammer nach § 348a ZPO einen obligatorischen Einzelrichter bestimmen. Vielleicht bietet sich hierzu eine Klarstellung für Musterfeststellungsklagen in § 348a Abs. 1 ZPO an.

Bei **Gruppenzahlungsklagen** stellt sich das anders dar. Soweit Grund- und Endurteile bestimmte Fallgruppen aufgrund einer **Typisierung** zusammenfassen, entscheidet sinnvollerweise die Kammer. Etwas anderes gilt für Endurteile in Einzelverfahren auf der Grundlage von typisierenden Grundurteilen. Hier geht es nur noch um die Schadensermittlung, die sich auf einem obligatorischen Einzelrichter übertragen lässt, § 348a Abs. 1 ZPO.

15. Prozessfinanzierer

Seit einigen Jahren gibt es Prozessfinanzierer, die auf Erfolgsbasis die Kosten eines Rechtsstreits tragen. Zu anwaltlichen Erfolgshonoraren und der Finanzierung durch einen Prozessfinanzierer heißt es im Beschluss des **Bundesverfassungsgerichts** vom 12. Dezember 2006 – 1 BvR 2576/04 –, BVerfGE 117, 163-202, in den Randnummern 101 f.:

> „101
> (b) Das Interesse der Rechtsuchenden und ihr Drängen auf eine Risikoverlagerung werden an der vergleichsweise hohen Zahl von 8 % der befragten Rechtsanwälte erkennbar, die bei einer empirischen Untersuchung zur Vergütungspraxis der deutschen Anwaltschaft im Frühjahr 2005 einräumten, sich trotz des geltenden Verbotes fallbezogen auf Erfolgshonorare einzulassen (vgl. Hommerich/Kilian, Vergütungsvereinbarungen deutscher Rechtsanwälte, 2006, S. 103). Noch deutlicher wird das Interesse an Vereinbarungen über erfolgsbasierte Anwaltshonorare angesichts der Existenz und des wirtschaftlichen Erfolges von Prozessfinanzierungs-

216 Der Geschäftsverteilungsplan kann über die Homepage des LG Frankfurt bezogen werden: https://ordentliche-gerichtsbarkeit.hessen.de/ordentliche-gerichte/lgb-frankfurt-m/lg-frankfurt-m/gesch%C3%A4ftsverteilung.

unternehmen, die gegen einen Anteil des erstrittenen Betrages sämtliche Kosten der Rechtsdurchsetzung übernehmen und im Misserfolgsfall mit diesen Aufwendungen allein belastet bleiben. Nach Schätzungen solcher Unternehmen beträgt das Volumen der aus finanziellen Gründen nicht geführten Prozesse jährlich insgesamt zwischen 2 und 6 Milliarden Euro (vgl. Siebert/Rohleder <Forschungsstelle Finanzierung von Gerichtsprozessen, Humboldt-Universität zu Berlin>, Historie der Prozessfinanzierung in Deutschland, http://www.pkf.hu-berlin.de, Abdruck in Beilage zum Handelsblatt vom 2. November 2005). Hierbei lässt die Möglichkeit der Prozessfinanzierung durch Dritte ebenso wenig wie die Möglichkeit des Abschlusses einer Rechtsschutzversicherung das Bedürfnis nach einer Risikoverlagerung durch anwaltliche Erfolgshonorare entfallen. Während der Versicherungsschutz durch Zahlung von Prämien erkauft werden muss, die nicht immer aufgebracht werden können oder wirtschaftlich sinnvoll sind, und zudem bestimmte Rechtsangelegenheiten typischerweise vom Versicherungsschutz ausgeschlossen werden, sind die Angebote der Prozessfinanzierungsunternehmen nicht für alle Rechtsangelegenheiten gleichermaßen geeignet. Sie richten sich bevorzugt nicht an Private, sondern an kleinere und mittelständische Unternehmen sowie Freiberufler und setzen regelmäßig einen größeren Streitwert voraus (vgl. Siebert/Rohleder, a.a.O.). Zudem entstehen durch die Einschaltung eines Dritten zur Prozessfinanzierung zusätzliche Kosten, die den Rechtsuchenden belasten.

102
(3) Vor diesem Hintergrund erweist sich das Verbot anwaltlicher Erfolgshonorare als Hindernis für den Zugang zum Recht, wenn ein Rechtsuchender auf Grund seiner wirtschaftlichen Verhältnisse das Risiko, im Misserfolgsfall mit den Kosten qualifizierter anwaltlicher Unterstützung belastet zu bleiben, nicht oder zumindest nicht vollständig zu tragen vermag, und ihn dies davon abhält, seine Rechte zu verfolgen. Der Gesetzgeber verfehlt hier nicht nur sein Ziel, durch das Verbot des Erfolgshonorars insbesondere die anwaltliche Unabhängigkeit sowie das Vertrauensverhältnis zum Anwalt zu sichern und auf diese Weise auch im Interesse der Rechtsuchenden einen Beitrag zur Funktionsfähigkeit der Rechtspflege zu leisten. Das Verbot bewirkt vielmehr den gegenteiligen Effekt, indem es den Einzelnen daran hindert, die ihm garantierte Vertragsfreiheit wahrzunehmen und eine Vereinbarung abzuschließen, die ihm bei verständiger Einschätzung der Kostenrisiken die Inanspruchnahme von Rechtsschutz erst eröffnet. Die Unzulässigkeit anwaltlicher Erfolgshonorare fördert hier nicht die Rechtsschutzgewährung, sondern erschwert den Weg zu ihr. Der Gesetzgeber hat nicht beachtet, dass auch eine an sich gerechtfertigte Regelung nicht so gestaltet werden darf, dass sie in ihren tatsächlichen Auswirkungen tendenziell dazu führt, Rechtsschutz vornehmlich nach Maßgabe wirtschaftlicher Leistungsfähigkeit zu eröffnen (vgl. BVerfGE 50, 217 <231>).“
[Unterstreichung durch den Verfasser]

Bei diesem Rechtsstand gibt es keinen sachlichen oder rechtlichen Grund, der gegen eine Einschaltung von Prozessfinanzierern spricht. Gerade in Verfahren, die für den kollektiven Rechtsschutz geeignet sind, entstehen immer wieder viele Prozesslagen, bei denen es auf die wirtschaftlichen Spielräume eines Klägers ankommt.

- Viele große, auch an einer Börse notierte Gesellschaften, gehen häufig durch alle Instanzen. Sie wissen, dass sich viele Anspruchsinhaber vom Kostenrisiko abhalten lassen. Schließlich ist bei einem Verfahren über drei Instanzen das **Kostenrisiko häufig höher als der Streitwert.** In dem oben gebildeten Verfahren führt ein Streitwert in der Höhe von 10.000 Euro schon bei einem Rechtsstreit über zwei Instanzen zu einem Kostenrisiko in der Höhe von 15.119,98 Euro – ohne Sachverständigengutachten[217].

- Häufig kommt es zu einer „**Materialschlacht**“: Da die Beklagten alles bestreiten und die Kläger angesichts des strukturellen Informationsgefälles keinen Zugang zu allen Informationen haben, entsteht ein erheblicher anwaltlicher Darlegungs- und Arbeitsaufwand. Weitere Honorarzahlungen über den gesetzlichen Rahmen des RVG hinaus machen aber für die Kläger unter wirtschaftlichen Gesichtspunkten keinen Sinn.
- Außerdem kommt es häufig auf technische bzw. juristische Sach- und Rechtsfragen an, die gegebenenfalls Gutachten von **Sachverständigen** erfordern. Auch diese Zusatzkosten stehen oft in keiner Relation mehr zu fünfstelligen Streitwerten. Dazu nur einige Beispiele aus Verfahren, die für den kollektiven Rechtsschutz geeignet sind:
  - Dieselgate – Kaufvertrag:
    - Technik – Allgemein: zugesicherte Eigenschaften/Schäden durch „Umrüstung“ mit Plastikteil und Softwareupdate;
    - Technik – Einzelfall: Gutachten zu Leistungsabfall/Schäden;
    - Wirksamkeit von Typenzulassungen/Fahrerlaubnis;
  - Dieselgate – Kapitalmarktinformationen:
    - Ermittlung des relevanten Sachverhalts;
    - Klärung der Rechtslage;
  - Energielieferungsverträge:
    - Klärung der technischen Einzelheiten;
    - Klärung der Rechtslage;
    - Mehrjährige Verfahren über alle Instanzen;
  - Fluggastrechte:
    - Beschaffung der relevanten Daten zu annullierten und verspäteten Flügen;
    - Kompetente Vertretung vor verschiedenen Gerichten bei geringen Streitwerten;
    - Internationales Verfahrensrecht.

Daher hat das Bundesverfassungsgericht zutreffend erkannt, dass die Einschaltung von Prozessfinanzierern den **Zugang zum Recht** erleichtert. Das gilt besonders dann, wenn ein Prozessfinanzierer bei einer Vielzahl von gleich gelagerten Fällen die Kosten einer Sachverhaltsaufarbeitung auf mehrere Verfahren verteilen kann. Außerdem wird er im eigenen Interesse hinreichend qualifizierte Rechtsanwälte

217 Siehe oben VI.12.b.

beauftragen, die dann gegebenenfalls auf Stundenbasis zu bezahlen sind. Die **Höhe der Erfolgsbeteiligung** wird sich auf den relevanten Märkten einspielen. Soweit es mehrere Angebote gibt, kann kein Anbieter überzogene Beteiligungen verlangen.

In der gegenwärtigen Diskussion um die Musterfeststellungsklage gewinnt man den Eindruck, dass es in vielen Beiträgen nur um die **Abwehr von Prozessfinanzierern** und den dahinter stehenden Investoren geht. Es mag zwar durchaus sein, dass es beispielsweise bei Dieselgate um viel Geld geht. Diese Diskussion übersieht aber, dass es sich dabei um komplexe Verfahren handelt. Die darin aufgeworfenen Sach- und Rechtsfragen dürften viele Anspruchsinhaber und ihre Verfahrensbevollmächtigten überfordern. In dieser Diskussion sollte es vielmehr um die Rechtsschutzdefizite gehen, die ein Prozessfinanzierer nicht nivellieren kann. Dabei handelt es sich vor allem um die von den Verursachern verweigerte Verlängerung der Gewährleistungsfrist nach dem Update. Zudem gäbe es ohne die massiven Rechtsverletzungen der Fahrzeughersteller kein Dieselgate. Außerdem zeigt die Anzahl der erhobenen Klagen, dass nur ein Bruchteil der Anspruchsberechtigten seine Ansprüche auf Schadensersatz verfolgt. Bislang wurde auch nicht die Frage aufgeworfen, unter welchen Voraussetzungen die Beteiligung des Prozessfinanzierers als erstattungsfähiger Schaden anzusehen ist.

16. Opt-in/Opt-out

Die Diskussion um einen sachgerechten kollektiven Rechtsschutz dreht sich häufig um die Frage nach einem Opt-in oder Opt-out Modell. Bei einem **Opt-out-Modell** nehmen – wie in den USA – von Anfang an alle Anspruchsberechtigten am Verfahren teil. In einem **Opt-in-Modell** nehmen nur die Anspruchsberechtigten am Verfahren teil, die ihren Beitritt erklären. Im bestehenden Regelungsrahmen gibt es einige systematische und strukturelle Vorgaben:

- Der **aktienrechtliche Gleichbehandlungsgrundsatz** aus § 53a AktG führt dazu, dass alle Aktionäre immer gleich zu behandeln sind.
  - Daher wirkt eine Entscheidung im Spruchverfahren immer für und gegen alle von der Strukturmaßnahme betroffenen Anteilsinhaber, § 13 Satz 2 SpruchG.
  - Entsprechendes gilt für die Urteilswirkungen bei Beschlussmängelklagen in allen Rechtsformen, siehe zum Beispiel § 248 AktG, § 75 Abs. 2 GmbHG, siehe auch § 77 Abs. 1 GmbHG.
- Das **Schadensrecht** kennt keine Inter-Omnes-Wirkungen für alle Geschädigten.
- Im **Zivilrecht** und **Zivilprozessrecht** liegt die Rechtsverfolgung im Normalfall beim jeweiligen Rechtsinhaber. In der Privatautonomie entscheidet jeder auch über eine Klageerhebung (Dispositionsgrundsatz).

- Etwas anderes gilt z. B. nur in Belangen der **öffentlichen Sicherheit und Ordnung** sowie in **FamFG-Verfahren** und im **Strafrecht** oder im Insolvenzrecht. Hier werden staatliche Stellen auch ohne Antrag tätig. Zudem besteht der Amtsermittlungsgrundsatz. Ein **Verbandsklagerecht**, das diese Grundsätze in das Zivilrecht überträgt, ist systemwidrig.

Zwar spricht einiges dafür, im Interesse einer **ordnungsgemäßen und einheitlichen Rechtspflege** sowie zu **Präventionszwecken** das Opt-out-Modell anzuwenden. Das Zivilrecht kennt aber in der Privatautonomie sowie unter dem Dispositionsgrundsatz keine Einbeziehung in die Rechtswirkungen von Klageverfahren, die von Dritten betrieben werden. Allenfalls bei Unterlassungsklagen und Streuschäden bietet es sich an, im Hinblick auf Präventiveffekte oder zur Justizentlastung nach besonderen Lösungen zu suchen.

Daher spricht alles für ein **Opt-in-Modell.** Es gibt keine zwingenden rechtlichen Vorgaben, um im kollektiven Rechtsschutz wie in einem Gesetzgebungsverfahren einheitliche Regelungen für alle Anspruchsinhaber zu suchen. Auch das **Grundgesetz** kennt keine Pflicht für den Gesetzgeber, die zivilrechtlichen Angelegenheiten der Bürger zu klären. Damit liegt es bei jedem Einzelnen, ob er sich für die Teilnahme an einem Verfahren entscheidet („Opt-in"). Das reduziert aber die Präventionswirkungen, die bei der Einbeziehung aller Anspruchsberechtigten weit höher sind.

17. Gewinnabschöpfung/Strafschadensersatz

Jede Norm ist so stark wie ihr **Sanktionsmechanismus.** Daher spricht sich die EU in ihren Empfehlungen[218] auch dafür aus, sich gegebenenfalls von Überlegungen zur Rechtspflege leiten zu lassen. So steht in den Verfahren nach § 10 UWG und § 34a GWB den klagenden Verbänden bzw. „qualifizierten Einrichtungen" auch ein Recht zur Gewinnabschöpfung zu. In der Praxis haben diese Regelungen bislang aber keine wesentliche Bedeutung erlangt[219].

Wie bereits zuvor dargestellt, bietet sich eine **Gewinnabschöpfung** vor allem bei Streuschäden an. Wenn rechtswidrig erwirtschaftete Erträge nicht herausgegeben werden müssen, verstärkt das nicht den Anreiz für rechtskonformes Verhalten. Dazu bietet sich zum Beispiel auch eine Einziehung zugunsten der Justizministerien an. Schließlich dürfte es vor allem bei Streuschäden kaum möglich sein, alle

---

218. Bezogen über http://eur-lex.europa.eu/legal-content/DE/TXT/PDF/?uri=CELEX:32013H0396&from=DE, siehe Materialien IV.

219 Gesetzentwurf von BÜNDNIS 90/DIE GRÜNEN für ein Gesetz zur Einführung von Gruppenverfahren, BT-Drucks. 18/13426, Seite 16, zu beziehen über http://dip21.bundestag.de/dip21/btd/18/134/1813426.pdf, siehe Materialien VIII.

Anspruchsberechtigten zu ermitteln. Eine Einziehung zugunsten der „qualifizierten Einrichtungen" führt zu der Gefahr, hier eigennützige Geschäftsmodelle zu schaffen. Auf der anderen Seite ist aber zu berücksichtigen, dass auf diesem Weg der Steuerzahler entlastet werden kann. Daher gibt es keinen sachlichen Grund, warum im Verfahrenserfolg der Verursacher diese Tätigkeiten nicht auf der Grundlage des Rechtsanwaltsvergütungsgesetzes bezahlen sollte.

18. Schutz vor Insolvenz

Unter Verweis auf „amerikanische Verhältnisse" wird im Hinblick auf die Höhe von zu erwartenden Strafen bzw. Schadensersatz häufig die Frage nach dem **wirtschaftlichen Leistungsvermögen** aufgeworfen. Es wird dann gefordert, dass kein Haftungsschuldner wegen der Höhe der zu erwartenden Zahlungen in die Insolvenz getrieben werden dürfe.

Ein **Haftungsprivileg** für den Schadensfall unterläuft die zivilrechtlichen Präventions- und Repressionsmechanismen. Jede Rechtsordnung unterstellt zunächst einmal rechtskonformes Verhalten und die Pflicht zum Schadensausgleich. Eine Rechtsnorm ist aber nur so stark wie ihr Sanktionsmechanismus. Wer diesen Wirkungsmechanismus aufhebt, untergräbt den **Rechtsbefolgungsanspruch** des Rechtsstaats. Schließlich richtet sich der Wirkungsanspruch aller Gesetze an alle natürlichen und juristischen Personen. Das gilt besonders dann, wenn Rechtsverletzungen höhere Erträge versprechen als rechtskonformes Verhalten.

19. Strafrecht

Das Strafrecht ist – abgesehen vom **Adhäsionsverfahren** nach § 403 StPO – sicherlich nicht dazu gedacht, den zivilrechtlichen Rechtsrahmen durchzusetzen. Der Grundsatz der Einheitlichkeit der Rechtsordnung lässt es aber zu, die Erkenntnisse aus dem Strafverfahren im Zivilprozess zu verwenden und umgekehrt. Schließlich besteht in vielen Prozesslagen ein strukturelles Informationsgefälle. Daher spricht alles dafür, mit dem Zugang zu den Akten aus Ermittlungsverfahren, Ordnungswidrigkeitsverfahren und Strafverfahren das Informationsgefälle abzubauen. Es ist ja durchaus vorstellbar, dass die Erkenntnisse aus Ermittlungsmaßnahmen der weiteren zivilrechtlichen Rechtsverfolgung auch dann zugrunde gelegt werden können, wenn kein strafrechtlicher Anfangsverdacht besteht. Dazu bietet es sich an, zum Beispiel die §§ 142, 144, 273 Abs. 2 Ziffer 2 ZPO um die **Vorlage von Ermittlungsakten** zu erweitern.

20. Öffentliches Recht

Auch im öffentlichen Recht gibt es Fallgestaltungen, in denen ein Verfahren des kollektiven Rechtsschutzes die Reichweite des Justizgewährleistungsanspruchs erweitern und die Gerichte entlasten würde. Entsprechendes gilt auch für die **Arbeitsgerichtsbarkeit**, die **Finanzgerichtsbarkeit** und die **Sozialgerichtsbarkeit**. An dieser Stelle lassen sich dazu nur einzelne Beispiele nennen:

- Berechtigung von Gebühren für den Strandzugang[220]: Das Bundesverwaltungsgericht hat entschieden, dass die großflächige Kommerzialisierung des Strandzugangs in Wangerland unzulässig ist. Nach dieser grundsätzlichen Klärung fehlt jetzt ein Verfahren zum Ausgleich der Streuschäden.
- Grundstücksbezogene Abgaben[221]: Hier lassen sich gleichgerichtete Anfechtungs- oder Verpflichtungsklagen bündeln. Weitere Fallbeispiele stehen auf der Homepage des Verbandes Deutscher Grundstücknutzer e.V.[222]
- Durchführung von Befragungen eines Statistischen Landesamtes (Mikrozensus)[223]: Hier bietet sich eine einheitliche Verfahrensführung an, um über Präzedenzfälle hinaus Bindungswirkungen zu entfalten.
- Auch in Planfeststellungsverfahren kommen Verfahren im kollektiven Rechtsschutz in Betracht.[224].

---

220 Pressemitteilung des Bundesverwaltungsgerichts vom 14.9.2017: http://www.bverwg.de/presse/pressemitteilungen/pressemitteilung.php?jahr=2017&nr=60&PageSpeed=noscript.

221 *Widerstand gegen Straßenausbaubeiträge wächst auch in Brandenburg – Prozessgemeinschaft in Schipkau geplatzt* vom 12.1.2018: https://www.lr-online.de/lausitz/senftenberg/prozessgemeinschaft-in-schipkau-geplatzt_aid-7233566.

222 www.vdgn.de.

223 *Geringer Bevölkerungszuwachs in Isny 2017 und Musterklage gegen Statistik* vom 26.1.2018 https://www.schwaebische.de/landkreis/landkreis-ravensburg/isny_artikel,-geringer-bev%C3%B6lkerungszuwachs-in-isny-2017-und-musterklage-gegen-statistik-_arid,10808648.html.

224 *Ahrensburg – Initiative prüft Sammelklage* vom 24.8.2018 https://www.shz.de/lokales/stormarner-tageblatt/initiative-prueft-sammelklage-id19172746.html.

Abkürzungen

AktG	Aktiengesetz vom 6. Juni 1965, zuletzt geändert durch Gesetz vom 17. Juli 2017
BGB	Bürgerliches Gesetzbuch vom 18. August 1896, zuletzt geändert durch Gesetz vom 20. Juli 2017
BGH	Bundesgerichtshof
BMJV	Bundesministerium der Justiz und für Verbraucherschutz
BVerfG	Bundesverfassungsgericht
BVerfGG	Gesetz über das Bundesverfassungsgericht vom 12. März 1951, zuletzt geändert mit Gesetz vom 18. Juli 2017
BVerwG	Bundesverwaltungsgericht
DRB	Deutscher Richterbund e.V., www.drb.de
FamFG	Gesetz über das Verfahren in Familiensachen und in den Angelegenheiten der freiwilligen Gerichtsbarkeit (FamFG) vom 17. Dezember 2008, zuletzt geändert durch Gesetz vom 1. Juni 2017
FinDAG	Gesetz über die Bundesanstalt für Finanzdienstleistungsaufsicht (Finanzdienstleistungsaufsichtsgesetz – FinDAG) vom 22. April 2002, zuletzt geändert mit Gesetz vom 23. Dezember 2016
FPÖ	Freiheitliche Partei Österreichs
GmbHG	Gesetz betreffend die Gesellschaft mit beschränkter Haftung vom 20. April 1892, zuletzt geändert durch Gesetz vom 17. Juli 2017
GNotKG	Gerichts- und Notarkostengesetz (Gesetz über Kosten der freiwilligen Gerichtsbarkeit für Gerichte und Notare) vom 23. Juli 2013, zuletzt geändert durch Gesetz vom 1. Juni 2016
GVG	Gerichtsverfassungsgesetz (GVG) vom 12. September 1950, zuletzt geändert durch Gesetz vom 27. August 2017
GWB	Gesetz gegen Wettbewerbsbeschränkungen (GWB) vom 26. August 1998, zuletzt geändert mit Gesetz vom 27. August 2017
IM	Initiative Minderheitsaktionäre e.V., www.initiative-minderheitsaktionaere.org
KapMuG	Kapitalanleger-Musterverfahrensgesetz (Gesetz über Musterverfahren in kapitalmarktrechtlichen Streitigkeiten) vom 19. Oktober 2012, zuletzt geändert durch Gesetz vom 30. Juni 2016
KG	Kammergericht
LG	Landgericht
MiFID II	Markets in Financial Instruments Directive
ÖVP	Österreichische Volkspartei
OLG	Oberlandesgericht
OWiG	Gesetz über Ordnungswidrigkeiten vom 24. Mai 1968, zuletzt geändert mit Gesetz vom 27. August 2017
PEBB§Y	Erarbeitung eines Systems der Personalbedarfsberechnung für den richterlichen, staatsanwaltlichen und Rechtspflegerdienst in der ordentlichen Gerichtsbarkeit. Die Studie kann in der Fortschreibung 2014 über die Homepage des Deutschen Richterbundes bezogen werden: http://www.drb.de/index.php?id=126
RDG	Gesetz über außergerichtliche Rechtsdienstleistungen (Rechtsdienstleistungsgesetz – RDG) vom 12. Dezember 2007 in der Fassung vom 12. Mai 2017
SchVG	Gesetz über Schuldverschreibungen aus Gesamtemissionen (Schuldverschreibungsgesetz – SchVG) vom 31. Juli 2009 in der Fassung vom 23. Juni 2017
SdK	Schutzgemeinschaft der Kapitalanleger e.V., www.sdk.org

https://doi.org/10.1515/9783110609172-007

SKS	Stiftung für Konsumentenschutz, www.konsumentenschutz.ch
SP	Sozialdemokratische Partei der Schweiz
SPÖ	Sozialdemokratische Partei Österreichs
StGB	Strafgesetzbuch (StGB) vom 15. Mai 1871, zuletzt geändert mit Gesetz vom 17. August 2017
StPO	Strafprozeßordnung (StPO) vom 12. September 1950, zuletzt geändert mit Gesetz vom 27. August 2017
SpruchG	Gesetz über das gesellschaftsrechtliche Spruchverfahren (Spruchverfahrensgesetz – SpruchG) vom 12. Juni 2003 – zuletzt geändert durch Gesetz vom 23. Juli 2013
„Telekom-Klagen"	Der dritte Börsengang der Deutsche Telekom AG im Juni 2000 hat zu etwa 17.000 Klagen von Anlegern auf Schadensersatz geführt. Nachdem die Aktien für 66,50 Euro gezeichnet werden konnten, brach der Kurs auf einen Tiefstand von 8,42 Euro ein. Die Kläger berufen sich auf Mängel im Börsenprospekt. Das LG Frankfurt hat sie bis zu einer rechtskräftigen Entscheidung der KapMuG – Verfahren ausgesetzt. Geht man von einer richterlichen Arbeitsleistung von 100 Urteilen im Jahr aus, bedarf es 170 Mann-Jahre zur Abarbeitung. Dabei wird davon ausgegangen, dass bei überdurchschnittlich vielen Verfahren das Kostenrisiko bei einer Rechtsschutzversicherung liegt und sich die Deutsche Telekom allenfalls in der zweiten Instanz vergleicht, um Präzedenzfälle zu vermeiden.
UKlaG	Unterlassungsklagengesetz (Gesetz über Unterlassungsklagen bei Verbraucherrechts- und anderen Verstößen) vom 27. August 2002, zuletzt geändert durch Gesetz vom 19. Februar 2017
UWG	Gesetz gegen den unlauteren Wettbewerb (UWG) vom 3. Juli 2004, zuletzt geändert durch Gesetz vom 17. Februar 2016
VDGN	Verband Deutscher Grundstücknutzer e.V.
VzfK	Verbraucherzentrale für Kapitalanleger e.V., www.vzfk.de
WpHG	Gesetz über den Wertpapierhandel (Wertpapierhandelsgesetz – WpHG) vom 26. Juli 1994 zuletzt geändert mit Gesetz vom 17. August 2017
WpPG	Gesetz über die Erstellung, Billigung und Veröffentlichung des Prospekts, der beim öffentlichen Angebot von Wertpapieren oder bei der Zulassung von Wertpapieren zum Handel an einem organisierten Markt zu veröffentlichen ist (Wertpapierprospektgesetz – WpPG) vom 22. Juni 2005 (BGBl. I S. 1698), zuletzt geändert durch Gesetz vom 22. Juli 2017
WpÜG	Wertpapiererwerbs- und Übernahmegesetz (WpÜG) vom 20. Dezember 2001, zuletzt geändert durch Gesetz vom 23. Juni 2017
ZPO	Zivilprozessordnung vom 30. Januar 1877, zuletzt geändert durch Gesetz vom 18. Juli 2017

Materialien

I. Wahlprüfsteine IM, SdK und VzfK zur Wahl zum 19. Deutschen Bundestag

Die Verbraucherzentrale für Kapitalanleger e.V. (VzfK) hat zusammen mit der Schutzgemeinschaft der Kapitalanleger e.V. (SdK) und der Initiative Minderheitsaktionäre e.V. (IM) der CDU/CSU, SPD, BÜNDNIS 90/DIE GRÜNEN und der FDP acht Fragen zum Aktien- und Kapitalmarktrecht sowie kollektiven Rechtsschutz vorgelegt. Die Antworten vom August/September 2017 zeigen, dass der kollektive Rechtsschutz auf der Agenda steht[1].

Wahlprüfsteine „Schutz von Minderheitsaktionären in Aktiengesellschaften“

Wahlprüfsteine „Schutz von Minderheitsaktionären in Aktiengesellschaften“

Mehrere Organisationen und Initiativen haben in Hinsicht auf die bevorstehende Bundestagswahl gemeinsame Positionen dazu entwickelt, wie der Schutz speziell von Minderheitsaktionären in Aktiengesellschaften verbessert werden muss. Aus diesen grundsätzlichen Positionen ergeben sich Wahlprüfsteine, die in Form von Fragen direkt an die sich um den Bundestag bewerbenden demokratischen Parteien gestellt werden.

CDU/CSU, SPD, BÜNDNIS 90/DIE GRÜNEN sowie FDP haben die folgenden 8 Fragen zum Aktien- und Kapitalmarktrecht sowie zum kollektiven Rechtsschutz beantwortet. Die vollständigen Antworten dieser Parteien werden an dieser Stelle zusammengefasst.

Die Wahlprüfsteine wurden zusammengestellt von den folgenden Anlegerschutzorganisationen:

SdK
Schutzgemeinschaft der Kapitalanleger e.V.

VzfK e.V. Verbraucherzentrale für Kapitalanleger
Verbraucherzentrale für Kapitalanleger e.V.

Initiative Minderheitsaktionäre
Initiative Minderheitsaktionäre e.V.

Für weitere Informationen wenden Sie sich gerne an:

- **SdK Schutzgemeinschaft der Kapitalanleger e.V**, unter Tel.: 089-20 20 846 0 oder per Mail an info@sdk.org
- **Verbraucherzentrale für Kapitalanleger e.V. (VzfK),** unter Tel.: 030-39 50 94 28 oder per Mail an info@vzfk.de
- **Die Initiative Minderheitsaktionäre,** unter Tel.: 030-3300 2266 55 oder per Mail an info@initiative-minderheitsaktionaere.org

1 http://www.vzfk.de/fileadmin/content/pdf/IM_BT/Wahlpruefsteine_SdK_IM_VzfK_BTW_2017.pdf.

https://doi.org/10.1515/9783110609172-008

Wahlprüfsteine „Schutz von Minderheitsaktionären in Aktiengesellschaften“

Aktienrecht

1. **Der nächste Bundestag hat zunächst die Aktionärsrechterichtlinie der EU in Angriff zu nehmen, die bis 2019 in nationales Recht umgesetzt werden soll. Wie plant Ihre Partei die schon im Vorschlag vom 9. April 2014 beschriebenen „spezifischen Ziele“ in das nationale Recht zu überführen?**

Dazu gehören u. a.:

- Ein obligatorisches Votum der Hauptversammlung zur Vergütung von Vorstand und Aufsichtsrat. Die Aktionäre sollten über die konkrete Vergütung von Vorstandsmitgliedern entscheiden dürfen und nicht nur über ein theoretisches Vergütungssystem.
- „Related Party Transactions“ - Verbesserung der Transparenz und der Überwachung von Transaktionen mit nahe stehenden Unternehmen und Personen durch die Aktionäre.
- Stärkung und Verbesserung der Einbeziehung von Eigentümern und Verwaltern von Vermögenswerten in die Unternehmen, in die sie investieren. Qualifizierte Investoren, die Gelder Dritter verwalten, müssen verpflichtet werden, Ihre Stimmrechte auf Hauptversammlungen im Sinne der Anleger wahrzunehmen.
- Höhere Identifizierungsanforderungen an Aktionäre

CDU CSU	
SPD	Die Aktionärsrechterichtlinie muss fristgerecht umgesetzt werden. Das gilt auch für die Vorgaben zur Vergütung des Vorstand und Aufsichtsrat. Zur Vergütung des Vorstandes hat die SPD-Bundestagsfraktion im Februar einen eigenen Gesetzesvorschlag vorgelegt. Dieser wurde vom Koalitionspartner abgelehnt. Nach dem Gesetzentwurf sollen die Rechte der Hauptversammlung erweitert werden. Künftig soll die Hauptversammlung über den Vorschlag des Aufsichtsrates über die Festsetzung des Verhältnisses zwischen der Gesamtvergütung der einzelnen Vorstandsmitglieder und dem durchschnittlichen Arbeitnehmereinkommen des jeweiligen Unternehmens zu entscheiden sowie über den Vorschlag des Aufsichtsrates über die Gesamtbezüge der Vorstandsmitglieder zu entscheiden haben. Damit erhält die Hauptversammlung ein entsprechendes Votum. Uns ist es dabei wichtig, dass auch die Mitbestimmungsrechte der Arbeitnehmer im Aufsichtsrat gewahrt sind, so dass dieser nach unserem Gesetzentwurf das Vorschlagsrecht besitzt. Ebenso wollen wir, dass die Hauptversammlung Beschlüsse zur Begrenzung der zulässigen Vergütung der Vorstandsmitglieder fasst. Weiterhin ist es wichtig, dass die Vorstände von Aktiengesellschaften künftig dem

Wahlprüfsteine „Schutz von Minderheitsaktionären in Aktiengesellschaften“

	Wohl des Unternehmens, der Arbeitnehmerinnen und Arbeitnehmer, der Aktionärinnen und Aktionäre und dem Wohl der Allgemeinheit verpflichtet werden (Grundgedanke aus Art. 14 Abs. 2 GG). Auch dieser Punkt ist in dem Gesetzentwurf enthalten. Ebenso wollen wir im Falle einer Schlechtleistung oder regelwidrigem Verhaltens eines Vorstandsmitglieds einen gesetzlichen Anspruch auf Herabsetzung oder Rückforderung für den Aufsichtsrat einführen. Wir werden uns dafür einsetzen, dass unsere Vorstellungen einer transparenten Vergütungspolitik bei der Umsetzung der Aktionärsrechterichtlinie einfließen. Wie die nationalen Umsetzungsregelungen auch im Hinblick auf Related Party Transactions, Aktionärsidentifikation etc. aussehen, muss im Gesetzgebungsprozess entwickelt werden.
BÜNDNIS 90 DIE GRÜNEN	Grünes Anliegen ist es, die kritische Kontrolle von Aktiengesellschaften durch ihre Aktionäre zu stärken. Wir streben daher eine Umsetzung der Aktionärsrechterichtlinie in nationales Recht mit dieser Maßgabe an. Weiterhin wollen wir, dass die Vergütungen der Vorstände in einem angemessenen Verhältnis zu den Gehältern des oberen Führungskreis und der gesamten Belegschaft steht. Wir halten es für einen Fehlentwicklung, dass viele Unternehmen ihren Vorstandsmitgliedern das Über-100fache des durchschnittlichen Lohns einer FacharbeiterIn zahlen. Die Berücksichtigung einer angemessenen Arbeitnehmer-Management-Einkommen-Relation soll daher gesetzlich verpflichtend für die Unternehmen gelten.
Freie Demokraten FDP	Wir Freie Demokraten setzen uns für eine systemkonforme Fortentwicklung des bisherigen Say-on-pay-Ansatzes (§ 120 Absatz 4 AktG) ein. Wir wollen die Eigentümerrechte stärken durch größere Vergütungstransparenz und Übertragung von Kontrollkompetenz auf die Hauptversammlung. Eine Gesetzesänderung darf kein neues Feld für missbräuchliche Anfechtungsklagen eröffnen. Die FDP hat sich immer dafür ausgesprochen, den Diskussionsprozess um erhöhte Offenlegungspflichten institutioneller Anleger, insbesondere was ihr Stimmverhalten zum Vergütungssystem betrifft, auf europäischer Ebene aktiv zu begleiten. Dabei ist freilich zu berücksichtigen, dass unnötige neue Bürokratie vermieden wird und Transparenz kein Selbstzweck sein darf.

2. Welche weiteren Gesetzgebungsvorhaben im Aktienrecht planen Sie bzw. halten Sie für sinnvoll?

Wahlprüfsteine „Schutz von Minderheitsaktionären in Aktiengesellschaften"

<table>
<tr><td colspan="2">Beispiele:
• eine Reform des Beschlussmängelrechts,
• Überprüfung der Regelungen zum Delisting oder
• des Spruchverfahrens</td></tr>
<tr><td>CDU CSU</td><td>Aus dem rechtspolitischen Programm des BACDJ zur Bundestagswahl 2017 (Bundesarbeitskreis Christlich-Demokratischer Juristen):

Beschlussmängelrecht reformieren – Kleinaktionäre stärken. Wo insbesondere Kleinaktionäre nicht in das operative Geschäft eines Unternehmens eingreifen können, müssen sie vor missbräuchlichen und rechtswidrigen Entscheidungen von Geschäftsführern und Vorständen geschützt werden. Dazu ist das bestehende langwierige und teure Spruchverfahrens- und Beschlussmängelrecht unter besonderer Berücksichtigung der Interessen von Minderheitsaktionären und Kleinanlegern zu reformieren. Die Genossenschaft als besonders sichere und insolvenzfeste Rechtsform wollen wir bewahren und weiter stärken.</td></tr>
<tr><td>SPD</td><td>Das Aktienrecht ist ein bewährtes Recht. Große Neuerungen sind von unserer Seite nicht geplant.</td></tr>
<tr><td>BÜNDNIS 90 DIE GRÜNEN</td><td>Die letzte Aktienrechtsnovelle war statt der angekündigten großen Reform eher ein Reförmchen. Viele Punkte wurden im Zuge des Gesetzgebungsverfahrens leider nur unzureichend überarbeitet oder ganz ausgeklammert, so z.B. Änderungen im Bereich der Nichtigkeitsklagen oder im Beschlussmängelrecht. Das Delisting wurde zwar im Rahmen der Umsetzung der EU-Transparenzrichtlinie neu geregelt, aber wir halten weitere Schritte für erforderlich, denn das von der Großen Koalition beschlossene Gesetz bietet keinen ausreichenden Schutz von kleinen AktionärInnen.

Wir setzen uns für einen fairen Ausgleich zwischen den Interessen der kleinen AktionärInnen und den Interessen der Unternehmensleitung ein, indem die Angemessenheit des verpflichtenden Kaufangebots im Falle eines Delisting daran gemessen werden soll, ob eine qualifizierte Mehrheit der AktionärInnen das Angebot annimmt. Daneben muss eine gerichtliche Überprüfung der Angebotshöhe möglich sein.</td></tr>
<tr><td>Freie Demokraten FDP</td><td>Sowohl das Beschlussmängelrecht als auch das Spruchverfahren sind bezüglich ihrer Wirksamkeit zu überprüfen.</td></tr>
<tr><td colspan="2">3. Gibt es weitere Themen, die Ihre Partei in einem Gesetzgebungsverfahren aufgreifen möchte? Falls ja: welche?</td></tr>
</table>

Wahlprüfsteine „Schutz von Minderheitsaktionären in Aktiengesellschaften"

CDU CSU	
SPD	
BÜNDNIS 90 DIE GRÜNEN	Wir wollen, dass Unternehmen verpflichtend die nichtfinanziellen Informationen zum ökologischen, sozialen, menschenrechtlichen und verbraucherbetreffenden Unternehmenshandeln anhand von international anerkannten Rahmenwerken erarbeiten und dokumentieren. Hierzu gehören auch Informationen über wesentliche Risiken, die mit den Erzeugnissen, Dienstleistungen und Geschäftsbeziehungen entlang seiner Lieferkette verknüpft sind. Die inhaltliche Prüfung soll durch externe Fachkräfte mit Expertise in Umwelt- und Sozialaudits erfolgen. Der Anwendungsbereich des CSR-Gesetzes soll auf große nichtkapitalmarktorientierte Unternehmen erweitert werden.
Freie Demokraten FDP	

Kapitalmarktrecht

Für Minderheitsaktionäre stellt sich die Aktie nicht nur als eine gesellschaftsrechtliche Beteiligung dar, sondern auch als eine handelbare Investition in einen Sachwert. Für ihre Investition sind sie auf belastbare Informationen angewiesen, im Schadensfall auf praktikable Rechtsbehelfe.

1. **Werden Sie klarstellen, dass Verbotstatbestände in der Marktmissbrauchsverordnung auch Schutzgesetze im Sinne von § 823 Abs. 2 BGB darstellen?**

CDU CSU	
SPD	Wir brauchen in Deutschland und Europa eine gute Aktienkultur. An der Börse muss es fair zugehen. Dazu gehört es auch, die Rechte von Minderheitsaktionären zu wahren. Wir haben dies in der vergangenen Legislaturperiode mit der Neuregelung des Delisting unter Beweis gestellt. Wir sind auch künftig offen für Anregungen und Prüfungen.
BÜNDNIS 90 DIE GRÜNEN	Es ist umstritten, ob die Verbotstatbestände in der Marktmissbrauchsverordnung Schutzgesetzqualität aufweisen, z.B. ob der gegen das Insiderverbot Verstoßende zivilrechtlich haftet. In den Fällen, in denen ein Verbotstatbestand zweckmäßigerweise eher vorrangig den Vermögensinteressen der AnlegerInnen dienen sollte, anstelle wie bisher angenommen der

Wahlprüfsteine „Schutz von Minderheitsaktionären in Aktiengesellschaften"

	Funktionsfähigkeit des Kapitalmarkts, wäre eine Konkretisierung zu prüfen, die allerdings im Rahmen der Verbotsvorschriften selbst erfolgen sollte, nicht im BGB.
Freie Demokraten FDP	Wir Freie Demokraten setzen uns dafür ein, dass die private Altersvorsorge attraktiver und auf eine breitere Basis gestellt wird. Die Möglichkeiten, im Rahmen der geförderten Altersvorsorge in Aktien zu investieren, sollten ausgeweitet werden. Anleger müssen in die Anbieter ihrer Vorsorgeprodukte vertrauen können. Nur so gelingt es, die Akzeptanz von kapitalmarktbasierter Vorsorge zu steigern.
2. Planen Sie Änderungen bei den Rechtsbehelfen im Schadensfall, z.B. Erweiterung der Anspruchsgrundlagen, Anpassung der Darlegungs- und Beweislast sowie Verlängerung der Verjährung? Falls ja: Welche?	
CDU CSU	
SPD	Zu den konkret angesprochenen Punkten gibt es keine Beschlusslage der Fraktion bzw. Partei.
BÜNDNIS 90 DIE GRÜNEN	Zivilrechtliche Haftungsregime sind handlungsmotivierend und führen damit zu gesetzestreuem Verhalten. Insofern wollen wir in regelmäßigen Abständen überprüfen, in wieweit es zur wirksamen Durchsetzung der Marktmissbrauchsverordnung einer Änderung des Haftungsregimes bedarf.
Freie Demokraten FDP	Missbräuchliches Verhalten, wie zum Beispiel Marktmanipulationen oder Insiderhandel, sind zu sanktionieren. Inwiefern hierfür zivilrechtliche Sanktionsmechanismen fortzuentwickeln sind, werden wir uns nach der Wahl genauer anschauen.
Kollektiver Rechtsschutz	
Bei der Volkswagen AG sind Millionen von Fahrzeughaltern und Anlegern geschädigt worden. Es wird – wie schon bei der Deutsche Telekom AG – die Gerichte überfordern, jeden Schadensfall einzeln zu bearbeiten. In den USA gibt es effektive Rechtsbehelfe, die sich – abgesehen von vereinzelten Auswüchsen – im Kern bewährt haben. **1. Welchen Handlungsbedarf sehen Sie beim kollektiven Rechtsschutz in Deutschland?**	

Wahlprüfsteine „Schutz von Minderheitsaktionären in Aktiengesellschaften“

CDU CSU	Die Einführung einer allgemeinen Musterfeststellungsklage auch außerhalb des KapMuG ist positiv zu bewerten. Eine Musterfeststellungsklage stärkt Verbraucherrechte und spart allen Beteiligten Geld und Zeit. Sie hätte eingeführt werden können, wenn der Bundesjustizminister rechtzeitig einen brauchbaren Entwurf vorgelegt hätte. Zu berücksichtigen sind bei der Einführung einer allgemeinen Musterfeststellungsklage die folgenden Punkte: • Klagebefugt sollten die tatsächlich Betroffenen sein. Ein Betroffener kann dabei die Rolle des Musterklägers übernehmen und ein Verfahren führen, auf das sich die anderen Betroffenen dann berufen können. • Es muss den Betroffenen überlassen bleiben (Opt-in), sich an einem Musterverfahren zu beteiligen. • Ergeht ein Musterfeststellungsurteil, muss dieses für beide Seiten, d.h. für den Betroffenen und das Unternehmen, bindend sein. • Es soll ein Beschleunigungsgebot für das Musterverfahren eingeführt werden, um für eine zügige Rechtsdurchsetzung zu sorgen. • Die Abtretung von Ansprüchen aus Streuschäden an Dritte muss möglich sein und darf nicht durch AGB ausgeschlossen werden. Dies soll eine einheitliche Geltendmachung von Ansprüchen ermöglichen. (gängige Praxis bei Flugverspätungen).
SPD	Wir benötigen nicht nur gute Gesetze im Verbraucher- und Anlegerschutz, sondern auch ihre wirksame Durchsetzung, damit Recht bekommt, wer Recht hat. Qualifizierte Verbände sollen rechtliche Streitigkeiten, die viele Verbraucherinnen und Verbraucher betreffen, mit nur einer Klage vor Gericht (Musterfeststellungsklage) klären lassen können. Verbraucherorganisationen können schon heute bestimmte Verbraucherrechte auf dem Weg der Verbandsklage durchsetzen. Wir werden diese Möglichkeit weiter ausbauen.
BÜNDNIS 90 DIE GRÜNEN	Wir wollen ein umfassendes Instrument kollektiven Rechtsschutzes einführen. Das System des Kapitalanleger-Musterverfahrensgesetzes (KapMuG), nach dem in Schadensersatzprozessen wegen falscher öffentlicher Kapitalmarktinformationen in gleichgelagerten Rechtsstreitigkeiten ein Musterverfahren für eine Vielzahl von Geschädigten geführt werden kann, hat sich als nicht ausreichend herausgestellt. Das

Wahlprüfsteine „Schutz von Minderheitsaktionären in Aktiengesellschaften"

	Verfahren soll durch ein Gruppenverfahren ersetzt werden, das in Zivilrechtsstreitigkeiten zum Einsatz kommen kann. Unser Gesetzentwurf zur Einführung von Gruppenverfahren (Bundestagsdrucksache 18/1464) sieht vor, dass o sich Betroffene zusammenschließen können und als Gruppe gemeinsam klagen (vertreten durch einen Gruppenkläger), o die Klagebefugnis auch zusätzlich für bestimmte qualifizierte Einrichtungen wie Verbände ermöglicht wird, o die Feststellung von Anspruchsvoraussetzungen und die Klärung von Rechtsfragen beantragt werden können sowie bei ganz einheitlichen Anspruchsvoraussetzungen direkt auf Leistung geklagt werden kann, o es eine Kostensenkung gegenüber Individualverfahren und die Minimierung des Kostenrisikos gibt, z.B. durch Deckelung der Kosten auf einen Höchstbetrag für die GruppenteilnehmerInnen.
Freie Demokraten FDP	Unser zivilrechtliches Rechtssystem beruht auf der Individualklage. Wir sind der Ansicht, dass Sammel- und Gruppenklagen immer auch die Gefahr bergen, sich zu verselbständigen oder – wie in den USA – eine regelrechte Klageindustrie entstehen zu lassen.
2. Wie wollen Sie sicherstellen, dass deutsche Anleger und Fahrzeughalter genauso umfassend entschädigt werden wie die Betroffenen in den USA?	
CDU CSU	
SPD	Wir haben in Deutschland ein anderes Rechtssystem. Um aber dennoch Möglichkeiten zu eröffnen, hat Bundesjustizminister Heiko Maas die Musterfeststellungsklage vorgeschlagen. Die Autofahrer müssen das Recht haben, ihre Ansprüche vor Gericht durchzusetzen. Dass wir sie nicht haben, liegt an der Union, sie hat blockiert. Das ist ein Instrument mit dem Kunden sich gegen große Konzerne, die massenhaft Schaden verursachen, gemeinsam zur Wehr setzen zu können, ohne ein großes Kostenrisiko einzugehen.
BÜNDNIS 90 DIE GRÜNEN	Zum einen wollen wir durch die Einführung eines Gruppenverfahrens die Rechtsdurchsetzungsmöglichkeiten bei massenhaft auftretenden Schäden wie im Dieselskandal erweitern (s. Frage III. 1). Zum anderen muss der Druck gegenüber den rechtswidrig handelnden Unternehmen verschärft werden. Die Ergebnisse des sogenannten „Diesel-Gipfels" vom 02. August 2017 waren enttäuschend und haben mehr Fragen als Antworten hinterlassen. Es müssen rechtsverbindliche Vereinbarungen

Wahlprüfsteine „Schutz von Minderheitsaktionären in Aktiengesellschaften"

	getroffen werden, aus denen sich rechtssichere Ansprüche der vom Abgasskandal Geschädigten gegen die betreffenden Unternehmen ergeben. Z.B. sollte dabei auf einen Verzicht der Erhebung der Einrede der Verjährung seitens der Unternehmen und die Übernahme einer Garantie für etwaige Folgemängel nach der Umrüstung gedrängt werden. Außerdem sollten die Sanktionsmöglichkeiten, die den Behörden gegenüber den Unternehmen zustehen, in effektiver Weise angewandt werden. Insgesamt sollte das System der Unternehmenssanktionen reformiert werden und Rechtsverstöße aus Unternehmen heraus verstärkt bekämpft werden. Denn nur wenn systematischer Rechtsbruch konsequent verfolgt und effektiv geahndet wird, können Sanktionen auch eine präventive Wirkung entfalten und den Druck auf die Unternehmensleitung erhöhen, wie in den USA geschehen.
Freie Demokraten FDP	
3. Sehen Sie Verbesserungsbedarf im deutschen Zivilprozessrecht, etwa in Bezug auf das Beweiserhebungsrecht? Sollte man nicht eine der amerikanischen „Discovery" ähnliche Beweiserlangung einführen, um Waffengleichheit für Anleger zu erreichen?	
CDU CSU	
SPD	Bei der „pre-trial discovery of documents" (vorprozessuale Dokumentenherausgabe) handelt es sich um eine dem deutschen Prozessrecht fremde Möglichkeit, die eine nach deutschem Recht grundsätzlich unzulässige Ausforschung der Gegenseite ermöglicht. Zu der Frage, ob hiervon abzuweichen ist, hat sich die SPD bisher nicht positioniert.
BÜNDNIS 90 DIE GRÜNEN	Wir halten an der Grundmaxime des deutschen Zivilprozessrechts fest, wonach – als Ausprägung des Beibringungsgrundsatzes – die Ausforschung der Gegenseite unzulässig ist. Die Übertragung des umfassenden amerikanischen Discovery-Verfahrens in unser Recht wäre damit unvereinbar, denn gerade die Möglichkeiten einer pre-trail discovery Beweisabfrage (z.B. alle Emails zwischen bestimmten Personen in einem bestimmten Zeitraum) kann zu weitreichend in die Rechte von Betroffenen und auch dritten Personen eingreifen.
Freie Demokraten FDP	Das amerikanische Discovery-Verfahren halten wir nicht für ein geeignetes Instrument für das deutsche Rechtssystem. Zum einen

Wahlprüfsteine „Schutz von Minderheitsaktionären in Aktiengesellschaften“

	sind die Verfahrensvorschriften in den USA und in Deutschland in vielen Aspekten unterschiedlich, sodass einzelne Instrumente nicht ohne Weiteres in das jeweils andere Rechtssystem übernommen werden können, ohne dass es zu Brüchen innerhalb der Rechtsordnung kommt, beispielsweise mit den Grundsätzen der Beweiserhebung im deutschen Recht. Nachteile des Verfahrens sind zudem, dass Unternehmen zur Preisgabe von Geschäftsgeheimnissen gezwungen werden können oder den Datenschutzinteressen von Mitarbeitern bei einer erlaubten privaten E-Mail-Nutzung nicht Rechnung getragen wird. Dadurch können Schäden für Unternehmen entstehen, auch wenn die Klage letztlich keinen Erfolg gehabt hat.

II. Grünbuch über kollektive Rechtsdurchsetzungsverfahren für Verbraucher – 27.11.2008

Die Kommission veröffentlichte am 27. November 2008 ein Grünbuch mit dem Aktenzeichen KOM(2008) 794. Von den darin diskutierten Optionen wurde dann die vierte Option umgesetzt[2].

2 http://eur-lex.europa.eu/legal-content/DE/TXT/PDF/?uri=CELEX:52008DC0794&qid=1400252103025&from=EN.

KOMMISSION DER EUROPÄISCHEN GEMEINSCHAFTEN

Brüssel, den 27.11.2008
KOM(2008) 794 endgültig

GRÜNBUCH

über kollektive Rechtsdurchsetzungsverfahren für Verbraucher

(von der Kommission vorgelegt)

GRÜNBUCH

über kollektive Rechtsdurchsetzungsverfahren für Verbraucher

1. EINLEITUNG

1. In einer zunehmend verbraucherorientierten, globalisierten und digitalen Wirtschaft trägt ein Binnenmarkt, der effizient auf die Bedürfnisse der Verbraucher eingeht, auch zur Stärkung der Innovations- und Wettbewerbsfähigkeit der Wirtschaft bei. Die Bürger zur aktiven Beteiligung im Sinne eines guten Funktionierens der Märkte zu ermutigen, trägt dazu bei, solide Wettbewerbsbedingungen zu bewahren. Insbesondere trägt der Zugang der Verbraucher zu Rechtsbehelfen im Falle einer Verletzung ihrer Rechte durch Händler dazu bei, ihr Vertrauen in die Märkte zu stärken und ihre Beteiligung zu fördern.

2. Die Kommission hat in ihrer verbraucherpolitischen Strategie[1] das Ziel festgelegt, den Binnenmarkt im Einzelhandel zu stärken, indem sie bis 2013 sicherstellt, dass Verbraucher und Einzelhändler grenzüberschreitend genauso sicher einkaufen können wie in ihrem Heimatland. Dieses Ziel kann jedoch nur erreicht werden, wenn sich die Verbraucher darauf verlassen können, dass ihre Rechte im Bedarfsfall durchgesetzt werden und sie ausreichenden Rechtsschutz genießen. 76 % der Verbraucher, die geringes Vertrauen in grenzüberschreitende Einkäufe haben, sagen, es sei für ihr Vertrauen sehr oder ziemlich wichtig, dass ein grenzüberschreitender Rechtsstreit nach nationalem Recht von ihren nationalen Gerichten entschieden wird[2]. Dies deutet auf mangelndes Vertrauen in andere Rechtssysteme hin, sowohl im Hinblick auf materielle Rechte als auch auf wirksame Rechtsbehelfe. Der Vorschlag für eine Richtlinie über Rechte der Verbraucher[3] wird sich mit der Frage der Rechtssicherheit in Bezug auf materielle Rechte befassen. Die Wirksamkeit grenzüberschreitender Rechtsdurchsetzungsverfahren muss jedoch davon unabhängig behandelt werden.

3. In ihrer Strategie hob die Kommission die Bedeutung wirksamer Rechtsdurchsetzungsverfahren für Verbraucher hervor und kündigte ihre Absicht an, Maßnahmen in Bezug auf kollektive Rechtsbehelfe von Verbrauchern in Erwägung zu ziehen. Das Europäische Parlament, der Rat und der Europäische Wirtschafts- und Sozialausschuss begrüßten die Absicht der Kommission, den Rechtsschutz für Verbraucher zu verbessern und insbesondere Maßnahmen im Hinblick auf kollektive Rechtsdurchsetzungsverfahren für Verbraucher zu erwägen[4]. In ihrer Empfehlung

---

[1] KOM(2007) 99 endg.

[2] Flash Eurobarometer (EB) 57.2 – Frühjahr 2002.

[3] KOM(2008) 614 endg.

[4] In seiner Entschließung zur verbraucherpolitischen Strategie ersuchte das EP die Kommission nach sorgfältiger Bewertung der Frage des Rechtsschutzes für Verbraucher in den Mitgliedstaaten, „... *eine geeignete kohärente Lösung auf europäischer Ebene vorzuschlagen, die allen Verbrauchern Zugang zu Mechanismen mit kollektiven Rechtsbehelfen für die Regelung grenzüberschreitender Klagen verschafft*" (A6-0155/2008); der Rat ersuchte in seiner Entschließung die Kommission, „... *sorgfältig kollektive Rechtsschutzverfahren zu prüfen und die Ergebnisse der laufenden einschlägigen Untersuchungen hinsichtlich möglicher Vorschläge oder Schritte vorzulegen*" (ABl. C 166 vom 20.7.2007, S. 1). Das EP wiederholte seine Aufforderung in seiner Entschließung zum Grünbuch über Finanzdienstleistungen für Privatkunden im Binnenmarkt (A6-0187/2008). Auch der Untersuchungsausschuss des EP zum Zusammenbruch der „Equitable Life Assurance Society" hatte die

über die Beilegung von Verbraucherrechtsstreitigkeiten und entsprechende Rechtsbehelfe[5] hat die OECD ihre Mitgliedstaaten dazu angehalten, den Verbrauchern Zugang zu verschiedenen – auch kollektiven – Rechtsbehelfen zu gewähren.

4. Zweck dieses Grünbuchs ist es, den aktuellen Stand der Rechtsbehelfsmechanismen zu bewerten, insbesondere in den Fällen, in denen zahlreiche Verbraucher vom selben Rechtsverstoß betroffen sein können, und Optionen für eine Schließung möglicher Lücken im Rechtsbehelfssystem in diesen Fällen aufzuzeigen. Da die Marktintegration auf Einzelhandelsebene zunehmend dazu führt, dass Verbraucher den Einzelhandel auch jenseits der Grenzen nutzen und dadurch mit denselben Geschäftspraktiken konfrontiert sind wie die dort einheimischen Kunden, erscheint es nicht sinnvoll, einen Unterschied zu machen zwischen grenzüberschreitenden Mechanismen für Massenforderungen und rein nationalen Mechanismen. Weiterhin wäre zu prüfen, ob die in Frage kommenden Instrumente nur für grenzüberschreitende Fälle oder auch im nationalen Rahmen gelten sollen.

5. Nicht behandelt werden im vorliegenden Grünbuch kollektive Rechtsbehelfe für diejenigen, die durch Verstöße gegen das EG-Kartellrecht geschädigt wurden, und zwar wegen des besonderen Charakters des Kartellrechts und des weiter gefassten Kreises der Geschädigten, zu dem auch KMU gehören. Diesbezüglich hat die Kommission in ihrem Weißbuch[6] eine Reihe spezifischer Maßnahmen vorgeschlagen, die gewährleisten sollen, dass sowohl Verbraucher als auch Unternehmen in allen EU-Mitgliedstaaten einen wirksamen Ersatz für Schäden infolge von Verstößen gegen das EG-Kartellrecht erhalten können. Diese Maßnahmen umfassen auch zwei kollektive Rechtsschutzinstrumente, die auf die besonderen Schwierigkeiten der Opfer von Kartellrechtsverstößen zugeschnitten sind; dabei handelt es sich zum einen um die Opt-in-Gruppenklage, zu der sich einzelne Geschädigte ausdrücklich zusammenschließen, um ihre jeweiligen Schadenersatzansprüche in einer einzigen Klage zusammenzufassen, und zum anderen um die Verbandsklage, die von qualifizierten Einrichtungen wie Verbraucherverbänden oder staatlichen Stellen für eine Gruppe geschädigter Einzelpersonen erhoben werden kann.

2. Das Problem

6. Mit der Ausbreitung der Massenmärkte – auch über die Grenzen hinaus – können große Zahlen von Verbrauchern von denselben oder vergleichbaren Handelspraktiken geschädigt werden. Die Auswirkungen unlauteren Geschäftsgebarens könnten so umfassend sein, dass Märkte verzerrt werden. So wird derzeit gegen britische Banken ermittelt, die mehreren hunderttausend Verbrauchern

---

Kommission aufgefordert, „… *darüber hinaus die Schaffung eines Rechtsrahmens mit einheitlichen zivilrechtlichen Anforderungen für grenzüberschreitende europäische Kollektivklagen zu untersuchen* …“ (A6-0203/2007). Der EWSA machte in seiner Initiativstellungnahme vom 14. Februar 2008 (INT-348 – CESE 258/2008) Vorschläge zur Regelung von Rechtsschutzverfahren für Verbraucher.

5 http://www.oecd.org/dataoecd/43/50/38960101.pdf.

6 Weißbuch – Schadenersatzklagen wegen Verletzung des EG-Wettbewerbsrechts, KOM(2008) 165 endg., http://ec.europa.eu/comm/competition/antitrust/actionsdamages/documents.html.

systematisch überhöhte Zinsen für Überziehungskredite berechneten[7]. Eine sich auf die gesamte EU erstreckende Aktion unter Kommissionsführung brachte eine weite Verbreitung betrügerischer Praktiken auf dem Markt für Klingeltöne zutage[8]. Rund 60 % der untersuchten Websites enthielten die vorgeschriebenen vorvertraglichen Informationen, diese waren jedoch klein gedruckt oder befanden sich an schwer auffindbarer Stelle. In Anzeigen wurden „kostenlose" Klingeltöne angeboten; die Annahme des Angebots führte aber zu einer Zahlungsverpflichtung und in einigen Fällen sogar zu einem Abonnement.

7. Da Verstöße gegen Verbraucherrechte, die eine sehr große Zahl von Verbrauchern betreffen, zu Marktverzerrungen führen könnten, konzentriert sich das Grünbuch auf Lösungsmöglichkeiten für Massenforderungen und zielt darauf ab, wirksame Mechanismen für kollektive Rechtsbehelfe für Bürger in der gesamten EU zu bieten. Damit sind Mechanismen gemeint, mit deren Hilfe eine große Gruppe von Verbrauchern, die von dem Geschäftsgebaren eines einzelnen Händlers betroffen sind, einen wirksamen Rechtsbehelf erhalten, unabhängig davon, wo der Händler innerhalb der EU seinen Sitz hat.

8. Derzeit sind Verbraucher, die mit unlauterem Geschäftsgebaren konfrontiert sind und einen Rechtsbehelf anstreben, mit Hindernissen[9] hinsichtlich Zugang, Wirksamkeit und Erschwinglichkeit konfrontiert. Insbesondere gilt dies dann, wenn die Forderungen nur geringfügige Beträge betreffen. Die Sektoren, in denen Verbraucher die wirksame Durchsetzung von Massenforderungen für am schwierigsten halten, sind Finanzdienstleistungen (39 % der dokumentierten Fälle), Telekommunikation (12 %), Transport und Verkehr (8 %) sowie Pauschalreisen und Tourismus (7 %)[10]. Dies sind die Sektoren, in denen die Verbraucher zunehmend auch grenzüberschreitende Geschäfte tätigen.

9. Verbraucher können immer vor Gericht gehen, um einen individuellen Rechtsbehelf einzulegen. Massenforderungen könnten somit grundsätzlich als eine große Zahl von Einzelforderungen behandelt werden. Es gibt jedoch Hemmnisse, die de facto einen wirksamen Rechtsschutz europäischer Verbraucher vereiteln. Zu nennen sind hier hohe Prozesskosten sowie komplexe und langwierige Verfahren. Jeder fünfte europäische Verbraucher verzichtet bei Beträgen unter 1 000 EUR darauf, vor Gericht zu gehen. Die Hälfte erklärt, bei Beträgen unter 200 EUR keinen Rechtsbehelf einlegen zu wollen[11]. **Hohe Kosten** und das **Prozessrisiko** machen es für einen Verbraucher wirtschaftlich unrentabel, Gerichts-, Anwalts- und Sachverständigenkosten zu zahlen, deren Höhe die des Schadenersatzes übersteigen könnte. **Die Verfahren sind so komplex und langwierig**, dass Verbraucher in einen Prozess verwickelt werden könnten, bei dem sie keine klare Vorstellung haben, wann er (oder ob er überhaupt) zu einem zufriedenstellenden Ergebnis führen wird. Nur

---

[7] http://www.oft.gov.uk/advice_and_resources/resource_base/market-studies/current/personal/personal-test-case.

[8] http://europa.eu/rapid/pressReleasesAction.do?reference=IP/08/1169&format=HTML&aged=0&language=EN.

[9] Siehe die Studie über die Probleme von Verbrauchern beim Einlegen von Rechtsbehelfen bei Verstößen gegen das Verbraucherschutzrecht sowie über die wirtschaftlichen Folgen solcher Probleme (Problemstudie), S. 42, http://ec.europa.eu/consumers/redress_cons/collective_redress_en.htm.

[10] Problemstudie, S. 21.

[11] Spezial-Eurobarometer bezüglich des Zugangs zur Justiz, Oktober 2004, S. 29.

30 % der Verbraucher sind der Meinung, es sei einfach, Streitigkeiten über die Gerichte beizulegen[12].

10. In einigen, aber nicht in allen Fällen können Verbraucher individuell auf Alternative Streitbeilegungsverfahren zurückgreifen. Die Situation in Bezug auf derartige Mechanismen ist innerhalb der EU uneinheitlich. Zugangsmöglichkeiten variieren zwischen den Mitgliedstaaten, und selbst innerhalb einzelner Mitgliedstaaten können Unterschiede zwischen Sektoren bestehen, sodass dieses Mittel etwa nur für spezifische Sektoren zur Verfügung steht. Lediglich 39 % der europäischen Verbraucher glauben, die Beilegung von Streitigkeiten mit Gewerbetreibenden mittels Alternativer Streitbeilegungsverfahren sei einfach[13].

11. Des Weiteren fehlt den Verbrauchern das Wissen über die verschiedenen Arten von Durchsetzungs- und Rechtsschutzinstrumenten, die ihnen, insbesondere beim grenzüberschreitenden Einkauf – ganz gleich, ob dieser persönlich vor Ort oder über den E-Commerce getätigt wird –, zur Verfügung stehen. Auch scheint es an Vertrauen in die derzeitigen Systeme zu mangeln, was die Verbraucher von Reklamationen abhält; dies hat wiederum zur Folge, dass sie nicht zu ihrem Recht kommen. 51 % der Verbraucher, die bei einem Gewerbetreibenden reklamierten und mit dem Ergebnis nicht zufrieden waren, haben keine weiteren Maßnahmen ergriffen[14]. Aus einer Untersuchung der britischen Wettbewerbsbehörde zur Verbraucherbenachteiligung geht beispielsweise hervor, dass nur 62 % der Verbraucher im Vereinigten Königreich im Falle einer Schädigung Klage einreichen, bei einem Kaufwert von weniger als 10 GBP fällt der Anteil sogar auf 54 %[15]. Auf die Frage nach möglichen Problemen des grenzüberschreitenden Einkaufs nannten Verbraucher an erster Stelle die Schwierigkeiten, Probleme zu lösen (33 %)[16].

12. Dreizehn Mitgliedstaaten haben derzeit gerichtliche kollektive Rechtsdurchsetzungsverfahren. Diese Verfahren variieren von Land zu Land stark und führen zu unterschiedlichen Ergebnissen. Die von der Kommission in Auftrag gegebene Studie[17] und die einschlägigen Konsultationen[18] haben ergeben, dass die große Mehrheit der vorhandenen kollektiven Rechtsschutzinstrumente für Verbraucher zwar einige funktionierende, aber auch einige mangelhafte Elemente aufweisen. Im Vergleich zu individuellen gerichtlichen Rechtsbehelfen und Alternativen Streitbeilegungsverfahren weisen fast alle kollektiven

---

12 Eurobarometer-Umfrage zum Verbraucherschutz im Binnenmarkt, September 2008.

13 Die Situation ist jedoch von Land zu Land verschieden. Das größte Vertrauen in die alternative Streitbeilegung haben die Verbraucher in den Niederlanden (57 %), gefolgt von den skandinavischen Ländern (Dänemark und Finnland 47 % und Schweden 45 %). Dagegen ist das Vertrauen in Bulgarien (12 %), zusammen mit der Slowakei (17 %) und Portugal (19 %), am geringsten. Siehe Fußnote 12.

14 Siehe Fußnote 12.

15 Siehe: http://www.oft.gov.uk/advice_and_resources/publications/reports/consumer-protection/.

16 Siehe Fußnote 12.

17 Study on the Evaluation of the effectiveness and efficiency of CR mechanisms in the European Union (Bewertungsstudie), S.47 und Teil II (Länderberichte); http://ec.europa.eu/consumers/redress_cons/collective_redress_en.htm.

18 Die Kommission hat im Juni 2007 einen Workshop in Leuven organisiert und von Mai bis Juni 2008 drei weitere Workshops mit Verbrauchern, Interessenvertreter aus der Wirtschaft und Rechtspraktikern abgehalten. Auf der Konferenz über kollektive Rechtsschutzverfahren für Verbraucher, die die portugiesische Ratspräsidentschaft im November 2007 in Lissabon organisiert hat, wurde eine Konsultation über vorläufige Maßstäbe für ein wirksames und effizientes kollektives Rechtsschutzsystem für Verbraucher eingeleitet, http://ec.europa.eu/consumers/redress_cons/collective_redress_en.htm.

Rechtsdurchsetzungsverfahren einen Zusatznutzen auf[19]. Aber ihre Effizienz und Wirksamkeit ließen sich verbessern. Die Verfahren wurden nur in relativ wenigen Fällen angewandt[20]. Die niedrigste Zahl von Verbrauchern, die ein kollektives Rechtsdurchsetzungsverfahren in Anspruch nehmen, ist in Deutschland zu verzeichnen, wo sich durchschnittlich pro zehn Millionen Menschen lediglich vier an kollektiven Rechtsbehelfen beteiligen[21]. Die größte Zahl von an einem Fall beteiligten Personen konnte das kollektive Rechtsschutzsystem in Portugal verzeichnen, wo rund drei Millionen Verbraucher Rechtsschutz wegen überhöhter Gebühren durch dasselbe Telekommunikationsunternehmen erhielten. Der Schadenersatz wurde überwiegend als Sachleistung (also nicht als Geldleistung) erbracht. Durchschnittlich konnten Verbraucher mithilfe kollektiver Rechtsdurchsetzungsverfahren zwischen 32 EUR in Portugal und 332 EUR in Spanien zurückerhalten[22].

13. Zu den Elementen, die ein kollektives Rechtsdurchsetzungsverfahren für Verbraucher wirksamer und effizienter machen, zählen die politische und finanzielle Unterstützung durch die Regierungen, die Berichterstattung in den Medien an prominenter Stelle (diese kann für Gewerbetreibende einen Anreiz zur Beilegung von Streitigkeiten bilden und zudem bei der Suche nach Finanzierungsquellen hilfreich sein; generell kann sie eine abschreckende Wirkung auf unlautere Geschäftemacher haben), keine oder geringe Prozesskosten für Verbraucher, keine oder niedrigere Prozesskosten für Bevollmächtigte, flexible Lösungen hinsichtlich der Anwaltskosten und Vermeidung der mit normalen Zivilverfahren verbundenen Formalitäten.

14. Dagegen sind als Elemente, welche die Wirksamkeit und Effizienz eines kollektiven Rechtsdurchsetzungsverfahrens für Verbraucher behindern, unter anderem folgende zu nennen: unzureichende finanzielle Mittel, Mangel an Know-how und Ressourcen bei den Verbraucherorganisationen, der Umstand, dass das Risiko hoher Prozesskosten häufig bei den Verbraucherorganisationen liegt, die Komplexität kollektiver Rechtsdurchsetzungsverfahren für Verbraucher, die äußerst strengen Voraussetzungen bezüglich Zulässigkeit und Klagebefugnis (die von der Inanspruchnahme der Rechtsschutzinstrumente abschrecken), die Länge der Verfahren und die Möglichkeit der Verfahrensverzögerung durch die Beklagten, die mangelnde Berichterstattung in den Medien, die Schwierigkeit der gerechten Aufteilung der erstrittenen Summen, die Abhängigkeit der Alternativen Streitbeilegungsverfahren von der Bereitschaft des Gewerbetreibenden zur Kooperation sowie der Zwang, alle Forderungen in demselben kollektiven Rechtsdurchsetzungsverfahren durchsetzen zu müssen, ohne dass dieses an den Streitwert, die Bedürfnisse und die speziellen Gegebenheiten jeder einzelnen Forderung angepasst werden könnte.

---

19 Bewertungsstudie, S. 93.

20 326 Fälle wurden dokumentiert. Eine Reihe von Verfahren (die bulgarische, dänische und finnische Sammelklage sowie das griechische Testfallverfahren) ist noch zu neu, als dass eine angemessene Bewertung möglich wäre. Das in Italien angewandte Verfahren wird derzeit überarbeitet.

21 Bewertungsstudie, S. 116.

22 Bewertungsstudie, S. 116. Die Ergebnisse für die Niederlande sind in diesen Zahlen nicht enthalten, da sie durch einige wenige Fälle verzerrt werden, an denen große Unternehmen beteiligt sind und es um erhebliche Beträge geht.

15. Aufgrund der Schwächen des derzeitigen Rechtsschutz- und Durchsetzungsrahmens in der EU legen zahlreiche Verbraucher, die einen Schaden erlitten haben, keine Rechtsbehelfe ein. In Fällen, in denen viele Verbraucher geschädigt wurden, mag der Schaden für den Einzelnen bisweilen zwar gering sein, in Bezug auf die Größe des Marktes jedoch erheblich. Da die Märkte zunehmend grenzüberschreitend werden, wächst die Notwendigkeit eines wirksamen grenzüberschreitenden Zugangs zu Rechtsbehelfsmechanismen. Derzeit enthalten nahezu 10 % der Fälle, in denen Verbraucher kollektive Rechtsbehelfe eingelegt haben, ein grenzüberschreitendes Element[23]. So verteilte zum Beispiel eine britische Firma unlängst in irischen Zeitungen Rubbellose, mit denen ein „Gratisurlaub“ in Aussicht gestellt wurde; tatsächlich war dieses Angebot jedoch für jeden Verbraucher mit Kosten von mindestens 130 EUR verbunden[24]. Mit der weiteren Integration der Märkte wird dieser Prozentsatz aller Voraussicht nach steigen.

3. Aktuelles europäisches Instrumentarium

16. Auf EU-Ebene gibt es bereits einige spezifische Instrumente für den Verbraucherrechtsschutz. Zwei Empfehlungen der Kommission[25] sollen die Alternative Streitbeilegung durch einfache und kostengünstige Verfahren erleichtern. Die beiden Empfehlungen legen Grundsätze für die ordnungsgemäße Funktion der außergerichtlichen Streitbeilegung fest. Die Richtlinie über Unterlassungsklagen[26] sieht ein Verfahren vor, mit dem Verbraucherverbände und Behörden Verstöße im Ausland unterbinden können. Die staatliche Durchsetzung wurde unlängst durch die Verordnung zur Zusammenarbeit im Verbraucherschutz[27] gestärkt, die es nationalen Behörden erlaubt, Behörden in einem anderen Mitgliedstaat um entsprechende Schritte im Falle eines Verstoßes zu ersuchen. Weder die Richtlinie über Unterlassungsklagen noch die Verordnung zur Zusammenarbeit im Verbraucherschutz sehen eine Entschädigung der Verbraucher vor.

17. Die Möglichkeiten des bestehenden EU-Instrumentariums für Verbraucherrechtsschutz und Durchsetzungsmaßnahmen sind insgesamt unbefriedigend. Die Verordnung zur Zusammenarbeit im Verbraucherschutz ist relativ neu, es deutet sich aber bereits an, dass die grenzüberschreitende Durchsetzung nicht zufriedenstellend ist. Alternative Streitbeilegungsverfahren stehen den Verbrauchern nicht in allen Mitgliedstaaten bzw. nicht in allen Sektoren zur Verfügung. So gibt es fast in keinem Mitgliedstaat Alternative Streitbeilegungsverfahren für den Luftverkehrssektor. Seit dem Inkrafttreten der Richtlinie über Unterlassungsklagen im Jahr 1998 wurden nur zwei

---

23 Bewertungsstudie, S. 44.

24 Problemstudie, Anhang 3.

25 Empfehlung 98/257/EG der Kommission betreffend die Grundsätze für Einrichtungen, die für die außergerichtliche Beilegung von Verbraucherrechtsstreitigkeiten zuständig sind (ABl. L 115 vom 17.4.1998, S. 31) und Empfehlung 2001/310/EG der Kommission über die Grundsätze für an der einvernehmlichen Beilegung von Verbraucherrechtsstreitigkeiten beteiligte außergerichtliche Einrichtungen (ABl. L 109 vom 19.4.2001, S. 56).

26 Richtlinie 98/27/EG des Europäischen Parlaments und des Rates vom 19. Mai 1998 über Unterlassungsklagen zum Schutz der Verbraucherinteressen (ABl. L 166 vom 11.6.1998, S. 51.).

27 Verordnung (EG) Nr. 2006/2004 des Europäischen Parlaments und des Rates vom 27. Oktober 2004 über die Zusammenarbeit zwischen den für die Durchsetzung der Verbraucherschutzgesetze zuständigen nationalen Behörden (ABl. L 364 vom 9.12.2004, S. 1).

grenzüberschreitende Klagen erhoben[28]; die Hauptgründe hierfür liegen im finanziellen Risiko für die Kläger sowie in der Komplexität und Vielfalt der nationalen Unterlassungsklageverfahren.

18. Da unlautere Geschäftspraktiken, mit denen eine Vielzahl von Kunden geschädigt werden, häufig ungeahndet bleiben und da, wo vorhanden, kollektive Rechtsbehelfe für Verbraucher ein sinnvolles ergänzendes Instrument zur Reduzierung des Schadens für die Verbraucher sein könnten, legt dieses Grünbuch den Schwerpunkt auf kollektive Rechtsdurchsetzungsverfahren für Verbraucher, die zur Lösung der Probleme bei der Geltendmachung von Massenforderungen – sowohl in nationalen als auch in grenzüberschreitenden Fällen – beitragen könnten. 76 % der Verbraucher wären eher dazu bereit, ihre Sache vor Gericht zu bringen, wenn sie sich dabei mit anderen Verbrauchern zusammenschließen könnten[29]. Die Unternehmen würden Verluste durch unlauteren Wettbewerb vermeiden, sie hätten mehr Rechtssicherheit und könnten Prozesskosten sparen, indem sie gegen sie gerichtete Klagen bündeln[30]. Gleichzeitig müssen die notwendigen Schutzmaßnahmen getroffen werden, um die Unternehmen vor unbegründeten Klagen, Strafschadenersatz oder übermäßigen Kosten zu schützen.

4. OPTIONEN

19. Der Verbraucherrechtsschutz in der EU ist derzeit unbefriedigend und ermöglicht es nicht, dass größere Gruppen von Verbrauchern, die von demselben Rechtsverstoß betroffen sind, Rechtsbehelf einlegen und Schadenersatz erhalten. Die Kommission hat eine Reihe von Optionen identifiziert, wie diese Frage, die von großer Bedeutung für den Schutz solider und integrierter Einzelhandelsmärkte in der EU ist, gelöst werden kann. Ziel ist es, wirksame Mechanismen zu schaffen, die Verbrauchern und Händlern gleichermaßen nützen. Die nachstehenden Optionen sind entsprechend dem zunehmenden Umfang der EU-Beteiligung dargestellt. Die beschriebenen Optionen sowie einzelne Elemente dieser Optionen könnten auch miteinander kombiniert werden.

Option 1 – Keine EG-Maßnahmen

20. Diese Option kommt ohne neue Maßnahmen auf EG-Ebene aus und zielt darauf ab, mittels der vorhandenen Maßnahmen auf nationaler Ebene und auf EG-Ebene einen angemessenen Rechtsschutz für die Verbraucher zu erreichen. Nationale gerichtliche Rechtsbehelfe, sowohl individueller als auch kollektiver Natur, verknüpft mit Alternativen Streitbeilegungsverfahren und von den Händlern/Dienstleistungsanbietern eingerichteten Verfahren zur Beschwerdebearbeitung, bieten Rechtsschutz für Verbraucher mit Massenforderungen. Die Wirksamkeit dieses Rechtsschutzes variiert abhängig vom jeweiligen System.

---

28 Bericht der Kommission zur Anwendung der Richtlinie über Unterlassungsklagen, http://ec.europa.eu/consumers/enforcement/injunctions_en.htm.

29 Dieser Wert liegt sogar noch etwas über dem Wert in der vorangegangenen Eurobarometer-Umfrage des Jahres 2006 (74 %). Siehe Fußnote 12.

30 Problemstudie, S. 96.

21. Auf EU-Ebene müssen Rechtsinstrumente für die grenzüberschreitende Geltendmachung von Massenforderungen entweder in naher Zukunft umgesetzt werden oder treten bald in Kraft. Die Mediationsrichtlinie[31] muss bis zum Jahr 2011 umgesetzt werden, und die Kommission erstattet im Jahr 2016 über ihre Anwendung Bericht. Die europäische Verordnung für geringfügige Forderungen[32] gilt ab dem 1. Januar 2009, und die Kommission wird im Jahr 2014 über ihre Anwendung Bericht erstatten. Beide Instrumente können jedoch bei Massenforderungen nur begrenzt angewandt werden. Die Mediationsrichtlinie ist nur dann von Nutzen, wenn die Parteien einer Mediation zustimmen. Die Verordnung zu geringfügigen Forderungen betrifft grenzüberschreitende Streitfälle, deren Wert 2 000 EUR nicht übersteigt, und ob sie im Hinblick auf kollektive Rechtsbehelfe für Verbraucher anwendbar ist, hängt von den nationalen Verfahrensvorschriften ab. Diese Vorschriften können beispielsweise die Zusammenfassung mehrerer Einzelforderungen gegen denselben Gewerbetreibenden zulassen, wenn die in der Verordnung festgesetzte Obergrenze für den Streitwert jeweils nicht überschritten wird. Es ist unter Umständen wünschenswert, die Bewertung der Auswirkungen dieser EU-Maßnahmen auf Massenforderungen abzuwarten.

22. Option 1 hieße abzuwarten, bis mehr Informationen[33] über die Wirkung der nationalen Maßnahmen und der EU-Maßnahmen, die in Kraft sind oder demnächst durchgeführt werden, zur Verfügung stehen. Dies bietet den Vorteil, dass den Mitgliedstaaten und den Unternehmen keine zusätzlichen Durchführungskosten auferlegt werden. Der Nachteil liegt darin, dass die Verbraucher weiterhin verschiedene Rechtsbehelfe nutzen können, abhängig von ihrem Wohnort oder dem Mitgliedstaat, in dem das Geschäft abgewickelt wurde oder der Schaden eintrat. Diese uneinheitliche Lage könnte zu Wettbewerbsverzerrungen führen und dazu, dass Verbraucher innerhalb der EU einen unterschiedlichen Rechtsschutz genießen. Diese Option würde möglicherweise für eine ganze Reihe betroffener Verbraucher keinen zufriedenstellenden Rechtsschutz gewährleisten oder keine Binnenmarkthindernisse beseitigen.

Option 2 – Zusammenarbeit der Mitgliedstaaten

23. Diese Option zielt auf eine Zusammenarbeit zwischen den Mitgliedstaaten ab, durch die sichergestellt werden soll, dass Verbraucher in der gesamten EU die in verschiedenen Mitgliedstaaten verfügbaren kollektiven Rechtsschutzmechanismen nutzen können. Mit dieser Option würde sichergestellt, dass die Mitgliedstaaten mit einem kollektiven Rechtsdurchsetzungsverfahren dieses Instrument auch Verbrauchern aus anderen Mitgliedstaaten zugänglich machen und dass Mitgliedstaaten, die nicht über derartige Verfahren verfügen, diese einführen. Dies ließe sich entweder durch eine Empfehlung oder Richtlinie erreichen. Gleichzeitig

---

31 Richtlinie 2008/52/EG des Europäischen Parlaments und des Rates vom 21. Mai 2008 über bestimmte Aspekte der Mediation in Zivil- und Handelssachen (ABL. L 136 vom 24.5.2008, S. 3).

32 Verordnung (EG) Nr. 861/2007 des Europäischen Parlaments und des Rates vom 11. Juli 2007 zur Einführung eines europäischen Verfahrens für geringfügige Forderungen, ABl. L 199 vom 31.7.2007, S. 1.

33 Um Informationen über das Funktionieren der verschiedenen Rechtsschutzsysteme zu sammeln, werden die über das Verbraucherbarometer erhobenen Daten zu Fragen der Durchsetzung von Ansprüchen herangezogen.

könnte in einer Empfehlung eine Reihe von Kriterien festlegt werden, an die sich alle Mitgliedstaaten halten sollten.

24. In 13 Mitgliedstaaten existiert derzeit eine Form des kollektiven Verbraucherrechtsschutzes (Verbandsklage, Gruppenklage, Musterklage). Diese Maßnahmen können von Verbraucherorganisationen, Einzelpersonen oder öffentlichen Stellen eingeleitet werden. Hat beispielsweise ein Händler in einem Mitgliedstaat, in dem Verbandsklagen möglich sind, gegen das Verbraucherschutzrecht verstoßen, sollte der betreffende Mitgliedstaat dafür Sorge tragen, dass die zuständige nationale Einrichtung auch Verbraucher aus anderen Mitgliedstaaten vertritt, oder Einrichtungen aus anderen Mitgliedstaaten gestatten, eine Verbandsklage bei seinen Gerichten zu erheben. Im Fall einer Gruppenklage sollte es der betreffende Mitgliedstaat zulassen, dass sich Verbraucher aus anderen Mitgliedstaaten Klagen eigener Staatsangehöriger anschließen oder selbst bei seinen Gerichten Klage erheben können. Schließlich sollte ein Mitgliedstaat, in dem es ein Musterfallverfahren gibt, Verbrauchern aus anderen Mitgliedstaaten gestatten, einen Musterfall vor seine Gerichte zu bringen, und sicherstellen, dass die Wirkung jedes Musterfalls auf alle betroffenen Verbraucher ausstrahlt, unabhängig von ihrer Staatsangehörigkeit oder ihrem Wohnsitz.

25. Die Öffnung nationaler kollektiver Rechtsdurchsetzungsverfahren für Verbraucher könnte durch die Einrichtung eines Kooperationsnetzwerks erleichtert werden; bestehen sollte dieses aus den Einrichtungen, die zur Erhebung einer kollektiven Klage in Mitgliedstaaten mit solchen Instrumenten befugt sind, einschließlich staatlicher Stellen und Verbraucherorganisationen.

26. Bei Verbandsklagen könnten die zuständigen Einrichtungen im Mitgliedstaat des Gewerbetreibenden in die Kooperation mit einbezogen werden, indem sie entweder im Namen von Verbrauchern aus anderen Mitgliedstaaten und auf Ersuchen ihrer Paralleleinrichtungen in diesen Mitgliedstaaten eine Verbandsklage erheben oder die Paralleleinrichtungen bei ihrer Klage unterstützen. Bei Gruppen- und Musterklagen könnten die Mitglieder des Netzwerks im betreffenden Mitgliedstaat zusammenarbeiten, indem sie geschädigte Verbraucher dabei unterstützen, Gruppenklagen oder Musterklagen bei den Gerichten im Mitgliedstaat des Gewerbetreibenden zu erheben oder sich ihnen anzuschließen.

27. Diese Unterstützung könnte Folgendes umfassen: Durchführung von Informationskampagnen zu anhängigen kollektiven Verbraucherklagen, Sammeln von Forderungen, Hilfe bei der Übersetzung von Unterlagen, Erläuterung nationaler Gerichtsverfahren und Beistand bei der Suche nach nationalen Anwälten und Sachverständigen.

28. Mitgliedstaaten, in denen kollektive Rechtsdurchsetzungsverfahren für Verbraucher existieren, könnten möglicherweise zögern, ihren Einrichtungen Ressourcen zu bewilligen, damit sie bei ihren Gerichten kollektive Verbraucherklagen im Namen von Verbrauchern aus anderen Mitgliedstaaten erheben oder diese bei solchen Klagen unterstützen, wenn gleichzeitig für die Einrichtungen in Mitgliedstaaten ohne entsprechende kollektive Rechtsdurchsetzungsverfahren für Verbraucher keine solche Verpflichtung besteht. Informelle Konsultationen mit Verbraucherorganisationen in solchen Mitgliedstaaten scheinen den Schluss nahezulegen, dass sie infolge Ressourcenmangels nicht bereit wären, solche Aufgaben wahrzunehmen. Es müsste ein angemessenes System für die Übernahme der Verfahrenskosten eingeführt werden. Des Weiteren könnte bei den

Mitgliedstaaten darauf hingewirkt werden, dass sie ihren Einrichtungen zu diesem Zweck genügend Ressourcen zur Verfügung stellen.

29. Die Arbeit des Kooperationsnetzwerks könnte durch das Netzwerk der europäischen Verbraucherzentren (ECC-Net) erleichtert werden. Der Vorteil der Nutzung des ECC-Net liegt darin, dass es sich um ein EU-weites, bereits vorhandenes Netzwerk handelt. Da es sich derzeit jedoch hauptsächlich mit grenzüberschreitenden außergerichtlichen Einzelstreitfällen befasst, wären weiteres Know-how und mehr Ressourcen nötig[34].

30. Alternativ könnte auch ein neues Netzwerk geschaffen werden, das speziell auf den kollektiven Rechtsschutz für Verbraucher ausgerichtet ist. Die Finanzierung eines solchen Netzwerks wäre abhängig von der Arbeitslast, diese hinge wiederum ab von der Anzahl der zum Netzwerk gehörenden Einrichtungen, ihren Kompetenzen und ihrem Fachwissen, den ihnen im Einzelnen zugewiesenen Aufgaben und der Zahl der anfallenden grenzüberschreitenden Streitigkeiten.

31. Auch Fragen bezüglich der gerichtlichen Zuständigkeit sowie des auf vertragliche und außervertragliche Schuldverhältnisse anzuwendenden Rechts (siehe Ziffern 58-60) würden sich bei dieser Option stellen.

Option 3: Kombination von Instrumenten

32. Option 3 sieht eine Kombination von Instrumenten (rechtsverbindlicher oder nichtverbindlicher Art) vor, die zusammen den Verbraucherrechtsschutz stärken können, indem sie die größten, weiter oben genannten Hindernisse für einen wirksamen Rechtsschutz beseitigen – nämlich hohe Prozesskosten, komplexe und langwierige Verfahren sowie mangelnde Kenntnis der Verbraucher über die vorhandenen Rechtsbehelfe. Dazu gehören: Verbesserung der Alternativen Streitbeilegungsmechanismen, Ausweitung des Anwendungsbereichs nationaler Verfahren für geringfügige Forderungen auf Massenforderungen, Ausweitung des Anwendungsbereichs der Verordnung zur Zusammenarbeit im Verbraucherschutz, Ermutigung der Unternehmen, ihre Verfahren zur Beschwerdebearbeitung zu verbessern, sowie Maßnahmen zur Sensibilisierung der Verbraucher für die vorhandenen Rechtsbehelfsmöglichkeiten.

33. Die Höhe einer Forderung ist ein wichtiger Parameter für die Entscheidung der Verbraucher darüber, ob sie etwas unternehmen. Liegt der Wert unter einem bestimmten Betrag, ergreifen Verbraucher meistens keine Maßnahmen. Abhängig von der Höhe der Forderung können Alternative Streitbeilegungsverfahren, Verfahren für geringfügige Forderungen oder die Zusammenarbeit zwischen nationalen Durchsetzungsbehörden effizienter sein.

34. In Fällen, in denen für beide Parteien genügend Anreize[35] zur Teilnahme an einem alternativen Streitbeilegungsverfahren bestehen, hat sich dieses Instrument – bei Streitigkeiten über geringfügige und mittlere Forderungen – als effiziente Alternative zu Gerichtsverfahren erwiesen, da ersteres unter Umständen schneller, kostengünstiger und flexibler abgewickelt werden kann. Alternative Verfahren zur

---

[34] Dies kann zusätzliche Kosten nach sich ziehen, über die im Einvernehmen mit den Mitgliedstaaten zu entscheiden ist.

[35] Zum Beispiel Medieninteresse oder die Verfügbarkeit wirksamer gerichtlicher Rechtsbehelfe.

Streitbeilegung eignen sich möglicherweise weniger für Forderungen mit hohem Streitwert, da die Faktenlage hier häufig komplex ist und zahlreiche Nachweise zusammengetragen werden müssen. Bei sehr geringen Forderungswerten legen die Verbraucher in der Regel keine Rechtsbehelfe ein, weil die Prozesskosten höher wären als der bereits erlittene Schaden.

35. Verfahren für geringfügige Forderungen sind Gerichtsverfahren mit niedrigen Prozesskosten und verhältnismäßig rascher Abwicklung. Daher sind sie ein gutes Instrument für Einzelforderungen von geringem und mittlerem Wert, wenn sich die Parteien weigern, miteinander zu verhandeln.

36. Maßnahmen seitens nationaler Durchsetzungsbehörden wie etwa der im Netzwerk für die Zusammenarbeit im Verbraucherschutz zusammengeschlossenen könnten einen effizienten Rechtsschutz in Fällen sicherstellen, in denen Alternative Streitbeilegungsverfahren und Verfahren für geringfügige Forderungen weniger sinnvoll sind, insbesondere bei sehr geringen Forderungswerten, da die Verbraucher hier wenig Anreize haben, tätig zu werden.

37. Die bestehenden **Alternativen Streitbeilegungsverfahren** für Verbraucher variieren erheblich von Mitgliedstaat zu Mitgliedstaat und auch innerhalb der einzelnen Mitgliedstaaten. Die Finanzierung kann aus staatlichen oder privaten Mitteln erfolgen, Träger können staatliche oder private Organisationen sein, die Entscheidung kann von einem kollegialen Gremium oder von einer Einzelperson getroffen werden, die Verfahren können landesweit, regional oder lokal Anwendung finden, sie können für alle Verbraucherforderungen oder nur für Forderungen in einem spezifischen Sektor gelten, sie können zu verbindlichen oder unverbindlichen Entscheidungen oder zu Vereinbarungen zwischen den Parteien führen. Des Weiteren weist der Anwendungsbereich Alternativer Streitbeilegungsverfahren erhebliche Lücken auf, sowohl in sektorspezifischer als auch geographischer Hinsicht. Deshalb können nicht alle Verbraucherforderungen über Alternative Verfahren zur Streitbeilegung abgewickelt werden. In der EU werden die meisten dieser Verfahren hauptsächlich bei Einzelforderungen genutzt. Einige Mitgliedstaaten haben ihre Rechtsvorschriften geändert[36] oder werden diese möglicherweise anpassen[37], um kollektive Alternative Streitbeilegungsverfahren ausdrücklich anzuerkennen.

38. Der bestehende Regelungsrahmen der EU schließt entsprechende kollektive Verfahren nicht aus. Obwohl die beiden Empfehlungen zu Alternativen Streitbeilegungsverfahren nicht mit Blick auf kollektive Verbraucherforderungen erarbeitet wurden, können die darin enthaltenen Grundsätze auch auf kollektive Alternative Streitbeilegungsverfahren angewandt werden. Die Empfehlungen könnten durch die Einbindung spezifischer Aspekte bezüglich der Geltendmachung kollektiver Forderungen ergänzt werden.

39. Die EU könnte die Mitgliedstaaten dazu anhalten, kollektive Alternative Streitbeilegungsverfahren für Verbraucher einzuführen und sicherzustellen, dass sie im gesamten Staatsgebiet bei allen Verbraucherforderungen Anwendung finden und auch Verbrauchern aus anderen Mitgliedstaaten zugänglich sind. Die Mitgliedstaaten sollten die Wahl haben, auf welche Weise sie solche Verfahren schaffen. Sie könnten

---

[36] Schweden, Finnland.
[37] Slowenien.

entweder ihre bestehenden Verfahren so anpassen, dass sie auch bei kollektiven Verbraucherforderungen anwendbar sind, oder zu diesem Zweck ein neues bzw. mehrere neue Verfahren einführen. Die vorhandenen europäischen Netzwerke, wie etwa ECC-Net oder FIN-Net, die bereits Einzelverbrauchern helfen, Zugang zu Alternativen Streitbeilegungsverfahren in einem anderen Land zu erhalten, könnten auch Verbrauchern mit ähnlichen Forderungen beim Zugang zu den betreffenden kollektiven Verfahren in einem anderen Mitgliedstaat Unterstützung leisten. Dies kann zu zusätzlichen Betriebskosten für die Netzwerke führen. Über zusätzliche Kosten jeder Art wäre im Einvernehmen mit den Mitgliedstaaten, die das ECC-Net kofinanzieren, zu entscheiden.

40. Dies könnte in Form einer Empfehlung oder einer Richtlinie geschehen. Eine Empfehlung für einen ergebnisorientierten Überwachungsprozess würde für Flexibilität bei der Durchführung sorgen und könnte einen ersten Schritt darstellen. In einer EU-Richtlinie könnten die Mitgliedstaaten verpflichtet werden, ein System zur kollektiven Alternativen Streitbeilegung für Verbraucher einzurichten. Jedes dieser Instrumente könnte detaillierter ausgestaltet werden und die Hauptbestandteile eines kollektiven Alternativen Streitbeilegungssystems (etwa die Zusammensetzung des Systems und das Verfahren) darlegen.

41. Parallel zu dieser Empfehlung könnte die Kommission die Interessenvertreter zusammenbringen, um ein Standardmodell für ein kollektives Alternatives Streitbeilegungsverfahren zu entwickeln, das leicht handzuhaben ist, und zwar insbesondere in grenzüberschreitenden Fällen. Dieses Standardmodell könnte die wichtigsten Elemente eines kollektiven Alternativen Streitbeilegungsverfahrens aufzeigen. Ein solches Modell könnte von Akteuren herangezogen werden, die ein entsprechendes Verfahren einführen wollen. Dies wäre ein freiwilliger Schritt hin zur Konvergenz der einschlägigen kollektiven Verfahren.

42. Eine weitere Maßnahme, die zur Verbesserung bestehender Rechtsdurchsetzungsverfahren beitragen könnte, bestünde darin, dass die Mitgliedstaaten den Anwendungsbereich ihrer **Verfahren für geringfügige Forderungen** dahingehend ausweiten, dass auch Massenforderungen – sowohl nationaler als auch grenzüberschreitender Art – effizient bearbeitet werden können. Hätten zum Beispiel mehrere Einzelpersonen dieselbe Forderung wegen desselben Schadens gegen denselben Gewerbetreibenden, könnten alle diese Forderungen – idealerweise vom Gericht – zusammengefasst und über die vereinfachten Verfahren für geringfügige Einzelforderungen abgewickelt werden. Eine Empfehlung zu einem Überwachungsprozess könnte hierfür das geeignete Instrument sein.

43. Mit der **Verordnung zur Zusammenarbeit im Verbraucherschutz** wird ein EU-weites Netz nationaler Durchsetzungsbehörden eingerichtet. Diese Behörden können die anderen Mitglieder des Netzes um Unterstützung bei der Untersuchung möglicher Verstöße gegen Verbraucherrecht und bei Maßnahmen gegen Händler, die solche Verstöße begangen haben, bitten. In der Verordnung zur Zusammenarbeit im Verbraucherschutz wird eine nichterschöpfende Liste von Ermittlungs- und Durchsetzungsbefugnissen festgelegt, die für ihre Anwendung notwendig sind und nur dort angewendet werden können, wo ein hinreichender Verdacht auf einen innergemeinschaftlichen Verstoß besteht; die Liste enthält auch die Befugnis, die Einstellung oder das Verbot eines innergemeinschaftlichen Verstoßes zu verlangen.

44. Die Verordnung zur Zusammenarbeit im Verbraucherschutz könnte dahingehend geändert werden, dass die Befugnis aufgenommen wird, nach der eine zuständige

Behörde, sobald sie einen innergemeinschaftlichen Verstoß feststellt, den Händler verpflichtet, geschädigte Verbraucher zu entschädigen[38]. Es bliebe den Mitgliedstaaten vorbehalten, die Einzelheiten eines solchen Mechanismus festzulegen. Sie müssten folgende Aspekte festlegen: Finanzierung; die Frage, wie und von welcher Einrichtung betroffene Verbraucher ermittelt und informiert werden; welche Nachweise müssten die Verbraucher beibringen; welche Maßnahmen sind zu ergreifen, wenn ein Händler die Anweisung zur Entschädigung nicht befolgt; welche Rechtsmittel bestehen. Alternativ könnten diese Fragen auch auf EU-Ebene mittels einer Empfehlung oder einer Richtlinie geklärt werden. Bezüglich der Finanzierung legt Artikel 4 Absatz 7 der Verordnung über die Zusammenarbeit im Verbraucherschutz Folgendes fest: „Die Mitgliedstaaten sorgen dafür, dass die zuständigen Behörden mit den für die Durchführung dieser Verordnung angemessenen Mitteln ausgestattet sind."

45. Der Geltungsbereich der Verordnung über die Zusammenarbeit im Verbraucherschutz müsste bei dem Begriff „innergemeinschaftliche Verstöße" auf Handlungen ausgedehnt werden, die die individuellen Interessen vieler Verbraucher schädigen – zusätzlich zu Handlungen, die die Kollektivinteressen von Verbrauchern schädigen. Hinsichtlich der betroffenen Verbraucher wäre eine Mindestzahl festzulegen. Der durch die Entscheidung eines Gerichts oder einer Behörde zugesprochene Schadenersatz wäre gerecht auf die Verbraucher aus anderen Mitgliedstaaten aufzuteilen. Speziell im Hinblick auf sehr geringfügige Forderungen könnte die Verordnung über die Zusammenarbeit im Verbraucherschutz eine Befugnis vorsehen, den Gewinn von Gewerbetreibenden, denen ein innergemeinschaftlicher Verstoß nachgewiesen wurde, abzuschöpfen. Dies würde bedeuten, dass die Mitgliedstaaten ihren Behörden diese Befugnis erteilen müssten[39]. Die Festlegung der Einzelheiten bliebe den Mitgliedstaaten überlassen. So würden beispielsweise die Mitgliedstaaten entscheiden, ob der abgeschöpfte Betrag dem öffentlichen Haushalt zugeführt oder für verbraucherspezifische Zwecke verwendet werden soll. Der Geltungsbereich der Verordnung über die Zusammenarbeit im Verbraucherschutz bliebe unverändert. Bei solch einer Regelung hätten Einzelverbraucher nichts von dieser Gewinnabschöpfung. Die Verbraucher würden allerdings mittelbar von der abschreckenden Wirkung auf die Gewerbetreibenden profitieren.

46. Die Unternehmen haben ein Interesse daran, sicherzustellen, dass ihre Kunden zufrieden sind. Soweit noch nicht vorhanden, könnten selbstverpflichtende Maßnahmen gefördert werden. Bestehende Maßnahmen könnten weiter verbessert werden. Hierzu gehört es beispielsweise zu gewährleisten, dass alle Unternehmen über ein internes **Verfahren zur Beschwerdebearbeitung** verfügen, das glaubwürdig ist, reibungslos funktioniert und unabhängigen Überwachungs- oder Prüfungsstandards unterliegt. Die Kommission könnte alle Unternehmen, vor allem aus Sektoren, in denen mehr Massenfälle verzeichnet werden, dazu ermuntern,

---

[38] Die Kommission hat eine informelle Konsultation des CPC-Netzwerks durchgeführt, und es scheint, dass in der großen Mehrzahl der Mitgliedstaaten die staatlichen Durchsetzungsbehörden nicht befugt sind, von Gewerbetreibenden, die gegen innergemeinschaftliche Bestimmungen verstoßen haben, zu verlangen, dass sie den betroffenen Verbrauchern den Schaden ersetzen; nur in wenigen Mitgliedstaaten haben sie die Befugnis, die betreffenden Gewerbetreibenden im Namen der Verbraucher zu belangen.

[39] Die Kommission hat eine informelle Konsultation des CPC-Netzwerks durchgeführt, und es scheint, dass es in der Mehrzahl der Mitgliedstaaten eine derartige Befugnis nicht gibt.

selbstverpflichtende Maßnahmen in Form eines Kodex zu ergreifen und die Verbraucher hierüber breit angelegt zu informieren.

47. Um das Bewusstsein der Verbraucher für die verfügbaren Rechtsbehelfe zu schärfen, könnten **Sensibilisierungsmaßnahmen** in Erwägung gezogen werden. Diese könnten aus Informationsmaßnahmen auf EU-Ebene oder auf nationaler Ebene bestehen und entweder allgemeiner Art oder auf spezifische Sektoren zugeschnitten sein. Als mögliche Maßnahmen wären Informationsveranstaltungen von Verbraucherorganisationen bis hin zu Aktionen denkbar, die von den Mitgliedstaaten oder der EU gefördert werden.

Option 4 – Gerichtliche kollektive Rechtsdurchsetzungsverfahren

48. Bei dieser Option wird eine verbindliche oder nichtverbindliche EU-Maßnahme vorgeschlagen, die sicherstellt, dass in allen Mitgliedstaaten ein kollektives Gerichtsverfahren existiert. Ein solches Verfahren würde gewährleisten, dass in Fällen einer massenhaften Schädigung von Verbrauchern in der EU die Ansprüche jedes Einzelnen im Wege einer Verbands-, Gruppen- oder Musterklage angemessen befriedigt werden. Zu den Punkten, über die zu entscheiden ist, gehören die Finanzierung des Verfahrens, die Frage, wie unbegründete Verfahren vermieden werden können, die Klagebefugnis vor Gericht, die Frage eines Opt-in- oder Opt-out-Verfahrens und die Verteilung des etwaigen Schadenersatzes. Bei dieser Option geht es darum, ein gerichtliches kollektives Rechtsbehelfsverfahren bereitzustellen, dass den Verbrauchern wirksamen und effizienten Rechtsschutz bietet. Auf jeden Fall sollten bei dieser Option Elemente vermieden werden, die eine Kultur des Rechtsstreits fördern würden, die, wie man sagt, in einigen nichteuropäischen Ländern besteht, was etwa Strafschadenersatz, Erfolgshonorare und andere Elemente umfasst.

49. Zur Frage der **Finanzierung** ist zu sagen, dass die Kosten Verbraucher von der Beteiligung an einer kollektiven Klage abhalten können und dass sie es den Verbraucherorganisationen sehr schwer machen, in Fällen der Schädigung vieler Verbraucher Verbandsklagen abzuwickeln.

50. Eine Teillösung könnte darin bestehen, dass der Schwerpunkt auf die Reduzierung der Kosten gelegt wird, etwa durch den Verzicht auf Gerichtsgebühren bei kollektiven Klagen oder die Kappung der Prozesskosten.

51. In Bezug auf Klagen von Einrichtungen, die die Verbraucher repräsentieren, ist deren Finanzierung von entscheidender Bedeutung. Eine Möglichkeit wäre es, der Organisation zur Deckung ihrer Kosten einen Teil der Entschädigung zuzuweisen. Eine Drittpartei (z. B. Banken) oder eine staatliche Stelle könnte ein Darlehen gewähren, das eine möglicherweise notwendige Vorfinanzierung eines Rechtsverfahrens abdecken würde. Die Prozessfinanzierung durch private Dritte (z. B. Firmen, die auf Prozessfinanzierung spezialisiert sind) wird in einigen Mitgliedstaaten erfolgreich praktiziert. Eine weitere Lösung könnte in der öffentlichen Finanzierung durch die Mitgliedstaaten liegen. Verschiedene Finanzierungsalternativen könnten auch miteinander kombiniert werden.

52. Ein EU-Mechanismus sollte begründete Forderungen erleichtern und den Verbrauchern zugute kommen. Gleichzeitig gilt es, eine „Industrie" des Rechtsstreits wie zuvor genannt zu unterbinden, da hiervon eher Anwälte als Verbraucher

profitieren und für die Beklagten hohe Kosten entstehen würden. Zur Vermeidung eines Missbrauchs kollektiver Rechtsschutzsysteme kommen verschiedene Elemente als Sicherungsmaßnahmen in Frage, mit denen sich **unbegründete Klagen vermeiden** lassen. Dem Richter könnte eine zentrale Rolle zukommen, indem er darüber entscheidet, ob eine kollektive Forderung unbegründet oder zulässig ist. Auch die Zertifizierung der repräsentativen Einrichtung sowie das in bestimmten Mitgliedstaaten geltende Prinzip „die unterlegene Partei zahlt die Kosten" wirken als Schutz. Zudem könnten Behörden im Fall der Finanzierung kollektiver Rechtsdurchsetzungsverfahren dieselbe Funktion erfüllen, indem sie die Bereitstellung von Ressourcen für die Geltendmachung unbegründeter Forderungen verweigern.

53. Die Position der Verbraucher in kollektiven Gerichtsverfahren könnte dadurch gestärkt werden, dass qualifizierte Einrichtungen wie Verbraucherorganisationen oder Ombudsleute die **Klagebefugnis** für Verbandsklagen erhalten.

54. Ein wichtiger Aspekt bei kollektiven Rechtsschutzinstrumenten für Verbraucher ist die Entscheidung, ob ein **Opt-in- oder ein Opt-out-Verfahren** eingeführt werden sollte.

55. Opt-in-Systeme können aufwendig und kostenintensiv für die Verbraucherorganisationen sein, die vorbereitende Arbeiten durchführen (z. B. Ermittlung der Verbraucher und Zusammenstellung der Fakten jedes einzelnen Falls); sie müssen außerdem den Fall abwickeln und mit jedem Kläger kommunizieren. Sie können unter Umständen auch Schwierigkeiten haben, eine ausreichende Zahl von Verbrauchern zu finden, die bereit sind, sich an Fällen mit einem sehr geringen Streitwert zu beteiligen, da Verbraucher in solchen Fällen eher dazu neigen, nicht tätig zu werden. Andererseits besteht kein Risiko, zu übermäßigen oder unbegründeten Forderungen zu ermutigen.

56. Opt-out-Lösungen könnten einige der Probleme von Opt-out-Systemen mindern. Diese werden jedoch in Europa häufig negativ beurteilt wegen des Risikos, damit eine Prozessflut zu fördern, wie sie man sie von nichteuropäischen Rechtssystemen kennt. Ein System des kollektiven Rechtsschutzes sollte so ausgelegt sein, dass ein derartiges Risiko ausgeschlossen ist. Auf jeden Fall bleibt die Frage der Informationsverbreitung über die Grenzen hinweg relevant. Ein Mangel an Informationen könnte zu einer Situation führen, in der Verbraucher ohne ihr Wissen und ohne Widerspruch gegen die Prozessführung einlegen zu können, an ein Urteil gebunden sind. Darüber hinaus kann bei Opt-out-Szenarios für die Verbraucherorganisationen ein enormer Arbeitsaufwand entstehen, wenn sie die Geschädigten ermitteln und die Entschädigung aufteilen müssen.

57. Bei einem Opt-in-Verfahren könnten die genannten Probleme vom Gericht gelöst werden, indem es den **Schadenersatz verteilt** und den Verbrauchern gestattet, sich einer Massenklage anzuschließen, nachdem das Urteil in einem Musterfall ergangen ist, und bestimmt, dass das Urteil für alle Geschädigten wirksam ist. Allerdings müsste jeder Verbraucher ein spezielles Gerichtsverfahren anstrengen, um von dem Urteil profitieren zu können.

58. In **grenzüberschreitenden Fällen** würde die Verordnung über die gerichtliche Zuständigkeit[40] für jede Maßnahme gelten, auch für Klagen, die eine Behörde bei einem Gericht erhebt, sofern diese dabei private Rechte geltend macht (z. B. ein Ombudsmann, der einen Prozess im Namen von Verbrauchern führt). Derartige Klagen müssten vor dem für den Gewerbetreibenden zuständigen Gericht oder dem Gericht des Erfüllungsorts der Verpflichtung (Artikel 5 Absatz 1) erhoben werden.

59. Bei der Verhandlung von Massenfällen, bei denen die Verbraucher aus verschiedenen Mitgliedstaaten kommen, müsste das Gericht auf vertragliche Schuldverhältnisse die jeweiligen nationalen Rechtsvorschriften der einzelnen Verbraucher anwenden (Artikel 6 der Rom-I-Verordnung[41]). Dies würde in Fällen, an denen Verbraucher aus vielen verschiedenen Ländern beteiligt sind, zu praktischen Problemen führen. Eine Lösung wäre die Änderung der Vorschriften dahingehend, dass für kollektive Verbraucherklagen das Recht des Gewerbetreibenden verbindlich wird. Weitere Optionen sind die Anwendung des Rechts des am stärksten betroffenen Markts oder des Mitgliedstaats, in dem die repräsentative Einrichtung ihren Sitz hat.

60. In ähnlichen Situationen im Bereich der Produkthaftung (Artikel 5 der Rom-II-Verordnung[42]) wäre eine freie Rechtswahl nach Eintritt des Schadenereignisses (Artikel 14 Absatz 1 Buchstabe a der Rom-II-Verordnung) hilfreich.

Frage 1: Wie denken Sie über die Rolle der EU in Bezug auf den kollektiven Rechtsschutz für Verbraucher?

Frage 2: Welche der vier Optionen bevorzugen Sie? Würden Sie eine der Optionen ablehnen?

Frage 3: Enthalten die Optionen spezielle Elemente, denen Sie zustimmen/mit denen Sie nicht einverstanden sind?

Frage 4: Gibt es weitere Elemente, die Bestandteil der von Ihnen bevorzugten Option sein sollten?

Frage 5: Falls Sie eine Kombination von Optionen bevorzugen: Welche Optionen würden Sie gern kombinieren und mit welchen Elementen?

---

40 Verordnung (EG) Nr. 44/2001 des Rates vom 22. Dezember 2000 über die gerichtliche Zuständigkeit und die Anerkennung und Vollstreckung von Entscheidungen in Zivil- und Handelssachen (ABl. L 12 vom 16.1.2001, S. 1).

41 Verordnung (EG) Nr. 593/2008 des Europäischen Parlaments und des Rates vom 17. Juni 2008 über das auf vertragliche Schuldverhältnisse anzuwendende Recht (Rom I) (ABl. L 177 vom 4.7.2008, S. 6).

42 Verordnung (EG) Nr. 864/2007 des Europäischen Parlaments und des Rates vom 11. Juli 2007 über das auf außervertragliche Schuldverhältnisse anzuwendende Recht („Rom II“) (ABl. L 199 vom 31.7.2007, S. 40).

Frage 6: Im Fall der Optionen 2, 3 oder 4: Halten Sie verbindliche Rechtsinstrumente für notwendig, oder bevorzugen Sie unverbindliche Instrumente?

Frage 7: Sind Sie der Auffassung, dass das Problem auf andere Weise gelöst werden könnte?

Mit diesem Grünbuch richtet die Europäische Kommission einen Appell an alle Interessenvertreter, ihre Meinungen kundzutun; die Antworten (mit dem Vermerk „Response to the Green Paper on CR") sind bis zum 1. März 2009 an folgende Anschrift zu senden:

Europäische Kommission
Generaldirektion Gesundheit und Verbraucher
Rue de la Loi 200
1049 Brüssel
Belgien

oder per E-Mail an die Adresse **Sanco-consumer-collective-redress@ec.europa.eu**.

Die Beiträge werden auf der Website der Generaldirektion Gesundheit und Verbraucher der Europäischen Kommission veröffentlicht. Auf Wunsch werden die Stellungnahmen vertraulich behandelt. In diesem Fall sollten die Einsender auf der ersten Seite ihrer Antwort ausdrücklich vermerken, dass sie mit einer Veröffentlichung nicht einverstanden sind. Die Kommission wird alle Stellungnahmen prüfen und im ersten Halbjahr 2009 eine zusammenfassende Darstellung der eingegangenen Kommentare veröffentlichen.

Auf der Grundlage der Ergebnisse der Konsultation wird die Kommission im Jahr 2009 ein weiteres Strategiepapier vorlegen.

Datenschutzerklärung

Zweck und Umfang der Verarbeitung personenbezogener Daten:

Die Generaldirektion Gesundheit und Verbraucher speichert und verarbeitet Ihre personenbezogenen Daten in dem Umfang, in dem sie zur Weiterverfolgung Ihrer Eingabe zur öffentlichen Konsultation zum Grünbuch über kollektive Rechtsdurchsetzungsverfahren für Verbraucher erforderlich sind.

Diese Daten werden gemäß der Verordnung (EG) Nr. 45/2001 zum Schutz natürlicher Personen bei der Verarbeitung personenbezogener Daten durch die Organe und Einrichtungen der Gemeinschaft und zum freien Datenverkehr verarbeitet.

Ihre Daten werden gespeichert und weiter verarbeitet, solange dies für die Weiterverfolgung Ihres Beitrags notwendig ist.

Aus Gründen der Transparenz werden die Beiträge, einschließlich Ihres Namens und Ihrer Position in Ihrer Organisation, veröffentlicht, und zwar insbesondere über die Webseiten der Generaldirektion Gesundheit und Verbraucher auf der Europa-Website unter

http://ec.europa.eu/consumers/redress_cons/collective_redress_en.htm

Recht auf Korrektur von Daten und für die Verarbeitung der personenbezogenen Daten Verantwortlicher:

Wenn Sie weitere Informationen zur Verarbeitung Ihrer personenbezogenen Daten wünschen oder Ihre Rechte wahrnehmen möchten (z. B. Zugang zu Daten oder Korrektur ungenauer oder unvollständiger Daten), wenden Sie sich bitte an folgende Adresse:

Sanco-consumer-collective-redress@ec.europa.eu

Sie haben das Recht, sich jederzeit unter folgender Adresse an den Europäischen Datenschutzbeauftragten zu wenden: edps@edps.europa.eu.

III. Gesetzentwurf BÜNDNIS 90/DIE GRÜNEN – 5.6.2013

Schon in der 17. Legislaturperiode gab es einen ersten „Entwurf eines Gesetzes über die Einführung von Gruppenverfahren“ vom 5. Juni 2013 – **BT-Drucksache. 17/ 13756**[3].

Weiterer Verlauf der parlamentarischen Beratung:

- Erste Beratung im Plenum am 13. Juni 2013, BT-PlPr 17/246, S. 31454B bis 31460A[4]
- Erledigung durch Ablauf der Wahlperiode

3 http://dip21.bundestag.de/dip21/btd/17/137/1713756.pdf.
4 https://dip21.bundestag.de/dip21/btp/17/17246.pdf.

Deutscher Bundestag **Drucksache 17/13756**
17. Wahlperiode 05. 06. 2013

Gesetzentwurf

der Abgeordneten Jerzy Montag, Nicole Maisch, Volker Beck (Köln), Ingrid Hönlinger, Memet Kilic, Dr. Konstantin von Notz, Markus Tressel, Wolfgang Wieland, Josef Philip Winkler und der Fraktion BÜNDNIS 90/DIE GRÜNEN

Entwurf eines Gesetzes über die Einführung von Gruppenverfahren

A. Problem

Zentrale gesellschaftliche Bereiche wie insbesondere der Konsum von Lebensmitteln und Industrieprodukten, die Versorgung mit Strom, Gas und Wasser, der Transport mit öffentlichen Verkehrsmitteln, die Risikovorsorge der Bürgerinnen und Bürger durch Versicherungen, ihre Altersversorgung durch Kapitalanlagen sowie die Sicherung einer fairen marktwirtschaftlichen Ordnung durch Wettbewerbs- und Verbraucherschutz werden heute in weiten Teilen in den Strukturen des Privatrechts geregelt.

Das Privatrecht wird jedoch immer noch mit den Mitteln des 19. Jahrhunderts durchgesetzt, nämlich mit einem Prozessrecht, das fast ausschließlich auf der individuellen Rechtsdurchsetzung durch die einzelnen Bürgerinnen und Bürger beruht und das der gestiegenen gesellschaftlichen Bedeutung des Privatrechts nicht mehr gerecht wird.

B. Lösung

Die deutsche Zivilprozessordnung hat sich zwar für die individuelle Rechtsdurchsetzung bewährt, aber um den neuen Herausforderungen und der gesellschaftlichen Bedeutung des Privatrechts auch auf der Ebene der Rechtsdurchsetzung gerecht zu werden, sind neue Instrumente notwendig.

Durch die Einführung eines Gruppenverfahrens will die Fraktion BÜNDNIS 90/DIE GRÜNEN insbesondere zwei Problemen entgegentreten: Erstens dem Problem des mangelnden Zugangs zum Recht bei – auch kleineren – massenhaft auftretenden Individualschäden und – damit verbunden – zweitens dem daraus folgenden Defizit bei der Rechtsdurchsetzung.

Der Gesetzentwurf verfolgt dabei drei Ziele: Erstens soll die mit dem Kapitalanleger-Musterverfahrensgesetz (KapMuG) geschaffene Möglichkeit der Bündelung individueller Ansprüche verallgemeinert und in die Zivilprozessordnung integriert werden. Zweitens sollen die Zugangsschranken zum Gruppenverfahren gegenüber dem KapMuG abgesenkt werden, um eine stärkere Rechtsdurchsetzungswirkung zu erreichen. Drittens soll ein angemessener Rahmen geschaffen werden, in dem die Zivilgerichte bei massenhaften Schadensfällen zu einer angemessenen Konfliktlösung beitragen können.

C. Alternativen

Beibehaltung des bisherigen Zustands.

D. Kosten

Wenn sich Rechtsbruch nicht mehr „lohnt“ und damit die Anwendung rechtswidriger Geschäftsbedingungen, verbraucherschutzwidriger Praktiken, fehlerhafter Anlageberatung und andere Rechtsverstöße aufgrund effektiverer Rechtsdurchsetzungsmöglichkeiten zurückgehen, wird das gesamtwirtschaftlich positive Folgen haben und auch für die Verbraucherinnen und Verbraucher langfristig vorteilhaft sein.

Entwurf eines Gesetzes über die Einführung von Gruppenverfahren

Vom …

Der Bundestag hat das folgende Gesetz beschlossen:

Artikel 1

Änderung der Zivilprozessordnung

Die Zivilprozessordnung in der Fassung vom 5. Dezember 2005 (BGBl. I S. 3202; 2006 I S. 431; 2007 I S. 1781), die zuletzt durch Artikel 4 des Gesetzes vom 11. März 2013 (BGBl. I S. 434) geändert worden ist, wird wie folgt geändert:

1. In der Inhaltsübersicht werden nach der Angabe zu § 605a folgende Angaben eingefügt:

„Buch 6 Gruppenverfahren

Abschnitt 1 Eröffnung des Gruppenverfahrens

§ 606 Zulässigkeit

§ 607 Anwendungsbereich

§ 608 Örtliche Zuständigkeit

§ 609 Antrag auf Eröffnung des Gruppenverfahrens

§ 610 Gegenstand des Gruppenverfahrens

§ 611 Antragsbefugnis

§ 612 Eröffnungsbeschluss

§ 613 Konkurrierende Gruppenverfahren

§ 614 Bekanntmachung im Klageregister; Verordnungsermächtigung

Abschnitt 2 Teilnahme am Gruppenverfahren

§ 615 Teilnahme

§ 616 Teilnahmeerklärung

§ 617 Verspätete Teilnahmeerklärung

§ 618 Aussetzung anhängiger Verfahren

Abschnitt 3 Durchführung des Gruppenverfahrens

§ 619 Gruppenkläger

§ 620 Teilnehmer

§ 621 Beendigung der Teilnahme

§ 622 Verfahrensregeln

§ 623 Vergleich

§ 624 Genehmigung des Vergleichs

§ 625 Bekanntmachung des Vergleichs; Austritt

§ 626 Wirkung des Vergleichs

§ 627 Urteil

§ 628 Wirkung des Urteils

§ 629 Kosten

Abschnitt 4 Rechtsmittel im Gruppenverfahren

§ 630 Statthaftigkeit

§ 631 Einlegung und Kosten“.

2. Das Buch 6 der Zivilprozessordnung wird wie folgt gefasst:

„Buch 6

Gruppenverfahren

Abschnitt 1

Eröffnung des Gruppenverfahrens

§ 606

Zulässigkeit

Ein Gruppenverfahren ist zulässig, wenn und soweit

1. die Mitglieder einer hinreichend bestimmbaren Gruppe Ansprüche oder sonstige Rechtsverhältnisse geltend machen, die den gleichen zugrunde liegenden Lebenssachverhalt betreffen,
2. die Entscheidung über diese Ansprüche oder sonstigen Rechtsverhältnisse von gleichen oder ähnlichen tatsächlichen Umständen oder Rechtsfragen abhängen kann,
3. in Anbetracht der konkreten Umstände die Durchführung des Gruppenverfahrens im Vergleich zu zahlreichen einzelnen Verfahren vorzugswürdig ist und
4. ein Gruppenkläger vorhanden ist, der willens und geeignet ist, das Gruppenverfahren mit Wirkung für die Gruppe durchzuführen.

§ 607

Anwendungsbereich

In Familiensachen und Angelegenheiten der freiwilligen Gerichtsbarkeit findet kein Gruppenverfahren statt.

§ 608

Örtliche Zuständigkeit

(1) Für ein Gruppenverfahren ist das Gericht ausschließlich zuständig, bei dem der Beklagte im Inland seinen allgemeinen Gerichtsstand hat.

(2) Hat der Beklagte keinen allgemeinen Gerichtsstand im Inland, so kann das Gruppenverfahren bei jedem Gericht durchgeführt werden, welches für die Entscheidung über den Anspruch mindestens eines Gruppenmitglieds zuständig wäre.

(3) Die Landesregierungen werden ermächtigt, durch Rechtsverordnung für die Bezirke mehrerer Landgerichte eines von ihnen als Gericht für Gruppenverfahren zu bestimmen; dasselbe gilt entsprechend für die Oberlandes-

gerichte. Die Landesregierungen können die Ermächtigung auf die Landesjustizverwaltungen übertragen.

§ 609

Antrag auf Eröffnung des Gruppenverfahrens

(1) Eine Klage kann mit dem Antrag verbunden werden, ein Gruppenverfahren durchzuführen. Dazu müssen die in § 606 genannten Voraussetzungen des Gruppenverfahrens dargelegt werden. Außerdem sind die Teilnahmeerklärungen von mindestens zehn Mitgliedern der Gruppe beizufügen. Einer dieser Teilnehmer oder eine Einrichtung gemäß § 611 Nummer 2 ist als Gruppenkläger vorzuschlagen.

(2) Der Antrag ist dem Beklagten zuzustellen.

(3) Ist eine Rechtsstreitigkeit bereits anhängig, so kann vom Kläger unter den Voraussetzungen des § 606 ein Antrag auf Durchführung eines Gruppenverfahrens gestellt werden. Die Absätze 1 und 2 gelten entsprechend.

§ 610

Gegenstand des Gruppenverfahrens

(1) Im Gruppenverfahren kann ein Leistungs- oder Feststellungsantrag gestellt werden.

(2) Außerdem können im Gruppenverfahren auch Feststellungen zum Vorliegen oder Nichtvorliegen von anspruchsbegründenden oder anspruchsausschließenden Voraussetzungen oder Feststellungen zu Rechtsfragen beantragt werden, soweit die Ansprüche der Gruppenmitglieder von diesen Feststellungen abhängen können.

(3) Die Gruppe kann in Untergruppen unterteilt werden.

§ 611

Antragsbefugnis

Zur Beantragung eines Gruppenverfahrens und zur Durchführung des Verfahrens als Gruppenkläger sind befugt:

1. jedes Mitglied der nach § 606 Nummer 1 bestimmbaren Gruppe

   oder

2. eine qualifizierte Einrichtung, die nachweist, dass sie in die Liste qualifizierter Einrichtungen nach § 4 des Unterlassungsklagegesetzes oder in dem Verzeichnis der Europäischen Kommission nach Artikel 4 der Richtlinie 98/27/EG des Europäischen Parlaments und des Rates vom 19. Mai 1998 über Unterlassungsklagen zum Schutz der Verbraucherinteressen (ABl. L 166 vom 11.6.1989, S. 51) in der jeweils geltenden Fassung eingetragen ist.

§ 612

Eröffnungsbeschluss

(1) Das Gericht entscheidet über die Eröffnung des Gruppenverfahrens durch Beschluss auf Grund mündlicher Verhandlung.

(2) Liegen die Voraussetzungen des § 606 vor, eröffnet das Gericht das Gruppenverfahren. Der Eröffnungsbeschluss enthält mindestens

1. den im Gruppenverfahren zu behandelnden Antrag,
2. eine knappe Darstellung des dem Gruppenverfahren zugrunde liegenden gleichen Lebenssachverhalts,
3. Angaben zur Bestimmung der Mitglieder der Gruppe und
4. die Ernennung des Gruppenklägers mit dessen Name und Anschrift sowie Name und Anschrift seines Prozessbevollmächtigten.

(3) Liegen die Voraussetzungen des § 606 nicht vor, weist das Gericht den Antrag auf Durchführung eines Gruppenverfahrens ab.

(4) Gegen den Beschluss gemäß den Absätzen 2 oder 3 sind die sofortige Beschwerde und die Rechtsbeschwerde statthaft.

§ 613

Konkurrierende Gruppenverfahren

(1) Sind mehrere Anträge auf Durchführung von Gruppenverfahren anhängig, die den gleichen Lebenssachverhalt betreffen, so kann das Gericht den jeweiligen Antragstellern vor der Beschlussfassung gemäß § 612 zunächst eine Einigungsfrist setzen. Gelingt eine Einigung nicht, so kann das Gericht die konkurrierenden Anträge verbinden und gemäß § 612 entscheiden.

(2) Unter mehreren möglichen Gruppenklägern trifft das Gericht eine Auswahl nach billigem Ermessen im Hinblick auf die Eignung des Gruppenklägers, das Verfahren unter Berücksichtigung der Interessen der Gruppe angemessen zu führen. Dabei können insbesondere die Höhe des dem Gruppenverfahren zugrunde liegenden Anspruchs des Gruppenklägers sowie die Höhe und Anzahl der Ansprüche der Teilnehmer, die sich auf diesen Gruppenkläger geeinigt haben, Berücksichtigung finden.

(3) Ist bereits ein Gruppenverfahren durch Beschluss gemäß § 612 eröffnet, so ist eine weitere Gruppenklage auf Grund des gleichen Lebenssachverhalts insoweit unzulässig, als die Mitglieder der Gruppe auf die Möglichkeit der Teilnahme an dem bereits eröffneten Gruppenverfahren verwiesen werden können.

§ 614

Bekanntmachung im Klageregister; Verordnungsermächtigung

(1) Das Gericht macht den Inhalt des Eröffnungsbeschlusses sowie die Teilnahmeerklärungen im Klageregister unter Angabe des Aktenzeichens öffentlich bekannt.

(2) Mit der Bekanntmachung im Klageregister setzt das Gericht eine angemessene Frist, innerhalb derer weitere Gruppenmitglieder ihre Teilnahme am Gruppenverfahren erklären können. Die Frist beträgt in der Regel drei Monate.

(3) Die Bekanntmachung enthält außerdem eine Belehrung über Form, Inhalt und Kosten der Teilnahmeerklärung, über die rechtlichen Folgen der Teilnahme am

Gruppenverfahren sowie über den Höchstbetrag der vom Teilnehmer zu tragenden Kosten gemäß § 629 Absatz 2.

(4) Das Gericht, das die Bekanntmachung veranlasst, trägt die datenschutzrechtliche Verantwortung für die von ihm im Klageregister bekannt gemachten Daten, insbesondere für die Rechtmäßigkeit ihrer Erhebung, die Zulässigkeit ihrer Veröffentlichung und die Richtigkeit der Darstellung.

(5) Die im Klageregister gespeicherten Daten sind nach Rechtskraft des Urteils im Gruppenverfahren oder nach dessen sonstiger Beendigung unverzüglich zu löschen.

(6) Das Bundesministerium der Justiz wird ermächtigt, durch Rechtsverordnung nähere Bestimmungen über Inhalt und Aufbau des Klageregisters, insbesondere über Eintragungen, Änderungen, Löschungen, Einsichtsrechte, Datensicherheit und Datenschutz zu treffen. Dabei sind Löschungsfristen vorzusehen sowie Vorschriften, die sicherstellen, dass die Bekanntmachungen unversehrt, vollständig und aktuell bleiben sowie jederzeit ihrem Ursprung nach zugeordnet werden können.

Abschnitt 2
Teilnahme am Gruppenverfahren

§ 615
Teilnahme

Jedes Mitglied der Gruppe kann durch Schriftsatz an das Gericht oder durch elektronische Eingabe in das Klageregister seine Teilnahme am Gruppenverfahren erklären. Der Teilnehmer muss sich anwaltlich vertreten lassen. Die Teilnahme kann frühestens mit Stellung des Antrags auf Durchführung eines Gruppenverfahrens erklärt werden.

§ 616
Teilnahmeerklärung

(1) Die Teilnahmeerklärung muss folgende Angaben enthalten:

1. die Bezeichnung des Teilnehmers und seiner gesetzlichen Vertreter,
2. das Aktenzeichen des Gruppenverfahrens, sofern ein solches bereits vergeben ist, ansonsten Bezugnahme auf den Schriftsatz, mit dem die Durchführung des Gruppenverfahrens beantragt wurde,
3. die Erklärung, am Gruppenverfahren teilnehmen zu wollen,
4. die Bezeichnung von Grund und Höhe des der Teilnahme zugrunde liegenden Anspruchs oder entsprechende Angaben zu dem sonstigen Rechtsverhältnis, welches der Gruppenklage zugrunde liegt und
5. die Bezeichnung des Beklagten.

(2) Die Teilnahmeerklärung wird im Klageregister eingetragen und ist dem Beklagten zuzustellen.

§ 617
Verspätete Teilnahmeerklärung

Eine Teilnahmeerklärung, die nach Ablauf der gemäß § 614 Absatz 2 bestimmten Frist eingeht, ist zuzulassen, es sei denn, dies ist nicht sachdienlich. Nach Schluss der erstinstanzlichen mündlichen Verhandlung ist eine Teilnahmeerklärung nicht mehr möglich.

§ 618
Aussetzung anhängiger Verfahren

(1) Ist ein Gruppenverfahren durch Beschluss nach § 612 eröffnet, so wird ein anderes anhängiges Verfahren von Amts wegen ausgesetzt, wenn der Kläger in dem auszusetzenden Verfahren zugleich im Gruppenverfahren Gruppenkläger oder Teilnehmer ist und die Entscheidung des Rechtsstreits von den im Gruppenverfahren zu treffenden Feststellungen abhängen kann.

(2) Das ausgesetzte Verfahren wird auf Antrag einer Partei fortgesetzt, wenn das Gruppenverfahren beendet ist oder wenn der Kläger in dem ausgesetzten Verfahren nicht mehr am Gruppenverfahren teilnimmt.

Abschnitt 3
Durchführung des Gruppenverfahrens

§ 619
Gruppenkläger

(1) Das Gruppenverfahren wird mit Wirkung für die Gruppe durch den Gruppenkläger geführt.

(2) Die Stellung als Gruppenkläger begründet kein Schuldverhältnis gegenüber den Teilnehmern des Gruppenverfahrens.

(3) Auf Antrag eines Teilnehmers kann das Gericht den Gruppenkläger abberufen und durch einen neuen ersetzen, wenn der bisherige Gruppenkläger das Gruppenverfahren offensichtlich nicht im Interesse der Gruppe führt.

(4) Beabsichtigt der Gruppenkläger die Rücknahme der Klage nach Eröffnung des Gruppenverfahrens, so bedarf es dazu der Einwilligung des Beklagten gemäß § 269 Absatz 2. Liegt diese vor oder gilt sie als erteilt, so setzt das Gericht den Teilnehmern des Gruppenverfahrens eine angemessene Frist zur Benennung eines neuen Gruppenklägers und bestellt diesen, sofern er geeignet ist. Die Vorschriften des § 613 Absatz 2 und des § 620 Absatz 2 finden entsprechende Anwendung. Wird innerhalb der gesetzten Frist kein neuer Gruppenkläger vorgeschlagen oder ist die vorgeschlagene Person nicht geeignet, so wird die Rücknahme der Klage wirksam.

§ 620
Teilnehmer

(1) Die Teilnehmer des Gruppenverfahrens werden durch das Gericht über den Fortgang des Gruppenverfahrens informiert, insbesondere über sämtliche Schriftsätze und Zwischenentscheidungen.

(2) Die Information gemäß Absatz 1 erfolgt in der Regel über ein elektronisches Informationssystem, welches nur den Teilnehmern, dem Gruppenkläger und dem Beklagten zugänglich ist. Die im elektronischen Informationssystem gespeicherten Daten sind nach rechtskräftigem Abschluss oder sonstiger Beendigung des Gruppenverfahrens unverzüglich zu löschen.

(3) Die Teilnehmer können mit Ausnahme der in § 619 Absatz 4, § 623 Absatz 1 Satz 2, § 625 Absatz 2 und § 631 geregelten Fälle im Gruppenverfahren keine Prozesshandlungen vornehmen und keine Angriffs- oder Verteidigungsmittel vorbringen.

(4) Für die Beweisaufnahme durch Vernehmung eines Teilnehmers gelten die Regeln über den Beweis durch Parteivernehmung.

§ 621

Beendigung der Teilnahme

(1) Ein Teilnehmer kann bis zum Ende der mündlichen Verhandlung in erster Instanz durch Schriftsatz an das Gericht die Beendigung seiner Teilnahme am Gruppenverfahren erklären. Die Verpflichtung zur Kostentragung bleibt davon unberührt. Die Beendigung der Teilnahme wird im Klageregister verzeichnet.

(2) Sinkt die Anzahl der Teilnehmer im Verlauf des Gruppenverfahrens unter neun, so kann das Gericht das Gruppenverfahren von Amts wegen durch unanfechtbaren Beschluss für beendet erklären und in entsprechender Anwendung des § 91a nur noch über die Kosten entscheiden.

§ 622

Verfahrensregeln

Die Vorschriften des § 278 Absatz 2 bis 5, der §§ 306, 348 bis 350 und 379 sind im Gruppenverfahren nicht anzuwenden. In Beschlüssen müssen die Teilnehmer nicht bezeichnet werden.

§ 623

Vergleich

(1) Der Gruppenkläger und der Beklagte können einen gerichtlichen Vergleich dadurch schließen, dass sie dem Gericht einen schriftlichen Vergleichsvorschlag unterbreiten oder einen schriftlichen Vergleichsvorschlag des Gerichts durch Schriftsatz gegenüber dem Gericht annehmen. Den Teilnehmern ist über das gemäß § 620 Absatz 2 eingerichtete Informationssystem Gelegenheit zur Stellungnahme zu geben. Der Vergleich bedarf der Genehmigung durch das Gericht und wird nur wirksam, wenn weniger als 30 Prozent der Teilnehmer ihren Austritt aus dem Vergleich gemäß § 625 Absatz 2 erklären.

(2) Der Vergleich soll auch die folgenden Regelungen enthalten:

1. die Verteilung einer gegebenenfalls vereinbarten Leistung auf die Mitglieder der Gruppe,
2. den von den Gruppenmitgliedern zu erbringenden Nachweis der Leistungsberechtigung,
3. die Fälligkeit der Leistungen sowie
4. die Verteilung der Kosten des Gruppenverfahrens.

§ 624

Genehmigung des Vergleichs

(1) Das Gericht genehmigt den Vergleich durch unanfechtbaren Beschluss, wenn es ihn unter Berücksichtigung des bisherigen Sach- und Streitstandes sowie etwaiger Stellungnahmen der Teilnehmer als angemessene gütliche Beilegung der Rechtsstreitigkeit erachtet.

(2) Nach der Genehmigung kann der Vergleich nicht mehr widerrufen werden.

§ 625

Bekanntmachung des Vergleichs; Austritt

(1) Der genehmigte Vergleich wird den Teilnehmern zugestellt.

(2) Die Teilnehmer können innerhalb einer Frist von einem Monat nach Zustellung des Vergleichs ihren Austritt aus dem Vergleich erklären. Der Austritt muss schriftlich gegenüber dem Gericht erklärt werden; er kann vor der Geschäftsstelle zu Protokoll erklärt werden.

(3) Die Teilnehmer sind über ihr Recht zum Austritt aus dem Vergleich, über die einzuhaltende Form und Frist sowie über die Wirkung des Vergleichs zu belehren.

§ 626

Wirkung des Vergleichs

(1) Das Gericht stellt durch unanfechtbaren Beschluss fest, ob der genehmigte Vergleich wirksam geworden ist. Der Beschluss wird im Klageregister veröffentlicht. Mit der Bekanntmachung des Beschlusses, der die Wirksamkeit des Vergleichs feststellt, wirkt der Vergleich für und gegen den Gruppenkläger und den Beklagten sowie für und gegen alle Teilnehmer, sofern diese nicht ihren Austritt erklärt haben.

(2) Der Vergleich beendet das Gruppenverfahren.

§ 627

Urteil

(1) Im Falle eines Antrags gemäß § 610 Absatz 2 ist die Klage begründet, soweit die beantragten Feststellungen zutreffen und die Ansprüche der Gruppenmitglieder von diesen Feststellungen abhängen können.

(2) Das Urteil im Gruppenverfahren enthält auch die Namen und Anschriften sämtlicher Teilnehmer und wird auch diesen zugestellt. Dem Urteil ist eine Belehrung über das statthafte Rechtsmittel und dessen Durchführung beizufügen.

(3) Soweit das Urteil hinsichtlich der Ansprüche einzelner Teilnehmer vollstreckbar ist, ist auch diesen Teilnehmern auf ihren Antrag hin eine insoweit beschränkte vollstreckbare Ausfertigung zu erteilen, soweit sie hieran ein berechtigtes Interesse haben; § 733 gilt entsprechend.

§ 628

Wirkung des Urteils

Im Rahmen des dem Verfahren zugrunde liegenden Lebenssachverhalts wirkt das Urteil für und gegen den Gruppenkläger und den Beklagten sowie für und gegen alle Teilnehmer, sofern diese nicht ihre Teilnahme gemäß § 621 Absatz 1 beendet haben.

§ 629

Kosten

(1) Soweit die unterliegende Gruppe die Kosten des Rechtsstreits zu tragen hat, haften der Gruppenkläger und alle Teilnehmer für die Kostenerstattung anteilig. Die Anteile werden nach dem Verhältnis bestimmt, in dem der für den jeweiligen Gruppenkläger oder Teilnehmer dem Gruppenverfahren zugrunde liegende Anspruch zu der Gesamtsumme der dem Gruppenverfahren zugrunde liegenden Ansprüche steht. Dies gilt entsprechend für sonstige Rechtsverhältnisse.

(2) Die Verpflichtung eines Teilnehmers zur Kostentragung ist jedoch für das gesamte Gruppenverfahren einschließlich der Kosten der Teilnahmeerklärung, der Kosten der Rechtsmittelinstanzen sowie einer etwaigen Erstattung der Kosten des Gerichts oder der obsiegenden Gegenpartei auf einen Höchstbetrag begrenzt. Dieser Höchstbetrag entspricht vier Gebühren nach § 13 des Rechtsanwaltsvergütungsgesetzes, bezogen auf den Wert des für diesen Teilnehmer dem Gruppenverfahren zugrunde liegenden Anspruchs oder sonstigen Rechtsverhältnisses.

(3) Soweit die Erstattung der Kosten des Gerichts oder der obsiegenden Gegenpartei auf Grund der Regelung des Absatzes 2 von den Teilnehmern nicht verlangt werden kann, haftet der Gruppenkläger für die restlichen Kosten.

Abschnitt 4

Rechtsmittel im Gruppenverfahren

§ 630

Statthaftigkeit

(1) Gegen Urteile des Landgerichts, die im Gruppenverfahren ergangen sind, ist die Berufung zulässig.

(2) Gegen Urteile des Oberlandesgerichts, die im Gruppenverfahren in erster Instanz ergangen sind, ist die Revision zulässig. Die §§ 545 bis 565 finden entsprechende Anwendung.

§ 631

Einlegung und Kosten

(1) Der Gruppenkläger ist zur Einlegung der Berufung mit Wirkung für die Gruppe berechtigt. Außerdem ist jeder Teilnehmer berechtigt, innerhalb der Berufungsfrist vorsorglich Berufung einzulegen. Legt der Gruppenkläger Berufung ein, so werden die Berufungen der Teilnehmer gegenstandlos.

(2) Legt der Gruppenkläger keine Berufung ein, so wählt das Berufungsgericht durch unanfechtbaren Beschluss aus denjenigen Teilnehmern, die Berufung eingelegt haben, einen neuen Gruppenkläger aus, welcher das Berufungsverfahren durchführt. Die Vorschrift des § 613 Absatz 2 ist entsprechend anzuwenden. Der Beschluss wird im Klageregister veröffentlicht.

(3) Im Fall der Berufung sind die Teilnehmer verpflichtet, die auf sie entfallenden Gerichtsgebühren zu entrichten; dabei ist § 629 Absatz 1 und 2 anzuwenden.

(4) Die anwaltliche Vergütung obliegt dem Gruppenkläger. Der Gruppenkläger kann von den Teilnehmern eine Beteiligung an diesen Kosten verlangen; dabei ist § 629 Absatz 1 und 2 anzuwenden.

(5) Für die Revision gelten die vorstehenden Absätze entsprechend."

Artikel 2

Änderung des Bürgerlichen Gesetzbuches

§ 204 Absatz 1 des Bürgerlichen Gesetzbuches in der Fassung der Bekanntmachung vom 2. Januar 2002 (BGBl. I S. 42, 2909; 2003 I S. 738), das zuletzt durch Artikel 3 des Gesetzes vom 20. April 2013 (BGBl. I S. 831) geändert worden ist, wird wie folgt geändert:

1. In Nummer 13 wird das Wort „und" am Ende gestrichen.
2. In Nummer 14 wird der Punkt durch ein Semikolon und das Wort „und" ersetzt.
3. Nach der Nummer 14 wird folgende Nummer 15 angefügt:

   „15. die Zustellung einer Erklärung der Teilnahme an einem Gruppenverfahren für darin bezeichnete Ansprüche, soweit diesen der gleiche Lebenssachverhalt zugrunde liegt wie dem Gruppenverfahren."

Artikel 3

Änderung des Gerichtsverfassungsgesetzes

Das Gerichtsverfassungsgesetz in der Fassung der Bekanntmachung vom 9. Mai 1975 (BGBl. I S. 1077), das durch Artikel 1 des Gesetzes vom 25. April 2013 (BGBl. I S. 935) geändert worden ist, wird wie folgt geändert:

1. In § 71 Absatz 2 wird nach Nummer 4 die folgende Nummer 5 angefügt:

   „5. für Gruppenverfahren nach dem sechsten Buch der Zivilprozessordnung, wenn nicht gemäß § 118 die Zuständigkeit des Oberlandesgerichts begründet ist."
2. In § 118 werden nach dem Wort „Kapitalanleger-Musterverfahrensgesetz" die Wörter „und in Gruppenverfahren nach dem sechsten Buch der Zivilprozessordnung, wenn sich das Verfahren auf die in § 32b Absatz 1 Satz 1 der Zivilprozessordnung genannten Ansprüche bezieht" eingefügt.

Artikel 4

Änderung des Gerichtskostengesetzes

Das Gerichtskostengesetz vom 5. Mai 2004 (BGBl. I S. 718), das zuletzt durch Artikel 8 Nummer 1 des Gesetzes vom 25. April 2013 (BGBl. I S. 935) geändert worden ist, wird wie folgt geändert:

1. In der Inhaltsübersicht wird nach der Angabe zu § 51a folgende Angabe eingefügt:

   „§ 51b Gruppenverfahren".

2. Dem § 9 Absatz 1 wird folgender Satz angefügt:

   „Dasselbe gilt für die Auslagen im Gruppenverfahren nach dem sechsten Buch der Zivilprozessordnung."

3. Dem § 12 Absatz 1 wird folgender Satz angefügt:

   „Die Teilnahmeerklärung gemäß § 616 der Zivilprozessordnung soll erst nach Zahlung der Gebühr nach Nummer 1902 des Kostenverzeichnisses zugestellt und im Klageregister eingetragen werden."

4. Dem § 22 wird folgender Absatz 5 angefügt:

   „(5) Die Kosten der Teilnahmeerklärung gemäß § 616 der Zivilprozessordnung schuldet der Teilnehmer."

5. Nach § 51a wird folgender § 51b eingefügt:

   „§ 51b

   Gruppenverfahren

   (1) Im Gruppenverfahren nach dem sechsten Buch der Zivilprozessordnung werden die im ersten Rechtszug zu entrichtenden Gerichtsgebühren für den Gruppenkläger und jeden Teilnehmer einzeln bestimmt; als Streitwert gilt insoweit der Wert des dem Gruppenverfahren jeweils zugrunde liegenden einzelnen Anspruchs oder sonstigen Rechtsverhältnisses.

   (2) Ist der Gruppenkläger eine qualifizierte Einrichtung gemäß § 611 Nummer 2 der Zivilprozessordnung, die keinen eigenen Anspruch oder eigenes Rechtsverhältnis zum Beklagten geltend macht, so setzt das Gericht den Streitwert nach billigem Ermessen fest. Dabei kann es sich am durchschnittlichen Streitwert der Teilnehmer orientieren."

6. Die Anlage 1 (Kostenverzeichnis) wird wie folgt geändert:

   a) In Absatz 2 der Anmerkung zu Nummer 1210 werden nach der Angabe „(§ 10 Abs. 2 KapMuG)" die Wörter „oder als Gruppenkläger oder Teilnehmer an einem Gruppenverfahren nach dem sechsten Buch der Zivilprozessordnung teilgenommen hat" eingefügt.

   b) In dem Gebührentatbestand der Nummer 1902 werden nach der Angabe „(§ 10 Abs. 2 KapMuG)" die Wörter „oder Erklärung der Teilnahme an einem Gruppenverfahren nach dem sechsten Buch der Zivilprozessordnung als Teilnehmer oder als Gruppenkläger" angefügt.

Artikel 5

Änderung des Rechtsanwaltsvergütungsgesetzes

Das Rechtsanwaltsvergütungsgesetz vom 5. Mai 2004 (BGBl. I S. 718, 788), das zuletzt durch Artikel 8 des Gesetzes vom 11. März 2013 (BGBl. I S. 434) geändert worden ist, wird wie folgt geändert:

1. § 17 wird wie folgt geändert:

   a) In Nummer 11 wird das Wort „und" am Ende durch ein Komma ersetzt.

   b) In Nummer 12 wird der Punkt am Ende durch das Wort „und" ersetzt.

   c) Folgende Nummer 13 wird angefügt:

      „13. das Gruppenverfahren und die Erklärung der Teilnahme."

2. In der Anlage 1 (Vergütungsverzeichnis) wird nach Nummer 3338 folgende Nummer 3339 angefügt:

Nr.	Gebührentatbestand	Gebühr oder Satz der Gebühr nach § 13 RVG
„3339	Gebühr für die Vertretung des Gruppenklägers oder Teilnehmers im ersten Rechtszug eines Gruppenverfahrens nach Buch 6 der ZPO	0,8".

Artikel 6

Inkrafttreten, Außerkrafttreten

(1) Dieses Gesetz tritt am Tag nach seiner Verkündung in Kraft. Gleichzeitig tritt das Gesetz über Musterverfahren in kapitalmarktrechtlichen Streitigkeiten (Kapitalanleger-Musterverfahrensgesetz) vom 19. Oktober 2012 (BGBl. I S. 2182), das durch Artikel 9 des Gesetzes vom 19. Oktober 2012 (BGBl. I S. 2182) geändert worden ist, außer Kraft.

(2) Auf Musterverfahren nach dem Kapitalanleger-Musterverfahrensgesetz, in denen vor dem Tag des Inkrafttretens des vorliegenden Gesetzes bereits ein Vorlagebeschluss im Klageregister öffentlich bekanntgemacht wurde, ist das Kapitalanleger-Musterverfahrensgesetz weiterhin anzuwenden.

Berlin, den 4. Juni 2013

Renate Künast, Jürgen Trittin und Fraktion

Begründung

A. Allgemeiner Teil

I. Ausgangslage

Die Informations- und Dienstleistungsgesellschaft der Bundesrepublik Deutschland ist durch eine komplexe rechtliche Regulierung nahezu aller Lebensbereiche gekennzeichnet. Dies betrifft nicht nur das Verwaltungsrecht, sondern auch und gerade das Privatrecht, welches heute eine Vielzahl von Regulierungsaufgaben übernimmt und für die Lebensverhältnisse der Bürgerinnen und Bürger daher so relevant ist wie nie zuvor. Zentrale gesellschaftliche Bereiche wie insbesondere der Konsum von Lebensmitteln und Industrieprodukten, die Versorgung mit Strom, Gas und Wasser, der Transport mit öffentlichen Verkehrsmitteln, die Risikovorsorge der Bürgerinnen und Bürger durch Versicherungen, ihre Altersversorgung durch Kapitalanlagen sowie die Sicherung einer fairen marktwirtschaftlichen Ordnung durch Wettbewerbs- und Verbraucherschutz werden heute in weiten Teilen in den Strukturen des Privatrechts geregelt.

Zu dieser enorm gestiegenen gesellschaftlichen Bedeutung des Privatrechts passt es nicht, dass die Durchsetzung des Privatrechts heute noch mit den Mitteln des 19. Jahrhunderts stattfindet, d. h. mit einem Prozessrecht, welches fast ausschließlich die individuelle Rechtsdurchsetzung durch die einzelnen Bürgerinnen und Bürger im Blick hat. Für diese individuelle Rechtsdurchsetzung hat sich die deutsche Zivilprozessordnung (ZPO) zwar bewährt, aber sie muss durch neue Instrumente ergänzt werden, um der genannten gesellschaftlichen Bedeutung des Privatrechts auch auf der Ebene der Rechtsdurchsetzung gerecht werden zu können.

Diese neuen Instrumente eines kollektiven Rechtsschutzes reagieren vor allem auf zwei Probleme: Erstens auf das Problem des mangelnden Zugangs zum Recht bei – auch kleineren – massenhaft auftretenden Individualschäden und – damit verbunden – zweitens auf das dadurch entstehende Defizit bei der Rechtsdurchsetzung.

1. Zugang zum Recht

Das Problem des Zugangs zum Recht besteht darin, dass die oben angesprochenen Regelungsbereiche des Privatrechts zwar in der Theorie viele Ansprüche für die einzelnen Bürgerinnen und Bürger bereithalten, dass diese aber in der Praxis aufgrund faktischer Zugangshürden nicht geltend gemacht werden. Diese Zugangshürden sind sowohl sozialer und kultureller Natur – eine gerichtliche Auseinandersetzung ist für die meisten Bürgerinnen und Bürger etwas Ungewohntes und Unerwünschtes – aber auch finanzieller Natur. Angesichts des sich aus § 91 der Zivilprozessordnung (ZPO) ergebenden Kostenrisikos ist es bei kleineren Schäden oft aus individueller Sicht rational, die entsprechenden Ansprüche nicht zu verfolgen, mögen sie auch materiellrechtlich bestehen.

Dieses rationale Desinteresse ist nicht nur im Verbraucher-, Wettbewerbs- und Kapitalanlagerecht evident, sondern auch in anderen Bereichen des Privatrechts. Ein einzelner Bürger, der unter vorschriftswidrig entstehendem Fluglärm leidet, wird diesen oft hinnehmen, weil ihm die Mühe einer rechtlichen Auseinandersetzung belastender erscheint als die Hinnahme des Lärms – auch wenn das private Nachbarrecht ihm möglicherweise einen Unterlassungsanspruch bereitstellt. Eine Versicherungskundin, die aufgrund rechtswidriger Allgemeiner Geschäftsbedingungen finanzielle Nachteile erleidet, nimmt diese in der Regel ebenso stillschweigend hin wie eine Person, die zur Altersversorgung ein Wertpapier erworben hat, welches aufgrund rechtswidriger Kapitalmarktinformation zu teuer gekauft wurde. Und auch bei Schadenshandlungen, die von deutschen Unternehmen im Ausland begangen werden, schrecken Einzelpersonen häufig vor einer juristischen Auseinandersetzung zurück. Jede Bürgerin und jeder Bürger erfährt in ihrem bzw. seinem Alltag zahlreiche solcher Beispiele, in denen sie oder er aus Bequemlichkeit oder rationaler Abwägung mehr oder weniger bewusst auf die Durchsetzung der eigenen Rechte verzichtet.

2. Mangelnde Rechtsdurchsetzung

Dieses Phänomen könnte man als individuelle Entscheidung der einzelnen Bürgerinnen und Bürger hinnehmen, wenn die betreffenden Vorschriften ausschließlich im Interesse der jeweils Betroffenen erlassen wären. Dies entspräche auch dem Modell der Durchsetzung individueller Ansprüche, wie es in der ZPO des 19. Jahrhunderts entwickelt wurde – auch wenn schon damals erkannt wurde, dass die Durchsetzung individueller Ansprüche stets zugleich die Durchsetzung des objektiven Rechts bedeutet: Ohne individuelle Aktivität der privatrechtlich Berechtigten „ist der Rechtssatz thatsächlich lahmgelegt“ (Jhering, Der Kampf um's Recht, S. 48).

Diese Erkenntnis spielt angesichts der im heutigen Privatrecht vorhandenen Regulierungszwecke eine entscheidende Rolle und beschreibt zugleich das zweite Problem: Wenn die Rechtsordnung weite Teile des Lebens privatrechtlich gestaltet, die Bürgerinnen und Bürger aber ihre privatrechtlichen Ansprüche nicht durchsetzen können oder wollen, dann kann das Recht seine gesellschaftliche Steuerungsfunktion auch nicht mehr ausreichend erfüllen. Das Verbraucher- und Wettbewerbsrecht soll eben nicht nur den Einzelnen schützen, sondern zugleich auch insgesamt für faire Marktbedingungen sorgen, das Kapitalmarktrecht soll zu einer ökonomisch effizienten Allokation von Ressourcen beitragen, das Umwelthaftungsrecht soll Anreize zu ökologischem Verhalten setzen usw. Dies gilt sowohl im Inland, als auch bei wirtschaftlichen Betätigungen deutscher Unternehmen im Ausland.

Wenn Rechtsbruch aber nicht effektiv sanktioniert wird, haben Unternehmen, die das Recht brechen, einen Wettbewerbsvorteil gegenüber rechtstreuen Unternehmen. Das Verhalten solcher Unternehmen kann nur so gedeutet werden, dass diese Akteure anscheinend vermuten, dass Rechtsbruch sich lohnt – anders ist das Auftreten von Kartellen, rechtswidrigen Geschäftsbedingungen, verbraucherschutzwidrigen Praktiken, fehlerhafter Anlageberatung und anderen Rechtsverstößen kaum zu erklären.

Bei sehr kleinen Schadenssummen mag das rationale Desinteresse allerdings auch durch die hier vorgeschlagene Opt-in-Gruppenklage nicht überwindbar sein: Wer etwa nur 25 Euro verloren hat, macht diesen Schaden – wenn er sich rational verhält – vor Gericht nicht geltend. Trotzdem kann ein solcher Schaden, wenn er sehr breit gestreut ist, volkswirtschaftlich relevant und im Sinne effektiver Rechtsdurchsetzung sanktionsbedürftig sein. In diesem Bereich besteht daher weiter ein Bedürfnis für andere Instrumente des kollektiven Rechtsschutzes, die ohne eine individuelle Beteiligung auskommen, etwa Ansprüche auf Gewinnabschöpfung o. Ä. Allerdings lässt sich eine zahlenmäßige Grenze – also etwa eine Anspruchshöhe ab der oder bis zu der die Opt-in-Gruppenklage geeignet ist – nicht abstrakt festlegen. Dazu sind die Bedingungen der Rechtsdurchsetzung zu sehr vom konkreten Fall und von der individuellen Lage der Geschädigten abhängig. Es muss daher abgewartet werden, ob das hier vorgelegte Instrument auch zur effektiven Bewältigung breit gestreuter Kleinschäden geeignet ist und gegebenenfalls bis zu welcher Grenze. Soweit in der Praxis trotz Einführung des Gruppenverfahrens weiterhin ein sozial relevantes Rechtsdurchsetzungsdefizit bestehen bleiben sollte, wäre in der Zukunft an weiteren Instrumenten des kollektiven Rechtsschutzes zu arbeiten, die eine Aktivität eines individuellen Kleinstgeschädigten nicht voraussetzen.

3. Rolle des Zivilverfahrensrechts

Es wäre allerdings naiv, nur vom Zivilverfahrensrecht die Lösung all dieser Probleme zu erwarten. Rechtsbefolgung und -durchsetzung findet auch und gerade über soziale Konventionen, informelle Sanktionen, Reputationssysteme, behördliche Aufsicht und im Extremfall über das Strafrecht statt. Das Zivilverfahrensrecht kann hier nur ein Instrument unter vielen sein. Dieses darf aber auch nicht vernachlässigt werden, zumal es die besondere Chance einer in gewissem Maße staatsfernen und von den Bürgerinnen und Bürgern selbst initiierten Rechtsdurchsetzung in sich birgt.

4. Internationale Entwicklung

Es verwundert daher nicht, dass die internationale Entwicklung in fast allen Industrienationen von einer Reform und Erweiterung der Instrumente des kollektiven Rechtsschutzes gekennzeichnet ist. In der internationalen Diskussion sieht man in diesen Instrumenten und in ihrem Zusammenspiel mit behördlicher Aufsicht einerseits und alternativen Formen der Streitbeilegung andererseits einen Beitrag zur Herstellung fairer und effizienter Märkte (so z. B. auf der Anfang 2012 von der Rückversicherung Swiss Re veranstalteten einschlägigen Tagung: „Building effective markets – The role of an integrated legal system").

Sammel- und Gruppenklageverfahren findet man daher heute nicht nur in den USA, Kanada und Australien, sondern auch in zahlreichen EU-Staaten wie etwa in Schweden und Dänemark, in den Niederlanden, in Polen, Spanien und Italien (Übersichten über die damit verbundenen Fragestellungen etwa bei Stadler, JZ 2009, 121; Hess, JZ 2011, 66; Koch, JZ 2011, 438). Auch die Europäische Union als Ganzes befasst sich mit der Entwicklung derartiger Verfahren vor allem im Kartell- und Verbraucherrecht (dazu etwa Meller-Hannich/Höland, GPR 2011, 168 m. w. N.). Diese Entwicklungen auf EU-Ebene können und müssen aber nicht erst abgewartet werden. Im Gegenteil: Das deutsche Rechtssystem sollte hier einen angemessenen eigenständigen Beitrag leisten (so bereits die Regierungsbegründung zum KapMuG, Bundestagsdrucksache 15/5091, 17: „Standortfrage").

II. Unzureichende Problemlösungen im geltenden deutschen Recht

Das geltende deutsche Verfahrensrecht löst die dargestellten Probleme bisher nicht ausreichend. Die Entwicklung des deutschen Rechts verlief bei der Entwicklung von Instrumenten des kollektiven Rechtsschutzes bisher in zwei Etappen: Erstens gibt es die insbesondere im Lauterkeitsrecht lange zurückreichende Tradition der vornehmlich auf Unterlassung gerichteten Verbandsklagen, mit denen keine individuellen Ansprüche gebündelt werden, sondern zusätzliche Interventionsbefugnisse für die klagebefugten Verbände geschaffen werden. Die zweite Etappe der Bündelung individueller Ansprüche zu einem Gruppenverfahren begann erst 2005 mit dem KapMuG.

1. Verbandsklagen

Die vor allem im Unterlassungsklagengesetz (UKlaG) und im Gesetz gegen den unlauteren Wettbewerb (UWG) geregelten Verbandsklagen auf Unterlassung sind einerseits eine Erfolgsgeschichte, andererseits aber in ihrer Wirkung noch unzureichend. Dieser Befund ergibt sich u. a. aus der Studie von Meller-Hannich und Höland aus 2009 (Evaluierung der Effektivität kollektiver Rechtsschutzinstrumente für Verbraucher im nationalen Recht und rechtliche Bewertung ausgewählter Ansätze zu ihrer Fortentwicklung): Zwar werden eine Vielzahl von Fällen konstatiert, in denen die Unterlassung rechtswidriger Praktiken mit Erfolg verlangt wurde – trotzdem bleibt die Steuerungswirkung dieses Instruments beschränkt, weil es nur die Unterlassung rechtswidrigen Verhaltens in der Zukunft in den Blick nimmt, die durch rechtswidriges Verhalten erzielten Gewinne jedoch unangetastet lässt (Meller-Hannich/Höland, a. a. O., S. 129: mangelnde Verknüpfung der Unterlassungsklagen mit individuell wirksamen Verbraucherschutz).

Auch der inzwischen eingeführte Gewinnabschöpfungsanspruch zu Gunsten des Bundeshaushalts, der von den nach UKlaG und UWG klageberechtigten Einrichtungen durchgesetzt werden soll, ist in der Praxis bisher kaum relevant geworden (Meller-Hannich/Höland, a. a. O., S. 123: „kein praktisch taugliches Mittel", keine Behebung von Durchsetzungsdefiziten des Rechts). So konnten z. B. weder die – vermutlich im Millionenbereich liegenden – Gewinne eines Mobilfunkunternehmens abgeschöpft werden, welches bei der Umrechnung von DM zu Euro erwiesenermaßen gegen die europarechtlichen Vorgaben verstieß, noch können in nennenswertem Ausmaß die durch rechtswidrige Vertragsklauseln erzielten und bisher nicht bezifferbaren Gewinne im Bereich von Finanzdienstleistungen und Versorgungsunternehmen abgeschöpft werden. Auch im Kartellrecht findet – trotz theoretisch bestehender Verbandsklagebefugnis in § 34a des Gesetzes gegen Wettbewerbsbeschränkungen (GWB) – eine wirksame Gewinnabschöpfung bisher allenfalls dort statt, wo ein einzelner Geschädigter einen sehr großen Schaden erlitten hat, nicht aber bei einer Häufung von kleineren oder mittleren Einzelschäden bei zahlreichen Verbraucherinnen und Verbrauchern.

2. Bündelung individueller Ansprüche: KapMuG

Das Problem der Häufung von Einzelschäden und ihre verfahrensmäßige Durchsetzung ist in Deutschland vor allem mit den seit über zehn Jahren laufenden Prospekthaftungsprozessen gegen die Deutsche Telekom in den Blick geraten. Dabei wurde erkannt, dass die im materiellen Recht und im Prozessrecht bisher vorgesehenen Bündelungsformen – nämlich insbesondere die Möglichkeit der Bündelung von Forderungen durch Inkassozession oder ihre prozessual verbundene Geltendmachung im Wege der streitgenössischen Klage – in echten Massenfällen an ihre Grenzen stoßen und daher aus heutiger Sicht keine befriedigende Lösung darstellen (Bundestagsdrucksache 15/5091, 13 f.).

Aus diesem Befund wurde 2005 das Kapitalanleger-Musterverfahrensgesetz (KapMuG) entwickelt, welches sich aufgrund seiner historischen Genese auf den besonderen Bereich des Kapitalmarktrechts beschränkt; 2012 erfolgte eine Neufassung des KapMuG mit zahlreichen Veränderungen aufgrund der bisherigen Erfahrungen. Das KapMuG ist jedoch auch in seiner heute geltenden Form nicht ausreichend, um die Probleme des Zugangs zum Recht und der kollektiven Rechtsdurchsetzung in angemessener Weise zu lösen. Insbesondere verbleiben auch nach der Reform 2012 drei gravierende Strukturprobleme des KapMuG.

Erstens ist das KapMuG auf einen bestimmten materiellrechtlichen Bereich beschränkt, ohne dass es dafür eine über den historischen Zufall des Telekom-Prozesses hinausgehende innere Rechtfertigung gäbe (so bereits die Stellungnahme des Bundesrats zum Entwurf des KapMuG in Bundestagsdrucksache 15/5091, 40). Massenhafte Schäden mit im wesentlichen identischen tatsächlichen oder rechtlichen Fragen kommen nicht nur im Kapitalmarktrecht vor, sondern auch in vielen anderen Bereichen des Privatrechts.

Zweitens ändert das KapMuG nichts an den bestehenden Zugangsschranken zum Recht, indem es für die Anspruchsbündelung die Erhebung normaler Klagen voraussetzt. Das KapMuG ist daher – wiederum aufgrund seiner Entstehungsgeschichte verständlich – eher ein Mittel zur Bewältigung einer bereits vorhandenen Vielzahl von Einzelklagen, senkt aber nicht die Zugangsschwelle zum Recht, wie es für eine effektive kollektive Rechtsdurchsetzung notwendig wäre und wie es auch der international üblichen Praxis entspricht.

Drittens ist das KapMuG als zweistufiges Vorlageverfahren – Klageerhebung beim Landgericht, Musterverfahren beim Oberlandesgericht und anschließend Fortsetzung der Ausgangsverfahren vor dem Landgericht – zu kompliziert und zu langwierig; es sollte durch ein Verfahren auf einer Ebene ersetzt werden. Auch damit würde eine Anpassung an internationale Entwicklungen im kollektiven Rechtsschutz vollzogen; das komplizierte Vorlageverfahren des KapMuG ist im Rechtsvergleich ohne Beispiel und kann schon aufgrund seiner Komplexität und Schwerfälligkeit kaum als Vorbild für eine europäische Regelung dienen.

III. Ziele der Einführung des Gruppenverfahrens

Diese Defizite des KapMuG sollen mit der hier vorgeschlagenen Ersetzung des KapMuG durch ein Gruppenverfahren soweit wie möglich behoben werden. Der Gesetzentwurf verfolgt daher im wesentlichen drei Ziele: Erstens soll die mit dem KapMuG geschaffene Möglichkeit der Bündelung individueller Ansprüche verallgemeinert und in die Zivilprozessordnung integriert werden. Zweitens sollen die Zugangsschranken zum Gruppenverfahren gegenüber dem KapMuG abgesenkt werden, um eine stärkere Rechtsdurchsetzungswirkung zu erreichen. Drittens soll ein angemessener Rahmen geschaffen werden, in dem die Zivilgerichte bei massenhaften Schadensfällen zu einer angemessenen Konfliktlösung beitragen können.

Dabei ist von der Notwendigkeit einzelner Klagen schon deshalb abzusehen, weil ein nur auf individuellen Rechtsschutz fokussiertes System bei Massenschäden strukturell überfordert ist. Dies zeigt vor allem der extrem langwierige Telekom-Prozess. Das Gruppenverfahren als ein Instrument des kollektiven Rechtsschutzes beansprucht daher gerade nicht, jeden Einzelfall abschließend und in seiner vollen rechtlichen Komplexität zu klären. Diese Aufgabe bleibt dem insoweit bewährten Individualverfahren vorbehalten. Das Gruppenverfahren soll aber durch Klärung gemeinsamer Fragen eine überindividuelle Konfliktlösung erleichtern, die in einem Vergleich bestehen kann, oder auch darin, dass das Gericht diese gemeinsamen Fragen zu Gunsten der einen oder anderen Seite klärt, um eine Vielzahl von aufwendigen Einzelprozessen überflüssig zu machen.

IV. Struktur des Gruppenverfahrens

Die hier vorgeschlagene Struktur des Gruppenverfahrens baut einerseits auf den internationalen Erfahrungen auf, unter denen vor allem die dänische Gruppenklage als erfolgreiches Modell gilt, vgl. dazu Werlauff, European Business Law Review 24 (2013), S. 173 ff. Außerdem liegen bereits zahlreiche Vorschläge aus der wissenschaftlichen Literatur vor, die ebenfalls eingearbeitet wurden (insbesondere der Abschnitt zu „Gruppenklagen" aus Micklitz/Stadler, Das Verbandsklagerecht in der Informations- und Dienstleistungsgesellschaft, 2004; außerdem Lange, Das begrenzte Gruppenverfahren, 2011; sowie für Österreich Kodek, Die Gruppenklage nach der ZVN 2007, RdW 2007, 711; für eine Opt-in-Gruppenklage auch Hess, JZ 2011, 66, 72).

1. Opt-in-Verfahren

In der internationalen Diskussion werden bei Gruppenverfahren „opt-out" und „opt-in"-Modelle unterschieden. Im „opt-out"-Verfahren treffen die Wirkungen einer Entscheidung jedes Mitglied der betroffenen Gruppe, es sei denn die betreffende Person tritt ausdrücklich aus dem Verfahren aus. Diese Spezies von Gruppenverfahren findet man insbesondere in den USA, Kanada und Australien vor, außerdem in den Niederlanden bei Vergleichsschlüssen sowie in Dänemark für Verfahren mit geringen Einzelstreitwerten. Da bei Opt-out-Verfahren eine rechtliche Bindung auch ohne Zustimmung der Betroffenen eintreten kann, unterliegen diese Verfahren in den genannten Staaten strengen Anforderungen (vgl. etwa Halfmeier/Wimalasena, JZ 2012, 649 ff., dort auch zur verfassungsrechtlichen Zulässigkeit; vgl. den Vorschlag für eine Opt-out-Gruppenklage für Deutschland bei Hopt/Baetge, in: Basedow u. a., Die Bündelung gleichgerichteter Interessen im Prozess, 1999, 11, 49 ff.).

Im Gegensatz dazu wird im vorliegenden Entwurf ein verfassungsrechtlich wesentlich unproblematischeres „opt-in"-Verfahren vorgeschlagen, d. h. die Wirkungen einer Entscheidung im Gruppenverfahren treffen nur diejenigen Personen, die ausdrücklich ihre Teilnahme erklärt haben. Derartige Verfahren sind in Dänemark und Schweden bereits etabliert. Das „opt-in"-Verfahren hat den Vorzug der strikten Freiwilligkeit ohne Vereinnahmung am Verfahren nicht Beteiligter.

Auch darin unterscheidet es sich vom geltenden KapMuG: Das KapMuG zwingt jeden Betroffenen, dessen Ansprüche von den im Musterverfahren zu treffenden Feststellungen abhängen, gemäß § 8 KapMuG in ein gegebenenfalls langwieriges Musterverfahren, auch wenn der Kläger dies möglicherweise gar nicht wünscht (kritisch dazu etwa Schneider/Heppner, BB 2012, 2703, 2710 f.). Das hier vorgeschlagene Gruppenverfahren ist dagegen freiwilliger Natur, d. h. es bleibt jedem Betroffenen selbst überlassen, ob er sich dem Gruppenverfahren als Teilnehmer anschließt oder ob er seinen individuellen Anspruch im normalen Verfahren durchzusetzen versucht oder auch ganz untätig bleibt.

Damit wird das eingangs konstatierte rationale Desinteresse zwar nicht komplett überwunden; demgegenüber überwiegen aber die mit der Freiwilligkeit verbundenen Vorzüge: Auch das Gruppenverfahren beruht auf dem Gedanken der Privatautonomie, denn es schreibt den Bürgerinnen und Bürgern weder vor, dass sie ihre Ansprüche durchsetzen müssten, noch auf welchem Wege dies zu geschehen hat; es macht ihnen nur ein zusätzliches Angebot der kollektiven Rechtsdurchsetzung.

Zugleich wird aber auch die Struktur des Verfahrens im Hinblick auf die Beteiligten gegenüber dem KapMuG verändert. Das KapMuG muss aufgrund seines Zwangscharakters sämtliche Kläger der Ausgangsverfahren zu „Beigeladenen" machen, denen umfassende prozessuale Rechte zustehen. Diese Rechte der Beigeladenen werden aber in der Praxis des KapMuG kaum wahrgenommen. Würden sie wiederum massenhaft wahrgenommen, wäre ein Massenverfahren kaum noch vernünftig abzuwickeln.

Das Gruppenverfahren wird dagegen auf Seiten der klägerischen Gruppe nur vom Gruppenkläger geführt. Die Teilnehmer werden über den Fortgang des Verfahrens informiert, können aber selbst keine Prozesshandlungen vornehmen. Wer mit der Verfahrensführung durch den Gruppenkläger nicht einverstanden ist, wird entweder gar nicht erst seine Teilnahme erklären oder im Laufe des Verfahrens wieder austreten. Das rechtliche Gehör der Teilnehmer des Gruppenverfahrens wird für sie durch den Gruppenkläger ausgeübt; dem haben sie durch ihre Teilnahme und ihren freiwilligen Verbleib im Gruppenverfahren zugestimmt, so dass ein individuelles Gehör jedes einzelnen Teilnehmers verfassungsrechtlich nicht geboten ist (ebenso bereits Micklitz/Stadler, a. a. O., S. 1385; Stadler, in: Meller-Hannich (Hrsg.), Kollektiver Rechtsschutz (2008), S. 93, 100).

Schon das geltende deutsche Recht geht diesbezüglich etwa in § 6 des Spruchverfahrensgesetzes (SpruchG) deutlich weiter: Dort wird das rechtliche Gehör sämtlicher Berechtigter zulässigerweise durch den vom Gericht bestellten Vertreter wahrgenommen, ohne dass den Betroffenen auch nur ein Ein- oder Austrittsrecht zustünde (vgl. zur Verfassungsmäßigkeit dieser Regelung Kubis, in: Münchener Kommentar zum Aktiengesetz, 3. Aufl. 2010, § 6 SpruchG Rn. 1 m. w. N.).

Die Interessen der Teilnehmer werden außerdem dadurch geschützt, dass der Gruppenkläger durch Beschluss des Gerichts auf Antrag eines Teilnehmers ausgewechselt werden kann, wenn er das Gruppenverfahren erkennbar nicht im Interesse der Gruppe führt.

2. Echtes oder begrenztes Gruppenverfahren möglich

Was den Gegenstand des Gruppenverfahrens angeht, so ermöglichen die hier vorgeschlagenen Regeln sowohl ein „echtes" Gruppenverfahren wie auch ein „begrenztes" Gruppenverfahren (Terminologie nach Lange, a. a. O., S. 185). Ein „echtes" Gruppenverfahren enthält z. B. einen Leistungsantrag wie im Individualverfahren und könnte mit einem Urteil mit vollstreckbarem Inhalt enden. Dies wird voraussichtlich die Ausnahme bleiben, da viele Ansprüche subjektive oder sonstige individuelle Voraussetzungen haben. Diese können so unterschiedlich sein, dass sie sich nicht für eine gemeinsame Behandlung im Gruppenverfahren eignen, weil z. B. die jeweils individuelle Beweisaufnahme dann keinen Effektivitätsgewinn gegenüber Einzelprozessen verspricht.

Andererseits sind auch Fälle vorstellbar, in denen die Anspruchsvoraussetzungen so einheitlich sind, dass sie vollständig im Gruppenverfahren abgearbeitet werden können: Wenn etwa das materielle Recht den Passagieren eines ausgefallenen Fluges eine pauschale Entschädigung gewährt (ohne Rücksicht auf individuell eingetretene Schäden), so ließe sich dies im Gruppenverfahren durchführen, da der Gruppenkläger dann im Streitfall nur beweisen muss, dass die Gruppenmitglieder in dem betreffenden verspäteten Flugzeug saßen. Auch etwaige Einwendungen wären dann genereller Natur (z. B. das Vorliegen höherer Gewalt, soweit dies den Anspruch ausschließt) und sinnvollerweise im Gruppenverfahren mit Wirkung für die ganze Gruppe zu klären.

Auch ein nach allgemeinen Regeln gemäß § 256 ZPO zulässiger Feststellungsantrag kann zulässiger und sinnvoller Gegenstand eines Gruppenverfahrens sein, z. B. die Unwirksamkeit einer Preiserhöhung oder sonstigen Vertragsänderung bezogen auf eine Gruppe von Kundinnen und Kunden eines bestimmten Unternehmens, die zu ein und denselben Vertragsbedingungen abgeschlossen haben. Auch hier kann das Gruppenverfahren effektiver als zahlreiche Einzelprozesse sein.

Neben diesen Bündelungen ohnehin zulässiger Leistungs- oder Feststellungsanträge kommt aber auch eine dritte Kategorie von Gruppenverfahren in Betracht, die insoweit dem Musterverfahren nach dem KapMuG ähnelt und dieses ersetzt. Ein solches „begrenztes" Gruppenverfahren beschränkt sich auf Feststellungen zu gemeinsamen Tatsachen oder Rechtsfragen (etwa wie im KapMuG zu fehlerhaften Kapitalmarktinformationen) und endet schon deswegen nicht mit einer vollstreckbaren Entscheidung. In diesen Fällen müsste ein individuelles Verfahren nachgeschaltet werden, um für einen einzelnen Anspruchsteller zu einem vollstreckbaren Titel zu kommen. Bei lebensnaher Betrachtung wird das nachgeschaltete Individualverfahren aber die Ausnahme bleiben: Siegt die klagende Gruppe im Gruppenverfahren, so wird für den Beklagten in der Regel ein starker Anreiz zur gütlichen Streitbeilegung gesetzt. Ist dagegen der Beklagte im Gruppenverfahren siegreich, so sind weitere Individualverfahren für die Kläger regelmäßig sinnlos. Es ist daher insgesamt effizienter, dass – wie hier vorgeschlagen – ein Gruppenverfahren von Anfang an eingeleitet werden kann, ohne dass man zunächst – wie noch im KapMuG – eine Reihe von Individualklagen erheben müsste.

3. Faire Kostenregeln auf beiden Seiten

Die Kostenregeln im Gruppenverfahren sehen vor, dass die finanziellen Zugangsschranken beim Gruppenverfahren im Vergleich zum Individualprozess abgesenkt werden. Dies wird dadurch erreicht, dass die bereits jetzt im KapMuG geltenden Kostenregeln zur Anmeldung von Ansprüchen auf die Teilnahme am Gruppenverfahren erstreckt werden. Außerdem wird das für den einzelnen Teilnehmer im Gruppenverfahren entstehende Kostenrisiko auf einen Höchstbetrag begrenzt. Dies macht die Teilnahme besser kalkulierbar. Der Entwurf folgt damit der insoweit erfolgreichen Regelung in Dänemark.

Zugleich wird aber das im deutschen Zivilprozessrecht bewährte „loser-pays“-Prinzip (§ 91 ZPO) in vollem Umfang beibehalten. Dies dient vornehmlich dem Schutz des Beklagten. Er wird im Gruppenverfahren nicht schlechter gestellt als im Individualverfahren. Soweit ein obsiegender Beklagter eine Kostenerstattung aufgrund der zu Gunsten der Teilnehmer geltenden individuellen Höchstgrenzen nicht erlangen kann, haftet der Gruppenkläger für die restliche Kostenerstattung. Damit entfaltet das „loser-pays“-Prinzip auch im Gruppenverfahren eine wichtige Steuerungswirkung zur Vermeidung sinnloser Prozesse: Gerade der Gruppenkläger wird aufgrund der für ihn bestehenden Residualhaftung keine aussichtslosen Verfahren führen.

4. Fortentwicklung des KapMuG

Das Gruppenverfahren löst das KapMuG ab und ersetzt dieses. Zugleich ist das Gruppenverfahren aber als Fortentwicklung des KapMuG zu verstehen: So weit wie möglich lehnen sich die Vorschriften zum Gruppenverfahren an diejenigen des KapMuG an, um so auf die unter dem KapMuG bereits gemachten Erfahrungen zurückgreifen zu können. Das Gruppenverfahren erfindet also das Rad nicht neu, sondern entwickelt das KapMuG mit den für die Erreichung seiner Ziele notwendigen Änderungen weiter.

B. Besonderer Teil

Zu Artikel 1

Der Entwurf sieht eine Integration der Regelungen zum Gruppenverfahren in die ZPO vor, um eine Zersplitterung des Verfahrensrechts zu vermeiden. Eine solche Integration ist in der Literatur mehrfach vorgeschlagen worden (zuletzt etwa durch Schilken, in: Festschrift Picker, 2010; Lange, a. a. O., S. 334 m. w. N.). Sie entspricht auch der Tendenz im materiellen Recht, in welchem z. B. die verbraucherrechtlichen Regelungen heute weitgehend innerhalb des Bürgerlichen Gesetzbuchs (BGB) vorzufinden sind und nicht mehr in einer Vielzahl von Sondergesetzen.

Zu § 606

Die Vorschrift beschreibt die Voraussetzungen eines Gruppenverfahrens und lehnt sich dabei sowohl an die Vorschläge von Micklitz und Stadler (a. a. O., S. 1431) wie auch an internationale Erfahrungen an. In der Norm kommen zahlreiche unbestimmte Rechtsbegriffe vor, insbesondere die „hinreichend bestimmbare“ Gruppe und der „gleiche zugrunde liegende Lebenssachverhalt“ in Nummer 1, die „ähnlichen“ Umstände in Nummer 2, die Vorzugswürdigkeit des Gruppenverfahrens gegenüber zahlreichen Einzelverfahren (Nummer 3) sowie die Eignung des vorgeschlagenen Gruppenklägers (Nummer 4). Diese Merkmale sind vom Gericht bei der Zulassungsentscheidung gemäß § 612 zu überprüfen. Sie ermöglichen es dem Gericht, mit Blick auf den jeweiligen Einzelfall zu beurteilen, ob die Durchführung eines Gruppenverfahrens angemessen ist. Die dadurch entstehende starke Stellung des Gerichts im Hinblick auf die Zulassung des Gruppenverfahrens ist beabsichtigt und entspricht bewährter internationaler Praxis. Das Gruppenverfahren soll eine effiziente und angemessene Form der Konfliktlösung bereitstellen. Ob es dies im konkreten Fall leisten kann, ist vom Gericht anhand der in § 606 genannten Voraussetzungen zu entscheiden.

Der in Nummer 1 genannte Lebenssachverhalt stellt ebenso wie bereits in § 4 Absatz 1 KapMuG den „Bündelungsrahmen“ (Lange, a. a. O., S. 233) dar, auf den sich das Verfahren bezieht. Er ist notwendig, um den Gegenstand und die Wirkung des Gruppenverfahrens zu bestimmen. Ein rein abstraktes Verfahren – etwa zu einzelnen Rechtsfragen – ohne Bezug auf einen konkreten Lebenssachverhalt ist nicht zulässig. Damit ist allerdings noch nicht vorgegeben, wie umfangreich ein solcher gleicher Lebenssachverhalt in einem Gruppenverfahren sein kann. Ebenso wie bereits im KapMuG mag man z.B. verschiedene Wertpapierprospekte zu einem Lebenssachverhalt zusammenfassen können, wenn sie ein und dieselbe Information betreffen (vgl. Kruis, in: Kölner Kommentar KapMuG, § 1 KapMuG a. F. Rn. 109 ff.).

Das Merkmal der hinreichend bestimmbaren Gruppe zielt in eine ähnliche Richtung und soll zu weite oder unbestimmte Gruppenverfahren vermeiden. So wäre etwa eine Gruppe „sämtliche Verbraucherinnen und Verbraucher“ oder „alle Kundinnen und Kunden von Lebensversicherungen“ zu unbestimmt. Hinreichend bestimmbar wäre daher eine Gruppe von sämtlichen Personen, die in einem bestimmten Zeitraum ein bestimmtes Produkt oder Wertpapier erworben haben, oder sämtliche Personen, die bei einem Versicherungsunternehmen X, in einem bestimmten Zeitraum die Versicherungspolice C abgeschlossen haben.

Die in Nummer 2 bezeichneten gleichen oder ähnlichen tatsächlichen Umstände beziehen sich ebenso wie im KapMuG auf anspruchsbegründende oder anspruchsausschließende Voraussetzungen; dasselbe gilt für die Rechtsfragen. Insoweit soll kein Unterschied zu § 2 Absatz 1 und § 3 Absatz 1 Nummer 1 KapMuG bestehen (zum Begriff der Abhängigkeit siehe unten bei § 610). Die dennoch abweichende Formulierung im Hinblick auf „gleiche oder ähnliche“ Umstände und Rechtsfragen soll den Gerichten jedoch die nötige Flexibilität ermöglichen; bei nur „ähnlichen“ Umständen oder Rechtsfragen können gegebenenfalls Untergruppen gemäß § 610 Absatz 3 gebildet werden.

Nummer 3 verlangt außerdem, dass das Gruppenverfahren gegenüber zahlreichen Einzelverfahren „vorzugswürdig“ ist. Damit soll darauf hingewiesen werden, dass ein Gruppenverfahren nur sinnvoll ist, wenn es im Vergleich zu vielen Einzelklagen als angemessene Form der Konfliktlösung erscheint. Eine zahlenmäßige Grenze ist dabei – abgesehen von dem Seriösitätsindiz der in § 609 Absatz 1 geforderten zehn Teilnahmeerklärungen – nicht vorgesehen, da die Vorzugswürdigkeit des Gruppenverfahrens von den Umständen des Einzelfalls abhängt: Schon bei zehn Anspruchstellern mag ein Gruppenverfahren sinnvoll sein, wenn alle Ansprüche sich auf dieselbe angeblich fehlerhafte Kapitalmarktinformation beziehen und dies die wesentliche zu beurteilende Frage darstellt. Andererseits ist aber auch vorstellbar, dass ein Gruppenverfahren auch bei einer größeren Zahl von Anspruchstellern gegenüber Einzelklagen nicht vorzugswürdig ist, wenn jeder Anspruch so starke materiell-rechtlich relevante individuelle Besonderheiten aufweist, dass eine Zusammenfassung im Gruppenverfahren kaum weiterhilft.

Bezüglich der in Nummer 4 verlangten Eignung des Gruppenklägers gibt § 613 Absatz 2 gewisse Anhaltspunkte. Im Grundsatz ist von einer Eignung des vorgeschlagenen Gruppenklägers auszugehen, sofern keine konkreten Anhaltspunkte dagegen sprechen. Der Gruppenkläger muss „willens“ sein, diese Aufgabe zu übernehmen, d. h. die Ernennung zum Gruppenkläger kann nicht gegen den Willen des Betroffenen stattfinden; dies ist eine Klarstellung gegenüber dem KapMuG (vgl. bereits Lange, in Vorwerk/Wolf, KapMuG, § 8 KapMuG a. F. Rn. 32).

Zu § 607

Anders als das KapMuG ist das Gruppenverfahren nicht auf ein bestimmtes Teilgebiet des Privatrechts beschränkt, so dass grundsätzlich alle Klagen im Anwendungsbereich der ZPO für ein Gruppenverfahren in Betracht kommen. Die Vorschrift des § 607 stellt daher nur klar, dass in den genannten Angelegenheiten ein Gruppenverfahren keinesfalls zulässig ist.

Ob sich konkrete Ansprüche mit Blick auf ihren rechtlichen und tatsächlichen Zusammenhang für ein Gruppenverfahren eignen, wird daher hier nicht vom Gesetzgeber abstrakt vorgegeben. Vielmehr ist es Sache des angerufenen Gerichts, diese Frage im Rahmen seiner Entscheidung über die Zulassung des Gruppenverfahrens anhand der in § 606 vorgegeben Kriterien zu beantworten.

Zu § 608

Absatz 1 konzentriert die örtliche Zuständigkeit für Gruppenverfahren auf das Gericht am Sitz des Beklagten. Dies soll die Abwicklung gegebenenfalls konkurrierender Anträge auf die Durchführung von Gruppenverfahren erleichtern. Die Interessen der Kläger, an einem anderen Ort Klage erheben zu können, können im Gruppenverfahren aufgrund der möglichen Vielzahl von Klägern ohnehin nicht ohne Weiteres berücksichtigt werden.

Die Regelung des Absatz 2 beruht auf der Überlegung, dass auch bei im Ausland befindlichen Beklagten die Möglichkeit bestehen sollte, ein Gruppenverfahren in Deutschland durchzuführen, wenn sich die Aktivitäten des ausländischen Beklagten in der Weise in Deutschland auswirken, dass sie hier nach den allgemeinen Regeln zuständigkeitsbegründend sind. Die internationale Zuständigkeit wird in der Vorschrift nicht behandelt; insoweit gehen ohnehin die europarechtlichen Regelungen im Rahmen ihres Anwendungsbereichs vor.

Die Regelung in Absatz 3 hängt mit der Entscheidung zusammen, die sachliche Zuständigkeit für Gruppenverfahren bei den Landgerichten anzusiedeln, soweit nicht die bisher dem KapMuG unterfallenden Materien betroffen sind (siehe Artikel 3). Die Länder werden damit ermächtigt, Gruppenverfahren bestimmten Land- und Oberlandesgerichten zuzuweisen, um diesbezügliche Spezialkompetenzen aufzubauen und die Gerichtsorganisation entsprechend anzupassen.

Zu § 609

Das Gruppenverfahren wird durch einen Antrag nach § 609 eingeleitet, der entweder zusammen mit der Klageschrift gestellt wird – so der in Absatz 1 vorgesehene Regelfall – oder gemäß Absatz 3 aus einem bereits anhängigen Prozess heraus. Der Antrag muss die Voraussetzungen für ein Gruppenverfahren gemäß § 606 darlegen und enthält zugleich den Vorschlag, wer als Gruppenkläger ernannt werden soll. Außerdem sind die genannten Teilnahmeerklärungen beizufügen, einschließlich jener des avisierten Gruppenklägers, da zu diesem Zeitpunkt noch nicht feststeht, ob er tatsächlich zum Gruppenkläger ernannt wird. Im Falle des § 611 Nummer 2 (qualifizierte Einrichtung als vorgeschlagener Gruppenkläger) wird diese Einrichtung i. d. R. keinen eigenen Anspruch geltend machen – sofern sie insoweit nicht als Zessionarin auftritt – und muss daher auch keine Teilnahmeerklärung abgeben. Die Anzahl von zehn Teilnehmern ist nur eine aus dem geltenden Recht des KapMuG entlehnte Mindestvoraussetzung, mit der eine gewisse zahlenmäßige Bedeutung des Antrags gesichert werden soll; die Einhaltung dieser Mindestanzahl führt noch nicht automatisch zur Zulässigkeit des Gruppenverfahrens.

Zu § 610

Die Vorschrift stellt in Absatz 1 zunächst klar, dass im Gruppenverfahren dieselben Anträge gestellt werden können wie im Individualverfahren.

Absatz 2 erweitert darüber hinaus den möglichen Gegenstand eines Gruppenverfahrens. Die hier verwendete Formulierung der möglichen Gegenstände eines auf bestimmte tatbestandlich relevante Feststellungen „begrenzten“ Gruppenverfahrens entspricht den möglichen Feststellungszielen im bisherigen KapMuG (§ 2 Absatz 1 KapMuG). Wird ein solches „begrenztes“ Gruppenverfahren gewählt, so ist der Streitgegenstand des Gruppenverfahrens ein „gebündelter Ausschnitt“ aus den Individualverfahren der Gruppenmitglieder, nur dass die Klageerhebung durch jedes Gruppenmitglied hier – anders als im KapMuG – eben nicht mehr Voraussetzung des Gruppenverfahrens ist (vgl. dazu Lange, a. a. O. S. 233).

Der Begriff der „Abhängigkeit“ der Ansprüche der Gruppenmitglieder von den beantragten Feststellungen ist wie in § 3 Absatz 1 Nummer 1 KapMuG zu verstehen, d. h. es ist eine abstrakte Abhängigkeit gemeint. Das Gruppenverfahren setzt nicht voraus, dass jeder einzelne Anspruch nur noch von der im Gruppenverfahren zu treffenden Feststellung abhängt. Vielmehr ist gemeint, dass die festzustellenden Tatsachen oder Rechtsfragen für jedes Gruppenmitglied entscheidungserheblich sein können.

Die gemäß § 610 Absatz 3 mögliche Bildung von Untergruppen ermöglicht ein gemeinsames Verfahren für Gruppenmitglieder, deren Anspruchsvoraussetzungen zwar in Teilen, aber nicht komplett identisch sind, z. B. Versicherungsnehmer mit unterschiedlichen Policen oder Erwerber von Wertpapieren aufgrund verschiedener Prospekte, die aber dennoch in der Weise verbunden sind, dass sie als ein Lebenssachverhalt zu werten sind.

Zu § 611

Gemäß Nummer 2 dieser Norm steht die Befugnis zur Beantragung eines Gruppenverfahrens und zu seiner Durchführung als Gruppenkläger nicht nur Mitgliedern der jeweiligen Gruppe zu, sondern auch den in Nummer 2 bezeichneten qualifizierten Einrichtungen. Diese haben insbesondere im Rahmen ihrer nach UWG und UKlaG bestehenden Unterlassungsklagebefugnisse ein erhebliches Know-how im Bereich der Durchsetzung von Verbraucher- und Wettbewerbsrecht aufgebaut, das hier nicht ungenutzt bleiben soll. § 611 Nummer 2 ermöglicht diesen Institutionen die Führung eines Gruppenverfahrens, ohne dass auf eine Zession der zugrunde liegenden Ansprüche oder ähnliche Hilfskonstruktionen zurückgegriffen werden müsste. Tritt eine qualifizierte Einrichtung als Gruppenklägerin auf, so ist in dem zu stellenden Antrag deutlich zu machen, dass die begehrten Rechtswirkungen nicht zwischen ihr und dem Beklagten, sondern zwischen den Teilnehmern und dem Beklagten eintreten sollen.

Zu § 612

Da das Gruppenverfahren eine Ausnahme vom ansonsten die ZPO prägenden Grundsatz der individuellen Rechtsverfolgung darstellt, ist ein Vorverfahren zur Prüfung der Zulässigkeit des Gruppenverfahrens notwendig. Auch dies entspricht internationalen Standards. In diesem Vorverfahren prüft das Gericht die Zulässigkeitsvoraussetzungen und erörtert mit den Parteien die angemessene Durchführung des Verfahrens einschließlich der Formulierung der im Gruppenverfahren sachdienlichen Anträge. Möglicherweise ist bereits an dieser Stelle eine gütliche Einigung möglich.

Anders als im KapMuG, in dem die verfahrenseinleitenden Beschlüsse weitgehend als unanfechtbar ausgestaltet sind, ist der Beschluss über die Eröffnung oder Nichteröffnung des Gruppenverfahrens mit der sofortigen Beschwerde und der Rechtsbeschwerde anfechtbar. Dafür spricht schon die erhebliche Bedeutung, welche die Einleitung eines Gruppenverfahrens für die Verfahrensbeteiligten haben kann. Hinzu kommt, dass die unbestimmten Rechtsbegriffe des § 606 erst durch die Rechtsprechung ausgefüllt und präzisiert werden müssen, so dass eine Kontrolle der Rechtsanwendung hier auch im Interesse der Rechtsentwicklung nötig ist. Aus der Anfechtbarkeit des Beschlusses ergibt sich schon nach allgemeinen Regeln die Pflicht zur Begründung des Beschlusses (Musielak, ZPO, § 329 Rn. 5).

Zu § 613

Anders als das KapMuG enthält das Gruppenverfahren in der hier entworfenen Form keinen Zwang zum Anschluss an das Verfahren. Dies hat zur Konsequenz, dass auch die Führung paralleler Gruppenverfahren zu einem Lebenssachverhalt im Grundsatz denkbar ist, soweit es sich um unterschiedliche Teilnehmergruppen handelt. Aus Effizienzgesichtspunkten ist eine solche Doppelung von Gruppenverfahren jedoch nicht erwünscht und sollte daher in der Regel mit den in § 613 vorgesehenen Mitteln vermieden werden können.

Die in Absatz 2 genannten Kriterien zur Auswahl des Gruppenklägers unter mehreren Kandidaten entsprechen im wesentlichen dem geltenden Recht zur Auswahl des Musterklägers gemäß § 9 Absatz 2 KapMuG. Entscheidend ist gemäß § 613 Absatz 2 Satz 1 die Beurteilung der Eignung des potentiellen Gruppenklägers; die in Satz 2 genannten weiteren Kriterien sind nur Indizien für eine solche Eignung. Beantragt eine Einrichtung gemäß § 611 Nummer 2 ihre Ernennung zum Gruppenkläger, so wird diese – Fälle der Zession ausgenommen – regelmäßig keinen eigenen Anspruch haben, der dem Gruppenverfahren zugrunde liegen könnte; daraus ergibt sich jedoch nicht, dass diese Einrichtung im Vergleich zu einem möglichen Gruppenkläger mit hohem eigenen Anspruch weniger geeignet wäre.

Ist einmal ein Gruppenverfahren eröffnet, so ist es zweckmäßig, dass weitere Betroffene sich diesem Gruppenverfahren als Teilnehmer anschließen, anstatt ein weiteres eigenes Gruppenverfahren durchzuführen. § 613 enthält in dem Begriff „verwiesen werden können" insoweit ein Ermessen des Gerichts, dass es in besonderen Ausnahmefällen auch ein zweites Gruppenverfahren zulassen kann. Ein solcher Ausnahmefall könnte etwa vorliegen, wenn das erste Gruppenverfahren nicht interessengerecht geführt wird oder wenn eine Teilnahme am ersten Gruppenverfahren nicht mehr möglich ist – etwa weil dieses sich bereits in der Rechtsmittelinstanz befindet – und die versäumte Teilnahme von den Betroffenen nicht zu vertreten ist.

Zu § 614

Die Institution des Klageregisters wird aus dem KapMuG übernommen. Die Bekanntmachung des Eröffnungsbeschlusses im Klageregister dient dazu, anderen Gerichten die Möglichkeit zu geben, von dem Gruppenverfahren und seinen Teilnehmern Kenntnis zu erlangen, etwa für die Zwecke der Aussetzung gemäß § 618. Außerdem dient die Bekanntmachung der möglichen Erweiterung der Gruppe durch den Hinweis auf die Teilnahmemöglichkeit. De facto wird dieser Hinweis jedoch nicht zu einer tatsächlichen Information der Gruppenmitglieder führen, sondern der Gruppenkläger und sein Prozessvertreter werden im eigenen Interesse auf die Teilnahmemöglichkeit öffentlich hinweisen; dabei können sie jedoch auf das öffentlich zugängliche Klageregister verweisen.

Zu § 615

Für die Teilnahmeerklärung ist zur Vereinfachung der Abwicklung auch ein elektronisches Verfahren einzurichten. Der Anwaltszwang entspricht dem geltenden Recht für die Anmeldung von Ansprüchen gemäß § 10 Absatz 2 KapMuG und soll formwidrige Erklärungen verhindern helfen sowie eine Beratung des Teilnehmers ermöglichen. Satz 3 stellt klar, dass die Teilnahmeerklärung nicht erst ab Veröffentlichung des Eröffnungsbeschlusses im Klageregister zulässig ist, sondern bereits ab Stellung des Antrags auf Durchführung des Gruppenverfahrens. Dies kann für die Verjährungshemmung von Bedeutung sein, zumal das Eröffnungsverfahren aufgrund der darin möglichen Rechtsmittel (§ 612 Absatz 4) eine gewisse Zeit dauern kann.

Zu § 616

Der notwendige Inhalt der Teilnahmeerklärung entspricht weitgehend dem geltenden Recht zur Anmeldung von Ansprüchen in § 10 Absatz 3 KapMuG. Die Zustellung der Teilnahmeerklärung an den Beklagten hemmt die Verjährung (siehe Ergänzung des § 204 BGB in Artikel 2). Die Angabe der Anspruchshöhe ist auch dann nötig, wenn im Gruppenverfahren kein Leistungsantrag verfolgt wird, sondern sich das Gruppenverfahren auf eine Feststellung von Tatsachen oder die Beantwortung von Rechtsfragen beschränkt: Schon für die Verjährungshemmung muss der Anspruch – soweit möglich – beziffert werden; außerdem knüpfen die vom Teilnehmer zu entrichtenden Gebühren an den Wert dieses einzelnen Anspruchs an (siehe den neu einzufügenden § 51b des Gerichtskostengesetzes – GKG – in Artikel 4).

Zu § 617

Bei der Zulassung von Teilnahmeerklärungen ist abzuwägen zwischen einer aus Effizienzgründen möglichst großen Gruppe einerseits und Aspekten der Rechtssicherheit andererseits, die zu einem gewissen Zeitpunkt eine Fixierung der Gruppe erfordern. Diese Fixierung ist spätestens mit Ende der mündlichen Verhandlung erster Instanz nötig, so dass eine spätere Teilnahme nicht möglich ist. Vorher sind auch verspätete Teilnahmeerklärungen regelmäßig zuzulassen, es sei denn sie sind aufgrund des Verfahrensfortschritts nicht mehr sachdienlich. Letzteres kann z. B. der Fall sein, wenn auf der Grundlage der bisher teilnehmenden Personen bereits ein Vergleichsvorschlag erarbeitet wurde.

Zu § 618

Die Teilnahme am Gruppenverfahren ist zwar freiwillig, aber sie darf zur Vermeidung widersprechender Entscheidungen und aus Effizienzgründen nicht mit einem parallel laufenden Individualverfahren verbunden werden. Daher wird ein solches Individualverfahren, wenn der Kläger im Individualverfahren zugleich am Gruppenverfahren als Gruppenkläger oder Teilnehmer beteiligt ist, wie in § 8 Absatz 1 KapMuG von Amts wegen ausgesetzt. Das Gericht wird in der Regel von den Parteien über die Existenz des Gruppenverfahrens informiert werden und kann die Angaben über das Klageregister verifizieren. Sollte ausnahmsweise ein Individualverfahren mangels entsprechender Information trotz parallelem Gruppenverfahren fortgesetzt werden, ergibt sich insoweit eine ähnliche Situation wie bei § 261 Absatz 3 Nummer 1 ZPO, so dass die dazu entwickelten Regeln angewandt werden können (vgl. Foerste, in: Musielak, ZPO, § 261 Rn. 9).

Zu § 619

Auf Seiten der klagenden Gruppe ist nur der Gruppenkläger Partei des Verfahrens. Er handelt mit Wirkung für die Teilnehmer und in deren Interesse. Dies ist jedoch eine rein prozessrechtliche Stellung, die nicht schon als solche zu schuldrechtlichen Beziehungen zwischen dem Gruppenkläger und den Teilnehmern führt. Dies wird in Absatz 2 klargestellt. Die in Absatz 3 geregelte Möglichkeit der Abberufung des Gruppenklägers entspricht § 9 Absatz 4 KapMuG, wobei mit dem Wort „offensichtlich" klargestellt wird, dass es sich hier um einen Ausnahmefall handeln wird. Klarstellenden Charakter hat auch § 619 Absatz 4 Satz 1, da die Eröffnung des Gruppenverfahrens immer eine mündliche Verhandlung voraussetzt (§ 612 Absatz 1). Die Regelung des § 619 Absatz 4 soll den Austausch des Gruppenklägers ermöglichen, wenn der bisherige Gruppenkläger das Gruppenverfahren nicht weiter betreiben möchte.

Zu § 620

Die Teilnehmer sind nicht Partei des Gruppenverfahrens. Sie nehmen an diesem freiwillig teil und stimmen somit der Wahrnehmung ihrer prozessualen Stellung durch den Gruppenkläger zu. Den Teilnehmern verbleibt als wichtigstes Recht das Informationsrecht, auf dessen Grundlage sie über ihren Verbleib im Gruppenverfahren entscheiden können. Die Regelung zum elektronischen Informationssystem folgt § 12 Absatz 2 KapMuG i. d. F. ab 1. Juli 2013. Darüber hinaus fasst Absatz 3 die gesetzlich geregelten Fälle zusammen, in denen die Teilnehmer eigene Rechte zur Wahrung ihrer Interessen haben, nämlich bei der vom Gruppenkläger beabsichtigten Klagerücknahme, bei einem beabsichtigten Vergleichsschluss und bei der Einlegung von Rechtsmitteln. Absatz 4 stellt klar, dass Teilnehmer nicht als Zeugen vernommen werden können.

Zu § 621

In der Literatur gibt es unterschiedliche Auffassungen darüber, ob es sinnvoll ist, den Teilnehmern die Möglichkeit zum Austritt aus dem Gruppenverfahren zu gewähren (dafür der österreichische Entwurf von 2007, vgl. Kodek, RdW 2007, 711, 713; für eine zeitlich engere Begrenzung etwa Lange, a. a. O., S. 306). § 621 Absatz 1 gibt den Teilnehmern dieses Recht, jedoch nur während des ersten Rechtszugs und unter Aufrechterhaltung der Pflicht zur Kostentragung. Damit wird ein Kompromiss angestrebt zwischen dem berechtigten Interesse des Teilnehmers, von einem aus seiner Sicht fehlerhaft geführten Gruppenverfahren nicht gebunden zu sein und andererseits zwischen dem Interesse des Beklagten an Rechtssicherheit und Kostenerstattung bei Obsiegen. In der Rechtsmittelinstanz tritt insoweit das Interesse des Teilnehmers zurück, da es nur noch um Kontrolle der erstinstanzlichen Entscheidung geht. Auch in der Rechtsmittelinstanz verbleibt jedoch dem Teilnehmer die Möglichkeit, bei offensichtlich unangemessener Verfahrensführung die Abberufung des Gruppenklägers gemäß § 619 Absatz 3 zu beantragen.

Zu § 622

Die Vorschrift entspricht dem geltenden Recht in § 11 Absatz 1 KapMuG.

Zu den §§ 623 bis 626

Auch die Regelungen zum Vergleichsschluss entsprechen im wesentlichen dem bisher im KapMuG geltenden Recht (§§ 17 bis 19 und 23 KapMuG).

Zu § 627

Das Gruppenverfahren endet als eigenständiges Verfahren mit einem Urteil, nicht durch Beschluss wie das Musterverfahren im KapMuG. Soweit im Gruppenverfahren Leistungs- oder Feststellungsanträge nach den allgemeinen Regeln gestellt werden, ergeben sich keine Besonderheiten:

Diese Anträge sind begründet, wenn und soweit die behaupteten Ansprüche oder Rechtsverhältnisse bestehen.

Für die besonderen Anträge gemäß § 610 Absatz 2 bedarf es jedoch einer zusätzlichen Regelung in § 627 Absatz 1: Hier reicht es nicht aus, dass die begehrten Feststellungen zu treffen sind, sondern es muss hinzukommen, dass diese Feststellungen für den Anspruch eines jeden Teilnehmers relevant sind. Andernfalls könnte jedermann die Klärung bestimmter Tatsachen oder Rechtsfragen im Gruppenverfahren veranlassen, was nicht beabsichtigt ist. Daher wird hier das bereits in § 610 Absatz 2 verwendete Merkmal der (abstrakt zu beurteilenden, siehe Erläuterung zu § 610) Abhängigkeit des Anspruchs von den betreffenden Tatsachen oder Rechtsfragen eingeführt. Ist diese abstrakte Abhängigkeit für einen Teilnehmer nicht gegeben, ist die Klage – insoweit sie diesen Teilnehmer betrifft – mit der entsprechenden Kostenfolge abzuweisen.

Da das Urteil im Gruppenverfahren – je nach seinem Inhalt – unter Umständen vollstreckbar sein kann, verlangt Absatz 2 die Bezeichnung sämtlicher Teilnehmer. Die Belehrung gemäß § 627 Absatz 2 Satz 2 enthält auch den Hinweis auf die Berechtigung der Teilnehmer zum Einlegen von Rechtsmittel gemäß § 631.

Soweit das Urteil zu Gunsten der Teilnehmer vollstreckbar ist, ist zur Vollstreckung nach allgemeinen Regeln zunächst der siegreiche Gruppenkläger befugt. Außerdem gibt Absatz 3 den Teilnehmern bei berechtigtem Interesse die Möglichkeit, ebenfalls eine vollstreckbare Ausfertigung für ihren Teil zu beantragen. Ein solches Interesse liegt etwa vor, wenn der Gruppenkläger untätig bleibt. Der Schuldner wird in diesem Fall über § 733 geschützt.

Zu § 628

Die dogmatische Einordnung der Wirkung des Musterentscheids im KapMuG ist umstritten (vgl. zuletzt etwa Wolf/Lange, NJW 2012, 3751, 3756). Für das Urteil im Gruppenverfahren ist hier zu unterscheiden: Soweit ein auch im Individualverfahren möglicher Leistungs- oder Feststellungsantrag gemäß § 610 Absatz 1 Verfahrensgegenstand ist, entfaltet das Urteil materielle Rechtskraft für die Parteien und für die Teilnehmer (vgl. Lange, a. a. O., S. 258). Soweit aber ein „begrenztes“ Gruppenverfahren (§ 610 Absatz 2) durchgeführt wird, passt der Begriff der Rechtskraft nicht, da eine Feststellung zu Tatsachen oder Rechtsfragen keine Aussage über das Bestehen eines Anspruchs oder sonstigen Rechtsverhältnisses trifft. Die vorliegende Vorschrift spricht daher nur von einer Wirkung für und gegen die Parteien und Teilnehmer, um die diesbezügliche dogmatische Diskussion nicht zu präjudizieren. Zugleich stellt die Vorschrift aber klar, dass die Bindungswirkung nicht etwa abstrakt besteht (etwa bei einer Rechtsfrage), sondern sich nur auf den dem Gruppenverfahren zugrunde liegenden Lebenssachverhalt bezieht. Dadurch wird der Zusammenhang zwischen Streitgegenstand und Entscheidungswirkung aufrechterhalten (vgl. Lange, a. a. O., S. 262).

Zu § 629

Die Kostenregelung für das Gruppenverfahren ist von besonderer Bedeutung, da hier einerseits die finanziellen Zugangsschwellen zum Rechtsschutz gesenkt werden sollen, andererseits aber auch der Beklagte entsprechend den bewährten Grundsätzen im deutschen Zivilverfahrensrecht – d. h. vor allem dem Loser-pays-Prinzip – zu schützen ist. Auf Seiten des Beklagten ändert das Gruppenverfahren daher nichts an den Kosten- und Gebührenregeln. Insbesondere findet keine Streitwertreduzierung oder -begrenzung allein aufgrund der Tatsache statt, dass ein Gruppenverfahren durchgeführt wird. Die Rechtsanwaltsgebühren auf Seiten des Beklagten sind daher anhand der allgemeinen Wertvorschriften zu ermitteln; der Prozessvertreter auf der Beklagtenseite ist also mit Blick auf die gesetzlichen Gebühren nicht schlechter gestellt als bei einer streitgenössischen Klage. Bei der Ermittlung des Gegenstandswerts ist jedoch die in der Rechtsprechung allgemein anerkannte Überlegung zu berücksichtigen, dass ein auf Feststellung gerichtetes Verfahren einen im Vergleich zur Leistungsklage in der Regel etwas geringeren Streitwert hat.

Auf Klägerseite dagegen orientieren sich im ersten Rechtszug die Gerichtskosten und die Anwaltsvergütung nicht an einem Gesamtstreitwert, zumal dieser ohnehin erst feststehen kann, wenn die Phase der Teilnahmeerklärungen abgeschlossen ist. Stattdessen wird jeder dem Gruppenverfahren zugrunde liegende Anspruch oder jedes sonstige Rechtsverhältnis einzeln betrachtet und mit einer entsprechenden Gerichts- und Anwaltsgebühr versehen (siehe § 51b des GKG in Artikel 4 und Artikel 5). Die Gebührensätze entsprechen dabei dem geltenden Recht zur Anmeldung eines Anspruchs nach dem KapMuG (0,5 Gerichtsgebühren und 0,8 Anwaltsgebühren). Diese einzelne Berücksichtigung der dem Gruppenverfahren zugrunde liegenden Ansprüche – und zwar ohne Reduktion des Werts aufgrund eines gegebenenfalls bloß (teilweise) feststellenden Charakters des Gruppenverfahrens – ist schon aufgrund der verjährungshemmenden Wirkung der Teilnahmeerklärung berechtigt und insoweit dem Mahnverfahren vergleichbar.

Bei den Gerichtsgebühren kann diese einzelne Betrachtung der Ansprüche der Teilnehmer im Vergleich zur streitgenössischen Klage zu niedrigeren oder höheren Gebühren führen. Beispiel: Es erklären 50 Personen ihre Teilnahme am Gruppenverfahren mit einer Anspruchshöhe von jeweils 800 Euro. Bei streitgenössischer Klage wären Gerichtsgebühren von 1 194 Euro einzuzahlen (3 Gebühren aus 40 000 Euro Streitwert); im Gruppenverfahren dagegen nur 1 125 Euro (50 halbe Gebühren aus 800 Euro Streitwert). Steigt die Anzahl der Teilnehmer bei gleich bleibendem individuellen Streitwert aber auf 90 an, so betragen die Gebühren im streitgenössischen Verfahren 1 968 Euro (3 Gebühren aus 72 000 Euro Streitwert), im Gruppenverfahren dagegen schon 2 025 Euro (90 halbe Gebühren aus 800 Euro Streitwert). Aufgrund dieses Effekts ist eine erhebliche Belastung für den Justizfiskus nicht zu erwarten.

Bei den Anwaltsgebühren auf Klägerseite in erster Instanz ergibt sich – wiederum im Vergleich zur streitgenössischen Klage betrachtet – ein ähnlicher Effekt: In demselben Beispiel könnte die Anwältin oder der Anwalt der Kläger bei streitgenössischer Klage von 50 Streitgenossen für die erste Instanz eine Vergütung von 4 059 Euro verlangen (Verfahrensgebühr von 1,3 zuzüglich 2,0 Gebühren gemäß VV 1008 sowie Terminsgebühr von 1,2 = 4,5 Gebühren aus 40 000 Euro Streitwert); im Gruppenverfahren dagegen nur 2 600 Euro (50-mal 0,8 Gebühren aus 800 Euro). Gelingt es ihm aber, 150 Mandanten für das Gruppenverfahren zu sammeln, so ist die Vergütung im Gruppenverfahren bereits deutlich höher, nämlich 7 800 Euro (150-mal 0,8 Gebühren aus 800 Euro) im Vergleich zu 6 439,50 Euro bei der streitgenössischen Klage (4,5 Gebühren aus 120 000 Euro). Damit erweist sich das Gruppenverfahren aus Sicht der Klägeranwältin oder des Klägeranwalts vor allem für solche Fälle als attraktiv, in denen eine große Anzahl von Betroffenen als Mandanten entweder bereits vorhanden sind oder zumindest in Betracht kommen. In Fällen mit einer von Anfang an überschaubaren Anzahl von Betroffenen ist das Gruppenverfahren daher aus Anwaltssicht nicht attraktiv. Diese Anreizwirkungen sind beabsichtigt. Zugleich ergibt sich aus dieser Vergütungsstruktur auch ein Anreiz, dass eine Rechtsanwältin oder ein Rechtsanwalt möglichst viele Teilnehmer vertritt, während andererseits die Vertretung eines einzelnen Teilnehmers durch eine Rechtsanwältin oder einen Rechtsanwalt wenig lukrativ erscheint. Auch dies ist sinnvoll, da Interessenkonflikte innerhalb der Gruppe eher vermieden werden, wenn sich ein Großteil der teilnehmenden Gruppenmitglieder auf eine Rechtsanwältin oder einen Rechtsanwalt einigt.

Eine weitere Besonderheit des Gruppenverfahrens ist die – vom dänischen Recht inspirierte – Begrenzung der Kostenerstattungspflicht des Teilnehmers auf einen Höchstbetrag gemäß § 629 Absatz 2. Damit soll aus Sicht des einzelnen Teilnehmers das Risiko der Teilnahme kalkulierbar gemacht werden: Er weiß bereits bei seiner Entscheidung über die Teilnahme, was er bei einer bestimmten Anspruchshöhe im worst case des vollständigen Unterliegens höchstens an Kosten zu tragen hat. Auch damit wird die Schwelle zur Teilnahme ein Stück gesenkt, zumal anders als im Individualverfahren der Teilnehmer im Gruppenverfahren nicht immer eine persönliche Beratung durch den Anwalt erhalten wird, sondern diese zur effizienten Abwicklung eher über Webseiten oder andere Massenmedien organisiert werden wird. Die Höhe dieser „Deckelung" wird mit vier Gebühren nach § 13 des Rechtsanwaltsvergütungsgesetzes (RVG) festgesetzt, was in den meisten Fällen zur Deckung auch der gegnerischen Anwaltskosten im Fall des Unterliegens ausreichen wird. In dem obigen Beispiel wäre also die Kostentragung für den einzelnen Teilnehmer, der einen Anspruch von 800 Euro geltend macht, auf einen Gesamtbetrag von 260 Euro begrenzt.

Die Deckelung gemäß § 629 Absatz 2 ändert aber nichts am Loser-pays-Prinzip. Absatz 3 bestimmt daher, dass der Gruppenkläger residual für eine etwaige Kostenerstattung haftet, soweit diese aufgrund der „Deckelung" von den Teilnehmern nicht verlangt werden kann. Ein solcher Fall mag ausnahmsweise vorkommen, wenn die Anzahl der Teilnehmer eher gering ist und das Verfahren sich über mehrere Instanzen zieht und gegebenenfalls teure Beweiserhebungen enthält. Der Gruppenkläger trägt somit ein etwas höheres Risiko als der einzelne Teilnehmer. Dieses Risiko kann er gegebenenfalls versichern, durch interne vertragliche Vereinbarungen auf einzelne Teilnehmer abwälzen oder schlicht selbst tragen. Daraus ergibt sich ein weiterer gewollter Anreiz, nämlich dass der Gruppenkläger eine Gruppenklage nicht leichtfertig, sondern nur bei überwiegender Erfolgsaussicht angestrengt.

Zu § 630

In Gruppenverfahren sind Rechtsmittel gegen eine erstinstanzliche Entscheidung ebenso wie im KapMuG stets zulässig. Dafür spricht schon die in der Regel erhebliche gesellschaftliche Bedeutung derartiger Verfahren sowie die nötige Einheitlichkeit der Rechtsprechung in eine Vielzahl von Personen betreffenden Fällen. Urteilt das Landgericht in erster Instanz, so erklärt § 630 Absatz 1 die Berufung für stets zulässig, daraus ergibt sich auch die grundsätzliche Eröffnung der Sprungrevision, sofern deren weitere Voraussetzungen (§ 566) vorliegen.

Urteilt das Oberlandesgericht in erster Instanz (siehe dazu unten Artikel 3), so wird das dann zulässige Rechtsmittel in § 630 Absatz 2 als Revision bezeichnet und die §§ 545 ff. ZPO finden entsprechende Anwendung. Urteilt das Oberlandesgericht dagegen als Berufungsgericht, so trifft § 630 keine Regelung, so dass die allgemeinen Vorschriften über die Zulassung der Revision zur Anwendung kommen.

Zu § 631

Die Einlegung von Rechtsmitteln auf Seiten der Gruppe ist Sache des Gruppenklägers; nur wenn er kein Rechtsmittel einlegt, kann aus den dazu bereiten Teilnehmern gemäß § 631 Absatz 1 und 2 ein neuer Gruppenkläger bestimmt werden, der dann das Rechtsmittelverfahren betreibt. Um sich diese Möglichkeit zu erhalten, muss ein Teilnehmer jedoch innerhalb der Rechtsmittelfrist vorsorglich das Rechtsmittel einlegen, damit nach Ablauf der Rechtsmittelfrist Klarheit über die Einlegung oder Nichteinlegung des Rechtsmittels besteht.

Für die Rechtsmittelinstanzen kommen die allgemeinen Wert- und Gebührenvorschriften zur Anwendung. Daher erfolgt, anders als in der ersten Instanz, die Berechnung nicht anhand des Einzelstreitwerts der Teilnehmer, sondern gemäß dem allgemeinen Kostenrecht anhand des Gesamtstreitwerts.

Die Teilnehmer sind verpflichtet, die jeweils auf sie entfallenden Gerichtsgebühren zu Beginn des Rechtsmittelverfahrens zu entrichten (§ 631 Absatz 3). Dies gilt jedoch nur insoweit als der Höchstbetrag der vom einzelnen Teilnehmer zu tragenden Kosten (§ 629 Absatz 2) nicht überschritten ist. Abweichend von den allgemeinen Regelungen beginnt das Verfahren in der Rechtsmittelinstanz jedoch auch bereits, wenn noch nicht sämtliche Teilnehmer die Gerichtsgebühr eingezahlt haben.

Die Rechtsanwaltsgebühren der Rechtsmittelinstanz sind zunächst vom Gruppenkläger zu tragen (§ 631 Absatz 4). Er kann jedoch von den Teilnehmern eine anteilige Beteiligung an diesen Kosten verlangen, aber ebenfalls nur insoweit als dadurch nicht der Höchstbetrag der vom einzelnen Teilnehmer zu tragenden Kosten (§ 629 Absatz 2) überschritten wird.

Zu Artikel 2

Bereits nach geltendem Recht hemmt die Anmeldung eines Anspruchs zu einem KapMuG-Verfahren die Verjährung. Dies wird im einzufügenden § 204 Absatz 1 Nummer 15 BGB auch für die Teilnahme am Gruppenverfahren normiert. Die Verjährungshemmung kann aber nur für solche Ansprüche gelten, denen der gleiche Lebenssachverhalt zugrunde liegt wie dem Gruppenverfahren – ob dies der Fall ist, muss gegebenenfalls im Folgeprozess entschieden werden. Die Hemmung endet gemäß § 204 Absatz 2 Satz 1 BGB sechs Monate nach Beendigung des Gruppenverfahrens, d. h. etwa bei Nichteröffnung des Gruppenverfahrens sechs Monate nach Unanfechtbarkeit des die Eröffnung des Gruppenverfahrens ablehnenden Beschlusses.

Zu Artikel 3

Bisher ist für Musterverfahren nach dem KapMuG das Oberlandesgericht sachlich zuständig, welches insoweit der Sache nach erstinstanzliche Funktionen einschließlich der Beweisaufnahme wahrnimmt. Das soll für den bisherigen Anwendungsbereich des KapMuG unverändert bleiben, um die bereits aufgebaute Expertise der Oberlandesgerichte weiterhin zu nutzen (§ 118 des Gerichtsverfassungsgesetzes (GVG)). Damit verbleibt es zugleich bei dem für das KapMuG festgestellten Vorteil, dass wichtige Fragen des Kapitalmarktrechts vergleichsweise zügig bis zum Bundesgerichtshof gebracht und dort mit erheblicher faktischer Breitenwirkung entschieden werden können.

Da aber das vorliegende Gesetz den Anwendungsbereich des Gruppenverfahrens für sämtliche bürgerliche Rechtsstreitigkeiten öffnet (mit Ausnahme der in § 607 ZPO-E genannten Angelegenheiten), könnte es – je nach Nutzungsintensität des neuen Verfahrens – zu einer Überlastung der Oberlandesgerichte und des Bundesgerichtshofs kommen, wenn man auch für diese Gruppenverfahren die erstinstanzliche Zuständigkeit der Oberlandesgerichte festlegen würde. Daher werden diese sonstigen Gruppenverfahren gemäß dem neuen § 71 Absatz 2 Nummer 5 GVG im ersten Rechtszug den Landgerichten zugeordnet. Die Landesregierungen können hier auch mit Hilfe der Verordnungsermächtigung in § 608 Absatz 3 ZPO-E die notwendigen organisatorischen Maßnahmen treffen.

Zu den Artikeln 4 und 5

Zu den Kostenregelungen siehe oben bei der Erläuterung zu § 629 ZPO-E.

Zu Artikel 6

Das vorliegende Gesetz ersetzt das KapMuG, da sämtliche Regelungsintentionen des KapMuG in dem neuen Gesetz enthalten sind. Für Musterverfahren, in denen bereits ein Vorlagebeschluss im Klageregister veröffentlicht wurde, ist in Absatz 2 eine Übergangsregelung getroffen worden, um diese Verfahren nicht „rückabwickeln" zu müssen. Ist ein Vorlagebeschluss noch nicht bekanntgemacht, so werden mit Inkrafttreten des vorliegenden Gesetzes etwaige Musterverfahrensanträge nach dem KapMuG gegenstandslos und können durch Anträge auf Durchführung eines Gruppenverfahrens ersetzt werden.

Von einer Befristung des Gesetzes wurde – insoweit abweichend vom KapMuG – abgesehen. Zweifellos müssen auch die hier vorgeschlagenen Regelungen in Zukunft erprobt, evaluiert und verbessert werden. Darin unterscheiden sie sich aber nicht von anderen gewichtigen Änderungen im Verfahrensrecht, die in der Vergangenheit ebenfalls ohne Befristung eingeführt wurden; man denke etwa an die Einführung der Insolvenzordnung oder an die Neuregelung des Rechtsmittelrechts. Eine Befristung suggeriert, dass eine Beurteilung der neu eingeführten Normen innerhalb eines jetzt schon zu übersehenden Zeitraums möglich und zugleich notwendig wäre. Das geht aber an der Praxis vorbei: Ein Reformbedarf kann sich bei einer Neuregelung sehr schnell zeigen; in einem solchen Falle kann und wird der Gesetzgeber auch zügig handeln. Andererseits kann es aber auch lange dauern, bis die Entwicklung von Rechtsprechung und Dogmatik einen deutlichen Reformbedarf erkennen lässt; eine solche Entwicklung kann nicht durch fixe Fristen vorhergesehen werden. Es liegt im Wesen der Demokratie, dass jede gesetzliche Regelung nur vorläufigen Charakter hat und von einem zukünftigen Gesetzgeber verändert und verbessert werden kann.

Gesamtherstellung: H. Heenemann GmbH & Co., Buch- und Offsetdruckerei, Bessemerstraße 83–91, 12103 Berlin, www.heenemann-druck.de
Vertrieb: Bundesanzeiger Verlagsgesellschaft mbH, Postfach 10 05 34, 50445 Köln, Telefon (02 21) 97 66 83 40, Fax (02 21) 97 66 83 44, www.betrifft-gesetze.de
ISSN 0722-8333

Plenarprotokoll 17/246

Deutscher Bundestag

Stenografischer Bericht

246. Sitzung

Berlin, Donnerstag, den 13. Juni 2013

Inhalt:

Manuel Höferlin

(A) eng mit den anderen Maßnahmen der liberalen Strategie zur Verwaltungsmodernisierung verzahnt, sodass auch hier medienbruchfrei kommuniziert werden kann und Raum für Innovationen bleibt. Die Landesregierungen haben uns ihre Unterstützung bei diesem wichtigen Vorhaben zugesagt. So schaffen wir den Einstieg in die digitale Kommunikation bei den Gerichten.

Das E-Justice-Gesetz – lassen Sie mich das abschließend sagen – war ein guter erster Schritt. Die FDP wird sich dafür starkmachen, dass dem noch weitere Schritte folgen. Dann werden auch die nächsten vier Jahre vier gute Jahre für Deutschland.

Herzlichen Dank.

(Beifall bei der FDP sowie bei Abgeordneten der CDU/CSU)

Vizepräsident Eduard Oswald:
Vielen Dank, Kollege Manuel Höferlin. – Alle anderen **Reden** sind zu **Protokoll** gegeben.[1] Wir kommen nun zur Abstimmung über den von der Bundesregierung eingebrachten Entwurf eines Gesetzes zur Förderung des elektronischen Rechtsverkehrs mit den Gerichten. Der Rechtsausschuss empfiehlt unter Buchstabe a seiner Beschlussempfehlung auf Drucksache 17/13948, den Gesetzentwurf der Bundesregierung auf 17/12634 in der Ausschussfassung anzunehmen. Ich bitte diejenigen, die dem Gesetzentwurf in der Ausschussfassung zustimmen wollen, um das Handzeichen. – Koalitionsfraktionen und Sozialdemokraten. Wer stimmt dagegen? – Linksfraktion. Enthaltungen? – Bündnis 90/Die Grünen. Der Gesetzentwurf ist damit in zweiter Beratung angenommen.

(B)

Dritte Beratung

und Schlussabstimmung. Ich bitte diejenigen, die dem Gesetzentwurf zustimmen wollen, sich zu erheben. – Koalitionsfraktionen und Sozialdemokraten. Wer stimmt dagegen? – Linksfraktion. Enthaltungen? – Bündnis 90/ Die Grünen. Der Gesetzentwurf ist angenommen.

Abstimmung über den vom Bundesrat eingebrachten Gesetzentwurf zur Förderung des elektronischen Rechtsverkehrs in der Justiz. Der Rechtsausschuss empfiehlt unter Buchstabe b seiner Beschlussempfehlung auf Drucksache 17/13948, den Gesetzentwurf des Bundesrates auf Drucksache 17/11691 abzulehnen. Ich bitte diejenigen, die dem Gesetzentwurf zustimmen wollen, um das Handzeichen. – Das ist niemand. Stimmt jemand dagegen? – Das sind alle Fraktionen des Hauses. Enthaltungen? – Niemand. Der Gesetzentwurf des Bundesrates ist damit in zweiter Beratung abgelehnt. Damit entfällt nach unserer Geschäftsordnung die weitere Beratung.

Ich rufe den Tagesordnungspunkt 29 auf:

> Erste Beratung des von den Abgeordneten Jerzy Montag, Nicole Maisch, Volker Beck (Köln), weiteren Abgeordneten und der Fraktion BÜNDNIS 90/DIE GRÜNEN eingebrachten Entwurfs eines **Gesetzes über die Einführung von Gruppenverfahren**
>
> – Drucksache 17/13756 –

[1] Anlage 14

(C)

> Überweisungsvorschlag:
> Rechtsausschuss (f)
> Ausschuss für Wirtschaft und Technologie
> Ausschuss für Ernährung, Landwirtschaft und Verbraucherschutz

Wie in der Tagesordnung ausgewiesen, werden die **Reden zu Protokoll** genommen.

Dr. Jan-Marco Luczak (CDU/CSU):
Wir debattieren heute über einen Gesetzentwurf der Fraktion Bündnis 90/Die Grünen. Dabei geht es um die Einführung von sogenannten Gruppenverfahren in das Zivilprozessrecht. Ihnen geht es vielleicht genau wie mir. Ich konnte mir unter dem Begriff „Gruppenverfahren" nicht so recht etwas vorstellen. Deshalb zur Klarheit: Wir reden hier über die Einführung von Sammelklagen.

Bevor ich aber etwas zum Inhalt dieses Gesetzentwurfs sage, möchte ich doch meiner Verwunderung Ausdruck verleihen. Mit Ablauf des heutigen Tages haben wir im Deutschen Bundestag noch ganze vier reguläre Plenartage zur Verfügung, bevor wir am 28. Juni in die parlamentarische Sommerpause gehen. Danach sind wir dann alle im Bundestagswahlkampf.

Und das finde ich schon erstaunlich: Hier wird ein Entwurf eingebracht, von dem die Antragsteller genau wissen, dass es keine fachlichen Beratungen oder Anhörungen in den Ausschüssen des Deutschen Bundestages mehr geben kann, weil die Zeit dafür einfach nicht mehr ausreichend ist. Und es geht auch nicht um irgendeinen Gesetzentwurf, sondern es geht um weitreichende Änderungen der Systematik, der Dogmatik und der grundlegenden Prinzipien unserer Zivilprozessordnung. Unsere ZPO gibt es seit über 100 Jahren – sie hat sich bewährt. Die Grünen wollen nun aber wesentliche Prinzipien der ZPO mal eben so ändern. Sie legen uns einen Gesetzentwurf vor, mit dem ein komplett neuer Abschnitt in die ZPO eingeführt werden soll. Ganze 26 Paragrafen lang soll dieser Abschnitt sein. Die Regelungen sind ausgesprochen kleinteilig und komplex, weil es hier in aller Regel um sehr komplizierte Sachverhalte geht. (D)

Daran wird, glaube ich, deutlich, dass eine solch umfassende und tief greifende Änderung der ZPO ausführlich beraten werden muss. Dazu benötigen wir die Sach- und Fachkenntnisse des Deutschen Anwaltsvereins, der Bundesrechtsanwaltskammer, des Deutschen Richterbundes, der Verbraucherschützer und vieler anderer Verbände, die sich in diesem Bereich auskennen. Wir selbst müssen uns intensiv mit dieser Materie auseinandersetzen und diese in den Details beraten. Das geht aber nun wirklich nicht in ein paar Tagen. Das wissen auch die Grünen als Antragsteller selbst.

Dass Sie uns das jetzt, liebe Kolleginnen und Kollegen von den Grünen, trotzdem so vorlegen, kann ich nur auf eines zurückführen: Es ist Wahlkampf! Ihnen geht es nicht um eine seriöse Befassung mit dieser Materie, sondern es geht Ihnen darum, kurz vor Toresschluss gegenüber den Menschen in unserem Land

Dr. Jan-Marco Luczak

(A) *noch einen Arbeitsnachweis zu erbringen, dass Sie fleißig gewesen sind. Für ein solches parlamentarisches „Last-Minute-Vorhaben" geben wir uns als Union nicht her – rechtspolitische Schnellschüsse wird es mit uns nicht geben! Allein schon aus diesem formalen Grund, dass Sie den Bundestag mit offensichtlich wahlkampftaktisch motivierten Dingen befassen, können wir Ihren Gesetzentwurf nicht mittragen.*

Aber auch in der Sache geht Ihr Entwurf inhaltlich in die falsche Richtung. Ich kann mich hier auf einige wenige Aspekte beschränken, da wir schon aus zeitlichen Gründen gar nicht mehr dazu kommen werden, Ihren Entwurf in der notwendigen Tiefe zu beraten.

Ich möchte festhalten: Es ist für die Union völlig klar, dass dort, wo das Gesetz Verbrauchern Rechte und Ansprüche einräumt, diese auch effizient und kostengünstig durchsetzbar sein müssen. Dazu gehört auch, gegebenenfalls eine angemessene Kompensation für entstandene Schäden zu erlangen. Ansonsten wären diese Rechte wert-, weil wirkungslos. In Deutschland kann ich allerdings derzeit kein Defizit bei der Durchsetzung materieller Rechte erkennen. Denn wir haben bereits eine Vielzahl von Instrumenten, die eine wirkungsvolle Rechtsdurchsetzung sicherstellen. Zu nennen sind hier vor allem Verbandsklagebefugnisse, Gewinnabschöpfungsansprüche und Musterklagen. Diese Instrumente greifen auch bei den gerade im Gesetzentwurf der Grünen herangezogenen Streu- und Bagatellschäden, wo der Einzelne möglicherweise wegen eines individuell nur sehr geringen Schadens von (B) *einer Rechtsverfolgung absehen würde. Für Deutschland sehe ich daher keinen Bedarf für weitere kollektive Rechtsschutzinstrumente.*

Es gibt aber nicht nur keinen Bedarf für diese Sammelklagen, Sammelklagen begegnen darüber hinaus auch sehr prinzipiellen Einwänden. Die Sammelklagen, die nun in die ZPO eingeführt werden sollen, sind ein höchst umstrittenes Klageverfahren, weil ihnen ein großes Missbrauchspotenzial innewohnt und sie mit kontinentaleuropäischen Rechtstraditionen kaum in Einklang zu bringen sind. Bereits im Koalitionsvertrag zwischen Union und FDP haben wir 2009 deshalb deutlich formuliert: „Die Einführung von Sammelklagen national und europaweit lehnen wir ab." Dabei bleiben wir.

Denn wir alle kennen aus den Medien die Auswüchse, die Sammelklagen in den USA und anderen Rechtsordnungen genommen haben. Sammelklagen in Deutschland begründen die latente Gefahr, dass eine weitgehend selbstreferenzielle Klageindustrie nach US-amerikanischem Vorbild entsteht. Dort geht es längst nicht mehr um die Durchsetzung materieller Rechte von Verbrauchern. Vielmehr tummeln sich dort Anwälte, die Sammelklagen als Spielfeld für die Erzielung von Einnahmen im Rahmen einer regelrechten Klageindustrie entdeckt und zu nutzen gelernt haben. Es geht also nicht mehr darum, Menschen zu ihrem Recht zu verhelfen, sondern darum, möglichst viel Gewinn mit einer Klage zu erzielen. Das können wir alle (C) *nicht wollen!*

Und es geht ja noch weiter: Oftmals werden Sammelklagen mit öffentlichkeitswirksamen Medienkampagnen begleitet. Aus Angst vor Imageschäden und nicht selten existenzbedrohenden Prozesskosten werden Unternehmen häufig zu kostspieligen außergerichtlichen Vergleichen genötigt. Diese sind nicht selten sachlich unangemessen, weil die zugrunde liegenden Ansprüche bereits zweifelhaft sind. Nach Angaben der US Chamber of Commerce werden unglaubliche 95 bis 98 Prozent aller Sammelklagen außergerichtlich beigelegt, Sammelklagen, über die also gar kein Richter urteilt. Ich will nicht, dass solche Erpressungskampagnen in Form von Sammelklagen in Deutschland möglich werden.

Man muss den Grünen zugestehen, dass sie in ihrem Gesetzentwurf versuchen, Lösungsansätze zur Verhinderung des Missbrauchs aufzuzeigen. Allerdings bin ich der festen Überzeugung, dass dem Instrument der Sammelklage die Gefahr des Missbrauchs immanent ist. Es liegt in der Struktur von Sammelklagen, dass findige Anwälte sie zur Durchsetzung eigener wirtschaftlicher Interessen ausnutzen und nicht mehr der Schutz von materiellen Rechten der Verbraucher im Vordergrund steht. Das will ich nicht.

Der Deutsche Bundestag hat sich in der Vergangenheit deswegen auch sehr kritisch mit Bestrebungen auf europäischer Ebene auseinandergesetzt, kollektive Rechtsschutzinstrumente einzuführen. Ich erinnere nur (D) *an unsere ablehnende Stellungnahme im Rahmen der von der EU-Kommission durchgeführten öffentlichen Konsultation zum „Kollektiven Rechtsschutz".*

Ich kann für meine Fraktion sagen, dass sich an unserer Kritik und unseren Bedenken nichts geändert hat. Daran ändert auch die Tatsache nichts, dass die Europäische Kommission vor zwei Tagen unverbindliche Grundsätze veröffentlicht und den Mitgliedstaaten in den nächsten Jahren die Einführung kollektiver Rechtsschutzverfahren empfohlen hat. Ich glaube, es tut uns gut hier im Deutschen Bundestag, dass wir ungeachtet der Empfehlungen aus Brüssel unsere eigene Meinung bilden und diese vertreten. Für die Union kann ich sagen, es bleibt dabei: Wir lehnen Sammelklagen ab!

Denn – und das soll auch gleich mein Fazit der Debatte sein – wir brauchen keine Sammelklagen, weil wir in Deutschland ein differenziertes Rechtsschutzsystem haben. Jeder Verbraucher kann seine Rechte wirksam und kostengünstig schon jetzt durchsetzen. Sammelklagen beinhalten darüber hinaus ein enormes Missbrauchspotenzial, dem man auch durch Kautelen nicht wirksam entgegenwirken kann.

Einen Gesetzentwurf aber, der erstens nicht erforderlich ist und zweitens sogar noch schädliche Auswirkungen hat, den, liebe Kolleginnen und Kollegen von den Grünen, brauchen wir nun wirklich nicht!

(A)

Ingo Egloff *(SPD):*

Der hier vorliegende Gesetzentwurf der Fraktion Bündnis 90/Die Grünen betritt rechtspolitisches Neuland, zumindest in der Bundesrepublik Deutschland. Die gruppenweise Durchsetzung von Ansprüchen ist dem deutschen Recht fremd, außer im Spezialfall des Musterverfahrensgesetzes für Kapitalanleger. Aus anderen Rechtsordnungen, meistens in angelsächsischen Ländern, kennt man diese Verfahren allerdings. Nun heißt die Verwirklichung in anderen Rechtsordnungen nicht, dass wir immer in gleicher Weise hier verfahren sollten.

Allerdings gibt es gute Gründe, die Einführung eines Gruppenverfahrens zu prüfen und zu diskutieren, die dem Gesetzentwurf bzw. seiner Begründung zu entnehmen sind. Ob am Ende das gewünschte Ziel erreicht wird, mehr Bürgern die Scheu davor zu nehmen, ihre Rechte durchzusetzen, mag zunächst dahinstehen. Es ist aber klar, dass die Angst vieler Bürger vor den Risiken einer Klage abnimmt, wenn man das Risiko mit mehreren zusammen trägt und sich im Verfahren nicht alleine und verloren vorkommt, insbesondere wenn es gegen vermeintlich große und starke Gegner geht. Wir sollten nicht vergessen, dass manche Bürger nur ein einziges Mal im Leben versuchen, vor Gericht ihre Ansprüche durchzusetzen. Es ist gegebenenfalls auch ein probates Mittel, dass das Ausweichen in andere Rechtsordnungen – wegen eines internationalen Bezugs zum Beispiel in die USA – verhindert wird und der deutsche Kläger in einer vertrauten Rechtsordnung (B) *dann, auch was die Risikoabschätzung angeht, besser aufgehoben ist.*

Ich denke also, dass der Versuch unternommen werden sollte, allerdings zunächst mit einer Befristung ähnlich wie beim KapMuG, da wir in der Rechtspraxis Erfahrungen sammeln müssen. Die Anhörung über das KapMuG in dieser Legislaturperiode hat ja gezeigt, dass selbst ein Zeitraum von annähernd zehn Jahren nicht ausgereicht hat, dieses Instrument so zu etablieren, dass eine dauerhafte Lösung Bestand haben könnte.

Insofern ist eine Befristung mit entsprechender Evaluierung das richtige Mittel, um das juristische Neuland, das wir hier betreten, angemessen zu bestellen.

Wichtig ist im Entwurf auch, dass er mit einer Opt-in-Regelung hantiert, das heißt, der Bürger bestimmt, ob er beitreten möchte, und er kann das Verfahren auch wieder verlassen. Wichtig ist auch, dass individuelle Rechte nicht abgeschnitten werden. Der Kläger, der neben der Gruppenklage seine Rechte individuell durchsetzen möchte, muss die Möglichkeit dazu haben.

Leider kommt der Gesetzentwurf so spät, dass wir im Verfahren nicht mehr weit kommen werden. Ich gehe daher davon aus, dass in der neuen Legislaturperiode ein neuer Anlauf genommen werden muss. In der Anhörung sollten wir dann auch die Erfahrungen anderer Länder nutzen und uns über die dortige Praxis informieren lassen. Das kann ein spannender Versuch werden, unsere Rechtsordnung im Sinne des Bürgers fortzuentwickeln und noch bürgerfreundlicher zu gestalten. Deshalb beurteilt meine Fraktion den Gesetzentwurf positiv. (C)

Judith Skudelny *(FDP):*

Heute beraten wir über einen Gesetzentwurf der Fraktion Bündnis 90/Die Grünen über die Einführung von Gruppenverfahren, der dem scheinbaren Problem begegnen soll, dass die individuelle Rechtsdurchsetzung der deutschen Zivilprozessordnung den neuen Herausforderungen der Dienstleistungs- und Informationsgesellschaft nicht mehr gewachsen ist.

Es ist natürlich nicht von der Hand zu weisen, dass die rechtliche Regulierung diverser Lebensbereiche wie der Energieversorgung oder dem Versicherungssektor in den vergangenen Jahren zugenommen hat. Doch ob sich aus der Zunahme dieser meist verbraucherschützenden Regelungen ein Problem ergibt, ist derzeit nicht ersichtlich. Und obwohl sich die Lage der Verbraucher aus unserer Sicht nicht verschlechtert hat, stellt sich die Frage, wie wir mit der zunehmenden rechtlichen Regulierung umgehen. Die hier vorgeschlagene Einführung von Gruppenverfahren ist für uns jedoch aus folgenden Gründen nicht zu befürworten:

Der Gesetzentwurf wirft das Problem des mangelnden Zugangs zu Gericht und der mangelnden Rechtsdurchsetzung vor allem bei kleineren massenhaft auftretenden Individualschäden auf. Beispiele dafür (D) *finden sich bei der Rückgewähr von Leistungen bei unwirksamen AGBs, die von Versicherern oder Energieversorgern genutzt werden, oder der Zahlung pauschaler Entschädigungen bei Flugausfällen.*

Die vorgeschlagene Lösung im vorliegenden Gesetzentwurf ist, dass bei mehreren Geschädigten nur ein Mitglied der Gruppe Klage erheben und den Antrag auf Durchführung des Gruppenverfahrens stellen muss. Einschränkend ist dabei, dass Teilnahmeerklärungen von mindestens zehn Gruppenmitgliedern beizufügen sind und die Teilnehmer am Gruppenverfahren sich anwaltlich vertreten lassen müssen. Das rechtliche Gehör wird jedoch einzig durch den Gruppenkläger ausgeübt; die weiteren Teilnehmer können keine Prozesshandlungen vornehmen. Wird das Gruppenverfahren dann eröffnet, können innerhalb von drei Monaten weitere Teilnehmer dazukommen.

Ein sehr wichtiger Punkt, den ich gesondert erwähnen möchte, ist, dass die Teilnahme und der Verbleib im Gruppenverfahren freiwillig sind und die Geschädigten auch alle übrigen zur Verfügung stehenden Rechtsschutzmöglichkeiten nutzen können.

In der Praxis wird aus dieser Freiwilligkeit mit sehr hoher Wahrscheinlichkeit folgen, dass sich, vor allem bei größeren, anonymen Gruppen, viele Geschädigte nicht nur dem Gruppenverfahren anschließen, da der Aufwand dafür ziemlich gering ist, sondern parallel dazu auch eigene Anstrengungen unternehmen wer-

Judith Skudelny

(A) *den, um den größtmöglichen Erfolg zu erzielen. Was sich daraus für die Gerichte ergeben wird, kann sich jeder vorstellen: Sie werden überschwemmt von Gruppenverfahren und Einzelverfahren zum gleichen Sachverhalt. Damit steigt auch die Gefahr sich widersprechender Entscheidungen unterschiedlicher Gerichte trotz gleichartiger Sachverhalte.*

Dabei bestehen bereits Instrumente, die eine gebündelte Verhandlung und Entscheidung vieler Fälle, die den gleichen Streitgegenstand und auch kleinere Ansprüche betreffen, ermöglichen und sich in der Vergangenheit bewährt haben. Verbraucher haben die Möglichkeit, ihre Forderungen durch Einziehung an eine qualifizierte Einrichtung abzutreten, die diese sammelt und durch den Weg einer objektiven Klagehäufung durch eine einzige Klage vor Gericht geltend macht. Die objektive Klagehäufung ermöglicht je nach Verfahrensverlauf sowohl eine vollstreckbare Entscheidung als auch eine einvernehmliche Regelung. Der Vorteil dieses Verfahrens ist, dass der Verbraucher bei der Einziehungsabtretung keinen Rechtsanwalt benötigt, wodurch die Kosten des Verbrauchers natürlich deutlich geringer ausfallen.

Das hier zur Debatte stehende Gruppenverfahren ist somit nicht nur deutlich komplexer, sondern auch mit höheren Kosten für die Verbraucher verbunden.

An dieser Stelle möchte ich betonen: Die FDP steht nicht nur für Bürokratieabbau, sondern auch für einen umfassenden Verbraucherschutz. Da sich die Grünen
(B) *dieses Ziel ebenfalls auf ihre Fahnen geschrieben haben und es immer wieder öffentlichkeitswirksam betonen, ist es für mich nicht nachvollziehbar, warum dem Verbraucher statt dem bewährten ein Verfahren ermöglicht werden soll, dass nicht nur komplexer, sondern für ihn auch deutlich teurer sein wird – von der Überlastung der Gerichte, die deren Arbeitsfähigkeit erheblich einschränken wird, ganz zu schweigen. Es besteht somit kein Bedarf an dieser deutlich komplizierteren Verfahrensmöglichkeit, sondern das Verfahren der objektiven Klagehäufung hat sich in der Vergangenheit bewährt.*

Lassen Sie mich darüber hinaus abschließend noch eine sehr wichtige Sache ansprechen: Die Europäische Kommission hat am 11. Juni 2013 eine Empfehlung zu den gemeinsamen Grundsätzen des kollektiven Rechtsschutzes für Unterlassungs- oder Schadensersatzansprüche in den Mitgliedstaaten bei Verletzungen gegen EU-Recht herausgegeben. Der hier zur Debatte stehende Gesetzentwurf ist auf diese Empfehlungen in keiner Weise abgestimmt. Auch Ihnen müsste klar sein, dass es wenig Sinn macht, in den letzten Sitzungswochen noch schnell ein Gesetz verabschieden zu wollen, das ein komplexes Verfahren etablieren soll und sich nicht an der Debatte auf der europäischen Ebene orientiert. Somit darf ich abschließend feststellen, dass die vorgeschlagene Einführung von Gruppenverfahren nicht nur bewährte Instrumente durch komplizierte ersetzen will, sondern auch den Verbraucher finanziell stärker belasten und die Gerichte massiv überlasten wird. (C)

Sollte in den nächsten Jahren der Bedarf an einer kollektiven Rechtsdurchsetzung steigen, werden wir uns einer Debatte darüber sicherlich nicht verschließen. Eine solche muss jedoch allen Aspekten und auch der europarechtlichen Dimension Rechnung tragen. Da der vorliegende Gesetzentwurf alle diese Voraussetzungen nicht erfüllt, ist er im Ergebnis natürlich abzulehnen.

Jens Petermann *(DIE LINKE):*

Mit dem vorliegenden Gesetzentwurf versuchen die Grünen, ein hehres, begrüßenswertes Ziel zu erreichen. Die Einführung eines generellen kollektiven Rechtsschutzes für Verbraucherinnen und Verbraucher sowie Bürgerinnen und Bürger ist seit langem eine wichtige Forderung linker Verbraucherschutzpolitik. In diesem Bereich sind uns andere Rechtsordnungen weit voraus. Es ist in der Tat so, dass mit der Einführung von Gruppenverfahren dem bisher mangelnden Rechtsschutz für Betroffene von Massenindividualschäden und den damit verbundenen Problemen der Rechtsdurchsetzung begegnet werden kann. Wenn zum Beispiel ein Großkonzern eine große Anzahl seiner Kunden jeweils um einen kleinen Betrag schädigt, dann wäre ein Gruppenverfahren die richtige prozessrechtliche Maßnahme, um die Interessen der Betroffenen effizient zu bündeln. Es gab schon Beispiele, bei denen ein Landgericht mit 15 000 gleichlautenden (D)
Klagen sachlich und personell einfach überfordert war. Gerade in solchen Fällen ist das Instrument der Gruppenverfahren eine sinnvolle Alternative. In der Begründung des Entwurfs werden zutreffend verschiedene Beispiele beschrieben, in denen die einzelnen Bürgerinnen und Bürger aus finanziellen, sozialen oder kulturellen Gesichtspunkten vor der Durchsetzung ihrer Rechte vor Gericht zurückschrecken. Viele Betroffene sagen sich, dass es nicht lohnen würde, für beispielsweise 20 Euro vor Gericht zu ziehen. Diesen Problemen könnte durch die Einführung von Gruppenverfahren begegnet werden, zum Beispiel dann, wenn ein Unternehmen 10 000 Kunden um jeweils 20 Euro geschädigt hat.

An sich ist das ein guter Ansatz, aber die Umsetzung dessen im deutschen Rechts- und Justizsystem gestaltet sich wie gewohnt schwierig. Die Initiatoren dieses Gesetzentwurfs haben sich vom Kapitalanlegermusterverfahrensgesetz – ich drücke es einmal vorsichtig aus – inspirieren lassen. Das Gruppenverfahren soll eine Weiterentwicklung des Kapitalanlegermusterverfahrensgesetzes sein und dieses ablösen. Das Kapitalanlegermusterverfahrensgesetz bietet schon heute die Möglichkeit einer kollektiven Klageeinreichung für Kapitalanleger. Die Bündelung individueller Ansprüche soll nun durch den vorliegenden Gesetzentwurf verallgemeinert und in die Zivilprozessordnung integriert werden, die Zugangsvoraussetzungen für Gruppenverfahren abgesenkt sowie massenhafte Schadens-

(A) *fälle einer angemessenen Konfliktlösung zugeführt werden. Das vorgeschlagene Opt-in-Verfahren, bei dem die Wirkung einer Entscheidung im Gruppenverfahren ausschließlich die Personen betrifft, die ausdrücklich ihre Teilnahme erklärt haben, ist ein guter Ansatz und dem in den USA, Kanada und Australien praktizierten Opt-out-Verfahren, Entscheidung betrifft jedes Mitglied der Gruppe, vorzuziehen. Aus Praktikabilitätsgründen ist es sinnvoll, dass das Verfahren nur vom Gruppenkläger geführt wird und die Teilnehmer, ohne selbst Prozesshandlungen vornehmen zu können oder zu müssen, über den Fortgang des Verfahrens informiert werden.*

Das Gesetzgebungsverfahren zur Änderung des Kapitalanlegermusterverfahrensgesetzes haben wir erst vor gut einem Jahr in diesem Hause abgeschlossen. Im Vorfeld haben viele Beratungen und eine öffentliche Anhörung im Rechtsausschuss stattgefunden. Im Rahmen dieser öffentlichen Anhörung wurden auch die Probleme erörtert, die eine Einführung des kollektiven Rechtsschutzes in die deutschen Prozessordnungen mit sich bringen. Diese Probleme wirft der vorliegende Gesetzentwurf ebenfalls auf und löst sie genauso wenig wie das Kapitalanlegermusterverfahrensgesetz.

Zu den konkreten Problemen des vorliegenden Entwurfs: Zum einen führt die Wahl eines Gruppenverfahrens zwangsläufig zu einer zeitlichen Verzögerung, da den anderen Teilnehmern eine Frist von drei Monaten zur Erklärung der Teilnahme gewährt wird. Die Veröffentlichung des Eröffnungsbeschlusses und der Teilnahmeerklärung im Klageregister reicht aus meiner Sicht nicht aus, um wirklich jeden potenziell Betroffenen zu erreichen. Hier müssen zusätzlich noch andere Bekanntmachungswege eröffnet werden, wobei es dort wieder datenschutzrechtliche Probleme geben kann. Zum anderen drängt sich die Frage auf, wozu sich jeder Teilnehmer anwaltlich vertreten lassen muss, obwohl er selbst bzw. sein Rechtsbeistand keine Prozesshandlungen vornehmen können. Dazu ist lediglich der Gruppenkläger berechtigt. Das sind noch nicht alle Unzulänglichkeiten des Entwurfs. (B)

Alles in allem begrüße ich den Vorstoß, der aber noch ausreifen muss, die bestehenden Probleme nicht alle zufriedenstellend löst und das aus dem 19. Jahrhundert stammende System der Zivilprozessordnung noch nicht ins 21. Jahrhundert zu katapultieren vermag.

Zudem wirft der Zeitpunkt der Einbringung dieser Initiative Fragen auf. Eine konstruktive und tief gehende Befassung und Beratung in den letzten beiden Sitzungswochen der Legislatur ist nicht mehr möglich. Das schadet dem Anliegen. Eine begrüßenswerte öffentliche Anhörung wird aus Zeitgründen nicht mehr möglich sein. Die Verfasser hätten vor diesem Hintergrund ihre Initiative früher einbringen sollen. Das hätte zumindest die Ernsthaftigkeit des Anliegens unterstrichen.

Jerzy Montag (BÜNDNIS 90/DIE GRÜNEN): (C)

Sie wollen mit dem Flugzeug verreisen, der Flug wurde gestrichen und obwohl Ihnen da eigentlich eine Entschädigung zusteht, zahlt die Airline nicht. Ziehen Sie vor Gericht und klagen die Entschädigung ein?

Sie haben den Stromanbieter gewechselt, der neue Stromanbieter hat Ihnen einen Wechselbonus versprochen, der nach zwölf Monaten ausgezahlt werden soll. Nachdem Sie aber nach dem ersten Jahr erneut den Stromanbieter wechseln, zahlt Ihnen der erste Stromanbieter den Wechselbonus nicht. Verklagen Sie den Stromanbieter in diesem Fall?

Sie haben eine Lebensversicherung abgeschlossen, die Sie aus persönlichen Gründen vorzeitig kündigen müssen. Von ihrem eingezahlten Geld bekommen Sie kaum etwas zurück. Schuld sind die hohen Abschlusskosten und deren nachteilige Verrechnung sowie Stornoabzüge, die der Lebensversicherer durch Klauseln in seinen Verträgen festgelegt hat. Klagen Sie vor Gericht gegen diese Klauseln?

Gleich ist in all diesen Fällen das Ungleichgewicht zwischen den einzelnen wirtschaftlich ohnmächtigen Verbraucherinnen und Verbrauchern auf der einen Seite und den mächtigen Firmen und Unternehmen auf der anderen Seite. Die einzelnen Verbraucherinnen und Verbraucher sind erst einmal allein mit ihren Schäden und müssen sich entscheiden, ob sie das Unternehmen, das die Zahlung verweigert, verklagen. Für viele ist dies eine sehr hohe Hürde, die mit Geld, Zeit, Ärger und der Ungewissheit verbunden ist, wie der Prozess denn ausgehen wird und welche teilweise schwer kalkulierbaren finanziellen Risiken auf sie zukommen. Gerade auch bei kleineren Schäden, wie zum Beispiel in dem oben erwähnten Wechselbonusfall, ist es aus Sicht des Einzelnen tatsächlich auch nicht rational, diese Schäden in Anbetracht des Kostenrisikos einzuklagen. Viele dieser Ansprüche werden daher nicht geltend gemacht. Unredlich erlangte und unrechtmäßige Gewinne verbleiben so bei den Unternehmen. Das ist nicht länger hinnehmbar. (D)

Wir brauchen daher neue Formen kollektiver Rechtsdurchsetzung. Zwar kennt das deutsche Recht bereits in ihrer Anwendung sehr beschränkte Möglichkeiten von Verbänden, in eigenem Namen für Gemeininteressen einzutreten, die Instrumenten des kollektiven Rechtsschutzes ähnlich sind – die im UKlaG und UWG geregelten Verbandsklagen auf Unterlassung oder der im UWG geregelte Gewinnabschöpfungsanspruch zugunsten des Bundeshaushalts. Auch das 2005 eingeführte und 2012 reformierte Kapitalanleger-Musterverfahrensgesetz ist eine Sonderregelung kollektiver Rechtsdurchsetzung, mit weiterhin vielen Defiziten und in seiner Anwendbarkeit auf Kapitalmarktprodukte beschränkt.

Für Fälle wie die eingangs erwähnten, aber grundsätzlich für alle Fälle, in denen eine Vielzahl von Personen durch ein Massenereignis gleich gelagerte Verträge oder sonst aufgrund eines gleichen Lebenssach-

Jerzy Montag

(A) *verhalts geschädigt werden, haben wir daher ein Gruppenverfahren erarbeitet, mit dem erstmals ein umfassendes Verfahren zur Durchführung von Gruppenklagen in Deutschland ermöglicht wird. Dieses hat übrigens nichts mit der Sammelklage – der sogenannten „class action" – nach amerikanischem Modell zu tun. Nach unserem Vorschlag profitieren von einer erfolgreichen Gruppenklage nur diejenigen, die sich ihr anschließen, sogenanntes Opt-in-Prinzip. Klagen, die von Einzelnen für angeblich alle potenziell Betroffenen geführt werden, sogenanntes Opt-out-Prinzip, lehnen wir ab. Wir halten auch am Loser-pays-Prinzip fest, dass also der Prozessverlierer die Kosten des Verfahrens zu tragen hat. Auch Erfolgshonorare und Beteiligungen der Rechtsanwälte an den einzuklagenden Forderungen lehnen wir ebenso ab wie die Einführung von Strafschadensersatz und die sogenannte Pre-trial discovery.*

Unser Gesetzentwurf deckt alle zivilrechtlichen Ansprüche ab. Lediglich Familiensachen und Angelegenheiten der freiwilligen Gerichtsbarkeit werden nicht erfasst. Teilnehmer des Gruppenverfahrens wird nur, wer aktiv seine Teilnahme am Gruppenverfahren gegenüber dem Gericht erklärt. Um Geschädigten, die bisher von einem Gerichtsverfahren abgesehen haben, den Rechtsschutz zu erleichtern, sind die Rechtsanwalts- und Gerichtsgebühren reduziert und außerdem auf höchstens vier Rechtsanwaltsgebühren begrenzt. Die Teilnehmer wissen also genau, auf was sie sich einlassen und wie hoch ihre Kosten sind, sollte der (B) *Prozess verloren gehen.*

Auf der anderen Seite sind die Teilnehmer aber auch nicht Prozessbeteiligte und können weder Prozesshandlungen vornehmen noch Angriffs- oder Verteidigungsmittel vorbringen. Dies kann nur der Gruppenkläger, der den Prozess führt und insofern das rechtliche Gehör für die Teilnehmer quasi treuhänderisch ausübt. Wir halten dies für verfassungsrechtlich vertretbar, da die Teilnehmer freiwillig dem Gruppenverfahren beitreten und auch wieder austreten können. Beitritt zum und Austritt aus dem Gruppenverfahren sind grundsätzlich bis zum Ende der mündlichen Verhandlung möglich. Strebt der Gruppenkläger einen Vergleich an, so können die Teilnehmer, wenn sie mit dem Ergebnis nicht zufrieden sind, ebenfalls austreten. Gruppenkläger kann nach unserem Modell nicht nur eine geschädigte Person sein, sondern auch ein hierzu zugelassener Verband.

Nach unserem Entwurf kann mit der Gruppenklage direkt auf Leistung geklagt werden, etwa in dem zu Beginn skizzierten Fall, in dem eine pauschalierte Entschädigung für einen ausgefallenen Flug verlangt wird. Hier ist die Ursache der Entschädigungsleistung für alle Passagiere identisch, und die Entschädigungssumme unterscheidet sich nicht individuell und kann daher auch von allen Teilnehmer gemeinsam eingeklagt werden.

Aber auch in dem eingangs erwähnten Versicherungsfall bietet sich eine Gruppenklage an, und zwar (C) *auf Feststellung, dass die in den AGB des Lebensversicherers enthaltenen Klauseln rechtswidrig und damit unwirksam sind. Das Gruppenverfahren beschränkt sich in diesen Fällen auf Feststellungen zu gemeinsamen Tatsachen oder Rechtsfragen und endet schon deswegen nicht mit einer vollstreckbaren Entscheidung. In diesen Fällen müsste ein individuelles Verfahren nachgeschaltet werden, in dem der einzelne Geschädigte seinen konkreten Anspruch einklagt. Bei lebensnaher Betrachtung wird das nachgeschaltete Individualverfahren aber die Ausnahme bleiben: Siegt die klagende Gruppe im Gruppenverfahren, so wird für den Beklagten in der Regel ein starker Anreiz zur gütlichen Streitbeilegung gesetzt. Ist dagegen der Beklagte im Gruppenverfahren siegreich, so sind weitere Individualverfahren für die Kläger regelmäßig sinnlos.*

Mit unserem Gesetzentwurf werden nicht nur Verbraucherinnen und Verbraucher in der Durchsetzung ihrer Ansprüche gestärkt, es wird auch die gesellschaftliche Steuerungsfunktion des Rechts gestärkt. Denn die Aufgabe des Rechts besteht nicht nur darin, den Einzelnen zu schützen, sondern zugleich auch insgesamt für faire Marktbedingungen zu sorgen, sodass sich die Verwendung rechtswidriger Geschäftsbedingungen und verbraucherschutzwidriger Praktiken, die fehlerhafte Anlageberatung und sonstige Rechtsverstöße aufgrund effektiver Rechtsdurchsetzungsmöglichkeiten der Geschädigten nicht mehr lohnen.

Vor zwei Tagen hat nun auch die Europäische Kommission nach jahrelanger Diskussion ein Paket zum (D) *kollektiven Rechtsschutz verabschiedet, das Prinzipien kollektiver Rechtsschutzinstrumente enthält und die Mitgliedstaaten auffordert, kollektive Schadensersatz- und Unterlassungsklagen einzuführen. Spätestens damit ist die Debatte um kollektive Rechtsschutzinstrumente auch in Deutschland eröffnet. Von der schwarz-gelben Bundesregierung und der sie tragenden Koalition ist hier allerdings nicht viel zu erwarten. Unter dem Druck der Wirtschaft hat die Bundesregierung sich immer wieder gegen die Einführung von Gruppenklagen ausgesprochen. Dabei ist der Aufschrei der Wirtschaft vollkommen überzogen. Niemand in der EU will Sammelklagen amerikanischer Art einführen. Dies stellt die Europäische Kommission auch in ihrer Empfehlung klar. Sie stellt Prinzipien für kollektive Rechtsschutzinstrumente auf, die sich von der amerikanischen Sammelklage abgrenzen. Nicht ohne Grund verwendet sie nicht den Begriff der Sammelklage, sondern spricht von kollektiven Unterlassungs- und Schadensersatzklagen und allgemein von kollektiven Rechtsschutzverfahren.*

Wir können nun – wie die CDU/CSU und die FDP – in Verweigerung verharren und abwarten, bis die Europäische Union uns zum Handeln zwingt. Wir können aber auch aktiv werden, eigene Regelungen ausarbeiten und vorschlagen und damit Einfluss auf die weitere Gestaltung kollektiven Rechtsschutzes in den Mitgliedstaaten und auf europäischer Ebene nehmen. Wir Grünen gehen diesen aktiven Weg und legen mit unserem

Jerzy Montag

(A) *Gesetzentwurf einen ausformulierten Vorschlag auf den Tisch. Wir freuen uns auf eine angeregte Debatte mit Ihnen, aber auch mit der Fachwelt, den Interessenverbänden und der interessierten Öffentlichkeit.*

Vizepräsident Eduard Oswald:

Interfraktionell wird die Überweisung des Gesetzentwurfes auf Drucksache 17/13756 an die in der Tagesordnung aufgeführten Ausschüsse vorgeschlagen. Gibt es dazu anderweitige Vorschläge? – Das ist nicht der Fall. Dann haben wir das gemeinsam so beschlossen.

Ich rufe den Tagesordnungspunkt 28 auf:

Beratung der Unterrichtung durch die Bundesregierung

Nationaler Aktionsplan zur nachhaltigen Anwendung von Pflanzenschutzmitteln

– Drucksache 17/13076 –

Überweisungsvorschlag:
Ausschuss für Ernährung, Landwirtschaft und Verbraucherschutz (f)
Ausschuss für Umwelt, Naturschutz und Reaktorsicherheit
Ausschuss für Bildung, Forschung und Technikfolgenabschätzung

Wie in der Tagesordnung ausgewiesen, werden die **Reden zu Protokoll** genommen.

Alois Gerig (CDU/CSU):

Die Regierungsfraktionen und die Bundesregierung schaffen die Rahmenbedingungen für einen modernen (B) *Pflanzenschutz: 2011 haben wir mit der Pflanzenschutznovelle eine entsprechende EU-Richtlinie umgesetzt und damit einen wichtigen Beitrag zur Harmonisierung des europäischen Pflanzenschutzrechts geleistet. Darauf aufbauend hat die Bundesregierung den Nationalen Aktionsplan zur nachhaltigen Anwendung von Pflanzenschutzmitteln ausgearbeitet und beschlossen.*

Mit der Pflanzenschutznovelle und dem Aktionsplan bringen wir das oberste Ziel unserer Pflanzenschutzpolitik klar zum Ausdruck: Bei der Anwendung von Pflanzenschutzmitteln müssen Risiken für Mensch und Natur so weit wie möglich ausgeschlossen werden. Deshalb durchlaufen Pflanzenschutzmittel ein äußerst strenges Zulassungsverfahren, bevor sie in der Land- und Forstwirtschaft oder im Wein- und Gartenbau angewendet werden dürfen. Aus dem gleichen Grund müssen die Anwender von Pflanzenschutzmitteln ihre Sachkunde nachweisen, sich durch regelmäßige Fortbildungen auf den neuesten Stand bringen und ihre Spritzgeräte von amtlich anerkannten Kontrollbetrieben regelmäßig überprüfen lassen. Das hohe Schutzniveau wirkt: Bei Untersuchungen werden bei deutschen Lebensmitteln kaum Rückstände festgestellt, die die Grenzwerte übersteigen.

Mit dem Aktionsplan zur nachhaltigen Anwendung von Pflanzenschutzmitteln werden die Anstrengungen verstärkt, die Risiken zu minimieren. Zu diesem Zweck schlägt der Aktionsplan zahlreiche Maßnahmen vor, formuliert konkrete Ziele und legt Indikatoren für die (C) *Zielerreichung fest. So sieht der Aktionsplan beispielsweise vor, kulturpflanzenspezifische Leitlinien für den integrierten Pflanzenschutz auszuarbeiten, den illegalen Handel mit Pflanzenschutzmitteln einzudämmen und den Verbraucher- und Anwenderschutz voranzubringen. Da die verwendete Menge eines Pflanzenschutzmittels nicht unbedingt etwas über die Risiken dieses Mittels aussagt, verzichtet der Aktionsplan richtigerweise auf Zielvorgaben für eine pauschale Mengenreduzierung.*

Länder, Kommunen, Forschungseinrichtungen, Hersteller, Handel und die Anwender in den grünen Berufen wurden in die Ausarbeitung des Aktionsplans eingebunden und sind nun aufgerufen, sich an der Umsetzung zu beteiligen. Dem Bundesministerium für Ernährung, Landwirtschaft und Verbraucherschutz gebührt Dank für diesen Aktionsplan, mit dem Deutschland eine weitere Verpflichtung aus der Pflanzenschutz-Rahmenrichtlinie der EU erfüllt.

Die CDU/CSU hat sich an der Ausarbeitung des Aktionsplans konstruktiv beteiligt – wir werden auch die Umsetzung im Auge behalten. Keinesfalls darf sich aus dem Aktionsplan der Bundesregierung ein neues Fachrecht entwickeln – es muss dem Parlament vorbehalten bleiben, alle wesentlichen Regelungen des Pflanzenschutzrechts vorzunehmen. Wir sehen den Sinn des Aktionsplans vielmehr darin, dass sich alle genannten Akteure auf der Grundlage des bestehenden Rechtsrahmens für Fortschritte bei der Risikominimierung (D) *einsetzen. Es kommt also darauf an, alle Beteiligten zur Mit- und Zusammenarbeit zu motivieren.*

In der Vergangenheit wurden bereits erhebliche Fortschritte bei der Risikominimierung erreicht. Ich nenne nur die Entwicklung hocheffizienter Spritzdüsen mit geringer Abdrift. Das stimmt mich zuversichtlich, dass weitere Fortschritte möglich sind. Pflanzenschutzmittel sind keine gewöhnlichen Gebrauchsgüter – Risikominimierung bleibt deshalb eine ständige Aufgabe. Den Naturhaushalt funktionsfähig halten, die Biodiversität schützen, den Verbraucher- und Anwenderschutz gewährleisten – an diesen Aufgaben muss weiter gearbeitet werden. Die Agrarwirtschaft in Deutschland einschließlich der vor- und nachgelagerten Bereiche ist auf eine effiziente, nachhaltige und sichere Produktion ausgerichtet. Der Aktionsplan leistet dazu einen Beitrag.

Um Risiken bei der Anwendung von Pflanzenschutzmitteln angemessen beurteilen zu können, muss im Nationalen Aktionsplan auch der Nutzen von Pflanzenschutzmitteln berücksichtigt werden. Dies war ein wichtiges Anliegen zahlreicher Verbände – auch der CDU/CSU. Für uns ist es nicht vertretbar, Pflanzenschutzmittel ausschließlich unter Risikogesichtspunkten zu beurteilen: Mithilfe von Pflanzenschutzmitteln können sich Landwirte gegen Schadorganismen zur Wehr setzen, die die Erträge empfindlich reduzieren können.

IV. Empfehlung der EU – Kommission – 11.6.2013

Am 11. Juni 2013 veröffentlichte die Kommission ihre Empfehlungen „Gemeinsame Grundsätze für kollektive Unterlassungs- und Schadensersatzverfahren in den Mitgliedsstaaten bei Verletzung von durch Unionsrecht garantierten Rechten" mit dem Geschäftszeichen (2013/396/EU)[5].

5 http://eur-lex.europa.eu/legal-content/DE/TXT/PDF/?uri=CELEX:32013H0396&from=DE.

L 201/60 DE Amtsblatt der Europäischen Union 26.7.2013

EMPFEHLUNGEN

EMPFEHLUNG DER KOMMISSION

vom 11. Juni 2013

Gemeinsame Grundsätze für kollektive Unterlassungs- und Schadensersatzverfahren in den Mitgliedstaaten bei Verletzung von durch Unionsrecht garantierten Rechten

(2013/396/EU)

DIE EUROPÄISCHE KOMMISSION —

gestützt auf den Vertrag über die Arbeitsweise der Europäischen Union, insbesondere auf Artikel 292,

in Erwägung nachstehender Gründe:

(1) Die Europäische Union hat sich den Erhalt und die Weiterentwicklung eines Raums der Freiheit, der Sicherheit und des Rechts — unter anderem durch einen erleichterten Zugang zur Justiz — und ein hohes Verbraucherschutzniveau zum Ziel gesetzt.

(2) In der modernen Wirtschaft kommt es bisweilen zu Ereignissen, bei denen eine Vielzahl von Personen durch dieselbe rechtswidrige Verhaltensweise, bei der durch Unionsrecht garantierte Rechte von einem oder mehreren Handelsunternehmen oder sonstigen Personen verletzt werden, geschädigt werden kann („Massenschadensereignis"). Die Betroffenen könnten sich dadurch veranlasst sehen, die Unterlassung solcher Verhaltensweisen oder Schadensersatz zu fordern.

(3) Die Kommission nahm 2005 ein Grünbuch ([1]) und 2008 ein Weißbuch ([2]) über Schadensersatzklagen wegen Verletzung des EU-Wettbewerbsrechts mit Vorschlägen zur kollektiven Rechtsverfolgung im Kartellrecht an. 2008 veröffentlichte sie zudem ein Grünbuch ([3]) über kollektive Rechtsdurchsetzungsverfahren für Verbraucher. 2011 führte die Kommission eine öffentliche Konsultation mit dem Titel „Kollektiver Rechtsschutz: Hin zu einem kohärenten europäischen Ansatz" durch. ([4])

(4) Das Europäische Parlament nahm am 2. Februar 2012 die Entschließung „Kollektiver Rechtsschutz: Hin zu einem kohärenten europäischen Ansatz" an, in der es einen Vorschlag im Bereich des kollektiven Rechtsschutzes in Form eines allgemeinen Rahmens mit gemeinsamen Grundsätzen forderte, die in der Europäischen Union einheitlichen Zugang zu den Gerichten im Wege des kollektiven Rechtsschutzes gewährleisten und insbesondere, aber nicht ausschließlich, Verletzungen der Verbraucherrechte betreffen. Das Parlament betonte des Weiteren die Notwendigkeit, den Rechtstraditionen und den Rechtsordnungen der einzelnen Mitgliedstaaten gebührend Rechnung zu tragen und die Koordinierung bewährter Verfahren zwischen den Mitgliedstaaten zu verbessern. ([5])

(5) Die Kommission legte am 11. Juni 2013 eine Mitteilung mit dem Titel „Auf dem Weg zu einem allgemeinen europäischen Rahmen für den kollektiven Rechtsschutz" ([6]) vor, in der sie über die bisher durchgeführten Maßnahmen und die Stellungnahmen der Interessengruppen sowie des Europäischen Parlaments berichtete und ihren Standpunkt zu einigen zentralen Fragen des kollektiven Rechtsschutzes darlegte.

(6) Es gehört zu den Kernaufgaben der öffentlichen Rechtsverfolgung, die Verletzung von durch Unionsrecht garantierten Rechten zu verhüten und zu ahnden. Ergänzt wird die öffentliche Rechtsverfolgung durch die Möglichkeit der privaten Verfolgung von Ansprüchen aufgrund solcher Rechtsverletzungen. Wird in dieser Empfehlung auf die Verletzung von durch Unionsrecht garantierten Rechten Bezug genommen, so fallen darunter alle Sachverhalte, bei denen natürliche und juristische Personen durch eine Verletzung von auf Unionsebene begründeten Rechten geschädigt wurden oder geschädigt zu werden drohen.

(7) Die Bereiche, in denen eine ergänzende private Verfolgung von durch Unionsrecht garantierten Rechten im Wege des kollektiven Rechtsschutzes sinnvoll ist, sind unter anderem Verbraucherschutz, Wettbewerb, Umweltschutz, Schutz personenbezogener Daten, Finanzdienstleistungen und Anlegerschutz. Die Grundsätze dieser Empfehlung sollten allgemein in diesen, aber auch in anderen Bereichen, in denen kollektive Unterlassungsklagen oder Schadensersatzklagen bei Verletzung von durch Unionsrecht garantierten Rechten von Interesse sein können, einheitlich angewandt werden.

(8) Um den Eintritt eines Schadens zu verhindern oder Schadensersatzansprüche geltend zu machen, beispielsweise bei geringfügigen Forderungen in Verbrauchersachen, werden in der Regel Individualprozesse angestrengt.

([1]) KOM(2005) 672 vom 19.12.2005.
([2]) KOM(2008) 165 vom 2.4.2008.
([3]) KOM(2008) 794 vom 27.11.2008.
([4]) KOM(2010) 135 endg. vom 31.3.2010.

([5]) 2011/2089(INI).
([6]) COM(2013) 401 final.

(9) Alle Mitgliedstaaten haben zusätzlich zum Individualrechtsschutz verschiedene Formen des kollektiven Rechtsschutzes eingeführt, um auf diesem Weg unerlaubte Praktiken zu verhindern und zu unterbinden und bei Massenschadensereignissen zu gewährleisten, dass Schadensersatzansprüche durchgesetzt werden können. Die Möglichkeit, Ansprüche zu bündeln und kollektiv zu verfolgen, kann insbesondere dann ein geeigneteres Mittel sein, um Rechtsschutz zu erhalten, wenn bei Individualklagen die Verfahrenskosten die Geschädigten davon abhalten, vor Gericht zu gehen.

(10) Mit dieser Empfehlung soll der Zugang zur Justiz bei Verletzung von durch Unionsrecht garantierten Rechten erleichtert und zu diesem Zweck allen Mitgliedstaaten die Einführung eines innerstaatlichen kollektiven Rechtsschutzsystems angetragen werden, das auf unionsweit einheitlichen Grundsätzen beruht, aber den Rechtstraditionen der Mitgliedstaaten Rechnung trägt und gleichzeitig vor Missbrauch schützt.

(11) Zur Regelung von Unterlassungsverfahren haben das Europäische Parlament und der Rat bereits die Richtlinie 2009/22/EG ([1]) über Unterlassungsklagen zum Schutz der Verbraucherinteressen erlassen. Das durch die Richtlinie eingeführte Unterlassungsverfahren ermöglicht es den durch rechtswidrige Verhaltensweisen Geschädigten jedoch nicht, Schadensersatz zu erhalten.

(12) Zur Geltendmachung von Schadensersatzansprüchen haben manche Mitgliedstaaten in unterschiedlichem Umfang Kollektivverfahren eingeführt. Die in den Mitgliedstaaten bestehenden Verfahren des kollektiven Rechtsschutzes sind allerdings sehr uneinheitlich.

(13) Diese Empfehlung enthält verschiedene Grundsätze sowohl für gerichtliche als auch für außergerichtliche kollektive Rechtsschutzverfahren, die in der gesamten Union bei gleichzeitiger Achtung der verschiedenen Rechtstraditionen der Mitgliedstaaten befolgt werden sollten. Diese Grundsätze sollten die Wahrung der grundlegenden Verfahrensrechte der Parteien sicherstellen und durch geeignete Garantien Missbrauch verhindern.

(14) Diese Empfehlung gilt sowohl für kollektive Schadensersatzverfahren als auch, soweit angemessen und für die jeweiligen Grundsätze relevant, für kollektive Unterlassungsverfahren. Unterlassungsverfahren, die im Unionsrecht für bestimmte Bereiche bereits vorgesehen sind, bleiben davon unberührt.

(15) Für kollektive Rechtsschutzverfahren sollten die für die Parteien eines Zivilverfahrens bestehenden Verfahrens- und sonstigen Garantien gelten. Um einer missbräuchlichen Rechtsverfolgung bei Massenschadensereignissen vorzubeugen, sollten die einzelstaatlichen kollektiven Rechtsschutzinstrumente die grundlegenden Garantien enthalten, die in dieser Empfehlung aufgeführt sind. Generell sollten Elemente wie Strafschadensersatz, die ausforschende vorprozessuale Beweissammlung und die Beteiligung von Geschworenen an der Urteilsfindung, die die Rechtstraditionen der meisten Mitgliedstaaten nicht kennen, vermieden werden.

(16) Alternative Streitbeilegungsverfahren können bei Massenschadensereignissen wirksam Rechtsschutz bieten. Sie sollten stets parallel oder als freiwilliges Element des gerichtlichen kollektiven Rechtsschutzes zur Verfügung stehen.

(17) Die Befugnis zur Erhebung einer Kollektivklage in einem Mitgliedstaat hängt davon ab, um welche Art kollektiver Rechtsverfolgung es sich konkret handelt. Bei bestimmten Klagearten wie Gruppenklagen, wo die Klage gemeinsam von denjenigen erhoben wird, die behaupten, einen Schaden erlitten zu haben, ist die Feststellung der Klagebefugnis einfacher als bei Klagen, die in Vertretung erhoben werden und bei denen die Klagebefugnis geklärt werden muss.

(18) Bei einer in Vertretung erhobenen Klage sollte die Klagebefugnis auf ad hoc zugelassene Einrichtungen, anerkannte Vertreterorganisationen, die bestimmte gesetzlich vorgeschriebene Kriterien erfüllen, und auf Behörden beschränkt werden. Vertreterorganisationen sollten ihre administrativen und finanziellen Kapazitäten zur angemessenen Vertretung der Interessen der von ihnen vertretenen Personen nachweisen müssen.

(19) Die Finanzierung kollektiver Rechtsschutzverfahren sollte so geregelt werden, dass ein Systemmissbrauch und Interessenkonflikte ausgeschlossen sind.

(20) Weiter sollten zur Missbrauchsverhinderung und im Interesse einer ordnungsgemäßen Rechtspflege Kollektivklagen vor einem Gericht nur zugelassen werden, wenn die gesetzlich vorgeschriebenen Zulässigkeitsvoraussetzungen erfüllt sind.

(21) Den Gerichten sollte beim Schutz der Rechte und Interessen aller Parteien eines kollektiven Rechtsschutzverfahrens sowie bei der wirksamen Durchführung solcher Verfahren eine zentrale Rolle zukommen.

(22) In Rechtsbereichen, in denen eine Behörde ermächtigt ist, die Verletzung von Unionsrecht im Wege einer Entscheidung festzustellen, muss gewährleistet sein, dass die endgültige Entscheidung über diese Rechtsverletzung und das Ergebnis des kollektiven Rechtsschutzverfahrens miteinander vereinbar sind. Bei Kollektivklagen, die im

([1]) ABl. L 110 vom 1.5.2009, S. 30.

Anschluss an eine behördliche Entscheidung erhoben werden (Folgeklagen), kann davon ausgegangen werden, dass die Behörde bei der Feststellung der Verletzung von Unionsrecht bereits das öffentliche Interesse und die Notwendigkeit der Missbrauchsvermeidung berücksichtigt hat.

(23) Im Hinblick auf das Umweltrecht trägt diese Empfehlung Artikel 9 Absätze 3, 4 und 5 des UNECE-Übereinkommens über Zugang zu Informationen, die Öffentlichkeitsbeteiligung an Entscheidungsverfahren und den Zugang zu Gerichten in Umweltangelegenheiten („Aarhus-Übereinkommen") Rechnung, die einen weiten Zugang zu den Gerichten in Umweltangelegenheiten unterstützen, Kriterien festlegen, denen die Verfahren genügen sollten, darunter zügiger Ablauf des Verfahrens und nicht übermäßige Verfahrenskosten, die Bereitstellung von Informationen an die Öffentlichkeit vorsehen sowie die Prüfung angemessener Unterstützungsmechanismen.

(24) Die Mitgliedstaaten sollten die erforderlichen Maßnahmen ergreifen, um die in dieser Empfehlung festgelegten Grundsätze spätestens zwei Jahre nach ihrer Veröffentlichung umzusetzen.

(25) Die Mitgliedstaaten sollten der Kommission über die Umsetzung der Empfehlung berichten. Auf der Grundlage dieser Berichte sollte die Kommission die von den Mitgliedstaaten ergriffenen Maßnahmen kontrollieren und bewerten.

(26) Spätestens vier Jahre nach Veröffentlichung dieser Empfehlung sollte die Kommission prüfen, ob weitere Maßnahmen, auch legislativer Art, nötig sind, um sicherzustellen, dass die Ziele der Empfehlung vollständig erreicht werden. Die Kommission sollte insbesondere die Umsetzung der Empfehlung und ihre Auswirkungen auf den Zugang zur Justiz, das Recht auf Schadensersatz, die Vermeidung missbräuchlicher Rechtsverfolgung sowie auf das Funktionieren des Binnenmarkts, die Wirtschaft der Europäischen Union und das Vertrauen der Verbraucher bewerten —

HAT FOLGENDE EMPFEHLUNG ABGEGEBEN:

I. ZWECK UND GEGENSTAND

1. Zweck dieser Empfehlung ist es, den Zugang zur Justiz zu erleichtern, rechtswidrige Verhaltensweisen zu unterbinden und bei einem Massenschadensereignis, das auf eine Verletzung von durch Unionsrecht garantierten Rechten zurückzuführen ist, den Geschädigten Schadensersatz zu ermöglichen, gleichzeitig aber auch dafür zu sorgen, dass angemessene Verfahrensgarantien vorhanden sind, um eine missbräuchliche Rechtsverfolgung zu verhindern.

2. Alle Mitgliedstaaten sollten über innerstaatliche kollektive Rechtsschutzverfahren für Unterlassungs- und für Schadensersatzklagen verfügen, die auf den in dieser Empfehlung aufgeführten Grundsätzen beruhen. Diese Grundsätze sollten unionsweit einheitlich gelten, gleichzeitig aber den unterschiedlichen Rechtstraditionen der Mitgliedstaaten Rechnung tragen. Die Mitgliedstaaten sollten sicherstellen, dass die Verfahren des kollektiven Rechtsschutzes fair, gerecht, zügig und nicht übermäßig teuer sind.

II. BEGRIFFSBESTIMMUNGEN UND ANWENDUNGSBEREICH

3. Im Sinne dieser Empfehlung bezeichnet der Ausdruck

a) „Verfahren des kollektiven Rechtsschutzes" i) ein rechtliches Verfahren, mit dem zwei oder mehr als zwei natürliche oder juristische Personen gemeinsam oder eine zur Erhebung einer Vertretungsklage befugte Einrichtung die Einstellung einer rechtswidrigen Verhaltensweise verlangen können (kollektives Unterlassungsverfahren), oder ii) ein rechtliches Verfahren, mit dem zwei oder mehr als zwei natürliche oder juristische Personen, die geltend machen, bei einem Massenschadensereignis geschädigt worden zu sein, gemeinsam oder eine zur Erhebung einer Vertretungsklage befugte Einrichtung Schadensersatz verlangen können (kollektives Schadensersatzverfahren);

b) „Massenschadensereignis" ein Ereignis, bei dem zwei oder mehr als zwei natürliche oder juristische Personen geltend machen, durch dasselbe rechtswidrige Verhalten oder durch ähnliche rechtswidrige Verhaltensweisen einer oder mehrerer natürlicher oder juristischer Personen geschädigt worden zu sein;

c) „Schadensersatzklage" eine Klage, mit der ein Schadensersatzanspruch vor einem einzelstaatlichen Gericht geltend gemacht wird;

d) „Vertretungsklage" eine Klage, die von einer Vertreterorganisation, einer ad hoc zugelassenen Einrichtung oder einer Behörde im Namen und für Rechnung von zwei oder von mehr als zwei natürlichen oder juristischen Personen erhoben wird, die geltend machen, bei einem Massenschadensereignis geschädigt worden zu sein oder der Gefahr einer Schädigung ausgesetzt gewesen zu sein, wobei diese Personen nicht Partei des Verfahrens sind;

e) „kollektive Folgeklage" ein Verfahren des kollektiven Rechtsschutzes, das eingeleitet wird, nachdem eine Behörde im Wege einer bestandkräftigen Entscheidung festgestellt hat, dass Unionsrecht verletzt wurde.

Diese Empfehlung enthält allgemeine Grundsätze für den kollektiven Rechtsschutz sowie besondere Grundsätze für Unterlassungsverfahren und für Schadensersatzverfahren.

III. ALLGEMEINE GRUNDSÄTZE FÜR KOLLEKTIVE UNTERLASSUNGSKLAGEN UND SCHADENSERSATZKLAGEN

Klagebefugnis für Vertretungsklagen

4. Die Mitgliedstaaten sollten auf der Grundlage genau definierter Zulassungsvoraussetzungen Vertreterorganisationen anerkennen, die befugt sind, Vertretungsklagen zu erheben. Die Mindestanforderungen sind:

a) Gemeinnützigkeit,

b) direkter Zusammenhang zwischen den wichtigsten Zielen der Organisation und den durch Unionsrecht garantierten Rechten, deren Verletzung geltend gemacht wird und die Gegenstand der Klage sind, und

c) ausreichende finanzielle und personelle Ressourcen sowie erforderlicher juristischer Sachverstand, um mehrere Personen vertreten und deren Interesse wahrnehmen zu können.

5. Die Mitgliedstaaten sollten sicherstellen, dass eine anerkannte Einrichtung, die eine oder mehrere der Voraussetzungen nicht mehr erfüllt, ihre Klagebefugnis verliert.

6. Die Mitgliedstaaten sollten sicherstellen, dass nur Einrichtungen, die zuvor offiziell als Vertreterorganisation im Sinne von Randnummer 4 anerkannt wurden, oder Einrichtungen, die von den Behörden oder Gerichten eines Mitgliedstaats ad hoc für eine bestimmte Vertretungsklage zugelassen wurden, eine solche Klage erheben können.

7. Zusätzlich oder als Alternative können die Mitgliedstaaten auch Behörden die Klagebefugnis für Vertretungsklagen übertragen.

Zulässigkeit

8. Die Mitgliedstaaten sollten dafür sorgen, dass möglichst früh im Verfahren geprüft wird, ob der Fall nicht offensichtlich unbegründet ist und die Voraussetzungen für ein Verfahren des kollektiven Rechtsschutzes erfüllt sind; andernfalls sollte das Verfahren eingestellt werden.

9. Zu diesem Zweck sollten die Gerichte von Amts wegen eine entsprechende Prüfung durchführen.

Information über kollektive Rechtsschutzverfahren

10. Die Mitgliedstaaten sollten sicherstellen, dass die Vertreterorganisation oder die Klägergruppe die Möglichkeit hat, über die geltend gemachte Verletzung von durch Unionsrecht garantierten Rechten und ihre Absicht, die Unterlassung des betreffenden Verhaltens zu erwirken, sowie über ein Massenschadensereignis und ihre Absicht zu informieren, im Wege des kollektiven Rechtsschutzes Schadensersatzklage zu erheben. Der Vertreterorganisation, der ad hoc zugelassenen Einrichtung, der Behörde beziehungsweise der Klägergruppe sollten entsprechende Informationsmöglichkeiten über laufende Schadensersatzklagen zustehen.

11. Bevor das Gericht in einem endgültigen Urteil die Verantwortung für eine Rechtsverletzung oder einen Schaden festgestellt hat, sollten bei der Wahl der Methode zur Verbreitung der Informationen die besonderen Umstände des betreffenden Massenschadensereignisses, das Recht auf freie Meinungsäußerung, das Auskunftsrecht und das Recht auf Schutz des guten Rufes oder des Unternehmenswerts des Beklagten berücksichtigt werden.

12. Die Informationsmethoden lassen die Bestimmungen der Union über Insider-Geschäfte und Marktmanipulation unberührt.

Erstattung der Rechtskosten der obsiegenden Partei

13. Die Mitgliedstaaten sollten dafür sorgen, dass die Partei, die in einem Verfahren des kollektiven Rechtschutzes unterliegt, gemäß dem maßgebenden einzelstaatlichen Recht die notwendigen Rechtskosten der obsiegenden Partei trägt.

Finanzierung

14. Die Klagepartei sollte dem Gericht am Anfang des Verfahrens die Herkunft der Mittel offenlegen müssen, mit denen die Klage finanziert wird.

15. Das Gericht sollte das Verfahren aussetzen können, wenn bei der Verwendung von Mitteln Dritter

a) ein Interessenkonflikt zwischen dem Dritten, der Klagepartei und ihren Mitgliedern besteht;

b) der Dritte nicht über ausreichende Mittel verfügt, um seinen Verpflichtungen gegenüber der Klagepartei, die das Verfahren des kollektiven Rechtsschutzes eingeleitet hat, nachzukommen;

c) die Klagepartei nicht über ausreichende Mittel verfügt, um bei einer Niederlage vor Gericht die Kosten der Gegenseite tragen zu können.

16. Die Mitgliedstaaten sollten sicherstellen, dass im Fall der Finanzierung eines kollektiven Rechtsschutzverfahrens durch private Dritte diesen Dritten Folgendes untersagt ist:

a) die Einflussnahme auf die Verfahrensentscheidungen der Klagepartei, darunter auf Einigungsentscheidungen;

b) die Bereitstellung von Mitteln für die Kollektivklage gegen einen Beklagten, der Wettbewerber des Geldgebers ist oder auf dessen Mittel der Geldgeber angewiesen ist;

c) überhöhte Zinsen auf die bereitgestellten Mittel.

Grenzüberschreitende Rechtssachen

17. Wenn natürliche oder juristische Personen aus mehreren Mitgliedstaaten von einer Streitsache betroffen sind, sollten die Mitgliedstaaten dafür sorgen, dass eine Kollektivklage an einem Gerichtsstand nicht durch innerstaatliche Vorschriften über die Zulässigkeit oder über die Klagebefugnis ausländischer Klägergruppen oder von Vertreterorganisationen aus anderen Rechtsordnungen verhindert wird.

b) direkter Zusammenhang zwischen den wichtigsten Zielen der Organisation und den durch Unionsrecht garantierten Rechten, deren Verletzung geltend gemacht wird und die Gegenstand der Klage sind, und

c) ausreichende finanzielle und personelle Ressourcen sowie erforderlicher juristischer Sachverstand, um mehrere Personen vertreten und deren Interesse wahrnehmen zu können.

5. Die Mitgliedstaaten sollten sicherstellen, dass eine anerkannte Einrichtung, die eine oder mehrere der Voraussetzungen nicht mehr erfüllt, ihre Klagebefugnis verliert.

6. Die Mitgliedstaaten sollten sicherstellen, dass nur Einrichtungen, die zuvor offiziell als Vertreterorganisation im Sinne von Randnummer 4 anerkannt wurden, oder Einrichtungen, die von den Behörden oder Gerichten eines Mitgliedstaats ad hoc für eine bestimmte Vertretungsklage zugelassen wurden, eine solche Klage erheben können.

7. Zusätzlich oder als Alternative können die Mitgliedstaaten auch Behörden die Klagebefugnis für Vertretungsklagen übertragen.

Zulässigkeit

8. Die Mitgliedstaaten sollten dafür sorgen, dass möglichst früh im Verfahren geprüft wird, ob der Fall nicht offensichtlich unbegründet ist und die Voraussetzungen für ein Verfahren des kollektiven Rechtsschutzes erfüllt sind; andernfalls sollte das Verfahren eingestellt werden.

9. Zu diesem Zweck sollten die Gerichte von Amts wegen eine entsprechende Prüfung durchführen.

Information über kollektive Rechtsschutzverfahren

10. Die Mitgliedstaaten sollten sicherstellen, dass die Vertreterorganisation oder die Klägergruppe die Möglichkeit hat, über die geltend gemachte Verletzung von durch Unionsrecht garantierten Rechten und ihre Absicht, die Unterlassung des betreffenden Verhaltens zu erwirken, sowie über ein Massenschadensereignis und ihre Absicht zu informieren, im Wege des kollektiven Rechtsschutzes Schadensersatzklage zu erheben. Der Vertreterorganisation, der ad hoc zugelassenen Einrichtung, der Behörde beziehungsweise der Klägergruppe sollten entsprechende Informationsmöglichkeiten über laufende Schadensersatzklagen zustehen.

11. Bevor das Gericht in einem endgültigen Urteil die Verantwortung für eine Rechtsverletzung oder einen Schaden festgestellt hat, sollten bei der Wahl der Methode zur Verbreitung der Informationen die besonderen Umstände des betreffenden Massenschadensereignisses, das Recht auf freie Meinungsäußerung, das Auskunftsrecht und das Recht auf Schutz des guten Rufes oder des Unternehmenswerts des Beklagten berücksichtigt werden.

12. Die Informationsmethoden lassen die Bestimmungen der Union über Insider-Geschäfte und Marktmanipulation unberührt.

Erstattung der Rechtskosten der obsiegenden Partei

13. Die Mitgliedstaaten sollten dafür sorgen, dass die Partei, die in einem Verfahren des kollektiven Rechtsschutzes unterliegt, gemäß dem maßgebenden einzelstaatlichen Recht die notwendigen Rechtskosten der obsiegenden Partei trägt.

Finanzierung

14. Die Klagepartei sollte dem Gericht am Anfang des Verfahrens die Herkunft der Mittel offenlegen müssen, mit denen die Klage finanziert wird.

15. Das Gericht sollte das Verfahren aussetzen können, wenn bei der Verwendung von Mitteln Dritter

a) ein Interessenkonflikt zwischen dem Dritten, der Klagepartei und ihren Mitgliedern besteht;

b) der Dritte nicht über ausreichende Mittel verfügt, um seinen Verpflichtungen gegenüber der Klagepartei, die das Verfahren des kollektiven Rechtsschutzes eingeleitet hat, nachzukommen;

c) die Klagepartei nicht über ausreichende Mittel verfügt, um bei einer Niederlage vor Gericht die Kosten der Gegenseite tragen zu können.

16. Die Mitgliedstaaten sollten sicherstellen, dass im Fall der Finanzierung eines kollektiven Rechtsschutzverfahrens durch private Dritte diesen Dritten Folgendes untersagt ist:

a) die Einflussnahme auf die Verfahrensentscheidungen der Klagepartei, darunter auf Einigungsentscheidungen;

b) die Bereitstellung von Mitteln für die Kollektivklage gegen einen Beklagten, der Wettbewerber des Geldgebers ist oder auf dessen Mittel der Geldgeber angewiesen ist;

c) überhöhte Zinsen auf die bereitgestellten Mittel.

Grenzüberschreitende Rechtssachen

17. Wenn natürliche oder juristische Personen aus mehreren Mitgliedstaaten von einer Streitsache betroffen sind, sollten die Mitgliedstaaten dafür sorgen, dass eine Kollektivklage an einem Gerichtsstand nicht durch innerstaatliche Vorschriften über die Zulässigkeit oder über die Klagebefugnis ausländischer Klägergruppen oder von Vertreterorganisationen aus anderen Rechtsordnungen verhindert wird.

18. Vertreterorganisationen, die ein Mitgliedstaat im Voraus anerkannt und denen dieser die Klagebefugnis für Vertretungsklagen übertragen hat, sollte es gestattet sein, in dem Mitgliedstaat, der für die gerichtliche Beurteilung des Massenschadensereignisses zuständig ist, vor Gericht zu gehen.

IV. BESONDERE GRUNDSÄTZE FÜR KOLLEKTIVE UNTERLASSUNGSVERFAHREN

Zügiger Verfahrensablauf bei Anträgen auf Unterlassungsanordnung

19. Die Gerichte und zuständigen Behörden sollten Anträge auf Unterlassungsanordnung, die die Einstellung oder Unterbindung einer Verletzung von durch Unionsrecht garantierten Rechten zum Ziel hat, mit aller gebotenen Eile, gegebenenfalls in einem Schnellverfahren, behandeln, um einen Schaden oder weitere Schäden durch eine solche Rechtsverletzung zu verhindern.

Wirksame Durchsetzung von Unterlassungsanordnungen

20. Die Mitgliedstaaten sollten für den unterlegenen Beklagten geeignete Sanktionen vorsehen, um sicherzustellen, dass er der Unterlassungsanordnung Folge leistet, darunter einen bestimmten Betrag für jeden Tag der Nichtbeachtung oder einen sonstigen in den einzelstaatlichen Rechtsvorschriften vorgesehenen Betrag.

V. BESONDERE GRUNDSÄTZE FÜR KOLLEKTIVE SCHADENSERSATZVERFAHREN

Bildung der Klagepartei nach dem „Opt-in"-Prinzip

21. Die Klagepartei sollte auf der Grundlage der ausdrücklichen Zustimmung der natürlichen oder juristischen Personen gebildet werden, die einen Schaden geltend machen („Opt-in"-Prinzip). Jede per Gesetz oder durch gerichtliche Entscheidung verfügte Ausnahme sollte mit Gründen der ordnungsgemäßen Rechtspflege gerechtfertigt werden müssen.

22. Mitglieder der Klagepartei sollten vor der Verkündung des endgültigen Urteils oder der anderweitigen rechtsverbindlichen Beilegung der Streitsache jederzeit unter denselben Bedingungen, die für die Rücknahme einer Individualklage gelten, aus der Klagepartei ausscheiden können, ohne auf die Möglichkeit der Durchsetzung ihrer Ansprüche auf anderem Wege verzichten zu müssen, sofern die ordnungsgemäße Rechtspflege dies zulässt.

23. Natürliche oder juristische Personen, die geltend machen, bei demselben Massenschadensereignis geschädigt worden zu sein, sollten sich vor der Verkündung des Urteils oder der anderweitigen rechtsverbindlichen Beilegung der Streitsache jederzeit der Klagepartei anschließen können, sofern die ordnungsgemäße Rechtspflege dies zulässt.

24. Der Beklagte sollte von der Zusammensetzung der Klagepartei und etwaiger Änderungen daran in Kenntnis gesetzt werden.

Alternative kollektive Streitbeilegungsverfahren und Vergleiche

25. Die Mitgliedstaaten sollten dafür sorgen, dass die Parteien einer Streitsache, die ein Massenschadensereignis zum Gegenstand hat, sowohl in der vorgerichtlichen Phase als auch während des Zivilprozesses dazu angehalten werden, den Streit über einen Schadensersatzanspruch einvernehmlich oder in einem außergerichtlichen Verfahren beizulegen, wobei die Anforderungen der Richtlinie 2008/52/EG (1) des Europäischen Parlaments und des Rates vom 21. Mai 2008 über bestimmte Aspekte der Mediation in Zivil- und Handelssachen zu beachten sind.

26. Die Mitgliedstaaten sollten dafür sorgen, dass den Parteien vor und während eines Verfahrens neben gerichtlichen kollektiven Rechtsschutzverfahren geeignete alternative kollektive Streitbeilegungsverfahren zur Verfügung stehen. Solche Instrumente sollten nur mit Zustimmung der Beteiligten zur Anwendung kommen.

27. Ab dem Zeitpunkt, zu dem die Parteien vereinbaren, den Streit im Wege eines alternativen Streitbeilegungsverfahrens beilegen zu wollen, bis mindestens zu dem Zeitpunkt, zu dem sich eine Partei oder beide Parteien ausdrücklich aus dem alternativen Streitbeilegungsverfahren zurückzieht beziehungsweise zurückziehen, sollte die für die Ansprüche geltende Verjährungsfrist gehemmt sein.

28. Die Rechtmäßigkeit des verbindlichen Ergebnisses einer kollektiven Streitbeilegung sollte unter Berücksichtigung des Schutzes der Interessen und Rechte aller Beteiligten gerichtlich überprüft werden.

Rechtliche Vertretung und Anwaltshonorare

29. Die Mitgliedstaaten sollten dafür sorgen, dass die Anwaltshonorare und die Methode zu deren Berechnung keinen Anreiz für Streitverfahren schaffen, die aus Sicht der Interessen der Parteien unnötig sind.

30. Die Mitgliedstaaten sollten Erfolgshonorare, die einen solchen Anreiz schaffen könnten, nicht zulassen. Mitgliedstaaten, die ausnahmsweise Erfolgshonorare zulassen, sollten eine geeignete einzelstaatliche Gebührenregelung für Verfahren des kollektiven Rechtsschutzes vorsehen und dabei insbesondere dem Recht der Mitglieder der Klagepartei auf vollständige Entschädigung Rechnung tragen.

Verbot des Strafschadensersatzes

31. Der Schadensersatz, der bei einem Massenschadensereignis geschädigten natürlichen oder juristischen Personen zuerkannt wird, sollte den Betrag nicht übersteigen, der im Wege einer Individualklage hätte erwirkt werden können.

(1) ABl. L 136 vom 24.5.2008, S. 3.

Insbesondere sollte ein Strafschadensersatz verboten werden, der einen überhöhten Ausgleich des von der Klagepartei erlittenen Schadens zur Folge hätte.

Finanzierung kollektiver Schadensersatzverfahren

32. Die Mitgliedstaaten sollten dafür sorgen, dass bei einer Finanzierung kollektiver Schadensersatzverfahren durch private Dritte nicht nur die allgemeinen Finanzierungsgrundsätze gelten, sondern auch verboten wird, die Vergütung, die der Geldgeber erhält, oder die von ihm verlangten Zinsen von der Höhe der Einigung oder dem zugesprochenen Schadensersatz abhängig zu machen, es sei denn, die Finanzierungsvereinbarung wird von einer Behörde kontrolliert, um die Interessen der Parteien zu wahren.

Kollektive Folgeklagen

33. Die Mitgliedstaaten sollten sicherstellen, dass in Rechtsbereichen, in denen eine Behörde ermächtigt ist, die Verletzung von Unionsrecht im Wege einer Entscheidung festzustellen, kollektive Rechtsschutzverfahren prinzipiell erst dann eingeleitet werden sollten, wenn das vor Erhebung der Privatklage begonnene behördliche Verfahren endgültig abgeschlossen ist. Wird das behördliche Verfahren nach Erhebung des kollektiven Rechtsschutzverfahrens eingeleitet, sollte das Gericht davon absehen, eine Entscheidung zu fällen, die im Widerspruch zu der von der Behörde in Erwägung gezogenen Entscheidung stehen würde. Hierzu kann das Gericht das kollektive Rechtsschutzverfahren aussetzen, bis das behördliche Verfahren abgeschlossen ist.

34. Die Mitgliedstaaten sollten bei Folgeklagen sicherstellen, dass die Personen, die einen Schaden geltend machen, nicht dadurch an der Verfolgung ihrer Schadensersatzansprüche gehindert werden, dass die Verjährungs- oder Ausschlussfristen vor dem endgültigen Abschluss des behördlichen Verfahrens abgelaufen sind.

VI. **ALLGEMEINE INFORMATIONEN**

Register der Verfahren des kollektiven Rechtsschutzes

35. Die Mitgliedstaaten sollten ein einzelstaatliches Register der Verfahren des kollektiven Rechtsschutzes einrichten.

36. Alle interessierten Personen sollten elektronisch oder auf anderem Wege gebührenfrei auf das einzelstaatliche Register zugreifen können. Über die Webseiten, auf denen die Register veröffentlicht werden, sollte der Zugriff auf umfassende, objektive Informationen über die vorhandenen Schadensersatzinstrumente, darunter über außergerichtliche Verfahren, möglich sein.

37. Die Mitgliedstaaten sollten sich mit Unterstützung der Kommission um die Kohärenz der in den Registern gespeicherten Informationen und um die Interoperabilität der Register bemühen.

VII. **KONTROLLE UND BERICHTERSTATTUNG**

38. Die Mitgliedstaaten sollten die in dieser Empfehlung enthaltenen Grundsätze spätestens am 26. Juli 2015 in ihre innerstaatlichen Systeme des kollektiven Rechtsschutzes integrieren.

39. Die Mitgliedstaaten sollten die jährliche Anzahl der außergerichtlichen und gerichtlichen kollektiven Rechtsschutzverfahren zuverlässig erheben und Informationen über die Parteien, den Gegenstand und das Ergebnis der Verfahren erfassen.

40. Die Mitgliedstaaten sollten die gemäß Randnummer 39 erhobenen Informationen jährlich der Kommission übermitteln, erstmals spätestens am 26. Juli 2016.

41. Die Kommission sollte die Umsetzung der Empfehlung auf der Grundlage praktischer Erfahrungen spätestens am 26. Juli 2017 bewerten. In diesem Zusammenhang sollte die Kommission insbesondere die Auswirkungen der Empfehlung auf den Zugang zur Justiz, das Recht auf Schadensersatz, die Vermeidung missbräuchlicher Rechtsverfolgung sowie auf das Funktionieren des Binnenmarkts, auf KMU, die Wettbewerbsfähigkeit der Wirtschaft der Europäischen Union und das Vertrauen der Verbraucher bewerten. Die Kommission sollte zudem bewerten, ob weitere Maßnahmen zur Konsolidierung und Stärkung der allgemeinen Ausrichtung der Empfehlung vorgeschlagen werden sollten.

Schlussbestimmungen

42. Die Empfehlung sollte im *Amtsblatt der Europäischen Union* veröffentlicht werden.

Brüssel, den 11. Juni 2013

Für die Kommission

Der Präsident

José Manuel BARROSO

V. Gesetzentwurf Bündnis 90/Die Grünen – 21.5.2014

Am 21. Mai 2014 brachte die Fraktion von BÜNDNIS 90/DIE GRÜNEN den „Entwurf eines Gesetzes über die Ermittlung von Gruppenverfahren“ als **BT-Drucksache 18/6422**[6] ein, der weitgehend dem Entwurf aus der vorangegangenen Legislaturperiode vom 5. Juni 2013 entspricht.

Weiterer Verlauf der parlamentarischen Beratung:

- Beschlussempfehlung und Bericht des Ausschusses für Recht und Verbraucherschutz vom 16. Oktober 2015, BT-Drucksache 18/6422[7]
- Erste Beratung im Plenum am 26. September 2014, BT-PlPr 18/55, S. 5107D bis 5116D[8]
- Zweite Beratung im Plenum am 5. November 2015, BT-PlPr 18/133, S. 12954B bis 12962D[9]

6 https://www.bundestag.de/blob/356150/b47bab89b198448e132e983b96400d0c/gesetzentwurf-data.pdf.

7 http://dipbt.bundestag.de/dip21/btd/18/064/1806422.pdf.

8 http://dip21.bundestag.de/dip21/btp/18/18055.pdf#P.5107.

9 http://dip21.bundestag.de/dip21/btp/18/18133.pdf#P.12954.

Deutscher Bundestag Drucksache 18/1464

18. Wahlperiode 21.05.2014

Gesetzentwurf

der Abgeordneten Nicole Maisch, Renate Künast, Luise Amtsberg, Volker Beck (Köln), Katja Keul, Monika Lazar, Irene Mihalic, Özcan Mutlu, Dr. Konstantin von Notz, Hans-Christian Ströbele und der Fraktion BÜNDNIS 90/DIE GRÜNEN

Entwurf eines Gesetzes über die Einführung von Gruppenverfahren

A. Problem

Zentrale gesellschaftliche Bereiche wie insbesondere der Konsum von Lebensmitteln und Industrieprodukten, die Versorgung mit Strom, Gas und Wasser, die Anmietung von Wohnraum, der Transport mit öffentlichen Verkehrsmitteln, die Risikovorsorge der Bürgerinnen und Bürger durch Versicherungen, ihre Altersversorgung durch Kapitalanlagen sowie die Sicherung einer fairen marktwirtschaftlichen Ordnung durch Wettbewerbs- und Verbraucherschutz werden heute in weiten Teilen in den Strukturen des Privatrechts geregelt.

Das Privatrecht wird jedoch immer noch mit den Mitteln des 19. Jahrhunderts durchgesetzt, nämlich mit einem Prozessrecht, das fast ausschließlich auf der individuellen Rechtsdurchsetzung durch die einzelnen Bürgerinnen und Bürger beruht und das der gestiegenen gesellschaftlichen Bedeutung des Privatrechts nicht mehr gerecht wird.

Die deutsche Zivilprozessordnung hat sich zwar für die individuelle Rechtsdurchsetzung bewährt, aber um den neuen Herausforderungen und der gesellschaftlichen Bedeutung des Privatrechts auch auf der Ebene der Rechtsdurchsetzung gerecht zu werden, sind neue Instrumente notwendig.

Durch die Einführung eines Gruppenverfahrens will die Fraktion BÜNDNIS 90/DIE GRÜNEN insbesondere zwei Problemen entgegentreten: Erstens dem Problem des mangelnden Zugangs zum Recht bei – auch kleineren – massenhaft auftretenden Individualschäden und – damit verbunden – zweitens dem daraus folgenden Defizit bei der Rechtsdurchsetzung.

Am 11. Juni 2013 hat die Europäische Kommission den Mitgliedstaaten die Einführung kollektiver Rechtsschutzverfahren empfohlen, um einen effektiveren Zugang zum Recht zu gewährleisten. Die Empfehlung enthält eine Reihe gemeinsamer, nicht verbindlicher Grundsätze für kollektive Rechtsdurchsetzung, mit der ein kohärentes allgemeines Konzept in der Europäischen Union ohne Harmonisierung der Systeme der Mitgliedstaaten gewährleistet werden soll. In der Empfehlung werden die Mitgliedstaaten aufgefordert, innerhalb von zwei Jahren geeignete Maßnahmen einzuführen. Spätestens zwei Jahre nach der Umsetzung der Empfehlung wird die Kommission anhand der Jahresberichte der Mitgliedstaaten den Stand der Dinge prüfen und entscheiden, ob weitere Maßnahmen erforderlich sind, um den in der Empfehlung gewählten allgemeinen Ansatz zu stärken.

B. Lösung

Der Gesetzentwurf verfolgt drei Ziele: Erstens soll die mit dem Kapitalanleger-Musterverfahrensgesetz (KapMuG) geschaffene Möglichkeit der Bündelung individueller Ansprüche, durch die Einführung eines Gruppenverfahrens, verallgemeinert und in die Zivilprozessordnung integriert werden. Zweitens sollen die Zugangsschranken zum Gruppenverfahren gegenüber dem KapMuG abgesenkt werden, um eine stärkere Rechtsdurchsetzungswirkung zu erreichen. Drittens soll ein angemessener Rahmen geschaffen werden, in dem die Zivilgerichte bei massenhaften Schadensfällen zu einer angemessenen Konfliktlösung beitragen können.

C. Alternativen

Beibehaltung des bisherigen Zustands.

D. Kosten

Wenn sich Rechtsbruch nicht mehr „lohnt“ und damit die Anwendung rechtswidriger Geschäftsbedingungen, verbraucherschutzwidriger Praktiken, fehlerhafter Anlageberatung und andere Rechtsverstöße aufgrund effektiverer Rechtsdurchsetzungsmöglichkeiten zurückgehen, wird das gesamtwirtschaftlich positive Folgen haben und auch für die Verbraucherinnen und Verbraucher langfristig vorteilhaft sein.

Entwurf eines Gesetzes über die Einführung von Gruppenverfahren

Vom ...

Der Bundestag hat das folgende Gesetz beschlossen:

Artikel 1

Änderung der Zivilprozessordnung

Die Zivilprozessordnung in der Fassung vom 5. Dezember 2005 (BGBl. I S. 3202; 2006 I S. 431; 2007 I S. 1781), die zuletzt durch Artikel 4 des Gesetzes vom 11. März 2013 (BGBl. I S. 434) geändert worden ist, wird wie folgt geändert:

1. In der Inhaltsübersicht werden nach der Angabe zu § 605a folgende Angaben eingefügt:

„Buch 6 Gruppenverfahren

Abschnitt 1 Eröffnung des Gruppenverfahrens

§ 606 Zulässigkeit
§ 607 Anwendungsbereich
§ 608 Örtliche Zuständigkeit
§ 609 Antrag auf Eröffnung des Gruppenverfahrens
§ 610 Gegenstand des Gruppenverfahrens
§ 611 Antragsbefugnis
§ 612 Eröffnungsbeschluss
§ 613 Konkurrierende Gruppenverfahren
§ 614 Bekanntmachung im Klageregister; Verordnungsermächtigung

Abschnitt 2 Teilnahme am Gruppenverfahren

§ 615 Teilnahme
§ 616 Teilnahmeerklärung
§ 617 Verspätete Teilnahmeerklärung
§ 618 Aussetzung anhängiger Verfahren

Abschnitt 3 Durchführung des Gruppenverfahrens

§ 619 Gruppenkläger
§ 620 Teilnehmer
§ 621 Beendigung der Teilnahme
§ 622 Verfahrensregeln
§ 623 Vergleich
§ 624 Genehmigung des Vergleichs
§ 625 Bekanntmachung des Vergleichs; Austritt
§ 626 Wirkung des Vergleichs
§ 627 Urteil
§ 628 Wirkung des Urteils
§ 629 Kosten

Abschnitt 4 Rechtsmittel im Gruppenverfahren

§ 630 Statthaftigkeit
§ 631 Einlegung und Kosten“.

2. Das Buch 6 der Zivilprozessordnung wird wie folgt gefasst:

„Buch 6 Gruppenverfahren

Abschnitt 1 Eröffnung des Gruppenverfahrens

§ 606

Zulässigkeit

Ein Gruppenverfahren ist zulässig, wenn und soweit

1. die Mitglieder einer hinreichend bestimmbaren Gruppe Ansprüche oder sonstige Rechtsverhältnisse geltend machen, die den gleichen zugrunde liegenden Lebenssachverhalt betreffen,
2. die Entscheidung über diese Ansprüche oder sonstigen Rechtsverhältnisse von gleichen oder ähnlichen tatsächlichen Umständen oder Rechtsfragen abhängen kann,
3. in Anbetracht der konkreten Umstände die Durchführung des Gruppenverfahrens im Vergleich zu zahlreichen einzelnen Verfahren vorzugswürdig ist und
4. ein Gruppenkläger vorhanden ist, der willens und geeignet ist, das Gruppenverfahren mit Wirkung für die Gruppe durchzuführen.

§ 607

Anwendungsbereich

In Familiensachen und Angelegenheiten der freiwilligen Gerichtsbarkeit findet kein Gruppenverfahren statt.

§ 608

Örtliche Zuständigkeit

(1) Für ein Gruppenverfahren ist das Gericht ausschließlich zuständig, bei dem der Beklagte im Inland seinen allgemeinen Gerichtsstand hat.

(2) Hat der Beklagte keinen allgemeinen Gerichtsstand im Inland, so kann das Gruppenverfahren bei jedem Gericht durchgeführt werden, welches für die Entscheidung über den Anspruch mindestens eines Gruppenmitglieds zuständig wäre.

(3) Die Landesregierungen werden ermächtigt, durch Rechtsverordnung für die Bezirke mehrerer Landgerichte eines von ihnen als Gericht für Gruppenverfahren zu bestimmen; dasselbe gilt entsprechend für die Oberlandesgerichte. Die Landesregierungen können die Ermächtigung auf die Landesjustizverwaltungen übertragen.

§ 609

Antrag auf Eröffnung des Gruppenverfahrens

(1) Eine Klage kann mit dem Antrag verbunden werden, ein Gruppenverfahren durchzuführen. Dazu müssen die in § 606 genannten Voraussetzungen des Gruppenverfahrens dargelegt werden. Außerdem sind die Teilnahmeerklärungen von mindestens zehn Mitgliedern der Gruppe beizufügen. Einer dieser Teilnehmer oder eine Einrichtung gemäß § 611 Nummer 2 ist als Gruppenkläger vorzuschlagen.

(2) Der Antrag ist dem Beklagten zuzustellen.

(3) Ist eine Rechtsstreitigkeit bereits anhängig, so kann vom Kläger unter den Voraussetzungen des § 606 ein Antrag auf Durchführung eines Gruppenverfahrens gestellt werden. Absätze 1 und 2 gelten entsprechend.

§ 610

Gegenstand des Gruppenverfahrens

(1) Im Gruppenverfahren kann ein Leistungs- oder Feststellungsantrag gestellt werden.

(2) Außerdem können im Gruppenverfahren auch Feststellungen zum Vorliegen oder Nichtvorliegen von anspruchsbegründenden oder anspruchsausschließenden Voraussetzungen oder Feststellungen zu Rechtsfragen beantragt werden, soweit die Ansprüche der Gruppenmitglieder von diesen Feststellungen abhängen können.

(3) Die Gruppe kann in Untergruppen unterteilt werden.

§ 611

Antragsbefugnis

Zur Beantragung eines Gruppenverfahrens und zur Durchführung des Verfahrens als Gruppenkläger sind befugt:

1. jedes Mitglied der nach § 606 Nummer 1 bestimmbaren Gruppe
   oder
2. eine Einrichtung, die in der Liste qualifizierter Einrichtungen nach § 4 des Unterlassungsklagegesetzes oder in dem Verzeichnis der Europäischen Kommission nach Artikel 4 der Richtlinie 98/27/EG des Europäischen Parlaments und des Rates vom 19. Mai 1998 über Unterlassungsklagen zum Schutz der Verbraucherinteressen (ABl. EG Nr. L 166, S. 51) in der jeweils geltenden Fassung eingetragen ist.

§ 612

Eröffnungsbeschluss

(1) Das Gericht entscheidet über die Eröffnung des Gruppenverfahrens durch Beschluss aufgrund mündlicher Verhandlung.

(2) Liegen die Voraussetzungen des § 606 vor, eröffnet das Gericht das Gruppenverfahren. Der Eröffnungsbeschluss enthält mindestens

1. den im Gruppenverfahren zu behandelnden Antrag,
2. eine knappe Darstellung des dem Gruppenverfahren zugrunde liegenden gleichen Lebenssachverhalts,
3. Angaben zur Bestimmung der Mitglieder der Gruppe und
4. die Ernennung des Gruppenklägers mit dessen Name und Anschrift sowie Name und Anschrift seines Prozessbevollmächtigten.

(3) Liegen die Voraussetzungen des § 606 nicht vor, weist das Gericht den Antrag auf Durchführung eines Gruppenverfahrens ab.

(4) Gegen den Beschluss gemäß Absatz 2 oder 3 sind die sofortige Beschwerde und die Rechtsbeschwerde statthaft.

§ 613

Konkurrierende Gruppenverfahren

(1) Sind mehrere Anträge auf Durchführung von Gruppenverfahren anhängig, die den gleichen Lebenssachverhalt betreffen, so kann das Gericht den jeweiligen Antragstellern vor der Beschlussfassung gemäß § 612 zunächst eine Einigungsfrist setzen. Gelingt eine Einigung nicht, so kann das Gericht die konkurrierenden Anträge verbinden und gemäß § 612 entscheiden.

(2) Unter mehreren möglichen Gruppenklägern trifft das Gericht eine Auswahl nach billigem Ermessen im Hinblick auf die Eignung des Gruppenklägers, das Verfahren unter Berücksichtigung der Interessen der Gruppe angemessen zu führen. Dabei können insbesondere die Höhe des dem Gruppenver-

fahren zugrunde liegenden Anspruchs des Gruppenklägers sowie die Höhe und Anzahl der Ansprüche der Teilnehmer, die sich auf diesen Gruppenkläger geeinigt haben, Berücksichtigung finden.

(3) Ist bereits ein Gruppenverfahren durch Beschluss gemäß § 612 eröffnet, so ist eine weitere Gruppenklage aufgrund des gleichen Lebenssachverhalts insoweit unzulässig, als die Mitglieder der Gruppe auf die Möglichkeit der Teilnahme an dem bereits eröffneten Gruppenverfahren verwiesen werden können.

§ 614

Bekanntmachung im Klageregister; Verordnungsermächtigung

(1) Das Gericht macht den Inhalt des Eröffnungsbeschlusses sowie die Teilnahmeerklärungen im Klageregister unter Angabe des Aktenzeichens öffentlich bekannt.

(2) Mit der Bekanntmachung im Klageregister setzt das Gericht eine angemessene Frist, innerhalb derer weitere Gruppenmitglieder ihre Teilnahme am Gruppenverfahren erklären können. Die Frist beträgt in der Regel drei Monate.

(3) Die Bekanntmachung enthält außerdem eine Belehrung über Form, Inhalt und Kosten der Teilnahmeerklärung, über die rechtlichen Folgen der Teilnahme am Gruppenverfahren sowie über den Höchstbetrag der vom Teilnehmer zu tragenden Kosten gemäß § 629 Absatz 2.

(4) Das Gericht, das die Bekanntmachung veranlasst, trägt die datenschutzrechtliche Verantwortung für die von ihm im Klageregister bekannt gemachten Daten, insbesondere für die Rechtmäßigkeit ihrer Erhebung, die Zulässigkeit ihrer Veröffentlichung und die Richtigkeit der Darstellung.

(5) Die im Klageregister gespeicherten Daten sind nach Rechtskraft des Urteils im Gruppenverfahren oder nach dessen sonstiger Beendigung unverzüglich zu löschen.

(6) Das Bundesministerium der Justiz wird ermächtigt, durch Rechtsverordnung nähere Bestimmungen über Inhalt und Aufbau des Klageregisters, insbesondere über Eintragungen, Änderungen, Löschungen, Einsichtsrechte, Datensicherheit und Datenschutz zu treffen. Dabei sind Löschungsfristen vorzusehen sowie Vorschriften, die sicherstellen, dass die Bekanntmachungen unversehrt, vollständig und aktuell bleiben sowie jederzeit ihrem Ursprung nach zugeordnet werden können.

Abschnitt 2 Teilnahme am Gruppenverfahren

§ 615

Teilnahme

Jedes Mitglied der Gruppe kann durch Schriftsatz an das Gericht oder durch elektronische Eingabe in das Klageregister seine Teilnahme am Gruppenverfahren erklären. Der Teilnehmer muss sich anwaltlich vertreten lassen. Die Teilnahme kann frühestens mit Stellung des Antrags auf Durchführung eines Gruppenverfahrens erklärt werden.

§ 616

Teilnahmeerklärung

(1) Die Teilnahmeerklärung muss folgende Angaben enthalten:

1. die Bezeichnung des Teilnehmers und seiner gesetzlichen Vertreter,
2. das Aktenzeichen des Gruppenverfahrens, sofern ein solches bereits vergeben ist, ansonsten Bezugnahme auf den Schriftsatz, mit dem die Durchführung des Gruppenverfahrens beantragt wurde,
3. die Erklärung, am Gruppenverfahren teilnehmen zu wollen,
4. die Bezeichnung von Grund und Höhe des der Teilnahme zugrunde liegenden Anspruchs oder entsprechende Angaben zu dem sonstigen Rechtsverhältnis, welches der Gruppenklage zugrunde liegt und
5. die Bezeichnung des Beklagten.

(2) Die Teilnahmeerklärung wird im Klageregister eingetragen und ist dem Beklagten zuzustellen.

§ 617

Verspätete Teilnahmeerklärung

Eine Teilnahmeerklärung, die nach Ablauf der gemäß § 614 Absatz 2 bestimmten Frist eingeht, ist zuzulassen, es sei denn, dies ist nicht sachdienlich. Nach Schluss der erstinstanzlichen mündlichen Verhandlung ist eine Teilnahmeerklärung nicht mehr möglich.

§ 618

Aussetzung anhängiger Verfahren

(1) Ist ein Gruppenverfahren durch Beschluss nach § 612 eröffnet, so wird ein anderes anhängiges Verfahren von Amts wegen ausgesetzt, wenn der Kläger in dem auszusetzenden Verfahren zugleich im Gruppenverfahren Gruppenkläger oder Teilnehmer ist und die Entscheidung des Rechtsstreits von den im Gruppenverfahren zu treffenden Feststellungen abhängen kann.

(2) Das ausgesetzte Verfahren wird auf Antrag einer Partei fortgesetzt, wenn das Gruppenverfahren beendet ist oder wenn der Kläger in dem ausgesetzten Verfahren nicht mehr am Gruppenverfahren teilnimmt.

Abschnitt 3 Durchführung des Gruppenverfahrens

§ 619

Gruppenkläger

(1) Das Gruppenverfahren wird mit Wirkung für die Gruppe durch den Gruppenkläger geführt.

(2) Die Stellung als Gruppenkläger begründet kein Schuldverhältnis gegenüber den Teilnehmern des Gruppenverfahrens.

(3) Auf Antrag eines Teilnehmers kann das Gericht den Gruppenkläger abberufen und durch einen neuen ersetzen, wenn der bisherige Gruppenkläger das Gruppenverfahren offensichtlich nicht im Interesse der Gruppe führt.

(4) Beabsichtigt der Gruppenkläger die Rücknahme der Klage nach Eröffnung des Gruppenverfahrens, so bedarf es dazu der Einwilligung des Beklagten gemäß § 269 Absatz 2. Liegt diese vor oder gilt sie als erteilt, so setzt das Gericht den Teilnehmern des Gruppenverfahrens eine angemessene Frist zur Benennung eines neuen Gruppenklägers und bestellt diesen, sofern er geeignet ist. Die Vorschriften des § 613 Absatz 2 und des § 620 Absatz 2 finden entsprechende Anwendung. Wird innerhalb der gesetzten Frist kein neuer Gruppenkläger vorgeschlagen oder ist die vorgeschlagene Person nicht geeignet, so wird die Rücknahme der Klage wirksam.

§ 620

Teilnehmer

(1) Die Teilnehmer des Gruppenverfahrens werden durch das Gericht über den Fortgang des Gruppenverfahrens informiert, insbesondere über sämtliche Schriftsätze und Zwischenentscheidungen.

(2) Die Information gemäß Absatz 1 erfolgt in der Regel über ein elektronisches Informationssystem, welches nur den Teilnehmern, dem Gruppenkläger und dem Beklagten zugänglich ist. Die im elektronischen Informationssystem gespeicherten Daten sind nach rechtskräftigem Abschluss oder sonstiger Beendigung des Gruppenverfahrens unverzüglich zu löschen.

(3) Die Teilnehmer können mit Ausnahme der in § 619 Absatz 4, § 623 Absatz 1 Satz 2, § 625 Absatz 2 und § 631 geregelten Fälle im Gruppenverfahren keine Prozesshandlungen vornehmen und keine Angriffs- oder Verteidigungsmittel vorbringen.

(4) Für die Beweisaufnahme durch Vernehmung eines Teilnehmers gelten die Regeln über den Beweis durch Parteivernehmung.

§ 621

Beendigung der Teilnahme

(1) Ein Teilnehmer kann bis zum Ende der mündlichen Verhandlung in erster Instanz durch Schriftsatz an das Gericht die Beendigung seiner Teilnahme am Gruppenverfahren erklären. Die Verpflichtung zur Kostentragung bleibt davon unberührt. Die Beendigung der Teilnahme wird im Klageregister verzeichnet.

(2) Sinkt die Anzahl der Teilnehmer im Verlauf des Gruppenverfahrens unter neun, so kann das Gericht das Gruppenverfahren von Amts wegen durch unanfechtbaren Beschluss für beendet erklären und in entsprechender Anwendung des § 91a nur noch über die Kosten entscheiden.

§ 622

Verfahrensregeln

Die Vorschriften von § 278 Absatz 2 bis 5, der §§ 306, 348 bis 350 und 379 sind im Gruppenverfahren nicht anzuwenden. In Beschlüssen müssen die Teilnehmer nicht bezeichnet werden.

§ 623

Vergleich

(1) Der Gruppenkläger und der Beklagte können einen gerichtlichen Vergleich dadurch schließen, dass sie dem Gericht einen schriftlichen Vergleichsvorschlag unterbreiten oder einen schriftlichen Vergleichsvorschlag des Gerichts durch Schriftsatz gegenüber dem Gericht annehmen. Den Teilnehmern ist über das gemäß § 620 Absatz 2 eingerichtete Informationssystem Gelegenheit zur Stellungnahme zu geben. Der Vergleich bedarf der Genehmigung durch das Gericht und wird nur wirksam, wenn weniger als 30 Prozent der Teilnehmer ihren Austritt aus dem Vergleich gemäß § 625 Absatz 2 erklären.

(2) Der Vergleich soll auch die folgenden Regelungen enthalten:

1. die Verteilung einer gegebenenfalls vereinbarten Leistung auf die Mitglieder der Gruppe,
2. den von den Gruppenmitgliedern zu erbringenden Nachweis der Leistungsberechtigung,
3. die Fälligkeit der Leistungen sowie
4. die Verteilung der Kosten des Gruppenverfahrens.

§ 624

Genehmigung des Vergleichs

(1) Das Gericht genehmigt den Vergleich durch unanfechtbaren Beschluss, wenn es ihn unter Berücksichtigung des bisherigen Sach- und Streitstandes sowie etwaiger Stellungnahmen der Teilnehmer als angemessene gütliche Beilegung der Rechtsstreitigkeit erachtet.

(2) Nach der Genehmigung kann der Vergleich nicht mehr widerrufen werden.

§ 625

Bekanntmachung des Vergleichs; Austritt

(1) Der genehmigte Vergleich wird den Teilnehmern zugestellt.

(2) Die Teilnehmer können innerhalb einer Frist von einem Monat nach Zustellung des Vergleichs ihren Austritt aus dem Vergleich erklären. Der Austritt muss schriftlich gegenüber dem Gericht erklärt werden; er kann vor der Geschäftsstelle zu Protokoll erklärt werden.

(3) Die Teilnehmer sind über ihr Recht zum Austritt aus dem Vergleich, über die einzuhaltende Form und Frist sowie über die Wirkung des Vergleichs zu belehren.

§ 626

Wirkung des Vergleichs

(1) Das Gericht stellt durch unanfechtbaren Beschluss fest, ob der genehmigte Vergleich wirksam geworden ist. Der Beschluss wird im Klageregister veröffentlicht. Mit der Bekanntmachung des Beschlusses, der die Wirksamkeit des Vergleichs feststellt, wirkt der Vergleich für und gegen den Gruppenkläger und den Beklagten sowie für und gegen alle Teilnehmer, sofern diese nicht ihren Austritt erklärt haben.

(2) Der Vergleich beendet das Gruppenverfahren.

§ 627

Urteil

(1) Im Falle eines Antrags gemäß § 610 Absatz 2 ist die Klage begründet, soweit die beantragten Feststellungen zutreffen und die Ansprüche der Gruppenmitglieder von diesen Feststellungen abhängen können.

(2) Das Urteil im Gruppenverfahren enthält auch die Namen und Anschriften sämtlicher Teilnehmer und wird auch diesen zugestellt. Dem Urteil ist eine Belehrung über das statthafte Rechtsmittel und dessen Durchführung beizufügen.

(3) Soweit das Urteil hinsichtlich der Ansprüche einzelner Teilnehmer vollstreckbar ist, ist auch diesen Teilnehmern auf ihren Antrag hin eine insoweit beschränkte vollstreckbare Ausfertigung zu erteilen, soweit sie hieran ein berechtigtes Interesse haben; § 733 gilt entsprechend.

§ 628

Wirkung des Urteils

Im Rahmen des dem Verfahren zugrunde liegenden Lebenssachverhalts wirkt das Urteil für und gegen den Gruppenkläger und den Beklagten sowie für und gegen alle Teilnehmer, sofern diese nicht ihre Teilnahme gemäß § 621 Absatz 1 beendet haben.

§ 629

Kosten

(1) Soweit die unterliegende Gruppe die Kosten des Rechtsstreits zu tragen hat, haften der Gruppenkläger und alle Teilnehmer für die Kostenerstattung anteilig. Die Anteile werden nach dem Verhältnis bestimmt, in dem der für den jeweiligen Gruppenkläger oder Teilnehmer dem Gruppenverfahren zugrunde liegende Anspruch zu der Gesamtsumme der dem Gruppenverfahren zugrunde liegenden Ansprüche steht. Dies gilt entsprechend für sonstige Rechtsverhältnisse.

(2) Die Verpflichtung eines Teilnehmers zur Kostentragung ist jedoch für das gesamte Gruppenverfahren einschließlich der Kosten der Teilnahmeerklärung, der Kosten der Rechtsmittelinstanzen sowie einer etwaigen Erstattung der Kosten des Gerichts oder der obsiegenden Gegenpartei auf einen Höchstbetrag begrenzt. Dieser Höchstbetrag entspricht vier Gebühren nach § 13 des Rechtsanwaltsvergütungsgesetzes, bezogen auf den Wert des für diesen Teilnehmer dem Gruppenverfahren zugrunde liegenden Anspruchs oder sonstigen Rechtsverhältnisses.

(3) Soweit die Erstattung der Kosten des Gerichts oder der obsiegenden Gegenpartei aufgrund der Regelung des Absatzes 2 von den Teilnehmern nicht verlangt werden kann, haftet der Gruppenkläger für die restlichen Kosten.

Abschnitt 4 Rechtsmittel im Gruppenverfahren

§ 630

Statthaftigkeit

(1) Gegen Urteile des Landgerichts, die im Gruppenverfahren ergangen sind, ist die Berufung zulässig.

(2) Gegen Urteile des Oberlandesgerichts, die im Gruppenverfahren in erster Instanz ergangen sind, ist die Revision zulässig. Die §§ 545 bis 565 finden entsprechende Anwendung.

§ 631

Einlegung und Kosten

(1) Der Gruppenkläger ist zur Einlegung der Berufung mit Wirkung für die Gruppe berechtigt. Außerdem ist jeder Teilnehmer berechtigt, innerhalb der Berufungsfrist vorsorglich Berufung einzulegen. Legt der Gruppenkläger Berufung ein, so werden die Berufungen der Teilnehmer gegenstandlos.

(2) Legt der Gruppenkläger keine Berufung ein, so wählt das Berufungsgericht durch unanfechtbaren Beschluss aus denjenigen Teilnehmern, die Berufung eingelegt haben, einen neuen Gruppenkläger aus, welcher das Berufungsverfahren durchführt. Die Vorschrift des § 613 Absatz 2 ist entsprechend anzuwenden. Der Beschluss wird im Klageregister veröffentlicht.

(3) Im Fall der Berufung sind die Teilnehmer verpflichtet, die auf sie entfallenden Gerichtsgebühren zu entrichten; dabei sind § 629 Absatz 1 und 2 anzuwenden.

(4) Die anwaltliche Vergütung obliegt dem Gruppenkläger. Der Gruppenkläger kann von den Teilnehmern eine Beteiligung an diesen Kosten verlangen; dabei ist § 629 Absatz 1 und 2 anzuwenden.

(5) Für die Revision gelten die vorstehenden Absätze entsprechend.“

Artikel 2

Änderung des Bürgerlichen Gesetzbuches

§ 204 Absatz 1 des Bürgerlichen Gesetzbuches in der Fassung der Bekanntmachung vom 2. Januar 2002 (BGBl. I S. 42, 2909; 2003 I S. 738), das zuletzt durch Artikel 3 des Gesetzes vom 20. April 2013 (BGBl. I S. 831) geändert worden ist, wird wie folgt geändert:

1. In Nummer 13 wird das Wort „und“ am Ende gestrichen.
2. In Nummer 14 wird der Punkt durch ein Semikolon und das Wort „und“ ersetzt.
3. Nach Nummer 14 wird folgende Nummer 15 angefügt:

   „15. die Zustellung einer Erklärung der Teilnahme an einem Gruppenverfahren für darin bezeichnete Ansprüche, soweit diesen der gleiche Lebenssachverhalt zugrunde liegt wie dem Gruppenverfahren.“

Artikel 3

Änderung des Gerichtsverfassungsgesetzes

Das Gerichtsverfassungsgesetz in der Fassung der Bekanntmachung vom 9. Mai 1975 (BGBl. I S. 1077), das durch Artikel 1 des Gesetzes vom 25. April 2013 (BGBl. I S. 935) geändert worden ist, wird wie folgt geändert:

1. In § 71 Absatz 2 wird nach Nummer 4 folgende Nummer 5 angefügt:

   „5. für Gruppenverfahren nach dem sechsten Buch der Zivilprozessordnung, wenn nicht gemäß § 118 die Zuständigkeit des Oberlandesgerichts begründet ist."

2. In § 118 werden nach dem Wort „Kapitalanleger-Musterverfahrensgesetz" die Wörter „und in Gruppenverfahren nach dem sechsten Buch der Zivilprozessordnung, wenn sich das Verfahren auf die in § 32b Absatz 1 Satz 1 der Zivilprozessordnung genannten Ansprüche bezieht" eingefügt.

Artikel 4

Änderung des Gerichtskostengesetzes

Das Gerichtskostengesetz vom 5. Mai 2004 (BGBl. I S. 718), das durch Artikel 8 Nummer 1 des Gesetzes vom 25. April 2013 (BGBl. I S. 935) geändert worden ist, wird wie folgt geändert:

1. In der Inhaltsübersicht wird nach der Angabe zu § 51a folgende Angabe eingefügt:

   „§ 51b Gruppenverfahren".

2. Dem § 9 Absatz 1 wird folgender Satz angefügt:

   „Dasselbe gilt für die Auslagen im Gruppenverfahren nach dem sechsten Buch der Zivilprozessordnung."

3. Dem § 12 Absatz 1 wird folgender Satz angefügt:

   „Die Teilnahmeerklärung gemäß § 616 der Zivilprozessordnung soll erst nach Zahlung der Gebühr nach Nummer 1902 des Kostenverzeichnisses zugestellt und im Klageregister eingetragen werden."

4. Dem § 22 wird folgender Absatz 5 angefügt:

   „(5) Die Kosten der Teilnahmeerklärung gemäß § 616 der Zivilprozessordnung schuldet der Teilnehmer."

5. Nach § 51a wird folgender § 51b eingefügt:

   „§ 51b

   Gruppenverfahren

   (1) Im Gruppenverfahren nach dem sechsten Buch der Zivilprozessordnung werden die im ersten Rechtszug zu entrichtenden Gerichtsgebühren für den Gruppenkläger und jeden Teilnehmer einzeln bestimmt; als Streitwert gilt insoweit der Wert des dem Gruppenverfahren jeweils zugrunde liegenden einzelnen Anspruchs oder sonstigen Rechtsverhältnisses.

   (2) Ist der Gruppenkläger eine qualifizierte Einrichtung gemäß § 611 Nummer 2 der Zivilprozessordnung, die keinen eigenen Anspruch oder eigenes Rechtsverhältnis zum Beklagten geltend macht, so setzt das Gericht den Streitwert nach billigem Ermessen fest. Dabei kann es sich am durchschnittlichen Streitwert der Teilnehmer orientieren."

6. Die Anlage 1 (Kostenverzeichnis) wird wie folgt geändert:

   a) In Absatz 2 der Anmerkung zu Nummer 1210 werden nach der Angabe „(§ 10 Absatz 2 KapMuG)" die Wörter „oder als Gruppenkläger oder Teilnehmer an einem Gruppenverfahren nach dem sechsten Buch der Zivilprozessordnung teilgenommen hat" eingefügt.

   b) In dem Gebührentatbestand der Nummer 1902 werden nach der Angabe „(§ 10 Abs. 2 KapMuG)" die Wörter „oder Erklärung der Teilnahme an einem Gruppenverfahren nach dem sechsten Buch der Zivilprozessordnung als Teilnehmer oder als Gruppenkläger" angefügt.

Artikel 5

Änderung des Rechtsanwaltsvergütungsgesetzes

Das Gesetz über die Vergütung der Rechtsanwältinnen und Rechtsanwälte (Rechtsanwaltsvergütungsgesetz) vom 5. Mai 2004 (BGBl. I S. 718, 788), das zuletzt durch Artikel 8 des Gesetzes vom 11. März 2013 (BGBl. I S. 434) geändert worden ist, wird wie folgt geändert:

1. § 17 wird wie folgt geändert:
   a) In Nummer 11 wird das Wort „und" am Ende durch ein Komma ersetzt.
   b) In Nummer 12 wird der Punkt am Ende durch das Wort „und" ersetzt.
   c) Folgende Nummer 13 wird angefügt:
      „13. das Gruppenverfahren und die Erklärung der Teilnahme."
2. In der Anlage 1 (Vergütungsverzeichnis) wird nach Nummer 3338 folgende Nummer 3339 angefügt:

Nr.	Gebührentatbestand	Gebühr oder Satz der Gebühr nach § 13 RVG
„3339	Gebühr für die Vertretung des Gruppenklägers oder Teilnehmers im ersten Rechtszug eines Gruppenverfahrens nach Buch 6 der ZPO	0,8".

Artikel 6

Inkrafttreten, Außerkrafttreten

(1) Dieses Gesetz tritt am Tag nach seiner Verkündung im Bundesgesetzblatt in Kraft. Gleichzeitig tritt das Gesetz über Musterverfahren in kapitalmarktrechtlichen Streitigkeiten (Kapitalanleger-Musterverfahrensgesetz) vom 19. Oktober 2012 (BGBl. I S. 2182), das durch Artikel 9 des Gesetzes vom 19. Oktober 2012 (BGBl. I S. 2182) geändert worden ist, außer Kraft.

(2) Auf Musterverfahren nach dem Kapitalanleger-Musterverfahrensgesetz, in denen vor dem Tag des Inkrafttretens des vorliegenden Gesetzes bereits ein Vorlagebeschluss im Klageregister öffentlich bekanntgemacht wurde, ist das Kapitalanleger-Musterverfahrensgesetz weiterhin anzuwenden.

Berlin, den 21. Mai 2014

Katrin Göring-Eckardt, Dr. Anton Hofreiter und Fraktion

Begründung

A. Allgemeiner Teil

I. Ausgangslage

Die Informations- und Dienstleistungsgesellschaft der Bundesrepublik Deutschland ist durch eine komplexe rechtliche Regulierung nahezu aller Lebensbereiche gekennzeichnet. Dies betrifft nicht nur das Verwaltungsrecht, sondern auch und gerade das Privatrecht, welches heute eine Vielzahl von Regulierungsaufgaben übernimmt und für die Lebensverhältnisse der Bürgerinnen und Bürger daher so relevant ist wie nie zuvor. Zentrale gesellschaftliche Bereiche wie insbesondere der Konsum von Lebensmitteln und Industrieprodukten, die Versorgung mit Strom, Gas und Wasser, der Transport mit öffentlichen Verkehrsmitteln, die Risikovorsorge der Bürgerinnen und Bürger durch Versicherungen, ihre Altersversorgung durch Kapitalanlagen sowie die Sicherung einer fairen marktwirtschaftlichen Ordnung durch Wettbewerbs- und Verbraucherschutz werden heute in weiten Teilen in den Strukturen des Privatrechts geregelt.

Zu dieser enorm gestiegenen gesellschaftlichen Bedeutung des Privatrechts passt es nicht, dass die Durchsetzung des Privatrechts heute noch mit den Mitteln des 19. Jahrhunderts stattfindet, d. h. mit einem Prozessrecht, welches fast ausschließlich die individuelle Rechtsdurchsetzung durch die einzelnen Bürgerinnen und Bürger im Blick hat. Für diese individuelle Rechtsdurchsetzung hat sich die deutsche Zivilprozessordnung (ZPO) zwar bewährt, aber sie muss durch neue Instrumente ergänzt werden, um der genannten gesellschaftlichen Bedeutung des Privatrechts auch auf der Ebene der Rechtsdurchsetzung gerecht werden zu können.

Diese neuen Instrumente eines kollektiven Rechtsschutzes reagieren vor allem auf zwei Probleme: Erstens auf das Problem des mangelnden Zugangs zum Recht bei – auch kleineren – massenhaft auftretenden Individualschäden und – damit verbunden – zweitens auf das dadurch entstehende Defizit bei der Rechtsdurchsetzung.

1. Zugang zum Recht

Das Problem des Zugangs zum Recht besteht darin, dass die oben angesprochenen Regelungsbereiche des Privatrechts zwar in der Theorie viele Ansprüche für die einzelnen Bürgerinnen und Bürger bereithalten, dass diese aber in der Praxis aufgrund faktischer Zugangshürden nicht geltend gemacht werden. Diese Zugangshürden sind sowohl sozialer und kultureller Natur – eine gerichtliche Auseinandersetzung ist für die meisten Bürgerinnen und Bürger etwas Ungewohntes und Unerwünschtes – aber auch finanzieller Natur. Angesichts des sich aus § 91 ZPO ergebenden Kostenrisikos ist es bei kleineren Schäden oft aus individueller Sicht rational, die entsprechenden Ansprüche nicht zu verfolgen, mögen sie auch materiell-rechtlich bestehen.

Dieses rationale Desinteresse ist nicht nur im Verbraucher-, Wettbewerbs- und Kapitalanlagerecht evident, sondern auch in anderen Bereichen des Privatrechts. Ein einzelner Bürger, der unter vorschriftswidrig entstehendem Fluglärm leidet, wird diesen oft hinnehmen, weil ihm die Mühe einer rechtlichen Auseinandersetzung belastender erscheint als die Hinnahme des Lärms – auch wenn das private Nachbarrecht ihm möglicherweise einen Unterlassungsanspruch bereitstellt. Eine Versicherungskundin, die aufgrund rechtswidriger Allgemeiner Geschäftsbedingungen finanzielle Nachteile erleidet, nimmt diese in der Regel ebenso stillschweigend hin wie eine Person, die zur Altersversorgung ein Wertpapier erworben hat, welches aufgrund rechtswidriger Kapitalmarktinformation zu teuer gekauft wurde. Und auch bei Schadenshandlungen, die von deutschen Unternehmen im Ausland begangen werden, schrecken Einzelpersonen häufig vor einer juristischen Auseinandersetzung zurück. Jede Bürgerin und jeder Bürger erfährt in ihrem bzw. seinem Alltag zahlreiche solcher Beispiele, in denen sie oder er aus Bequemlichkeit oder rationaler Abwägung mehr oder weniger bewusst auf die Durchsetzung der eigenen Rechte verzichtet.

2. Mangelnde Rechtsdurchsetzung

Dieses Phänomen könnte man als individuelle Entscheidung der einzelnen Bürgerinnen und Bürger hinnehmen, wenn die betreffenden Vorschriften ausschließlich im Interesse der jeweils Betroffenen erlassen wären. Dies entspräche auch dem Modell der Durchsetzung individueller Ansprüche, wie es in der ZPO des 19. Jahrhunderts entwickelt wurde – auch wenn schon damals erkannt wurde, dass die Durchsetzung individueller Ansprüche stets zugleich die Durchsetzung des objektiven Rechts bedeutet: Ohne individuelle Aktivität der privatrechtlich Berechtigten „ist der Rechtssatz thatsächlich lahmgelegt“ (Jhering, Der Kampf um's Recht, S. 48).

Diese Erkenntnis spielt angesichts der im heutigen Privatrecht vorhandenen Regulierungszwecke eine entscheidende Rolle und beschreibt zugleich das zweite Problem: Wenn die Rechtsordnung weite Teile des Lebens privatrechtlich gestaltet, die Bürgerinnen und Bürger aber ihre privatrechtlichen Ansprüche nicht durchsetzen können oder wollen, dann kann das Recht seine gesellschaftliche Steuerungsfunktion auch nicht mehr ausreichend erfüllen. Das Verbraucher- und Wettbewerbsrecht soll eben nicht nur den Einzelnen schützen, sondern zugleich auch insgesamt für faire Marktbedingungen sorgen, das Kapitalmarktrecht soll zu einer ökonomisch effizienten Allokation von Ressourcen beitragen, das Umwelthaftungsrecht soll Anreize zu ökologischem Verhalten setzen usw. Dies gilt sowohl im Inland, als auch bei wirtschaftlichen Betätigungen deutscher Unternehmen im Ausland.

Wenn Rechtsbruch aber nicht effektiv sanktioniert wird, haben Unternehmen, die das Recht brechen, einen Wettbewerbsvorteil gegenüber rechtstreuen Unternehmen. Das Verhalten solcher Unternehmen kann nur so gedeutet werden, dass diese Akteure anscheinend vermuten, dass Rechtsbruch sich lohnt – anders ist das Auftreten von Kartellen, rechtswidrigen Geschäftsbedingungen, verbraucherschutzwidrigen Praktiken, fehlerhafter Anlageberatung und anderen Rechtsverstößen kaum zu erklären.

Bei sehr kleinen Schadenssummen mag das rationale Desinteresse allerdings auch durch die hier vorgeschlagene Opt-in-Gruppenklage nicht überwindbar sein: Wer etwa nur 25 Euro verloren hat, macht diesen Schaden – wenn er sich rational verhält – vor Gericht nicht geltend. Trotzdem kann ein solcher Schaden, wenn er sehr breit gestreut ist, volkswirtschaftlich relevant und im Sinne effektiver Rechtsdurchsetzung sanktionsbedürftig sein. In diesem Bereich besteht daher weiter ein Bedürfnis für andere Instrumente des kollektiven Rechtsschutzes, die ohne eine individuelle Beteiligung auskommen, etwa Ansprüche auf Gewinnabschöpfung o. Ä. Allerdings lässt sich eine zahlenmäßige Grenze – also etwa eine Anspruchshöhe ab der oder bis zu der die Opt-in-Gruppenklage geeignet ist – nicht abstrakt festlegen. Dazu sind die Bedingungen der Rechtsdurchsetzung zu sehr vom konkreten Fall und von der individuellen Lage der Geschädigten abhängig. Es muss daher abgewartet werden, ob das hier vorgelegte Instrument auch zur effektiven Bewältigung breit gestreuter Kleinschäden geeignet ist und ggf. bis zu welcher Grenze. Soweit in der Praxis trotz Einführung des Gruppenverfahrens weiterhin ein sozial relevantes Rechtsdurchsetzungsdefizit bestehen bleiben sollte, wäre in der Zukunft an weiteren Instrumenten des kollektiven Rechtsschutzes zu arbeiten, die eine Aktivität eines individuellen Kleinstgeschädigten nicht voraussetzen.

3. Rolle des Zivilverfahrensrechts

Es wäre allerdings naiv, nur vom Zivilverfahrensrecht die Lösung all dieser Probleme zu erwarten. Rechtsbefolgung und -durchsetzung findet auch und gerade über soziale Konventionen, informelle Sanktionen, Reputationssysteme, behördliche Aufsicht und im Extremfall über das Strafrecht statt. Das Zivilverfahrensrecht kann hier nur ein Instrument unter vielen sein. Dieses darf aber auch nicht vernachlässigt werden, zumal es die besondere Chance einer in gewissem Maße staatsfernen und von den Bürgerinnen und Bürgern selbst initiierten Rechtsdurchsetzung in sich birgt.

4. Internationale Entwicklung

Es verwundert daher nicht, dass die internationale Entwicklung in fast allen Industrienationen von einer Reform und Erweiterung der Instrumente des kollektiven Rechtsschutzes gekennzeichnet ist. In der internationalen Diskussion sieht man in diesen Instrumenten und in ihrem Zusammenspiel mit behördlicher Aufsicht einerseits und alternativen Formen der Streitbeilegung andererseits einen Beitrag zur Herstellung fairer und effizienter Märkte (so z. B. auf der Anfang 2012 von der Rückversicherung Swiss Re veranstalteten einschlägigen Tagung: „Building effective markets – The role of an integrated legal system“).

Sammel- und Gruppenklageverfahren findet man daher heute nicht nur in den USA, Kanada und Australien, sondern auch in zahlreichen EU-Staaten wie etwa in Schweden und Dänemark, in den Niederlanden, in Polen, Spanien und Italien (Übersichten über die damit verbundenen Fragestellungen etwa bei Stadler, JZ 2009, 121; Hess, JZ 2011, 66; Koch, JZ 2011, 438). Auch die Europäische Union als Ganzes befasst sich mit der Entwicklung derartiger Verfahren vor allem im Kartell- und Verbraucherrecht (dazu etwa Meller-Hannich/Höland, GPR 2011, 168 m. w. N.). Diese Entwicklungen auf EU-Ebene können und müssen aber nicht erst abgewartet werden. Im Gegenteil: Das deutsche Rechtssystem sollte hier einen angemessenen eigenständigen Beitrag leisten (so bereits die Regierungsbegründung zum KapMuG, Bundestagsdrucksache 15/5091, S. 17 „Standortfrage“).

II. Unzureichende Problemlösungen im geltenden deutschen Recht

Das geltende deutsche Verfahrensrecht löst die dargestellten Probleme bisher nicht ausreichend. Die Entwicklung des deutschen Rechts verlief bei der Entwicklung von Instrumenten des kollektiven Rechtsschutzes bisher in zwei Etappen: Erstens gibt es die insbesondere im Lauterkeitsrecht lange zurückreichende Tradition der vornehmlich auf Unterlassung gerichteten Verbandsklagen, mit denen keine individuellen Ansprüche gebündelt werden, sondern zusätzliche Interventionsbefugnisse für die klagebefugten Verbände geschaffen werden. Die zweite Etappe der Bündelung individueller Ansprüche zu einem Gruppenverfahren begann erst 2005 mit dem KapMuG.

1. Verbandsklagen

Die vor allem im Unterlassungsklagengesetz (UKlaG) und im Gesetz gegen den unlauteren Wettbewerb (UWG) geregelten Verbandsklagen auf Unterlassung sind einerseits eine Erfolgsgeschichte, andererseits aber in ihrer Wirkung noch unzureichend. Dieser Befund ergibt sich u. a. aus der Studie von Meller-Hannich und Höland aus 2009 (Evaluierung der Effektivität kollektiver Rechtsschutzinstrumente für Verbraucher im nationalen Recht und rechtliche Bewertung ausgewählter Ansätze zu ihrer Fortentwicklung): Zwar wird eine Vielzahl von Fällen konstatiert, in denen die Unterlassung rechtswidriger Praktiken mit Erfolg verlangt wurde – trotzdem bleibt die Steuerungswirkung dieses Instruments beschränkt, weil es nur die Unterlassung rechtswidrigen Verhaltens in der Zukunft in den Blick nimmt, die durch rechtswidriges Verhalten erzielten Gewinne jedoch unangetastet lässt (Meller-Hannich/Höland, a. a. O., S. 129: mangelnde Verknüpfung der Unterlassungsklagen mit individuell wirksamen Verbraucherschutz).

Auch der inzwischen eingeführte Gewinnabschöpfungsanspruch zu Gunsten des Bundeshaushalts, der von den nach UKlaG und UWG klageberechtigten Einrichtungen durchgesetzt werden soll, ist in der Praxis bisher kaum relevant geworden (Meller-Hannich/Höland, a. a. O., S. 123: „kein praktisch taugliches Mittel“, keine Behebung von Durchsetzungsdefiziten des Rechts). So konnten z. B. weder die – vermutlich im Millionenbereich liegenden – Gewinne eines Mobilfunkunternehmens abgeschöpft werden, welches bei der Umrechnung von DM zu Euro erwiesenermaßen gegen die europarechtlichen Vorgaben verstieß, noch können in nennenswertem Ausmaß die durch rechtswidrige Vertragsklauseln erzielten und bisher nicht bezifferbaren Gewinne im Bereich von Finanzdienstleistungen und Versorgungsunternehmen abgeschöpft werden. Auch im Kartellrecht findet – trotz theoretisch bestehender Verbandsklagebefugnis in § 34a des Gesetzes gegen Wettbewerbsbeschränkungen (GWB) – eine wirksame Gewinnabschöpfung bisher allenfalls dort statt, wo ein einzelner Geschädigter einen sehr großen Schaden erlitten hat, nicht aber bei einer Häufung von kleineren oder mittleren Einzelschäden bei zahlreichen Verbraucherinnen und Verbrauchern.

2. Bündelung individueller Ansprüche: KapMuG

Das Problem der Häufung von Einzelschäden und ihre verfahrensmäßige Durchsetzung ist in Deutschland vor allem mit den seit über zehn Jahren laufenden Prospekthaftungsprozessen gegen die Deutsche Telekom in den Blick geraten. Dabei wurde erkannt, dass die im materiellen Recht und im Prozessrecht bisher vorgesehenen Bündelungsformen – nämlich insbesondere die Möglichkeit der Bündelung von Forderungen durch Inkassozession oder ihre prozessual verbundene Geltendmachung im Wege der streitgenössischen Klage – in echten Massenfällen an ihre Grenzen stoßen und daher aus heutiger Sicht keine befriedigende Lösung darstellen (Bundestagsdrucksache 15/5091, S. 13 f.).

Aus diesem Befund wurde 2005 das Kapitalanleger-Musterverfahrensgesetz (KapMuG) entwickelt, welches sich aufgrund seiner historischen Genese auf den besonderen Bereich des Kapitalmarktrechts beschränkt; 2012 erfolgte eine Neufassung des KapMuG mit zahlreichen Veränderungen aufgrund der bisherigen Erfahrungen. Das KapMuG ist jedoch auch in seiner heute geltenden Form nicht ausreichend, um die Probleme des Zugangs zum Recht und der kollektiven Rechtsdurchsetzung in angemessener Weise zu lösen. Insbesondere verbleiben auch nach der Reform 2012 drei gravierende Strukturprobleme des KapMuG.

Erstens ist das KapMuG auf einen bestimmten materiell-rechtlichen Bereich beschränkt, ohne dass es dafür eine über den historischen Zufall des Telekom-Prozesses hinausgehende innere Rechtfertigung gäbe (so bereits die Stellungnahme des Bundesrats zum Entwurf des KapMuG in Bundestagsdrucksache 15/5091, S. 40). Massenhafte Schäden mit im wesentlichen identischen tatsächlichen oder rechtlichen Fragen kommen nicht nur im Kapitalmarktrecht vor, sondern auch in vielen anderen Bereichen des Privatrechts.

Zweitens ändert das KapMuG nichts an den bestehenden Zugangsschranken zum Recht, indem es für die Anspruchsbündelung die Erhebung normaler Klagen voraussetzt. Das KapMuG ist daher – wiederum aufgrund seiner Entstehungsgeschichte verständlich – eher ein Mittel zur Bewältigung einer bereits vorhandenen Vielzahl von Einzelklagen, senkt aber nicht die Zugangsschwelle zum Recht, wie es für eine effektive kollektive Rechtsdurchsetzung notwendig wäre und wie es auch der international üblichen Praxis entspricht.

Drittens ist das KapMuG als zweistufiges Vorlageverfahren – Klageerhebung beim Landgericht, Musterverfahren beim Oberlandesgericht und anschließend Fortsetzung der Ausgangsverfahren vor dem Landgericht – zu kompliziert und zu langwierig; es sollte durch ein Verfahren auf einer Ebene ersetzt werden. Auch damit würde eine Anpassung an internationale Entwicklungen im kollektiven Rechtsschutz vollzogen; das komplizierte Vorlageverfahren des KapMuG ist im Rechtsvergleich ohne Beispiel und kann schon aufgrund seiner Komplexität und Schwerfälligkeit kaum als Vorbild für eine europäische Regelung dienen.

III. Ziele der Einführung des Gruppenverfahrens

Diese Defizite des KapMuG sollen mit der hier vorgeschlagenen Ersetzung des KapMuG durch ein Gruppenverfahren soweit wie möglich behoben werden. Der Gesetzentwurf verfolgt daher im wesentlichen drei Ziele: Erstens soll die mit dem KapMuG geschaffene Möglichkeit der Bündelung individueller Ansprüche verallgemeinert und in die Zivilprozessordnung integriert werden. Zweitens sollen die Zugangsschranken zum Gruppenverfahren gegenüber dem KapMuG abgesenkt werden, um eine stärkere Rechtsdurchsetzungswirkung zu erreichen. Drittens soll ein angemessener Rahmen geschaffen werden, in dem die Zivilgerichte bei massenhaften Schadensfällen zu einer angemessenen Konfliktlösung beitragen können.

Dabei ist von der Notwendigkeit einzelner Klagen schon deshalb abzusehen, weil ein nur auf individuellen Rechtsschutz fokussiertes System bei Massenschäden strukturell überfordert ist. Dies zeigt vor allem der extrem langwierige Telekom-Prozess. Das Gruppenverfahren als ein Instrument des kollektiven Rechtsschutzes beansprucht daher gerade nicht, jeden Einzelfall abschließend und in seiner vollen rechtlichen Komplexität zu klären. Diese Aufgabe bleibt dem insoweit bewährten Individualverfahren vorbehalten. Das Gruppenverfahren soll aber durch Klärung gemeinsamer Fragen eine überindividuelle Konfliktlösung erleichtern, die in einem Vergleich bestehen kann, oder auch darin, dass das Gericht diese gemeinsamen Fragen zu Gunsten der einen oder anderen Seite klärt, um eine Vielzahl von aufwendigen Einzelprozessen überflüssig zu machen.

IV. Struktur des Gruppenverfahrens

Die hier vorgeschlagene Struktur des Gruppenverfahrens baut einerseits auf den internationalen Erfahrungen auf, unter denen vor allem die dänische Gruppenklage als erfolgreiches Modell gilt, vgl. dazu Werlauff, European Business Law Review 24 (2013), S. 173 ff. Außerdem liegen bereits zahlreiche Vorschläge aus der wissenschaftlichen Literatur vor, die ebenfalls eingearbeitet wurden (insbesondere der Abschnitt zu „Gruppenklagen“ aus Micklitz/Stadler, Das Verbandsklagerecht in der Informations- und Dienstleistungsgesellschaft, 2004; außerdem Lange, Das begrenzte Gruppenverfahren, 2011; sowie für Österreich Kodek, Die Gruppenklage nach der ZVN 2007, RdW 2007, 711; für eine Opt-in-Gruppenklage auch Hess, JZ 2011, 66, 72).

1. Opt-in-Verfahren

In der internationalen Diskussion werden bei Gruppenverfahren „opt-out“- und „opt-in“-Modelle unterschieden. Im „opt-out“-Verfahren treffen die Wirkungen einer Entscheidung jedes Mitglied der betroffenen Gruppe, es sei denn die betreffende Person tritt ausdrücklich aus dem Verfahren aus. Diese Spezies von Gruppenverfahren findet man insbesondere in den USA, Kanada und Australien vor, außerdem in den Niederlanden bei Vergleichsschlüssen sowie in Dänemark für Verfahren mit geringen Einzelstreitwerten. Da bei Opt-out-Verfahren eine rechtliche Bindung auch ohne Zustimmung der Betroffenen eintreten kann, unterliegen diese Verfahren in den genannten Staaten strengen Anforderungen (vgl. etwa Halfmeier/Wimalasena, JZ 2012, 649 ff., dort auch zur verfassungsrechtlichen Zulässigkeit; vgl. den Vorschlag für eine Opt-out-Gruppenklage für Deutschland bei Hopt/Baetge, in: Basedow u. a., Die Bündelung gleichgerichteter Interessen im Prozess, 1999, 11, 49 ff.).

Im Gegensatz dazu wird im vorliegenden Entwurf ein verfassungsrechtlich wesentlich unproblematischeres „opt-in“-Verfahren vorgeschlagen, d. h. die Wirkungen einer Entscheidung im Gruppenverfahren treffen nur diejenigen Personen, die ausdrücklich ihre Teilnahme erklärt haben. Derartige Verfahren sind in Dänemark und Schweden bereits etabliert. Das „opt-in"-Verfahren hat den Vorzug der strikten Freiwilligkeit ohne Vereinnahmung am Verfahren nicht Beteiligter.

Auch darin unterscheidet es sich vom geltenden KapMuG: Das KapMuG zwingt jeden Betroffenen, dessen Ansprüche von den im Musterverfahren zu treffenden Feststellungen abhängen, gemäß § 8 KapMuG in ein ggf. langwieriges Musterverfahren, auch wenn der Kläger dies möglicherweise gar nicht wünscht (kritisch dazu etwa Schneider/Heppner, BB 2012, 2703, 2710 f.). Das hier vorgeschlagene Gruppenverfahren ist dagegen freiwilliger Natur, d. h. es bleibt jedem Betroffenen selbst überlassen, ob er sich dem Gruppenverfahren als Teilnehmer anschließt oder ob er seinen individuellen Anspruch im normalen Verfahren durchzusetzen versucht oder auch ganz untätig bleibt.

Damit wird das eingangs konstatierte rationale Desinteresse zwar nicht komplett überwunden; demgegenüber überwiegen aber die mit der Freiwilligkeit verbundenen Vorzüge: Auch das Gruppenverfahren beruht auf dem Gedanken der Privatautonomie, denn es schreibt den Bürgerinnen und Bürgern weder vor, dass sie ihre Ansprüche durchsetzen müssten, noch auf welchem Wege dies zu geschehen hat; es macht ihnen nur ein zusätzliches Angebot der kollektiven Rechtsdurchsetzung.

Zugleich wird aber auch die Struktur des Verfahrens im Hinblick auf die Beteiligten gegenüber dem KapMuG verändert. Das KapMuG muss aufgrund seines Zwangscharakters sämtliche Kläger der Ausgangsverfahren zu „Beigeladenen" machen, denen umfassende prozessuale Rechte zustehen. Diese Rechte der Beigeladenen werden aber in der Praxis des KapMuG kaum wahrgenommen. Würden sie wiederum massenhaft wahrgenommen, wäre ein Massenverfahren kaum noch vernünftig abzuwickeln.

Das Gruppenverfahren wird dagegen auf Seiten der klägerischen Gruppe nur vom Gruppenkläger geführt. Die Teilnehmer werden über den Fortgang des Verfahrens informiert, können aber selbst keine Prozesshandlungen vornehmen. Wer mit der Verfahrensführung durch den Gruppenkläger nicht einverstanden ist, wird entweder gar nicht erst seine Teilnahme erklären oder im Laufe des Verfahrens wieder austreten. Das rechtliche Gehör der Teilnehmer des Gruppenverfahrens wird für sie durch den Gruppenkläger ausgeübt; dem haben sie durch ihre Teilnahme und ihren freiwilligen Verbleib im Gruppenverfahren zugestimmt, so dass ein individuelles Gehör jedes einzelnen Teilnehmers verfassungsrechtlich nicht geboten ist (ebenso bereits Micklitz/Stadler, a. a. O., S. 1385; Stadler, in: Meller-Hannich (Hrsg.), Kollektiver Rechtsschutz (2008), S. 93, 100).

Schon das geltende deutsche Recht geht diesbezüglich etwa in § 6 des Spruchverfahrensgesetzes (SpruchG) deutlich weiter: Dort wird das rechtliche Gehör sämtlicher Berechtigter zulässigerweise durch den vom Gericht bestellten Vertreter wahrgenommen, ohne dass den Betroffenen auch nur ein Ein- oder Austrittsrecht zustünde (vgl. zur Verfassungsmäßigkeit dieser Regelung Kubis, in: Münchener Kommentar zum Aktiengesetz, 3. Aufl. 2010, § 6 SpruchG Rn. 1 m. w. N.).

Die Interessen der Teilnehmer werden außerdem dadurch geschützt, dass der Gruppenkläger durch Beschluss des Gerichts auf Antrag eines Teilnehmers ausgewechselt werden kann, wenn er das Gruppenverfahren erkennbar nicht im Interesse der Gruppe führt.

2. Echtes oder begrenztes Gruppenverfahren möglich

Was den Gegenstand des Gruppenverfahrens angeht, so ermöglichen die hier vorgeschlagenen Regeln sowohl ein „echtes" Gruppenverfahren wie auch ein „begrenztes" Gruppenverfahren (Terminologie nach Lange, a. a. O., S. 185). Ein „echtes" Gruppenverfahren enthält z. B. einen Leistungsantrag wie im Individualverfahren und könnte mit einem Urteil mit vollstreckbarem Inhalt enden. Dies wird voraussichtlich die Ausnahme bleiben, da viele Ansprüche subjektive oder sonstige individuelle Voraussetzungen haben. Diese können so unterschiedlich sein, dass sie sich nicht für eine gemeinsame Behandlung im Gruppenverfahren eignen, weil z. B. die jeweils individuelle Beweisaufnahme dann keinen Effektivitätsgewinn gegenüber Einzelprozessen verspricht.

Andererseits sind auch Fälle vorstellbar, in denen die Anspruchsvoraussetzungen so einheitlich sind, dass sie vollständig im Gruppenverfahren abgearbeitet werden können: Wenn etwa das materielle Recht den Passagieren eines ausgefallenen Fluges eine pauschale Entschädigung gewährt (ohne Rücksicht auf individuell eingetretene Schäden), so ließe sich dies im Gruppenverfahren durchführen, da der Gruppenkläger dann im Streitfall nur beweisen muss, dass die Gruppenmitglieder in dem betreffenden verspäteten Flugzeug saßen. Auch etwaige Einwendungen wären dann genereller Natur (z. B. das Vorliegen höherer Gewalt, soweit dies den Anspruch ausschließt) und sinnvollerweise im Gruppenverfahren mit Wirkung für die ganze Gruppe zu klären.

Auch ein nach allgemeinen Regeln gemäß § 256 ZPO zulässiger Feststellungsantrag kann zulässiger und sinnvoller Gegenstand eines Gruppenverfahrens sein, z. B. die Unwirksamkeit einer Preiserhöhung oder sonstigen Vertragsänderung bezogen auf eine Gruppe von Kundinnen und Kunden eines bestimmten Unternehmens, die zu ein und denselben Vertragsbedingungen abgeschlossen haben. Auch hier kann das Gruppenverfahren effektiver als zahlreiche Einzelprozesse sein.

Neben diesen Bündelungen ohnehin zulässiger Leistungs- oder Feststellungsanträge kommt aber auch eine dritte Kategorie von Gruppenverfahren in Betracht, die insoweit dem Musterverfahren nach dem KapMuG ähnelt und dieses ersetzt. Ein solches „begrenztes" Gruppenverfahren beschränkt sich auf Feststellungen zu gemeinsamen Tatsachen oder Rechtsfragen (etwa wie im KapMuG zu fehlerhaften Kapitalmarktinformationen) und endet schon deswegen nicht mit einer vollstreckbaren Entscheidung. In diesen Fällen müsste ein individuelles Verfahren nachgeschaltet werden, um für einen einzelnen Anspruchsteller zu einem vollstreckbaren Titel zu kommen. Bei lebensnaher Betrachtung wird das nachgeschaltete Individualverfahren aber die Ausnahme bleiben: Siegt die klagende Gruppe im Gruppenverfahren, so wird für den Beklagten in der Regel ein starker Anreiz zur gütlichen Streitbeilegung gesetzt. Ist dagegen der Beklagte im Gruppenverfahren siegreich, so sind weitere Individualverfahren für die Kläger regelmäßig sinnlos. Es ist daher insgesamt effizienter, dass – wie hier vorgeschlagen – ein Gruppenverfahren von Anfang an eingeleitet werden kann, ohne dass man zunächst – wie noch im KapMuG – eine Reihe von Individualklagen erheben müsste.

3. Faire Kostenregeln auf beiden Seiten

Die Kostenregeln im Gruppenverfahren sehen vor, dass die finanziellen Zugangsschranken beim Gruppenverfahren im Vergleich zum Individualprozess abgesenkt werden. Dies wird dadurch erreicht, dass die bereits jetzt im KapMuG geltenden Kostenregeln zur Anmeldung von Ansprüchen auf die Teilnahme am Gruppenverfahren erstreckt werden. Außerdem wird das für den einzelnen Teilnehmer im Gruppenverfahren entstehende Kostenrisiko auf einen Höchstbetrag begrenzt. Dies macht die Teilnahme besser kalkulierbar. Der Entwurf folgt damit der insoweit erfolgreichen Regelung in Dänemark.

Zugleich wird aber das im deutschen Zivilprozessrecht bewährte „loser pays"-Prinzip (§ 91 ZPO) in vollem Umfang beibehalten. Dies dient vornehmlich dem Schutz des Beklagten. Er wird im Gruppenverfahren nicht schlechter gestellt als im Individualverfahren. Soweit ein obsiegender Beklagter eine Kostenerstattung aufgrund der zu Gunsten der Teilnehmer geltenden individuellen Höchstgrenzen nicht erlangen kann, haftet der Gruppenkläger für die restliche Kostenerstattung. Damit entfaltet das „loser pays"-Prinzip auch im Gruppenverfahren eine wichtige Steuerungswirkung zur Vermeidung sinnloser Prozesse: Gerade der Gruppenkläger wird aufgrund der für ihn bestehenden Residualhaftung keine aussichtslosen Verfahren führen.

4. Fortentwicklung des KapMuG

Das Gruppenverfahren löst das KapMuG ab und ersetzt dieses. Zugleich ist das Gruppenverfahren aber als Fortentwicklung des KapMuG zu verstehen: So weit wie möglich lehnen sich die Vorschriften zum Gruppenverfahren an diejenigen des KapMuG an, um so auf die unter dem KapMuG bereits gemachten Erfahrungen zurückgreifen zu können. Das Gruppenverfahren erfindet also das Rad nicht neu, sondern entwickelt das KapMuG mit den für die Erreichung seiner Ziele notwendigen Änderungen weiter.

B. Besonderer Teil

Zu Artikel 1

Der Entwurf sieht eine Integration der Regelungen zum Gruppenverfahren in die ZPO vor, um eine Zersplitterung des Verfahrensrechts zu vermeiden. Eine solche Integration ist in der Literatur mehrfach vorgeschlagen worden (zuletzt etwa durch Schilken, in: Festschrift Picker, 2010; Lange, a. a. O., S. 334 m. w. N.). Sie entspricht auch der Tendenz im materiellen Recht, in welchem z. B. die verbraucherrechtlichen Regelungen heute weitgehend innerhalb des Bürgerlichen Gesetzbuchs (BGB) vorzufinden sind und nicht mehr in einer Vielzahl von Sondergesetzen.

Zu § 606

Die Vorschrift beschreibt die Voraussetzungen eines Gruppenverfahrens und lehnt sich dabei sowohl an die Vorschläge von Micklitz und Stadler (a. a. O., S. 1431) wie auch an internationale Erfahrungen an. In der

Norm kommen zahlreiche unbestimmte Rechtsbegriffe vor, insbesondere die „hinreichend bestimmbare" Gruppe und der „gleiche zugrunde liegende Lebenssachverhalt" in Nummer 1, die „ähnlichen" Umstände in Nummer 2, die Vorzugswürdigkeit des Gruppenverfahrens gegenüber zahlreichen Einzelverfahren (Nummer 3) sowie die Eignung des vorgeschlagenen Gruppenklägers (Nummer 4). Diese Merkmale sind vom Gericht bei der Zulassungsentscheidung gemäß § 612 zu überprüfen. Sie ermöglichen es dem Gericht, mit Blick auf den jeweiligen Einzelfall zu beurteilen, ob die Durchführung eines Gruppenverfahrens angemessen ist. Die dadurch entstehende starke Stellung des Gerichts im Hinblick auf die Zulassung des Gruppenverfahrens ist beabsichtigt und entspricht bewährter internationaler Praxis. Das Gruppenverfahren soll eine effiziente und angemessene Form der Konfliktlösung bereitstellen. Ob es dies im konkreten Fall leisten kann, ist vom Gericht anhand der in § 606 genannten Voraussetzungen zu entscheiden.

Der in Nummer 1 genannte Lebenssachverhalt stellt ebenso wie bereits in § 4 Absatz 1 KapMuG den „Bündelungsrahmen" (Lange, a. a. O., S. 233) dar, auf den sich das Verfahren bezieht. Er ist notwendig, um den Gegenstand und die Wirkung des Gruppenverfahrens zu bestimmen. Ein rein abstraktes Verfahren – etwa zu einzelnen Rechtsfragen – ohne Bezug auf einen konkreten Lebenssachverhalt ist nicht zulässig. Damit ist allerdings noch nicht vorgegeben, wie umfangreich ein solcher gleicher Lebenssachverhalt in einem Gruppenverfahren sein kann. Ebenso wie bereits im KapMuG mag man z. B. verschiedene Wertpapierprospekte zu einem Lebenssachverhalt zusammenfassen können, wenn sie ein und dieselbe Information betreffen (vgl. Kruis, in: Kölner Kommentar KapMuG, § 1 KapMuG a. F. Rn. 109 ff.).

Das Merkmal der hinreichend bestimmbaren Gruppe zielt in eine ähnliche Richtung und soll zu weite oder unbestimmte Gruppenverfahren vermeiden. So wäre etwa eine Gruppe „sämtliche Verbraucherinnen und Verbraucher" oder „alle Kundinnen und Kunden von Lebensversicherungen" zu unbestimmt. Hinreichend bestimmbar wäre daher eine Gruppe von sämtlichen Personen, die in einem bestimmten Zeitraum ein bestimmtes Produkt oder Wertpapier erworben haben, oder sämtliche Personen, die bei einem Versicherungsunternehmen X, in einem bestimmten Zeitraum die Versicherungspolice C abgeschlossen haben.

Die in Nummer 2 bezeichneten gleichen oder ähnlichen tatsächlichen Umstände beziehen sich ebenso wie im KapMuG auf anspruchsbegründende oder anspruchsausschließende Voraussetzungen; dasselbe gilt für die Rechtsfragen. Insoweit soll kein Unterschied zu § 2 Absatz 1 und § 3 Abatz 1 Nummer 1 KapMuG bestehen (zum Begriff der Abhängigkeit s. unten bei § 610). Die dennoch abweichende Formulierung im Hinblick auf „gleiche oder ähnliche" Umstände und Rechtsfragen soll den Gerichten jedoch die nötige Flexibilität ermöglichen; bei nur „ähnlichen" Umständen oder Rechtsfragen können ggf. Untergruppen gemäß § 610 Absatz 3 gebildet werden.

Nummer 3 verlangt außerdem, dass das Gruppenverfahren gegenüber zahlreichen Einzelverfahren „vorzugswürdig" ist. Damit soll darauf hingewiesen werden, dass ein Gruppenverfahren nur sinnvoll ist, wenn es im Vergleich zu vielen Einzelklagen als angemessene Form der Konfliktlösung erscheint. Eine zahlenmäßige Grenze ist dabei – abgesehen von dem Seriositätsindiz der in § 609 Absatz 1 geforderten zehn Teilnahmeerklärungen – nicht vorgesehen, da die Vorzugswürdigkeit des Gruppenverfahrens von den Umständen des Einzelfalls abhängt: Schon bei zehn Anspruchstellern mag ein Gruppenverfahren sinnvoll sein, wenn alle Ansprüche sich auf dieselbe angeblich fehlerhafte Kapitalmarktinformation beziehen und dies die wesentliche zu beurteilende Frage darstellt. Andererseits ist aber auch vorstellbar, dass ein Gruppenverfahren auch bei einer größeren Zahl von Anspruchstellern gegenüber Einzelklagen nicht vorzugswürdig ist, wenn jeder Anspruch so starke materiell-rechtlich relevante individuelle Besonderheiten aufweist, dass eine Zusammenfassung im Gruppenverfahren kaum weiterhilft.

Bezüglich der in Nummer 4 verlangten Eignung des Gruppenklägers gibt § 613 Absatz 2 gewisse Anhaltspunkte. Im Grundsatz ist von einer Eignung des vorgeschlagenen Gruppenklägers auszugehen, sofern keine konkreten Anhaltspunkte dagegen sprechen. Der Gruppenkläger muss „willens" sein, diese Aufgabe zu übernehmen, d. h. die Ernennung zum Gruppenkläger kann nicht gegen den Willen des Betroffenen stattfinden; dies ist eine Klarstellung ggü. dem KapMuG (vgl. bereits Lange, in Vorwerk/Wolf, KapMuG, § 8 KapMuG a. F. Rn. 32).

Zu § 607

Anders als das KapMuG ist das Gruppenverfahren nicht auf ein bestimmtes Teilgebiet des Privatrechts beschränkt, so dass grundsätzlich alle Klagen im Anwendungsbereich der ZPO für ein Gruppenverfahren in Betracht kommen. Die Vorschrift des § 607 stellt daher nur klar, dass in den genannten Angelegenheiten ein Gruppenverfahren keinesfalls zulässig ist.

Ob sich konkrete Ansprüche mit Blick auf ihren rechtlichen und tatsächlichen Zusammenhang für ein Gruppenverfahren eignen, wird daher hier nicht vom Gesetzgeber abstrakt vorgegeben. Vielmehr ist es Sache des angerufenen Gerichts, diese Frage im Rahmen seiner Entscheidung über die Zulassung des Gruppenverfahrens anhand der in § 606 vorgegeben Kriterien zu beantworten.

Zu § 608

Absatz 1 konzentriert die örtliche Zuständigkeit für Gruppenverfahren auf das Gericht am Sitz des Beklagten. Dies soll die Abwicklung ggf. konkurrierender Anträge auf die Durchführung von Gruppenverfahren erleichtern. Die Interessen der Kläger, an einem anderen Ort Klage erheben zu können, können im Gruppenverfahren aufgrund der möglichen Vielzahl von Klägern ohnehin nicht ohne Weiteres berücksichtigt werden.

Die Regelung des Absatzes 2 beruht auf der Überlegung, dass auch bei im Ausland befindlichen Beklagten die Möglichkeit bestehen sollte, ein Gruppenverfahren in Deutschland durchzuführen, wenn sich die Aktivitäten des ausländischen Beklagten in der Weise in Deutschland auswirken, dass sie hier nach den allgemeinen Regeln zuständigkeitsbegründend sind. Die internationale Zuständigkeit wird in der Vorschrift nicht behandelt; insoweit gehen ohnehin die europarechtlichen Regelungen im Rahmen ihres Anwendungsbereichs vor.

Die Regelung in Absatz 3 hängt mit der Entscheidung zusammen, die sachliche Zuständigkeit für Gruppenverfahren bei den Landgerichten anzusiedeln, soweit nicht die bisher dem KapMuG unterfallenden Materien betroffen sind (siehe Artikel 3). Die Länder werden damit ermächtigt, Gruppenverfahren bestimmten Land- und Oberlandesgerichten zuzuweisen, um diesbezügliche Spezialkompetenzen aufzubauen und die Gerichtsorganisation entsprechend anzupassen.

Zu § 609

Das Gruppenverfahren wird durch einen Antrag nach § 609 eingeleitet, der entweder zusammen mit der Klageschrift gestellt wird – so der in Absatz 1 vorgesehene Regelfall – oder gemäß Absatz 3 aus einem bereits anhängigen Prozess heraus. Der Antrag muss die Voraussetzungen für ein Gruppenverfahren gemäß § 606 darlegen und enthält zugleich den Vorschlag, wer als Gruppenkläger ernannt werden soll. Außerdem sind die genannten Teilnahmeerklärungen beizufügen, einschließlich jener des avisierten Gruppenklägers, da zu diesem Zeitpunkt noch nicht feststeht, ob er tatsächlich zum Gruppenkläger ernannt wird. Im Falle des § 611 Nummer 2 (qualifizierte Einrichtung als vorgeschlagener Gruppenkläger) wird diese Einrichtung i. d. R. keinen eigenen Anspruch geltend machen – sofern sie insoweit nicht als Zessionarin auftritt – und muss daher auch keine Teilnahmeerklärung abgeben. Die Anzahl von zehn Teilnehmern ist nur eine aus dem geltenden Recht des KapMuG entlehnte Mindestvoraussetzung, mit der eine gewisse zahlenmäßige Bedeutung des Antrags gesichert werden soll; die Einhaltung dieser Mindestanzahl führt noch nicht automatisch zur Zulässigkeit des Gruppenverfahrens.

Zu § 610

Die Vorschrift stellt in Absatz 1 zunächst klar, dass im Gruppenverfahren dieselben Anträge gestellt werden können wie im Individualverfahren.

Absatz 2 erweitert darüber hinaus den möglichen Gegenstand eines Gruppenverfahrens. Die hier verwendete Formulierung der möglichen Gegenstände eines auf bestimmte tatbestandlich relevante Feststellungen„begrenzten“ Gruppenverfahrens entspricht den möglichen Feststellungszielen im bisherigen KapMuG (§ 2 Absatz 1 KapMuG). Wird ein solches „begrenztes“ Gruppenverfahren gewählt, so ist der Streitgegenstand des Gruppenverfahrens ein „gebündelter Ausschnitt“ aus den Individualverfahren der Gruppenmitglieder, nur dass die Klageerhebung durch jedes Gruppenmitglied hier – anders als im KapMuG – eben nicht mehr Voraussetzung des Gruppenverfahrens ist (vgl. dazu Lange, a. a. O., S. 233).

Der Begriff der „Abhängigkeit“ der Ansprüche der Gruppenmitglieder von den beantragten Feststellungen ist wie in § 3 Absatz 1 Nummer 1 KapMuG zu verstehen, d. h. es ist eine abstrakte Abhängigkeit gemeint. Das Gruppenverfahren setzt nicht voraus, dass jeder einzelne Anspruch nur noch von der im Gruppenverfahren zu treffenden Feststellung abhängt. Vielmehr ist gemeint, dass die festzustellenden Tatsachen oder Rechtsfragen für jedes Gruppenmitglied entscheidungserheblich sein können.

Die gemäß § 610 Absatz 3 mögliche Bildung von Untergruppen ermöglicht ein gemeinsames Verfahren für Gruppenmitglieder, deren Anspruchsvoraussetzungen zwar in Teilen, aber nicht komplett identisch sind, z. B. Versicherungsnehmer mit unterschiedlichen Policen oder Erwerber von Wertpapieren aufgrund verschiedener Prospekte, die aber dennoch in der Weise verbunden sind, dass sie als ein Lebenssachverhalt zu werten sind.

Zu § 611

Gemäß Nummer 2 dieser Norm steht die Befugnis zur Beantragung eines Gruppenverfahrens und zu seiner Durchführung als Gruppenkläger nicht nur Mitgliedern der jeweiligen Gruppe zu, sondern auch den in Nummer 2 bezeichneten qualifizierten Einrichtungen. Diese haben insbesondere im Rahmen ihrer nach UWG und UKlaG bestehenden Unterlassungsklagebefugnisse ein erhebliches Know-how im Bereich der Durchsetzung von Verbraucher- und Wettbewerbsrecht aufgebaut, das hier nicht ungenutzt bleiben soll. § 611 Nummer 2 ermöglicht diesen Institutionen die Führung eines Gruppenverfahrens, ohne dass auf eine Zession der zugrunde liegenden Ansprüche oder ähnliche Hilfskonstruktionen zurückgegriffen werden müsste. Tritt eine qualifizierte Einrichtung als Gruppenklägerin auf, so ist in dem zu stellenden Antrag deutlich zu machen, dass die begehrten Rechtswirkungen nicht zwischen ihr und dem Beklagten, sondern zwischen den Teilnehmern und dem Beklagten eintreten sollen.

Zu § 612

Da das Gruppenverfahren eine Ausnahme vom ansonsten die ZPO prägenden Grundsatz der individuellen Rechtsverfolgung darstellt, ist ein Vorverfahren zur Prüfung der Zulässigkeit des Gruppenverfahrens notwendig. Auch dies entspricht internationalen Standards. In diesem Vorverfahren prüft das Gericht die Zulässigkeitsvoraussetzungen und erörtert mit den Parteien die angemessene Durchführung des Verfahrens einschließlich der Formulierung der im Gruppenverfahren sachdienlichen Anträge. Möglicherweise ist bereits an dieser Stelle eine gütliche Einigung möglich.

Anders als im KapMuG, in dem die verfahrenseinleitenden Beschlüsse weitgehend als unanfechtbar ausgestaltet sind, ist der Beschluss über die Eröffnung oder Nichteröffnung des Gruppenverfahrens mit der sofortigen Beschwerde und der Rechtsbeschwerde anfechtbar. Dafür spricht schon die erhebliche Bedeutung, welche die Einleitung eines Gruppenverfahrens für die Verfahrensbeteiligten haben kann. Hinzu kommt, dass die unbestimmten Rechtsbegriffe des § 606 erst durch die Rechtsprechung ausgefüllt und präzisiert werden müssen, so dass eine Kontrolle der Rechtsanwendung hier auch im Interesse der Rechtsentwicklung nötig ist. Aus der Anfechtbarkeit des Beschlusses ergibt sich schon nach allgemeinen Regeln die Pflicht zur Begründung des Beschlusses (Musielak, ZPO, § 329 Rn. 5).

Zu § 613

Anders als das KapMuG enthält das Gruppenverfahren in der hier entworfenen Form keinen Zwang zum Anschluss an das Verfahren. Dies hat zur Konsequenz, dass auch die Führung paralleler Gruppenverfahren zu einem Lebenssachverhalt im Grundsatz denkbar ist, soweit es sich um unterschiedliche Teilnehmergruppen handelt. Aus Effizienzgesichtspunkten ist eine solche Doppelung von Gruppenverfahren jedoch nicht erwünscht und sollte daher in der Regel mit den in § 613 vorgesehenen Mitteln vermieden werden können.

Die in Absatz 2 genannten Kriterien zur Auswahl des Gruppenklägers unter mehreren Kandidaten entsprechen im wesentlichen dem geltenden Recht zur Auswahl des Musterklägers gemäß § 9 Absatz 2 KapMuG. Entscheidend ist gemäß § 613 Absatz 2 Satz 1 die Beurteilung der Eignung des potentiellen Gruppenklägers; die in Satz 2 genannten weiteren Kriterien sind nur Indizien für eine solche Eignung. Beantragt eine Einrichtung gemäß § 611 Nummer 2 ihre Ernennung zum Gruppenkläger, so wird diese – Fälle der Zession ausgenommen – regelmäßig keinen eigenen Anspruch haben, der dem Gruppenverfahren zugrunde liegen könnte; daraus ergibt sich jedoch nicht, dass diese Einrichtung im Vergleich zu einem möglichen Gruppenkläger mit hohem eigenen Anspruch weniger geeignet wäre.

Ist einmal ein Gruppenverfahren eröffnet, so ist es zweckmäßig, dass weitere Betroffene sich diesem Gruppenverfahren als Teilnehmer anschließen, anstatt ein weiteres eigenes Gruppenverfahren durchzuführen. § 613 enthält in dem Begriff „verwiesen werden können" insoweit ein Ermessen des Gerichts, dass es in besonderen Ausnahmefällen auch ein zweites Gruppenverfahren zulassen kann. Ein solcher Ausnahmefall könnte etwa vorliegen, wenn das erste Gruppenverfahren nicht interessengerecht geführt wird oder wenn eine Teilnahme am ersten Gruppenverfahren nicht mehr möglich ist – etwa weil dieses sich bereits in der Rechtsmittelinstanz befindet – und die versäumte Teilnahme von den Betroffenen nicht zu vertreten ist.

Zu § 614

Die Institution des Klageregisters wird aus dem KapMuG übernommen. Die Bekanntmachung des Eröffnungsbeschlusses im Klageregister dient dazu, anderen Gerichten die Möglichkeit zu geben, von dem Gruppenverfahren und seinen Teilnehmern Kenntnis zu erlangen, etwa für die Zwecke der Aussetzung gemäß § 618. Außerdem dient die Bekanntmachung der möglichen Erweiterung der Gruppe durch den Hinweis auf die Teilnahmemöglichkeit. De facto wird dieser Hinweis jedoch nicht zu einer tatsächlichen Information der Gruppenmitglieder führen, sondern der Gruppenkläger und sein Prozessvertreter werden im eigenen Interesse auf die Teilnahmemöglichkeit öffentlich hinweisen; dabei können sie jedoch auf das öffentlich zugängliche Klageregister verweisen.

Zu § 615

Für die Teilnahmeerklärung ist zur Vereinfachung der Abwicklung auch ein elektronisches Verfahren einzurichten. Der Anwaltszwang entspricht dem geltenden Recht für die Anmeldung von Ansprüchen gemäß § 10 Absatz 2 KapMuG und soll formwidrige Erklärungen verhindern helfen sowie eine Beratung des Teilnehmers ermöglichen. Satz 3 stellt klar, dass die Teilnahmeerklärung nicht erst ab Veröffentlichung des Eröffnungsbeschlusses im Klageregister zulässig ist, sondern bereits ab Stellung des Antrags auf Durchführung des Gruppenverfahrens. Dies kann für die Verjährungshemmung von Bedeutung sein, zumal das Eröffnungsverfahren aufgrund der darin möglichen Rechtsmittel (§ 612 Absatz 4) eine gewisse Zeit dauern kann.

Zu § 616

Der notwendige Inhalt der Teilnahmeerklärung entspricht weitgehend dem geltenden Recht zur Anmeldung von Ansprüchen in § 10 Absatz 3 KapMuG. Die Zustellung der Teilnahmeerklärung an den Beklagten hemmt die Verjährung (siehe Ergänzung des § 204 BGB in Artikel 2). Die Angabe der Anspruchshöhe ist auch dann nötig, wenn im Gruppenverfahren kein Leistungsantrag verfolgt wird, sondern sich das Gruppenverfahren auf eine Feststellung von Tatsachen oder die Beantwortung von Rechtsfragen beschränkt: Schon für die Verjährungshemmung muss der Anspruch – soweit möglich – beziffert werden; außerdem knüpfen die vom Teilnehmer zu entrichtenden Gebühren an den Wert dieses einzelnen Anspruchs an (siehe den neu einzufügenden § 51b des Gerichtskostengesetzes (GKG) in Artikel 4).

Zu § 617

Bei der Zulassung von Teilnahmeerklärungen ist abzuwägen zwischen einer aus Effizienzgründen möglichst großen Gruppe einerseits und Aspekten der Rechtssicherheit andererseits, die zu einem gewissen Zeitpunkt eine Fixierung der Gruppe erfordern. Diese Fixierung ist spätestens mit Ende der mündlichen Verhandlung erster Instanz nötig, so dass eine spätere Teilnahme nicht möglich ist. Vorher sind auch verspätete Teilnahmeerklärungen regelmäßig zuzulassen, es sei denn sie sind aufgrund des Verfahrensfortschritts nicht mehr sachdienlich. Letzteres kann z. B. der Fall sein, wenn auf der Grundlage der bisher teilnehmenden Personen bereits ein Vergleichsvorschlag erarbeitet wurde.

Zu § 618

Die Teilnahme am Gruppenverfahren ist zwar freiwillig, aber sie darf zur Vermeidung widersprechender Entscheidungen und aus Effizienzgründen nicht mit einem parallel laufenden Individualverfahren verbunden werden. Daher wird ein solches Individualverfahren, wenn der Kläger im Individualverfahren zugleich am Gruppenverfahren als Gruppenkläger oder Teilnehmer beteiligt ist, wie in § 8 Absatz 1 KapMuG von Amts wegen ausgesetzt. Das Gericht wird in der Regel von den Parteien über die Existenz des Gruppenverfahrens informiert werden und kann die Angaben über das Klageregister verifizieren. Sollte ausnahmsweise ein Individualverfahren mangels entsprechender Information trotz parallelem Gruppenverfahren fortgesetzt werden, ergibt sich insoweit eine ähnliche Situation wie bei § 261 Absatz 3 Nummer 1 ZPO, so dass die dazu entwickelten Regeln angewandt werden können (vgl. Foerste, in: Musielak, ZPO, § 261 Rn. 9).

Zu § 619

Auf Seiten der klagenden Gruppe ist nur der Gruppenkläger Partei des Verfahrens. Er handelt mit Wirkung für die Teilnehmer und in deren Interesse. Dies ist jedoch eine rein prozessrechtliche Stellung, die nicht schon als solche zu schuldrechtlichen Beziehungen zwischen dem Gruppenkläger und den Teilnehmern führt. Dies wird in Absatz 2 klargestellt. Die in Absatz 3 geregelte Möglichkeit der Abberufung des Gruppenklägers entspricht § 9 Absatz 4 KapMuG, wobei mit dem Wort „offensichtlich" klargestellt wird, dass es sich hier um einen Ausnahmefall handeln wird. Klarstellenden Charakter hat auch § 619 Absatz 4 Satz 1, da die Eröffnung des Gruppenverfahrens immer eine mündliche Verhandlung voraussetzt (§ 612 Absatz 1). Die Regelung des § 619 Absatz 4 soll den Austausch des Gruppenklägers ermöglichen, wenn der bisherige Gruppenkläger das Gruppenverfahren nicht weiter betreiben möchte.

Zu § 620

Die Teilnehmer sind nicht Partei des Gruppenverfahrens. Sie nehmen an diesem freiwillig teil und stimmen somit der Wahrnehmung ihrer prozessualen Stellung durch den Gruppenkläger zu. Den Teilnehmern verbleibt als wichtigstes Recht das Informationsrecht, auf dessen Grundlage sie über ihren Verbleib im Gruppenverfahren entscheiden können. Die Regelung zum elektronischen Informationssystem folgt § 12 Absatz 2 KapMuG i. d. F. ab dem 1. Juli 2013. Darüber hinaus fasst Absatz 3 die gesetzlich geregelten Fälle zusammen, in denen die Teilnehmer eigene Rechte zur Wahrung ihrer Interessen haben, nämlich bei der vom Gruppenkläger beabsichtigten Klagerücknahme, bei einem beabsichtigten Vergleichsschluss und bei der Einlegung von Rechtsmitteln. Absatz 4 stellt klar, dass Teilnehmer nicht als Zeugen vernommen werden können.

Zu § 621

In der Literatur gibt es unterschiedliche Auffassungen darüber, ob es sinnvoll ist, den Teilnehmern die Möglichkeit zum Austritt aus dem Gruppenverfahren zu gewähren (dafür der österreichische Entwurf von 2007, vgl. Kodek, RdW 2007, 711, 713; für eine zeitlich engere Begrenzung etwa Lange, a. a. O., S. 306). § 621 Absatz 1 gibt den Teilnehmern dieses Recht, jedoch nur während des ersten Rechtszugs und unter Aufrechterhaltung der Pflicht zur Kostentragung. Damit wird ein Kompromiss angestrebt zwischen dem berechtigten Interesse des Teilnehmers, von einem aus seiner Sicht fehlerhaft geführten Gruppenverfahren nicht gebunden zu sein und andererseits zwischen dem Interesse des Beklagten an Rechtssicherheit und Kostenerstattung bei Obsiegen. In der Rechtsmittelinstanz tritt insoweit das Interesse des Teilnehmers zurück, da es nur noch um Kontrolle der erstinstanzlichen Entscheidung geht. Auch in der Rechtsmittelinstanz verbleibt jedoch dem Teilnehmer die Möglichkeit, bei offensichtlich unangemessener Verfahrensführung die Abberufung des Gruppenklägers gemäß § 619 Absatz 3 zu beantragen.

Zu § 622

Die Vorschrift entspricht dem geltenden Recht in § 11 Absatz 1 KapMuG.

Zu den §§ 623 bis 626

Auch die Regelungen zum Vergleichsschluss entsprechen im Wesentlichen dem bisher im KapMuG geltenden Recht (§§ 17 bis 19 und 23 KapMuG).

Zu § 627

Das Gruppenverfahren endet als eigenständiges Verfahren mit einem Urteil, nicht durch Beschluss wie das Musterverfahren im KapMuG. Soweit im Gruppenverfahren Leistungs- oder Feststellungsanträge nach den allgemeinen Regeln gestellt werden, ergeben sich keine Besonderheiten: Diese Anträge sind begründet, wenn und soweit die behaupteten Ansprüche oder Rechtsverhältnisse bestehen.

Für die besonderen Anträge gemäß § 610 Absatz 2 bedarf es jedoch einer zusätzlichen Regelung in § 627 Absatz 1: Hier reicht es nicht aus, dass die begehrten Feststellungen zu treffen sind, sondern es muss hinzukommen, dass diese Feststellungen für den Anspruch eines jeden Teilnehmers relevant sind. Andernfalls könnte jedermann die Klärung bestimmter Tatsachen oder Rechtsfragen im Gruppenverfahren veranlassen, was nicht beabsichtigt ist. Daher wird hier das bereits in § 610 Absatz 2 verwendete Merkmal der (abstrakt zu beurteilenden, siehe Erläuterung zu § 610) Abhängigkeit des Anspruchs von den betreffenden Tatsachen oder Rechtsfragen eingeführt. Ist diese abstrakte Abhängigkeit für einen Teilnehmer nicht gegeben, ist die Klage – insoweit sie diesen Teilnehmer betrifft – mit der entsprechenden Kostenfolge abzuweisen.

Da das Urteil im Gruppenverfahren – je nach seinem Inhalt – unter Umständen vollstreckbar sein kann, verlangt Absatz 2 die Bezeichnung sämtlicher Teilnehmer. Die Belehrung gemäß § 627 Absatz 2 Satz 2 enthält auch den Hinweis auf die Berechtigung der Teilnehmer zum Einlegen von Rechtsmitteln gemäß § 631.

Soweit das Urteil zu Gunsten der Teilnehmer vollstreckbar ist, ist zur Vollstreckung nach allgemeinen Regeln zunächst der siegreiche Gruppenkläger befugt. Außerdem gibt Absatz 3 den Teilnehmern bei berechtigtem Interesse die Möglichkeit, ebenfalls eine vollstreckbare Ausfertigung für ihren Teil zu beantragen. Ein solches Interesse liegt etwa vor, wenn der Gruppenkläger untätig bleibt. Der Schuldner wird in diesem Fall über § 733 geschützt.

Zu § 628

Die dogmatische Einordnung der Wirkung des Musterentscheids im KapMuG ist umstritten (vgl. zuletzt etwa Wolf/Lange, NJW 2012, 3751, 3756). Für das Urteil im Gruppenverfahren ist hier zu unterscheiden: Soweit ein auch im Individualverfahren möglicher Leistungs- oder Feststellungsantrag gemäß § 610 Absatz 1 Verfahrensgegenstand ist, entfaltet das Urteil materielle Rechtskraft für die Parteien und für die Teilnehmer (vgl. Lange, a. a. O., S. 258). Soweit aber ein „begrenztes“ Gruppenverfahren (§ 610 Absatz 2) durchgeführt wird, passt der Begriff der Rechtskraft nicht, da eine Feststellung zu Tatsachen oder Rechtsfragen keine Aussage über das Bestehen eines Anspruchs oder sonstigen Rechtsverhältnisses trifft. Die vorliegende Vorschrift spricht daher nur von einer Wirkung für und gegen die Parteien und Teilnehmer, um die diesbezügliche dogmatische Diskussion nicht zu präjudizieren. Zugleich stellt die Vorschrift aber klar, dass die Bindungswirkung nicht etwa abstrakt besteht (etwa bei einer Rechtsfrage), sondern sich nur auf den dem Gruppenverfahren zugrunde liegenden Lebenssachverhalt bezieht. Dadurch wird der Zusammenhang zwischen Streitgegenstand und Entscheidungswirkung aufrechterhalten (vgl. Lange, a. a. O., S. 262).

Zu § 629

Die Kostenregelung für das Gruppenverfahren ist von besonderer Bedeutung, da hier einerseits die finanziellen Zugangsschwellen zum Rechtsschutz gesenkt werden sollen, andererseits aber auch der Beklagte entsprechend den bewährten Grundsätzen im deutschen Zivilverfahrensrecht – d. h. vor allem dem Loser-pays-Prinzip – zu schützen ist. Auf Seiten des Beklagten ändert das Gruppenverfahren daher nichts an den Kosten- und Gebührenregeln. Insbesondere findet keine Streitwertreduzierung oder -begrenzung allein aufgrund der Tatsache statt, dass ein Gruppenverfahren durchgeführt wird. Die Rechtsanwaltsgebühren auf Seiten des Beklagten sind daher anhand der allgemeinen Wertvorschriften zu ermitteln; der Prozessvertreter auf der Beklagtenseite ist also mit Blick auf die gesetzlichen Gebühren nicht schlechter gestellt als bei einer streitgenössischen Klage. Bei der Ermittlung des Gegenstandswerts ist jedoch die in der Rechtsprechung allgemein anerkannte Überlegung zu berücksichtigen, dass ein auf Feststellung gerichtetes Verfahren einen im Vergleich zur Leistungsklage in der Regel etwas geringeren Streitwert hat.

Auf Klägerseite dagegen orientieren sich im ersten Rechtszug die Gerichtskosten und die Anwaltsvergütung nicht an einem Gesamtstreitwert, zumal dieser ohnehin erst feststehen kann, wenn die Phase der Teilnahmeerklärungen abgeschlossen ist. Stattdessen wird jeder dem Gruppenverfahren zugrunde liegende Anspruch oder jedes sonstige Rechtsverhältnis einzeln betrachtet und mit einer entsprechenden Gerichts- und Anwaltsgebühr versehen (siehe § 51b GKG in Artikel 4 und Artikel 5). Die Gebührensätze entsprechen dabei dem geltenden Recht zur Anmeldung eines Anspruchs nach dem KapMuG (0,5 Gerichtsgebühren und 0,8 Anwaltsgebühren). Diese einzelne Berücksichtigung der dem Gruppenverfahren zugrunde liegenden Ansprüche – und zwar ohne Reduktion des Werts aufgrund eines ggf. bloß (teilweise) feststellenden Charakters des Gruppenverfahrens – ist schon aufgrund der verjährungshemmenden Wirkung der Teilnahmeerklärung berechtigt und insoweit dem Mahnverfahren vergleichbar.

Bei den Gerichtsgebühren kann diese einzelne Betrachtung der Ansprüche der Teilnehmer im Vergleich zur streitgenössischen Klage zu niedrigeren oder höheren Gebühren führen. Beispiel: Es erklären 50 Personen ihre Teilnahme am Gruppenverfahren mit einer Anspruchshöhe von jeweils 800 Euro. Bei streitgenössischer Klage wären Gerichtsgebühren von 1 194 Euro einzuzahlen (3 Gebühren aus 40 000 Euro Streitwert); im Gruppenverfahren dagegen nur 1 125 Euro (50 halbe Gebühren aus 800 Euro Streitwert). Steigt die Anzahl der Teilnehmer bei gleich bleibendem individuellem Streitwert aber auf 90 an, so betragen die Gebühren im streitgenössischen Verfahren 1 968 Euro (3 Gebühren aus 72 000 Euro Streitwert), im Gruppenverfahren dagegen schon 2 025 Euro (90 halbe Gebühren aus 800 Euro Streitwert). Aufgrund dieses Effekts ist eine erhebliche Belastung für den Justizfiskus nicht zu erwarten.

Bei den Anwaltsgebühren auf Klägerseite in erster Instanz ergibt sich – wiederum im Vergleich zur streitgenössischen Klage betrachtet – ein ähnlicher Effekt: In demselben Beispiel könnte die Anwältin oder der Anwalt der Kläger bei streitgenössischer Klage von 50 Streitgenossen für die erste Instanz eine Vergütung von 4 059 Euro verlangen (Verfahrensgebühr von 1,3 zzgl. 2,0 Gebühren gemäß VV 1008 sowie Terminsgebühr von 1,2 = 4,5 Gebühren aus 40 000 Euro Streitwert); im Gruppenverfahren dagegen nur 2 600 Euro (50 mal 0,8 Gebühren aus 800 Euro). Gelingt es ihm aber, 150 Mandanten für das Gruppenverfahren zu sammeln, so ist die Vergütung im Gruppenverfahren bereits deutlich höher, nämlich 7 800 Euro

(150 mal 0,8 Gebühren aus 800 Euro) im Vergleich zu 6 439,50 Euro bei der streitgenössischen Klage (4,5 Gebühren aus 120 000 Euro). Damit erweist sich das Gruppenverfahren aus Sicht der Klägeranwältin oder des Klägeranwalts vor allem für solche Fälle als attraktiv, in denen eine große Anzahl von Betroffenen als Mandanten entweder bereits vorhanden sind oder zumindest in Betracht kommen. In Fällen mit einer von Anfang an überschaubaren Anzahl von Betroffenen ist das Gruppenverfahren daher aus Anwaltssicht nicht attraktiv. Diese Anreizwirkungen sind beabsichtigt. Zugleich ergibt sich aus dieser Vergütungsstruktur auch ein Anreiz, dass eine Rechtsanwältin oder ein Rechtsanwalt möglichst viele Teilnehmer vertritt, während andererseits die Vertretung eines einzelnen Teilnehmers durch eine Rechtsanwältin oder einen Rechtsanwalt wenig lukrativ erscheint. Auch dies ist sinnvoll, da Interessenkonflikte innerhalb der Gruppe eher vermieden werden, wenn sich ein Großteil der teilnehmenden Gruppenmitglieder auf eine Rechtsanwältin oder einen Rechtsanwalt einigt.

Eine weitere Besonderheit des Gruppenverfahrens ist die – vom dänischen Recht inspirierte – Begrenzung der Kostenerstattungspflicht des Teilnehmers auf einen Höchstbetrag gemäß § 629 Absatz 2. Damit soll aus Sicht des einzelnen Teilnehmers das Risiko der Teilnahme kalkulierbar gemacht werden: Er weiß bereits bei seiner Entscheidung über die Teilnahme, was er bei einer bestimmten Anspruchshöhe im worst case des vollständigen Unterliegens höchstens an Kosten zu tragen hat. Auch damit wird die Schwelle zur Teilnahme ein Stück gesenkt, zumal anders als im Individualverfahren der Teilnehmer im Gruppenverfahren nicht immer eine persönliche Beratung durch den Anwalt erhalten wird, sondern diese zur effizienten Abwicklung eher über Webseiten oder andere Massenmedien organisiert werden wird. Die Höhe dieser „Deckelung" wird mit vier Gebühren nach § 13 des Rechtsanwaltsvergütungsgesetzes (RVG) festgesetzt, was in den meisten Fällen zur Deckung auch der gegnerischen Anwaltskosten im Fall des Unterliegens ausreichen wird. In dem obigen Beispiel wäre also die Kostentragung für den einzelnen Teilnehmer, der einen Anspruch von 800 Euro geltend macht, auf einen Gesamtbetrag von 260 Euro begrenzt.

Die Deckelung gemäß § 629 Absatz 2 ändert aber nichts am Loser-pays-Prinzip. Absatz 3 bestimmt daher, dass der Gruppenkläger residual für eine etwaige Kostenerstattung haftet, soweit diese aufgrund der „Deckelung" von den Teilnehmern nicht verlangt werden kann. Ein solcher Fall mag ausnahmsweise vorkommen, wenn die Anzahl der Teilnehmer eher gering ist und das Verfahren sich über mehrere Instanzen zieht und ggf. teure Beweiserhebungen enthält. Der Gruppenkläger trägt somit ein etwas höheres Risiko als der einzelne Teilnehmer. Dieses Risiko kann er ggf. versichern, durch interne vertragliche Vereinbarungen auf einzelne Teilnehmer abwälzen oder schlicht selbst tragen. Daraus ergibt sich ein weiterer gewollter Anreiz, nämlich dass der Gruppenkläger eine Gruppenklage nicht leichtfertig, sondern nur bei überwiegender Erfolgsaussicht angestrengt.

Zu § 630

In Gruppenverfahren sind Rechtsmittel gegen eine erstinstanzliche Entscheidung ebenso wie im KapMuG stets zulässig. Dafür spricht schon die in der Regel erhebliche gesellschaftliche Bedeutung derartiger Verfahren sowie die nötige Einheitlichkeit der Rechtsprechung in eine Vielzahl von Personen betreffenden Fällen. Urteilt das Landgericht in erster Instanz, so erklärt § 630 Absatz 1 die Berufung für stets zulässig, daraus ergibt sich auch die grundsätzliche Eröffnung der Sprungrevision, sofern deren weitere Voraussetzungen (§ 566) vorliegen.

Urteilt das Oberlandesgericht in erster Instanz (siehe dazu unten Artikel 3), so wird das dann zulässige Rechtsmittel in § 630 Absatz 2 als Revision bezeichnet und die §§ 545 ff. ZPO finden entsprechende Anwendung. Urteilt das Oberlandesgericht dagegen als Berufungsgericht, so trifft § 630 keine Regelung, so dass die allgemeinen Vorschriften über die Zulassung der Revision zur Anwendung kommen.

Zu § 631

Die Einlegung von Rechtsmitteln auf Seiten der Gruppe ist Sache des Gruppenklägers; nur wenn er kein Rechtsmittel einlegt, kann aus den dazu bereiten Teilnehmern gemäß § 631 Absatz 1 und 2 ein neuer Gruppenkläger bestimmt werden, der dann das Rechtsmittelverfahren betreibt. Um sich diese Möglichkeit zu erhalten, muss ein Teilnehmer jedoch innerhalb der Rechtsmittelfrist vorsorglich das Rechtsmittel einlegen, damit nach Ablauf der Rechtsmittelfrist Klarheit über die Einlegung oder Nichteinlegung des Rechtsmittels besteht.

Für die Rechtsmittelinstanzen kommen die allgemeinen Wert- und Gebührenvorschriften zur Anwendung. Daher erfolgt, anders als in der ersten Instanz, die Berechnung nicht anhand des Einzelstreitwerts der Teilnehmer, sondern gemäß dem allgemeinen Kostenrecht anhand des Gesamtstreitwerts.

Die Teilnehmer sind verpflichtet, die jeweils auf sie entfallenden Gerichtsgebühren zu Beginn des Rechtsmittelverfahrens zu entrichten (§ 631 Absatz 3). Dies gilt jedoch nur insoweit als der Höchstbetrag der vom einzelnen Teilnehmer zu tragenden Kosten (§ 629 Absatz 2) nicht überschritten ist. Abweichend von den allgemeinen Regelungen beginnt das Verfahren in der Rechtsmittelinstanz jedoch auch bereits, wenn noch nicht sämtliche Teilnehmer die Gerichtsgebühr eingezahlt haben.

Die Rechtsanwaltsgebühren der Rechtsmittelinstanz sind zunächst vom Gruppenkläger zu tragen (§ 631 Absatz 4). Er kann jedoch von den Teilnehmern eine anteilige Beteiligung an diesen Kosten verlangen, aber ebenfalls nur insoweit als dadurch nicht der Höchstbetrag der vom einzelnen Teilnehmer zu tragenden Kosten (§ 629 Absatz 2) überschritten wird.

Zu Artikel 2

Bereits nach geltendem Recht hemmt die Anmeldung eines Anspruchs zu einem KapMuG-Verfahren die Verjährung. Dies wird im einzufügenden § 204 Absatz 1 Nummer 15 BGB auch für die Teilnahme am Gruppenverfahren normiert. Die Verjährungshemmung kann aber nur für solche Ansprüche gelten, denen der gleiche Lebenssachverhalt zugrunde liegt wie dem Gruppenverfahren – ob dies der Fall ist, muss ggf. im Folgeprozess entschieden werden. Die Hemmung endet gemäß § 204 Absatz 2 Satz 1 BGB sechs Monate nach Beendigung des Gruppenverfahrens, d. h. etwa bei Nichteröffnung des Gruppenverfahrens sechs Monate nach Unanfechtbarkeit des die Eröffnung des Gruppenverfahrens ablehnenden Beschlusses.

Zu Artikel 3

Bisher ist für Musterverfahren nach dem KapMuG das Oberlandesgericht sachlich zuständig, welches insoweit der Sache nach erstinstanzliche Funktionen einschließlich der Beweisaufnahme wahrnimmt. Das soll für den bisherigen Anwendungsbereich des KapMuG unverändert bleiben, um die bereits aufgebaute Expertise der Oberlandesgerichte weiterhin zu nutzen (§ 118 des Gerichtsverfassungsgesetzes (GVG)). Damit verbleibt es zugleich bei dem für das KapMuG festgestellten Vorteil, dass wichtige Fragen des Kapitalmarktrechts vergleichsweise zügig bis zum Bundesgerichtshof gebracht und dort mit erheblicher faktischer Breitenwirkung entschieden werden können.

Da aber das vorliegende Gesetz den Anwendungsbereich des Gruppenverfahrens für sämtliche bürgerliche Rechtsstreitigkeiten öffnet (mit Ausnahme der in § 607 ZPO-E genannten Angelegenheiten), könnte es – je nach Nutzungsintensität des neuen Verfahrens – zu einer Überlastung der Oberlandesgerichte und des Bundesgerichtshofs kommen, wenn man auch für diese Gruppenverfahren die erstinstanzliche Zuständigkeit der Oberlandesgerichte festlegen würde. Daher werden diese sonstigen Gruppenverfahren gemäß dem neuen § 71 Absatz 2 Nummer 5 GVG im ersten Rechtszug den Landgerichten zugeordnet. Die Landesregierungen können hier auch mit Hilfe der Verordnungsermächtigung in § 608 Absatz 3 ZPO-E die notwendigen organisatorischen Maßnahmen treffen.

Zu den Artikeln 4 und 5

Zu den Kostenregelungen siehe oben bei der Erläuterung zu § 629 ZPO-E.

Zu Artikel 6

Das vorliegende Gesetz ersetzt das KapMuG, da sämtliche Regelungsintentionen des KapMuG in dem neuen Gesetz enthalten sind. Für Musterverfahren, in denen bereits ein Vorlagebeschluss im Klageregister veröffentlicht wurde, ist in Absatz 2 eine Übergangsregelung getroffen worden, um diese Verfahren nicht „rückabwickeln" zu müssen. Ist ein Vorlagebeschluss noch nicht bekanntgemacht, so werden mit Inkrafttreten des vorliegenden Gesetzes etwaige Musterverfahrensanträge nach dem KapMuG gegenstandslos und können durch Anträge auf Durchführung eines Gruppenverfahrens ersetzt werden.

Von einer Befristung des Gesetzes wurde – insoweit abweichend vom KapMuG – abgesehen. Zweifellos müssen auch die hier vorgeschlagenen Regelungen in Zukunft erprobt, evaluiert und verbessert werden. Darin unterscheiden sie sich aber nicht von anderen gewichtigen Änderungen im Verfahrensrecht, die in der Vergangenheit ebenfalls ohne Befristung eingeführt wurden; man denke etwa an die Einführung der Insolvenzordnung oder an die Neuregelung des Rechtsmittelrechts. Eine Befristung suggeriert, dass eine Beurteilung der neu eingeführten Normen innerhalb eines jetzt schon zu übersehenden Zeitraums möglich und zugleich notwendig wäre. Das geht aber an der Praxis vorbei: Ein Reformbedarf kann sich bei einer Neuregelung sehr schnell zeigen; in einem solchen Falle kann und wird der Gesetzgeber auch zügig handeln. Andererseits kann es aber auch lange dauern, bis die Entwicklung von Rechtsprechung und Dogmatik einen deutlichen Reformbedarf erkennen lässt; eine solche Entwicklung kann nicht durch fixe Fristen vorhergesehen werden. Es liegt im Wesen der Demokratie, dass jede gesetzliche Regelung nur vorläufigen Charakter hat und von einem zukünftigen Gesetzgeber verändert und verbessert werden kann.

Gesamtherstellung: H. Heenemann GmbH & Co., Buch- und Offsetdruckerei, Bessemerstraße 83–91, 12103 Berlin, www.heenemann-druck.de
Vertrieb: Bundesanzeiger Verlagsgesellschaft mbH, Postfach 10 05 34, 50445 Köln, Telefon (02 21) 97 66 83 40, Fax (02 21) 97 66 83 44, www.betrifft-gesetze.de
ISSN 0722-8333

Deutscher Bundestag **Drucksache 18/6422**
18. Wahlperiode 16.10.2015

Beschlussempfehlung und Bericht

des Ausschusses für Recht und Verbraucherschutz (6. Ausschuss)

zu dem Gesetzentwurf der Abgeordneten Nicole Maisch, Renate Künast, Luise Amtsberg, weiterer Abgeordneter und der Fraktion BÜNDNIS 90/DIE GRÜNEN – Drucksache 18/1464 –

Entwurf eines Gesetzes über die Einführung von Gruppenverfahren

A. Problem

Der Gesetzentwurf der Fraktion BÜNDNIS 90/DIE GRÜNEN zielt auf die Einführung eines Gruppenverfahrens ab. Die einbringende Fraktion ist der Ansicht, dass zentrale gesellschaftliche Bereiche heute in weiten Teilen in den Strukturen des Zivilrechts geregelt seien; diese werden jedoch noch immer mit einem Prozessrecht, das fast ausschließlich auf der individuellen Rechtsdurchsetzung beruhe, durchgesetzt. Um den neuen Herausforderungen und der gesellschaftlichen Bedeutung des Privatrechts auch auf der Ebene der Rechtsdurchsetzung gerecht zu werden, seien neue Instrumente notwendig. Der Gesetzentwurf will vor diesem Hintergrund insbesondere zwei Problemen entgegentreten: erstens dem Problem des mangelnden Zugangs zum Recht bei – auch kleineren – massenhaft auftretenden Individualschäden und – damit verbunden – zweitens dem daraus folgenden Defizit bei der Rechtsdurchsetzung. Hierzu soll die mit dem Kapitalanleger-Musterverfahrensgesetz (KapMuG) geschaffene Möglichkeit der Bündelung individueller Ansprüche durch die Einführung eines Gruppenverfahrens verallgemeinert und in die Zivilprozessordnung integriert werden. Zudem sollen die Zugangsschranken zum Gruppenverfahren gegenüber dem KapMuG abgesenkt werden, um eine stärkere Rechtsdurchsetzungswirkung zu erreichen. Schließlich soll ein angemessener Rahmen geschaffen werden, in dem die Zivilgerichte bei massenhaften Schadensfällen zu einer angemessenen Konfliktlösung beitragen können.

B. Lösung

Ablehnung des Gesetzentwurfs mit den Stimmen der Fraktionen der CDU/CSU und SPD gegen die Stimmen der Fraktionen DIE LINKE. und BÜNDNIS 90/DIE GRÜNEN bei Stimmenthaltung eines Mitglieds der Fraktion DIE LINKE.

C. Alternativen

Keine.

D. Kosten

Wurden im Ausschuss nicht erörtert.

Beschlussempfehlung

Der Bundestag wolle beschließen,
den Gesetzentwurf auf Drucksache 18/1464 abzulehnen.

Berlin, den 14. Oktober 2015

Der Ausschuss für Recht und Verbraucherschutz

Renate Künast
Vorsitzende und Berichterstatterin

Sebastian Steineke Berichterstatter	**Dirk Wiese** Berichterstatter	**Caren Lay** Berichterstatterin

Bericht der Abgeordneten Sebastian Steineke, Dirk Wiese, Caren Lay und Renate Künast

I. Überweisung

Der Deutsche Bundestag hat die Vorlage auf **Drucksache 18/1464** in seiner 55. Sitzung am 26. September 2014 beraten und an den Ausschuss für Recht und Verbraucherschutz zur federführenden Beratung und an den Finanzausschuss, den Ausschuss für Wirtschaft und Energie sowie an den Ausschuss für Ernährung und Landwirtschaft zur Mitberatung überwiesen.

II. Stellungnahmen der mitberatenden Ausschüsse

Der **Finanzausschuss** hat die Vorlage auf Drucksache 18/1464 in seiner 56. Sitzung am 14. Oktober 2015 beraten und empfiehlt die Ablehnung des Gesetzentwurfs mit den Stimmen der Fraktionen der CDU/CSU und SPD gegen die Stimmen der Fraktion BÜNDNIS 90/DIE GRÜNEN bei Stimmenthaltung der Fraktion DIE LINKE.

Der **Ausschuss für Wirtschaft und Energie** hat die Vorlage auf Drucksache 18/1464 in seiner 51. Sitzung am 14. Oktober 2015 beraten und empfiehlt die Ablehnung des Gesetzentwurfs mit den Stimmen der Fraktionen der CDU/CSU und SPD gegen die Stimmen der Fraktion BÜNDNIS 90/DIE GRÜNEN bei Stimmenthaltung der Fraktion DIE LINKE.

Der **Ausschuss für Ernährung und Landwirtschaft** hat die Vorlage auf Drucksache 18/1464 in seiner 42. Sitzung am 14. Oktober 2015 beraten und empfiehlt die Ablehnung des Gesetzentwurfs mit den Stimmen der Fraktionen der CDU/CSU und SPD gegen die Stimmen der Fraktion BÜNDNIS 90/DIE GRÜNEN bei Stimmenthaltung der Fraktion DIE LINKE.

III. Beratungsverlauf und Beratungsergebnisse im federführenden Ausschuss

Der Ausschuss für Recht und Verbraucherschutz hat die Vorlage auf Drucksache 18/1464 in seiner 35. Sitzung am 17. Dezember 2014 und 14. Januar 2015 anberaten und beschlossen, eine öffentliche Anhörung durchzuführen, die er in seiner 46. Sitzung am 18. März 2015 durchgeführt hat. An dieser Anhörung haben folgende Sachverständige teilgenommen:

Peter Fölsch	Deutscher Richterbund e. V. (DRB) Richter am Landgericht Lübeck
Prof. Dr. Axel Halfmeier	Leuphana Universität Lüneburg, Leuphana Law School Professor für Bürgerliches Recht, Rechtsvergleichung sowie Internationales Privat- und Verfahrensrecht
Paul Hecht, LL.M.	Bundesverband der Deutschen Industrie e. V. (BDI) Associate General Counsel, Director Global Litigation, Daimler AG
Prof. Dr. Burkhard Hess	Max Planck Institute Luxembourg Executive Director of the Max Planck Institute Luxembourg for International, European and Regulatory Procedural Law
Prof. Dr. Jürgen Keßler	Hochschule für Technik und Wirtschaft Berlin Professor für Deutsches, Europäisches und Internationales Handels-, Gesellschafts-, Arbeits- und Wirtschaftsrecht

Prof. Dr. Caroline Meller-Hannich	Martin-Luther-Universität Halle-Wittenberg Juristische und Wirtschaftswissenschaftliche Fakultät, Lehrstuhl für Bürgerliches Recht, Zivilprozess- und Handelsrecht
Roland Stuhr	Verbraucherzentrale Bundesverband e. V. (vzbv), Berlin.

Hinsichtlich des Ergebnisses der Anhörung wird auf das Protokoll der 46. Sitzung am 18. März 2015 mit den anliegenden Stellungnahmen der Sachverständigen verwiesen.

Der Ausschuss für Recht und Verbraucherschutz hat die Vorlage auf Drucksache 18/1464 in seiner 71. Sitzung am 14. Oktober 2014 abschließend beraten und mit den Stimmen der Fraktionen der CDU/CSU und SPD gegen die Stimmen der Fraktionen DIE LINKE. und BÜNDNIS 90/DIE GRÜNEN bei Stimmenthaltung eines Mitglieds der Fraktion DIE LINKE. beschlossen, den Gesetzentwurf abzulehnen.

Die **Fraktion BÜNDNIS 90/DIE GRÜNEN** erläuterte, dass Instrumente der kollektiven Rechtsdurchsetzung im deutschen Recht nur punktuell und wenig systematisch geregelt seien. Ihr Gesetzentwurf sehe eine Erweiterung dieser Möglichkeiten durch die Einführung von Gruppenverfahren in die Zivilprozessordnung vor. Dabei bestehe nicht die Gefahr einer Angleichung an das US-amerikanische Recht, in dem z. B. ein Opt-out und Strafschadensersatz vorgesehen seien. Der Gesetzentwurf sehe ein Opt-in vor und setze auch in finanzieller Hinsicht keine Anreize. Das vorgeschlagene System sei zur Durchsetzung von Verbraucheransprüchen, z. B. bei Streuschäden, sinnvoll. Auch die diesbezüglichen Empfehlungen der EU-Kommission würden umgesetzt. Vor dem Hintergrund des VW-Skandals werde die Bedeutung der gestärkten Durchsetzung von Verbraucherrechten noch einmal besonders deutlich. Auch die Bundesregierung habe angekündigt, den kollektiven Rechtsschutz in Deutschland erweitern zu wollen. Sie erkundigte sich nach dem weiteren Vorgehen der Koalitionsfraktionen der CDU/CSU und SPD zu diesem Thema. Derzeit scheine dort keine Einigkeit zu bestehen. Es bestehe jedoch Anlass, sich über das Gesamtgefüge von Anbieter, Verkäufer und Verbraucher Gedanken zu machen: Die Marktmacht der Unternehmen nehme zu, während die korrespondierenden Rechte der Verbraucher dieser Entwicklung nicht standhielten.

Die **Fraktion der CDU/CSU** hielt den Gesetzentwurf für nicht zielführend. Sie befürchte auf Dauer eine Annäherung an US-amerikanische Verhältnisse, z. B. mit der Möglichkeit eines Opt-out oder des Loser-Pays-Prinzips. In der öffentlichen Anhörung hätten mehrere Sachverständige zudem einen Verstoß gegen das Recht auf rechtliches Gehör aus Artikel 103 Absatz 1 des Grundgesetzes festgestellt. Allein deshalb könne sie dem Gesetzentwurf nicht zustimmen. Sie weist darauf hin, dass bereits in der vergangenen Sitzungswoche die Möglichkeiten der Rechtsdurchsetzung für Verbraucher durch eine Erweiterung des Kapitalanleger-Musterverfahrensgesetzes im Rahmen der Umsetzung der Transparenzrichtlinie-Änderungsrichtlinie verbessert worden seien.

Die **Fraktion der SPD** begrüßte die Grundtendenz des Gesetzentwurfs. Auch in der öffentlichen Anhörung sei deutlich geworden, dass ein Bedürfnis bestehe, Durchsetzungsbarrieren bei Individualinteressen abzubauen. Doch enthalte der vorgelegte Gesetzentwurf handwerkliche Schwächen; er trage vor allem dem grundrechtlichen Anspruch auf rechtliches Gehör nicht hinreichend Rechnung. Das Kapitalanleger-Musterverfahrensgesetz sei bis zum Jahr 2020 befristet, was einerseits den experimentellen Charakter verdeutliche und andererseits hinreichend Zeit zur Evaluation dieses Instruments gebe, aus der Rückschlüsse für weitere Rechtsetzung gezogen werden könnten. Insgesamt halte sie den Weg eines Musterfeststellungsverfahrens für geeigneter als den von Gruppenverfahren. Dies sei nun zu prüfen.

Die **Fraktion DIE LINKE.** betonte, es sei notwendig, die Durchsetzung von Verbraucherrechten zu stärken. Auch seitens der Bundesregierung sei angekündigt worden, den Weg eines Musterfeststellungsverfahrens beschreiten zu wollen. Dies halte sie zwar für nicht hinreichend, da Fragen der finanziellen Entschädigung hiermit nicht geregelt seien; gleichwohl wäre dies bereits eine Verbesserung der derzeitigen Rechtslage. Die Gefahr der Annäherung an US-amerikanische Verhältnisse sehe sie nicht: In mehreren EU-Mitgliedstaaten seien Gruppenverfahren geregelt, ohne dass es zu solchen Verhältnissen gekommen sei. Im Kern unterstütze sie den Gesetzentwurf. Aus ihrer Sicht sei jedoch zu überlegen, ob das Instrument des Opt-in bei Bagatell- und Streuschäden sinnvoll sei.

Die **Bundesregierung** stellte klar, dass sie seit dem ersten Halbjahr 2015 verstärkt über die Frage der Rechtsdurchsetzung von Verbraucherrechten, insbesondere durch das Instrument eines Musterfeststellungsverfahrens, nachdenke. Derzeit werde hierzu an Eckpunkten gearbeitet, ein Gesetzentwurf sei für das Jahr 2016 geplant.

Berlin, den 14. Oktober 2015

Sebastian Steineke
Berichterstatter

Dirk Wiese
Berichterstatter

Caren Lay
Berichterstatterin

Renate Künast
Berichterstatterin

Satz: Satzweiss.com Print, Web, Software GmbH, Mainzer Straße 116, 66121 Saarbrücken, www.satzweiss.com
Druck: Printsystem GmbH, Schafwäsche 1-3, 71296 Heimsheim, www.printsystem.de
Vertrieb: Bundesanzeiger Verlag GmbH, Postfach 10 05 34, 50445 Köln, Telefon (02 21) 97 66 83 40, Fax (02 21) 97 66 83 44, www.betrifft-gesetze.de
ISSN 0722-8333

Plenarprotokoll 18/133

Deutscher Bundestag

Stenografischer Bericht

133. Sitzung

Berlin, Donnerstag, den 5. November 2015

Inhalt:

(A) Überprüfen Sie Ihre Position noch einmal! Es wäre in der Sache mehr als richtig und notwendig. Wir werden zustimmen – im Interesse der Sicherheit unseres Landes und der Bürger.

Herzlichen Dank.

(Beifall bei der CDU/CSU sowie bei Abgeordneten der SPD)

Vizepräsidentin Petra Pau:
Ich schließe die Aussprache.

Wir kommen zur Abstimmung über den von der Bundesregierung eingebrachten Gesetzentwurf zur Verlängerung der Befristung von Vorschriften nach den Terrorismusbekämpfungsgesetzen. Der Innenausschuss empfiehlt in seiner Beschlussempfehlung auf Drucksache 18/6579, den Gesetzentwurf der Bundesregierung auf den Drucksachen 18/5924 und 18/6177 in der Ausschussfassung anzunehmen. Ich bitte diejenigen, die dem Gesetzentwurf in der Ausschussfassung zustimmen wollen, um das Handzeichen. – Wer stimmt dagegen? – Wer enthält sich? – Der Gesetzentwurf ist damit in zweiter Beratung mit den Stimmen der Koalitionsfraktionen gegen die Stimmen der Oppositionsfraktionen angenommen.

Dritte Beratung

und Schlussabstimmung. Ich bitte diejenigen, die dem Gesetzentwurf zustimmen wollen, sich zu erheben. – Wer stimmt dagegen? – Wer enthält sich? – Der Gesetzentwurf ist mit den Stimmen der CDU/CSU-Fraktion und (B) der SPD-Fraktion gegen die Stimmen der Fraktion Die Linke und der Fraktion Bündnis 90/Die Grünen angenommen.

Ich rufe den Tagesordnungspunkt 8 auf:

Zweite und dritte Beratung des von den Abgeordneten Nicole Maisch, Renate Künast, Luise Amtsberg, weiteren Abgeordneten und der Fraktion BÜNDNIS 90/DIE GRÜNEN eingebrachten Entwurfs eines **Gesetzes über die Einführung von Gruppenverfahren**

Drucksache 18/1464

Beschlussempfehlung und Bericht des Ausschusses für Recht und Verbraucherschutz (6. Ausschuss)

Drucksache 18/6422

Nach einer interfraktionellen Vereinbarung sind für die Aussprache 38 Minuten vorgesehen. – Ich höre keinen Widerspruch. Dann ist so beschlossen.

Ich eröffne die Aussprache. Das Wort hat der Kollege Dirk Wiese für die SPD-Fraktion.

(Beifall bei der SPD)

Dirk Wiese (SPD):
Sehr geehrte Frau Präsidentin! Liebe Kolleginnen und Kollegen! Bereits anlässlich der ersten Lesung vor der Sommerpause hatte ich darauf hingewiesen, dass ich dem Gesetzentwurf der Grünen interessiert, offen, (C) aber skeptisch gegenüberstehe. Insbesondere die enorme Belastung der Justiz, die Ihr Vorhaben mit sich brächte, und das zusätzliche Streitpotenzial, das durch die äußerst komplexe Verfahrensstruktur aus meiner Sicht entstehen würde, hielt ich für nicht zielführend. Die Beratungen im Fachausschuss und die Anhörung konnten meine Skepsis nicht ausräumen, ja haben sie sogar noch einmal verstärkt.

Was aber das Grundziel Ihres Anliegens betrifft, besteht jedoch, glaube ich, Einigkeit zwischen uns, nur der Weg dorthin ist ein anderer. Denn dass Verbraucher, die in großer Zahl zum Beispiel unlauteren Geschäftspraktiken, unzulässigen Allgemeinen Geschäftsbedingungen oder kartellbedingt überhöhten Preisen zum Opfer gefallen sind, in der Lage sein müssen, ihre Rechte vor Gericht möglichst wirksam durchzusetzen, steht auch für uns Sozialdemokraten völlig außer Frage. Klar ist aber auch, dass die Möglichkeit, eine angemessene Kompensation für erlittene Schäden zu erstreiten, verfahrensmäßig so ausgestaltet sein muss, dass keine abschreckenden wirtschaftlichen oder bürokratischen Hürden bestehen, die jeweils mit dem Ziel der Verzögerung oder Zermürbung – möglicherweise als prozessualer Nebenkriegsschauplatz – genutzt werden können.

Andererseits müssen wir aber auch verhindern, dass die Möglichkeit von Sammelklagen missbraucht wird und spezialisierte Großkanzleien die Gruppenklage zukünftig zu ihrem Hauptgeschäftsfeld machen, weil dort der Profit höchstmöglich ist. Ich gebe Ihnen ein Beispiel: Dies könnte etwa dann der Fall sein, wenn der Klagegegner in teure Vergleiche gezwungen wird, die von vielen (D) betroffenen Unternehmen unabhängig von der Rechtslage und der Aussicht auf Erfolg im Prozess nur deshalb angenommen werden, um einem öffentlichen, negativen und geschäftsschädigenden Fokus in einem etwaigen langwierigen Prozess zu entgehen.

Betrachtet man also diese beiden Seiten, so stellt sich die Frage, wie eine solche Klageform aussehen könnte. Ich persönlich finde, dass die Musterfeststellungsklage aus dem Kapitalanleger-Musterverfahrensgesetz hier das Grundgerüst für eine entsprechende Klageform liefern könnte, die dann natürlich einen sachlich unbeschränkten Anwendungsbereich hätte. Der Vorteil an solch einem Musterfeststellungsverfahren liegt aus meiner Sicht auf der Hand: Qualifizierte Verbände könnten auch bei einem sehr hohen Aufkommen an verbraucherrechtlichen Streitigkeiten zu einer Sache mit nur einer Klage, die auf das Ziel der Klärung zentraler Voraussetzungen und Rechtsfragen in diesem speziellen Fall gerichtet ist, den gesamten Sachverhalt zum Abschluss bringen. Gerichte und auch die streitenden Parteien könnten sich in diesem Prozess auf die Klärung immer wiederkehrender Kernfragen konzentrieren. Damit würden die Ressourcen der Justiz, anders als im heute hier vorliegenden Entwurf, eine massive Entlastung erfahren, und die Verbraucher würden von der Vereinheitlichung der Rechtsprechung profitieren.

Zusätzlich wäre es dann natürlich sinnvoll, ein Klageregister zu schaffen, in dem Verbraucherinnen und Verbraucher nach Bekanntmachung ihrer Klage bei bereits

Dirk Wiese

(A) bestehendem Musterfeststellungsurteil ihre Ansprüche niedrigschwellig, kostenfrei und mit verjährungshemmender Wirkung anmelden können. Klar ist, dass das Musterfeststellungsurteil für diese Ansprüche natürlich dann aber auch Bindungswirkung entfalten müsste. Dadurch würde aus meiner Sicht die Wahrscheinlichkeit auf eine außergerichtliche Abwicklung der einzelnen Ansprüche signifikant erhöht. Denkbar ist hier etwa eine einvernehmliche oder im Rahmen der kostenfreien Streitschlichtung erzielte Einigung.

Liebe Kolleginnen und Kollegen, Sie ahnen bzw. viele von Ihnen wissen es: Was ich hier vortrage, entspricht den Ankündigungen aus dem Bundesministerium der Justiz und für Verbraucherschutz. Dort wird bereits an entsprechenden Eckpunkten gearbeitet.

(Renate Künast [BÜNDNIS 90/DIE GRÜNEN]: Donnerschlag! Bereits?)

Auch mit der Praxis wird dieser Entwurf rückgekoppelt werden, was natürlich seine Zeit braucht. Das ist aber aus meiner Sicht genau der richtige Weg; denn bei solch komplizierten und schwierigen rechtlichen Themenbereichen wie der Gruppenklage gilt nun einmal der alte Grundsatz: Schneller ist manchmal eben nicht besser.

Deswegen lehnt die SPD-Bundestagsfraktion heute Ihren Gesetzentwurf ab, obwohl wir uns im Ziel durchaus einig sind. Wir halten den Weg über ein Musterfeststellungsverfahren für wesentlich zielführender und ressourcenschonender. Sie ist für den Verbraucher auch ein wesentlich einfacheres Verfahren, das mit weniger Risiken verbunden ist. (B)

(Beifall bei der SPD sowie des Abg. Dr. Volker Ullrich [CDU/CSU])

Ich freue mich, mit Ihnen über entsprechende Vorhaben zeitnah an dieser Stelle zu diskutieren.

Vielen Dank für Ihre Aufmerksamkeit.

(Beifall bei der SPD sowie bei Abgeordneten der CDU/CSU)

Vizepräsidentin Petra Pau:

Das Wort hat die Kollegin Caren Lay für die Fraktion Die Linke.

(Beifall bei der LINKEN)

Caren Lay (DIE LINKE):

Frau Präsidentin! Meine sehr verehrten Damen und Herren! „Allein machen sie dich ein." Das sang die Band „Ton Steine Scherben" schon in den 70er-Jahren. Sie hatte wahrscheinlich nicht die Einführung von Gruppenverfahren vor Augen, aber das bringt es ganz gut auf den Punkt. Ich finde, allein kann der einzelne Verbraucher wenig gegen ein Unternehmen ausrichten, das ihn abgezockt hat. Gemeinsam können sich die Verbraucher viel besser wehren.

(Beifall bei der LINKEN)

Gemeinsam können wir uns viel besser wehren. Das heißt übersetzt ins Beamtendeutsch: Einführung von Gruppenverfahren oder Einführung von kollektiver statt individueller Rechtsdurchsetzung. (C)

In zehn EU-Staaten gibt es bereits diese Möglichkeit. Zuletzt wurde sie in Frankreich eingeführt. Auch die Europäische Kommission hat schon vor einigen Jahren die Einführung von Gruppenverfahren empfohlen. Nur Deutschland ist leider hinter dieser Entwicklung zurückgeblieben und hat es versäumt, seine Rechtsschutzinstrumente zu modernisieren. Wir sagen: Es wird höchste Zeit, dass auch in Deutschland Verbraucherinnen und Verbraucher in ihren Rechten gestärkt werden.

(Beifall bei der LINKEN sowie der Abg. Nicole Maisch [BÜNDNIS 90/DIE GRÜNEN])

Ein gutes Beispiel ist der aktuelle VW-Skandal. Es ist nicht nur ein riesengroßer Umweltskandal, sondern es ist auch Verbrauchertäuschung in großem, in riesigem Ausmaß. Es ist also höchste Zeit, gerade in diesem Zusammenhang über Gruppenverfahren nachzudenken. Sie könnten nämlich dafür sorgen, dass nicht der einzelne geschädigte und getäuschte Autokäufer auf den Goodwill, den guten Willen, des VWKonzerns angewiesen ist. Es wäre eine Möglichkeit, die geschädigten Verbraucher in ihrem Recht zu stärken, das sie auch gemeinsam gegenüber einem Gericht und gegenüber dem Konzern einklagen können.

Die Koalition, vor allem die SPD, hat das Musterfeststellungsverfahren ins Spiel gebracht. Wir sagen: Das wäre besser als gar nichts. Es wäre ein Schritt in die richtige Richtung. Aber aus unserer Sicht hat es einen entscheidenden Nachteil: Das Gericht würde zwar entscheiden, dass ein bestimmtes Unternehmen rechtswidrig gehandelt hat, aber es folgte automatisch noch nichts daraus. Jeder einzelne Geschädigte müsste vor Gericht ziehen und die Entschädigung individuell einklagen. – Diesen Gang scheuen erfahrungsgemäß viele Verbraucherinnen und Verbraucher, vielleicht weil nicht alle ein abgeschlossenes Jurastudium haben. Insofern sind wir der Auffassung, dass ein Gruppenverfahren dem Musterfeststellungsverfahren eindeutig überlegen ist. (D)

In der Praxis heißt es, dass das Unternehmen den unrechtmäßig erworbenen Gewinn weiter einstreichen kann, weil viele Verbraucherinnen und Verbraucher nicht wissen, dass sie deshalb extra vor Gericht ziehen müssen. Dass die Unternehmen diesen unrechtmäßig erworbenen Gewinn einbehalten können, ist völlig absurd. Das müssen wir endlich ändern.

(Beifall bei der LINKEN sowie der Abg. Nicole Maisch [BÜNDNIS 90/DIE GRÜNEN])

Wir wissen das nicht erst seit gestern. Bereits 2010, also vor fünf Jahren, hat die Fraktion Die Linke im Rahmen des Gesetzes zur Bekämpfung unlauterer Telefonwerbung erstmalig auch für die Einführung von Gruppenverfahren plädiert. Auch die Verbraucherzentralen haben sich in der Zwischenzeit dafür ausgesprochen. Ich finde, dass ein Gruppenverfahren besser wäre als ein Musterfeststellungsverfahren. Aber das geht der Union offensichtlich noch zu weit. Anders kann ich es mir nicht

(A) erklären, dass wir im Verbraucherausschuss dreimal die Situation hatten, dass sie mit ihrer Mehrheit dagegen gestimmt hat, dass wir uns dort über die Frage der Auswirkungen des VW-Skandals auf die Verbraucherinnen und Verbraucher unterhalten können.

(Dr. Volker Ullrich [CDU/CSU]: Was hat der VW-Skandal mit dem Gruppenverfahren zu tun?)

Ich finde, das ist ein Skandal. Das können wir Ihnen so nicht durchgehen lassen.

(Beifall bei der LINKEN sowie der Abg. Nicole Maisch [BÜNDNIS 90/DIE GRÜNEN])

Wir unterstützen den Vorschlag der Grünen, der hier auf dem Tisch liegt. Vage Ankündigungen, dass irgendwann einmal von der Regierung etwas kommt, stehen heute nicht zur Abstimmung. Wir werden den Gesetzentwurf der Grünen unterstützen, auch wenn wir im Detail andere Vorschläge sowie Ergänzungen und Änderungswünsche hätten, die vielleicht in eine andere Richtung gehen. Wir finden beispielsweise, dass die Erfahrungen in Großbritannien gezeigt haben, dass bei Bagatell- und Streuschäden kaum jemand mitklagt. Deswegen hätten wir bei den kleinen Bagatell- und Streuschäden für ein Opt-out-Verfahren plädiert. Aber das sind jetzt die Details. Die Annahme dieses Gesetzentwurfes würde die Situation für viele Verbraucherinnen und Verbraucher in der Realität verbessern. Deswegen plädiere ich für die Annahme dieses Gesetzentwurfes.

(B) (Beifall bei der LINKEN sowie bei Abgeordneten des BÜNDNISSES 90/DIE GRÜNEN)

Vielleicht zum Schluss noch einige Sätze. Bei diesem Thema wird gerne gesagt: Wir wollen ja keine amerikanischen Verhältnisse haben. – Amerikanische Verhältnisse will hier niemand haben. Sie zu schaffen, wird im Gesetzentwurf auch überhaupt nicht vorgeschlagen. Insofern kann man jetzt aufhören, hier Panik zu machen und einen Pappkameraden aufzubauen.

„Allein machen sie dich ein." Das heißt umgekehrt: Gemeinsam sind wir stärker. – Ich kann es nicht hundertprozentig sagen; aber ich bin mir, ehrlich gesagt, ziemlich sicher: Auch die „Scherben" wären für die Einführung von Gruppenverfahren. Stimmen auch Sie für diesen Gesetzentwurf! Die Verbraucherinnen und Verbraucher würden es Ihnen danken.

Vielen Dank.

(Beifall bei der LINKEN sowie bei Abgeordneten des BÜNDNISSES 90/DIE GRÜNEN – Sebastian Steineke [CDU/CSU]: Was sind die „Scherben"? Das habe ich gar nicht verstanden!)

Vizepräsident Peter Hintze:

Nächster Redner ist der Abgeordnete Sebastian Steineke, CDU/CSU-Fraktion.

(Beifall bei der CDU/CSU)

Sebastian Steineke (CDU/CSU): (C)

Herr Präsident! Liebe Kolleginnen und Kollegen! Wir haben bereits vor einem Jahr – Kollege Wiese hat darauf hingewiesen – in diesem Haus über den Gesetzentwurf debattiert. Auch wenn dies lange her ist, hat sich in der Zwischenzeit an unserer Auffassung zu dem Gesetzentwurf nichts geändert. So hat auch die öffentliche Anhörung keinerlei neue Erkenntnisse gebracht, die uns zu einer Zustimmung zu diesem Gesetzentwurf bringen könnten. Die Unionsfraktion wird diesen Gesetzentwurf wiederum ablehnen.

Wir sperren uns nicht gegen Verbesserungen bei den Rechten der Verbraucherinnen und Verbraucher.

(Dr. Volker Ullrich [CDU/CSU]: Ganz im Gegenteil!)

Im Gegenteil: Wir haben gerade vor zwei Wochen im Kapitalanleger-Musterverfahrensgesetz Veränderungen herbeigeführt, denen die Grünen übrigens nicht zugestimmt haben.

(Dr. Volker Ullrich [CDU/CSU]: Hört! Hört! – Gegenruf der Abg. Renate Künast [BÜNDNIS 90/DIE GRÜNEN]: Sie müssen bessere Gesetze machen, Herr Ullrich!)

Dass der nun vorliegende Entwurf aber gerade nicht verbraucherfreundlich ist, werde ich später bei den Einzelheiten darlegen. Da geht es um handwerkliche Fehler, über die wir auch noch diskutieren werden. (D)

Es geht aber auch und vor allen Dingen um die Erforderlichkeit und Verhältnismäßigkeit. Es hakt schon bei der Erforderlichkeit. Wir haben in unserem Rechtssystem – bereits in erster Lesung haben wir viel darüber nachgedacht und gesprochen – schon jetzt viele effiziente, kostengünstige Instrumente und Möglichkeiten des kollektiven und individuellen Rechtsschutzes. Darauf sind auch viele Sachverständige in der Anhörung eingegangen. Neben den üblichen Individualklagewegen gibt es mehrere ähnlich gelagerte Möglichkeiten des kollektiven Rechtsschutzes. In den vergangenen Jahren wurden die schon jetzt bestehenden Möglichkeiten des kollektiven Rechtsschutzes erfolgreich bei diversen Sammelklagen gegen Energieversorger, Banken und Versicherungen genutzt.

Verbände können nach dem Unterlassungsklagengesetz oder nach dem Gesetz gegen den unlauteren Wettbewerb bereits heute Sammelklagen erheben. Schon heute sieht die ZPO eine Streitgenossenschaft vor und regelt in § 147 die Prozessverbindung. Hinzu kommt das bereits erwähnte Kapitalanleger-Musterverfahrensgesetz. Damit haben wir beim kollektiven Rechtsschutz bereits einen relativ weiten Spielraum.

Die zweite Frage ist die nach der Verhältnismäßigkeit des Entwurfs. Die Verbraucherinnen und Verbraucher in Deutschland sollen den bestmöglichen Rechtsschutz erhalten. Unabhängig davon muss man sich trotzdem fra-

Sebastian Steineke

(A) gen, ob dieses Auf-den-Kopf-Stellen der 130 Jahre alten ZPO notwendig und verhältnismäßig ist.

(Renate Künast [BÜNDNIS 90/DIE GRÜNEN]: Aber das machen Sie beim StGB doch auch!)

Ich will hier zwei Dinge nennen. Auch wenn immer wieder betont wird – wir haben gerade darüber gesprochen –, dass hier keiner amerikanische Verhältnisse will, sollte man den Vergleich immer mal wieder anstellen. Weit mehr als 90 Prozent der Sammelklagen in den USA enden mit einem Vergleich. Wieso ist das so? Weil es meistens um für die Bürgerinnen und Bürger existenzielle Rechtsfragen geht und durch die Medien ein enormer Druck aufgebaut wird, der die Firmen dazu zwingt, einen Vergleich einzugehen, selbst wenn die Beklagtenseite den Prozess im Falle eines Urteils nicht verlieren würde. Öffentlicher Druck darf doch in Deutschland nicht dazu führen, dass auf die rechtsstaatlichen Grundsätze eines Gerichtsverfahrens Einfluss genommen wird. Gerade für mittlere und große Unternehmen, die in vielen Fällen Beklagte sein dürften, würde ein Auswuchs an Sammelklagen eine erhebliche und unangemessene Belastung darstellen. Dieser Überzeugung sind wir weiterhin. Für die Wahrung des öffentlichen Interesses im Einzelfall haben sowohl Aufsichtsbehörden als auch Verbraucherverbände schon jetzt die Möglichkeit, vorbeugenden Rechtsschutz für die Betroffenen in Anspruch zu nehmen.

Der zweite Punkt ist die hohe Missbrauchsanfälligkeit von Sammelklagen. Es ist durchaus zuzugestehen – das
(B) haben wir schon in der ersten Lesung gesagt –, dass Sie sich bemüht haben, diesen Risiken Rechnung zu tragen, gelungen ist Ihnen dies aber nicht. Wir sind nach wie vor der festen Überzeugung, dass gerade dem Instrument der Sammelklage die Gefahr des Missbrauchs immanent ist.

Gehen wir ruhig weg aus den USA, und schauen wir nach Europa, zum Beispiel nach Schweden. In Schweden ist bei der Gruppenklage zum Beispiel explizit eine erfolgsabhängige Erhöhung des Honorars vorgesehen. Wir haben bereits im letzten Jahr vor dem Entstehen einer „Sammelklageindustrie“ gewarnt; Kollege Wiese hat darauf hingewiesen. Der Grundsatz des „loser pays“-Prinzip darf nicht dadurch unterlaufen werden, dass durch die Vereinbarung von Erfolgshonoraren ein Kläger vollkommen risikolos klagen kann. Gerade bei Kollektivklagen bieten diese Erfolgshonorare Anreize für Rechtsanwälte. Vergessen wir dabei nicht, dass wir in Deutschland seit 2008 in § 4 a RVG Erfolgshonorare impliziert haben.

Viele Rechtsanwälte verfolgen mit ihrer Arbeit ein eigenes wirtschaftliches Interesse; das ist vollkommen in Ordnung, davon leben sie.

(Renate Künast [BÜNDNIS 90/DIE GRÜNEN]: Ich denke, Sie sind die Wirtschaftspartei!)

Ein redlich arbeitender Anwalt hat natürlich die feste Absicht, das Beste für seinen Mandanten herauszuholen; auch das ist vollkommen in Ordnung. Bei einer Sammelklage mit möglichst vielen Teilnehmern kann, nach dem Entwurf der Grünen, ein Anwalt deutlich mehr verdienen, als wenn er einen Einzelnen vertritt. In der Begründung des Gesetzentwurfs heißt es wörtlich: (C)

> Damit erweist sich das Gruppenverfahren aus Sicht der Klägeranwältin oder des Klägeranwalts vor allem für solche Fälle als attraktiv, in denen eine große Anzahl von Betroffenen als Mandanten entweder bereits vorhanden sind oder zumindest in Betracht kommen.

Das ist geradezu eine Aufforderung zum Rechtsstreit. Es geht darum, möglichst viele hinter die eigene Position zu bringen. Das kann nicht im Interesse eines effektiven Rechtsschutzes liegen, liebe Kolleginnen und Kollegen.

(Beifall bei der CDU/CSU)

Was für uns vor allem sehr wichtig ist und auch in der Anhörung von fast allen Sachverständigen deutlich gemacht wurde, das sind die massiven verfassungsrechtlichen Bedenken, die dem vorliegenden Gesetzentwurf innewohnen.

(Dr. Volker Ullrich [CDU/CSU]: Die kommen noch obendrauf! Genau!)

In Artikel 103 unserer Verfassung ist das Grundrecht auf rechtliches Gehör verankert. Dies wäre durch den Kern der allumfassenden Sammelklage explizit betroffen. Jedes einzelne Individuum, das seine Rechte gerichtlich geltend machen will, hat Anspruch auf rechtliches Gehör. Diesem Grundsatz würde die Einführung einer Sammelklage in keiner Weise gerecht; darauf haben mehrere Sachverständige hingewiesen. Der Teilnehmer würde sich einer Gruppe anschließen, die durch einen Gruppenführer vor Gericht vertreten wird. Zwar kann (D) dieser Ihrem Entwurf zufolge bei Schlechtleistung ausgewechselt werden – das ist allerdings enorm schwierig –, das verhindert jedoch nicht, dass der Betroffene vor Gericht nicht mehr gehört wird. Es ist weiterhin nicht auszuschließen, dass der Einzelne trotz gleich gelagerter Ansprüche etwas zur Beurteilung der Sachlage beizutragen hat. Je größer die Gruppe, umso geringer ist die Möglichkeit der Einflussnahme für den Einzelnen. Dies ist ein klarer Verstoß gegen Artikel 103 des Grundgesetzes und mit uns nicht zu machen.

Abgesehen von den generellen Zweifeln am Gesetzentwurf: Lassen Sie mich einige Beispiele nennen, weshalb die Regelungen auch handwerklich ungeeignet sind. Los geht es schon mit der im Entwurf festgelegten Zulässigkeit in § 606 ZPO. Dort ist weder geregelt, wie groß eine Gruppe sein muss noch welches Verfahren infrage kommt und um welche tatsächlichen Ansprüche es sich handelt. In Anbetracht der Tatsache, dass wir die ZPO vom Kopf auf die Füße stellen wollen, ist das ein völlig unbrauchbarer Ansatz.

Ich zitiere aus § 619 Absatz 2 Ihres vorgelegten Gesetzentwurfes:

> Die Stellung als Gruppenkläger begründet kein Schuldverhältnis gegenüber den Teilnehmern des Gruppenverfahrens.

Die Konsequenz daraus ist, dass derjenige, der die Klage führt, machen kann, was er will; um es salopp zu sagen. Er kann bei Schlechtleistung ausgewechselt wer-

(A) den, aber dann ist das Kind im Regelfall schon in den Brunnen gefallen. Verhandelt er schlecht, sind alle weiteren Teilnehmer daran gebunden. Das persönliche Schicksal des eigenen Anspruchs liegt einzig und allein in den Händen des einen Klägers. Das kann am Ende des Tages nicht der Wahrheit letzter Schluss sein.

(Renate Künast [BÜNDNIS 90/DIE GRÜNEN]: Das ist doch vollkommener Unsinn! – Gegenruf des Abg. Dr. Volker Ullrich [CDU/CSU]: Das ist vollkommen richtig, was der Kollege sagt!)

– Das ist vollkommen richtig. Lesen Sie Ihren eigenen Entwurf!

(Renate Künast [BÜNDNIS 90/DIE GRÜNEN]: Sie haben das System nicht verstanden!)

Nicht zuletzt führt § 615 zu einer deutlichen Kostenbelastung für die Verbraucherinnen und Verbraucher, weil Sie den Anwaltszwang bei der Anmeldung für Streu- und Bagatellschäden einführen wollen; es ist unglaublich, dass das in Ihrem Entwurf enthalten ist. Das Ziel des Gesetzes, Hemmungen vor Klagen abzubauen und kostengünstiger zu werden, ist somit klar verfehlt.

Wir haben die angekündigte Prüfung der Bundesregierung zur Kenntnis genommen. Wir warten ab, was an Eckpunktepapieren und Entwürfen vorgelegt wird. Wir von der Union werden sehr genau prüfen, ob über das Instrumentarium hinaus, das uns zurzeit zur Verfügung steht, Verbesserungsmöglichkeiten überhaupt notwendig
(B) sind, und werden dann mit dem Koalitionspartner in gemessener Form darüber sprechen. Das, was die Grünen heute vorschlagen, geht auf jeden Fall deutlich zu weit und am Ziel vorbei. Deswegen werden wir den Gesetzentwurf ablehnen.

Vielen Dank.

(Beifall bei der CDU/CSU)

Vizepräsident Peter Hintze:
Als nächster Rednerin erteile ich das Wort der Abgeordneten Renate Künast, Bündnis 90/Die Grünen.

Renate Künast (BÜNDNIS 90/DIE GRÜNEN):
Herr Präsident! Liebe Kolleginnen und Kollegen! Lieber Herr Steineke, im Ergebnis habe ich nichts anderes erwartet, weil die CDU schon immer dagegen war. Die wirklich spannende Frage war ja nur: Mit welcher Pirouette argumentieren Sie heute?

(Sebastian Steineke [CDU/CSU]: Verfassungsrecht!)

– Na ja, wie das mit dem Verfassungsrecht ist, sehen wir, wenn es so weit ist, wenn es so ein Gesetz als Vorlage gibt.

(Sebastian Steineke [CDU/CSU]: Wir haben doch eine Vorlage!)

Das können Sie gerne behaupten. Ich behaupte das Gegenteil.

Wissen Sie was? Ich meine, dass wir aktuell sagen (C)
können, dass es Gruppenverfahren braucht. Warum aktuell? Weil wir sehen, dass sich die Verfahren in dieser Gesellschaft immer mehr verändern. Wie viele Verträge gibt es, bei denen es um ganz kleine Summen geht? Die Zahl dieser Verträge nimmt durch das Internet stark zu, und wir stellen fest – dazu gibt es Zahlen; das haben wir vor ein paar Tagen mit hochrangigen Richtern in der niedersächsischen Landesvertretung erörtert –, dass die Zahl der Klagen vor den Zivilgerichten abnimmt, insbesondere die der Klagen, bei denen es um kleine Summen geht. Das hat meines Erachtens nicht nur damit zu tun, dass die Gerichte für die Bearbeitung viel zu lange brauchen, sondern auch damit – das sagt man mittlerweile so –, dass die Leute klein beigeben. Zwar sind 50 oder 20 Euro für sie persönlich extrem viel Geld, aber sie haben nicht den Mut, das Risiko einzugehen, zum Anwalt und womöglich durch mehrere Instanzen zu gehen.

(Sebastian Steineke [CDU/CSU]: Sie zwingen doch die Leute zum Anwalt!)

Das ist doch keine Frage der Beutelschneiderei von Anwälten, sondern die Frage ist, ob sich das kleine Individuum angesichts eines größeren, mächtigeren Gegners, der mehrere Juristinnen und Juristen beschäftigt, überhaupt traut, sein Recht wahrzunehmen. – Dazu haben Sie kein Wort gesagt.

(Beifall beim BÜNDNIS 90/DIE GRÜNEN und bei der LINKEN)

Anlässlich des Themas Muster- und Gruppenklagen hätten Sie ja auch einmal ein Wort zum pikanten Thema VW sagen können. Hunderttausende Kunden von VW, (D)
dieses großen Unternehmens, fragen sich heute: Was gilt eigentlich? Es gibt skandalöse Mängel bei der Aufsicht und der Aufklärung, und Sie sagen hier kein Wort zur Situation der Verbraucherinnen und Verbraucher.

(Sebastian Steineke [CDU/CSU]: Weil das gar nicht passt!)

Die Frage, ob es sich um einen Motormangel oder einen Softwaremangel handelt, legt doch nahe, zu überlegen, ob sich Kunden zusammentun können, um gemeinsam auf Schadensersatz zu klagen.

(Sebastian Steineke [CDU/CSU]: Gegen wen denn?)

Meine These lautet: Das wäre am Ende für VW sogar besser als 100 000 einzelne Klagen. Von Ihnen kam kein Wort dazu.

(Beifall beim BÜNDNIS 90/DIE GRÜNEN und bei der LINKEN – Sebastian Steineke [CDU/CSU]: Gegen wen sollen die denn klagen? Die können VW gar nicht verklagen! – Dr. Volker Ullrich [CDU/CSU]: Und wegen was sollen die klagen?)

– Wenn Sie das Thema im Rechtsausschuss nicht immer vertagen würden, wenn Sie den Punkt VW nicht immer wieder von der Tagesordnung nehmen würden – mittlerweile zum dritten Mal –, dann wäre Ihnen vielleicht klar, gegen wen und auf was sie klagen sollen. Der Probleme gibt es genug: Wie setze ich Rücktritts- oder Min-

Renate Künast

(A) derungsrechte durch? Was ist mit Schadensersatzansprüchen? – Ich glaube, dass die Politik die Verantwortung hat, eine Handreichung zu erstellen, wie man klagen kann, und zu sagen, wie die Regelungen für die Zukunft verändert werden.

Für die von uns vorgeschlagene Änderung wäre VW ein klassischer Anwendungsfall. Wir haben gesagt: Es müssen mindestens zehn Gruppenmitglieder sein, die Ansprüche müssen den gleichen zugrundeliegenden Lebenssachverhalt betreffen und das Gruppenverfahren muss vorzugswürdig sein gegenüber Individualklagen. Das wäre der Fall.

Das wäre sinnvoll, und zwar nicht, weil die Anwälte besonders viel Geld verdienen, nein, solche Gruppenverfahren wären auch effizienter für die Amtsgerichte als Hunderte oder Tausende Einzelverfahren. Herr Steineke, Sie haben gesagt, dass es viel besser sei, wenn die Anwälte die Fälle individuell bearbeiten. Vielleicht können Sie nachher einmal sagen, wie viele einzelne Klagen mit einem Streitwert von 10 oder 50 Euro Sie in Ihrem Büro bearbeiten, obwohl das für Sie als Anwalt ein Zuschussgeschäft ist. Ich bin der festen Überzeugung, dass das, was Sie hier erzählt haben, wirklich gaga war. Das war Kokolores.

(Beifall beim BÜNDNIS 90/DIE GRÜNEN)

Unsere Frage muss im Interesse der Verbraucher lauten – das hat die Anhörung für meine Begriffe ergeben –, wie die Barrieren, die angesichts des Risikos und der langen Wege bestehen, aufgelöst werden können. Ich muss Ihnen sagen: Ein Musterfeststellungsverfahren könnte
(B) eine gute Ergänzung eines Gruppenfeststellungsverfahrens sein, aber auch nicht mehr als das.

Wen und was wollen Sie eigentlich schützen? Die Reinheit der Lehre? Die Unantastbarkeit der ZPO? An anderen Stellen ändern Sie die Gesetze doch auch. Das, was 1879 beim Verfassen der ZPO galt, muss heute nicht mehr unbedingt gelten. Damals wussten Sie direkt, wer Ihr vertragliches Gegenüber ist. In der heutigen Zeit ist dies anonymer. Heute gehen Sie nicht mehr in Tante-Emma-Läden, sondern bestellen online. Sie haben mit großen Unternehmen zu tun. Unsere Verpflichtung ist, die Checks und Balances, die aus den Anfangszeiten der ZPO und des BGB stammen, heute und in Zukunft sicherzustellen.

(Beifall beim BÜNDNIS 90/DIE GRÜNEN sowie bei Abgeordneten der LINKEN)

Ich meine, man sollte den Kunden eine Möglichkeit geben, zu ihrem Recht zu kommen. Ich muss ehrlich sagen, Herr Steineke: Das, was Sie mit Blick auf die USA gesagt haben – Sie haben erzählt, was in den USA gilt –, interessiert mich gar nicht.

(Sebastian Steineke [CDU/CSU]: Ich habe da gar nicht drüber gesprochen!)

Denn es gibt keinen Automatismus, dass US-Recht bei uns gilt. Hier in unserer Vorlage heißt es „opt-in". Nur wenn man Ja sagt, nimmt man am Verfahren teil und muss ausdrücklich eine Teilnahmeerklärung abgeben. Die Kostengrundentscheidung des § 91 ZPO bleibt. Wenn Sie mitleidig darauf hinweisen, welche Schwierigkeiten man hat, wenn man vielleicht Kritik am Anwalt hat, sage ich Ihnen: Niemand muss mitmachen. (C)

Sie haben keine Antwort auf die Frage gegeben, wie kleine Schäden von kleinen Bürgern gegenüber größeren Vertragspartnern eingeklagt werden können. Da kann ich nur sagen: Wer ein C im Namen hat, sollte sich eigentlich damit beschäftigen.

(Beifall beim BÜNDNIS 90/DIE GRÜNEN – Zurufe von der CDU/CSU: Oh!)

Vizepräsident Peter Hintze:

Als nächster Rednerin erteile ich das Wort der Abgeordneten Dr. Silke Launert, CDU/CSU-Fraktion.

(Beifall bei der CDU/CSU sowie bei Abgeordneten der SPD)

Dr. Silke Launert (CDU/CSU):

Sehr geehrter Herr Präsident! Liebe Kolleginnen und Kollegen! Sehr geehrte Damen und Herren! Mit dem vorliegenden Gesetzesentwurf soll der kollektive Rechtsschutz gestärkt und insbesondere der Verbraucherschutz ausgebaut werden. Ohne Frage ist das ein ehrenwertes Ziel. Das Verbraucherschutzrecht ist eine ebenso notwendige wie legitime Staatsaufgabe. Schließlich geht es hier um Rechte für Menschen, die als Konsumenten gegenüber Herstellern und Vertreibern von Waren und gegenüber Anbietern von Dienstleistungen oft – das haben Sie zu Recht gesagt – tendenziell unterlegen sind.

Die Rede ist von den schwarzen Schafen unter den Banken, den Energieversorgern oder den Versicherungen, die mit ihrem Verhalten den Ruf nach einer Regulierung durch den Vater Staat immer lauter werden lassen. Ja, der Staat hat gegenüber seinen Bürgern eine Pflicht. Er hat die Pflicht, einen verlässlichen Rahmen zu schaffen, der ein etwaiges Kompetenzgefälle auszugleichen vermag. Dabei hat er gleichermaßen zielgenaue Schutzvorkehrungen zu treffen und für eine effektive Rechtsdurchsetzung zu sorgen. (D)

Doch der Zweck heiligt nicht alle Mittel, und vor allem befreit er nicht davon, bei der Rechtsetzung Präzision und Genauigkeit walten zu lassen.

(Dr. Volker Ullrich [CDU/CSU]: Eben!)

Verliert man das aus den Augen,

(Renate Künast [BÜNDNIS 90/DIE GRÜNEN]: Dann machen Sie doch bessere Anträge!)

droht ein gefährlicher Gesetzesaktionismus

(Renate Künast [BÜNDNIS 90/DIE GRÜNEN]: Gesetzesaktionismus macht die CDU!)

– ja, doch, das ist so –, dessen Ergebnis in der Praxis nicht besteht und der in der Folge einen Rattenschwanz aus Desorientierung und Nachbesserungen nach sich zieht. Deutlich wird dies jetzt an Ihrem Entwurf, bei dem man den Eindruck hat, dass der Grundsatz „Gründlichkeit vor Schnelligkeit" ins Gegenteil verkehrt wird. Im

Dr. Silke Launert

(A) Gesetzentwurf wird angeführt, dass die Bürgerinnen und Bürger ihre privatrechtlichen Ansprüche nicht durchsetzen können oder wollen und dadurch das Recht seine gesellschaftliche Steuerungsfunktion nicht mehr ausreichend erfüllen könne. Die Bürger würden aus Bequemlichkeit oder rationaler Abwägung mehr oder weniger bewusst auf die Durchsetzung der eigenen Rechte verzichten. Begründet wird dies mit zu hohen Hürden beim Rechtszugang.

Wenn Sie, liebe Fraktion der Grünen, dies wirklich annehmen, warum schaffen Sie dann in Ihrem Entwurf eine ausschließliche Zuständigkeit am allgemeinen Gerichtsstand des Beklagten, also Wohnsitz oder Sitz des Beklagten? So nehmen Sie dem Kläger die im Moment noch bestehende Möglichkeit, eventuell über einen besonderen Gerichtsstand an seinem Wohnsitz zu klagen.

(Renate Künast [BÜNDNIS 90/DIE GRÜNEN]: Wenn Sie das möchten, ändere ich das sofort, wenn Sie dann zustimmen! Aber Sie wollen ja gar nicht zustimmen!)

– Das ist schön. Das wäre der erste Punkt.

(Renate Künast [BÜNDNIS 90/DIE GRÜNEN]: Aber das ist vollkommen gaga! Sie wollen gar nicht zustimmen!)

Warum müssen sich die Teilnehmer anwaltlich vertreten lassen, wenn doch der Gang zum Anwalt – das wurde von meinem Kollegen Steineke schon verdeutlicht – eine weitere psychologische Hürde darstellt? Warum es einen Anwaltszwang für die Teilnehmer gibt, frage ich mich
(B) überhaupt, wenn doch die Prozesshandlungen erheblich beschränkt sind, und zwar auf Fälle, die auch ohne Rechtsbeistand wahrgenommen werden können.

(Dr. Volker Ullrich [CDU/CSU]: Und teurer wird es auch!)

Meinen Sie nicht, dass diese Umstände die Hürden für jeden potenziellen Teilnehmer noch höher werden lassen?

(Renate Künast [BÜNDNIS 90/DIE GRÜNEN]: Aha! 110 Leute sitzen also zusammen in einem Raum und machen eine Klage ohne Anwalt, ja?)

Frau Künast, Sie haben die kleinen Beträge angesprochen. Aber meinen Sie, gerade dann, wenn es darum geht, kleine Beträge einzuklagen, sind die Leute auch noch bereit, Anwaltsgebühren dafür zu bezahlen?

(Sebastian Steineke [CDU/CSU]: So ist es!)

In kleinen Verfahren ist das beim Amtsgericht auch ohne Anwalt möglich. Das ist doch eine ganz einfache Kosten-Nutzen-Rechnung. Für die Teilnehmer führt der Anwaltszwang gerade zum Gegenteil. Gerade bei kleinen Fällen lohnt es sich nicht, durch Ihr Gruppenverfahren einen Haufen Anwaltskosten auf sich zu nehmen.

(Beifall bei der CDU/CSU sowie bei Abgeordneten der SPD)

Ganz ehrlich: Wenn höhere Summen im Spiel sind, dann wird der Teilnehmer auch ein gesteigertes Interesse daran haben, mitzuwirken und Einfluss auf das gerichtliche Verfahren zu nehmen. Dann geht es wirklich um (C)
etwas. Bei größeren Verfahren mit Tausenden von Klägern, wie in Kapitalanlagefällen zum Teil der Fall, mag es gerechtfertigt sein, zu sagen: Es kann nicht jeder von den Tausenden mitreden. – Aber bei kleinen Gruppenverfahren sieht das anders aus. Ich finde, da sollte das anders geregelt sein.

Nicht nur das. In Ihrem Gesetzentwurf haben Sie vorgesehen – das wurde von meinem Kollegen Steineke schon angesprochen –, dass keine vertragliche Beziehung zwischen dem Teilnehmer und dem Gruppenkläger begründet werden soll. Das heißt, der Teilnehmer hat keinerlei Kontrollmöglichkeit, und der Gruppenkläger und dessen Anwälte sind nicht verpflichtet, die Teilnehmerinteressen zu schützen und auf sie Rücksicht zu nehmen. Es bedarf doch wahrlich keiner Glaskugel, um vorherzusehen, dass unter diesen Umständen einer Individualklage der Vorrang vor einem Gruppenverfahren einzuräumen ist.

(Beifall bei der CDU/CSU)

Unklar bleibt schließlich auch die Frage, wer sich als Gruppenkläger zur Verfügung stellen soll bzw. welchen Anreiz es gibt, dies zu tun. Die Kostenbeteiligung der Teilnehmer ist auf einen Höchstbetrag beschränkt. Für die darüber hinausgehenden Kosten haftet dann allein der Gruppenkläger.

(Sebastian Steineke [CDU/CSU]: So ist es!)

Für ihn kann ein solches Verfahren somit zu einem unkalkulierbaren Risiko werden.

(D) Auf die zahlreichen weiteren Kritikpunkte im Hinblick auf diesen Gesetzentwurf möchte ich nicht weiter eingehen, weil wir in der ersten Lesung und in der öffentlichen Anhörung schon ausführlich davon gehört haben.

Insgesamt hat sich gezeigt, dass der vorgelegte Gesetzentwurf wenig geeignet ist, die von Ihnen beschriebenen Zugangshürden zu reduzieren. Ihr Gesetzentwurf kann diesem durchaus wichtigen rechtspolitischen Anliegen daher leider nicht genügen.

(Sebastian Steineke [CDU/CSU]: So ist es!)

Fest steht, dass die Welt und damit die Herausforderungen für die Politik und die Verbraucher komplexer geworden sind. Auch der Trend zur globalisierten Welt, in der sich der Zugang zu Waren nicht mehr nur auf das eigene Land beschränkt, erfordert ein Umdenken. Nicht ganz ohne Grund widmet sich die EU zunehmend dem Verbraucherschutz. Es ist für mich nicht überraschend, dass die Europäische Kommission in ihrer Empfehlung aus dem Jahr 2013 verlangt, den kollektiven Rechtsschutz weiter voranzutreiben. Es ist daher unsere Aufgabe, uns immer wieder die Frage zu stellen: Genügen unsere bewährten nationalen Instrumente diesen aktuellen Gegebenheiten, oder besteht Handlungsbedarf? Ich denke, wir sind uns hier im Plenum einig: Handlungsbedarf bejahen wird grundsätzlich.

Mit Blick auf den kollektiven Rechtsschutz und die Empfehlung der Kommission arbeitet das Bundesjustizministerium gerade an einem Konzept für ein Musterfeststellungsverfahren. Darüber hinaus wird geprüft, ob der

Dr. Silke Launert

(A) Gewinnabschöpfungsanspruch im Bereich des Rechts gegen den unlauteren Wettbewerb verändert ausgestaltet werden sollte. Es wird auch darum gehen, ob die Ansprüche im Unterlassungsklagengesetz um Ansprüche ergänzt werden sollten, mit denen Verbraucherverbände und andere klagebefugte Einrichtungen bei den Unternehmen das durch rechtswidriges Verhalten Erlangte abschöpfen können. Auch dieser Frage wird sich das Ministerium stellen.

Ich meine, manchmal ist es besser, das bereits Bestehende zu pflegen und es gegebenenfalls weiterzuentwickeln, anstatt sich einem stimmungsgeleiteten politischen Aktionismus hinzugeben; denn mehr Gesetze bedeuten nicht automatisch mehr Recht.

Vielen Dank.

(Beifall bei der CDU/CSU)

Vizepräsident Peter Hintze:

Als letztem Redner in dieser Aussprache erteile ich dem Abgeordneten Metin Hakverdi, SPD-Fraktion, das Wort.

(Beifall bei der SPD sowie bei Abgeordneten der CDU/CSU)

Metin Hakverdi (SPD):

Vielen Dank. – Sehr geehrter Herr Präsident! Liebe Kolleginnen und Kollegen! Zum effektiven Schutz von Verbraucherinnen und Verbrauchern gehört erstens, dass (B) der erforderliche materiell-rechtliche Rahmen geschaffen wird. Zweitens gehört aber eben auch dazu, dass eine effektive Rechtsdurchsetzung möglich ist. Recht, das nicht oder nur unzureichend durchsetzungsfähig ist, ist ein bloßer Papiertiger.

Der von den Kolleginnen und Kollegen von Bündnis 90/Die Grünen vorgelegte Gesetzentwurf zur Einführung von Gruppenverfahren gibt uns Anlass, darüber nachzudenken, ob der Verbraucherschutz im Bereich der Rechtsdurchsetzung weiter ausgebaut werden muss.

Unsere Prozessordnung beruht auf dem Grundgedanken, dass der Einzelne sein Recht selber durchsetzt. Daran ist erst einmal nichts auszusetzen. Seit der Etablierung dieses Grundgedankens im 19. Jahrhundert hat sich allerdings vieles geändert. Der Anwendungsbereich des Zivilrechts ist deutlich größer geworden. Heute sind viel mehr Rechtsverhältnisse zivilrechtlich organisiert: Die Versorgung mit Strom, Gas und Wasser erfolgt heute auf der Grundlage zivilrechtlicher Verträge. Der öffentliche Transport erfolgt heute auf der Grundlage zivilrechtlicher Verträge. Das Versicherungswesen beruht auf der Grundlage zivilrechtlicher Verträge. Die Altersversorgung durch Kapitalanlagen erfolgt heute auf der Grundlage zivilrechtlicher Verträge.

Die Rechtsverhältnisse sind gleichzeitig komplexer geworden. Wenn man heute einen Vertrag zur Altersvorsorge abschließt, bekommt man neben dem Vertrag eine CD, auf der die geleistete Beratung dokumentiert ist. Es ist so viel, dass niemand mehr das Ganze auf Papier ausdrucken mag.

Der Kauf einer App über das Internet setzt die Erteilung einer Zustimmung zu einem seitenlangen Konvolut mit vielen Vertragsklauseln voraus. Selbst der Kauf einer Zahnbürste im Supermarkt oder eines Pullovers in einem Kaufhaus ist heutzutage wegen der Allgemeinen Geschäftsbedingungen, die irgendwo in den jeweiligen Läden aushängen, eine höchstkomplizierte rechtliche Angelegenheit geworden. (C)

Diese Komplexität der Rechtsverhältnisse führt dazu, dass der Einzelne schnell an den Punkt gelangt, auf die Durchsetzung seines Rechts zu verzichten. Das sogenannte rationale Desinteresse an der Rechtsdurchsetzung, insbesondere bei kleineren Schäden, ist deshalb besonders groß. Nicht durchgesetztes Recht führt dazu, dass das objektive Recht insgesamt verzerrt wird. Eine rechtswidrige Praxis etabliert sich.

Mit einer effektiven Rechtsdurchsetzung helfen wir also nicht nur dem einzelnen Verbraucher und der einzelnen Verbraucherin, sondern verschaffen wir dem Recht insgesamt Geltung.

(Beifall bei Abgeordneten der SPD und des BÜNDNISSES 90/DIE GRÜNEN)

– Kollegin, ich danke Ihnen.

Für die effektive Rechtsdurchsetzung haben wir in dieser Legislaturperiode bereits einiges auf den Weg gebracht. Dazu gehören zum Beispiel die Marktwächter. Wir haben die Marktwächter installiert, die den Bereich „Digitales und Finanzen" beobachten. Die Verbraucherschutzverbände können jetzt auf der Grundlage der Marktbeobachtung die Verbraucherinnen und Verbraucher informieren. Sie können aber auch Verbandsklagen anstrengen. (D)

Wir werden weiterhin eine Reform des Unterlassungsklagengesetzes auf den Weg bringen. Im Kern geht es bei dieser Reform darum, den Anwendungsbereich von Verbandsklagen auszuweiten. Die wesentlichen Punkte dieser Reform sind mit dem Koalitionspartner ausgehandelt. Mein Appell heute an die Kolleginnen und Kollegen der Union lautet: Geben Sie sich einen Ruck, damit wir den Gesetzentwurf bald zügig zu Ende bringen und auch in diesem Bereich den Verbraucherschutz weiter voranbringen können.

(Beifall bei der SPD)

Liebe Kolleginnen und Kollegen von Bündnis 90/Die Grünen, wir stimmen mit Ihnen überein: Die Verbraucher müssen ihre Rechte wirksam vor Gericht durchsetzen können. Wir sind der Auffassung, dass ein solches Verfahren keine großen Hürden in wirtschaftlicher und bürokratischer Hinsicht haben darf.

Das von Ihnen vorgeschlagene Gruppenverfahren ist ein Denkanstoß in die richtige Richtung. Wir haben jedoch wegen der konkreten Ausgestaltung Bedenken. In der Zivilprozessordnung sind bereits heute Instrumente vorhanden, mit denen gleichgerichtete Ansprüche gebündelt werden können. Ich verweise auf die objektive und subjektive Klagehäufung. Auch andere Instrumente sind hier schon genannt worden. Auf dieser Grundlage sind bereits erfolgreich Sammelklagen angestrengt worden.

Metin Hakverdi

(A) In der öffentlichen Anhörung sind auch weitere Bedenken vorgetragen worden. Dazu gehört die Kritik, die hier schon genannt wurde, dass das Grundrecht auf rechtliches Gehör aus Artikel 103 Absatz 1 Grundgesetz nicht hinreichend bedacht wurde. Ferner wurde kritisiert, dass der von Ihnen vorgeschlagene Anwendungsbereich im Hinblick auf die Problemlage zu eingeschränkt sei.

Insgesamt stelle ich fest, dass wir Ihre Problembeschreibung und den aufgezeigten Handlungsbedarf teilen. Wir wollen im Ergebnis jedoch eine andere Lösung, nämlich die Musterfeststellungsklage. Wir glauben, dass die Musterfeststellungklage gegenüber der Gruppenklage vorzugswürdig ist. Die Musterfeststellungsklage bietet nämlich ebenfalls die Möglichkeit, eine Vielzahl von gleichgelagerten Sachverhalten in einem Verfahren zu bündeln. Ein Kläger, zum Beispiel ein Verbraucherschutzverband, kann in einem Musterverfahren feststellen lassen, ob die Voraussetzungen für eine Vielzahl von Ansprüchen gegeben sind.

Im Justizministerium wird an einem Eckpunktepapier zu einem solchen Gesetzentwurf gearbeitet; wir haben es heute schon gehört. Wir freuen uns darauf, mit Ihnen auf der Grundlage des Eckpunktepapiers die Debatte über den kollektiven Rechtsschutz fortzuführen. Heute werden wir Ihrem Gesetzentwurf nicht zustimmen.

Vielen Dank.

(Beifall bei der SPD und der CDU/CSU)

(B)

Vizepräsident Peter Hintze:

Ich schließe die Aussprache.

Wir kommen zur Abstimmung über den Gesetzentwurf der Fraktion Bündnis 90/Die Grünen über die Einführung von Gruppenverfahren. Der Ausschuss für Recht und Verbraucherschutz empfiehlt in seiner Beschlussempfehlung auf Drucksache 18/6422, den Gesetzentwurf der Fraktion Bündnis 90/Die Grünen auf Drucksache 18/1464 abzulehnen. Abstimmen werden wir über den Gesetzentwurf. Ich bitte diejenigen, die dem Gesetzentwurf zustimmen wollen, um das Handzeichen. – Wer stimmt dagegen? – Wer enthält sich? – Damit ist der Gesetzentwurf in zweiter Beratung mit den Stimmen der CDU/CSU-Fraktion und der SPD-Fraktion gegen die Stimmen der Fraktion Die Linke und der Fraktion Bündnis 90/Die Grünen abgelehnt. Damit entfällt nach unserer Geschäftsordnung die weitere Beratung.

Ich rufe die Tagesordnungspunkte 9 a und 9 b auf:

a) – Zweite und dritte Beratung des von den Fraktionen der CDU/CSU und SPD eingebrachten Entwurfs eines **Gesetzes zur Reform der Strukturen der Krankenhausversorgung (Krankenhausstrukturgesetz – KHSG)**

Drucksache 18/5372

– Zweite und dritte Beratung des von der Bundesregierung eingebrachten Entwurfs eines **Gesetzes zur Reform der Strukturen der Krankenhausversorgung (Krankenhausstrukturgesetz – KHSG)** (C)

Drucksache 18/5867

Beschlussempfehlung und Bericht des Ausschusses für Gesundheit (14. Ausschuss)

Drucksache 18/6586

– Bericht des Haushaltsausschusses (8. Ausschuss) gemäß § 96 der Geschäftsordnung

Drucksache 18/6587

b) Beratung der Beschlussempfehlung und des Berichts des Ausschusses für Gesundheit (14. Ausschuss)

– zu dem Antrag der Abgeordneten Harald Weinberg, Sabine Zimmermann (Zwickau), Dr. Dietmar Bartsch, weiterer Abgeordneter und der Fraktion DIE LINKE

Versorgungsqualität und Arbeitsbedingungen in den Krankenhäusern verbessern – Bedarfsgerechte Personalbemessung gesetzlich regeln

– zu dem Antrag der Abgeordneten Dr. Harald Terpe, Elisabeth Scharfenberg, Maria Klein-Schmeink, weiterer Abgeordneter und der Fraktion BÜNDNIS 90/DIE GRÜNEN

Gute Versorgung, gute Arbeit – Krankenhäuser zukunftsfest machen

(D)

Drucksachen 18/5369, 18/5381, 18/6586

Interfraktionell wurden 38 Minuten für die Aussprache vereinbart. – Ich sehe keinen Widerspruch. Dann ist das so beschlossen.

Ich bitte diejenigen, die der Debatte nicht folgen wollen, den Plenarsaal zu verlassen.

Als erstem Redner erteile ich Bundesminister Hermann Gröhe für die Bundesregierung das Wort.

(Beifall bei Abgeordneten CDU/CSU)

Hermann Gröhe, Bundesminister für Gesundheit:

Herr Präsident! Liebe Kolleginnen! Liebe Kollegen! Mit dem Krankenhausstrukturgesetz legen wir die Grundlagen für eine gute Weiterentwicklung der qualitativ hochwertigen Krankenhausversorgung in unserem Land. Die Gewinner sind die Patientinnen und Patienten.

Es geht um eine Stärkung der Pflege auf der Station. Es geht um eine gut erreichbare Grund- und Regelversorgung. Es geht um eine qualitätsorientierte Arbeitsteilung, eine Arbeitsteilung also, die die Qualität der Behandlung in den Mittelpunkt rückt. Es geht schließlich um die Unterstützung der Länder bei der Weiterentwicklung der Krankenhauslandschaft in unserem Land.

Zum ersten Punkt. Ohne Zweifel verlangt eine gute Krankenhausversorgung nicht allein medizinisches Können von Ärztinnen und Ärzten, sondern auch den Einsatz

Plenarprotokoll 18/55

Deutscher Bundestag

Stenografischer Bericht

55. Sitzung

Berlin, Freitag, den 26. September 2014

Inhalt:

(A) **Ulrike Gottschalck** (SPD):

Frau Präsidentin! Meine sehr geehrten Damen und Herren! Städte und Gemeinden sind die Kraftwerke unseres sozialen Miteinanders. Kinderbetreuung, Nahversorgung, gute Mobilität, das soziale Netz: Alles muss vor Ort organisiert und auch finanziert werden. Deutschland braucht deshalb starke Kommunen, in denen die Menschen gerne leben und sich wohlfühlen. In den Städten und Gemeinden merken die Menschen am ehesten, ob die Daseinsvorsorge funktioniert oder eben nicht.

In letzter Zeit stottern die Kraftwerke, die Städte und Gemeinden, leider öfters, weil sie erheblich unter den ständig steigenden Sozialkosten leiden. Sie kämpfen mit der demografischen Entwicklung, und sie kämpfen seit Jahren darum, wirklich handlungsfähig zu bleiben. Deshalb bin ich sehr froh und dankbar, dass sich die Fraktionen der Regierungskoalition im Koalitionsvertrag darauf verständigt haben, der Entlastung der Kommunen eine absolute Priorität einzuräumen.

(Beifall bei der SPD)

Meine sehr geehrten Damen und Herren, liebe Gäste, man vergisst das schnell, aber wir setzen das sukzessive, scheibchenweise um. Ich nenne Ihnen hier einmal ein paar Beispiele: In diesem Jahr – das haben wir schon gehört – übernimmt der Bund 100 Prozent der Kosten für die Grundsicherung im Alter. Wir haben dafür gesorgt, dass die Gewerbesteuer weiterhin die Haupteinnahme der Kommunen ist. Wir haben die Mittel für die Städtebauförderung auf 700 Millionen Euro ordentlich erhöht

(B) (Beifall bei Abgeordneten der SPD)

und hier insbesondere das Programm „Die soziale Stadt“ aufgepeppt. Es gibt wieder Bundesmittel für den altersgerechten Umbau von Wohnungen. Wir haben den Mindestlohn durchgesetzt, durch den viele Kommunen im Hinblick auf die Sozialausgaben entlastet werden. Wir werden die Kosten für das BAföG jetzt vollständig und dauerhaft übernehmen. Und der heutige Gesetzentwurf sieht vor, dass es noch mehr Geld für die Kinderbetreuung gibt.

Ich denke, ich muss jetzt gar nicht weiter ausholen. Unsere Ministerin Manuela Schwesig hat ja wirklich toll dargestellt, wie wir uns das vorstellen, und vor allen Dingen, wie sie das als Familienministerin managt. Ich möchte sie an dieser Stelle noch einmal ausdrücklich loben. Jeder, der unseren guten Finanzminister kennt, weiß, wie schwierig es ist, Herrn Schäuble auch nur eine müde Mark aus dem Kreuz zu leiern.

(Beifall bei Abgeordneten der SPD)

Deshalb noch einmal: Glückwunsch zum Elterngeld Plus! Glückwunsch, dass wir das heute auf den Weg bringen können!

Meine sehr geehrten Damen und Herren, mit dem vorliegenden Gesetzentwurf werden die Kommunen nochmals um 1 Milliarde Euro entlastet. Ich denke, das ist wirklich keine Kleinigkeit. Ich mache es Ihnen einmal am Beispiel meines Landkreises deutlich. Für meinen Landkreis bedeutet das für 2015 eine Entlastung um immerhin 800 000 Euro, und 2016 kommt ja zeitversetzt im Rahmen der Neuregelung bei der Umsatzsteuer auch (C) noch etwas zurück, wenn die Länder – ich oute mich jetzt, was die Länderminister angeht, als die Haushälterin, die das mit den klebrigen Fingern gesagt hat – ordentlich mitmachen.

Weil Herr Kindler und Frau Brantner wieder so getan haben, als würden wir überhaupt nichts für die Kommunen tun, darf ich an dieser Stelle einmal zwei Beispiele aus meinem Heimatland Hessen anführen. In Hessen regieren die Grünen seit geraumer Zeit mit. Jedes Jahr werden im Rahmen des kommunalen Finanzausgleichs 360 Millionen Euro entnommen. Es gibt keine auskömmliche Finanzierung für die Unterbringung von Flüchtlingen und Asylbewerbern.

(Zuruf von der SPD: Hört! Hört!)

Das Land Hessen hat allein bei uns, dem Landkreis Kassel, Schulden in Höhe von 9 Millionen Euro angehäuft, weil es nicht für eine auskömmliche Finanzierung aufkommt.

Insofern klaffen Theorie und Praxis auseinander. Es geht nicht, dass man hier auf Bundesebene laut Kritik äußert und sich auf Landesebene, wo man gestalten könnte, dezent zurückhält. Auf Ihre Kontinuität verzichten wir da lieber.

(Beifall bei der SPD)

Meine sehr geehrten Damen und Herren, ich komme zum Schluss. Ich denke, heute liegt ein wirklich guter Gesetzentwurf vor, der die Kommunen erneut entlastet und der im Hinblick auf unsere Kinder erneut für mehr (D) Chancengerechtigkeit sorgt. Deshalb ein herzliches Dankeschön an alle, die daran beteiligt waren! Wir werden weiter kontinuierlich für die genannten Ziele kämpfen.

Danke schön.

(Beifall bei der SPD sowie bei Abgeordneten der CDU/CSU)

Vizepräsidentin Ulla Schmidt:

Vielen Dank. – Ich schließe die Aussprache.

Interfraktionell wird Überweisung der Vorlagen auf den Drucksachen 18/2586 und 18/2605 an die in der Tagesordnung aufgeführten Ausschüsse vorgeschlagen. Sind Sie damit einverstanden? – Ich sehe, das ist der Fall. Dann sind die Überweisungen so beschlossen.

Ich rufe den Tagesordnungspunkt 21 auf:

Erste Beratung des von den Abgeordneten Nicole Maisch, Renate Künast, Luise Amtsberg, weiteren Abgeordneten und der Fraktion BÜNDNIS 90/DIE GRÜNEN eingebrachten Entwurfs eines **Gesetzes über die Einführung von Gruppenverfahren**

Drucksache 18/1464

Überweisungsvorschlag:
Ausschuss für Recht und Verbraucherschutz (f)
Finanzausschuss
Ausschuss für Wirtschaft und Energie
Ausschuss für Ernährung und Landwirtschaft

(A) Nach einer interfraktionellen Vereinbarung sind für die Aussprache 38 Minuten vorgesehen. – Ich höre keinen Widerspruch. Dann ist das so beschlossen.

Ich eröffne die Aussprache. Das Wort hat Renate Künast, Bündnis 90/Die Grünen.

Renate Künast (BÜNDNIS 90/DIE GRÜNEN):

Frau Präsidentin! Meine Damen und Herren! Liebe Kolleginnen und Kollegen, die Sommerpause ist noch nicht allzu lange vorbei. Erinnern Sie sich doch zum Beispiel einmal daran, ob Sie eine Bahn- oder Flugreise unternommen und dabei enorme Verspätungen erlebt haben. Sie haben sich dann vielleicht gefragt: Wie ist das denn mit der Entschädigung? Äußere ich mich? Frage ich einmal nach? Oder soll ich vielleicht sogar klagen? Mag sein, dass die Deutsche Bahn diesbezüglich nicht so schlecht ist wie ihr Ruf, sondern schon selbstverständlicher und geduldig Vordrucke verteilt. Ich glaube, dass das bei manchen Fluggesellschaften viel schwieriger ist, weil diese sich zieren und versuchen, das Ganze erst einmal zeitlich zu strecken.

Oder stellen Sie sich eine andere Situation vor: Sie haben den Stromanbieter gewechselt. Der neue Stromanbieter hat Ihnen angeboten, Ihnen nach zwölf Monaten einen Wechselbonus auszuzahlen. Nach exakt zwölf Monaten wechseln Sie schon wieder, weil ein anderer Anbieter einen niedrigeren Tarif hat. Der bisherige Stromanbieter zahlt daraufhin die Prämie nicht. Klagen Sie?

(B) Oder: Sie haben eine Lebensversicherung abgeschlossen und aus persönlichen Gründen vorzeitig gekündigt. Von Ihrem eingezahlten Geld bekommen Sie kaum etwas zurück, weil irgendwo im Vertrag in den Tiefen des Kleingedruckten versteckt ist, dass man erst Verwaltungs- und Bearbeitungsgebühren zahlen muss und diese von dem eingezahlten Geld abgezogen werden. Die Frage ist wieder: Klagen Sie?

All diese Fälle – man könnte noch mehr nennen – haben eines gemeinsam, nämlich folgendes Ungleichgewicht: Sie haben auf der einen Seite den einzelnen, wirtschaftlich schwächeren Verbraucher oder die Verbraucherin und auf der anderen Seite mächtige Firmen und Unternehmen mit ganzen Rechtsabteilungen und Horden von Anwälten. Der Verbraucher, die Verbraucherin steht allein mit dem Schaden da. Sie müssen sich jetzt entscheiden: Klage ich?

Aus Verbrauchersicht ist es so: Je kleiner der Schaden, desto größer die Scheu. Wer möchte schon wegen 2,95 Euro klagen, viel Zeit verlieren und Ärger riskieren? Das gilt aber reziprok proportional für die Unternehmen. Während für den Verbraucher gilt: „Je kleiner der Schaden, desto größer die Scheu", sagen die Unternehmen: Je kleiner der Schaden, desto besser die Aussicht, dass 10 000 Betroffene eben nicht klagen. 10 000-mal 2,95 Euro ist ein schöner Gewinn. Kleinvieh macht auch Mist, wäre eine andere Variante, um diesen Zustand aus der Sicht der Unternehmen zu beschreiben. – Die Ansprüche werden nicht geltend gemacht; das ist das, was wir sehen.

Deshalb haben wir uns die Mühe gemacht, für dieses Problem eine Lösung vorzulegen. Wir stellen fest, dass so etwas in den unterschiedlichsten Varianten immer wieder vorkommt: beispielsweise bei einer angemessenen Entschädigung für einen verspäteten Flug oder bei den schon genannten 2,95 Euro, zum Beispiel beim E-Commerce oder bei Apps und Ähnlichem. (C)

Wir meinen, dass wir an dieser Stelle – ich formuliere das einmal so unter uns Juristen – das Skalpell in die Hand nehmen und an das Herzstück des deutschen Zivilrechts herangehen müssen, an die Zivilprozessordnung. Das ist ja angeblich die Krone des Rechts. Wie man darauf kam, weiß ich auch nicht. Aber darin stehen die wichtigen Dinge. Wir müssen Waffengleichheit herstellen. Wir müssen dafür Sorge tragen, dass es hier keine Schieflage gibt, deshalb die OP an der Zivilprozessordnung.

Was wir brauchen, sind Formen kollektiver Rechtsdurchsetzung, so nennt man das. Das deutsche Recht kennt das bisher schon. Beim Unterlassungsklagegesetz überlegt die Bundesregierung zum Beispiel gerade völlig zu Recht – das wird schon lange von einigen, auch von uns gefordert –, eine Verbandsklagemöglichkeit bei Datenschutzverletzungen zu ermöglichen. Wenn eine Information über Sie ohne Ihre Erlaubnis weitergegeben wird, dann überlegen Sie: Mache ich da etwas, oder lasse ich es, obwohl ich unzufrieden bin? – Es ist also richtig, dass es da Verbandsklagemöglichkeiten geben soll. Warum? Weil nur so Interessenvertretungen des Vertragsschwächeren gewährleistet werden.

(Dr. Volker Ullrich [CDU/CSU]: Ich dachte, es geht um die Rechte der Verbraucher!) (D)

Bei diesem Fall und den anderen, die ich gerade aufgezählt habe, ist es so – das will ich klar sagen –: Es betrifft eine Vielzahl von Personen. Das ist quasi ein Massenereignis. Es handelt sich um gleichgelagerte Verträge, gleiche Lebenssachverhalte. Alle Betroffenen erfahren eine mehr oder weniger geringe Schädigung. Da brauchen wir jetzt eine prozessuale Lösung.

(Beifall beim BÜNDNIS 90/DIE GRÜNEN sowie der Abg. Caren Lay [DIE LINKE])

Wir haben einen Gesetzentwurf, der das Zivilrecht betrifft, vorgelegt. Ausnahmen stellen das Familienrecht und die freiwillige Gerichtsbarkeit dar; dort muss nach anderen Regeln vorgegangen werden. Wir sagen: Es muss eine Klagemöglichkeit geben, bei der dann allerdings Teilnehmer des Verfahrens nur wird, wer in diesen Gruppenverfahren gegenüber dem Gericht erklärt: Ich will an diesem Verfahren teilnehmen. – Wir sagen: Die Anwalts- und Gerichtsgebühren kann man dann auf vier Gebühren reduzieren, damit nicht 20- oder 30-mal die Gebühr erhoben wird, ohne dass dafür etwas getan wird. Für diejenigen, die klagen und an dem Gruppenverfahren teilnehmen, heißt das aber: Die Höhe des Prozessrisikos ist relativ begrenzt.

(Dr. Volker Ullrich [CDU/CSU]: Für manche Kläger sind auch diese Gebühren noch zu viel!)

(A) Wir wollen an dieser Stelle aber auch ein praktikables Verfahren. Das heißt: Diejenigen, die am Gruppenverfahren teilnehmen – das können bis zu 20 Personen sein –, sind dann vor dem Zivilgericht nicht alle zu Prozesshandlungen ermächtigt, sondern der oder die Gruppenklägerin nimmt treuhänderisch die Rechte der anderen wahr, damit das Verfahren praktikabel ist. Wir sagen: Eine solche Gruppenklage kann auf Leistung, also Schadenersatz bzw. Entschädigung für Verspätung, abzielen; sie kann sich aber auch als Feststellungsklage gegen rechtswidrige AGB richten.

Wir wollen aber kein Gruppenverfahren im Sinne einer Sammelklage nach US-amerikanischem Vorbild. Dort ist es so, dass ein Anwalt klagt, der zunächst alle angeblich Betroffenen sozusagen im Hinterkopf hat und dann später aus dem, was er erstritten hat, erst einmal 10 bis 20 Prozent als Anwaltsgebühr und Kostenerstattung für sich abzieht. Das wollen wir nicht. Wir wollen vielmehr ein Opt-in-Verfahren. Das heißt, das Verfahren gilt nur für Personen, die ausdrücklich gesagt haben: Ich will mit meinem Fall an diesem Verfahren teilnehmen.

Ich glaube, dass wir damit eines schaffen, nämlich dass die kleinen Fälle, bei denen die Verbraucher kein Recht bekommen, endlich mit in die Steuerungsfunktion des Rechts aufgenommen werden. Denn das Recht hat auch eine Aufgabe: am Ende sozusagen subkutan faire Marktbedingungen zu ermöglichen und zu gewährleisten, dass man nicht über den Tisch gezogen wird.

Ich komme zum Schluss, Frau Präsidentin. Die Europäische Kommission hat uns im Juni 2013 aufgefordert,
(B) kollektive Rechtsschutzverfahren einzuführen. Auf eine Kleine Anfrage hat die Bundesregierung neulich geantwortet: Sie prüft, ob zur Verbesserung des kollektiven Rechtsschutzes gesetzgeberische Schritte nötig sind.

Vizepräsidentin Ulla Schmidt:
Aber nicht mehr alles vorlesen, Frau Kollegin Künast.

Renate Künast (BÜNDNIS 90/DIE GRÜNEN):
Meine Damen und Herren, ich erlaube mir an dieser Stelle einen kostenlosen Rechtsrat: Wenn Sie nichts tun, verstoßen wir gegen die Empfehlung der Kommission. Ich bitte Sie deshalb, unseren Vorschlag zur Einführung von Gruppenverfahren aufmerksam zu lesen und ihm dann auch zuzustimmen.

(Beifall beim BÜNDNIS 90/DIE GRÜNEN sowie der Abg. Caren Lay [DIE LINKE])

Vizepräsidentin Ulla Schmidt:
Vielen Dank. – Nächster Redner ist Sebastian Steineke, CDU/CSU-Fraktion.

(Beifall bei der CDU/CSU sowie bei Abgeordneten der SPD)

Sebastian Steineke (CDU/CSU):
Frau Präsidentin! Liebe Kolleginnen und Kollegen! Den Gesetzentwurf, den Frau Künast für die Fraktion Bündnis 90/Die Grünen zur Einführung von Sammelklagen – man muss deutlich sagen: es sind Sammelklagen, um die es heute geht, keine Gruppenverfahren – eingebracht hat, haben Sie uns schon im letzten Jahr vorgestellt, und zwar kurz vor der Bundestagswahl. Kollege Luczak hat damals völlig zu Recht festgestellt: Das war reines Wahlkampfgeplänkel. (C)

(Renate Künast [BÜNDNIS 90/DIE GRÜNEN]: Das können Sie uns jetzt nicht mehr vorwerfen!)

– Reines Wahlkampfgeplänkel. So haben Sie es gemacht. – Sie konnten aber weder die Fachverbände noch die zuständigen Bundestagsgremien beteiligen. Auch die erneute Einbringung ändert aber nichts daran, dass der Gesetzentwurf in die völlig falsche Richtung geht, Frau Kollegin.

Bemerkenswert ist übrigens auch, dass Ihre Fraktion – Sie haben eben darauf hingewiesen – am 19. Mai eine Kleine Anfrage zu diesem Thema an die Bundesregierung gerichtet hat, in der Sie sich nach dem Stand der Überlegungen und weiteren Arbeitsschritten der Bundesregierung erkundigt haben. Was aber machen Sie zwei Tage später? Ohne die Antwort abzuwarten, reichen Sie einen eigenen Gesetzentwurf mit 26 Paragrafen ein. Das ist reiner Aktionismus und macht keinen Sinn.

(Beifall bei der CDU/CSU – Renate Künast [BÜNDNIS 90/DIE GRÜNEN]: Jetzt drücken Sie sich nicht vor der materiellen Aussage, Herr Steineke! Das ist ja feige! – Katja Keul [BÜNDNIS 90/DIE GRÜNEN]: Sagen Sie mal was zur Sache!)

– Genau so ist es, Frau Künast. Sie können ja nächstes (D)
Mal die Antwort abwarten.

Sie haben davon gesprochen, dass die Zivilprozessordnung eher nicht die Krone Rechts sei, oder wie auch immer Sie es formuliert haben. In der Vorbemerkung zum Gesetzentwurf betonen Sie aber völlig zu Recht, dass wir eine wunderbare ZPO haben. Sie hat sich seit 130 Jahren als zuverlässige, sachgerechte Prozessordnung bewährt. Wir haben sie auch immer wieder den Notwendigkeiten angepasst.

Sie wollen mit der Einführung der Sammelklage einen komplett neuen Abschnitt einfügen, der aus Ihrer Sicht notwendig ist. Aus unserer Sicht ist er das definitiv nicht.

Auch der jüngste Gedanke über die Einführung eines kollektiven Rechtsschutzes – Sie haben darauf hingewiesen – geht einzig und allein auf eine Empfehlung der Europäischen Kommission zurück. Wie schon bei der geplanten Änderung der Small-Claims-Verordnung konnten wir feststellen, dass nicht immer alles gut und richtig ist, was aus Brüssel kommt.

(Renate Künast [BÜNDNIS 90/DIE GRÜNEN]: Was? Das sieht Herr Oettinger anders!)

In diesem Fall handelte es sich lediglich um einen Appell statt um eine gesetzlich umzusetzende Vorgabe.

Wir haben in unserem Rechtssystem bereits jetzt ausreichend effiziente und kostengünstige Instrumente zur Durchsetzung von individuellen Rechten. Dazu gehören

(A) neben den gängigen Individualklagewegen, die jedem bekannt sein dürften, im Übrigen auch mehrere ähnlich gelagerte Möglichkeiten im kollektiven Rechtsschutz. Schon in jüngster Zeit sind Sammelklagen gegen Banken, Energieversorger oder Versicherungen erfolgreich und basierend auf den heute bestehenden kollektiven Rechtsschutzmöglichkeiten geführt worden. Wenn Sie die Antwort der Bundesregierung abgewartet hätten, wüssten Sie das.

Verbände können schon jetzt nach dem Unterlassungsklagegesetz oder dem Gesetz gegen den unlauteren Wettbewerb Sammelklagen erheben. Zudem sind bereits heute die Streitgenossenschaft in der ZPO, die Prozessverbindung, die Möglichkeit der Musterklage nach dem Kapitalanleger-Musterverfahrensgesetz im Rahmen eines effizienten und vereinfachten Gerichtsverfahrens möglich und auch vor dem Hintergrund eines kollektiven Rechtsschutzes absolut ausreichend.

(Beifall bei der CDU/CSU sowie bei Abgeordneten der SPD)

Die in Ihrem Gesetzentwurf vorgesehene fast umfassende Einführung von Sammelklagen stößt aber auch in vielerlei anderer Hinsicht auf Bedenken. Wir haben in unserer Verfassung das in Artikel 103 fest verankerte und uneingeschränkte Grundrecht auf rechtliches Gehör. Das betrifft jedes einzelne Individuum, das seine Rechte geltend machen will. Diesem Grundsatz wird die Sammelklage in keiner Weise gerecht. Der Teilnehmer schließt sich der Gruppe an, die durch einen Gruppenführer vor Gericht vertreten wird. Den Gruppenführer (B) kann man nach Ihrem Gesetzentwurf höchstens ablösen bzw. auswechseln. Das verhindert jedoch nicht, dass der Einzelne vor Gericht nicht mehr angehört wird. Auch wenn es sich um eine Bündelung von gleichgelagerten Fällen handelt, kann nicht ausgeschlossen werden, dass der Einzelne zu dem Sachverhalt etwas beizutragen hat. Je größer die Gruppe, desto geringer der Einfluss des Einzelnen.

(Renate Künast [BÜNDNIS 90/DIE GRÜNEN]: Besser als gar kein Einfluss!)

Ein weiterer Punkt ist die hohe Missbrauchsanfälligkeit von Sammelklagen. Ich will durchaus einräumen, dass Sie versucht haben, die diesbezüglichen Gefahren einzudämmen. Gelungen ist es Ihnen in Ihrem Gesetzentwurf nicht. Ich bin der festen Überzeugung, dass dem Instrument der Sammelklage die Gefahr des Missbrauchs geradezu immanent ist.

(Beifall bei der CDU/CSU)

Viele Rechtsanwälte verfolgen in ihrer Arbeit – das ist auch richtig so – ein eigenes wirtschaftliches Interesse. Mit jedem Rechtsstreit soll und muss Geld verdient werden. Ein redlich arbeitender Anwalt hat darüber hinaus die Verpflichtung, seinem Mandanten zu helfen und das Bestmögliche für ihn herauszuholen. Bei einer Sammelklage mit möglichst vielen Teilnehmern kann auch nach Ihrem Gesetzentwurf ein Anwalt deutlich mehr verdienen, als wenn er nur eine Einzelperson aus dieser Gruppe vertritt. In der Begründung zur Kostenfrage führen Sie explizit auf:

> Damit erweist sich das Gruppenverfahren aus Sicht der Klägeranwältin oder des Klägeranwalts vor allem für solche Fälle als attraktiv, in denen eine große Anzahl von Betroffenen als Mandanten entweder bereits vorhanden ist oder zumindest in Betracht kommt. (C)

Wenn Sie das so formulieren, dann ist das doch förmlich Anstiftung zum Rechtsstreit, nicht mehr und nicht weniger. Das kann nicht in unserem Interesse liegen.

Vizepräsidentin Ulla Schmidt:
Herr Kollege, gestatten Sie eine Zwischenfrage der Kollegin Künast?

Sebastian Steineke (CDU/CSU):
Gerne.

Vizepräsidentin Ulla Schmidt:
Bitte.

Renate Künast (BÜNDNIS 90/DIE GRÜNEN):
Könnten Sie mir mit Blick auf die anwaltliche Gebührenordnung erklären, was günstiger ist: 20 Mandanten mit einer kleinen Summe zu vertreten, bei denen die Anzahl der Anwaltsgebühren auf vier begrenzt ist, oder 20 Mandanten einzeln zu vertreten und jeweils ein, zwei Gebühren zu erheben? Sie machen gerade eine Milchmädchenrechnung auf, glaube ich.

(Caren Lay [DIE LINKE]: Milchjungenrechnung!) (D)

– Richtig, Milchjungenrechnung. Danke, Caren Lay.

Sie tun so, als würden wir mit unserer Formulierung zum Rechtsstreit animieren. Tatsächlich ist es doch viel schlimmer, wenn 20, 30 oder 100 Menschen einzeln vertreten werden müssen. Als Anwalt braucht man sich dann in die Sache nicht immer wieder materiell einzuarbeiten, kann aber jedes Mal eine Gebühr einschließlich Mehrwertsteuer, die man natürlich abführt, erheben.

Sebastian Steineke (CDU/CSU):
Frau Kollegin, es ist ganz einfach. Sie animieren, möglichst viele Menschen in Sammelklagen einzubeziehen; denn nur dann kann ein Anwalt mit einer Sammelklage Geld verdienen. Das ist aber falsch. Das ist ein Anreiz zum Rechtsstreit, nicht mehr und nicht weniger.

Insgesamt sehen wir in diesem Punkt die große Gefahr, dass die Sammelklage rechtsmissbräuchlich beworben wird und dass sich ein Rechtsdienstleistungsmarkt entwickelt wie in den USA. Das ist kein Geheimnis: Wer sich in den USA auskennt, dem ist die große Anzahl an Sammelklagen sowie Anwälten und Großkanzleien, die sich eine goldene Nase verdienen, bekannt. Sie werden mit Ihrem Gesetz insbesondere den deutschen Großkanzleien einen großen Gefallen tun. Das ist aber nicht unser Ansatz. Wir wollen nicht – das habe ich eben ausgeführt –, dass die Betroffenen in einen Rechtsstreit hineingeredet werden. Vielmehr wollen wir den möglichst besten Rechtsschutz für jedermann. Das sollte der Anspruch für alle hier im Saal sein.

Sebastian Steineke

(A) Ein weiterer Punkt ist evident wichtig. Nicht selten ist in der Geschäftsbeziehung zwischen Anwalt und Mandanten das persönliche Verhältnis prägend für die Zusammenarbeit. Ein Anwalt muss jeden Mandanten bestmöglich vertreten. Das verlangen bei uns bereits die Standesregeln. Bei großen Sammelklagen ist das nicht mehr möglich. Der einzelne Mandant ist bloß noch eine Nummer.

Die Sammelklagepraxis in den USA hat uns allerdings noch mehr Schwachstellen aufgezeigt. Dort ist es üblich, dass neben dem Klageverfahren ein exorbitanter, zusätzlicher medialer Druck auf die Beklagten aufgebaut wird, der dazu führt, dass die Beklagten förmlich genötigt werden, sich noch vor einer Urteilsverkündung mit der Gruppe zu vergleichen. In den USA geht man davon aus, dass weit mehr als 90 Prozent der Sammelklagen in einem Vergleich enden, noch bevor ein Urteil durch das Gericht gefällt werden kann. Auch hier wäre das mehr als wahrscheinlich.

(Zuruf der Abg. Renate Künast [BÜNDNIS 90/DIE GRÜNEN])

– Frau Künast, der öffentliche Druck ist das entscheidende Problem.

Oftmals handelt es sich bei dem Streitgegenstand von Sammelklagen – da sind wir uns sicherlich einig – um für viele Betroffene essenzielle Rechtsfragen, die ein großes Medienecho nach sich ziehen. Wir brauchen die freie und kritische Berichterstattung; dennoch darf dieser öffentliche Druck nie dazu führen, Einfluss auf die freie
(B) Rechtsprechung in unserem Land zu nehmen. Gerade für unsere Unternehmen, die im Regelfall die Betroffenen von Sammelklagen sein werden, würde ein Auswuchs an solchen Sammelklagen eine erhebliche unangemessene Belastung darstellen.

Für die Wahrung des öffentlichen Interesses im Einzelfall haben sowohl Aufsichtsbehörden als auch Verbraucherschutzverbände bereits jetzt die Möglichkeit, vorbeugenden Rechtsschutz für die Betroffenen in Anspruch zu nehmen. Amerikanische Verhältnisse wollen wir jedenfalls hier in Deutschland nicht.

(Beifall bei der CDU/CSU)

Wenn Sie die Verbraucherschutzverbände zitieren, dann möchte ich auf den Deutschen Richterbund hinweisen – die Richter hätten als Praktiker mit diesem Gesetz umzugehen –, der empfiehlt, von einer solchen Regelung Abstand zu nehmen. Es ist deswegen mehr als sinnvoll, dass wir alle gemeinsam das Ergebnis der angekündigten Prüfung der Bundesregierung abwarten – Sie konnten es nicht abwarten; wir können es –, ob über die bereits bestehenden Möglichkeiten für Muster- und Sammelklagen hinaus gesetzgeberische Schritte weiter notwendig sind, und dass wir keine Schnellschüsse verabschieden. Aus den vorgenannten Gründen können wir diesem Gesetzentwurf leider nicht zustimmen.

Danke schön.

(Beifall bei der CDU/CSU)

Vizepräsidentin Ulla Schmidt: (C)

Vielen Dank. – Nächste Rednerin ist Caren Lay, Fraktion Die Linke.

(Beifall bei der LINKEN)

Caren Lay (DIE LINKE):

Frau Präsidentin! Meine sehr verehrten Damen und Herren! Herr Kollege Steineke, ich muss mich schon wundern. Sie kritisieren die Opposition dafür, dass sie Dinge, die im Wahlkampf eine Rolle gespielt haben, jetzt hier in einem seriösen Verfahren debattieren will. Genau so muss es doch sein, ich bitte Sie.

(Beifall bei der LINKEN und dem BÜNDNIS 90/DIE GRÜNEN – Dr. Volker Ullrich [CDU/CSU]: Er kritisiert die Qualität des Gesetzentwurfs!)

Jedenfalls ist das allemal besser als das Modell der GroKo, wonach die Dinge, die im Wahlkampf versprochen wurden, hinterher einfach unter den Tisch fallen. Genauso sollte es nämlich nicht sein.

(Beifall bei der LINKEN und dem BÜNDNIS 90/DIE GRÜNEN)

Kommen wir zum vorliegenden Gesetzentwurf. Sie haben es vielleicht vernommen: Im Mai dieses Jahres gab es ein erfreuliches Urteil. Der Bundesgerichtshof hat entschieden, dass die Bearbeitungsgebühren der Banken für Kreditverträge unzulässig waren. Da haben sich sicherlich Tausende von Bankkundinnen und Bankkunden gefreut und wollten ihre Ansprüche bei der Bank geltend (D)
machen. Leider haben viele Banken abgewiegelt und versucht, die geprellten Kunden mit Scheinargumenten zu vertrösten und das unrechtmäßig eingezogene Geld selber zu behalten.

Nach der gegenwärtigen Rechtslage kann es nur so sein, dass jeder einzelne betroffene Bankkunde die jeweilige Bank verklagt. Das ist eine hohe Hürde. Für den manchmal geringen Streitwert werden viele Bankkunden nicht einen Anwalt bestellen und ein Verfahren einleiten. Die Banken aber haben ein riesiges Geschäft damit gemacht. Schätzungsweise 13 Milliarden Euro haben sie daran verdient.

Das Beispiel zeigt: Individuelle Klagemöglichkeiten alleine stoßen schnell an ihre Grenzen. Gelackmeiert sind am Ende die Verbraucher, Gewinner sind Banken, Unternehmen und Konzerne.

(Dr. Volker Ullrich [CDU/CSU]: Wenn die Welt nur so einfach wäre!)

Deswegen sagen wir als Linke auch ganz klar: Wir brauchen endlich ein Verfahren, das dafür sorgt, dass Verbraucherinnen und Verbraucher zu ihrem Recht kommen – und im Übrigen auch zu ihrem Geld.

(Beifall bei der LINKEN und dem BÜNDNIS 90/DIE GRÜNEN)

Recht haben, ist das eine; Recht durchsetzen, ist das andere. Hier haben wir in Deutschland einen erheblichen Nachholbedarf. Die jetzigen individuellen Klagemög-

(A) lichkeiten sind in Anbetracht von komplexen Märkten einfach nicht mehr zeitgemäß. Es wird auch die Tatsache außer Acht gelassen, dass die Unternehmen gut ausgestattete Rechtsabteilungen haben, die dem einzelnen Bürger, der vielleicht kein Jurastudium absolviert hat, natürlich haushoch überlegen sind. Deswegen unterstützen wir als Linke diesen Gesetzentwurf und die Idee einer Gruppenklage.

(Beifall bei der LINKEN und dem BÜNDNIS 90/DIE GRÜNEN)

Das hätte vor allen Dingen den Effekt, dass die Verbraucherrechte deutlich gestärkt würden. Noch besser wäre es, die Hemmschwelle der Unternehmen, auf Kosten ihrer Kundinnen und Kunden ein krummes Geschäft zu machen, deutlich hochzusetzen. Gruppenverfahren dienen also der Prävention.

Jetzt werden einige sagen, es gebe schon Möglichkeiten der Rechtsdurchsetzung, es gebe schon eine Art von Gruppenverfahren, zum Beispiel die subjektive Klagehäufung. Nehmen wir zum Beispiel die Verbraucherzentrale Sachsen. Diese hat im Interesse von Gaskundinnen und Gaskunden geklagt. Es ging um überhöhte Preise und unfaire Vertragsklauseln. Nach sechs Jahren und einem langwierigen Prozess haben sie tatsächlich gewonnen; das stimmt. Aber es war kräftezehrend, es war ein wahnsinniger bürokratischer Aufwand, und von den vormals 400 klagenden Verbraucherinnen und Verbrauchern haben gerade einmal 22 durchgehalten; die anderen haben nach der ersten Instanz aufgegeben. Die Verbraucherzentralen – so gut sind sie finanziell und personell
(B) nicht ausgestattet – sagen selber: Bei der jetzigen Rechtslage können wir nicht mehr als 100 Verfahren bündeln und händeln.

Deswegen, meine Damen und Herren, brauchen wir eine richtige Gruppenklage, sodass eine Person klagt oder wenige Personen bzw. die Verbraucherzentralen selbst klagen und alle anderen Betroffenen sich entscheiden können, mit einem kalkulierbaren Kostenrisiko und mit geringem Aufwand der Klage beizutreten.

(Beifall bei der LINKEN)

Das Beste ist: Anschließend würde das Urteil gegenüber jedem Betroffenen gleichermaßen gelten und nicht nur für diejenigen, die in dem Verfahren durchgehalten haben.

(Abg. Dr. Volker Ullrich [CDU/CSU] meldet sich zu einer Zwischenfrage)

Vizepräsidentin Ulla Schmidt:

Frau Kollegin, gestatten Sie eine Zwischenfrage des Kollegen von der CDU?

Caren Lay (DIE LINKE):

Aber selbstverständlich.

Vizepräsidentin Ulla Schmidt:

Bitte schön.

Dr. Volker Ullrich (CDU/CSU): (C)

Frau Präsidentin, ich bin der Kollege von der CDU/CSU. – Ich möchte Sie, Frau Kollegin Lay, etwas fragen. Sie sagen: Mit der Gruppenklage würde es für die Verbraucher wesentlich einfacher, zu klagen und am Rechtsstreit teilzunehmen.

Caren Lay (DIE LINKE):

Ja.

Dr. Volker Ullrich (CDU/CSU):

Bislang ist es so, dass bei Klagesummen von bis zu 5 000 Euro kein Anwaltszwang besteht und im Zweifelsfall jeder die Klage oder den Mahnbescheid selbst auf den Weg bringen kann. Nach dem Gesetzentwurf braucht man zwingend einen Rechtsanwalt. Wie erklären Sie sich den Anwaltszwang vor dem Hintergrund des Ziels der Erleichterung der Klagebefugnis?

(Renate Künast [BÜNDNIS 90/DIE GRÜNEN]: Wenn Sie wollen, streiche ich den Satz, und Sie stimmen zu! Tun Sie doch nicht so!)

Caren Lay (DIE LINKE):

Da kann ich mich dem Zwischenruf der Kollegin Künast anschließen. Ich glaube nicht, dass das hier die entscheidende Frage ist. Wir müssen die Sachlage aus der Perspektive der betroffenen Verbraucherinnen und Verbraucher betrachten.

(Dr. Volker Ullrich [CDU/CSU]: Genau!) (D)

In der jetzigen Situation – ich nehme einmal dieses Beispiel – müssen sich Tausende von Kundinnen und Kunden allein durchsetzen und gegen einen großen Konzern, gegen ein Unternehmen klagen. Nach dem, was vorgeschlagen ist – ich bin Ihrer Auffassung, dass wir da im Detail gern noch nachbessern können –, würde es den Verbraucherinnen und Verbrauchern, also denjenigen, die vielleicht nicht die ganze Zeit das BGB vor Augen haben und die kein Jurastudium haben, wesentlich erleichtert, ihre Ansprüche durchzusetzen. Deswegen, meine Damen und Herren, ist diese Initiative dringend notwendig. Wir als Linke unterstützen sie.

(Beifall bei der LINKEN)

Das ist natürlich nicht das Einzige, was wir brauchen. Wir brauchen Nachbesserungen in anderen Punkten. Ich nenne das Verbandsklagerecht für Verbraucherzentralen. Wir brauchen deutlich bessere Möglichkeiten für die Verbraucherinnen und Verbraucher, unrechtmäßige Gewinne abzuschöpfen. In der jetzigen Form ist das ein Papiertiger.

Es gibt noch einen Punkt, über den wir ebenfalls diskutieren müssen, und das ist die Frage: Was machen wir mit Bagatell- und Streuschäden? Nach meiner Einschätzung ist das in dem von den Grünen vorgeschlagenen Opt-in-Verfahren so nicht lösbar.

(Dr. Volker Ullrich [CDU/CSU]: Zweiter Punkt!)

(A) Beim Kaffeekartell beispielsweise ist es so: Die Unternehmen machen mit Preisabsprachen letztendlich Gewinne in Höhe von 860 Millionen Euro. Der einzelne Verbraucher kann seine Ansprüche nicht durchsetzen. Hierfür brauchen wir eine Lösung. Eine verbesserte Gewinnabschöpfung oder eine Sonderregelung bei Bagatell- und Streuschäden wäre unser Vorschlag.

(Dr. Volker Ullrich [CDU/CSU]: Im Kartellrecht gibt es doch schon eine Gewinnabschöpfung! – Gegenruf der Abg. Renate Künast [BÜNDNIS 90/DIE GRÜNEN]: Eine verbesserte! Sie müssen auch zuhören!)

In der jetzigen Form ist das ein Papiertiger; ich sagte es bereits. Es ist übrigens eine Studie des Ministeriums selber, die zu diesem Ergebnis gekommen ist.

Meine Damen und Herren, ich komme zum Schluss. Wie sagt man so schön? „Allein machen sie dich ein"; gemeinsam können wir uns besser zur Wehr setzen! – Deswegen sagen wir als Linke: Zehn europäische Länder haben es vorgemacht. Es wird höchste Zeit, dass auch in Deutschland das Gruppenklagerecht eingeführt wird und die Rechte von Verbraucherinnen und Verbrauchern gestärkt werden.

Vielen Dank.

(Beifall bei der LINKEN und dem BÜNDNIS 90/DIE GRÜNEN)

Vizepräsidentin Ulla Schmidt:
Vielen Dank. – Nächster Redner ist Dirk Wiese, SPD-
(B) Fraktion.

(Beifall bei der SPD und der CDU/CSU)

Dirk Wiese (SPD):
Sehr geehrte Frau Präsidentin! Liebe Kolleginnen und Kollegen! Dem vorliegenden Gesetzentwurf der Fraktion der Grünen ist insoweit zuzustimmen, als Verbraucher, die in großer Zahl zum Beispiel unlauteren Geschäftspraktiken, unzulässigen allgemeinen Geschäftsbedingungen oder kartellbedingt überhöhten Preisen zum Opfer gefallen sind, in der Lage sein müssen, ihre Rechte vor Gericht wirksam durchzusetzen. Das steht für uns Sozialdemokraten außer Frage.

Klar ist dabei auch, dass die Möglichkeit, eine angemessene Kompensation für erlittene Schäden zu erstreiten, verfahrensmäßig so ausgestaltet sein muss, dass keine abschreckenden wirtschaftlichen oder bürokratischen Hürden bestehen.

Ob wir hierzu den vorliegenden Gesetzentwurf der Grünen brauchen, wage ich momentan jedoch zu bezweifeln. Denn hier bleibt aus meiner Sicht zunächst einmal festzustellen, dass die ZPO bereits grundlegende Instrumente bietet, die eine gebündelte Behandlung gleichgelagerter – gegebenenfalls auch geringer – Ansprüche ermöglichen, nämlich die subjektive und objektive Klagehäufung.

Auf dieser Grundlage wurden gerade in der jüngeren Vergangenheit erfolgreiche Sammelklagen unter anderem gegen Banken, Energieversorger und Versicherungsunternehmen – teilweise unter Einbeziehung von (C)
Prozessfinanzierern – geführt. So besteht insbesondere die Möglichkeit, Forderungen unbürokratisch an eine qualifizierte Einrichtung abzutreten, die diese sammelt und im Wege der objektiven Klagehäufung durch eine einzige Klage vor Gericht geltend macht.

Bei der Einziehungsabtretung benötigt der Verbraucher im Übrigen keinen Rechtsanwalt. Das ist im Gegensatz zu dem von Ihnen vorgeschlagenen Gruppenverfahren ein entscheidender Vorteil. Für den Verbraucher besteht folglich ein erheblich geringeres Kostenrisiko, was die Einziehungsabtretung aus meiner Sicht wesentlich verbraucherfreundlicher macht. Darüber hinaus ist das hier vorliegende System des Gruppenverfahrens aus meiner Sicht erheblich komplizierter.

Anmerken möchte ich außerdem, dass über die objektive und subjektive Klagehäufung hinaus bereits Kollektivklagemöglichkeiten für Verbände nach dem Unterlassungsklagengesetz und nach dem Gesetz gegen den unlauteren Wettbewerb bestehen, die in der Praxis ebenfalls – so ist mein Kenntnisstand – mit Erfolg genutzt werden.

Liebe Kolleginnen und Kollegen, ich zweifele auf den ersten Blick auch daran, dass der vorliegende Gesetzentwurf überhaupt sein Kernziel erreichen kann, nämlich eine große Bündelungswirkung zu erzielen. Durch die Freiwilligkeit der Teilnahme und des Verbleibs im von den Grünen vorgeschlagenen Gruppenverfahren sowie durch die Möglichkeit, andere Rechtsschutzmöglichkeiten zu nutzen, wird die beabsichtigte Bündelungswirkung in der Praxis aus meiner Sicht sogar sehr gering (D)
sein, zumal bei größeren anonymen Gruppen von Geschädigten die Betroffenen oft unterschiedlichste Wege gehen werden und die Gefahr sich widersprechender Entscheidungen unterschiedlicher Gerichte trotz paralleler Lebenssachverhalte somit bestehen bleibt.

Die Vorteile des heute schon bestehenden Kapitalanleger-Musterverfahrensgesetzes, das insbesondere eine wirksame Bündelung und Vermeidung sich widersprechender Entscheidungen bei gleichgelagerten kapitalmarktrechtlichen Streitigkeiten gewährleistet, werden durch dessen Aufhebung aus meiner Sicht zunichtegemacht.

Ferner möchte ich darauf hinweisen, dass aus meiner Sicht gerade solch komplexe Verfahrensstrukturen, wie sie im uns vorliegenden Gesetzentwurf zu finden sind, zusätzliches Streitpotenzial ermöglichen, das prozesstaktisch mit dem Ziel der Verzögerung bzw. der Zermürbung ausgeschöpft werden wird. Im vorliegenden Gesetzentwurf kann also von einer Vereinfachung gegenüber bestehenden und von mir aufgezeigten Instrumenten keine Rede sein.

(Beifall bei der SPD)

Ich hoffe, dass es mir gelungen ist, bei den Zuhörern auf der Tribüne das Vorurteil zu widerlegen, dass Jura trocken ist.

(Heiterkeit – Zuruf vom BÜNDNIS 90/DIE GRÜNEN: Das ist ein Schuss nach hinten!)

(A) Liebe Kolleginnen und Kollegen, Sie merken, ich stehe dem Gesetzentwurf der Grünen skeptisch gegenüber. Gleichwohl freue ich mich – Frau Künast, Sie können an dieser Stelle auch einmal zuhören –, dass uns die Ausschussberatung die Gelegenheit gibt, dass wir uns noch einmal mit der Materie der Klagehäufung bzw. -bündelung befassen. Dort können wir gemeinsam diskutieren, ob bewährte Instrumente der ZPO alternativ punktuell so fortentwickelt werden können, dass sie dem Verbraucher nutzen und beispielsweise die individuelle Rechtsdurchsetzung auch bei Streuschäden erleichtern. Für denkbar halte ich beispielsweise die Schaffung eines wirksamen Gewinnabschöpfungsanspruchs im Bereich des Unterlassungsklagengesetzes, die Schaffung von strengeren Voraussetzungen für die Prozesstrennung oder die Einführung eines allgemeinen Klageregisters für den kollektiven Rechtsschutz in Verbindung mit einer Verjährungshemmung bei Anmeldung sowie die Regelung einer Musterfeststellungsklage.

Ich freue mich jedenfalls auf die Ausschussberatung. Wie gesagt, ich stehe dem Gesetzentwurf jedoch skeptisch gegenüber.

Vielen Dank für Ihre Aufmerksamkeit.

(Beifall bei der SPD und der CDU/CSU)

Vizepräsidentin Ulla Schmidt:
Vielen Dank. – Nächster Redner ist der Kollege Dr. Volker Ullrich, CDU/CSU-Fraktion.

(Beifall bei der CDU/CSU)

(B)

Dr. Volker Ullrich (CDU/CSU):
Frau Präsidentin! Meine sehr verehrten Damen und Herren! Zunächst einmal ist zu sagen: Die Idee der Verbesserung von Verbraucherrechten ist an und für sich richtig. Der Gesetzentwurf macht sich eine Empfehlung der Europäischen Kommission zu eigen. Aber es gilt auch zu formulieren: Grundlegende Reformen der Zivilprozessordnung sind Operationen am offenen Herzen unserer Rechtsordnung mit Auswirkungen auf das Funktionieren unseres Rechtssystems. Sie sollten nur dann vorgenommen werden, wenn dadurch eine erhebliche Verbesserung eintreten kann.

(Beifall der Abg. Renate Künast [BÜNDNIS 90/DIE GRÜNEN])

Mit diesem Gesetzentwurf tritt sie nicht ein.

(Beifall bei der CDU/CSU – Renate Künast [BÜNDNIS 90/DIE GRÜNEN]: Ah, der Satz war falsch!)

Dieser Gesetzentwurf wirft viele Fragen auf. Er beantwortet fast keine. Ja, ich will sagen: Er ist zwar gut gemeint, aber nicht konsequent in der Umsetzung; er ist handwerklich schlecht.

(Özcan Mutlu [BÜNDNIS 90/DIE GRÜNEN]: Dann machen Sie es doch besser!)

Sie wollen dem Problem des mangelnden Zugangs zum Recht bei – auch kleineren – massenhaft auftretenden Individualschäden bei Verbrauchern und dem daraus folgenden Defizit bei der Durchsetzung des Rechts entgegentreten. Dazu wollen Sie einen Paradigmenwechsel im Bereich der Zivilprozessordnung vornehmen. Sie wollten weit springen und sind schon nach kurzer Strecke gelandet. (C)

Zum einen haben wir schon jetzt taugliche Instrumente kollektiver Rechtsdurchsetzung. Zum anderen gilt: Gerade bei kleineren Schäden im Bereich der Versorgung, der Telekommunikation, aber auch bei Reisen im Nahverkehr ist der beste Prozess der, den man nicht führt. Deswegen ist hier viel stärker die Frage einer verbraucherrechtlichen Prävention in den Mittelpunkt zu stellen. Das ist besser, als über komplizierte Gruppenverfahren die Verbraucher auf den Rechtsweg zu verweisen, den sie nicht brauchten, wenn man das Recht, das wir schon jetzt haben, konsequent anwenden würde.

(Beifall bei der CDU/CSU)

Jetzt darf ich Ihnen ehrlich sagen: Diesen Gesetzentwurf könnte man nicht guten Gewissens verabschieden, wenn man es mit dem Verbraucherschutz wirklich ernst meinte. Das Ganze beginnt mit der in Artikel 1 § 606 Ihres Gesetzentwurfs verankerten Zulässigkeit, wo nicht geregelt ist, wie groß eine Gruppe zu sein hat, welche Verfahren infrage kommen und um welche tatsächlichen Ansprüche es sich handelt. Was dort steht, ist viel zu vage und unbestimmt, um auf die ZPO überhaupt Einfluss gewinnen zu können.

Ein weiterer sehr verbraucherschädlicher Bereich ist die in Artikel 1 § 608 – Örtliche Zuständigkeit – Ihres Gesetzentwurfs geregelte Gerichtszuständigkeit. Sie (D) schreiben, dass das Gruppenverfahren bei dem Gericht anhängig gemacht werden muss, bei dem der Beklagte seinen Gerichtsstand hat. Das heißt nichts anderes, als dass der Verbraucher aus Garmisch, aus Augsburg oder aus Stuttgart beispielsweise in Berlin, in Hamburg oder in Düsseldorf klagen muss. Diese Regelung ist völlig anders als die, die wir jetzt haben, wonach für den Verbraucher der Gerichtsstand seines Wohnsitzes gilt. Sie verschlechtern so die Rechte der Verbraucher.

(Beifall bei der CDU/CSU sowie bei Abgeordneten der SPD)

Völlig absurd ist Artikel 1 § 614 – Bekanntmachung im Klageregister; Verordnungsermächtigung – Ihres Gesetzentwurfs. Wenn man auf Grundlage Ihres Gesetzentwurfs eine Gruppenklage führen würde, dann müsste diese Klage umständlich in ein Register eingetragen werden. Dieses Register müsste öffentlich gemacht werden. Ich frage mich, wo da der Datenschutz bliebe. Aber nicht nur die öffentliche Eintragung ist in Zweifel zu ziehen, sondern auch, dass das Verfahren nach der Eintragung erst einmal aussetzen würde; denn das Gericht müsste mindestens drei Monate abwarten, um festzustellen, ob sich andere Bürgerinnen und Bürger an dem Verfahren beteiligen wollten. Ich persönlich meine: Rechtsschutz muss schnell und effektiv sein.

(Renate Künast [BÜNDNIS 90/DIE GRÜNEN]: Bei Ihnen gibt es ja gar keinen Rechtsschutz, weil keiner klagt!)

(A) Durch monatelanges Wartenlassen schicken Sie den Verbraucher in die Warteschlange. Das ist doch nicht verbraucherfreundlich.

(Beifall bei der CDU/CSU)

Der Verbraucher muss zur Not selbst die Möglichkeit haben, zu klagen, ohne die Hemmschwelle in Form einer Anwaltskanzlei vor sich zu haben. In Artikel 1 § 615 Ihres Gesetzentwurfs ist ein Anwaltszwang vorgesehen. Für den Verbraucher fällt somit die Erstberatungsgebühr an. Bei Klageerhebung kommt eine Verfahrensgebühr von 1,3 hinzu. Würde Ihr Gesetzentwurf verabschiedet, bedeutete dies für die Verbraucherinnen und Verbraucher, dass Klagen teurer und die Rechtsdurchsetzung wesentlich schwieriger würde.

(Beifall bei der CDU/CSU)

Wer jetzt glaubt, das sei schon alles an handwerklichen Mängeln, der muss sich einmal Artikel 1 § 619 Absatz 2 dieses Gesetzentwurfs ansehen. Dort schreiben Sie allen Ernstes – ich zitiere –:

> Die Stellung als Gruppenkläger begründet kein Schuldverhältnis gegenüber den Teilnehmern des Gruppenverfahrens.

Wissen Sie, was das in der Konsequenz bedeutet? Es bedeutet, dass derjenige, der die Klage führt, machen kann, was er will, und wenn er schlecht verhandelt, ist man gebunden und man hat keine Chance, da herauszukommen. Wollen Sie das? Wollen Sie die persönliche Verantwortung des Anwalts aufheben?

(B) (Renate Künast [BÜNDNIS 90/DIE GRÜNEN]: Jetzt sagen Sie doch mal, was Sie wollen!)

Ich meine, nein. Ich meine, es gibt durch das anwaltschaftliche Berufsrecht eine Verantwortung des Anwalts gegenüber dem Verbraucher.

(Renate Künast [BÜNDNIS 90/DIE GRÜNEN]: Sagen Sie, wie es besser geht! Sie sind die Neinsagerpartei! Sagen Sie, wie es gehen soll!)

– Liebe Frau Kollegin Künast, wir sind keine Neinsagerpartei, sondern wir wollen die Bürger dieses Landes vor schlechten Gesetzen bewahren.

(Beifall bei der CDU/CSU – Renate Künast [BÜNDNIS 90/DIE GRÜNEN]: Dann machen Sie doch mal ein ordentliches Gesetz!)

Wenn wir dieses Gesetz beschließen würden, würden wir die 130 Jahre alte und ehrwürdige ZPO beschädigen. Das wollen wir weder den Rechtsanwendern noch den Verbrauchern zumuten.

Auch die Kostenfrage ist in Artikel 1 § 629 Ihres Gesetzentwurfs völlig unzureichend geklärt. Zur Frage einer ordentlichen Rechtsdurchsetzung gehört aus meiner Sicht auch der Rechtsweg. Sie verweisen diesbezüglich in Artikel 1 § 630 nur auf die allgemeinen Vorschriften. Das heißt letztendlich: erst Gruppenklage, und dann weiß niemand, wie es weitergeht.

Es handelt sich also im Ergebnis um einen völlig unbrauchbaren Gesetzentwurf, der es eigentlich nicht würdig ist, diskutiert zu werden. Nichtsdestotrotz werden wir weiter daran arbeiten, die Rechte der Verbraucher zu stärken, (C)

(Caren Lay [DIE LINKE]: Da bin ich mal gespannt!)

und auch darauf dringen, dass in den Ländern – da trägt Rot-Grün eine starke Verantwortung – durch die Besetzung von Richterstellen und die daraus resultierende Verkürzung der Verfahrensdauer die Rechtsdurchsetzung erleichtert wird.

(Renate Künast [BÜNDNIS 90/DIE GRÜNEN]: Darum geht es gar nicht! Bei Ihnen kommen die Leute gar nicht zum Gericht!)

Das ist, meine ich, ein viel wesentlicherer Punkt, den man angehen sollte.

Herzlichen Dank.

(Beifall bei der CDU/CSU sowie bei Abgeordneten der SPD)

Vizepräsidentin Ulla Schmidt:

Vielen Dank. – Nächster Redner ist Dr. Karl-Heinz Brunner, SPD-Fraktion.

(Beifall bei der SPD sowie bei Abgeordneten der CDU/CSU)

(D)

Dr. Karl-Heinz Brunner (SPD):

Frau Präsidentin! Meine Kolleginnen und Kollegen! Meine Damen und Herren! Nachdem wir heute schon medizinisch in das Thema eingestiegen sind – Sie, lieber Kollege Ullrich, haben von der Operation am offenen Herzen gesprochen und Sie, Frau Künast, haben den Begriff „subkutan" verwendet –,

(Ansgar Heveling [CDU/CSU]: Ein bisschen Hysterie war zwischendurch auch schon dabei!)

will ich jetzt nicht intravenös an alle herantreten, sondern versuchen, mehr die Lebensrealität in den Mittelpunkt zu rücken.

Ich sage vorweg: Der Ansatz des Gesetzentwurfs von Bündnis 90/Die Grünen ist ja recht gut. Auf die Umsetzung trifft allerdings der Satz zu: Gut gemeint, aber nicht gut gemacht. – Ich sage das deshalb, weil die Verbraucherinnen und Verbraucher in diesem Land sich in zwei Gemengelagen bewegen. Auf der einen Seite geht es um diejenigen, die wegen eines schlechten Produkts, wegen eines verpassten Flugs, der sie in ihr geliebtes Urlaubsland hätte bringen sollen, oder wegen vermeintlicher Kleinigkeiten ihr Recht suchen. Für diese Menschen ist es vielleicht das erste Mal in ihrem Leben, dass sie mit einem Gericht zu tun haben. Sie schämen sich möglicherweise, den Gerichtsweg zu beschreiten. Da müssen wir ansetzen und etwas unternehmen, um diese Hürde zu überwinden. Da wollen wir die Scheu abbauen.

Dr. Karl-Heinz Brunner

(A) Auf der anderen Seite wollen wir etwas verhindern, was wir aus amerikanischen Fernsehserien zur Genüge kennen. Nehmen wir zum Beispiel einen Fall, den auch der eine oder andere von Ihnen möglicherweise schon erlebt hat: Man macht eine gute Flasche Rotwein, einen Bordeaux zum Beispiel, auf und hat durch das Berühren des Korkens zwei Tage einen roten Daumen. In diesem Fall soll ein Verbraucher, der feststellt, dass auf der Flasche der Hinweis fehlt, dass man durch das Berühren des Korkens kurzzeitig rote Finger bekommen kann, nicht, wie wir es aus amerikanischen Fernsehserien kennen, einen Schadenersatzprozess über mehrere Millionen Euro anzetteln können.

(Renate Künast [BÜNDNIS 90/DIE GRÜNEN]: Ja, aber das ist anderes Recht!)

Dies wollen wir nicht.

(Beifall bei der SPD sowie bei Abgeordneten der CDU/CSU)

Ich glaube, verehrte Kolleginnen und Kollegen, die Einführung des Gruppenverfahrens in die ZPO ist nichts anderes als die Fortentwicklung von Sammelklagen. In Bezug auf Gruppenklagen haben wir im Verbandsklagerecht und im Kapitalanleger-Musterverfahrensgesetz recht gute Regelungen, die weiterentwickelt und vor allen Dingen den Verbraucherinnen und Verbrauchern nähergebracht werden müssen.

(Beifall bei Abgeordneten der SPD)

(B) **Vizepräsidentin Ulla Schmidt:**
Herr Kollege Brunner, gestatten Sie eine Zwischenfrage der Kollegin Katja Keul?

Dr. Karl-Heinz Brunner (SPD):
Gerne.

Vizepräsidentin Ulla Schmidt:
Bitte schön.

Katja Keul (BÜNDNIS 90/DIE GRÜNEN):
Vielen Dank, Herr Brunner, dass Sie die Frage zulassen. – Sie haben gerade das Beispiel erwähnt, dass in Amerika wegen einer Lappalie Millionenbeträge geltend gemacht werden. Würden Sie mir nicht auch recht geben, dass das weniger mit den Verfahrensrechten der ZPO zu tun hat als mit dem Unterschied im materiellen Zivilrecht, weil es in den USA so etwas wie eine Strafschadensersatzklage gibt, die es in unserem Zivilrecht gar nicht gibt? Deswegen entstehen diese Summen, die bei uns undenkbar wären. Das hat mit dem Verfahren einer Gruppenklage eigentlich gar nichts zu tun.

(Renate Künast [BÜNDNIS 90/DIE GRÜNEN]: Da kennt sich jemand aus!)

Dr. Karl-Heinz Brunner (SPD):
Selbstverständlich, liebe Kollegin Keul, hat das mit unserem Zivilrecht nichts zu tun. Aber das Gruppenklageverfahren ist im Wesentlichen aus dem angelsächsischen Recht entwickelt. Deshalb habe ich auch den Bezug hergestellt. (C)

(Beifall bei der SPD und der CDU/CSU – Renate Künast [BÜNDNIS 90/DIE GRÜNEN]: Das eine haben Sie nicht verstanden und das andere falsch recherchiert!)

Meine Kolleginnen und Kollegen, unsere Aufgabe ist, den Bürgerinnen und Bürgern, den Rechtsuchenden – da hat der Kollege Ullrich recht gehabt –, zum einen durch die Ausstattung der Gerichte und zum anderen durch die Ausgestaltung der Gesetze die Möglichkeit zu geben, ihre Rechtsansprüche in der bestehenden Rechtsordnung einzuklagen und die Scheu davor zu nehmen. Ich glaube auch, dass dies mit der derzeitigen Regelung über die Beratungshilfe, über die Prozesskostenhilfe, über das Verbandsklagerecht und über die gut organisierten Verbraucherverbände hinlänglich möglich ist.

Ich mache keinen Hehl daraus, dass an verschiedenen Stellen sicherlich nachzujustieren ist und freue mich deshalb auf die Beratungen in den Ausschüssen, um den guten Ansatz zur Integration des Gruppenverfahrens in die ZPO zu einem guten Ergebnis zu führen. Ich denke, es ist für uns alle wichtig, dass wir jetzt zuerst einmal das Prüfverfahren der Bundesregierung und etwaige Lösungsvorschläge abwarten.

Ich bedanke mich herzlich für die Aufmerksamkeit und wünsche Ihnen, soweit Sie noch hierbleiben, einen schönen Nachmittag und ansonsten ein schönes Wochenende.

(Beifall bei der SPD und der CDU/CSU) (D)

Vizepräsidentin Ulla Schmidt:
Vielen Dank. – Ich schließe die Aussprache.

Interfraktionell wird Überweisung des Gesetzentwurfes auf Drucksache 18/1464 an die in der Tagesordnung aufgeführten Ausschüsse vorgeschlagen. Gibt es dazu anderweitige Vorschläge? – Ich sehe, das ist nicht der Fall. Dann ist es so beschlossen.

Ich rufe den Tagesordnungspunkt 22 auf:

Beratung der Unterrichtung durch die Bundesregierung

Bericht zum Anerkennungsgesetz

Drucksache 18/1000

Nach einer interfraktionellen Vereinbarung sind für die Aussprache 38 Minuten vorgesehen. – Ich höre keinen Widerspruch. Dann ist es so beschlossen.

Ich eröffne die Aussprache. Das Wort für die Bundesregierung hat der Parlamentarische Staatssekretär Stefan Müller.

(Beifall bei der CDU/CSU und der SPD)

Stefan Müller, Parl. Staatssekretär bei der Bundesministerin für Bildung und Forschung:
Frau Präsidentin! Liebe Kolleginnen und Kollegen! Vor zwei Jahren ist das Gesetz zur Verbesserung der

VI. Wissenschaftliche Dienste des Deutschen Bundestags – 7.10.2016

Die wissenschaftlichen Dienste des Deutschen Bundestages erstattete unter dem 7. Oktober 2016 für die weiteren parlamentarischen Beratungen ein Gutachten unter der Überschrift *„Sachstand – Zur Einführung europaweiter Schadensersatzregeln“*, Aktenzeichen WD 7 – 3000 – 149/16[10].

10 https://www.bundestag.de/blob/483612/57cdec1064b51427b2ee86d34242bfb3/wd-7-149-16-pdf-data.pdf.

Wissenschaftliche Dienste

Deutscher Bundestag

Sachstand

Zur Einführung europaweiter Schadensersatzregeln

Zur Einführung europaweiter Schadensersatzregeln

Aktenzeichen:	WD 7 - 3000 - 149/16
Abschluss der Arbeit:	7. Oktober 2016
Fachbereich:	WD 7: Zivil-, Straf- und Verfahrensrecht, Umweltschutzrecht, Verkehr, Bau und Stadtentwicklung

Inhaltsverzeichnis

1. Einleitung

Die US-amerikanische Environment Protection Agency (EPA) informierte die Öffentlichkeit bereits im September 2015 darüber, dass sie mehreren deutschen KFZ-Herstellern vorwirft, in verschiedenen Diesel-Pkw eine Software eingesetzt zu haben, die erkenne, wenn das Fahrzeug einem offiziellen Emissions-Test unterzogen wird, und nur dann das Emissionskontrollsystem vollständig aktiviere. Dies hätte zur Folge, dass das System im Normalbetrieb auf der Straße nur eingeschränkt arbeite, so dass es zu einer vielfachen Erhöhung von Stickoxid-Emissionen komme.

Nachdem ein Hersteller eine Entschädigung europäischer Kunden im Gegensatz zu Kunden aus den USA ablehnte, setzt sich die europäische Kommission dafür ein, dass nationale Verbraucherorganisationen potentiell Geschädigte dazu ermuntern sollten, Schadensersatz zu verlangen, wenn die nationalen Gesetze das hergäben. Die europäische Verbraucherkommissarin Vera Jourová äußerte sich darüber hinaus dahingehend, dass ein Fall belege, dass im europäischen System im Hinblick auf kollektiven Schadensersatz eine Regelungslücke bestehe, welche die Notwendigkeit „europaweiter Schadensersatzregeln" erfordere.[1] Vor diesem Hintergrund soll die Entwicklung und der derzeitige Stand harmonisierter Schadensersatzregelungen in Europa im Einzelnen aufzeigt werden.

2. Begriffsbestimmung

2.1. Kollektiver Rechtsschutz

Die in der erwähnten Presseveröffentlichung gewählte Formulierung „europaweite Schadensersatzregeln" fußt auf dem langjährigen Bestreben der Kommission, den kollektiven Rechtsschutz sowie die kollektive Rechtsdurchsetzung innerhalb der europäischen Union weiter voran zu treiben.[2] Der allgemeine Begriff des kollektiven Rechtsschutzes schließt dabei sämtliche Verfahren ein, mit denen die Unterlassung oder Verhütung unerlaubter Geschäftspraktiken mit nachteiligen Folgen für eine Vielzahl von Klägern oder der Ersatz des durch derartige Praktiken entstandenen Schadens erwirkt werden kann. Die beiden wichtigsten kollektiven Rechtsschutzverfahren stellen somit die Unterlassungsklage und die Schadensersatzklage dar. Ziel dieser kollektiven Verfahren ist die Förderung der Durchsetzung von EU-Recht. Bürger und Unternehmen sollen grundsätzlich die Möglichkeit haben, ein individuelles Verfahren anzustrengen, wenn sie durch

1 Der Tagesspiegel v. 04.10.2016, Seite 15, abrufbar unter: http://www.tagesspiegel.de/wirtschaft/vera-jourov-zum-vw-skandal-eu-kommissarin-will-europaweite-schadensersatzregeln/14635112.html [Stand dieser und sämtlicher nachfolgender Online-Quellen: 05. Oktober 2016].

2 Montag, Kollektiver Rechtsschutz in Europa und der Gesetzentwurf zur Einführung von Gruppenklagen, in: ZRP 2013, 172 (172).

die Verletzung geltenden EU-Rechts, das ihnen subjektive Rechte verleiht, geschädigt werden.[3] Diese Verfahren könnten, aus Sicht der Kommission, vereinfacht und die Verfahrenskosten gesenkt werden, wenn Bürger und Unternehmen, die durch eine Rechtsverletzung ein und desselben Unternehmens geschädigt werden, ihre Ansprüche in einem einzigen kollektiven Verfahren bündeln könnten oder wenn eine ihre Interessen vertretene Einrichtung oder eine im öffentlichen Interesse handelnde Stelle klageberechtigt wären.[4] In Bezug auf Schadensersatzklagen werden kollektive Verfahren vorrangig für zwei Schadensarten diskutiert: Massenschäden und Streuschäden.

2.2. Massenschadensereignis / Streuschäden

Massenschäden ist immanent, dass eine Handlung oder mehrere gleichartige Handlungen zu einer Vielzahl gleichartiger Individualschäden führen.[5] Sie treten insbesondere bei modernen Massengeschäften sowie im Kapitalmarktrecht auf. Darüber hinaus kommt aber etwa auch bei Unfällen mit großen Personenbeförderungsmitteln, oder bedingt durch moderne Technologien und standardisierte Fertigungen, bei fehlerhaften Produkten ein solches Massenschadensereignis in Betracht. Streuschäden hingegen erfassen Schäden, die bei einer großen Anzahl von Personen entstanden sind, wobei dem Einzelnen jedoch nur ein Schaden im Bagatellbereich verbleibt.[6] Bei Streuschäden besteht das Problem, dass nur wenige Betroffene klagen werden, da das Interesse an einem nur geringen Schadensausgleich den mit einem Prozess verbundenen zeitlichen und finanziellen Aufwand häufig nicht übersteigen kann, auch wenn der Schaden insgesamt volkswirtschaftlich erheblich sein mag. Bei einem Massenschadensereignis dagegen wird eine Vielzahl von Verfahren parallel geführt, obwohl sich im Wesentlichen gleichgelagerte Sach- und Rechtsfragen stellen werden.

3. Entwicklung des kollektiven Rechtsschutzes in Europa

Kollektive Rechtsschutzinstrumente wurden dabei zunächst im Kartell- und Wettbewerbsrecht (3.1.), später jedoch auch für die Rechtsdurchsetzung für Verbraucher (3.2.) herangezogen. Im Laufe der Entwicklung wurden hierbei einige allgemeine Grundsätze für kollektive Schadensersatzklagen herausgearbeitet (3.3.).

---

3 Arbeitsdokument der Kommissionsdienststellen, Öffentliche Konsultation: Kollektiver Rechtsschutz: Hin zu einem kohärenten europäischen Ansatz, SEK(2011)173 endg. vom 4. Februar 2011; dort Seite 3, 1.1.6., abrufbar unter: http://ec.europa.eu/dgs/health_food-safety/dgs_consultations/ca/docs/cr_consultation_paper_de.pdf

4 Arbeitsdokument der Kommissionsdienststellen, Öffentliche Konsultation: Kollektiver Rechtsschutz: Hin zu einem kohärenten europäischen Ansatz, SEK(2011)173 endg. vom 4. Februar 2011; dort Seite 3, 1.2.7.

5 Frank/Henke/Singbartl, Das Verbraucherstreitbeilegungsgesetz – Auswirkungen auf den kollektiven Rechtsschutz?, in: Verbraucher und Recht (VuR) 2016, 333 (134) m.w.N in Fn. 6.

6 Wagner, in: Casper/Janssen/Pohlmann/Schulze, Auf dem Weg zu einer europäischen Sammelklage?, 1. Aufl. 2009, S. 51f.

3.1. Kartell- und Wettbewerbsrecht

Die Diskussion über kollektive Rechtsschutzinstrumente geht dabei weit zurück. Im Grünbuch „Schadensersatzklagen wegen Verletzung des EU-Wettbewerbsrechts"[7] stellte die Kommission im Jahr 2005 erstmals die Frage nach dem Mehrwert kollektiver Anspruchsdurchsetzung. In dem darauffolgenden Weißbuch von 2008 sieht die Kommission einen „eindeutigen Bedarf an Mechanismen kollektiven Rechtsschutzes"[8] und schlägt zwei Instrumente vor: Gruppenklagen nach dem opt-in Prinzip und Verbandsklagen durch qualifizierte Einrichtungen. Das opt-in Prinzip bezieht sich dabei auf die Zusammensetzung der Klagepartei. Hiernach könnten nur diejenigen potentiell Betroffenen Partei des Verfahrens werden, die dem ausdrücklich zustimmen. Im Gegensatz dazu wären nach dem opt-out Prinzip all diejenigen Partei des Rechtsstreits, die objektiv von dem geltend gemachten Schaden betroffen sind, wenn sie nicht aktiv aus dem Verfahren ausscheiden. Die Erfahrung aus den anglo-amerikanischen Sammelklagen („class actions") zeigt, dass zwischen beiden Prinzipien der Faktor 100, 1000 und mehr liegen kann.[9]

3.2. Rechtsdurchsetzung für Verbraucher

Ebenfalls im Jahr 2008 veröffentlichte die Kommission ein Grünbuch über kollektive Rechtsdurchsetzungsverfahren für Verbraucher.[10] Der Problemanalyse folgend, könne die Ausbreitung von Massenmärkten zu Schädigungen einer Vielzahl von Verbrauchern durch gleiche oder vergleichbare Handelspraktiken führen. Zwar sei der individuelle Rechtsschutz des Verbrauchers durchaus gegeben, jedoch hinsichtlich Zugang, Wirksamkeit und Erschwinglichkeit beeinträchtigt. Darauf aufbauend führte die Kommission im Jahr 2011 eine öffentliche Konsultation mit dem Titel "Kollektiver Rechtsschutz: Hin zu einem kohärenten europäischen Ansatz"[11] durch. In dieser Konsultation wurde auf Unstimmigkeiten zwischen den verschiedenen Initiativen zum kollektiven Rechtsschutz hingewiesen, die die Notwendigkeit eines kohärenten Systems deutlich machten. Die meisten Mitgliedsstaaten sähen zwar für bestimmte Sachverhalte die Möglichkeit einer kollektiven Schadensersatzklage vor. Die Art und Weise, wie eine Gruppe von durch unzu-

---

7 Grünbuch der Kommission zu Schadensersatzklagen wegen Verletzungen des EU-Wettbewerbsrechts, KOM (2005) 672 endg. vom 19. Dezember 2005, abrufbar unter: http://eur-lex.europa.eu/legal-content/DE/ALL/?uri=URISERV:l26120

8 Weißbuch der Kommission zu Schadensersatzklagen wegen Verletzung des EU-Wettbewerbsrechts, KOM (2008) 165 endg. vom 02. April 2008; dort Seite 4, 2.1., abrufbar unter: http://eur-lex.europa.eu/LexUriServ/LexUriServ.do?uri=COM:2008:0165:FIN:DE:PDF

9 Deutlmoser, Die Büchse der Pandora: Kollektiver Rechtsschutz in Europa, in: Europäische Zeitschrift für Wirtschaftsrecht (EuZW) 2013, 652, 654.

10 Grünbuch der Kommission über kollektive Rechtsdurchsetzungsverfahren für Verbraucher, KOM (2008) 794 end.27. November 2008, abrufbar unter: http://ec.europa.eu/consumers/archive/redress_cons/greenpaper_de.pdf

11 Mittteilung der Kommission an das europäische Parlament, den europäischen Wirtschafts- und Sozialausschuss und den Ausschuss der Regionen, Arbeitsprogramm der Kommission für 2010, KOM (2010) 135 endg. vom 31. März 2010; dort Seite 8, 3.1, abrufbar unter: http://ec.europa.eu/atwork/pdf/cwp2010_de.pdf; SEK (2011) 173 endg.

lässigen Geschäftspraktiken Geschädigten zu ihrem Recht kommt, ist in den Mitgliedsstaaten jedoch ganz unterschiedlich geregelt. So fasste die Kommission wie folgt zusammen: „Im Grunde gibt es so viele Formen der Schadensersatzklage wie es Mitgliedsstaaten gibt: es gibt keine zwei nationalen Systeme, die gleich wären."[12] Infolge dieses Befundes hat die Kommission am 11. Juni 2013 eine Empfehlung über gemeinsame Grundsätze für kollektive Unterlassungs- und Schadensersatzverfahren in den Mitgliedsstaaten bei Verletzung von durch Unionsrecht garantierten Rechten abgegeben.[13]

3.3. Allgemeine Grundsätze für kollektive Schadensersatzklagen

Um einen kohärenten Ansatz zu gewährleisten, empfiehlt die Kommission verschiedene Regelungen. Klagebefugte Vertreterorganisationen etwa sollten gemeinnützig sein. Neben ausreichenden finanziellen und personellen Ressourcen mit juristischem Sachverstand soll zwischen den Satzungszielen und dem Klagegegenstand ein direkter Zusammenhang bestehen. Die Rechtsverfolgungskosten sollten von der unterliegenden Partei zu tragen sein und die Gruppen nach dem opt-in Prinzip gebildet werden. Der Ein-oder Austritt sollte dabei jederzeit möglich sein. In Abgrenzung zum Modell der anglo-amerikanischen Sammelklage („class actions") sollten Erfolgshonorare, um keinen Anreiz für ein Streitverfahren zu schaffen, unzulässig sein. Um einer missbräuchlichen Rechtsverfolgung vorzubeugen, sollte schließlich insbesondere ein Strafschadenersatz, die Einführung von Geschworenengerichten sowie ausforschende vorprozessuale Beweissammlungen („pre-trial discovery") vermieden werden. Soweit darüber hinaus eine Behörde ermächtigt ist, die Verletzung von Unionsrecht im Wege der Entscheidung festzustellen, sollten kollektive Folgeklagen erst nach Abschluss des behördlichen Verfahrens eingeleitet werden können.

Die Kommission sprach sich für eine Integration dieser Grundsätze in das innerstaatliche System des kollektiven Rechtsschutzes bis zum 26. Juli 2015 aus. Die Umsetzung soll spätestens am 26. Juli 2017 bewertet und weitere Maßnahmen zum Erreichen der Ziele der Empfehlung geprüft werden. Weitergehende, aktuelle Entschließungen sind in Bezug auf einheitliche Schadensersatzregelungen, anders als etwa im Wettbewerbsrecht[14], nicht ersichtlich.

Ende der Bearbeitung.

---

12 Arbeitsdokument der Kommissionsdienststellen, Öffentliche Konsultation: Kollektiver Rechtsschutz: Hin zu einem kohärenten europäischen Ansatz, SEK (2011) 173 endg. vom 04. Februar 2011; dort Seite 4, 1.3.9.

13 Empfehlung der Kommission 2013/396/EU, Gemeinsame Grundsätze für kollektive Unterlassungs- und Schadensersatzverfahren in den Mitgliedsstaaten bei Verletzung von durch Unionsrecht garantierten Rechten vom 11. Juni 2013 (ABl. L 201/60 vom. 26. 7. 2013), abrufbar unter: http://eur-lex.europa.eu/LexUriServ/LexUriServ.do?uri=OJ:L:2013:201:0060:0065:DE:PDF

14 Die Richtlinie 2014/104/EU über bestimmte Vorschriften für Schadensersatzklagen nach nationalem Recht wegen Zuwiderhandlungen gegen wettbewerbsrechtliche Bestimmungen der Mitgliedstaaten und der Europäischen Union (ABl. L 349/1 vom 5. Dezember 2014) dient der Stärkung der privaten Kartellrechtsdurchsetzung durch Folgeklagen Privater im Anschluss an die Feststellung von Kartellrechtsverstößen durch die EU-Kommission oder nationale Kartellbehörden, abrufbar unter: http://eur-lex.europa.eu/legal-content/DE/TXT/PDF/?uri=OJ:JOL_2014_349_R_0001&from=EN

VII. Diskussionsentwurf BMJV – 31.7.2017

Am 31. Juli 2017 veröffentlichte das Bundesministerium der Justiz und für Verbraucherschutz einen Diskussionsentwurf für ein „Gesetz zur Einführung einer Musterfeststellungsklage“[11] Dieser Entwurf gelangte nicht in das Gesetzgebungsverfahren. Weitere Erläuterungen stehen auf der Homepage des Ministeriums[12].

11 https://www.bmjv.de/SharedDocs/Gesetzgebungsverfahren/Dokumente/DiskE_Musterfeststel lungsklage.pdf?__blob=publicationFile&v=3.

12 https://www.bmjv.de/SharedDocs/Gesetzgebungsverfahren/DE/Musterfeststellungsklage.html.

Diskussionsentwurf des Bundesministeriums der Justiz und für Verbraucherschutz

Entwurf eines Gesetzes zur Einführung einer Musterfeststellungsklage

Vom ...

Der Bundestag hat das folgende Gesetz beschlossen:

Artikel 1

Änderung des Gerichtsverfassungsgesetzes

§ 71 des Gerichtsverfassungsgesetzes in der Fassung der Bekanntmachung vom 9. Mai 1975 (BGBl. I S. 1077), das zuletzt durch ... geändert worden ist, wird wie folgt geändert:

1. Absatz 2 wird wie folgt geändert:

   a) In Nummer 4 Buchstabe f wird der Punkt am Ende durch ein Komma ersetzt.

   b) Folgende Nummer 5 wird angefügt:

      „5. für Musterfeststellungsverfahren nach Buch 6 der Zivilprozessordnung."

2. In Absatz 4 werden nach den Wörtern „Verfahren nach Absatz 2 Nr. 4 Buchstabe a bis e" die Wörter „und Nummer 5" eingefügt.

Artikel 2

Änderung der Zivilprozessordnung

Die Zivilprozessordnung in der Fassung der Bekanntmachung vom 5. Dezember 2005 (BGBl. I S. 3202; 2006 I S. 431; 2007 I S. 1781), die zuletzt durch ... geändert worden ist, wird wie folgt geändert:

1. In der Inhaltsübersicht wird die Angabe zu Buch 6 wie folgt gefasst:

„Buch 6

Musterfeststellungsverfahren

§ 606 Musterfeststellungsklage

§ 607 Klagebefugnis

§ 608 Bekanntmachung im Klageregister

§ 609 Anmeldung von Ansprüchen oder Rechtsverhältnissen

§ 610 Klageregister; Verordnungsermächtigung

2. Buch 6 wird wie folgt gefasst:

„Buch 6

Musterfeststellungsverfahren

§ 606

Musterfeststellungsklage

Mit der Musterfeststellungsklage kann die Feststellung des Vorliegens oder Nichtvorliegens von Voraussetzungen für das Bestehen oder Nichtbestehen eines Anspruchs oder Rechtsverhältnisses zwischen Verbrauchern und Unternehmern begehrt werden. Die Musterfeststellungsklage ist nur zulässig, wenn glaubhaft gemacht wird, dass von den Feststellungszielen nach Satz 1 die Ansprüche oder Rechtsverhältnisse von mindestens *[10/50/100]* Verbrauchern abhängen.

§ 607

Klagebefugnis

Klagebefugt sind ausschließlich Einrichtungen, die nachweisen, dass sie in die Liste qualifizierter Einrichtungen nach § 4 des Unterlassungsklagengesetzes oder in das Verzeichnis der Europäischen Kommission nach Artikel 4 der Richtlinie 2009/22/EG des Europäischen Parlaments und des Rates vom 23. April 2009 über Unterlassungsklagen zum Schutz der Verbraucherinteressen (ABl. L 110 vom 1.5.2009, S. 30), die zuletzt durch die Verordnung (EU) Nr. 524/2013 (ABl. L 165 vom 18.6.2013, S. 1) geändert worden ist, in der jeweils geltenden Fassung eingetragen sind.

§ 608

Bekanntmachung im Klageregister

(1) Das Klageregister ist ein elektronisch geführtes Register mit Angaben zu Musterfeststellungsverfahren. Das Gericht entscheidet nach Anhörung des Beklagten durch unanfechtbaren Beschluss über die öffentliche Bekanntmachung der folgenden Angaben im Klageregister:

1. die Bezeichnung der Parteien,

2. die Bezeichnung und das Aktenzeichen des Gerichts,

3. die Feststellungsziele,

4. eine knappe Darstellung des vorgetragenen Lebenssachverhaltes,

5. den Zeitpunkt der Bekanntmachung im Klageregister und

6. die Möglichkeit der Anmeldung von Ansprüchen oder Rechtsverhältnissen Betroffener, die Form, Frist und Wirkung der Anmeldung sowie die Möglichkeit ihrer Rücknahme.

(2) Die öffentliche Bekanntmachung soll spätestens binnen zwei Monaten nach Eintritt der Rechtshängigkeit erfolgen. Verzögerungen sind mit der Entscheidung über die Bekanntmachung schriftlich zu begründen.

(3) Das Gericht veranlasst die öffentliche Bekanntmachung von Terminbestimmungen und Zwischenentscheidungen im Klageregister, wenn dies zur Information der Betroffenen über den Fortgang des Verfahrens erforderlich ist. Personenbezogene Daten werden nicht öffentlich bekannt gemacht.

§ 609

Anmeldung von Ansprüchen oder Rechtsverhältnissen

(1) Jeder von den Feststellungszielen der Musterfeststellungsklage betroffene Verbraucher kann bis zum Schluss der mündlichen Verhandlung erster Instanz, auf die die Verkündung des Urteils folgt, oder bis zur öffentlichen Bekanntmachung der gerichtlichen Genehmigung eines Vergleichs nach § 612 Absatz 3 Satz 4 einen von den Feststellungszielen abhängenden Anspruch oder ein hiervon abhängendes Rechtsverhältnis zur Eintragung in das Klageregister anmelden. Die Daten der Anmeldung werden ohne inhaltliche Prüfung in das Klageregister eingestellt.

(2) Die Anmeldung muss folgende Angaben enthalten:

1. die Bezeichnung des Anmelders,

2. die Bezeichnung des Gerichts, bei dem die Musterfeststellungsklage erhoben wurde,

3. das Aktenzeichen des Musterfeststellungsverfahrens,

4. die Bezeichnung des Beklagten,

5. die bestimmte Angabe des Gegenstandes und des Grundes des Anspruchs oder des Rechtsverhältnisses,

6. die bestimmte Angabe der Höhe des Anspruchs.

(3) Die Anmeldung kann bis zum Schluss der mündlichen Verhandlung, auf die die Verkündung des Urteils folgt, zurückgenommen werden. Mit der Rücknahme der Anmeldung ist die Eintragung des Anspruchs oder des Rechtsverhältnisses aus dem Klageregister zu löschen.

(4) Anmeldung und Rücknahme können entweder elektronisch oder schriftlich gegenüber der das Klageregister führenden Stelle erklärt werden.

- 4 -

§ 610

Klageregister; Verordnungsermächtigung

(1) Das Bundesamt für Justiz führt das Klageregister für Musterfeststellungsverfahren nach § 608 Absatz 1 Satz 1.

(2) Die im Klageregister gespeicherten Daten können

1. von jedermann abgerufen werden, soweit die Daten öffentlich bekannt gemacht wurden,

2. vom zuständigen Gericht sowie von den Parteien des Musterfeststellungsverfahrens abgerufen werden, soweit die Daten dieses Verfahren betreffen,

3. vom Anmelder abgerufen werden, soweit die Daten diesen betreffen.

Der Abruf ist unentgeltlich. Das Gericht hat die Verwendung der Daten auf das für die Erfüllung der gesetzlichen Aufgaben Erforderliche zu beschränken.

(3) Die im Klageregister gespeicherten Daten sind bis zum Schluss des dritten Jahres nach rechtskräftigem Abschluss des Verfahrens zu speichern. Nach Ablauf der Speicherfrist sind die Daten zu löschen.

(4) Das Bundesministerium der Justiz und für Verbraucherschutz wird ermächtigt, durch Rechtsverordnung mit Zustimmung des Bundesrates die näheren Bestimmungen über Inhalt und Aufbau des Klageregisters, über Einreichung, Einstellung, Änderung, Löschung und Abruf der im Klageregister gespeicherten Daten sowie über die Datensicherheit und Barrierefreiheit zu treffen.

§ 611

Besonderheiten des Musterfeststellungsverfahrens

(1) Mit der Rechtshängigkeit der Musterfeststellungsklage kann gegen den Beklagten keine andere Musterfeststellungsklage erhoben werden, deren Feststellungsziele den gleichen zugrunde liegenden Lebenssachverhalt betreffen.

(2) Auf das Musterfeststellungsverfahren sind § 278 Absatz 2 bis 5 sowie die §§ 306 und 348 bis 350 nicht anzuwenden.

(3) Im Verhältnis zwischen Anmeldern oder betroffenen Verbrauchern, die behaupten, einen Anspruch gegen den Beklagten zu haben, einem Anspruch des Beklagten ausgesetzt zu sein oder in einem Rechtsverhältnis zu dem Beklagten zu stehen, und den Parteien des Musterfeststellungsverfahrens finden die §§ 66 bis 74 keine Anwendung.

§ 612

Vergleich

(1) Ein gerichtlicher Vergleich kann auch mit Wirkung für und gegen die Anmelder geschlossen werden.

(2) Der Vergleich soll Regelungen enthalten über

1. die auf die Anmelder entfallenden Leistungen,

2. den von den Anmeldern zu erbringenden Nachweis der Leistungsberechtigung,

3. die Fälligkeit der Leistungen und

4. die Aufteilung der Kosten.

(3) Der Vergleich bedarf der Genehmigung durch das Gericht. Das Gericht genehmigt den Vergleich, wenn es ihn unter Berücksichtigung des bisherigen Sach- und Streitstandes der Musterfeststellungsklage als angemessene gütliche Beilegung der angemeldeten Ansprüche oder Rechtsverhältnisse erachtet. Die Genehmigung ergeht durch unanfechtbaren Beschluss. Sie ist im Klageregister öffentlich bekannt zu machen.

(4) Der genehmigte Vergleich wird den im Klageregister eingetragenen Anmeldern zugestellt.

(5) Die Anmelder können innerhalb einer Frist von einem Monat nach Zustellung des Vergleichs ihren Austritt aus dem Vergleich erklären. Der Austritt muss bei dem Gericht schriftlich oder zu Protokoll der Geschäftsstelle erklärt werden. Die Anmelder sind über die Wirkung des Vergleichs, ihr Recht zum Austritt aus dem Vergleich sowie über die einzuhaltende Form und Frist zu belehren. Durch den Austritt wird die Rechtswirkung der Anmeldung nicht berührt.

(6) Der genehmigte Vergleich wird wirksam, wenn weniger als 30 Prozent der Anmelder ihren Austritt aus dem Vergleich erklären. Das Gericht stellt durch unanfechtbaren Beschluss den Inhalt und die Wirksamkeit des genehmigten Vergleichs fest. Der Beschluss ist im Klageregister öffentlich bekannt zu machen. Mit der Bekanntmachung des Beschlusses wirkt der Vergleich für und gegen die Anmelder, die nicht ihren Austritt erklärt haben.

§ 613

Urteil

(1) Das Urteil ist nach seiner Verkündung im Klageregister öffentlich bekannt zu machen.

(2) Die Einlegung eines Rechtsmittels ist im Klageregister öffentlich bekannt zu machen. Dasselbe gilt für den Eintritt der Rechtskraft.

§ 614

Bindungswirkung des Musterfeststellungsurteils; Aussetzung

(1) Das rechtskräftige Musterfeststellungsurteil bindet das zur Entscheidung einer Streitigkeit zwischen einem Anmelder und dem Beklagten berufene Gericht, soweit die Entscheidung von den Feststellungszielen abhängt, [wenn sich der Anmelder auf die Bindungswirkung des Musterfeststellungsurteils beruft]. Dies gilt nicht, wenn der Anmelder

1. seine Anmeldung gemäß § 609 Absatz 3 Satz 1 zurückgenommen hat oder

2. nach Bekanntmachung der Angaben zur Musterfeststellungsklage im Klageregister eine Klage gegen den Beklagten des Musterfeststellungsverfahrens erhoben hat, die den gleichen zugrunde liegenden Lebenssachverhalt wie die Musterfeststellungsklage betrifft.

- 6 -

(2) Hat der Anmelder bereits vor der Bekanntmachung der Angaben zur Musterfeststellungsklage eine Klage im Sinne des Absatzes 1 Satz 2 Nummer 2 erhoben, so setzt das Gericht das Verfahren bis zur rechtskräftigen Entscheidung oder sonstigen Erledigung der Musterfeststellungsklage oder zur Rücknahme der Anmeldung aus.

§ 615

Streitwertminderung

(1) Macht eine Partei glaubhaft, dass die Belastung mit den Prozesskosten nach dem vollen Streitwert ihre wirtschaftliche Lage erheblich gefährden würde, so kann das Gericht auf ihren Antrag anordnen, dass sich die Verpflichtung dieser Partei zur Zahlung von Gerichtskosten nach einem ihrer Wirtschaftslage angepassten Teil des Streitwerts bemisst. Die Anordnung hat zur Folge, dass

1. die begünstigte Partei die Gebühren ihres Rechtsanwalts ebenfalls nur nach diesem Teil des Streitwerts zu entrichten hat,

2. die begünstigte Partei, soweit ihr Kosten des Rechtsstreits auferlegt werden oder soweit sie diese übernimmt, die von dem Gegner entrichteten Gerichtsgebühren und die Gebühren seines Rechtsanwalts nur nach dem Teil des Streitwerts zu erstatten hat und

3. der Rechtsanwalt der begünstigten Partei, soweit die außergerichtlichen Kosten dem Gegner auferlegt oder von ihm übernommen werden, seine Gebühren von dem Gegner nach dem für diesen geltenden Streitwert beitreiben kann.

(2) Der Antrag ist vor der Verhandlung zur Hauptsache zu stellen. Danach ist er nur zulässig, wenn der angenommene oder festgesetzte Streitwert später durch das Gericht heraufgesetzt wird. Vor der Entscheidung über den Antrag ist der Gegner zu hören."

Artikel 3

Änderung des Arbeitsgerichtsgesetzes

In § 46 Absatz 2 Satz 2 des Arbeitsgerichtsgesetzes in der Fassung der Bekanntmachung vom 7. Juli 1979 (BGBl. I S. 853, 1036), das zuletzt durch ... geändert worden ist, werden nach den Wörtern „über den Urkunden- und Wechselprozess (§§ 592 bis 605a der Zivilprozessordnung)" ein Komma und die Wörter „über das Musterfeststellungsverfahren (§§ 606 bis 615 der Zivilprozessordnung)" eingefügt.

Artikel 4

Änderung des Gerichtskostengesetzes

In § 48 Absatz 1 Satz 2 des Gerichtskostengesetzes in der Fassung der Bekanntmachung vom 27. Februar 2014 (BGBl. I S. 154), das zuletzt durch ... geändert worden ist, werden nach dem Wort „In" die Wörter „Musterfeststellungsverfahren nach Buch 6 der Zivilprozessordnung und in" eingefügt.

Artikel 5

Änderung des Justizverwaltungskostengesetzes

Das Justizverwaltungskostengesetz vom 23. Juli 2013 (BGBl. I S. 2586, 2655), das zuletzt durch ... geändert worden ist, wird wie folgt geändert:

1. In der Inhaltsübersicht wird nach der Angabe zu § 15a folgende Angabe eingefügt:

   „§ 15b Klageregister für Musterfeststellungsverfahren“.

2. Nach § 15a wird folgender § 15b eingefügt:

   „§ 15b

   Klageregister für Musterfeststellungsverfahren

   Die Gebühr für die Eintragung in das Klageregister für Musterfeststellungsverfahren schuldet derjenige, der den Anspruch oder das Rechtsverhältnis angemeldet hat.“

3. Die Anlage (Kostenverzeichnis) wird wie folgt geändert:

   a) In der Gliederung wird nach der Angabe zu Teil 1 Hauptabschnitt 1 Abschnitt 6 folgende Angabe eingefügt:

   „Abschnitt 7 Klageregister für Musterfeststellungsverfahren“.

   b) Nach Nummer 1160 wird folgender Abschnitt 7 eingefügt:

   „Abschnitt 7

   Klageregister für Musterfeststellungsverfahren

Nr.	Gebührentatbestand	Gebührenbetrag
1170	Eintragung in das Klageregister aufgrund einer Anmeldung nach § 609 ZPO	10,00 €“.

Artikel 6

Änderung des Rechtsanwaltsvergütungsgesetzes

In § 19 Absatz 1 Satz 2 Nummer 1a des Rechtsanwaltsvergütungsgesetzes vom 5. Mai 2004 (BGBl. I S. 718, 788), das zuletzt durch ... geändert worden ist, werden nach dem Wort „Schutzschriften“ die Wörter „und die Anmeldung von Ansprüchen oder Rechtsverhältnissen zum Klageregister für Musterfeststellungsverfahren“ eingefügt.

- 8 -

Artikel 7

Änderung des Bürgerlichen Gesetzbuchs

Nach § 204 Absatz 1 Nummer 6a des Bürgerlichen Gesetzbuchs in der Fassung der Bekanntmachung vom 2. Januar 2002 (BGBl. I S. 42, 2909; 2003 I S. 738), das zuletzt durch ... geändert worden ist, wird folgende Nummer 6 b eingefügt:

„6b. die Anmeldung eines Verbrauchers zu einem Musterfeststellungsverfahren für darin bezeichnete Ansprüche, soweit diesen der gleiche Lebenssachverhalt zugrunde liegt wie den Feststellungszielen der Musterfeststellungsklage,".

Artikel 8

Inkrafttreten

(1) Dieses Gesetz tritt vorbehaltlich des Absatzes 2 am ... *[24 Monate nach seiner Verkündung und der Bereitstellung der Haushaltsmittel]* in Kraft.

(2) Am Tag nach der Verkündung treten in Kraft:

1. Artikel 1,

2. in Artikel 2 Nummer 2 § 610 Absatz 4 der Zivilprozessordnung.

Begründung

A. Allgemeiner Teil

I. Zielsetzung und Notwendigkeit der Regelungen

1. Vorbemerkung

In einem durch standardisierte Massengeschäfte geprägten Wirtschaftsleben hinterlassen unrechtmäßige Verhaltensweisen von Anbietern häufig eine Vielzahl gleichartig geschädigter Verbraucherinnen und Verbraucher. Gerade wenn der erlittene Nachteil im Einzelfall gering ist, werden Schadensersatz- oder Erstattungsansprüche oft nicht individuell verfolgt, da der erforderliche Aufwand aus Sicht des Geschädigten unverhältnismäßig erscheint („rationales Desinteresse"). Der in der Summe mitunter erhebliche Gewinn verbleibt in diesem Fall – soweit nicht eine Rückerstattung etwa im Rahmen der außergerichtlichen Streitschlichtung erfolgt – bei dem Anbieter, der hierdurch einen Wettbewerbsvorteil gegenüber rechtstreuen Anbietern erzielt.

Vor dem Hintergrund entsprechender Feststellungen hat sich die Europäische Kommission in ihrer Empfehlung 2013/396/EU vom 11. Juni 2013 für „Gemeinsame Grundsätze für kollektive Unterlassungs- und Schadensersatzverfahren bei Verletzung von durch Unionsrecht garantierten Rechten" (ABl. L 201 vom 26.7.2013, S. 60) ausgesprochen. Europaweit werden prozessuale Institute geschaffen oder ausgeweitet, um der beschriebenen Problematik abzuhelfen. So halten unter anderem die EU-Mitgliedsstaaten Belgien, Bulgarien, Dänemark, Finnland, Frankreich, Griechenland, Großbritannien, Italien, Litauen, Luxemburg, die Niederlande, Polen, Portugal, Schweden und Spanien in unterschiedlichem Umfang bereits Möglichkeiten vor, gleichgerichtete Ansprüche durch ein Verfahren des kollektiven Rechtsschutzes gebündelt zu verfolgen. In zahlreichen dieser Staaten bestehen schon seit längerer Zeit entsprechende Verfahrensmöglichkeiten. Dagegen wurden in der Republik Polen erst im Jahr 2010 sowie im Königreich Belgien und der Französischen Republik im Jahr 2014 entsprechende Rechtsschutzinstitute geschaffen. Derzeit widmet sich auch eine Arbeitsgruppe des österreichischen Bundesministeriums für Justiz der Entwicklung zivilprozessualer Lösungen zur sachgerechten Bewältigung von Massenverfahren.

In der Bundesrepublik Deutschland hat sich die Regierungskoalition im Koalitionsvertrag für die 18. Legislaturperiode zum Ziel gesetzt, im Interesse eines besseren Verbraucherschutzes darauf hinzuwirken, dass das Verbrauchervertragsrecht effektiv durchgesetzt werden kann. Zuletzt haben sich überdies die Justizminister der Länder mit Beschluss der Justizministerkonferenz vom 21./22. Juni 2017 und die Verbraucherschutzminister der Länder mit Beschluss vom 28. April 2017 für eine zeitnahe Stärkung des kollektiven Rechtsschutzes für Verbraucherinnen und Verbraucher ausgesprochen. Darüber hinaus unterstützt die Monopolkommission in ihrem „XXI. Hauptgutachten – Wettbewerb 2016" den geplanten Gesetzesentwurf zum Musterfeststellungsverfahren.

Die effektive Rechtsdurchsetzung erfordert wirksame Instrumente des zivilprozessualen Rechtsschutzes, die so ausgestaltet sind, dass sie von Verbraucherinnen und Verbrauchern auch tatsächlich in Anspruch genommen werden.

Erforderlich ist neben der bereits erfolgten Förderung der außergerichtlichen Streitschlichtung die Stärkung zivilprozessualer Möglichkeiten des Rechtsschutzes, um die Durchsetzung bestehender Ansprüche und Rechtsverhältnisse für Bürgerinnen und Bürger zu vereinfachen. Durch einen vereinfachten Zugang zu gerichtlichen Verfahren wird zugleich das Interesse der Allgemeinheit an einem funktionsfähigen und sicheren Rechtsverkehr gewahrt. Die zur Überwindung des rationalen Desinteresses notwendige Bündelung der Rechtsverfolgung in Verbraucherstreitverfahren mit Breitenwirkung ist nach der bisherigen Rechtslage noch nicht ausreichend möglich. Das beabsichtigte Musterfeststellungsverfahren ergänzt damit die bereits etablierten Verfahren außergerichtlicher Streitbeilegung um den Aspekt prozessualer Durchsetzung, ohne diese zu beschränken oder zu verdrängen.

2. Bündelungsmöglichkeiten nach der Zivilprozessordnung (ZPO)

Das in der ZPO geregelte Zivilprozessrecht ist auf den Zweiparteienprozess zugeschnitten. In diesem Rahmen kennt es aber mit der Streitgenossenschaft, der Nebenintervention, der Verfahrensverbindung und der Aussetzung wegen Vorgreiflichkeit Institute zur Einbeziehung von Dritten. Diese Dritten müssen sich jedoch stets, wenngleich mit einem reduzierten Kostenrisiko, an dem Prozess beteiligen. Dies ist häufig mit erheblichem Aufwand verbunden. Es hat sich deshalb in der Praxis gezeigt, dass die genannten prozessualen Institute das „rationale Desinteresse“ der Geschädigten nicht überwinden.

Auch die Einziehungsklage nach § 79 Absatz 2 Nummer 3 ZPO, mit der insbesondere Verbraucherzentralen die gerichtliche Einziehung von Forderungen von Verbrauchern betreiben können, dient nur beschränkt der effektiven Rechtsdurchsetzung. Sie stellt zwar ein taugliches Mittel dar, Verbraucherinteressen prozessual gebündelt durchzusetzen, ohne dass die Verbraucherinnen und Verbraucher sich unmittelbar in ein Gerichtsverfahren einbringen müssen. Sie verursacht indes bei den Verbraucherschutzverbänden angesichts der Koordination zahlreicher individueller Ansprüche erheblichen Aufwand, der diese Verbände in Verfahren mit Breitenwirkung an die Grenzen ihrer Leistungsfähigkeit führt.

3. Sonderfälle des kollektiven Rechtsschutzes im Zivilprozess außerhalb der ZPO

Außerhalb der ZPO kennt das deutsche Zivilprozessrecht bereits Sonderformen des kollektiven Rechtsschutzes. Dazu gehören das Kapitalanleger-Musterverfahren nach dem Gesetz über Musterverfahren in kapitalmarktrechtlichen Streitigkeiten (Kapitalanleger-Musterverfahrensgesetz – KapMuG) sowie die Verbandsklagen nach dem Gesetz über Unterlassungsklagen bei Verbraucherrechts- und anderen Verstößen (UKlaG) und nach dem Gesetz gegen den unlauteren Wettbewerb (UWG). Sowohl das Kapitalanleger-Musterverfahren als auch die Verbandsklagen sind auf einen engen Anwendungsbereich beschränkt und unterliegen besonderen prozessualen Voraussetzungen.

So sind Musterverfahren nach dem KapMuG ausschließlich auf die Geltendmachung spezifischer kapitalmarktrechtlicher Schadensersatzansprüche sowie vertraglicher Erfüllungsansprüche im Zusammenhang mit öffentlichen Kapitalmarktinformationen beschränkt. Ein Musterentscheid kann nur dann erwirkt werden, wenn die zu klärende Musterfrage in mehr als zehn rechtshängigen Prozessen entscheidungserheblich ist und die Parteien einen Musterverfahrensantrag gestellt haben. Das Musterverfahren setzt grundsätzlich voraus, dass ein Betroffener seinen Anspruch zunächst selbst klageweise verfolgt. Zur Überwindung des „rationalen Desinteresses“ außerhalb des Anwendungsbereichs des KapMuG ist das Verfahren deshalb nicht geeignet.

Das UKlaG gewährt Unterlassungs- und Widerrufsansprüche bei Verbraucherrechts- und anderen Verstößen, insbesondere wegen der Verwendung von nach den §§ 307 bis 309 des Bürgerlichen Gesetzbuchs (BGB) unwirksamen Allgemeinen Geschäftsbedingungen und wegen verbraucherschutzgesetzwidriger Praktiken. Durch Unterlassungsklagen der in § 3 UKlaG genannten klageberechtigten Stellen kann insbesondere die Unwirksamkeit bestimmter Vertragsklauseln und die Rechtswidrigkeit bestimmter Praktiken festgestellt werden, ohne dass es einer Beteiligung der von diesen Klauseln und Praktiken Betroffenen bedarf. Individuelle Ansprüche oder Rechtsverhältnisse, wie sie im Rahmen von breit gestreuten Schäden mit vielen Betroffenen entstehen und deren Rechtsverfolgung erleichtert werden soll, können allerdings im Rahmen der im UKlaG vorgesehenen Klagearten nicht verfolgt werden.

Eine mit dem UKlaG vergleichbare Sachlage ergibt sich hinsichtlich der Ansprüche auf Beseitigung und Unterlassung unlauterer geschäftlicher Handlungen aus § 8 Absatz 1 UWG sowie des Anspruchs auf Gewinnabschöpfung aus § 10 Absatz 1 UWG. Auch insoweit können Ansprüche einzelner Betroffener bislang nicht verfolgt werden.

4. Lösungskonzept

Da die bestehenden zivilprozessualen Möglichkeiten der Bündelung von Ansprüchen sowie des kollektiven Rechtsschutzes bislang nicht ausreichen, um die gerichtliche Rechtsverfolgung der Ansprüche einer Vielzahl gleichartig geschädigter Verbraucherinnen und Verbraucher wirksam auszugestalten, soll als neues Mittel der kollektiven Rechtsverfolgung in Verbraucherstreitsachen eine Musterfeststellungsklage eingeführt werden. Der Anwendungsbereich für diese Klageart soll – anders als die bereits vorhandenen Institute des Kapitalanleger-Musterverfahrens und der Verbandsklage – nicht auf ein hochspezifisches zivilrechtliches Sondergebiet beschränkt werden. Vielmehr soll die Musterfeststellungsklage in verbraucherrechtlichen Angelegenheiten allgemein angewendet werden können.

Die Musterfeststellungsklage soll anerkannten Verbraucherschutzverbänden ermöglichen, zugunsten von mindestens [*10/50/100*] Betroffenen [*Mindestanzahl noch zu diskutieren*] das Vorliegen oder Nichtvorliegen zentraler Voraussetzungen für das Bestehen oder Nichtbestehen von Ansprüchen oder Rechtsverhältnissen feststellen zu lassen. Das Verfahren soll ausschließlich zwischen dem klagenden Verbraucherschutzverband und der beklagten Partei geführt werden. Die begünstigten Verbraucherinnen und Verbraucher sollen jedoch die Möglichkeit erhalten, ihre Ansprüche gegen die beklagte Partei mit verjährungshemmender Wirkung zu einem noch einzurichtenden elektronischen Klageregister anzumelden. Außerdem soll das Musterfeststellungsurteil grundsätzlich Bindungswirkung für eine nachfolgende Klage entfalten.

Die Musterfeststellungsklage bietet mit der Möglichkeit der kostengünstigen Anmeldung von Ansprüchen oder Rechtsverhältnissen einen einfachen Weg der kollektiven Rechtsverfolgung, mit dem für den einzelnen Betroffenen kein Prozesskostenrisiko verbunden ist. Sie ist geeignet, das „rationale Desinteresse“ zu überwinden, ohne berechtigten Interessen der Wirtschaft zuwiderzulaufen. Darüber hinaus dient sie der effektiven Rechtsdurchsetzung, kann durch die verbindliche Entscheidung wesentlicher Tatsachen- und Rechtsfragen zu einer Entlastung der Justiz beitragen und trägt zur Stärkung des Gerichtsstandortes der Bundesrepublik Deutschland bei. Zugleich stärkt sie die außergerichtliche Streitschlichtung, indem sie durch die Entscheidung zentraler Tatsachen- und Rechtsfragen die Grundlagen für eine einvernehmliche Lösung der Parteien schafft.

Das Musterfeststellungsverfahren soll im Sechsten Buch der Zivilprozessordnung geregelt werden und die bereits vorhandenen Klagearten ergänzen. Daraus ergibt sich, dass die allgemeinen Vorschriften der Zivilprozessordnung gelten sollen, soweit keine Sonderregelungen vorgesehen sind. Die Sonderregelungen sind zum Teil dem Kapitalanleger-Musterverfahren und den beschriebenen Verbandsklagen angelehnt. Gleichwohl stellt die Musterfeststellungsklage eine eigenständige zivilprozessuale Klageart dar.

II. Wesentlicher Inhalt des Entwurfs

Der Entwurf regelt erstmalig die Musterfeststellungsklage und führt diese in die ZPO ein. Die Musterfeststellungsklage ermöglicht die Feststellung des Vorliegens oder Nichtvorliegens von Voraussetzungen von Ansprüchen oder Rechtsverhältnissen (Feststellungsziele). Sie dient damit der einheitlichen Entscheidung zentraler Streitfragen mit Breitenwirkung. Die Klage soll deshalb nur zulässig sein, wenn glaubhaft gemacht wird, dass An-

- - 12 - -

sprüche oder Rechtsverhältnisse von mindestens [*10/50/100*] Betroffenen [*Mindestanzahl noch zu diskutieren*] von den im Musterfeststellungsverfahren verhandelten Feststellungszielen abhängen (§ 606 ZPO in der Entwurfsfassung – ZPO-E).

Klagebefugt sollen die in § 3 Absatz 1 Nummer 1 UKlaG genannten qualifizierten Einrichtungen sein (§ 607 ZPO-E). Hierdurch kommt zum Ausdruck, dass die Musterfeststellungsklage dem Schutz der Interessen von Verbraucherinnen und Verbrauchern (§ 3 Absatz 1 Nummer 1 UKlaG) dient. Die Beschränkung der Klagebefugnis gewährleistet zugleich, dass keine sachwidrigen oder missbräuchlichen Musterfeststellungsklagen erhoben werden.

Eine Musterfeststellungsklage soll durch das Gericht in einem neu zu schaffenden elektronischen Klageregister für Musterfeststellungsverfahren bekannt gemacht werden (§ 608 ZPO-E). Hierdurch sollen potenziell betroffene Verbraucherinnen und Verbraucher über die Rechtshängigkeit der Musterfeststellungsklage informiert und ihnen die Möglichkeit verschafft werden, ihre Ansprüche oder Rechtsverhältnisse anzumelden. Im Vergleich zu einer Klage ist der Aufwand eines Betroffenen bei der Anmeldung deutlich reduziert: Neben dem Namen des Anmelders, den Namen der Parteien des Musterfeststellungsverfahrens, dessen Aktenzeichen und dem Gericht muss ein Anmelder lediglich den Gegenstand und den Grund des Anspruchs oder Rechtsverhältnisses und die etwaige Höhe des Anspruchs angeben (§ 609 Absatz 2 ZPO-E). Die Anmeldung kann elektronisch erfolgen. Eine anwaltliche Vertretung ist bei der Anmeldung nicht erforderlich. Die Anmeldung birgt kein prozessuales Kostenrisiko. Durch diese niederschwelligen Anforderungen ist das Verfahren vor allem attraktiv für solche Verbraucherinnen und Verbraucher, die bislang vor einer individuellen Rechtsverfolgung wegen des Kostenrisikos und des Aufwandes eines Gerichtsverfahrens zurückschrecken.

Die Anmeldung bewirkt, dass die Feststellungen, die im Urteil des Musterfeststellungsverfahrens getroffen werden, im Verhältnis zwischen Verbraucherinnen und Verbrauchern, die ihre Ansprüche oder Rechtsverhältnisse zum Klageregister angemeldet haben, und dem Beklagten in bestimmtem Umfang Bindungswirkung entfalten (§ 614 Absatz 1 ZPO-E). Der Diskussionsentwurf stellt hierzu zwei Alternativen zur Diskussion:

1. Alternative: Die Feststellungen, die im Urteil des Musterfeststellungsverfahrens getroffen werden, entfalten im Verhältnis zwischen den angemeldeten Verbraucherinnen und Verbrauchern und dem Beklagten Bindungswirkung, sofern sich der angemeldete Verbraucher oder die angemeldete Verbraucherin auf diese beruft.

2. Alternative: Die Feststellungen, die im Urteil des Musterfeststellungsverfahrens getroffen werden, entfalten im Verhältnis zwischen den angemeldeten Verbraucherinnen und Verbrauchern und dem Beklagten Bindungswirkung unabhängig davon, ob sich der angemeldete Verbraucher oder die angemeldete Verbraucherin darauf beruft.

Mit der Musterfeststellungsklage können auf diese Weise tatsächliche oder rechtliche Fragen, die für eine Vielzahl von Ansprüchen oder Rechtsverhältnissen von Bedeutung sind, mit Wirkung für (und nach Alternative 2 auch gegen) die Anmelder gebündelt und verbindlich geklärt werden.

Im Hinblick auf Alternative 1 ist anzumerken, dass auch ohne ausdrückliche Bindungswirkung eine Klageabweisung im Musterfeststellungsverfahren Präzedenzwirkung entfalten würde. Dies würde einer Bindungswirkung letztlich faktisch gleich kommen. Bei Klageabweisung würde regelmäßig kaum Anreiz für spätere Individualklagen bestehen. Für Alternative 2 spricht der Gesichtspunkt eines effizienten Verfahrens. Denn dieses würde zu einer abschließenden Befriedung aller Streitigkeiten führen.

Zudem wird die Verjährung der von den Feststellungszielen abhängenden Ansprüche durch die Anmeldung gehemmt (§ 204 Absatz 1 Nummer 6b BGB-E).

- - 13 - -

Die Musterfeststellungsklage soll der zügigen Klärung von Tatsachen- und Rechtsfragen dienen und hierdurch zu einem effektiven Mittel der Rechtsverfolgung werden. Die Ausrichtung auf bestimmte Feststellungsziele ermöglicht die hierfür erforderliche Konzentration auf die wesentlichen Streitfragen. Individuelle Streitfragen, etwa konkrete Einwendungen gegen die einer Musterfeststellungsklage zugrunde liegenden Individualansprüche, die für die Feststellungsziele nicht von Bedeutung sind, sind im Musterfeststellungsverfahren nicht zu klären. Dementsprechend werden die Anmelder des Musterfeststellungsverfahrens nicht unmittelbar Prozessbeteiligte und können selbst keine Prozesshandlungen vornehmen. Die Anmelder als Zeugen zu berufen, bleibt hingegen möglich.

Der Anspruch des Anmelders auf rechtliches Gehör bleibt gewahrt, weil er selbst entscheidet, ob er sich an dem Musterfeststellungsverfahren beteiligen möchte und hierdurch seine prozessualen Möglichkeiten der Rechtsverfolgung erweitert werden. Es steht jedem Anmelder weiterhin frei, seine Ansprüche oder Rechtsverhältnisse selbst gerichtlich geltend zu machen. Auch kann er jederzeit durch Rücknahme seiner Anmeldung von der Beteiligung am Musterfeststellungsverfahren Abstand nehmen. Beschreitet der Anmelder im Laufe des Musterfeststellungsverfahrens den Weg der Individualklage, verliert seine Anmeldung allerdings grundsätzlich ihre Bindungswirkung für den Folgeprozess.

Durch das Musterfeststellungsurteil wird der Ausgleich individueller Ansprüche erheblich vereinfacht. Zwar müssen die Anmelder ihre Ansprüche weiterhin individuell durchsetzen. Aufgrund der verbindlichen Klärung der Feststellungsziele ist aber davon auszugehen, dass sich in den meisten Fällen Anmelder und Beklagte außergerichtlich einigen. Verbleiben Streitpunkte, steht es Anmeldern und Beklagten offen, die außergerichtliche Streitschlichtung in Anspruch zu nehmen oder den Rechtsweg zu beschreiten. Das Musterfeststellungsurteil erleichtert den Parteien auch insoweit die individuelle Rechtsverfolgung. Denn im Folgeverfahren müssen die bereits verbindlich festgestellten Tatsachen und die entschiedenen Rechtsfragen nicht erneut verhandelt werden. Für Beklagte erweist sich das Musterfeststellungsverfahren auch in ökonomischer Hinsicht als positiv, weil es geeignet ist, zahlreiche Parallelprozesse zu vermeiden und das hieraus folgende Kostenrisiko zu senken.

Das Musterfeststellungsverfahren kann nicht nur durch Urteil, sondern auch durch einen Vergleich zwischen den Parteien beendet werden, der Bindungswirkung für die Anmelder entfaltet, soweit sie nicht aus dem vorgeschlagenen Vergleich austreten (§ 612 ZPO-E). Dies ermöglicht den Parteien eine auf die zentralen Streitfragen zugeschnittene einvernehmliche Gesamtlösung, die der einfachen Befriedung der gleichgelagerten Streitigkeiten dient.

Die sachliche Zuständigkeit für Musterfeststellungsverfahren wird unabhängig vom Streitwert den Landgerichten zugewiesen. Die einschlägigen Bestimmungen zur internationalen Zuständigkeit bleiben hiervon unberührt.

B. Besonderer Teil

Zu Artikel 1 (Änderung des Gerichtsverfassungsgesetzes)

Zu Nummer 1

Nummer 1 sieht die Ergänzung des § 71 Absatz 2 des Gerichtsverfassungsgesetzes (GVG) vor. Die sachliche Zuständigkeit für Musterfeststellungsverfahren wird den Landgerichten gesetzlich zugewiesen. Angesichts der Breitenwirkung der im Musterfeststellungsverfahren bedeutsamen Feststellungsziele rechtfertigt die Bedeutung der Sache unabhängig vom Streitwert – der voraussichtlich entsprechend der bewährten Rechtsprechung zur Streitwertbestimmung in Streitsachen nach dem UKlaG bestimmt werden wird – eine Befassung des Landgerichts.

Zu Nummer 2

Zugleich werden in Nummer 2 die Landesregierungen durch die Anpassung des § 71 Absatz 4 GVG ermächtigt, durch Rechtsverordnung die örtliche Zuständigkeit für Musterfeststellungsverfahren zu konzentrieren. Dies ermöglicht die organisatorische und inhaltliche Spezialisierung besonderer Gerichte für Musterfeststellungsverfahren und damit der Erhöhung von Effizienz des Verfahrens und Qualität der Entscheidungen.

Zu Artikel 2 (Änderung der Zivilprozessordnung)

Zu Nummer 1 (Inhaltsübersicht)

Die Inhaltsübersicht wird um die nach Nummer 2 in die ZPO einzufügenden Vorschriften ergänzt.

Zu Nummer 2 (Sechstes Buch)

Die vorgeschlagene Musterfeststellungsklage stellt ein modernes Rechtsschutzinstrument zur Bewältigung von Verfahren mit Breitenwirkung dar, das sich widerspruchsfrei in das Zivilprozessrecht einfügt. Sie soll im Sechsten Buch der ZPO geregelt werden. Das Sechste Buch enthält die Voraussetzungen und Durchführungsbestimmungen eines Musterfeststellungsverfahrens, soweit dieses über die allgemeinen Grundsätze des Klageverfahrens hinaus besondere Bestimmungen erfordert.

Das Musterfeststellungsverfahren ist auf Feststellungsziele ausgerichtet (§ 606) und kann ausschließlich von einer klagebefugten Stelle (§ 607) eingeleitet werden. Musterfeststellungsverfahren und bedeutende Zwischenentscheidungen sind im Klageregister für Musterfeststellungsverfahren öffentlich bekannt zu machen (§ 608). Diese Bekanntmachung dient Verbraucherinnen und Verbrauchern als Grundlage einer Anmeldung eigener Ansprüche oder Rechtsverhältnisse (§ 609). Das Musterfeststellungsverfahren endet durch Vergleich (§ 612) oder Urteil (§ 613). Ein Musterfeststellungsurteil entfaltet für Streitigkeiten zwischen Anmeldern und dem Beklagten über von den Feststellungszielen abhängige Sachverhalte grundsätzlich Bindungswirkung (§ 614). Im Übrigen finden die allgemeinen Vorschriften für das landgerichtliche Verfahren unmittelbare Anwendung.

Zu § 606 (Musterfeststellungsklage)

Die Vorschrift regelt die wesentlichen Voraussetzungen der Musterfeststellungsklage. Die Musterfeststellungsklage dient der Feststellung des Vorliegens oder Nichtvorliegens von Voraussetzungen für das Bestehen oder Nichtbestehen eines Anspruches oder Rechtsverhältnisses zwischen einem Unternehmer und einem Verbraucher (Feststellungsziele), wenn glaubhaft gemacht wird (§ 294 ZPO), dass die Ansprüche oder Rechtsverhältnisse von mindestens [*10/50/100*] betroffenen Verbraucherinnen und Verbrauchern [*Mindestanzahl noch zu diskutieren*] von der Entscheidung über die Feststellungsziele abhängt. Der Umfang der Darlegungslast wird von der Rechtsprechung im Einzelfall unter Berücksichtigung der jeweiligen Umstände bestimmt. Die detaillierte Beschreibung einschließlich der Angaben zu allen zur Begründung des Feststellungsziels dienenden tatsächlichen oder rechtlichen Umstände mindestens [*10/50/100*] [*Mindestanzahl noch zu diskutieren*] konkreter Fälle mit Einwilligung der Betroffenen dürfte aber jedenfalls genügen.

Die Ausrichtung des Streitgegenstands auf Feststellungsziele ist an die Regelung in § 2 Absatz 1 KapMuG angelehnt. Den Parteien und Gerichten wird es auf diesem Weg ermöglicht, sich auf die Klärung grundsätzlicher, in einer Vielzahl von Fällen wiederkehrender, tatsächlicher oder rechtlicher Fragen zu konzentrieren. Dies dient der Einheitlichkeit der Rechtsprechung und ist geeignet, die Ressourcen der Parteien und der Justiz zu schonen.

Ziel der Musterfeststellungsklage ist es, ein Feststellungsziel oder mehrere Feststellungsziele einheitlich mit Breitenwirkung feststellen zu lassen. Über § 256 ZPO hinaus können dabei auch einzelne Elemente oder Vorfragen eines Rechtsverhältnisses oder einer Anspruchsgrundlage festgestellt werden. Des Weiteren können reine Rechtsfragen mit Bedeutung für eine Vielzahl von betroffenen Rechtsverhältnissen geklärt werden. Dies dient insoweit nicht zuletzt der Fortentwicklung des Rechts. Durch das Erfordernis der Bedeutung für gleichgelagerte Ansprüche oder Rechtsverhältnisse von mindestens *[10/50/100] [Mindestanzahl noch zu diskutieren]* konkret betroffenen Verbraucherinnen und Verbrauchern wird ausgeschlossen, dass rein abstrakte Verfahren ohne Bezug zu konkreten Lebenssachverhalten oder mit lediglich individueller Bedeutung geführt werden.

Zu § 607 (Klagebefugnis)

Die Klagebefugnis ist ähnlich wie die Anspruchsberechtigung im Sinne des § 3 Absatz 1 Satz 1 Nummer 1 und 3 UKlaG und des § 8 Absatz 3 Nummer 3 und 4 UWG geregelt. Sie steht Einrichtungen zu, die in die Liste qualifizierter Einrichtungen nach § 4 UKlaG oder das Verzeichnis der Europäischen Kommission nach Artikel 4 der Richtlinie 2009/22/EG des Europäischen Parlaments und des Rates vom 23. April 2009 über Unterlassungsklagen zum Schutz der Verbraucherinteressen eingetragen sind. Bei den qualifizierten Einrichtungen nach § 4 UKlaG handelt es sich um rechtsfähige Vereine, zu deren satzungsmäßigen Aufgaben es gehört, Interessen der Verbraucher durch nicht gewerbsmäßige Aufklärung und Beratung wahrzunehmen, und die darüber hinaus die folgenden Voraussetzungen erfüllen: Zu ihren Mitgliedern müssen mindestens drei Verbände, die im gleichen Aufgabenbereich tätig sind, oder mindestens 75 natürliche Personen zählen. Sie müssen seit mindestens einem Jahr bestehen und es muss aufgrund ihrer bisherigen Tätigkeit gesichert erscheinen, dass sie ihre satzungsmäßigen Aufgaben auch künftig dauerhaft wirksam und sachgerecht erfüllen werden. Bei den qualifizierten Einrichtungen aus anderen Mitgliedstaaten der Europäischen Union, die in das bei der Europäischen Kommission geführte Verzeichnis eingetragen sind, handelt es sich um Organisationen, die den qualifizierten Einrichtungen im Sinne des § 4 UKlaG vergleichbar sind und ebenso die Kollektivinteressen der Verbraucher schützen. Durch die Beschränkung der Klagebefugnis auf diese Einrichtungen wird sichergestellt, dass Musterfeststellungsklagen nur im Interesse betroffener Verbraucherinnen und Verbraucher und von Organisationen erhoben werden können, welche aufgrund ihrer bisherigen Tätigkeit die Gewähr für eine sachgerechte Aufgabenerfüllung bieten.

Zu § 608 (Bekanntmachung im Klageregister)

§ 608 Absatz 1 sieht die öffentliche Bekanntmachung einer Musterfeststellungsklage in einem neu zu schaffenden Klageregister vor. Ziel der Bekanntmachung ist, die betroffenen Verbraucherinnen und Verbraucher über die Rechtshängigkeit einer Musterfeststellungsklage zu informieren und ihnen so zu ermöglichen, von dem Verfahren durch die Anmeldung eigener Ansprüche oder Rechtsverhältnisse zu profitieren. Der Anspruch des Beklagten auf rechtliches Gehör gebietet es, ihm vor der unanfechtbaren Entscheidung über die Veröffentlichung die Möglichkeit zur Stellungnahme einzuräumen (Absatz 1 Satz 2).

Die im Klageregister bekannt zu machenden Angaben beschränken sich auf die in Absatz 1 Satz 2 genannten Angaben. Die Bezeichnung der Parteien, die Bekanntmachung der Feststellungsziele sowie die knappe Darstellung des vorgetragenen Lebenssachverhaltes durch das Gericht dienen dabei der umfassenden Information Betroffener, um die Relevanz der im Musterfeststellungsverfahren geltend gemachten Feststellungsziele für eigene Ansprüche oder Rechtsverhältnisse einschätzen zu können. Die Bekanntmachung des Aktenzeichens und des Gerichts ermöglicht betroffenen Verbraucherinnen und Verbrauchern die Anmeldung ihrer Ansprüche oder der sie betreffenden Rechtsverhältnisse zum Klageregister und die zügige und korrekte Zuordnung der Anmeldung zum einschlägigen Musterfeststellungsverfahren. § 608 Absatz 1 Satz 2 Nummer 6 sieht schließlich zwecks umfassender Information der Verbraucherinnen und Verbraucher vor, dass zusammen mit der öffentlichen Bekanntmachung über die Möglichkeit der Anmeldung einschließlich der formellen Voraussetzungen und ihrer Wirkungen sowie über die Möglichkeit der Rücknahme der Anmeldung zu informieren ist. Die durch gerichtlichen Beschluss zu treffende Entscheidung über die öffentliche Bekanntmachung ist unanfechtbar.

Um zu ermöglichen, dass die durch die Musterfeststellungsklage Betroffenen möglichst frühzeitig von der Musterfeststellungsklage erfahren, soll die öffentliche Bekanntmachung innerhalb von zwei Monaten nach Rechtshängigkeit erfolgen (Absatz 2 Satz 1). Im Falle der Überschreitung dieser Frist hat das Gericht die Gründe für die Verzögerung mit der Entscheidung über die öffentliche Bekanntmachung gemäß Absatz 2 Satz 2 darzulegen.

Nach Absatz 3 sind auch im weiteren Laufe des Musterfeststellungsverfahrens gerichtliche Terminbestimmungen und Zwischenentscheidungen im Klageregister öffentlich bekannt zu machen, soweit dies für die Information über den Fortgang des Verfahrens erforderlich ist. Da die Anmelder (§ 609) an dem Verfahren nicht unmittelbar beteiligt sind, wird hierdurch sichergestellt, dass sie die nötigen Informationen erhalten. Aber auch für die betroffenen Verbraucherinnen und Verbraucher, die noch nicht angemeldet sind, können die Termin- und Zwischenentscheidungen von Bedeutung sein, um über das weitere Vorgehen, insbesondere die fristgerechte Anmeldung zum Musterfeststellungsverfahren (§ 609 Absatz 1) oder die individuelle Rechtsverfolgung, entscheiden zu können.

Zu § 609 (Anmeldung von Ansprüchen oder Rechtsverhältnissen)

§ 609 ermöglicht es betroffenen Verbraucherinnen und Verbrauchern, Ansprüche oder Rechtsverhältnisse, die von den geltend gemachten Feststellungszielen abhängig sind, bis spätestens zum Schluss der mündlichen Verhandlung erster Instanz zum Musterfeststellungsverfahren anzumelden. Die Anspruchsanmeldung soll den Rechtsschutz derjenigen Verbraucherinnen und Verbraucher erhöhen, die bisher angesichts des Prozesskostenrisikos von der gerichtlichen Durchsetzung ihrer Ansprüche absehen. Sie werden auf diese Weise in die Lage versetzt, von den Wirkungen eines Musterfeststellungsverfahrens zu profitieren. Die Regelung bewirkt deshalb eine Stärkung der Rechtsdurchsetzung, indem sie das rationale Desinteresse von Verbraucherinnen und Verbrauchern zu überwinden vermag. Ein Prozesskostenrisiko tragen Betroffene mangels unmittelbarer Beteiligung am allein zwischen der klagebefugten Stelle und dem Beklagten geführten Rechtsstreit nicht. Für die Anmeldung zum Musterfeststellungsverfahren entstehen nur geringe Kosten. Die Betroffenen müssen sich hierbei nicht anwaltlich vertreten lassen.

Mit der Anmeldung werden die betroffenen Verbraucherinnen und Verbraucher zu „Anmeldern", denen besondere Informationsrechte (§ 610 Absatz 2 Nummer 3, § 612 Absatz 4) zustehen. Die Anmeldung bewirkt zudem, dass die Verjährung von Ansprüchen gemäß § 204 Absatz 1 Nummer 6b BGB-E gehemmt wird, soweit diesen der gleiche Lebenssachverhalt zugrunde liegt wie den Feststellungszielen der Musterfeststellungsklage. Zudem entfalten die im Musterfeststellungsverfahren getroffenen Feststellungen grundsätzlich Bindungswirkung in etwaigen zivilprozessualen Folgeverfahren, soweit die Streitigkeit von den Feststellungszielen abhängt (§ 614 Absatz 1).

Absatz 2 beschreibt den notwendigen Inhalt der Anmeldung. Neben der Bezeichnung des Anmelders, der Angabe des aus dem Klageregister zu entnehmenden gerichtlichen Aktenzeichens und der Bezeichnung des Beklagten setzt die Anmeldung voraus, dass der Betroffene den Gegenstand und den Grund des Anspruchs oder des Rechtsverhältnisses sowie die etwaige Höhe des Anspruchs bestimmt bezeichnet. Die Anforderungen an die Bezeichnung des Anmelders, des Beklagten sowie des geltend gemachten Anspruchs bzw. des betroffenen Rechtsverhältnisses entsprechen denjenigen an eine Klageschrift gemäß § 253 Absatz 2 ZPO. Absatz 2 stellt damit sicher, dass der Beklagte eines Musterfeststellungsverfahrens über die Identität der Anmelder Kenntnis erlangen kann. Zudem ermöglicht die genaue Bezeichnung des potentiellen Streitgegenstandes den Parteien und Gerichten im späteren Verlauf eine Prüfung, ob die Verjährung gemäß § 204 Absatz 6b BGB-E gehemmt wurde. Die Angabe des Aktenzeichens gewährleistet die einfache und genaue Zuordnung der Anmeldung.

Die Anmelder sind nach Absatz 3 berechtigt, ihre Anmeldung bis zum Schluss der mündlichen Verhandlung, auf die die Verkündung des Urteils folgt, zurückzunehmen. Durch die Rücknahme verliert die Anmeldung die Folge der Bindungswirkung des Musterfeststellungsurteils (§ 614 Absatz 1 Satz 2 Nummer 1). Betroffene können sich auf diese Weise frei entscheiden, ihre Rechte nicht weiter im Musterfeststellungsverfahren zu verfolgen. Die Rücknahme bewirkt, dass sich Betroffene nicht länger über den weiteren Verfahrensgang informiert halten müssen. Zugleich gewinnen die Parteien des Musterfeststellungsverfahrens und das Gericht einen Überblick über das fortbestehende Interesse der betroffenen Anmelder.

Nach Absatz 4 kann die Anmeldung auf einfache Weise mittels moderner Kommunikationsmittel elektronisch – aber auch schriftlich – gegenüber der das Klageregister führenden Stelle erfolgen.

Die Anmeldung kann bis zum Schluss der mündlichen Verhandlung erklärt werden, auf die die Verkündung des Urteils erfolgt, oder bis zur öffentlichen Bekanntmachung der gerichtlichen Genehmigung eines Vergleichs nach § 612 Absatz 3 Satz 4.

Zu § 610 (Klageregister; Verordnungsermächtigung)

§ 610 bildet die Rechtsgrundlage für die Errichtung eines zentralen Klageregisters für Musterfeststellungsverfahren beim Bundesamt für Justiz und enthält im Übrigen Vorgaben zum Abruf aus dem Register und dessen sonstiger technischer und organisatorischer Ausgestaltung.

Die Befugnis zum Abruf der wesentlichen Informationen des Musterfeststellungsverfahrens steht jedermann zu (Absatz 2 Satz 1 Nummer 1). Abrufbar sind alle vom Gericht veranlassten öffentlichen Bekanntmachungen im Klageregister. Dazu zählen die Bekanntmachung der Musterfeststellungsklage nach § 608 Absatz 1 Satz 2, die bekannt zu machenden Terminmitteilungen und Zwischenentscheidungen nach § 608 Absatz 3 Satz 1, gerichtlich genehmigte (§ 612 Absatz 3 Satz 4) und wirksam gewordene Vergleiche (§ 612 Absatz 6 Satz 3) sowie das Urteil, die Einlegung von Rechtsmitteln und die Rechtskraft (§ 613). Der Abruf gewährleistet, dass sich Interessierte darüber informieren können, ob ein sie betreffendes Musterfeststellungsverfahren rechtshängig ist und ob eine Anmeldung eigener Ansprüche oder Rechtsverhältnisse in Betracht kommt. Das Klageregister stellt somit ein Kommunikationsmedium und eine niederschwellige Informationsquelle dar.

Die Einsicht ist unentgeltlich und erfolgt elektronisch über die Internetseiten des Bundesamts für Justiz.

Da Anmeldungen und andere gespeicherte Informationen personenbezogene Daten enthalten können, beschränkt Absatz 2 Satz 1 Nummer 2 die weitergehende Abrufberechtigung auf das zuständige Gericht und die Parteien des konkreten Musterfeststellungsverfahrens. Als unmittelbare Verfahrensbeteiligte können diese sämtliche verfahrensrelevanten und im Klageregister gespeicherten Informationen abrufen, insbesondere auch die Daten der Anmelder. Die Kenntnis dieser Daten ist für die sachgerechte Prozessführung und die Verhandlung über einen Vergleich mit Wirkung für die Anmelder (§ 612) von Bedeutung. Die gerichtliche Verwendung der Daten ist aus Gründen der Datensparsamkeit auf das für die Erfüllung der gesetzlichen Aufgaben Erforderliche zu beschränken.

Anmelder selbst können des Weiteren über die allgemein zugänglichen Informationen hinaus ihre eigenen Anmeldedaten über das Klageregister abrufen (Absatz 2 Satz 1 Nummer 3).

Absatz 3 regelt, dass die in das Register eingestellten Daten zum Schluss des dritten Jahres nach rechtskräftigem Abschluss des Verfahrens zu speichern und anschließend zu löschen sind. Eine Speicherung über diesen Zeitraum erscheint geboten, um Anmeldern binnen der regelmäßigen Verjährungsfrist einen Abruf der Registerdaten zu ermöglichen und in einem etwaigen Folgeprozess ihre Anmeldung belegen zu können, die Grundlage der Bindungswirkung im Sinne des § 614 ist. Durch die Löschungsfrist wird der Datenbestand des Registers begrenzt und eine Überlastung vermieden.

Absatz 4 ermächtigt das Bundesministerium der Justiz und für Verbraucherschutz, mit Zustimmung des Bundesrates eine Rechtsverordnung zu erlassen, in der die nähere Ausgestaltung des Klageregisters, insbesondere die Einzelheiten der Datensicherung und der Zugangsberechtigung zum Abruf des Registers bestimmt werden.

Zu § 611 (Besonderheiten des Musterfeststellungsverfahrens)

Auf das Musterfeststellungsverfahren finden die allgemeinen zivilprozessualen Bestimmungen grundsätzlich Anwendung. Lediglich soweit den Besonderheiten der Struktur des Musterfeststellungsverfahrens Rechnung zu tragen ist, bedarf es der in § 611 statuierten Ausnahmen.

Absatz 1 regelt die Unzulässigkeit einer Musterfeststellungsklage, sobald eine andere Musterfeststellungsklage, deren Feststellungsziele den gleichen zugrunde liegenden Lebenssachverhalt betreffen, gegen denselben Beklagten rechtshängig ist. Die Regelung enthält damit eine besondere Form der Unzulässigkeit wegen anderweitiger Rechtshängigkeit und trägt dem Umstand Rechnung, dass § 261 Absatz 3 Nummer 1 ZPO mangels Parteiidentität eine weitere Musterfeststellungsklage nicht ausschließen würde, wenn eine andere klagebefugte Stelle eine inhaltlich identische Klage gegen denselben Beklagten erhebt. Sie stellt sicher, dass mit der Rechtshängigkeit eines Musterfeststellungsverfahrens jedes weitere gleichgerichtete Musterfeststellungsverfahren unzulässig ist, unabhängig davon, ob die Musterfeststellungsklage bereits anhängig war oder später anhängig gemacht wurde.

Nach Absatz 2 soll § 278 Absatz 2 bis 5 ZPO nicht zur Anwendung kommen. Das Landgericht soll zwar in jeder Lage des Verfahrens auf eine gütliche Beilegung des Musterfeststellungsverfahrens bedacht sein und einen Vergleichsabschluss im schriftlichen Verfahren herbeiführen können. Eine obligatorische Güteverhandlung mit persönlichem Erscheinen der Parteien, einem Ruhen des Verfahrens bei Nichterscheinen sowie der Delegation an einen beauftragten oder ersuchten Richter erscheinen mit dem Charakter und der Funktion des Musterfeststellungsverfahrens allerdings nicht vereinbar.

Ebenfalls nicht zur Anwendung kommen sollen nach Absatz 2 die §§ 348 bis 350 ZPO. Angesichts der Bedeutung des Musterfeststellungsverfahrens für eine Vielzahl betroffener Verbraucherinnen und Verbraucher erscheint eine Befassung allein durch einen Einzelrichter nicht sachgerecht.

Aufgrund der Struktur des Verfahrens soll schließlich nach Absatz 2 auch ein Verzicht der klagebefugten Stelle nach § 306 ZPO ausgeschlossen werden.

Die Regelung in Absatz 3 soll verhindern, dass Anmelder oder sonstige Betroffene über eine Nebenintervention oder Streitverkündung nach den §§ 66 ff. ZPO in den Rechtsstreit hineingezogen werden. Sie haben zwar ein rechtliches Interesse am Ausgang des Musterfeststellungsverfahrens, weil die Entscheidung mittelbar auf ihre privatrechtlichen Verhältnisse mit dem Beklagten einwirkt. Im Interesse eines effektiven Verfahrens und zum Schutz der Dritten ist aber eine Begrenzung der Verfahrensbeteiligten unerlässlich. Nachteilige Wirkungen können sich damit für die Verbraucherinnen und Verbraucher aus dem Musterfeststellungsverfahren nicht ergeben.

Zu § 612 (Vergleich)

§ 612 ermöglicht es den Parteien, einen Vergleich mit Wirkung für die Anmelder zu schließen (Absatz 1). Das Verfahren richtet sich nach den allgemeinen Vorschriften, insbesondere nach § 278 ZPO. Mangels unmittelbarer Beteiligung der Anmelder am Musterfeststellungsverfahren bedarf es allerdings verfahrensrechtlicher Sicherungsmaßnahmen, um einen wirksamen Rechtsschutz der Anmelder zu gewährleisten. Der Vergleich muss daher vom Gericht genehmigt werden. Die gerichtliche Genehmigung darf nur erteilt werden, wenn das Gericht den Vergleich als angemessen erachtet (Absatz 3 Satz 2). Sodann sind die Anmelder über den Abschluss des Vergleichs zu informieren und erhalten die Möglichkeit, binnen einer Frist von einem Monat ab Zustellung aus dem Vergleich auszutreten.

Um dem Gericht die Angemessenheitsprüfung zu ermöglichen, sollen nach Absatz 2 die Parteien bestimmte Inhalte zur Grundlage des Vergleichs machen. Die entsprechenden Angaben geben dem Gericht zugleich Anhaltspunkte bezüglich der wesentlichen formalen Inhalte, die der Vergleich enthält.

Im Rahmen der inhaltlichen Angemessenheitsprüfung hat das Gericht zu untersuchen, ob die von den Parteien vorgeschlagene Regelung die vorgetragenen typischerweise zu erwartenden Streitverhältnisse angemessen befriedet (Absatz 3 Satz 2). Die Entscheidung ergeht durch unanfechtbaren Beschluss, der im Klageregister öffentlich bekannt zu machen ist. Mit der öffentlichen Bekanntmachung der gerichtlichen Genehmigung endet die Möglichkeit, sich dem Musterfeststellungsverfahren durch Anmeldung anzuschließen (§ 609 Absatz 1).

Der genehmigte Vergleich muss nach Absatz 4 den im Zeitpunkt der Genehmigung des Vergleichs im Klageregister eingetragenen Anmeldern zugestellt werden. Die Zustellung des genehmigten Vergleichs an die Anmelder ermöglicht diesen, sich mit dem Inhalt des Vergleichs auseinanderzusetzen, und gewährt ihnen rechtliches Gehör (Absatz 5). Sie erhalten Gelegenheit, binnen eines Monats zu entscheiden, ob sie die einvernehmliche Lösung der Streitigkeit akzeptieren.

Der vom Gericht genehmigte Vergleich wird nur dann wirksam, wenn innerhalb der in Absatz 5 geregelten Einmonatsfrist weniger als 30 Prozent der Anmelder ihren Austritt aus dem Vergleich erklären (Absatz 6). Denn eine befriedende Funktion ist dem vorgeschlagenen Vergleich nicht beizumessen, wenn ein Großteil der Anmelder sich ihm nicht unterwerfen möchte. Das Ergebnis des Vergleichsverfahrens ist durch gerichtlichen Beschluss festzustellen und im Klageregister öffentlich bekannt zu machen. Dies ermöglicht auch den Betroffenen, die sich nicht zum Musterfeststellungsverfahren angemeldet haben, auf der Basis des gerichtlich auf seine Angemessenheit geprüften Vergleichs mit dem Beklagten über eine Streitbeilegung zu verhandeln.

Zu § 613 (Urteil)

Die Entscheidung des Gerichts über die Musterfeststellungsklage richtet sich grundsätzlich nach den allgemeinen Vorschriften der ZPO, wenn sie durch Urteil getroffen wird. Dies gilt auch für die Zustellung des Urteils an die Parteien des Rechtsstreits (§ 317 Absatz 1 ZPO). Wegen der besonderen Bedeutung des Ergebnisses des Musterfeststellungsverfahrens für die Betroffenen ist jedoch vorgesehen, dass sowohl das Urteil als auch die Einlegung von Rechtsmitteln und der Eintritt der Rechtskraft im Klageregister öffentlich bekannt zu machen sind.

Zu § 614 (Bindungswirkung des Musterfeststellungsurteils; Aussetzung)

Einem Urteil in einem Musterfeststellungsverfahren kommt gemäß § 614 erhebliche Bedeutung insoweit zu, als die getroffenen Feststellungen für einen Folgerechtsstreit zwischen einem Anmelder und dem Beklagten des Musterfeststellungsverfahrens in bestimmtem Umfang Bindungswirkung entfalten (Absatz 1 Satz 1). Der Diskussionsentwurf stellt hierzu zwei Alternativen zur Diskussion:

1. Alternative: Die Feststellungen, die im Urteil des Musterfeststellungsverfahrens getroffen werden, entfalten im Verhältnis zwischen den angemeldeten Verbraucherinnen und Verbrauchern und dem Beklagten Bindungswirkung, sofern sich der angemeldete Verbraucher oder die angemeldete Verbraucherin auf diese beruft.

2. Alternative: Die Feststellungen, die im Urteil des Musterfeststellungsverfahrens getroffen werden, entfalten im Verhältnis zwischen den angemeldeten Verbraucherinnen und Verbrauchern und dem Beklagten Bindungswirkung unabhängig davon, ob sich der angemeldete Verbraucher oder die angemeldete Verbraucherin darauf beruft. Dies gilt auch für den Fall, dass die Musterfeststellungsklage abgewiesen wird.

Im Hinblick auf Alternative 1 ist anzumerken, dass auch ohne ausdrückliche Bindungswirkung eine Klageabweisung im Musterfeststellungsverfahren Präzedenzwirkung entfalten würde. Dies würde einer Bindungswirkung letztlich faktisch gleich kommen. Bei Klageabweisung würde regelmäßig kaum Anreiz für spätere Individualklagen bestehen. Für Alternative 2 spricht der Gesichtspunkt eines effizienten Verfahrens. Denn dieses würde zu einer abschließenden Befriedung aller Streitigkeiten führen.

Der Anspruch der Anmelder auf rechtliches Gehör bleibt in jedem Fall gewahrt, weil es ihrer freien Entscheidung obliegt, ob sie sich an dem Musterfeststellungsverfahren beteiligen möchten. Denn hierdurch werden die prozessualen Möglichkeiten der Rechtsverfolgung ausschließlich erweitert. Zudem steht es jedem Anmelder weiterhin frei, seine Ansprüche oder Rechtsverhältnisse selbst gerichtlich geltend zu machen. Auch kann er jederzeit durch Rücknahme seiner Anmeldung von der Beteiligung am Musterfeststellungsverfahren Abstand nehmen.

Voraussetzung für den Eintritt der Bindungswirkung ist allerdings, dass der Betroffene zugleich Verbraucher ist, er seinen Anspruch oder sein Rechtsverhältnis angemeldet hat (§ 609) und er die Anmeldung nicht zurückgenommen hat (§ 614 Absatz 1 Satz 2 Nummer 1).

Der Rücknahme der Anmeldung gleichgestellt wird die Erhebung einer Klage durch den Anmelder. Macht ein Anmelder von der Möglichkeit der Individualklage Gebrauch, kann er sich nicht mehr auf die Bindungswirkung des Musterfeststellungsurteils berufen (§ 614 Absatz 1 Satz 2 Nummer 2). Denn die Musterfeststellungsklage soll betroffenen Verbraucherinnen und Verbrauchern eine einfache und zusätzliche Möglichkeit der Rechtsverfolgung bieten, um ihre Ansprüche unabhängig von einem Prozessrisiko durchzusetzen. Nimmt ein Betroffener aber sein Klagerecht unabhängig hiervon wahr, bedarf es einer darüber hinausgehenden Wahlmöglichkeit nicht.

Abweichend von § 614 Absatz 1 Satz 2 Nummer 2 bleibt einem Betroffenen trotz Erhebung einer Individualklage die Möglichkeit der Berufung auf die Bindungswirkung des Musterfeststellungsurteils erhalten, wenn die Klage erhoben wurde, bevor die Musterfeststellungsklage im Klageregister öffentlich bekannt gemacht wurde. In diesem Fall setzt das Gericht den Rechtsstreit gemäß Absatz 2 bis zur rechtskräftigen Entscheidung oder anderweitigen Erledigung des Musterfeststellungsverfahrens oder der Anmeldung aus, zum Beispiel bis zur Wirksamkeit eines Vergleichs oder der Rücknahme der Anmeldung.

Zu § 615 (Streitwertminderung)

In einem Musterfeststellungsverfahren kann es in besonderen Ausnahmefällen zu einer Streitwertfestsetzung und einer daraus folgenden Kostenbelastung kommen, die die wirtschaftliche Lage einer Partei erheblich gefährden würde. Angesichts des Umstandes, dass das Recht der Prozesskostenhilfe auf Grund der Erstattungspflicht gegenüber dem Gegner nach § 123 ZPO das Kostenrisiko der schwächeren Partei nur vorläufig zu überwinden vermag, erfordert diese Situation in Anlehnung an identische Regelungen (§ 12 Absatz 4 UWG, § 144 des Patentgesetzes, § 142 des Markengesetzes) die in § 615 festgeschriebene Härtefallregelung. Das Gericht kann auf Antrag anordnen, dass die Gerichtskosten von einer Partei aus einem angepassten Streitwert erhoben werden. Dies hat zur Folge, dass die Partei die Gebühren ihres Rechtsanwalts ebenfalls nur aus dem angepassten Streitwert zu entrichten hat und Kosten der Gegenseite nur in der Höhe zu erstatten hat, wie sie bei dem angepassten Streitwert entstanden wären. Auf die Kostentragungspflicht der Gegenseite hat die Anordnung keine Auswirkung. Im Falle des Obsiegens der begünstigten Partei kann ihr Rechtsanwalt von der Gegenseite die Erstattung der ungekürzten Gebühren verlangen. Die Anfechtung einer Entscheidung über eine Streitwertminderung richtet sich nach den allgemeinen Vorschriften für Streitwertbeschlüsse.

Zu Artikel 3 (Änderung des Arbeitsgerichtsgesetzes)

Durch Artikel 3 wird klargestellt, dass die vorgeschlagenen Regelungen zum Musterfeststellungsverfahren im arbeitsgerichtlichen Verfahren keine Anwendung finden. Hierdurch wird den grundsätzlichen Verfahrensunterschieden Rechnung getragen, die zwischen dem zivilprozessualen und dem arbeitsgerichtlichen Verfahren existieren.

Zu Artikel 4 (Änderung des Gerichtskostengesetzes)

Der Streitwert einer Musterfeststellungsklage bestimmt sich gemäß § 48 Absatz 1 Satz 1 des Gerichtskostengesetzes nach den für die Zuständigkeit des Prozessgerichts geltenden Vorschriften über den Wert des Streitgegenstands. Er ist daher gemäß § 3 ZPO nach freiem Ermessen zu bestimmen. Es erscheint sachgerecht, dabei vom Interesse der Allgemeinheit an den mit der Musterfeststellungsklage verfolgten Feststellungszielen auszugehen und nicht von der wirtschaftlichen Bedeutung für diejenigen, deren Ansprüche oder Rechtsverhältnisse von den Feststellungszielen abhängen. Wie in Rechtsstreitigkeiten aufgrund des UKlaG soll eine Wertobergrenze von 250 000 Euro vorgesehen werden.

Zu Artikel 5 (Änderung des Justizverwaltungskostengesetzes)

Die Führung des Klageregisters für Musterfeststellungsverfahren stellt eine Justizverwaltungsangelegenheit dar. Die Kosten für die Eintragung in das Klageregister aufgrund der Anmeldung eines Anspruchs oder Rechtsverhältnisses sollen daher im Justizverwaltungskostengesetz (JVKostG) geregelt werden.

Zu Nummer 1

Es handelt sich um eine Folgeänderung der in Nummer 2 vorgesehenen Einführung des § 15b JVKostG.

Zu Nummer 2

Die Gebühr für die Eintragung in das Klageregister aufgrund der Anmeldung eines Anspruchs oder Rechtsverhältnisses soll der Anmelder schulden.

Zu Nummer 3

Für die Eintragung in das Klageregister aufgrund der Anmeldung eines Anspruchs oder Rechtsverhältnisses wird eine Festgebühr von 10 Euro vorgesehen. Die Gebühr soll die laufenden Kosten des Betriebs des Klageregisters für Musterfeststellungsverfahren sowie die einmaligen Kosten der Einrichtung des Registers zumindest teilweise decken.

Dem finanziellen Aufwand der Anmelder steht der potentielle Nutzen der Musterfeststellungen gegenüber. Zugleich wird durch den niedrigen Gebührenbetrag gewährleistet, dass Betroffene nicht aufgrund finanzieller Erwägungen von der Anmeldung ihrer Ansprüche absehen. Die Gebühr erweist sich zugleich als Schutz vor missbräuchlichen Anmeldungen nicht existenter Ansprüche oder Rechtsverhältnisse.

Zu Artikel 6 (Änderung des Rechtsanwaltsvergütungsgesetzes)

Mit der Ergänzung von § 19 Absatz 1 Satz 2 Nummer 1a des Rechtsanwaltsvergütungsgesetzes (RVG) soll klargestellt werden, dass die Anmeldung zum Klageregister für Musterfeststellungsverfahren zu dem Verfahren gehört, für das der Rechtsanwalt einen Klageauftrag hat. Die Einreichung von Anmeldungen zum Klageregister ist für diesen Anwalt mit der Verfahrensgebühr für das Prozessverfahren abgegolten. Die ausdrückliche Nennung der Einreichung von Anmeldungen zum Klageregister vermeidet auch eine Anwendung von § 19 Absatz 1 Satz 2 Nummer 1 RVG, wonach Vorbereitungshandlungen zur Klage dann nicht zum Rechtszug gehören, wenn ein besonderes behördliches Verfahren – wie hier die Entgegennahme einer Anmeldung durch das Bundesamt für Justiz und die Eintragung in das Klageregister – stattfindet.

Hat der Rechtsanwalt nur einen Auftrag zur außergerichtlichen Vertretung, ist die Anmeldung von Ansprüchen und Rechtsverhältnissen zum Klageregister mit der Geschäftsgebühr abgegolten und kann im Rahmen der Bestimmung der konkreten Gebühr berücksichtigt werden.

Zu Artikel 7 (Änderung des Bürgerlichen Gesetzbuchs)

Der vorgeschlagene § 204 Absatz 1 Nummer 6 Buchstabe b des BGB regelt, unter welchen Voraussetzungen die Anmeldung von Ansprüchen zum Musterfeststellungsverfahren die Verjährung hemmt. Hierdurch soll sichergestellt werden, dass Anmelder, die den Ausgang des Musterfeststellungsverfahrens im Hinblick auf die Bindungswirkung des Musterfeststellungsurteils abwarten, nicht durch den Ablauf von Verjährungsfristen während der Dauer des Musterfeststellungsverfahrens daran gehindert werden, ihren Anspruch gerichtlich durchzusetzen.

Zu Artikel 8 (Inkrafttreten)

Artikel 1 sowie in Artikel 2 Nummer 2 § 610 Absatz 4 sollen am Tag nach der Verkündung in Kraft treten. Hierdurch wird es den Ländern ermöglicht, die sachliche Zuständigkeit für Musterfeststellungsklagen rechtzeitig bei einem Landgericht für die Bezirke mehrerer Landgerichte zu konzentrieren. Darüber hinaus sichert die Regelung ein gleichzeitiges

Inkrafttreten der nach § 610 Absatz 4 ZPO-E zu erlassenden Rechtsverordnung mit den sonstigen Bestimmungen.

[Im Übrigen soll das Gesetz 24 Monate nach seiner Verkündung sowie der Bereitstellung der erforderlichen Haushaltsmittel in Kraft treten. Es bedarf einer Aufbauphase von 24 Monaten für die Errichtung eines elektronischen Klageregisters für Musterfeststellungsklagen einschließlich der Projektplanung ab der Verkündung des Gesetzes, welches die Einzelheiten des Registerbetriebs festlegt. Der Beginn der Aufbauphase erfordert zudem die Bereitstellung entsprechender Haushaltsmittel, die von der weiteren konkreten Haushaltsplanung abhängt.] Der Zeitpunkt des Inkrafttretens gewährleistet, dass zuvor die Infrastruktur zur Nutzung des Klageregisters für Musterfeststellungsverfahren errichtet werden kann und die Länder Gelegenheit erhalten, von der Konzentrationsbefugnis nach § 71 Absatz 4 GVG Gebrauch zu machen.

VIII. Gesetzentwurf BÜNDNIS 90/DIE GRÜNEN – 28.8.2017

Die Erkenntnisse aus dem 5. Untersuchungsausschuss des 18. Deutschen Bundestages[13] führten zu einem überarbeiteten „*Entwurf eines Gesetzes zur Einführung von Gruppenverfahren*", der am 28. August 2017 als **BT-Drucksache 18/13426**[14] eingebracht wurde. Dieser Antrag wurde nicht beraten. Er hat sich mit Ablauf der Legislaturperiode erledigt.

---

13 Zum Bericht als Drucksache BT 18/12900 vom 22.6.2017: http://dip21.bundestag.de/dip21/btd/18/129/1812900.pdf.

14 Bezogen über http://dipbt.bundestag.de/doc/btd/18/134/1813426.pdf.

Deutscher Bundestag **Drucksache 18/13426**
18. Wahlperiode 28.08.2017

Gesetzentwurf

der Abgeordneten Renate Künast, Nicole Maisch, Luise Amtsberg, Volker Beck (Köln), Britta Haßelmann, Katja Keul, Monika Lazar, Irene Mihalic, Özcan Mutlu, Dr. Konstantin von Notz, Hans-Christian Ströbele und der Fraktion BÜNDNIS 90/DIE GRÜNEN

Entwurf eines Gesetzes zur Einführung von Gruppenverfahren

A. Problem

Wird eine Vielzahl von Personen durch dieselbe rechtswidrige Verhaltensweise geschädigt, können die Betroffenen nur in den seltensten Fällen auf Instrumente kollektiven Rechtsschutzes zurückgreifen, um ihre Ansprüche gemeinsam durchzusetzen. Es gilt im Zivilprozess der Grundsatz, dass Geschädigte ihre Ansprüche vor Gericht individuell durchsetzen müssen und dabei jeder für sich das Prozesskostenrisiko zu tragen hat. Im Zuge des sogenannten Abgasskandals hat sich die Notwendigkeit besserer Möglichkeiten kollektiver Rechtsdurchsetzung deutlich gezeigt. Tausende Eigentümerinnen und Eigentümer eines Dieselfahrzeugs haben Klagen eingereicht, die nun einzeln von den Gerichten entschieden werden müssen. Rechtsdienstleiter haben es gegen eine hohe Erfolgsprovision übernommen, im Wege der Forderungsabtretung Ansprüche gegen verschiedene Automobilkonzerne zu sammeln, die sie in gerichtlichen Verfahren geltend machen, da ein effektives Rechtsinstrument zur kollektiven Durchsetzung in der Zivilprozessordnung nicht existiert.

Auch weit über den aktuellen Dieselskandal hinaus sind zentrale gesellschaftliche Bereiche, wie insbesondere der Konsum von Lebensmitteln und Industrieprodukten, die Versorgung mit Strom, Gas und Wasser, die Anmietung von Wohnraum, der Transport mit öffentlichen Verkehrsmitteln, die Risikovorsorge der Bürgerinnen und Bürger durch Versicherungen, ihre Altersversorgung durch Kapitalanlagen sowie die Sicherung einer fairen marktwirtschaftlichen Ordnung durch Wettbewerbs- und Verbraucherschutz in weiten Teilen in den Strukturen des Privatrechts geregelt.

Doch das Prozessrecht wird der gestiegenen gesellschaftlichen Bedeutung des Privatrechts nicht mehr gerecht.

Die deutsche Zivilprozessordnung hat sich zwar für die individuelle Rechtsdurchsetzung bewährt, aber um den neuen Herausforderungen und der gesellschaftlichen Bedeutung des Privatrechts auch auf der Ebene der Rechtsdurchsetzung gerecht zu werden, sind neue Instrumente notwendig.

Durch die Einführung eines Gruppenverfahrens wollen wir insbesondere zwei Problemen entgegentreten: erstens dem Problem des mangelnden Zugangs zum

Recht bei – auch kleineren – massenhaft auftretenden Individualschäden und – damit verbunden – zweitens dem daraus folgenden Defizit bei der Rechtsdurchsetzung.

Am 11. Juni 2013 hat die Europäische Kommission den Mitgliedstaaten die Einführung kollektiver Rechtsschutzverfahren empfohlen, um einen effektiveren Zugang zum Recht zu gewährleisten. Die Empfehlung enthält eine Reihe gemeinsamer, nicht verbindlicher Grundsätze für kollektive Rechtsdurchsetzung, mit der ein kohärentes allgemeines Konzept in der Europäischen Union ohne Harmonisierung der Systeme der Mitgliedstaaten gewährleistet werden soll. In der Empfehlung werden die Mitgliedstaaten aufgefordert, innerhalb von zwei Jahren geeignete Maßnahmen einzuführen. Spätestens zwei Jahre nach der Umsetzung der Empfehlung wird die Kommission anhand der Jahresberichte der Mitgliedstaaten den Stand der Dinge prüfen und entscheiden, ob weitere Maßnahmen erforderlich sind, um den in der Empfehlung gewählten allgemeinen Ansatz zu stärken.

B. Lösung

Der Gesetzentwurf verfolgt drei Ziele: Erstens soll die mit dem Kapitalanleger-Musterverfahrensgesetz (KapMuG) geschaffene Möglichkeit der Bündelung individueller Ansprüche, durch die Einführung eines Gruppenverfahrens, verallgemeinert und in die Zivilprozessordnung integriert werden. Zweitens sollen die Zugangsschranken zum Gruppenverfahren gegenüber dem KapMuG abgesenkt werden, um eine stärkere Rechtsdurchsetzungswirkung zu erreichen. Drittens soll ein angemessener Rahmen geschaffen werden, in dem die Zivilgerichte bei massenhaften Schadensfällen zu einer angemessenen Konfliktlösung beitragen können.

C. Alternativen

Beibehaltung des bisherigen Zustands.

D. Kosten

Wenn sich Rechtsbruch nicht mehr „lohnt“ und damit die Anwendung rechtswidriger Geschäftsbedingungen, verbraucherschutzwidriger Praktiken, fehlerhafter Anlageberatung und andere Rechtsverstöße aufgrund effektiverer Rechtsdurchsetzungsmöglichkeiten zurückgehen, wird das gesamtwirtschaftlich positive Folgen haben und auch für die Verbraucherinnen und Verbraucher langfristig vorteilhaft sein.

Entwurf eines Gesetzes zur Einführung von Gruppenverfahren

Vom …

Der Bundestag hat das folgende Gesetz beschlossen:

Artikel 1

Änderung der Zivilprozessordnung

Die Zivilprozessordnung in der Fassung vom 5. Dezember 2005 (BGBl. I S. 3202; 2006 I S. 431; 2007 I S. 1781), die zuletzt durch Artikel 11 Absatz 15 des Gesetzes vom 18. Juli 2017 (BGBl. I S. 2745) geändert worden ist, wird wie folgt geändert:

1. In der Inhaltsübersicht werden nach der Angabe zu § 605a folgende Angaben eingefügt:

„Buch 6

Gruppenverfahren

Abschnitt 1

Eröffnung des Gruppenverfahrens

§ 606 Zulässigkeit

§ 607 Anwendungsbereich

§ 608 Örtliche Zuständigkeit

§ 609 Antrag auf Eröffnung des Gruppenverfahrens

§ 610 Gegenstand des Gruppenverfahrens

§ 611 Antragsbefugnis

§ 612 Eröffnungsbeschluss

§ 613 Konkurrierende Gruppenklagen

§ 614 Bekanntmachung im Klageregister; Verordnungsermächtigung

Abschnitt 2

Teilnahme am Gruppenverfahren

§ 615 Teilnahme

§ 616 Teilnahmeerklärung

§ 617 Verspätete Teilnahmeerklärung

§ 618 Aussetzung anhängiger Verfahren

Abschnitt 3

Durchführung des Gruppenverfahrens

Abschnitt 4

Rechtsmittel im Gruppenverfahren

2. Das Buch 6 der Zivilprozessordnung wird wie folgt gefasst:

„Buch 6

Gruppenverfahren

Abschnitt 1

Eröffnung des Gruppenverfahrens

§ 606

Zulässigkeit

Ein Gruppenverfahren ist zulässig, wenn und soweit

1. die Mitglieder einer hinreichend bestimmbaren Gruppe Ansprüche oder sonstige Rechtsverhältnisse geltend machen, die den gleichen zugrunde liegenden Lebenssachverhalt betreffen,

2. die Entscheidung über diese Ansprüche oder sonstigen Rechtsverhältnisse von gleichen oder ähnlichen tatsächlichen Umständen oder Rechtsfragen abhängen kann,

3. in Anbetracht der konkreten Umstände die Durchführung des Gruppenverfahrens im Vergleich zu zahlreichen einzelnen Verfahren vorzugswürdig ist und
4. ein Gruppenkläger vorhanden ist, der willens und geeignet ist, das Gruppenverfahren mit Wirkung für die Gruppe durchzuführen.

§ 607

Anwendungsbereich

In Familiensachen und Angelegenheiten der freiwilligen Gerichtsbarkeit findet kein Gruppenverfahren statt.

§ 608

Örtliche Zuständigkeit

(1) Für ein Gruppenverfahren ist das Gericht ausschließlich zuständig, bei dem der Beklagte im Inland seinen allgemeinen Gerichtsstand hat.

(2) Hat der Beklagte keinen allgemeinen Gerichtsstand im Inland, so kann das Gruppenverfahren bei jedem Gericht durchgeführt werden, welches für die Entscheidung über den Anspruch mindestens eines Gruppenmitglieds zuständig wäre.

(3) Die Landesregierungen werden ermächtigt, durch Rechtsverordnung für die Bezirke mehrerer Landgerichte eines von ihnen als Gericht für Gruppenverfahren zu bestimmen; dasselbe gilt entsprechend für die Oberlandesgerichte. Die Landesregierungen können die Ermächtigung auf die Landesjustizverwaltungen übertragen.

§ 609

Antrag auf Eröffnung des Gruppenverfahrens

(1) Eine Klage kann mit dem Antrag verbunden werden, ein Gruppenverfahren durchzuführen. Dazu müssen die in § 606 genannten Voraussetzungen des Gruppenverfahrens dargelegt werden. Außerdem sind die Teilnahmeerklärungen von mindestens zehn Mitgliedern der Gruppe beizufügen. Einer dieser Teilnehmer oder eine Einrichtung gemäß § 611 Nr. 2 ist als Gruppenkläger vorzuschlagen.

(2) Der Antrag ist dem Beklagten zuzustellen.

(3) Ist eine Rechtsstreitigkeit bereits anhängig, so kann vom Kläger unter den Voraussetzungen des § 606 ein Antrag auf Durchführung eines Gruppenverfahrens gestellt werden. Absätze 1 und 2 gelten entsprechend.

§ 610

Gegenstand des Gruppenverfahrens

(1) Im Gruppenverfahren kann ein Leistungs- oder Feststellungsantrag gestellt werden.

(2) Außerdem können im Gruppenverfahren auch Feststellungen zum Vorliegen oder Nichtvorliegen von anspruchsbegründenden oder anspruchsausschließenden Voraussetzungen oder Feststellungen zu Rechtsfragen beantragt werden, soweit die Ansprüche der Gruppenmitglieder von diesen Feststellungen abhängen können.

(3) Die Gruppe kann in Untergruppen unterteilt werden.

§ 611

Antragsbefugnis

Zur Beantragung eines Gruppenverfahrens und zur Durchführung des Verfahrens als Gruppenkläger sind befugt:

1. jedes Mitglied der nach § 606 Nr. 1 bestimmbaren Gruppe oder
2. eine Einrichtung, die in der Liste qualifizierter Einrichtungen nach § 4 des Unterlassungsklagegesetzes oder in dem Verzeichnis der Europäischen Kommission nach Artikel 4 der Richtlinie 98/27/EG des Europäischen Parlaments und des Rates vom 19. Mai 1998 über Unterlassungsklagen zum Schutz der Verbraucherinteressen (ABl. EG Nr. L 166, S. 51) in der jeweils geltenden Fassung eingetragen ist.

§ 612

Eröffnungsbeschluss

(1) Das Gericht entscheidet über die Eröffnung des Gruppenverfahrens durch Beschluss aufgrund mündlicher Verhandlung.

(2) Liegen die Voraussetzungen des § 606 vor, eröffnet das Gericht das Gruppenverfahren. Der Eröffnungsbeschluss enthält mindestens

1. den im Gruppenverfahren zu behandelnden Antrag,
2. eine knappe Darstellung des dem Gruppenverfahren zugrunde liegenden gleichen Lebenssachverhalts,
3. Angaben zur Bestimmung der Mitglieder der Gruppe und
4. die Ernennung des Gruppenklägers mit dessen Name und Anschrift sowie Name und Anschrift seines Prozessbevollmächtigten.

(3) Liegen die Voraussetzungen des § 606 nicht vor, weist das Gericht den Antrag auf Durchführung eines Gruppenverfahrens ab.

(4) Gegen den Beschluss gemäß Absatz 2 oder 3 sind die sofortige Beschwerde und die Rechtsbeschwerde statthaft.

§ 613

Konkurrierende Gruppenverfahren

(1) Sind mehrere Anträge auf Durchführung von Gruppenverfahren anhängig, die den gleichen Lebenssachverhalt betreffen, so kann das Gericht den jeweiligen Antragstellern vor der Beschlussfassung gemäß § 612 zunächst eine Einigungsfrist setzen. Gelingt eine Einigung nicht, so kann das Gericht die konkurrierenden Anträge verbinden und gemäß § 612 entscheiden.

(2) Unter mehreren möglichen Gruppenklägern trifft das Gericht eine Auswahl nach billigem Ermessen im Hinblick auf die Eignung des Gruppenklägers, das Verfahren unter Berücksichtigung der Interessen der Gruppe angemessen zu führen. Dabei können insbesondere die Höhe des dem Gruppenverfahren zugrunde liegenden Anspruchs des Gruppenklägers sowie die Höhe und Anzahl der Ansprüche der Teilnehmer, die sich auf diesen Gruppenkläger geeinigt haben, Berücksichtigung finden.

(3) Ist bereits ein Gruppenverfahren durch Beschluss gemäß § 612 eröffnet, so ist eine weitere Gruppenklage aufgrund des gleichen Lebenssachverhalts insoweit unzulässig, als die Mitglieder der Gruppe auf die Möglichkeit der Teilnahme an dem bereits eröffneten Gruppenverfahren verwiesen werden können.

§ 614

Bekanntmachung im Klageregister; Verordnungsermächtigung

(1) Das Gericht macht den Inhalt des Eröffnungsbeschlusses sowie die Teilnahmeerklärungen im Klageregister unter Angabe des Aktenzeichens öffentlich bekannt.

(2) Mit der Bekanntmachung im Klageregister setzt das Gericht eine angemessene Frist, innerhalb derer weitere Gruppenmitglieder ihre Teilnahme am Gruppenverfahren erklären können. Die Frist beträgt in der Regel drei Monate.

(3) Die Bekanntmachung enthält außerdem eine Belehrung über Form, Inhalt und Kosten der Teilnahmeerklärung, über die rechtlichen Folgen der Teilnahme am Gruppenverfahren sowie über den Höchstbetrag der vom Teilnehmer zu tragenden Kosten gemäß § 629 Absatz 2.

(4) Das Gericht, das die Bekanntmachung veranlasst, trägt die datenschutzrechtliche Verantwortung für die von ihm im Klageregister bekannt gemachten Daten, insbesondere für die Rechtmäßigkeit ihrer Erhebung, die Zulässigkeit ihrer Veröffentlichung und die Richtigkeit der Darstellung.

(5) Die im Klageregister gespeicherten Daten sind nach Rechtskraft des Urteils im Gruppenverfahren oder nach dessen sonstiger Beendigung unverzüglich zu löschen.

(6) Das Bundesministerium der Justiz wird ermächtigt, durch Rechtsverordnung mit Zustimmung des Bundesrates nähere Bestimmungen über Inhalt und Aufbau des Klageregisters, insbesondere über Eintragungen, Änderungen, Löschungen, Einsichtsrechte, Datensicherheit und Datenschutz zu treffen. Dabei sind Löschungsfristen vorzusehen sowie Vorschriften, die sicherstellen, dass die Bekanntmachungen unversehrt, vollständig und aktuell bleiben sowie jederzeit ihrem Ursprung nach zugeordnet werden können.

Abschnitt 2

Teilnahme am Gruppenverfahren

§ 615

Teilnahme

Jedes Mitglied der Gruppe kann durch Schriftsatz an das Gericht oder durch elektronische Eingabe in das Klageregister seine Teilnahme am Gruppenverfahren erklären. Der Teilnehmer muss sich anwaltlich vertreten lassen. Die Teilnahme kann frühestens mit Stellung des Antrags auf Durchführung eines Gruppenverfahrens erklärt werden.

§ 616

Teilnahmeerklärung

(1) Die Teilnahmeerklärung muss folgende Angaben enthalten:

1. die Bezeichnung des Teilnehmers und seiner gesetzlichen Vertreter,
2. das Aktenzeichen des Gruppenverfahrens, sofern ein solches bereits vergeben ist, ansonsten Bezugnahme auf den Schriftsatz, mit dem die Durchführung des Gruppenverfahrens beantragt wurde,
3. die Erklärung, am Gruppenverfahren teilnehmen zu wollen,
4. die Bezeichnung von Grund und Höhe des der Teilnahme zugrunde liegenden Anspruchs oder entsprechende Angaben zu dem sonstigen Rechtsverhältnis, welches der Gruppenklage zugrunde liegt und
5. die Bezeichnung des Beklagten.

(2) Die Teilnahmeerklärung wird im Klageregister eingetragen und ist dem Beklagten zuzustellen.

§ 617

Verspätete Teilnahmeerklärung

Eine Teilnahmeerklärung, die nach Ablauf der gemäß § 614 Absatz 2 bestimmten Frist eingeht, ist zuzulassen, es sei denn, dies ist nicht sachdienlich. Nach Schluss der erstinstanzlichen mündlichen Verhandlung ist eine Teilnahmeerklärung nicht mehr möglich.

§ 618

Aussetzung anhängiger Verfahren

(1) Ist ein Gruppenverfahren durch Beschluss nach § 612 eröffnet, so wird ein anderes anhängiges Verfahren von Amts wegen ausgesetzt, wenn der Kläger in dem auszusetzenden Verfahren zugleich im Gruppenverfahren Gruppenkläger oder Teilnehmer ist und die Entscheidung des Rechtsstreits von den im Gruppenverfahren zu treffenden Feststellungen abhängen kann.

(2) Das ausgesetzte Verfahren wird auf Antrag einer Partei fortgesetzt, wenn das Gruppenverfahren beendet ist oder wenn der Kläger in dem ausgesetzten Verfahren nicht mehr am Gruppenverfahren teilnimmt.

Abschnitt 3

Durchführung des Gruppenverfahrens

§ 619

Gruppenkläger

(1) Das Gruppenverfahren wird mit Wirkung für die Gruppe durch den Gruppenkläger geführt.

(2) Die Stellung als Gruppenkläger begründet kein Schuldverhältnis gegenüber den Teilnehmern des Gruppenverfahrens.

(3) Auf Antrag eines Teilnehmers kann das Gericht den Gruppenkläger abberufen und durch einen neuen ersetzen, wenn der bisherige Gruppenkläger das Gruppenverfahren offensichtlich nicht im Interesse der Gruppe führt.

(4) Beabsichtigt der Gruppenkläger die Rücknahme der Klage nach Eröffnung des Gruppenverfahrens, so bedarf es dazu der Einwilligung des Beklagten gemäß § 269 Absatz 2. Liegt diese vor oder gilt sie als erteilt, so setzt das Gericht den Teilnehmern des Gruppenverfahrens eine angemessene Frist zur Benennung eines neuen Gruppenklägers und bestellt diesen, sofern er geeignet ist. Die Vorschriften des § 613 Absatz 2 und des § 620 Absatz 2 finden entsprechende Anwendung. Wird innerhalb der gesetzten Frist kein neuer Gruppenkläger vorgeschlagen oder ist die vorgeschlagene Person nicht geeignet, so wird die Rücknahme der Klage wirksam.

§ 620

Teilnehmer

(1) Die Teilnehmer des Gruppenverfahrens werden durch das Gericht über den Fortgang des Gruppenverfahrens informiert, insbesondere über sämtliche Schriftsätze und Zwischenentscheidungen.

(2) Die Information gemäß Absatz 1 erfolgt in der Regel über ein elektronisches Informationssystem, welches nur den Teilnehmern, dem Gruppenkläger und dem Beklagten zugänglich ist. Die im elektronischen Informationssystem gespeicherten Daten sind nach rechtskräftigem Abschluss oder sonstiger Beendigung des Gruppenverfahrens unverzüglich zu löschen.

(3) Die Teilnehmer können mit Ausnahme der in §§ 619 Absatz 4, 623 Absatz 1 Satz 2, 625 Absatz 2 und 631 geregelten Fälle im Gruppenverfahren keine Prozesshandlungen vornehmen und keine Angriffs- oder Verteidigungsmittel vorbringen.

(4) Für die Beweisaufnahme durch Vernehmung eines Teilnehmers gelten die Regeln über den Beweis durch Parteivernehmung.

§ 621

Beendigung der Teilnahme

(1) Ein Teilnehmer kann bis zum Ende der mündlichen Verhandlung in erster Instanz durch Schriftsatz an das Gericht die Beendigung seiner Teilnahme am Gruppenverfahren erklären. Die Verpflichtung zur Kostentragung bleibt davon unberührt. Die Beendigung der Teilnahme wird im Klageregister verzeichnet.

(2) Sinkt die Anzahl der Teilnehmer im Verlauf des Gruppenverfahrens unter neun, so kann das Gericht das Gruppenverfahren von Amts wegen durch unanfechtbaren Beschluss für beendet erklären und in entsprechender Anwendung des § 91a nur noch über die Kosten entscheiden.

§ 622

Verfahrensregeln

Die Vorschriften der §§ 278 Absatz 2 bis 5, 306, 348 bis 350 und 379 sind im Gruppenverfahren nicht anzuwenden. In Beschlüssen müssen die Teilnehmer nicht bezeichnet werden.

§ 623

Vergleich

(1) Der Gruppenkläger und der Beklagte können einen gerichtlichen Vergleich dadurch schließen, dass sie dem Gericht einen schriftlichen Vergleichsvorschlag unterbreiten oder einen schriftlichen Vergleichsvorschlag des Gerichts durch Schriftsatz gegenüber dem Gericht annehmen. Den Teilnehmern ist über das gemäß § 620 Absatz 2 eingerichtete Informationssystem Gelegenheit zur Stellungnahme zu geben. Der Vergleich bedarf der Genehmigung durch das Gericht und wird nur wirksam, wenn weniger als 30 Prozent der Teilnehmer ihren Austritt aus dem Vergleich gemäß § 625 Absatz 2 erklären.

(2) Der Vergleich soll auch die folgenden Regelungen enthalten:

1. die Verteilung einer gegebenenfalls vereinbarten Leistung auf die Mitglieder der Gruppe,
2. den von den Gruppenmitgliedern zu erbringenden Nachweis der Leistungsberechtigung,
3. die Fälligkeit der Leistungen sowie
4. die Verteilung der Kosten des Gruppenverfahrens.

§ 624

Genehmigung des Vergleichs

(1) Das Gericht genehmigt den Vergleich durch unanfechtbaren Beschluss, wenn es ihn unter Berücksichtigung des bisherigen Sach- und Streitstandes sowie etwaiger Stellungnahmen der Teilnehmer als angemessene gütliche Beilegung der Rechtsstreitigkeit erachtet.

(2) Nach der Genehmigung kann der Vergleich nicht mehr widerrufen werden.

§ 625

Bekanntmachung des Vergleichs; Austritt

(1) Der genehmigte Vergleich wird den Teilnehmern zugestellt.

(2) Die Teilnehmer können innerhalb einer Frist von einem Monat nach Zustellung des Vergleichs ihren Austritt aus dem Vergleich erklären. Der Austritt muss schriftlich gegenüber dem Gericht erklärt werden; er kann vor der Geschäftsstelle zu Protokoll erklärt werden.

(3) Die Teilnehmer sind über ihr Recht zum Austritt aus dem Vergleich, über die einzuhaltende Form und Frist sowie über die Wirkung des Vergleichs zu belehren.

§ 626

Wirkung des Vergleichs

(1) Das Gericht stellt durch unanfechtbaren Beschluss fest, ob der genehmigte Vergleich wirksam geworden ist. Der Beschluss wird im Klageregister veröffentlicht. Mit der Bekanntmachung des Beschlusses, der die Wirksamkeit des Vergleichs feststellt, wirkt der Vergleich für und gegen den Gruppenkläger und den Beklagten sowie für und gegen alle Teilnehmer, sofern diese nicht ihren Austritt erklärt haben.

(2) Der Vergleich beendet das Gruppenverfahren.

§ 627

Urteil

(1) Im Falle eines Antrags gemäß § 610 Absatz 2 ist die Klage begründet, soweit die beantragten Feststellungen zutreffen und die Ansprüche der Gruppenmitglieder von diesen Feststellungen abhängen können.

(2) Das Urteil im Gruppenverfahren enthält auch die Namen und Anschriften sämtlicher Teilnehmer und wird auch diesen zugestellt. Dem Urteil ist eine Belehrung über das statthafte Rechtsmittel und dessen Durchführung beizufügen.

(3) Soweit das Urteil hinsichtlich der Ansprüche einzelner Teilnehmer vollstreckbar ist, ist auch diesen Teilnehmern auf ihren Antrag hin eine insoweit beschränkte vollstreckbare Ausfertigung zu erteilen, soweit sie hieran ein berechtigtes Interesse haben; § 733 gilt entsprechend.

§ 628

Wirkung des Urteils

Im Rahmen des dem Verfahren zugrunde liegenden Lebenssachverhalts wirkt das Urteil für und gegen den Gruppenkläger und den Beklagten sowie für und gegen alle Teilnehmer, sofern diese nicht ihre Teilnahme gemäß § 621 Absatz 1 beendet haben.

§ 629

Kosten

(1) Soweit die unterliegende Gruppe die Kosten des Rechtsstreits zu tragen hat, haften der Gruppenkläger und alle Teilnehmer für die Kostenerstattung anteilig. Die Anteile werden nach dem Verhältnis bestimmt, in dem der für den jeweiligen Gruppenkläger oder Teilnehmer dem Gruppenverfahren zugrunde liegende Anspruch zu der Gesamtsumme der dem Gruppenverfahren zugrunde liegenden Ansprüche steht. Dies gilt entsprechend für sonstige Rechtsverhältnisse.

(2) Die Verpflichtung eines Teilnehmers zur Kostentragung ist jedoch für das gesamte Gruppenverfahren einschließlich der Kosten der Teilnahmeerklärung, der Kosten der Rechtsmittelinstanzen sowie einer etwaigen Erstattung der Kosten des Gerichts oder der obsiegenden Gegenpartei auf einen Höchstbetrag begrenzt. Dieser Höchstbetrag entspricht vier Gebühren nach § 13 des Rechtsanwaltsvergütungsgesetzes, bezogen auf den Wert des für diesen Teilnehmer dem Gruppenverfahren zugrunde liegenden Anspruchs oder sonstigen Rechtsverhältnisses.

(3) Soweit die Erstattung der Kosten des Gerichts oder der obsiegenden Gegenpartei aufgrund der Regelung des Absatzes 2 von den Teilnehmern nicht verlangt werden kann, haftet der Gruppenkläger für die restlichen Kosten.

Abschnitt 4

Rechtsmittel im Gruppenverfahren

§ 630

Statthaftigkeit

(1) Gegen Urteile des Landgerichts, die im Gruppenverfahren ergangen sind, ist die Berufung zulässig.

(2) Gegen Urteile des Oberlandesgerichts, die im Gruppenverfahren in erster Instanz ergangen sind, ist die Revision zulässig. Die §§ 545 bis 565 finden entsprechende Anwendung.

§ 631

Einlegung und Kosten

(1) Der Gruppenkläger ist zur Einlegung der Berufung mit Wirkung für die Gruppe berechtigt. Außerdem ist jeder Teilnehmer berechtigt, innerhalb der Berufungsfrist vorsorglich Berufung einzulegen. Legt der Gruppenkläger Berufung ein, so werden die Berufungen der Teilnehmer gegenstandlos.

(2) Legt der Gruppenkläger keine Berufung ein, so wählt das Berufungsgericht durch unanfechtbaren Beschluss aus denjenigen Teilnehmern, die Berufung eingelegt haben, einen neuen Gruppenkläger aus, welcher das Berufungsverfahren durchführt. Die Vorschrift des § 613 Absatz 2 ist entsprechend anzuwenden. Der Beschluss wird im Klageregister veröffentlicht.

(3) Im Fall der Berufung sind die Teilnehmer verpflichtet, die auf sie entfallenden Gerichtsgebühren zu entrichten; dabei sind § 629 Absatz 1 und 2 anzuwenden.

(4) Die anwaltliche Vergütung obliegt dem Gruppenkläger. Der Gruppenkläger kann von den Teilnehmern eine Beteiligung an diesen Kosten verlangen; dabei sind § 629 Absatz 1 und 2 anzuwenden.

(5) Für die Revision gelten die vorstehenden Absätze entsprechend.“

Artikel 2

Änderung des Bürgerlichen Gesetzbuches

§ 204 Absatz 1 des Bürgerlichen Gesetzbuches in der Fassung der Bekanntmachung vom 2. Januar 2002 (BGBl. I S. 42, 2909; 2003 I S. 738), das zuletzt durch Artikel 1 des Gesetzes vom 20. Juli 2017 (BGBl. I S. 2787) geändert worden ist, wird wie folgt geändert:

1. In Nummer 13 wird das Wort „und“ am Ende gestrichen.
2. In Nummer 14 wird der Punkt am Ende durch ein Semikolon und die Angabe „und“ ersetzt.
3. Folgende Nummer 15 wird angefügt:

   „15. die Zustellung einer Erklärung der Teilnahme an einem Gruppenverfahren für darin bezeichnete Ansprüche, soweit diesen der gleiche Lebenssachverhalt zugrunde liegt wie dem Gruppenverfahren.“

Artikel 3

Änderung des Gerichtsverfassungsgesetzes

Das Gerichtsverfassungsgesetz in der Fassung der Bekanntmachung vom 9. Mai 1975 (BGBl. I S. 1077), das zuletzt durch Artikel 28 des Gesetzes vom 5. Juli 2017 (BGBl. I S. 2208) geändert worden ist, wird wie folgt geändert:

1. Dem § 71 Absatz 2 wird folgende Nummer 5 angefügt:

   „5. für Gruppenverfahren nach dem sechsten Buch der Zivilprozessordnung, wenn nicht gemäß § 118 die Zuständigkeit des Oberlandesgerichts begründet ist.“

2. In § 118 werden nach den Wörtern „Kapitalanleger-Musterverfahrensgesetz“ die Wörter „und in Gruppenverfahren nach dem sechsten Buch der Zivilprozessordnung, wenn sich das Verfahren auf die in § 32b Absatz 1 Satz 1 der Zivilprozessordnung genannten Ansprüche bezieht“ eingefügt.

Artikel 4

Änderung des Gerichtskostengesetzes

Das Gerichtskostengesetz vom 5. Mai 2004 (BGBl. I S. 718), das zuletzt durch Artikel 2 Absatz 7 des Gesetzes vom 18. Juli 2017 (BGBl. I S. 2739) geändert worden ist, wird wie folgt geändert:

1. In der Inhaltsübersicht wird nach der Angabe zu 51a folgende Angabe eingefügt:

   „§ 51b Gruppenverfahren“.

2. Dem § 9 Absatz 1 wird folgender Satz angefügt:

   „Dasselbe gilt für die Auslagen im Gruppenverfahren nach dem sechsten Buch der Zivilprozessordnung.“

3. Dem § 12 Absatz 1 wird folgender Satz angefügt:

   „Die Teilnahmeerklärung gemäß § 616 der Zivilprozessordnung soll erst nach Zahlung der Gebühr nach Nummer 1902 des Kostenverzeichnisses zugestellt und im Klageregister eingetragen werden.“

4. Dem § 22 wird folgender Absatz 5 angefügt:

„(5) Die Kosten der Teilnahmeerklärung gemäß § 616 der Zivilprozessordnung schuldet der Teilnehmer."

5. Nach § 51a wird folgender § 51b eingefügt:

„§ 51b

Gruppenverfahren

(1) Im Gruppenverfahren nach dem sechsten Buch der Zivilprozessordnung werden die im ersten Rechtszug zu entrichtenden Gerichtsgebühren für den Gruppenkläger und jeden Teilnehmer einzeln bestimmt; als Streitwert gilt insoweit der Wert des dem Gruppenverfahren jeweils zugrunde liegenden einzelnen Anspruchs oder sonstigen Rechtsverhältnisses.

(2) Ist der Gruppenkläger eine qualifizierte Einrichtung gemäß § 611 Nummer 2 der Zivilprozessordnung, die keinen eigenen Anspruch oder eigenes Rechtsverhältnis zum Beklagten geltend macht, so setzt das Gericht den Streitwert nach billigem Ermessen fest. Dabei kann es sich am durchschnittlichen Streitwert der Teilnehmer orientieren."

6. Die Anlage 1 (Kostenverzeichnis) wird wie folgt geändert:

a) In Absatz 2 der Anmerkung zu Nummer 1210 werden nach der Angabe „(§ 10 Absatz 2 KapMuG)" die Wörter „oder als Gruppenkläger oder Teilnehmer an einem Gruppenverfahren nach dem sechsten Buch der Zivilprozessordnung teilgenommen hat" eingefügt.

b) In dem Gebührentatbestand der Nummer 1902 werden nach der Angabe „(§ 10 Abs. 2 KapMuG)" die Wörter „oder Erklärung der Teilnahme an einem Gruppenverfahren nach dem sechsten Buch der Zivilprozessordnung als Teilnehmer oder als Gruppenkläger" angefügt.

Artikel 5

Änderung des Rechtsanwaltsvergütungsgesetzes

Das Gesetz über die Vergütung der Rechtsanwältinnen und Rechtsanwälte (Rechtsanwaltsvergütungsgesetz) vom 5. Mai 2004 (BGBl. I S. 718, 788), das zuletzt durch Artikel 2 Absatz 8 des Gesetzes vom 18. Juli 2017 (BGBl. I S. 2739) geändert worden ist, wird wie folgt geändert:

1. § 17 wird wie folgt geändert:

a) In Nummer 12 wird das Wort „und" am Ende durch ein Komma ersetzt.

b) In Nummer 13 wird der Punkt am Ende durch das Wort „und" ersetzt.

c) Folgende Nummer 14 wird angefügt:

„14. das Gruppenverfahren und die Erklärung der Teilnahme."

2. In der Anlage 1 (Vergütungsverzeichnis) wird nach der Nummer 3338 folgende Nummer 3339 eingefügt:

Nr.	Gebührentatbestand	Gebühr oder Satz der Gebühr nach § 13 RVG
„3339	Gebühr für die Vertretung des Gruppenklägers oder Teilnehmers im ersten Rechtszug eines Gruppenverfahrens nach Buch 6 der ZPO	0,8".

Artikel 6

Übergangsregelung

Auf Musterverfahren nach dem Kapitalanleger-Musterverfahrensgesetz, in denen vor dem Tag des Inkrafttretens des vorliegenden Gesetzes bereits ein Vorlagebeschluss im Klageregister öffentlich bekanntgemacht wurde, ist das Kapitalanleger-Musterverfahrensgesetz weiterhin anzuwenden.

Artikel 7

Inkrafttreten, Außerkrafttreten

Dieses Gesetz tritt am Tag nach der Verkündung in Kraft. Gleichzeitig tritt das Gesetz über Musterverfahren in kapitalmarktrechtlichen Streitigkeiten (Kapitalanleger-Musterverfahrensgesetz) vom 19. Oktober 2012 (BGBl. I S. 2182), das zuletzt durch Artikel 24 Absatz 1 des Gesetzes vom 23. Juni 2017 (BGBl. I S. 1693) geändert worden ist, außer Kraft.

Berlin, den 28. August 2017

Katrin Göring-Eckardt, Dr. Anton Hofreiter und Fraktion

Begründung

A. Allgemeiner Teil

I. Ausgangslage

Ereignisse, durch die eine Vielzahl von Personen durch dieselbe rechtswidrige Handlung geschädigt wird, zeigen auf, dass bislang bestehende zivilprozessuale Möglichkeiten nicht ausreichen und eine Notwendigkeit für ein rechtliches Instrument besteht, das es Geschädigten ermöglicht, gemeinsam gegen den Schädiger ihre Rechte durchzusetzen. Im Zuge des Dieselskandals sind bereits tausende Klagen bei den Gerichten eingegangen, die in individuellen Prozessen verhandelt werden. Unbekannt ist die Zahl der Betroffenen, die nicht vor Gericht ziehen, weil sie das Kostenrisiko oder einen großen Konzern als Klagegegner scheuen. Für sie droht das Ende der Gewährleistungsfrist Ende 2017, ohne dass bis dahin Klarheit über ihre Entschädigungsansprüche bzw. die Folgen der Nachrüstung bestehen wird. Die Zahl von 5,3 Millionen Diesel-Pkw deutscher Hersteller in den Schadstoffklassen Euro 5 und Euro 6, die in Folge des Nationalen Dieselgipfels am 2. August 2017 nachgerüstet werden sollen, zeigt den Umfang der von zu hohen Abgaswerten betroffenen Verbraucherinnen und Verbraucher, die sich an die Gerichte wenden könnten, um ihre Rechte durchzusetzen, sofern keine außergerichtliche Einigung zustande kommt. Darüber hinaus könnten kartellrechtliche Ansprüche in Betracht kommen, wenn sich die Vorwürfe der rechtswidrigen Absprachen zwischen den Automobilherstellern bewahrheiten.

Im Bericht des 5.Untersuchungsausschusses der 18.Wahlperiode des Deutschen Bundestages (Abgasskandal, Drucksache 18/12900), den das Plenum am 30.06.2017 einstimmig zur Kenntnis genommen hat, wird in den Schussfolgerungen und Empfehlungen die Einführung von kollektiven Rechtsschutzmöglichkeiten für die Verbraucherinnen und Verbraucher gefordert. So ausdrücklich sowohl in Ziffer 9 der Empfehlungen der Mehrheit (aaO S. 554: „Musterfeststellungsklage als Beitrag zum Verbraucherschutz") als auch im Sondervotum der Fraktion DIE LINKE (aaO S. 562) und im Sondervotum der Fraktion BÜNDNIS 90/DIE GRÜNEN (aaO S. 632, 641 mit der Forderung, dass die Bundesregierung den kollektiven Rechtsschutz ausbauen möge, „indem sie Gruppenklagemöglichkeiten entlang des bereits im Jahr 2014 von der Grünen-Bundestagsfraktion vorgeschlagenen Entwurfs eines Gesetzes über die Einführung von Gruppenverfahren einführt").

Die Informations- und Dienstleistungsgesellschaft der Bundesrepublik Deutschland ist durch eine komplexe rechtliche Regulierung nahezu aller Lebensbereiche gekennzeichnet. Dies betrifft nicht nur das Verwaltungsrecht, sondern auch und gerade das Privatrecht, welches heute eine Vielzahl von Regulierungsaufgaben übernimmt und für die Lebensverhältnisse der Bürgerinnen und Bürger daher so relevant ist wie nie zuvor. Zentrale gesellschaftliche Bereiche wie insbesondere der Konsum von Lebensmitteln und Industrieprodukten, die Versorgung mit Strom, Gas und Wasser, der Transport mit öffentlichen Verkehrsmitteln, die Risikovorsorge der Bürgerinnen und Bürger durch Versicherungen, ihre Altersversorgung durch Kapitalanlagen sowie die Sicherung einer fairen marktwirtschaftlichen Ordnung durch Wettbewerbs- und Verbraucherschutz werden heute in weiten Teilen in den Strukturen des Privatrechts geregelt.

Zu dieser enorm gestiegenen gesellschaftlichen Bedeutung des Privatrechts passt es nicht, dass die Durchsetzung des Privatrechts heute noch mit den Mitteln des 19. Jahrhunderts stattfindet, d. h. mit einem Prozessrecht, welches fast ausschließlich die individuelle Rechtsdurchsetzung durch die einzelnen Bürgerinnen und Bürger im Blick hat. Für diese individuelle Rechtsdurchsetzung hat sich die deutsche Zivilprozessordnung (ZPO) zwar bewährt, aber sie muss durch neue Instrumente ergänzt werden, um der genannten gesellschaftlichen Bedeutung des Privatrechts auch auf der Ebene der Rechtsdurchsetzung gerecht werden zu können.

Diese neuen Instrumente eines kollektiven Rechtsschutzes reagieren vor allem auf zwei Probleme: Erstens auf das Problem des mangelnden Zugangs zum Recht bei – auch kleineren – massenhaft auftretenden Individualschäden und – damit verbunden – zweitens auf das dadurch entstehende Defizit bei der Rechtsdurchsetzung.

1. Zugang zum Recht

Das Problem des Zugangs zum Recht besteht darin, dass die oben angesprochenen Regelungsbereiche des Privatrechts zwar in der Theorie viele Ansprüche für die einzelnen Bürgerinnen und Bürger bereithalten, dass diese aber in der Praxis aufgrund faktischer Zugangshürden nicht geltend gemacht werden. Diese Zugangshürden sind sowohl sozialer und kultureller Natur – eine gerichtliche Auseinandersetzung ist für die meisten Bürgerinnen und Bürger etwas Ungewohntes und Unerwünschtes – aber auch finanzieller Natur. Angesichts des sich aus § 91 ZPO ergebenden Kostenrisikos ist es bei kleineren Schäden oft aus individueller Sicht rational, die entsprechenden Ansprüche nicht zu verfolgen, mögen sie auch materiell-rechtlich bestehen.

Dieses rationale Desinteresse ist nicht nur im Verbraucher-, Wettbewerbs- und Kapitalanlagerecht evident, sondern auch in anderen Bereichen des Privatrechts. Ein einzelner Bürger, der unter vorschriftswidrig entstehendem Fluglärm leidet, wird diesen oft hinnehmen, weil ihm die Mühe einer rechtlichen Auseinandersetzung belastender erscheint als die Hinnahme des Lärms – auch wenn das private Nachbarrecht ihm möglicherweise einen Unterlassungsanspruch bereitstellt. Eine Versicherungskundin, die aufgrund rechtswidriger Allgemeiner Geschäftsbedingungen finanzielle Nachteile erleidet, nimmt diese in der Regel ebenso stillschweigend hin wie eine Person, die zur Altersversorgung ein Wertpapier erworben hat, welches aufgrund rechtswidriger Kapitalmarktinformation zu teuer gekauft wurde. Und auch bei Schadenshandlungen, die von deutschen Unternehmen im Ausland begangen werden, schrecken Einzelpersonen häufig vor einer juristischen Auseinandersetzung zurück. Jede Bürgerin und jeder Bürger erfährt in ihrem bzw. seinem Alltag zahlreiche solcher Beispiele, in denen sie oder er aus Bequemlichkeit oder rationaler Abwägung mehr oder weniger bewusst auf die Durchsetzung der eigenen Rechte verzichtet.

2. Mangelnde Rechtsdurchsetzung

Dieses Phänomen könnte man als individuelle Entscheidung der einzelnen Bürgerinnen und Bürger hinnehmen, wenn die betreffenden Vorschriften ausschließlich im Interesse der jeweils Betroffenen erlassen wären. Dies entspräche auch dem Modell der Durchsetzung individueller Ansprüche, wie es in der ZPO des 19. Jahrhunderts entwickelt wurde – auch wenn schon damals erkannt wurde, dass die Durchsetzung individueller Ansprüche stets zugleich die Durchsetzung des objektiven Rechts bedeutet: Ohne individuelle Aktivität der privatrechtlich Berechtigten „ist der Rechtssatz thatsächlich lahmgelegt" (Jhering, Der Kampf um's Recht, S. 48).

Diese Erkenntnis spielt angesichts der im heutigen Privatrecht vorhandenen Regulierungszwecke eine entscheidende Rolle und beschreibt zugleich das zweite Problem: Wenn die Rechtsordnung weite Teile des Lebens privatrechtlich gestaltet, die Bürgerinnen und Bürger aber ihre privatrechtlichen Ansprüche nicht durchsetzen können oder wollen, dann kann das Recht seine gesellschaftliche Steuerungsfunktion auch nicht mehr ausreichend erfüllen. Das Verbraucher- und Wettbewerbsrecht soll eben nicht nur den Einzelnen schützen, sondern zugleich auch insgesamt für faire Marktbedingungen sorgen, das Kapitalmarktrecht soll zu einer ökonomisch effizienten Allokation von Ressourcen beitragen, das Umwelthaftungsrecht soll Anreize zu ökologischem Verhalten setzen usw.. Dies gilt sowohl im Inland, als auch bei wirtschaftlichen Betätigungen deutscher Unternehmen im Ausland.

Wenn Rechtsbruch aber nicht effektiv sanktioniert wird, haben Unternehmen, die das Recht brechen, einen Wettbewerbsvorteil gegenüber rechtstreuen Unternehmen. Das Verhalten solcher Unternehmen kann nur so gedeutet werden, dass diese Akteure anscheinend vermuten, dass Rechtsbruch sich lohnt – anders ist das Auftreten von Kartellen, rechtswidrigen Geschäftsbedingungen, verbraucherschutzwidrigen Praktiken, fehlerhafter Anlageberatung und anderen Rechtsverstößen kaum zu erklären.

Bei sehr kleinen Schadenssummen mag das rationale Desinteresse allerdings auch durch die hier vorgeschlagene opt-in-Gruppenklage nicht überwindbar sein: Wer etwa nur 25 Euro verloren hat, macht diesen Schaden – wenn er sich rational verhält – vor Gericht nicht geltend. Trotzdem kann ein solcher Schaden, wenn er sehr breit gestreut ist, volkswirtschaftlich relevant und im Sinne effektiver Rechtsdurchsetzung sanktionsbedürftig sein. In diesem Bereich besteht daher weiter ein Bedürfnis für andere Instrumente des kollektiven Rechtsschutzes, die ohne eine individuelle Beteiligung auskommen, etwa Ansprüche auf Gewinnabschöpfung o. Ä.. Allerdings lässt sich eine zahlenmäßige Grenze – also etwa eine Anspruchshöhe ab der oder bis zu der die opt-in-Gruppenklage geeignet ist – nicht abstrakt festlegen. Dazu sind die Bedingungen der Rechtsdurchsetzung zu sehr vom konkreten Fall und von der individuellen Lage der Geschädigten abhängig. Es muss daher abgewartet werden, ob das hier vorgelegte Instrument auch zur effektiven Bewältigung breit gestreuter Kleinschäden geeignet ist und ggf. bis zu welcher

Grenze. Soweit in der Praxis trotz Einführung des Gruppenverfahrens weiterhin ein sozial relevantes Rechtsdurchsetzungsdefizit bestehen bleiben sollte, wäre in der Zukunft an weiteren Instrumenten des kollektiven Rechtsschutzes zu arbeiten.

3. Rolle des Zivilverfahrensrechts

Es wäre allerdings naiv, nur vom Zivilverfahrensrecht die Lösung all dieser Probleme zu erwarten. Rechtsbefolgung und -durchsetzung findet auch und gerade über soziale Konventionen, informelle Sanktionen, Reputationssysteme, behördliche Aufsicht und im Extremfall über das Strafrecht statt. Das Zivilverfahrensrecht kann hier nur ein Instrument unter vielen sein. Dieses darf aber auch nicht vernachlässigt werden, zumal es die besondere Chance einer in gewissem Maße staatsfernen und von den Bürgerinnen und Bürgern selbst initiierten Rechtsdurchsetzung in sich birgt.

4. Internationale Entwicklung

Es verwundert daher nicht, dass die internationale Entwicklung in fast allen Industrienationen von einer Reform und Erweiterung der Instrumente des kollektiven Rechtsschutzes gekennzeichnet ist. In der internationalen Diskussion sieht man in diesen Instrumenten und in ihrem Zusammenspiel mit behördlicher Aufsicht einerseits und alternativen Formen der Streitbeilegung andererseits einen Beitrag zur Herstellung fairer und effizienter Märkte (so z. B. auf der Anfang 2012 von der Rückversicherung Swiss Re veranstalteten einschlägigen Tagung: „Building effective markets – The role of an integrated legal system").

Sammel- und Gruppenklageverfahren findet man daher heute nicht nur in den USA, Kanada und Australien, sondern auch in zahlreichen EU-Staaten wie etwa in Schweden und Dänemark, in den Niederlanden, in Polen, Spanien und Italien (Übersichten über die damit verbundenen Fragestellungen etwa bei Stadler, JZ 2009, 121; Hess, JZ 2011, 66; Koch, JZ 2011, 438). Auch die Europäische Union als Ganzes befasst sich mit der Entwicklung derartiger Verfahren vor allem im Kartell- und Verbraucherrecht (dazu etwa Meller-Hannich/Höland, GPR 2011, 168 m. w. N.). Diese Entwicklungen auf EU-Ebene können und müssen aber nicht erst abgewartet werden. Im Gegenteil: Das deutsche Rechtssystem sollte hier einen angemessenen eigenständigen Beitrag leisten (so bereits die Regierungsbegründung zum KapMuG, BT-Drs. 15/5091, 17: „Standortfrage").

II. Unzureichende Problemlösungen im geltenden deutschen Recht

Das geltende deutsche Verfahrensrecht löst die dargestellten Probleme bisher nicht ausreichend. Die Entwicklung des deutschen Rechts verlief bei der Entwicklung von Instrumenten des kollektiven Rechtsschutzes bisher in zwei Etappen: Erstens gibt es die insbesondere im Lauterkeitsrecht lange zurückreichende Tradition der vornehmlich auf Unterlassung gerichteten Verbandsklagen, mit denen keine individuellen Ansprüche gebündelt werden, sondern zusätzliche Interventionsbefugnisse für die klagebefugten Verbände geschaffen werden. Die zweite Etappe der Bündelung individueller Ansprüche zu einem Gruppenverfahren begann erst 2005 mit dem KapMuG.

1. Verbandsklagen

Die vor allem im Unterlassungsklagengesetz (UKlaG) und im Gesetz gegen den unlauteren Wettbewerb (UWG) geregelten Verbandsklagen auf Unterlassung sind einerseits eine Erfolgsgeschichte, andererseits aber in ihrer Wirkung noch unzureichend. Dieser Befund ergibt sich u.a. aus der Studie von Meller-Hannich und Höland aus 2009 (Evaluierung der Effektivität kollektiver Rechtsschutzinstrumente für Verbraucher im nationalen Recht und rechtliche Bewertung ausgewählter Ansätze zu ihrer Fortentwicklung): Zwar werden eine Vielzahl von Fällen konstatiert, in denen die Unterlassung rechtswidriger Praktiken mit Erfolg verlangt wurde – trotzdem bleibt die Steuerungswirkung dieses Instruments beschränkt, weil es nur die Unterlassung rechtswidrigen Verhaltens in der Zukunft in den Blick nimmt, die durch rechtswidriges Verhalten erzielten Gewinne jedoch unangetastet lässt (Meller-Hannich/Höland, a. a. O., S. 129: mangelnde Verknüpfung der Unterlassungsklagen mit individuell wirksamen Verbraucherschutz).

Auch der inzwischen eingeführte Gewinnabschöpfungsanspruch zu Gunsten des Bundeshaushalts, der von den nach UKlaG und UWG klageberechtigten Einrichtungen durchgesetzt werden soll, ist in der Praxis bisher kaum relevant geworden (Meller-Hannich/Höland, a. a. O., S. 123: „kein praktisch taugliches Mittel", keine Behebung von Durchsetzungsdefiziten des Rechts). So konnten z. B. weder die – vermutlich im Millionenbereich liegenden

– Gewinne eines Mobilfunkunternehmens abgeschöpft werden, welches bei der Umrechnung von DM zu Euro erwiesenermaßen gegen die europarechtlichen Vorgaben verstieß, noch können in nennenswertem Ausmaß die durch rechtswidrige Vertragsklauseln erzielten und bisher nicht bezifferbaren Gewinne im Bereich von Finanzdienstleistungen und Versorgungsunternehmen abgeschöpft werden. Auch im Kartellrecht findet – trotz theoretisch bestehender Verbandsklagebefugnis in § 34a des Gesetzes gegen Wettbewerbsbeschränkungen (GWB) – eine wirksame Gewinnabschöpfung bisher allenfalls dort statt, wo ein einzelner Geschädigter einen sehr großen Schaden erlitten hat, nicht aber bei einer Häufung von kleineren oder mittleren Einzelschäden bei zahlreichen Verbraucherinnen und Verbrauchern.

2. Bündelung individueller Ansprüche: KapMuG

Das Problem der Häufung von Einzelschäden und ihre verfahrensmäßige Durchsetzung ist in Deutschland vor allem mit den seit über zehn Jahren laufenden Prospekthaftungsprozessen gegen die Deutsche Telekom in den Blick geraten. Dabei wurde erkannt, dass die im materiellen Recht und im Prozessrecht bisher vorgesehenen Bündelungsformen – nämlich insbesondere die Möglichkeit der Bündelung von Forderungen durch Inkassozession oder ihre prozessual verbundene Geltendmachung im Wege der streitgenössischen Klage – in echten Massenfällen an ihre Grenzen stoßen und daher aus heutiger Sicht keine befriedigende Lösung darstellen (BT-Drs. 15/5091, 13 f.).

Aus diesem Befund wurde 2005 das Kapitalanleger-Musterverfahrensgesetz (KapMuG) entwickelt, welches sich aufgrund seiner historischen Genese auf den besonderen Bereich des Kapitalmarktrechts beschränkt; 2012 erfolgte eine Neufassung des KapMuG mit zahlreichen Veränderungen aufgrund der bisherigen Erfahrungen. Das KapMuG ist jedoch auch in seiner heute geltenden Form nicht ausreichend, um die Probleme des Zugangs zum Recht und der kollektiven Rechtsdurchsetzung in angemessener Weise zu lösen. Insbesondere verbleiben auch nach der Reform 2012 drei gravierende Strukturprobleme des KapMuG.

Erstens ist das KapMuG auf einen bestimmten materiell-rechtlichen Bereich beschränkt, ohne dass es dafür eine über den historischen Zufall des Telekom-Prozesses hinausgehende innere Rechtfertigung gäbe (so bereits die Stellungnahme des Bundesrats zum Entwurf des KapMuG in BT-Drs. 15/5091, 40). Massenhafte Schäden mit im wesentlichen identischen tatsächlichen oder rechtlichen Fragen kommen nicht nur im Kapitalmarktrecht vor, sondern auch in vielen anderen Bereichen des Privatrechts.

Zweitens ändert das KapMuG nichts an den bestehenden Zugangsschranken zum Recht, indem es für die Anspruchsbündelung die Erhebung normaler Klagen voraussetzt. Das KapMuG ist daher – wiederum aufgrund seiner Entstehungsgeschichte verständlich – eher ein Mittel zur Bewältigung einer bereits vorhandenen Vielzahl von Einzelklagen, senkt aber nicht die Zugangsschwelle zum Recht, wie es für eine effektive kollektive Rechtsdurchsetzung notwendig wäre und wie es auch der international üblichen Praxis entspricht.

Drittens ist das KapMuG als zweistufiges Vorlageverfahren – Klageerhebung beim Landgericht, Musterverfahren beim Oberlandesgericht und anschließend Fortsetzung der Ausgangsverfahren vor dem Landgericht – zu kompliziert und zu langwierig; es sollte durch ein Verfahren auf einer Ebene ersetzt werden. Auch damit würde eine Anpassung an internationale Entwicklungen im kollektiven Rechtsschutz vollzogen; das komplizierte Vorlageverfahren des KapMuG ist im Rechtsvergleich ohne Beispiel und kann schon aufgrund seiner Komplexität und Schwerfälligkeit kaum als Vorbild für eine europäische Regelung dienen.

III. Ziele der Einführung des Gruppenverfahrens

Diese Defizite des KapMuG sollen mit der hier vorgeschlagenen Ersetzung des KapMuG durch ein Gruppenverfahren soweit wie möglich behoben werden. Der Gesetzentwurf verfolgt daher im wesentlichen drei Ziele: Erstens soll die mit dem KapMuG geschaffene Möglichkeit der Bündelung individueller Ansprüche verallgemeinert und in die Zivilprozessordnung integriert werden. Zweitens sollen die Zugangsschranken zum Gruppenverfahren gegenüber dem KapMuG abgesenkt werden, um eine stärkere Rechtsdurchsetzungswirkung zu erreichen. Drittens soll ein angemessener Rahmen geschaffen werden, in dem die Zivilgerichte bei massenhaften Schadensfällen zu einer angemessenen Konfliktlösung beitragen können.

Dabei ist von der Notwendigkeit einzelner Klagen schon deshalb abzusehen, weil ein nur auf individuellen Rechtsschutz fokussiertes System bei Massenschäden strukturell überfordert ist. Dies zeigt vor allem der extrem langwierige Telekom-Prozess. Das Gruppenverfahren als ein Instrument des kollektiven Rechtsschutzes beansprucht daher gerade nicht, jeden Einzelfall abschließend und in seiner vollen rechtlichen Komplexität zu klären. Diese Aufgabe bleibt dem insoweit bewährten Individualverfahren vorbehalten. Das Gruppenverfahren soll aber durch Klärung gemeinsamer Fragen eine überindividuelle Konfliktlösung erleichtern, die in einem Vergleich bestehen kann, oder auch darin, dass das Gericht diese gemeinsamen Fragen zu Gunsten der einen oder anderen Seite klärt, um eine Vielzahl von aufwendigen Einzelprozessen überflüssig zu machen.

IV. Struktur des Gruppenverfahrens

Die hier vorgeschlagene Struktur des Gruppenverfahrens baut einerseits auf den internationalen Erfahrungen auf, unter denen vor allem die dänische Gruppenklage als erfolgreiches Modell gilt, vgl. dazu Werlauff, European Business Law Review 24 (2013), S. 173 ff. Außerdem liegen bereits zahlreiche Vorschläge aus der wissenschaftlichen Literatur vor, die ebenfalls eingearbeitet wurden (insbesondere der Abschnitt zu „Gruppenklagen" aus Micklitz/Stadler, Das Verbandsklagerecht in der Informations- und Dienstleistungsgesellschaft, 2004; außerdem Lange, Das begrenzte Gruppenverfahren, 2011; sowie für Österreich Kodek, Die Gruppenklage nach der ZVN 2007, RdW 2007, 711; für eine opt-in-Gruppenklage auch Hess, JZ 2011, 66, 72).

1. Opt-in-Verfahren

In der internationalen Diskussion werden bei Gruppenverfahren „opt-out" und „opt-in"-Modelle unterschieden. Im „opt-out" -Verfahren treffen die Wirkungen einer Entscheidung jedes Mitglied der betroffenen Gruppe, es sei denn die betreffende Person tritt ausdrücklich aus dem Verfahren aus. Diese Spezies von Gruppenverfahren findet man insbesondere in den USA, Kanada und Australien vor, außerdem in den Niederlanden bei Vergleichsschlüssen sowie in Dänemark für Verfahren mit geringen Einzelstreitwerten. Da bei opt-out-Verfahren eine rechtliche Bindung auch ohne Zustimmung der Betroffenen eintreten kann, unterliegen diese Verfahren in den genannten Staaten strengen Anforderungen (vgl. etwa Halfmeier/Wimalasena, JZ 2012, 649 ff., dort auch zur verfassungsrechtlichen Zulässigkeit; vgl. den Vorschlag für eine opt-out-Gruppenklage für Deutschland bei Hopt/Baetge, in: Basedow u. a., Die Bündelung gleichgerichteter Interessen im Prozess, 1999, 11, 49 ff.).

Im Gegensatz dazu wird im vorliegenden Entwurf ein verfassungsrechtlich wesentlich unproblematischeres „opt-in"-Verfahren vorgeschlagen, d. h. die Wirkungen einer Entscheidung im Gruppenverfahren treffen nur diejenigen Personen, die ausdrücklich ihre Teilnahme erklärt haben. Derartige Verfahren sind in Dänemark und Schweden bereits etabliert. Das „opt-in"-Verfahren hat den Vorzug der strikten Freiwilligkeit ohne Vereinnahmung am Verfahren nicht Beteiligter.

Auch darin unterscheidet es sich vom geltenden KapMuG: Das KapMuG zwingt jeden Betroffenen, dessen Ansprüche von den im Musterverfahren zu treffenden Feststellungen abhängen, gemäß § 8 KapMuG in ein ggf. langwieriges Musterverfahren, auch wenn der Kläger dies möglicherweise gar nicht wünscht (kritisch dazu etwa Schneider/Heppner, BB 2012, 2703, 2710 f.). Das hier vorgeschlagene Gruppenverfahren ist dagegen freiwilliger Natur, d. h. es bleibt jedem Betroffenen selbst überlassen, ob er sich dem Gruppenverfahren als Teilnehmer anschließt oder ob er seinen individuellen Anspruch im normalen Verfahren durchzusetzen versucht oder auch ganz untätig bleibt.

Damit wird das eingangs konstatierte rationale Desinteresse zwar nicht komplett überwunden; demgegenüber überwiegen aber die mit der Freiwilligkeit verbundenen Vorzüge: Auch das Gruppenverfahren beruht auf dem Gedanken der Privatautonomie, denn es schreibt den Bürgerinnen und Bürgern weder vor, dass sie ihre Ansprüche durchsetzen müssten, noch auf welchem Wege dies zu geschehen hat; es macht ihnen nur ein zusätzliches Angebot der kollektiven Rechtsdurchsetzung.

Zugleich wird aber auch die Struktur des Verfahrens im Hinblick auf die Beteiligten gegenüber dem KapMuG verändert. Das KapMuG muss aufgrund seines Zwangscharakters sämtliche Kläger der Ausgangsverfahren zu „Beigeladenen" machen, denen umfassende prozessuale Rechte zustehen. Diese Rechte der Beigeladenen werden aber in der Praxis des KapMuG kaum wahrgenommen. Würden sie wiederum massenhaft wahrgenommen, wäre ein Massenverfahren kaum noch vernünftig abzuwickeln.

Das Gruppenverfahren wird dagegen auf Seiten der klägerischen Gruppe nur vom Gruppenkläger geführt. Die Teilnehmer werden über den Fortgang des Verfahrens informiert, können aber selbst keine Prozesshandlungen vornehmen. Wer mit der Verfahrensführung durch den Gruppenkläger nicht einverstanden ist, wird entweder gar nicht erst seine Teilnahme erklären oder im Laufe des Verfahrens wieder austreten. Das rechtliche Gehör der Teilnehmer des Gruppenverfahrens wird für sie durch den Gruppenkläger ausgeübt; dem haben sie durch ihre Teilnahme und ihren freiwilligen Verbleib im Gruppenverfahren zugestimmt, so dass ein individuelles Gehör jedes einzelnen Teilnehmers verfassungsrechtlich nicht geboten ist (ebenso bereits Micklitz/Stadler, a. a. O., S. 1385; Stadler, in: Meller-Hannich (Hrsg.), Kollektiver Rechtsschutz (2008), S. 93, 100).

Schon das geltende deutsche Recht geht diesbezüglich etwa in § 6 des Spruchverfahrensgesetzes (SpruchG) deutlich weiter: Dort wird das rechtliche Gehör sämtlicher Berechtigter zulässigerweise durch den vom Gericht bestellten Vertreter wahrgenommen, ohne dass den Betroffenen auch nur ein Ein- oder Austrittsrecht zustünde (vgl. zur Verfassungsmäßigkeit dieser Regelung Kubis, in: Münchener Kommentar zum Aktiengesetz, 3. Aufl. 2010, § 6 SpruchG Rn. 1 m. w. N.).

Die Interessen der Teilnehmer werden außerdem dadurch geschützt, dass der Gruppenkläger durch Beschluss des Gerichts auf Antrag eines Teilnehmers ausgewechselt werden kann, wenn er das Gruppenverfahren erkennbar nicht im Interesse der Gruppe führt.

2. Echtes oder begrenztes Gruppenverfahren möglich

Was den Gegenstand des Gruppenverfahrens angeht, so ermöglichen die hier vorgeschlagenen Regeln sowohl ein „echtes" Gruppenverfahren wie auch ein „begrenztes" Gruppenverfahren (Terminologie nach Lange, a. a. O., S. 185). Ein „echtes" Gruppenverfahren enthält z. B. einen Leistungsantrag wie im Individualverfahren und könnte mit einem Urteil mit vollstreckbarem Inhalt enden. Dies wird voraussichtlich die Ausnahme bleiben, da viele Ansprüche subjektive oder sonstige individuelle Voraussetzungen haben. Diese können so unterschiedlich sein, dass sie sich nicht für eine gemeinsame Behandlung im Gruppenverfahren eignen, weil z. B. die jeweils individuelle Beweisaufnahme dann keinen Effektivitätsgewinn gegenüber Einzelprozessen verspricht.

Andererseits sind auch Fälle vorstellbar, in denen die Anspruchsvoraussetzungen so einheitlich sind, dass sie vollständig im Gruppenverfahren abgearbeitet werden können: Wenn etwa das materielle Recht den Passagieren eines ausgefallenen Fluges eine pauschale Entschädigung gewährt (ohne Rücksicht auf individuell eingetretene Schäden), so ließe sich dies im Gruppenverfahren durchführen, da der Gruppenkläger dann im Streitfall nur beweisen muss, dass die Gruppenmitglieder in dem betreffenden verspäteten Flugzeug saßen. Auch etwaige Einwendungen wären dann genereller Natur (z. B. das Vorliegen höherer Gewalt, soweit dies den Anspruch ausschließt) und sinnvollerweise im Gruppenverfahren mit Wirkung für die ganze Gruppe zu klären.

Auch ein nach allgemeinen Regeln gemäß § 256 ZPO zulässiger Feststellungsantrag kann zulässiger und sinnvoller Gegenstand eines Gruppenverfahrens sein, z. B. die Unwirksamkeit einer Preiserhöhung oder sonstigen Vertragsänderung bezogen auf eine Gruppe von Kundinnen und Kunden eines bestimmten Unternehmens, die zu ein und denselben Vertragsbedingungen abgeschlossen haben. Auch hier kann das Gruppenverfahren effektiver als zahlreiche Einzelprozesse sein.

Neben diesen Bündelungen ohnehin zulässiger Leistungs- oder Feststellungsanträge kommt aber auch eine dritte Kategorie von Gruppenverfahren in Betracht, die insoweit dem Musterverfahren nach dem KapMuG ähnelt und dieses ersetzt. Ein solches „begrenztes" Gruppenverfahren beschränkt sich auf Feststellungen zu gemeinsamen Tatsachen oder Rechtsfragen (etwa wie im KapMuG zu fehlerhaften Kapitalmarktinformationen) und endet schon deswegen nicht mit einer vollstreckbaren Entscheidung. In diesen Fällen müsste ein individuelles Verfahren nachgeschaltet werden, um für einen einzelnen Anspruchsteller zu einem vollstreckbaren Titel zu kommen. Bei lebensnaher Betrachtung wird das nachgeschaltete Individualverfahren aber die Ausnahme bleiben: Siegt die klagende Gruppe im Gruppenverfahren, so wird für den Beklagten in der Regel ein starker Anreiz zur gütlichen Streitbeilegung gesetzt. Ist dagegen der Beklagte im Gruppenverfahren siegreich, so sind weitere Individualverfahren für die Kläger regelmäßig sinnlos. Es ist daher insgesamt effizienter, dass – wie hier vorgeschlagen – ein Gruppenverfahren von Anfang an eingeleitet werden kann, ohne dass man zunächst – wie noch im KapMuG – eine Reihe von Individualklagen erheben müsste.

3. Faire Kostenregeln auf beiden Seiten

Die Kostenregeln im Gruppenverfahren sehen vor, dass die finanziellen Zugangsschranken beim Gruppenverfahren im Vergleich zum Individualprozess abgesenkt werden. Dies wird dadurch erreicht, dass die bereits jetzt im

KapMuG geltenden Kostenregeln zur Anmeldung von Ansprüchen auf die Teilnahme am Gruppenverfahren erstreckt werden. Außerdem wird das für den einzelnen Teilnehmer im Gruppenverfahren entstehende Kostenrisiko auf einen Höchstbetrag begrenzt. Dies macht die Teilnahme besser kalkulierbar. Der Entwurf folgt damit der insoweit erfolgreichen Regelung in Dänemark.

Zugleich wird aber das im deutschen Zivilprozessrecht bewährte „loser pays"-Prinzip (§ 91 ZPO) in vollem Umfang beibehalten. Dies dient vornehmlich dem Schutz des Beklagten. Er wird im Gruppenverfahren nicht schlechter gestellt als im Individualverfahren. Soweit ein obsiegender Beklagter eine Kostenerstattung aufgrund der zu Gunsten der Teilnehmer geltenden individuellen Höchstgrenzen nicht erlangen kann, haftet der Gruppenkläger für die restliche Kostenerstattung. Damit entfaltet das „loser pays"-Prinzip auch im Gruppenverfahren eine wichtige Steuerungswirkung zur Vermeidung sinnloser Prozesse: Gerade der Gruppenkläger wird aufgrund der für ihn bestehenden Residualhaftung keine aussichtslosen Verfahren führen.

4. Fortentwicklung des KapMuG

Das Gruppenverfahren löst das KapMuG ab und ersetzt dieses. Zugleich ist das Gruppenverfahren aber als Fortentwicklung des KapMuG zu verstehen: So weit wie möglich lehnen sich die Vorschriften zum Gruppenverfahren an diejenigen des KapMuG an, um so auf die unter dem KapMuG bereits gemachten Erfahrungen zurückgreifen zu können. Das Gruppenverfahren erfindet also das Rad nicht neu, sondern entwickelt das KapMuG mit den für die Erreichung seiner Ziele notwendigen Änderungen weiter.

B. Besonderer Teil

Zu Artikel 1

Der Entwurf sieht eine Integration der Regelungen zum Gruppenverfahren in die ZPO vor, um eine Zersplitterung des Verfahrensrechts zu vermeiden. Eine solche Integration ist in der Literatur mehrfach vorgeschlagen worden (zuletzt etwa durch Schilken, in: Festschrift Picker, 2010; Lange, a. a. O., S. 334 m. w. N.). Sie entspricht auch der Tendenz im materiellen Recht, in welchem z. B. die verbraucherrechtlichen Regelungen heute weitgehend innerhalb des Bürgerlichen Gesetzbuchs (BGB) vorzufinden sind und nicht mehr in einer Vielzahl von Sondergesetzen.

Zu § 606 (Zulässigkeit)

Die Vorschrift beschreibt die Voraussetzungen eines Gruppenverfahrens und lehnt sich dabei sowohl an die Vorschläge von Micklitz und Stadler (a. a. O., S. 1431) wie auch an internationale Erfahrungen an. In der Norm kommen zahlreiche unbestimmte Rechtsbegriffe vor, insbesondere die „hinreichend bestimmbare" Gruppe und der „gleiche zugrunde liegende Lebenssachverhalt" in Nr. 1, die „ähnlichen" Umstände in Nr. 2, die Vorzugswürdigkeit des Gruppenverfahrens gegenüber zahlreichen Einzelverfahren (Nr. 3) sowie die Eignung des vorgeschlagenen Gruppenklägers (Nr. 4). Diese Merkmale sind vom Gericht bei der Zulassungsentscheidung gemäß § 612 zu überprüfen. Sie ermöglichen es dem Gericht, mit Blick auf den jeweiligen Einzelfall zu beurteilen, ob die Durchführung eines Gruppenverfahrens angemessen ist. Die dadurch entstehende starke Stellung des Gerichts im Hinblick auf die Zulassung des Gruppenverfahrens ist beabsichtigt und entspricht bewährter internationaler Praxis. Das Gruppenverfahren soll eine effiziente und angemessene Form der Konfliktlösung bereitstellen. Ob es dies im konkreten Fall leisten kann, ist vom Gericht anhand der in § 606 genannten Voraussetzungen zu entscheiden.

Der in Nr. 1 genannte Lebenssachverhalt stellt ebenso wie bereits in § 4 Absatz 1 KapMuG den „Bündelungsrahmen" (Lange, a. a. O., S. 233) dar, auf den sich das Verfahren bezieht. Er ist notwendig, um den Gegenstand und die Wirkung des Gruppenverfahrens zu bestimmen. Ein rein abstraktes Verfahren – etwa zu einzelnen Rechtsfragen – ohne Bezug auf einen konkreten Lebenssachverhalt ist nicht zulässig. Damit ist allerdings noch nicht vorgegeben, wie umfangreich ein solcher gleicher Lebenssachverhalt in einem Gruppenverfahren sein kann. Ebenso wie bereits im KapMuG mag man z. B. verschiedene Wertpapierprospekte zu einem Lebenssachverhalt zusammenfassen können, wenn sie ein und dieselbe Information betreffen (vgl. Kruis, in: Kölner Kommentar KapMuG, § 1 KapMuG a. F. Rn. 109 ff.).

Das Merkmal der hinreichend bestimmbaren Gruppe zielt in eine ähnliche Richtung und soll zu weite oder unbestimmte Gruppenverfahren vermeiden. So wäre etwa eine Gruppe „sämtliche Verbraucherinnen und Verbraucher" oder „alle Kundinnen und Kunden von Lebensversicherungen" zu unbestimmt. Hinreichend bestimmbar wäre daher eine Gruppe von sämtlichen Personen, die in einem bestimmten Zeitraum ein bestimmtes Produkt oder Wertpapier erworben haben, oder sämtliche Personen, die bei einem Versicherungsunternehmen X, in einem bestimmten Zeitraum die Versicherungspolice C abgeschlossen haben.

Die in Nr. 2 bezeichneten gleichen oder ähnlichen tatsächlichen Umstände beziehen sich ebenso wie im KapMuG auf anspruchsbegründende oder anspruchsausschließende Voraussetzungen; dasselbe gilt für die Rechtsfragen. Insoweit soll kein Unterschied zu § 2 Absatz 1 und § 3 Absatz 1 Nr. 1 KapMuG bestehen (zum Begriff der Abhängigkeit s. unten bei § 610). Die dennoch abweichende Formulierung im Hinblick auf „gleiche oder ähnliche" Umstände und Rechtsfragen soll den Gerichten jedoch die nötige Flexibilität ermöglichen; bei nur „ähnlichen" Umständen oder Rechtsfragen können ggf. Untergruppen gemäß § 610 Absatz 3 gebildet werden.

Nr. 3 verlangt außerdem, dass das Gruppenverfahren gegenüber zahlreichen Einzelverfahren „vorzugswürdig" ist. Damit soll darauf hingewiesen werden, dass ein Gruppenverfahren nur sinnvoll ist, wenn es im Vergleich zu vielen Einzelklagen als angemessene Form der Konfliktlösung erscheint. Eine zahlenmäßige Grenze ist dabei – abgesehen von dem Seriösitätsindiz der in § 609 Absatz 1 geforderten zehn Teilnahmeerklärungen – nicht vorgesehen, da die Vorzugswürdigkeit des Gruppenverfahrens von den Umständen des Einzelfalls abhängt: Schon bei zehn Anspruchstellern mag ein Gruppenverfahren sinnvoll sein, wenn alle Ansprüche sich auf dieselbe angeblich fehlerhafte Kapitalmarktinformation beziehen und dies die wesentliche zu beurteilende Frage darstellt. Andererseits ist aber auch vorstellbar, dass ein Gruppenverfahren auch bei einer größeren Zahl von Anspruchstellern gegenüber Einzelklagen nicht vorzugswürdig ist, wenn jeder Anspruch so starke materiell-rechtlich relevante individuelle Besonderheiten aufweist, dass eine Zusammenfassung im Gruppenverfahren kaum weiterhilft.

Bezüglich der in Nr. 4 verlangten Eignung des Gruppenklägers gibt § 613 Absatz 2 gewisse Anhaltspunkte. Im Grundsatz ist von einer Eignung des vorgeschlagenen Gruppenklägers auszugehen, sofern keine konkreten Anhaltspunkte dagegen sprechen. Der Gruppenkläger muss „willens" sein, diese Aufgabe zu übernehmen, d. h. die Ernennung zum Gruppenkläger kann nicht gegen den Willen des Betroffenen stattfinden; dies ist eine Klarstellung ggü. dem KapMuG (vgl. bereits Lange, in Vorwerk/Wolf, KapMuG, § 8 KapMuG a. F. Rn. 32).

Zu § 607

Anders als das KapMuG ist das Gruppenverfahren nicht auf ein bestimmtes Teilgebiet des Privatrechts beschränkt, so dass grundsätzlich alle Klagen im Anwendungsbereich der ZPO für ein Gruppenverfahren in Betracht kommen. Die Vorschrift des § 607 stellt daher nur klar, dass in den genannten Angelegenheiten ein Gruppenverfahren keinesfalls zulässig ist.

Ob sich konkrete Ansprüche mit Blick auf ihren rechtlichen und tatsächlichen Zusammenhang für ein Gruppenverfahren eignen, wird daher hier nicht vom Gesetzgeber abstrakt vorgegeben. Vielmehr ist es Sache des angerufenen Gerichts, diese Frage im Rahmen seiner Entscheidung über die Zulassung des Gruppenverfahrens anhand der in § 606 vorgegeben Kriterien zu beantworten.

Zu § 608

Absatz 1 konzentriert die örtliche Zuständigkeit für Gruppenverfahren auf das Gericht am Sitz des Beklagten. Dies soll die Abwicklung ggf. konkurrierender Anträge auf die Durchführung von Gruppenverfahren erleichtern. Die Interessen der Kläger, an einem anderen Ort Klage erheben zu können, können im Gruppenverfahren aufgrund der möglichen Vielzahl von Klägern ohnehin nicht ohne Weiteres berücksichtigt werden.

Die Regelung des Absatz 2 beruht auf der Überlegung, dass auch bei im Ausland befindlichen Beklagten die Möglichkeit bestehen sollte, ein Gruppenverfahren in Deutschland durchzuführen, wenn sich die Aktivitäten des ausländischen Beklagten in der Weise in Deutschland auswirken, dass sie hier nach den allgemeinen Regeln zuständigkeitsbegründend sind. Die internationale Zuständigkeit wird in der Vorschrift nicht behandelt; insoweit gehen ohnehin die europarechtlichen Regelungen im Rahmen ihres Anwendungsbereichs vor.

Die Regelung in Absatz 3 hängt mit der Entscheidung zusammen, die sachliche Zuständigkeit für Gruppenverfahren bei den Landgerichten anzusiedeln, soweit nicht die bisher dem KapMuG unterfallenden Materien betroffen sind (siehe Artikel 3). Die Länder werden damit ermächtigt, Gruppenverfahren bestimmten Land- und Oberlandesgerichten zuzuweisen, um diesbezügliche Spezialkompetenzen aufzubauen und die Gerichtsorganisation entsprechend anzupassen.

Zu § 609

Das Gruppenverfahren wird durch einen Antrag nach § 609 eingeleitet, der entweder zusammen mit der Klageschrift gestellt wird – so der in Absatz 1 vorgesehene Regelfall – oder gemäß Absatz 3 aus einem bereits anhängigen Prozess heraus. Der Antrag muss die Voraussetzungen für ein Gruppenverfahren gemäß § 606 darlegen und enthält zugleich den Vorschlag, wer als Gruppenkläger ernannt werden soll. Außerdem sind die genannten Teilnahmeerklärungen beizufügen, einschließlich jener des avisierten Gruppenklägers, da zu diesem Zeitpunkt noch nicht feststeht, ob er tatsächlich zum Gruppenkläger ernannt wird. Im Falle des § 611 Nr. 2 (qualifizierte Einrichtung als vorgeschlagener Gruppenkläger) wird diese Einrichtung i. d. R. keinen eigenen Anspruch geltend machen – sofern sie insoweit nicht als Zessionarin auftritt – und muss daher auch keine Teilnahmeerklärung abgeben. Die Anzahl von zehn Teilnehmern ist nur eine aus dem geltenden Recht des KapMuG entlehnte Mindestvoraussetzung, mit der eine gewisse zahlenmäßige Bedeutung des Antrags gesichert werden soll; die Einhaltung dieser Mindestanzahl führt noch nicht automatisch zur Zulässigkeit des Gruppenverfahrens.

Zu § 610

Die Vorschrift stellt in Absatz 1 zunächst klar, dass im Gruppenverfahren dieselben Anträge gestellt werden können wie im Individualverfahren.

Absatz 2 erweitert darüber hinaus den möglichen Gegenstand eines Gruppenverfahrens. Die hier verwendete Formulierung der möglichen Gegenstände eines auf bestimmte tatbestandlich relevante Feststellungen„begrenzten" Gruppenverfahrens entspricht den möglichen Feststellungszielen im bisherigen KapMuG (§ 2 Absatz 1 KapMuG). Wird ein solches „begrenztes" Gruppenverfahren gewählt, so ist der Streitgegenstand des Gruppenverfahrens ein „gebündelter Ausschnitt" aus den Individualverfahren der Gruppenmitglieder, nur dass die Klageerhebung durch jedes Gruppenmitglied hier – anders als im KapMuG – eben nicht mehr Voraussetzung des Gruppenverfahrens ist (vgl. dazu Lange, a. a. O. S. 233).

Der Begriff der „Abhängigkeit" der Ansprüche der Gruppenmitglieder von den beantragten Feststellungen ist wie in § 3 Absatz 1 Nr. 1 KapMuG zu verstehen, d. h. es ist eine abstrakte Abhängigkeit gemeint. Das Gruppenverfahren setzt nicht voraus, dass jeder einzelne Anspruch nur noch von der im Gruppenverfahren zu treffenden Feststellung abhängt. Vielmehr ist gemeint, dass die festzustellenden Tatsachen oder Rechtsfragen für jedes Gruppenmitglied entscheidungserheblich sein können.

Die gemäß § 610 Absatz 3 mögliche Bildung von Untergruppen ermöglicht ein gemeinsames Verfahren für Gruppenmitglieder, deren Anspruchsvoraussetzungen zwar in Teilen, aber nicht komplett identisch sind, z. B. Versicherungsnehmer mit unterschiedlichen Policen oder Erwerber von Wertpapieren aufgrund verschiedener Prospekte, die aber dennoch in der Weise verbunden sind, dass sie als ein Lebenssachverhalt zu werten sind.

Zu § 611

Gemäß Nr. 2 dieser Norm steht die Befugnis zur Beantragung eines Gruppenverfahrens und zu seiner Durchführung als Gruppenkläger nicht nur Mitgliedern der jeweiligen Gruppe zu, sondern auch den in Nr. 2 bezeichneten qualifizierten Einrichtungen. Diese haben insbesondere im Rahmen ihrer nach UWG und UKlaG bestehenden Unterlassungsklagebefugnisse ein erhebliches know-how im Bereich der Durchsetzung von Verbraucher- und Wettbewerbsrecht aufgebaut, das hier nicht ungenutzt bleiben soll. § 611 Nr. 2 ermöglicht diesen Institutionen die Führung eines Gruppenverfahrens, ohne dass auf eine Zession der zugrunde liegenden Ansprüche oder ähnliche Hilfskonstruktionen zurückgegriffen werden müsste. Tritt eine qualifizierte Einrichtung als Gruppenklägerin auf, so ist in dem zu stellenden Antrag deutlich zu machen, dass die begehrten Rechtswirkungen nicht zwischen ihr und dem Beklagten, sondern zwischen den Teilnehmern und dem Beklagten eintreten sollen.

Zu § 612

Da das Gruppenverfahren eine Ausnahme vom ansonsten die ZPO prägenden Grundsatz der individuellen Rechtsverfolgung darstellt, ist ein Vorverfahren zur Prüfung der Zulässigkeit des Gruppenverfahrens notwendig. Auch dies entspricht internationalen Standards. In diesem Vorverfahren prüft das Gericht die Zulässigkeitsvoraussetzungen und erörtert mit den Parteien die angemessene Durchführung des Verfahrens einschließlich der Formulierung der im Gruppenverfahren sachdienlichen Anträge. Möglicherweise ist bereits an dieser Stelle eine gütliche Einigung möglich.

Anders als im KapMuG, in dem die verfahrenseinleitenden Beschlüsse weitgehend als unanfechtbar ausgestaltet sind, ist der Beschluss über die Eröffnung oder Nichteröffnung des Gruppenverfahrens mit der sofortigen Beschwerde und der Rechtsbeschwerde anfechtbar. Dafür spricht schon die erhebliche Bedeutung, welche die Einleitung eines Gruppenverfahrens für die Verfahrensbeteiligten haben kann. Hinzu kommt, dass die unbestimmten Rechtsbegriffe des § 606 erst durch die Rechtsprechung ausgefüllt und präzisiert werden müssen, so dass eine Kontrolle der Rechtsanwendung hier auch im Interesse der Rechtsentwicklung nötig ist. Aus der Anfechtbarkeit des Beschlusses ergibt sich schon nach allgemeinen Regeln die Pflicht zur Begründung des Beschlusses (Musielak, ZPO, § 329 Rn. 5).

Zu § 613

Anders als das KapMuG enthält das Gruppenverfahren in der hier entworfenen Form keinen Zwang zum Anschluss an das Verfahren. Dies hat zur Konsequenz, dass auch die Führung paralleler Gruppenverfahren zu einem Lebenssachverhalt im Grundsatz denkbar ist, soweit es sich um unterschiedliche Teilnehmergruppen handelt. Aus Effizienzgesichtspunkten ist eine solche Doppelung von Gruppenverfahren jedoch nicht erwünscht und sollte daher in der Regel mit den in § 613 vorgesehenen Mitteln vermieden werden können.

Die in Absatz 2 genannten Kriterien zur Auswahl des Gruppenklägers unter mehreren Kandidaten entsprechen im wesentlichen dem geltenden Recht zur Auswahl des Musterklägers gemäß § 9 Absatz 2 KapMuG. Entscheidend ist gemäß § 613 Absatz 2 Satz 1 die Beurteilung der Eignung des potentiellen Gruppenklägers; die in Satz 2 genannten weiteren Kriterien sind nur Indizien für eine solche Eignung. Beantragt eine Einrichtung gemäß § 611 Nr. 2 ihre Ernennung zum Gruppenkläger, so wird diese – Fälle der Zession ausgenommen – regelmäßig keinen eigenen Anspruch haben, der dem Gruppenverfahren zugrunde liegen könnte; daraus ergibt sich jedoch nicht, dass diese Einrichtung im Vergleich zu einem möglichen Gruppenkläger mit hohem eigenen Anspruch weniger geeignet wäre.

Ist einmal ein Gruppenverfahren eröffnet, so ist es zweckmäßig, dass weitere Betroffene sich diesem Gruppenverfahren als Teilnehmer anschließen, anstatt ein weiteres eigenes Gruppenverfahren durchzuführen. § 613 enthält in dem Begriff „verwiesen werden können" insoweit ein Ermessen des Gerichts, dass es in besonderen Ausnahmefällen auch ein zweites Gruppenverfahren zulassen kann. Ein solcher Ausnahmefall könnte etwa vorliegen, wenn das erste Gruppenverfahren nicht interessengerecht geführt wird oder wenn eine Teilnahme am ersten Gruppenverfahren nicht mehr möglich ist – etwa weil dieses sich bereits in der Rechtsmittelinstanz befindet – und die versäumte Teilnahme von den Betroffenen nicht zu vertreten ist.

Zu § 614

Die Institution des Klageregisters wird aus dem KapMuG übernommen. Die Bekanntmachung des Eröffnungsbeschlusses im Klageregister dient dazu, anderen Gerichten die Möglichkeit zu geben, von dem Gruppenverfahren und seinen Teilnehmern Kenntnis zu erlangen, etwa für die Zwecke der Aussetzung gemäß § 618. Außerdem dient die Bekanntmachung der möglichen Erweiterung der Gruppe durch den Hinweis auf die Teilnahmemöglichkeit. De facto wird dieser Hinweis jedoch nicht zu einer tatsächlichen Information der Gruppenmitglieder führen, sondern der Gruppenkläger und sein Prozessvertreter werden im eigenen Interesse auf die Teilnahmemöglichkeit öffentlich hinweisen; dabei können sie jedoch auf das öffentlich zugängliche Klageregister verweisen.

Zu § 615

Für die Teilnahmeerklärung ist zur Vereinfachung der Abwicklung auch ein elektronisches Verfahren einzurichten. Der Anwaltszwang entspricht dem geltenden Recht für die Anmeldung von Ansprüchen gemäß § 10 Absatz 2 KapMuG und soll formwidrige Erklärungen verhindern helfen sowie eine Beratung des Teilnehmers ermöglichen. Satz 3 stellt klar, dass die Teilnahmeerklärung nicht erst ab Veröffentlichung des Eröffnungsbeschlusses im Klageregister zulässig ist, sondern bereits ab Stellung des Antrags auf Durchführung des Gruppenverfahrens. Dies kann für die Verjährungshemmung von Bedeutung sein, zumal das Eröffnungsverfahren aufgrund der darin möglichen Rechtsmittel (§ 612 Absatz 4) eine gewisse Zeit dauern kann.

Zu § 616

Der notwendige Inhalt der Teilnahmeerklärung entspricht weitgehend dem geltenden Recht zur Anmeldung von Ansprüchen in § 10 Absatz 3 KapMuG. Die Zustellung der Teilnahmeerklärung an den Beklagten hemmt die Verjährung (siehe Ergänzung des § 204 BGB in Artikel 2). Die Angabe der Anspruchshöhe ist auch dann nötig, wenn im Gruppenverfahren kein Leistungsantrag verfolgt wird, sondern sich das Gruppenverfahren auf eine Feststellung von Tatsachen oder die Beantwortung von Rechtsfragen beschränkt: Schon für die Verjährungshemmung muss der Anspruch – soweit möglich – beziffert werden; außerdem knüpfen die vom Teilnehmer zu entrichtenden Gebühren an den Wert dieses einzelnen Anspruchs an (siehe den neu einzufügenden § 51b des Gerichtskostengesetzes (GKG) in Artikel 4).

Zu § 617

Bei der Zulassung von Teilnahmeerklärungen ist abzuwägen zwischen einer aus Effizienzgründen möglichst großen Gruppe einerseits und Aspekten der Rechtssicherheit andererseits, die zu einem gewissen Zeitpunkt eine Fixierung der Gruppe erfordern. Diese Fixierung ist spätestens mit Ende der mündlichen Verhandlung erster Instanz nötig, so dass eine spätere Teilnahme nicht möglich ist. Vorher sind auch verspätete Teilnahmeerklärungen regelmäßig zuzulassen, es sei denn sie sind aufgrund des Verfahrensfortschritts nicht mehr sachdienlich. Letzteres kann z. B. der Fall sein, wenn auf der Grundlage der bisher teilnehmenden Personen bereits ein Vergleichsvorschlag erarbeitet wurde.

Zu § 618

Die Teilnahme am Gruppenverfahren ist zwar freiwillig, aber sie darf zur Vermeidung widersprechender Entscheidungen und aus Effizienzgründen nicht mit einem parallel laufenden Individualverfahren verbunden werden. Daher wird ein solches Individualverfahren, wenn der Kläger im Individualverfahren zugleich am Gruppenverfahren als Gruppenkläger oder Teilnehmer beteiligt ist, wie in § 8 Absatz 1 KapMuG von Amts wegen ausgesetzt. Das Gericht wird in der Regel von den Parteien über die Existenz des Gruppenverfahrens informiert werden und kann die Angaben über das Klageregister verifizieren. Sollte ausnahmsweise ein Individualverfahren mangels entsprechender Information trotz parallelem Gruppenverfahren fortgesetzt werden, ergibt sich insoweit eine ähnliche Situation wie bei § 261 Absatz 3 Nr. 1 ZPO, so dass die dazu entwickelten Regeln angewandt werden können (vgl. Foerste, in: Musielak, ZPO, § 261 Rn. 9).

Zu § 619

Auf Seiten der klagenden Gruppe ist nur der Gruppenkläger Partei des Verfahrens. Er handelt mit Wirkung für die Teilnehmer und in deren Interesse. Dies ist jedoch eine rein prozessrechtliche Stellung, die nicht schon als solche zu schuldrechtlichen Beziehungen zwischen dem Gruppenkläger und den Teilnehmern führt. Dies wird in Absatz 2 klargestellt. Die in Absatz 3 geregelte Möglichkeit der Abberufung des Gruppenklägers entspricht § 9 Absatz 4 KapMuG, wobei mit dem Wort „offensichtlich" klargestellt wird, dass es sich hier um einen Ausnahmefall handeln wird. Klarstellenden Charakter hat auch § 619 Absatz 4 Satz 1, da die Eröffnung des Gruppenverfahrens immer eine mündliche Verhandlung voraussetzt (§ 612 Absatz 1). Die Regelung des § 619 Absatz 4 soll den Austausch des Gruppenklägers ermöglichen, wenn der bisherige Gruppenkläger das Gruppenverfahren nicht weiter betreiben möchte.

Zu § 620

Die Teilnehmer sind nicht Partei des Gruppenverfahrens. Sie nehmen an diesem freiwillig teil und stimmen somit der Wahrnehmung ihrer prozessualen Stellung durch den Gruppenkläger zu. Den Teilnehmern verbleibt als wichtigstes Recht das Informationsrecht, auf dessen Grundlage sie über ihren Verbleib im Gruppenverfahren entscheiden können. Die Regelung zum elektronischen Informationssystem folgt § 12 Absatz 2 KapMuG i. d. F. ab 1.7.2013. Darüber hinaus fasst Absatz 3 die gesetzlich geregelten Fälle zusammen, in denen die Teilnehmer eigene Rechte zur Wahrung ihrer Interessen haben, nämlich bei der vom Gruppenkläger beabsichtigten Klagerücknahme, bei einem beabsichtigten Vergleichsschluss und bei der Einlegung von Rechtsmitteln. Absatz 4 stellt klar, dass Teilnehmer nicht als Zeugen vernommen werden können.

Zu § 621

In der Literatur gibt es unterschiedliche Auffassungen darüber, ob es sinnvoll ist, den Teilnehmern die Möglichkeit zum Austritt aus dem Gruppenverfahren zu gewähren (dafür der österreichische Entwurf von 2007, vgl. Kodek, RdW 2007, 711, 713; für eine zeitlich engere Begrenzung etwa Lange, a. a. O., S. 306). § 621 Absatz 1 gibt den Teilnehmern dieses Recht, jedoch nur während des ersten Rechtszugs und unter Aufrechterhaltung der Pflicht zur Kostentragung. Damit wird ein Kompromiss angestrebt zwischen dem berechtigten Interesse des Teilnehmers, von einem aus seiner Sicht fehlerhaft geführten Gruppenverfahren nicht gebunden zu sein und andererseits zwischen dem Interesse des Beklagten an Rechtssicherheit und Kostenerstattung bei Obsiegen. In der Rechtsmittelinstanz tritt insoweit das Interesse des Teilnehmers zurück, da es nur noch um Kontrolle der erstinstanzlichen Entscheidung geht. Auch in der Rechtsmittelinstanz verbleibt jedoch dem Teilnehmer die Möglichkeit, bei offensichtlich unangemessener Verfahrensführung die Abberufung des Gruppenklägers gemäß § 619 Absatz 3 zu beantragen.

Zu § 622

Die Vorschrift entspricht dem geltenden Recht in § 11 Absatz 1 KapMuG.

Zu §§ 623 bis 626

Auch die Regelungen zum Vergleichsschluss entsprechen im wesentlichen dem bisher im KapMuG geltenden Recht (§§ 17 bis 19 und 23 KapMuG).

Zu § 627

Das Gruppenverfahren endet als eigenständiges Verfahren mit einem Urteil, nicht durch Beschluss wie das Musterverfahren im KapMuG. Soweit im Gruppenverfahren Leistungs- oder Feststellungsanträge nach den allgemeinen Regeln gestellt werden, ergeben sich keine Besonderheiten: Diese Anträge sind begründet, wenn und soweit die behaupteten Ansprüche oder Rechtsverhältnisse bestehen.

Für die besonderen Anträge gemäß § 610 Absatz 2 bedarf es jedoch einer zusätzlichen Regelung in § 627 Absatz 1: Hier reicht es nicht aus, dass die begehrten Feststellungen zu treffen sind, sondern es muss hinzukommen, dass diese Feststellungen für den Anspruch eines jeden Teilnehmers relevant sind. Andernfalls könnte jedermann die Klärung bestimmter Tatsachen oder Rechtsfragen im Gruppenverfahren veranlassen, was nicht beabsichtigt ist. Daher wird hier das bereits in § 610 Absatz 2 verwendete Merkmal der (abstrakt zu beurteilenden, siehe Erläuterung zu § 610) Abhängigkeit des Anspruchs von den betreffenden Tatsachen oder Rechtsfragen eingeführt. Ist diese abstrakte Abhängigkeit für einen Teilnehmer nicht gegeben, ist die Klage – insoweit sie diesen Teilnehmer betrifft – mit der entsprechenden Kostenfolge abzuweisen.

Da das Urteil im Gruppenverfahren – je nach seinem Inhalt – unter Umständen vollstreckbar sein kann, verlangt Absatz 2 die Bezeichnung sämtlicher Teilnehmer. Die Belehrung gemäß § 627 Absatz 2 Satz 2 enthält auch den Hinweis auf die Berechtigung der Teilnehmer zum Einlegen von Rechtsmittel gemäß § 631.

Soweit das Urteil zu Gunsten der Teilnehmer vollstreckbar ist, ist zur Vollstreckung nach allgemeinen Regeln zunächst der siegreiche Gruppenkläger befugt. Außerdem gibt Absatz 3 den Teilnehmern bei berechtigtem Interesse die Möglichkeit, ebenfalls eine vollstreckbare Ausfertigung für ihren Teil zu beantragen. Ein solches Interesse liegt etwa vor, wenn der Gruppenkläger untätig bleibt. Der Schuldner wird in diesem Fall über § 733 geschützt.

Zu § 628

Die dogmatische Einordnung der Wirkung des Musterentscheids im KapMuG ist umstritten (vgl. zuletzt etwa Wolf/Lange, NJW 2012, 3751, 3756). Für das Urteil im Gruppenverfahren ist hier zu unterscheiden: Soweit ein auch im Individualverfahren möglicher Leistungs- oder Feststellungsantrag gemäß § 610 Absatz 1 Verfahrensgegenstand ist, entfaltet das Urteil materielle Rechtskraft für die Parteien und für die Teilnehmer (vgl. Lange, a. a. O., S. 258). Soweit aber ein „begrenztes" Gruppenverfahren (§ 610 Absatz 2) durchgeführt wird, passt der Begriff der Rechtskraft nicht, da eine Feststellung zu Tatsachen oder Rechtsfragen keine Aussage über das Bestehen eines Anspruchs oder sonstigen Rechtsverhältnisses trifft. Die vorliegende Vorschrift spricht daher nur von einer Wirkung für und gegen die Parteien und Teilnehmer, um die diesbezügliche dogmatische Diskussion nicht zu präjudizieren. Zugleich stellt die Vorschrift aber klar, dass die Bindungswirkung nicht etwa abstrakt besteht (etwa bei einer Rechtsfrage), sondern sich nur auf den dem Gruppenverfahren zugrunde liegenden Lebenssachverhalt bezieht. Dadurch wird der Zusammenhang zwischen Streitgegenstand und Entscheidungswirkung aufrechterhalten (vgl. Lange, a. a. O., S. 262).

Zu § 629

Die Kostenregelung für das Gruppenverfahren ist von besonderer Bedeutung, da hier einerseits die finanziellen Zugangsschwellen zum Rechtsschutz gesenkt werden sollen, andererseits aber auch der Beklagte entsprechend den bewährten Grundsätzen im deutschen Zivilverfahrensrecht – d. h. vor allem dem loser pays-Prinzip – zu schützen ist. Auf Seiten des Beklagten ändert das Gruppenverfahren daher nichts an den Kosten- und Gebührenregeln. Insbesondere findet keine Streitwertreduzierung oder -begrenzung allein aufgrund der Tatsache statt, dass ein Gruppenverfahren durchgeführt wird. Die Rechtsanwaltsgebühren auf Seiten des Beklagten sind daher anhand der allgemeinen Wertvorschriften zu ermitteln; der Prozessvertreter auf der Beklagtenseite ist also mit Blick auf die gesetzlichen Gebühren nicht schlechter gestellt als bei einer streitgenössischen Klage. Bei der Ermittlung des Gegenstandswerts ist jedoch die in der Rechtsprechung allgemein anerkannte Überlegung zu berücksichtigen, dass ein auf Feststellung gerichtetes Verfahren einen im Vergleich zur Leistungsklage in der Regel etwas geringeren Streitwert hat.

Auf Klägerseite dagegen orientieren sich im ersten Rechtszug die Gerichtskosten und die Anwaltsvergütung nicht an einem Gesamtstreitwert, zumal dieser ohnehin erst feststehen kann, wenn die Phase der Teilnahmeerklärungen abgeschlossen ist. Stattdessen wird jeder dem Gruppenverfahren zugrunde liegende Anspruch oder jedes sonstige Rechtsverhältnis einzeln betrachtet und mit einer entsprechenden Gerichts- und Anwaltsgebühr versehen (siehe § 51b des GKG in Artikel 4 und Artikel 5). Die Gebührensätze entsprechen dabei dem geltenden Recht zur Anmeldung eines Anspruchs nach dem KapMuG (0,5 Gerichtsgebühren und 0,8 Anwaltsgebühren). Diese einzelne Berücksichtigung der dem Gruppenverfahren zugrunde liegenden Ansprüche – und zwar ohne Reduktion des Werts aufgrund eines ggf. bloß (teilweise) feststellenden Charakters des Gruppenverfahrens – ist schon aufgrund der verjährungshemmenden Wirkung der Teilnahmeerklärung berechtigt und insoweit dem Mahnverfahren vergleichbar.

Bei den Gerichtsgebühren kann diese einzelne Betrachtung der Ansprüche der Teilnehmer im Vergleich zur streitgenössischen Klage zu niedrigeren oder höheren Gebühren führen. Beispiel: Es erklären 50 Personen ihre Teilnahme am Gruppenverfahren mit einer Anspruchshöhe von jeweils 800 €. Bei streitgenössischer Klage wären Gerichtsgebühren von 1.428 € einzuzahlen (3 Gebühren aus 40.000 € Streitwert); im Gruppenverfahren dagegen nur 1.325 € (50 halbe Gebühren aus 800 € Streitwert). Steigt die Anzahl der Teilnehmer bei gleich bleibendem individuellen Streitwert aber auf 90 an, so betragen die Gebühren im streitgenössischen Verfahren 2358 € (3 Gebühren aus 72.000,- € Streitwert), im Gruppenverfahren dagegen schon 2385 € (90 halbe Gebühren aus 800 € Streitwert). Aufgrund dieses Effekts ist eine erhebliche Belastung für den Justizfiskus nicht zu erwarten.

Bei den Anwaltsgebühren auf Klägerseite in erster Instanz ergibt sich – wiederum im Vergleich zur streitgenössischen Klage betrachtet – ein ähnlicher Effekt: In demselben Beispiel könnte die Anwältin oder der Anwalt der Kläger bei streitgenössischer Klage von 50 Streitgenossen für die erste Instanz eine Vergütung von 4.558, 50 € verlangen (Verfahrensgebühr von 1,3 zzgl. 2,0 Gebühren gemäß VV 1008 sowie Terminsgebühr von 1,2 = 4,5 Gebühren aus 40.000 € Streitwert); im Gruppenverfahren dagegen nur 3.200 € (50 mal 0,8 Gebühren aus 800 €). Gelingt es ihm aber, 150 Mandanten für das Gruppenverfahren zu sammeln, so ist die Vergütung im Gruppenverfahren bereits deutlich höher, nämlich 9.600 € (150 mal 0,8 Gebühren aus 800 €) im Vergleich zu 7.146 € bei der streitgenössischen Klage (4,5 Gebühren aus 120.000 €). Damit erweist sich das Gruppenverfahren aus Sicht der Klägeranwältin oder des Klägeranwalts vor allem für solche Fälle als attraktiv, in denen eine große Anzahl von Betroffenen als Mandanten entweder bereits vorhanden sind oder zumindest in Betracht kommen. In Fällen mit einer von Anfang an überschaubaren Anzahl von Betroffenen ist das Gruppenverfahren daher aus Anwaltssicht nicht attraktiv. Diese Anreizwirkungen sind beabsichtigt. Zugleich ergibt sich aus dieser Vergütungsstruktur auch ein Anreiz, dass eine Rechtsanwältin oder ein Rechtsanwalt möglichst viele Teilnehmer vertritt, während andererseits die Vertretung eines einzelnen Teilnehmers durch eine Rechtsanwältin oder einen Rechtsanwalt wenig lukrativ erscheint. Auch dies ist sinnvoll, da Interessenkonflikte innerhalb der Gruppe eher vermieden werden, wenn sich ein Großteil der teilnehmenden Gruppenmitglieder auf eine Rechtsanwältin oder einen Rechtsanwalt einigt.

Eine weitere Besonderheit des Gruppenverfahrens ist die – vom dänischen Recht inspirierte – Begrenzung der Kostenerstattungspflicht des Teilnehmers auf einen Höchstbetrag gemäß § 629 Absatz 2. Damit soll aus Sicht des einzelnen Teilnehmers das Risiko der Teilnahme kalkulierbar gemacht werden: Er weiß bereits bei seiner Entscheidung über die Teilnahme, was er bei einer bestimmten Anspruchshöhe im worst case des vollständigen Unterliegens höchstens an Kosten zu tragen hat. Auch damit wird die Schwelle zur Teilnahme ein Stück gesenkt, zumal anders als im Individualverfahren der Teilnehmer im Gruppenverfahren nicht immer eine persönliche Beratung durch den Anwalt erhalten wird, sondern diese zur effizienten Abwicklung eher über Webseiten oder andere Massenmedien organisiert werden wird. Die Höhe dieser „Deckelung" wird mit vier Gebühren nach § 13 des Rechtsanwaltsvergütungsgesetzes (RVG) festgesetzt, was in den meisten Fällen zur Deckung auch der gegnerischen Anwaltskosten im Fall des Unterliegens ausreichen wird. In dem obigen Beispiel wäre also die Kostentragung für den einzelnen Teilnehmer, der einen Anspruch von 800 € geltend macht, auf einen Gesamtbetrag von 320 € begrenzt.

Die Deckelung gemäß § 629 Absatz 2 ändert aber nichts am loser-pays-Prinzip. Absatz 3 bestimmt daher, dass der Gruppenkläger residual für eine etwaige Kostenerstattung haftet, soweit diese aufgrund der „Deckelung" von den Teilnehmern nicht verlangt werden kann. Ein solcher Fall mag ausnahmsweise vorkommen, wenn die Anzahl der Teilnehmer eher gering ist und das Verfahren sich über mehrere Instanzen zieht und ggf. teure Beweiserhebungen enthält. Der Gruppenkläger trägt somit ein etwas höheres Risiko als der einzelne Teilnehmer. Dieses Risiko kann er ggf. versichern, durch interne vertragliche Vereinbarungen auf einzelne Teilnehmer abwälzen oder schlicht selbst tragen. Daraus ergibt sich ein weiterer gewollter Anreiz, nämlich dass der Gruppenkläger eine Gruppenklage nicht leichtfertig, sondern nur bei überwiegender Erfolgsaussicht angestrengt.

Zu § 630

In Gruppenverfahren sind Rechtsmittel gegen eine erstinstanzliche Entscheidung ebenso wie im KapMuG stets zulässig. Dafür spricht schon die in der Regel erhebliche gesellschaftliche Bedeutung derartiger Verfahren sowie die nötige Einheitlichkeit der Rechtsprechung in eine Vielzahl von Personen betreffenden Fällen. Urteilt das Landgericht in erster Instanz, so erklärt § 630 Absatz 1 die Berufung für stets zulässig, daraus ergibt sich auch die grundsätzliche Eröffnung der Sprungrevision, sofern deren weitere Voraussetzungen (§ 566) vorliegen.

Urteilt das Oberlandesgericht in erster Instanz (siehe dazu unten Artikel 3), so wird das dann zulässige Rechtsmittel in § 630 Absatz 2 als Revision bezeichnet und die §§ 545 ff. ZPO finden entsprechende Anwendung. Urteilt das Oberlandesgericht dagegen als Berufungsgericht, so trifft § 630 keine Regelung, so dass die allgemeinen Vorschriften über die Zulassung der Revision zur Anwendung kommen.

Zu § 631

Die Einlegung von Rechtsmitteln auf Seiten der Gruppe ist Sache des Gruppenklägers; nur wenn er kein Rechtsmittel einlegt, kann aus den dazu bereiten Teilnehmern gemäß § 631 Absatz 1 und 2 ein neuer Gruppenkläger bestimmt werden, der dann das Rechtsmittelverfahren betreibt. Um sich diese Möglichkeit zu erhalten, muss ein Teilnehmer jedoch innerhalb der Rechtsmittelfrist vorsorglich das Rechtsmittel einlegen, damit nach Ablauf der Rechtsmittelfrist Klarheit über die Einlegung oder Nichteinlegung des Rechtsmittels besteht.

Für die Rechtsmittelinstanzen kommen die allgemeinen Wert- und Gebührenvorschriften zur Anwendung. Daher erfolgt, anders als in der ersten Instanz, die Berechnung nicht anhand des Einzelstreitwerts der Teilnehmer, sondern gemäß dem allgemeinen Kostenrecht anhand des Gesamtstreitwerts.

Die Teilnehmer sind verpflichtet, die jeweils auf sie entfallenden Gerichtsgebühren zu Beginn des Rechtsmittelverfahrens zu entrichten (§ 631 Absatz 3). Dies gilt jedoch nur insoweit als der Höchstbetrag der vom einzelnen Teilnehmer zu tragenden Kosten (§ 629 Absatz 2) nicht überschritten ist. Abweichend von den allgemeinen Regelungen beginnt das Verfahren in der Rechtsmittelinstanz jedoch auch bereits, wenn noch nicht sämtliche Teilnehmer die Gerichtsgebühr eingezahlt haben.

Die Rechtsanwaltsgebühren der Rechtsmittelinstanz sind zunächst vom Gruppenkläger zu tragen (§ 631 Absatz 4). Er kann jedoch von den Teilnehmern eine anteilige Beteiligung an diesen Kosten verlangen, aber ebenfalls nur insoweit als dadurch nicht der Höchstbetrag der vom einzelnen Teilnehmer zu tragenden Kosten (§ 629 Absatz 2) überschritten wird.

Zu Artikel 2

Bereits nach geltendem Recht hemmt die Anmeldung eines Anspruchs zu einem KapMuG-Verfahren die Verjährung. Dies wird im einzufügenden § 204 Absatz 1 Nr. 15 BGB auch für die Teilnahme am Gruppenverfahren normiert. Die Verjährungshemmung kann aber nur für solche Ansprüche gelten, denen der gleiche Lebenssachverhalt zugrunde liegt wie dem Gruppenverfahren – ob dies der Fall ist, muss ggf. im Folgeprozess entschieden werden. Die Hemmung endet gemäß § 204 Absatz 2 Satz 1 BGB sechs Monate nach Beendigung des Gruppenverfahrens, d. h. etwa bei Nichteröffnung des Gruppenverfahrens sechs Monate nach Unanfechtbarkeit des die Eröffnung des Gruppenverfahrens ablehnenden Beschlusses.

Zu Artikel 3

Bisher ist für Musterverfahren nach dem KapMuG das Oberlandesgericht sachlich zuständig, welches insoweit der Sache nach erstinstanzliche Funktionen einschließlich der Beweisaufnahme wahrnimmt. Das soll für den bisherigen Anwendungsbereich des KapMuG unverändert bleiben, um die bereits aufgebaute Expertise der Oberlandesgerichte weiterhin zu nutzen (§ 118 des Gerichtsverfassungsgesetzes (GVG)). Damit verbleibt es zugleich bei dem für das KapMuG festgestellten Vorteil, dass wichtige Fragen des Kapitalmarktrechts vergleichsweise zügig bis zum Bundesgerichtshof gebracht und dort mit erheblicher faktischer Breitenwirkung entschieden werden können.

Da aber das vorliegende Gesetz den Anwendungsbereich des Gruppenverfahrens für sämtliche bürgerliche Rechtsstreitigkeiten öffnet (mit Ausnahme der in § 607 ZPO-E genannten Angelegenheiten), könnte es – je nach Nutzungsintensität des neuen Verfahrens – zu einer Überlastung der Oberlandesgerichte und des Bundesgerichtshofs kommen, wenn man auch für diese Gruppenverfahren die erstinstanzliche Zuständigkeit der Oberlandesgerichte festlegen würde. Daher werden diese sonstigen Gruppenverfahren gemäß dem neuen § 71 Absatz 2 Nr. 5 GVG im ersten Rechtszug den Landgerichten zugeordnet. Die Landesregierungen können hier auch mit Hilfe der Verordnungsermächtigung in § 608 Absatz 3 ZPO-E die notwendigen organisatorischen Maßnahmen treffen.

Zu Artikel 4 und 5

Zu den Kostenregelungen siehe oben bei der Erläuterung zu § 629 ZPO-E.

Zu Artikel 6

Das vorliegende Gesetz ersetzt das KapMuG, da sämtliche Regelungsintentionen des KapMuG in dem neuen Gesetz enthalten sind. Für Musterverfahren, in denen bereits ein Vorlagebeschluss im Klageregister veröffentlicht wurde, ist in Absatz 2 eine Übergangsregelung getroffen worden, um diese Verfahren nicht „rückabwickeln" zu müssen. Ist ein Vorlagebeschluss noch nicht bekanntgemacht, so werden mit Inkrafttreten des vorliegenden Gesetzes etwaige Musterverfahrensanträge nach dem KapMuG gegenstandslos und können durch Anträge auf Durchführung eines Gruppenverfahrens ersetzt werden.

Von einer Befristung des Gesetzes wurde – insoweit abweichend vom KapMuG – abgesehen. Zweifellos müssen auch die hier vorgeschlagenen Regelungen in Zukunft erprobt, evaluiert und verbessert werden. Darin unterscheiden sie sich aber nicht von anderen gewichtigen Änderungen im Verfahrensrecht, die in der Vergangenheit ebenfalls ohne Befristung eingeführt wurden; man denke etwa an die Einführung der Insolvenzordnung oder an die Neuregelung des Rechtsmittelrechts. Eine Befristung suggeriert, dass eine Beurteilung der neu eingeführten Normen innerhalb eines jetzt schon zu übersehenden Zeitraums möglich und zugleich notwendig wäre. Das geht aber an der Praxis vorbei: Ein Reformbedarf kann sich bei einer Neuregelung sehr schnell zeigen; in einem solchen Falle kann und wird der Gesetzgeber auch zügig handeln. Andererseits kann es aber auch lange dauern, bis die Entwicklung von Rechtsprechung und Dogmatik einen deutlichen Reformbedarf erkennen lässt; eine solche Entwicklung kann nicht durch fixe Fristen vorhergesehen werden. Es liegt im Wesen der Demokratie, dass jede gesetzliche Regelung nur vorläufigen Charakter hat und von einem zukünftigen Gesetzgeber verändert und verbessert werden kann.

Satz: Satzweiss.com Print, Web, Software GmbH, Mainzer Straße 116, 66121 Saarbrücken, www.satzweiss.com
Druck: Printsystem GmbH, Schafwäsche 1-3, 71296 Heimsheim, www.printsystem.de
Vertrieb: Bundesanzeiger Verlag GmbH, Postfach 10 05 34, 50445 Köln, Telefon (02 21) 97 66 83 40, Fax (02 21) 97 66 83 44, www.betrifft-gesetze.de
ISSN 0722-8333

IX. Gesetzentwurf BÜNDNIS 90/DIE GRÜNEN – 12.12.2017

Wenige Tage nach dem Scheitern der Sondierungsgespräche zwischen CDU/CSU, FDP und BÜNDNIS 90/DIE GRÜNEN hat die Fraktion auch in der 19. Legislaturperiode erneut den „*Entwurf eines Gesetzes zur Einführung von Gruppenverfahren*" (**BT-Drucksache 19/243**) in den Bundestag eingebracht[15]. Der Bundestag hat am 16. März 2018 den Entwurf beraten und an den Ausschuss für Recht und Verbraucherschutz verwiesen[16].

15 Bezogen über http://dip21.bundestag.de/dip21/btd/19/002/1900243.pdf.

16 Für weitere Einzelheiten siehe https://www.bundestag.de/recht#url=L2Rva3VtZW50ZS90ZXh0YXJjaGl2LzIwMTgva3cxMS1kZS1ncnVwcGVudmVyZmFocmVuLzU0NjQyNg==&mod=mod539670.

Deutscher Bundestag **Drucksache 19/243**
19. Wahlperiode 12.12.2017

Gesetzentwurf

der Fraktion BÜNDNIS 90/DIE GRÜNEN

Entwurf eines Gesetzes zur Einführung von Gruppenverfahren

A. Problem

Wird eine Vielzahl von Personen durch dieselbe rechtswidrige Verhaltensweise geschädigt, können die Betroffenen nur in den seltensten Fällen auf Instrumente kollektiven Rechtsschutzes zurückgreifen, um ihre Ansprüche gemeinsam durchzusetzen. Es gilt im Zivilprozess der Grundsatz, dass Geschädigte ihre Ansprüche vor Gericht individuell durchsetzen müssen und dabei jeder für sich das Prozesskostenrisiko zu tragen hat. Im Zuge des sogenannten Abgasskandals hat sich die Notwendigkeit besserer Möglichkeiten kollektiver Rechtsdurchsetzung deutlich gezeigt. Tausende Eigentümerinnen und Eigentümer eines Dieselfahrzeugs haben Klagen eingereicht, die nun einzeln von den Gerichten entschieden werden müssen. Rechtsdienstleiter haben es gegen eine hohe Erfolgsprovision übernommen, im Wege der Forderungsabtretung Ansprüche gegen verschiedene Automobilkonzerne zu sammeln, die sie in gerichtlichen Verfahren geltend machen, da ein effektives Rechtsinstrument zur kollektiven Durchsetzung in der Zivilprozessordnung nicht existiert.

Solche für die Verbraucherinnen und Verbraucher nachteiligen Umwege der Rechtsdurchsetzung und die dadurch bedingte Be- anstatt Entlastung der Justiz belegen den Bedarf für die Stärkung des kollektiven Rechtsschutzes ebenso wie aktuell der Umstand, dass bereits einige Ansprüche aus den Abgasmanipulationen Ende 2017 verjähren. Die Aktivitäten zu diesbezüglicher Verbraucherinformation (z. B. www.vzbv.de/pressemitteilung/volkswagen-spielt-auf-zeit; www.adac.de/der-adac/rechtsberatung/fahrzeugkauf-und-verkauf/abgasskandal-dieselthematik/vw-abgasskandal/rechte-verbraucher/) sind sehr begrüßenswert, aber kein strukturelles Äquivalent. Die Forderung nach einer Stärkung des kollektiven Rechtsschutzes wurde bereits im Bericht des Abgas-Untersuchungsausschusses von allen Bundestagsfraktionen unterstützt und hat auch darüber hinaus im weiteren Verlauf des Jahres 2017 breitere politische Unterstützung gewonnen. Ebenso besteht Einvernehmen über die Ablehnung einer ausufernden Klageindustrie.

Denn auch weit über den aktuellen Dieselskandal hinaus sind zentrale gesellschaftliche Bereiche, wie insbesondere der Konsum von Lebensmitteln und Industrieprodukten, die Versorgung mit Strom, Gas und Wasser, die Anmietung von Wohnraum, der Transport mit öffentlichen Verkehrsmitteln, die Risikovorsorge der Bürgerinnen und Bürger durch Versicherungen, ihre Altersversorgung durch Kapitalanlagen sowie die Sicherung einer fairen marktwirtschaftlichen Ordnung durch Wettbewerbs- und Verbraucherschutz in weiten Teilen in den Strukturen des Privatrechts geregelt.

Doch das Prozessrecht wird der gestiegenen gesellschaftlichen Bedeutung des Privatrechts nicht mehr gerecht.

Die deutsche Zivilprozessordnung hat sich zwar für die individuelle Rechtsdurchsetzung bewährt, aber um den neuen Herausforderungen und der gesellschaftlichen Bedeutung des Privatrechts auch auf der Ebene der Rechtsdurchsetzung gerecht zu werden, sind neue Instrumente notwendig. Das Thema ist auch Verhandlungsgegenstand des 72. Deutschen Juristentages 2018.

Durch die Einführung eines Gruppenverfahrens wollen wir insbesondere zwei Problemen entgegentreten: erstens dem Problem des mangelnden Zugangs zum Recht bei – auch kleineren – massenhaft auftretenden Individualschäden und – damit verbunden – zweitens dem daraus folgenden Defizit bei der Rechtsdurchsetzung.

Am 11. Juni 2013 hat die Europäische Kommission den Mitgliedstaaten die Einführung kollektiver Rechtsschutzverfahren empfohlen, um einen effektiveren Zugang zum Recht zu gewährleisten. Die Empfehlung enthält eine Reihe gemeinsamer, nicht verbindlicher Grundsätze für kollektive Rechtsdurchsetzung, mit der ein kohärentes allgemeines Konzept in der Europäischen Union ohne Harmonisierung der Systeme der Mitgliedstaaten gewährleistet werden soll. In der Empfehlung werden die Mitgliedstaaten aufgefordert, innerhalb von zwei Jahren geeignete Maßnahmen einzuführen. Spätestens zwei Jahre nach der Umsetzung der Empfehlung wird die EU-Kommission anhand der Jahresberichte der Mitgliedstaaten den Stand der Dinge prüfen und entscheiden, ob weitere Maßnahmen erforderlich sind, um den in der Empfehlung gewählten allgemeinen Ansatz zu stärken. Die EU-Kommission hat dies für Frühjahr 2018 angekündigt. Teil des geplanten „New Deals“ für Verbraucher soll ein Vorschlag sein, wie sich die geschädigten Verbraucher zusammentun und gemeinsam ihre Interessen vor Gericht vertreten können.

B. Lösung

Der Gesetzentwurf verfolgt drei Ziele: Erstens soll die mit dem Kapitalanleger-Musterverfahrensgesetz (KapMuG) geschaffene Möglichkeit der Bündelung individueller Ansprüche, durch die Einführung eines Gruppenverfahrens, verallgemeinert und vereinheitlicht in die Zivilprozessordnung integriert werden. Zweitens sollen die Zugangsschranken zum Gruppenverfahren gegenüber dem KapMuG abgesenkt werden, um eine stärkere Rechtsdurchsetzungswirkung zu erreichen. Drittens soll ein angemessener Rahmen geschaffen werden, in dem die Zivilgerichte bei massenhaften Schadensfällen zu einer angemessenen Konfliktlösung beitragen können.

C. Alternativen

Beibehaltung des bisherigen Zustands.

D. Kosten

Wenn sich Rechtsbruch nicht mehr „lohnt“ und damit die Anwendung rechtswidriger Geschäftsbedingungen, verbraucherschutzwidriger Praktiken, fehlerhafter Anlageberatung und andere Rechtsverstöße aufgrund effektiverer Rechtsdurchsetzungsmöglichkeiten zurückgehen, wird das gesamtwirtschaftlich positive Folgen haben und auch für die Verbraucherinnen und Verbraucher langfristig vorteilhaft sein.

Entwurf eines Gesetzes zur Einführung von Gruppenverfahren

Vom …

Der Bundestag hat das folgende Gesetz beschlossen:

Artikel 1

Änderung der Zivilprozessordnung

Die Zivilprozessordnung in der Fassung vom 5. Dezember 2005 (BGBl. I S. 3202; 2006 I S. 431; 2007 I S. 1781), die zuletzt durch Artikel 11 Absatz 15 des Gesetzes vom 18. Juli 2017 (BGBl. I S. 2745) geändert worden ist, wird wie folgt geändert:

1. In der Inhaltsübersicht werden nach der Angabe zu § 605a die folgenden Angaben eingefügt:

„Buch 6

Gruppenverfahren

Abschnitt 1

Eröffnung des Gruppenverfahrens

§ 606 Zulässigkeit

§ 607 Anwendungsbereich

§ 608 Örtliche Zuständigkeit

§ 609 Antrag auf Eröffnung des Gruppenverfahrens

§ 610 Gegenstand des Gruppenverfahrens

§ 611 Antragsbefugnis

§ 612 Eröffnungsbeschluss

§ 613 Konkurrierende Gruppenverfahren

§ 614 Bekanntmachung im Klageregister; Verordnungsermächtigung

Abschnitt 2

Teilnahme am Gruppenverfahren

§ 615 Teilnahme

§ 616 Teilnahmeerklärung

§ 617 Verspätete Teilnahmeerklärung

§ 618 Aussetzung anhängiger Verfahren

Abschnitt 3

Durchführung des Gruppenverfahrens

Abschnitt 4

Rechtsmittel im Gruppenverfahren

2. Das Buch 6 der Zivilprozessordnung wird wie folgt gefasst:

„Buch 6

Gruppenverfahren

Abschnitt 1

Eröffnung des Gruppenverfahrens

§ 606

Zulässigkeit

Ein Gruppenverfahren ist zulässig, wenn und soweit

1. die Mitglieder einer hinreichend bestimmbaren Gruppe Ansprüche oder sonstige Rechtsverhältnisse geltend machen, die den gleichen zugrunde liegenden Lebenssachverhalt betreffen,
2. die Entscheidung über diese Ansprüche oder sonstigen Rechtsverhältnisse von gleichen oder ähnlichen tatsächlichen Umständen oder Rechtsfragen abhängen kann,

3. in Anbetracht der konkreten Umstände die Durchführung des Gruppenverfahrens im Vergleich zu zahlreichen einzelnen Verfahren vorzugswürdig ist und
4. ein Gruppenkläger vorhanden ist, der willens und geeignet ist, das Gruppenverfahren mit Wirkung für die Gruppe durchzuführen.

§ 607

Anwendungsbereich

In Familiensachen und Angelegenheiten der freiwilligen Gerichtsbarkeit findet kein Gruppenverfahren statt.

§ 608

Örtliche Zuständigkeit

(1) Für ein Gruppenverfahren ist das Gericht ausschließlich zuständig, bei dem der Beklagte im Inland seinen allgemeinen Gerichtsstand hat.

(2) Hat der Beklagte keinen allgemeinen Gerichtsstand im Inland, so kann das Gruppenverfahren bei jedem Gericht durchgeführt werden, welches für die Entscheidung über den Anspruch mindestens eines Gruppenmitglieds zuständig wäre.

(3) Die Landesregierungen werden ermächtigt, durch Rechtsverordnung für die Bezirke mehrerer Landgerichte eines von ihnen als Gericht für Gruppenverfahren zu bestimmen; dasselbe gilt entsprechend für die Oberlandesgerichte. Die Landesregierungen können die Ermächtigung auf die Landesjustizverwaltungen übertragen.

§ 609

Antrag auf Eröffnung des Gruppenverfahrens

(1) Eine Klage kann mit dem Antrag verbunden werden, ein Gruppenverfahren durchzuführen. Dazu müssen die in § 606 genannten Voraussetzungen des Gruppenverfahrens dargelegt werden. Außerdem sind die Teilnahmeerklärungen von mindestens zehn Mitgliedern der Gruppe beizufügen. Einer dieser Teilnehmer oder eine Einrichtung gemäß § 611 Nummer 2 ist als Gruppenkläger vorzuschlagen.

(2) Der Antrag ist dem Beklagten zuzustellen.

(3) Ist eine Rechtsstreitigkeit bereits anhängig, so kann vom Kläger unter den Voraussetzungen des § 606 ein Antrag auf Durchführung eines Gruppenverfahrens gestellt werden. Die Absätze 1 und 2 gelten entsprechend.

§ 610

Gegenstand des Gruppenverfahrens

(1) Im Gruppenverfahren kann ein Leistungs- oder Feststellungsantrag gestellt werden.

(2) Außerdem können im Gruppenverfahren auch Feststellungen zum Vorliegen oder Nichtvorliegen von anspruchsbegründenden oder anspruchsausschließenden Voraussetzungen oder Feststellungen zu Rechtsfragen beantragt werden, soweit die Ansprüche der Gruppenmitglieder von diesen Feststellungen abhängen können.

(3) Die Gruppe kann in Untergruppen unterteilt werden.

§ 611

Antragsbefugnis

Zur Beantragung eines Gruppenverfahrens und zur Durchführung des Verfahrens als Gruppenkläger sind befugt:

1. jedes Mitglied der nach § 606 Nummer 1 bestimmbaren Gruppe oder
2. eine Einrichtung, die in der Liste qualifizierter Einrichtungen nach § 4 des Unterlassungsklagegesetzes oder in dem Verzeichnis der Europäischen Kommission nach Artikel 4 der Richtlinie 98/27/EG des Europäischen Parlaments und des Rates vom 19. Mai 1998 über Unterlassungsklagen zum Schutz der Verbraucherinteressen (ABl. L 166, S. 51) in der jeweils geltenden Fassung eingetragen ist.

§ 612

Eröffnungsbeschluss

(1) Das Gericht entscheidet über die Eröffnung des Gruppenverfahrens durch Beschluss auf Grund mündlicher Verhandlung.

(2) Liegen die Voraussetzungen des § 606 vor, eröffnet das Gericht das Gruppenverfahren. Der Eröffnungsbeschluss enthält mindestens

1. den im Gruppenverfahren zu behandelnden Antrag,
2. eine knappe Darstellung des dem Gruppenverfahren zugrunde liegenden gleichen Lebenssachverhalts,
3. Angaben zur Bestimmung der Mitglieder der Gruppe und
4. die Ernennung des Gruppenklägers mit dessen Name und Anschrift sowie Name und Anschrift seines Prozessbevollmächtigten.

(3) Liegen die Voraussetzungen des § 606 nicht vor, weist das Gericht den Antrag auf Durchführung eines Gruppenverfahrens ab.

(4) Gegen den Beschluss gemäß Absatz 2 oder 3 sind die sofortige Beschwerde und die Rechtsbeschwerde statthaft.

§ 613

Konkurrierende Gruppenverfahren

(1) Sind mehrere Anträge auf Durchführung von Gruppenverfahren anhängig, die den gleichen Lebenssachverhalt betreffen, so kann das Gericht den jeweiligen Antragstellern vor der Beschlussfassung gemäß § 612 zunächst eine Einigungsfrist setzen. Gelingt eine Einigung nicht, so kann das Gericht die konkurrierenden Anträge verbinden und gemäß § 612 entscheiden.

(2) Unter mehreren möglichen Gruppenklägern trifft das Gericht eine Auswahl nach billigem Ermessen im Hinblick auf die Eignung des Gruppenklägers, das Verfahren unter Berücksichtigung der Interessen der Gruppe angemessen zu führen. Dabei können insbesondere die Höhe des dem Gruppenverfahren zugrunde liegenden Anspruchs des Gruppenklägers sowie die Höhe und Anzahl der Ansprüche der Teilnehmer, die sich auf diesen Gruppenkläger geeinigt haben, Berücksichtigung finden.

(3) Ist bereits ein Gruppenverfahren durch Beschluss gemäß § 612 eröffnet, so ist eine weitere Gruppenklage auf Grund des gleichen Lebenssachverhalts insoweit unzulässig, als die Mitglieder der Gruppe auf die Möglichkeit der Teilnahme an dem bereits eröffneten Gruppenverfahren verwiesen werden können.

§ 614

Bekanntmachung im Klageregister; Verordnungsermächtigung

(1) Das Gericht macht den Inhalt des Eröffnungsbeschlusses sowie die Teilnahmeerklärungen im Klageregister unter Angabe des Aktenzeichens öffentlich bekannt.

(2) Mit der Bekanntmachung im Klageregister setzt das Gericht eine angemessene Frist, innerhalb derer weitere Gruppenmitglieder ihre Teilnahme am Gruppenverfahren erklären können. Die Frist beträgt in der Regel drei Monate.

(3) Die Bekanntmachung enthält außerdem eine Belehrung über Form, Inhalt und Kosten der Teilnahmeerklärung, über die rechtlichen Folgen der Teilnahme am Gruppenverfahren sowie über den Höchstbetrag der vom Teilnehmer zu tragenden Kosten gemäß § 629 Absatz 2.

(4) Das Gericht, das die Bekanntmachung veranlasst, trägt die datenschutzrechtliche Verantwortung für die von ihm im Klageregister bekannt gemachten Daten, insbesondere für die Rechtmäßigkeit ihrer Erhebung, die Zulässigkeit ihrer Veröffentlichung und die Richtigkeit der Darstellung.

(5) Die im Klageregister gespeicherten Daten sind nach Rechtskraft des Urteils im Gruppenverfahren oder nach dessen sonstiger Beendigung unverzüglich zu löschen.

(6) Das Bundesministerium der Justiz und für Verbraucherschutzt wird ermächtigt, durch Rechtsverordnung mit Zustimmung des Bundesrates nähere Bestimmungen über Inhalt und Aufbau des Klageregisters, insbesondere über Eintragungen, Änderungen, Löschungen, Einsichtsrechte, Datensicherheit und Datenschutz zu treffen. Dabei sind Löschungsfristen vorzusehen sowie Vorschriften, die sicherstellen, dass die Bekanntmachungen unversehrt, vollständig und aktuell bleiben sowie jederzeit ihrem Ursprung nach zugeordnet werden können.

Abschnitt 2

Teilnahme am Gruppenverfahren

§ 615

Teilnahme

Jedes Mitglied der Gruppe kann durch Schriftsatz an das Gericht oder durch elektronische Eingabe in das Klageregister seine Teilnahme am Gruppenverfahren erklären. Der Teilnehmer muss sich anwaltlich vertreten lassen; im Falle eines Antrags gemäß § 611 Nummer 2 sind auch Verbraucherzentralen und andere mit öffentlichen Mitteln geförderte Verbraucherverbände im Rahmen ihres Aufgabenbereichs vertretungsbefugt. Die Teilnahme kann frühestens mit Stellung des Antrags auf Durchführung eines Gruppenverfahrens erklärt werden.

§ 616

Teilnahmeerklärung

(1) Die Teilnahmeerklärung muss folgende Angaben enthalten:

1. die Bezeichnung des Teilnehmers und seiner gesetzlichen Vertreter,
2. das Aktenzeichen des Gruppenverfahrens, sofern ein solches bereits vergeben ist, ansonsten Bezugnahme auf den Schriftsatz, mit dem die Durchführung des Gruppenverfahrens beantragt wurde,
3. die Erklärung, am Gruppenverfahren teilnehmen zu wollen,

4. die Bezeichnung von Grund und Höhe des der Teilnahme zugrunde liegenden Anspruchs oder entsprechende Angaben zu dem sonstigen Rechtsverhältnis, welches der Gruppenklage zugrunde liegt und
5. die Bezeichnung des Beklagten.

(2) Die Teilnahmeerklärung wird in das Klageregister eingetragen und ist dem Beklagten zuzustellen.

§ 617

Verspätete Teilnahmeerklärung

Eine Teilnahmeerklärung, die nach Ablauf der gemäß § 614 Absatz 2 bestimmten Frist eingeht, ist zuzulassen, es sei denn, dies ist nicht sachdienlich. Nach Schluss der erstinstanzlichen mündlichen Verhandlung ist eine Teilnahmeerklärung nicht mehr möglich.

§ 618

Aussetzung anhängiger Verfahren

(1) Ist ein Gruppenverfahren durch Beschluss nach § 612 eröffnet, so wird ein anderes anhängiges Verfahren von Amts wegen ausgesetzt, wenn der Kläger in dem auszusetzenden Verfahren zugleich im Gruppenverfahren Gruppenkläger oder Teilnehmer ist und die Entscheidung des Rechtsstreits von den im Gruppenverfahren zu treffenden Feststellungen abhängen kann.

(2) Das ausgesetzte Verfahren wird auf Antrag einer Partei fortgesetzt, wenn das Gruppenverfahren beendet ist oder wenn der Kläger in dem ausgesetzten Verfahren nicht mehr am Gruppenverfahren teilnimmt.

Abschnitt 3

Durchführung des Gruppenverfahrens

§ 619

Gruppenkläger

(1) Das Gruppenverfahren wird mit Wirkung für die Gruppe durch den Gruppenkläger geführt.

(2) Die Stellung als Gruppenkläger begründet kein Schuldverhältnis gegenüber den Teilnehmern des Gruppenverfahrens.

(3) Auf Antrag eines Teilnehmers kann das Gericht den Gruppenkläger abberufen und durch einen neuen ersetzen, wenn der bisherige Gruppenkläger das Gruppenverfahren offensichtlich nicht im Interesse der Gruppe führt.

(4) Beabsichtigt der Gruppenkläger die Rücknahme der Klage nach Eröffnung des Gruppenverfahrens, so bedarf es dazu der Einwilligung des Beklagten gemäß § 269 Absatz 2. Liegt diese vor oder gilt sie als erteilt, so setzt das Gericht den Teilnehmern des Gruppenverfahrens eine angemessene Frist zur Benennung eines neuen Gruppenklägers und bestellt diesen, sofern er geeignet ist. Die Vorschriften des § 613 Absatz 2 und des § 620 Absatz 2 finden entsprechende Anwendung. Wird innerhalb der gesetzten Frist kein neuer Gruppenkläger vorgeschlagen oder ist die vorgeschlagene Person nicht geeignet, so wird die Rücknahme der Klage wirksam.

§ 620

Teilnehmer

(1) Die Teilnehmer des Gruppenverfahrens werden durch das Gericht über den Fortgang des Gruppenverfahrens informiert, insbesondere über sämtliche Schriftsätze und Zwischenentscheidungen.

(2) Die Information gemäß Absatz 1 erfolgt in der Regel über ein elektronisches Informationssystem, welches nur den Teilnehmern, dem Gruppenkläger und dem Beklagten zugänglich ist. Die im elektronischen Informationssystem gespeicherten Daten sind nach rechtskräftigem Abschluss oder sonstiger Beendigung des Gruppenverfahrens unverzüglich zu löschen.

(3) Die Teilnehmer können mit Ausnahme der in § 619 Absatz 4, § 623 Absatz 1 Satz 2, § 625 Absatz 2 und § 631 geregelten Fälle im Gruppenverfahren keine Prozesshandlungen vornehmen und keine Angriffs- oder Verteidigungsmittel vorbringen.

(4) Für die Beweisaufnahme durch Vernehmung eines Teilnehmers gelten die Regeln über den Beweis durch Parteivernehmung.

§ 621

Beendigung der Teilnahme

(1) Ein Teilnehmer kann bis zum Ende der mündlichen Verhandlung in erster Instanz durch Schriftsatz an das Gericht die Beendigung seiner Teilnahme am Gruppenverfahren erklären. Die Verpflichtung zur Kostentragung bleibt davon unberührt. Die Beendigung der Teilnahme wird im Klageregister verzeichnet.

(2) Sinkt die Anzahl der Teilnehmer im Verlauf des Gruppenverfahrens unter neun, so kann das Gericht das Gruppenverfahren von Amts wegen durch unanfechtbaren Beschluss für beendet erklären und in entsprechender Anwendung des § 91a nur noch über die Kosten entscheiden.

§ 622

Verfahrensregeln

Die Vorschriften des § 278 Absatz 2 bis 5, der §§ 306, 348 bis 350 und 379 sind im Gruppenverfahren nicht anzuwenden. In Beschlüssen müssen die Teilnehmer nicht bezeichnet werden.

§ 623

Vergleich

(1) Der Gruppenkläger und der Beklagte können einen gerichtlichen Vergleich dadurch schließen, dass sie dem Gericht einen schriftlichen Vergleichsvorschlag unterbreiten oder einen schriftlichen Vergleichsvorschlag des Gerichts durch Schriftsatz gegenüber dem Gericht annehmen. Den Teilnehmern ist über das gemäß § 620 Absatz 2 eingerichtete Informationssystem Gelegenheit zur Stellungnahme zu geben. Der Vergleich bedarf der Genehmigung durch das Gericht und wird nur wirksam, wenn weniger als 30 Prozent der Teilnehmer ihren Austritt aus dem Vergleich gemäß § 625 Absatz 2 erklären.

(2) Der Vergleich soll auch die folgenden Regelungen enthalten:

1. die Verteilung einer gegebenenfalls vereinbarten Leistung auf die Mitglieder der Gruppe,
2. den von den Gruppenmitgliedern zu erbringenden Nachweis der Leistungsberechtigung,
3. die Fälligkeit der Leistungen sowie
4. die Verteilung der Kosten des Gruppenverfahrens.

§ 624

Genehmigung des Vergleichs

(1) Das Gericht genehmigt den Vergleich durch unanfechtbaren Beschluss, wenn es ihn unter Berücksichtigung des bisherigen Sach- und Streitstandes sowie etwaiger Stellungnahmen der Teilnehmer als angemessene gütliche Beilegung der Rechtsstreitigkeit erachtet.

(2) Nach der Genehmigung kann der Vergleich nicht mehr widerrufen werden.

§ 625

Bekanntmachung des Vergleichs; Austritt

(1) Der genehmigte Vergleich wird den Teilnehmern zugestellt.

(2) Die Teilnehmer können innerhalb einer Frist von einem Monat nach Zustellung des Vergleichs ihren Austritt aus dem Vergleich erklären. Der Austritt muss schriftlich gegenüber dem Gericht erklärt werden; er kann vor der Geschäftsstelle zu Protokoll erklärt werden.

(3) Die Teilnehmer sind über ihr Recht zum Austritt aus dem Vergleich, über die einzuhaltende Form und Frist sowie über die Wirkung des Vergleichs zu belehren.

§ 626

Wirkung des Vergleichs

(1) Das Gericht stellt durch unanfechtbaren Beschluss fest, ob der genehmigte Vergleich wirksam geworden ist. Der Beschluss wird im Klageregister veröffentlicht. Mit der Bekanntmachung des Beschlusses, der die Wirksamkeit des Vergleichs feststellt, wirkt der Vergleich für und gegen den Gruppenkläger und den Beklagten sowie für und gegen alle Teilnehmer, sofern diese nicht ihren Austritt erklärt haben.

(2) Der Vergleich beendet das Gruppenverfahren.

§ 627

Urteil

(1) Im Falle eines Antrags gemäß § 610 Absatz 2 ist die Klage begründet, soweit die beantragten Feststellungen zutreffen und die Ansprüche der Gruppenmitglieder von diesen Feststellungen abhängen können.

(2) Das Urteil im Gruppenverfahren enthält auch die Namen und Anschriften sämtlicher Teilnehmer und wird auch diesen zugestellt. Dem Urteil ist eine Belehrung über das statthafte Rechtsmittel und dessen Durchführung beizufügen.

(3) Soweit das Urteil hinsichtlich der Ansprüche einzelner Teilnehmer vollstreckbar ist, ist auch diesen Teilnehmern auf ihren Antrag hin eine insoweit beschränkte vollstreckbare Ausfertigung zu erteilen, soweit sie hieran ein berechtigtes Interesse haben; § 733 gilt entsprechend.

§ 628

Wirkung des Urteils

Im Rahmen des dem Verfahren zugrunde liegenden Lebenssachverhalts wirkt das Urteil für und gegen den Gruppenkläger und den Beklagten sowie für und gegen alle Teilnehmer, sofern diese nicht ihre Teilnahme gemäß § 621 Absatz 1 beendet haben.

§ 629

Kosten

(1) Soweit die unterliegende Gruppe die Kosten des Rechtsstreits zu tragen hat, haften der Gruppenkläger und alle Teilnehmer für die Kostenerstattung anteilig. Die Anteile werden nach dem Verhältnis bestimmt, in dem der für den jeweiligen Gruppenkläger oder Teilnehmer dem Gruppenverfahren zugrunde liegende Anspruch zu der Gesamtsumme der dem Gruppenverfahren zugrunde liegenden Ansprüche steht. Dies gilt entsprechend für sonstige Rechtsverhältnisse.

(2) Die Verpflichtung eines Teilnehmers zur Kostentragung ist jedoch für das gesamte Gruppenverfahren einschließlich der Kosten der Teilnahmeerklärung, der Kosten der Rechtsmittelinstanzen sowie einer etwaigen Erstattung der Kosten des Gerichts oder der obsiegenden Gegenpartei auf einen Höchstbetrag begrenzt. Dieser Höchstbetrag entspricht vier Gebühren nach § 13 des Rechtsanwaltsvergütungsgesetzes, bezogen auf den Wert des für diesen Teilnehmer dem Gruppenverfahren zugrunde liegenden Anspruchs oder sonstigen Rechtsverhältnisses.

(3) Soweit die Erstattung der Kosten des Gerichts oder der obsiegenden Gegenpartei auf Grund der Regelung des Absatzes 2 von den Teilnehmern nicht verlangt werden kann, haftet der Gruppenkläger für die restlichen Kosten.

Abschnitt 4

Rechtsmittel im Gruppenverfahren

§ 630

Statthaftigkeit

(1) Gegen Urteile des Landgerichts, die im Gruppenverfahren ergangen sind, ist die Berufung zulässig.

(2) Gegen Urteile des Oberlandesgerichts, die im Gruppenverfahren in erster Instanz ergangen sind, ist die Revision zulässig. Die §§ 545 bis 565 finden entsprechende Anwendung.

§ 631

Einlegung und Kosten

(1) Der Gruppenkläger ist zur Einlegung der Berufung mit Wirkung für die Gruppe berechtigt. Außerdem ist jeder Teilnehmer berechtigt, innerhalb der Berufungsfrist vorsorglich Berufung einzulegen. Legt der Gruppenkläger Berufung ein, so werden die Berufungen der Teilnehmer gegenstandlos.

(2) Legt der Gruppenkläger keine Berufung ein, so wählt das Berufungsgericht durch unanfechtbaren Beschluss aus denjenigen Teilnehmern, die Berufung eingelegt haben, einen neuen Gruppenkläger aus, welcher das Berufungsverfahren durchführt. Die Vorschrift des § 613 Absatz 2 ist entsprechend anzuwenden. Der Beschluss wird im Klageregister veröffentlicht.

(3) Im Fall der Berufung sind die Teilnehmer verpflichtet, die auf sie entfallenden Gerichtsgebühren zu entrichten; dabei ist § 629 Absatz 1 und 2 anzuwenden.

(4) Die anwaltliche Vergütung obliegt dem Gruppenkläger. Der Gruppenkläger kann von den Teilnehmern eine Beteiligung an diesen Kosten verlangen; dabei ist § 629 Absatz 1 und 2 anzuwenden.

(5) Für die Revision gelten die Absätze 1 bis 4 entsprechend."

Artikel 2

Änderung des Bürgerlichen Gesetzbuches

§ 204 Absatz 1 des Bürgerlichen Gesetzbuches in der Fassung der Bekanntmachung vom 2. Januar 2002 (BGBl. I S. 42, 2909; 2003 I S. 738), das zuletzt durch Artikel 1 des Gesetzes vom 20. Juli 2017 (BGBl. I S. 2787) geändert worden ist, wird wie folgt geändert:

1. In Nummer 13 wird das Wort „und" am Ende gestrichen.
2. In Nummer 14 wird der Punkt am Ende durch das Wort „und" ersetzt.
3. Folgende Nummer 15 wird angefügt:

   „15. die Zustellung einer Erklärung der Teilnahme an einem Gruppenverfahren für darin bezeichnete Ansprüche, soweit diesen der gleiche Lebenssachverhalt zugrunde liegt wie dem Gruppenverfahren."

Artikel 3

Änderung des Gerichtsverfassungsgesetzes

Das Gerichtsverfassungsgesetz in der Fassung der Bekanntmachung vom 9. Mai 1975 (BGBl. I S. 1077), das zuletzt durch Artikel 28 des Gesetzes vom 5. Juli 2017 (BGBl. I S. 2208) geändert worden ist, wird wie folgt geändert:

1. § 71 Absatz 2 wird wie folgt geändert:
   a) In Nummer 5 wird der Punkt am Ende durch ein Semikolon ersetzt.
   b) Folgende Nummer 6 wird angefügt:

      „6. für Gruppenverfahren nach Buch 6 der Zivilprozessordnung, wenn nicht gemäß § 118 die Zuständigkeit des Oberlandesgerichts begründet ist."
2. In § 118 werden nach den Wörtern „Kapitalanleger-Musterverfahrensgesetz" die Wörter „und in Gruppenverfahren nach Buch 6 der Zivilprozessordnung, wenn sich das Verfahren auf die in § 32b Absatz 1 Satz 1 der Zivilprozessordnung genannten Ansprüche bezieht" eingefügt.

Artikel 4

Änderung des Gerichtskostengesetzes

Das Gerichtskostengesetz vom 5. Mai 2004 (BGBl. I S. 718), das zuletzt durch Artikel 2 Absatz 7 des Gesetzes vom 18. Juli 2017 (BGBl. I S. 2739) geändert worden ist, wird wie folgt geändert:

1. In der Inhaltsübersicht wird nach der Angabe zu § 51a folgende Angabe eingefügt:

   „§ 51b Gruppenverfahren".
2. Dem § 9 Absatz 1 wird folgender Satz angefügt:

   „Dasselbe gilt für die Auslagen im Gruppenverfahren nach Buch 6 der Zivilprozessordnung."

3. Dem § 12 Absatz 1 wird folgender Satz angefügt:

„Die Teilnahmeerklärung gemäß § 616 der Zivilprozessordnung soll erst nach Zahlung der Gebühr nach Nummer 1902 des Kostenverzeichnisses zugestellt und in das Klageregister eingetragen werden."

4. Dem § 22 wird folgender Absatz 5 angefügt:

„(5) Die Kosten der Teilnahmeerklärung gemäß § 616 der Zivilprozessordnung schuldet der Teilnehmer."

5. Nach § 51a wird folgender § 51b eingefügt:

„§ 51b

Gruppenverfahren

(1) Im Gruppenverfahren nach Buch 6 der Zivilprozessordnung werden die im ersten Rechtszug zu entrichtenden Gerichtsgebühren für den Gruppenkläger und jeden Teilnehmer einzeln bestimmt; als Streitwert gilt insoweit der Wert des dem Gruppenverfahren jeweils zugrunde liegenden einzelnen Anspruchs oder sonstigen Rechtsverhältnisses.

(2) Ist der Gruppenkläger eine qualifizierte Einrichtung gemäß § 611 Nummer 2 der Zivilprozessordnung, die keinen eigenen Anspruch oder kein eigenes Rechtsverhältnis zum Beklagten geltend macht, so setzt das Gericht den Streitwert nach billigem Ermessen fest. Dabei kann es sich am durchschnittlichen Streitwert der Teilnehmer orientieren."

6. Die Anlage 1 (Kostenverzeichnis) wird wie folgt geändert:

   a) In Absatz 2 der Anmerkung zu Nummer 1210 werden nach der Angabe „(§ 10 Abs. 2 KapMuG)" die Wörter „oder als Gruppenkläger oder Teilnehmer an einem Gruppenverfahren nach Buch 6 der Zivilprozessordnung teilgenommen hat" eingefügt.

   b) Dem Gebührentatbestand der Nummer 1902 werden die Wörter „oder Erklärung der Teilnahme an einem Gruppenverfahren nach Buch 6 der Zivilprozessordnung als Teilnehmer oder als Gruppenkläger" angefügt.

Artikel 5

Änderung des Rechtsanwaltsvergütungsgesetzes

Das Gesetz über die Vergütung der Rechtsanwältinnen und Rechtsanwälte (Rechtsanwaltsvergütungsgesetz) vom 5. Mai 2004 (BGBl. I S. 718, 788), das zuletzt durch Artikel 2 Absatz 8 des Gesetzes vom 18. Juli 2017 (BGBl. I S. 2739) geändert worden ist, wird wie folgt geändert:

1. § 17 wird wie folgt geändert:

   a) In Nummer 12 wird das Wort „und" am Ende durch ein Komma ersetzt.

   b) In Nummer 13 wird der Punkt am Ende durch das Wort „und" ersetzt.

   c) Folgende Nummer 14 wird angefügt:

   „14. das Gruppenverfahren und die Erklärung der Teilnahme."

2. In der Anlage 1 (Vergütungsverzeichnis) wird nach Nummer 3338 folgende Nummer 3339 eingefügt:

Nr.	Gebührentatbestand	Gebühr oder Satz der Gebühr nach § 13 RVG
„3339	Gebühr für die Vertretung des Gruppenklägers oder Teilnehmers im ersten Rechtszug eines Gruppenverfahrens nach Buch 6 ZPO	0,8“.

Artikel 6

Übergangsregelung

Auf Musterverfahren nach dem Kapitalanleger-Musterverfahrensgesetz, in denen vor dem Tag des Inkrafttretens des vorliegenden Gesetzes bereits ein Vorlagebeschluss im Klageregister öffentlich bekanntgemacht wurde, ist das Kapitalanleger-Musterverfahrensgesetz weiterhin anzuwenden.

Artikel 7

Inkrafttreten, Außerkrafttreten

Dieses Gesetz tritt am Tag nach der Verkündung in Kraft. Gleichzeitig tritt das Kapitalanleger-Musterverfahrensgesetz vom 19. Oktober 2012 (BGBl. I S. 2182), das zuletzt durch Artikel 24 Absatz 1 des Gesetzes vom 23. Juni 2017 (BGBl. I S. 1693) geändert worden ist, außer Kraft.

Berlin, den 12. Dezember 2017

Katrin Göring-Eckardt, Dr. Anton Hofreiter und Fraktion

Begründung

A. Allgemeiner Teil

I. Ausgangslage

Ereignisse, durch die eine Vielzahl von Personen durch dieselbe rechtswidrige Handlung geschädigt wird, zeigen auf, dass bislang bestehende zivilprozessuale Möglichkeiten nicht ausreichen und eine Notwendigkeit für ein rechtliches Instrument besteht, das es Geschädigten ermöglicht, gemeinsam gegen den Schädiger ihre Rechte durchzusetzen. Im Zuge des Dieselskandals sind bereits tausende Klagen bei den Gerichten eingegangen, die in individuellen Prozessen verhandelt werden. Unbekannt ist die Zahl der Betroffenen, die nicht vor Gericht ziehen, weil sie das Kostenrisiko oder einen großen Konzern als Klagegegner scheuen. Für sie droht das Ende der Gewährleistungsfrist Ende 2017, ohne dass bis dahin Klarheit über ihre Entschädigungsansprüche bzw. die Folgen der Nachrüstung bestehen wird. Die Zahl von 5,3 Millionen Diesel-Pkw deutscher Hersteller in den Schadstoffklassen Euro 5 und Euro 6, die infolge des Nationalen Dieselgipfels am 2. August 2017 nachgerüstet werden sollen, zeigt den Umfang der von zu hohen Abgaswerten betroffenen Verbraucherinnen und Verbraucher, die sich an die Gerichte wenden könnten, um ihre Rechte durchzusetzen, sofern keine außergerichtliche Einigung zustande kommt. Darüber hinaus könnten kartellrechtliche Ansprüche in Betracht kommen, wenn sich die Vorwürfe der rechtswidrigen Absprachen zwischen den Automobilherstellern bewahrheiten.

Im Bericht des 5. Untersuchungsausschusses der 18.Wahlperiode des Deutschen Bundestages (Abgasskandal, Drucksache 18/12900), den das Plenum am 30.06.2017 einstimmig zur Kenntnis genommen hat, wird in den Schussfolgerungen und Empfehlungen die Einführung von kollektiven Rechtsschutzmöglichkeiten für die Verbraucherinnen und Verbraucher gefordert. So ausdrücklich sowohl in Ziffer 9 der Empfehlungen der Mehrheit (a. a. O. S. 554: „Musterfeststellungsklage als Beitrag zum Verbraucherschutz") als auch im Sondervotum der Fraktion DIE LINKE. (a. a. O. S. 562) und im Sondervotum der Fraktion BÜNDNIS 90/DIE GRÜNEN (a. a. O. S. 632, 641 mit der Forderung, dass die Bundesregierung den kollektiven Rechtsschutz ausbauen möge, „indem sie Gruppenklagemöglichkeiten entlang des bereits im Jahr 2014 von der Grünen-Bundestagsfraktion vorgeschlagenen Entwurfs eines Gesetzes über die Einführung von Gruppenverfahren einführt").

Die Informations- und Dienstleistungsgesellschaft der Bundesrepublik Deutschland ist durch eine komplexe rechtliche Regulierung nahezu aller Lebensbereiche gekennzeichnet. Dies betrifft nicht nur das Verwaltungsrecht, sondern auch und gerade das Privatrecht, welches heute eine Vielzahl von Regulierungsaufgaben übernimmt und für die Lebensverhältnisse der Bürgerinnen und Bürger daher so relevant ist wie nie zuvor. Zentrale gesellschaftliche Bereiche wie insbesondere der Konsum von Lebensmitteln und Industrieprodukten, die Versorgung mit Strom, Gas und Wasser, der Transport mit öffentlichen Verkehrsmitteln, die Risikovorsorge der Bürgerinnen und Bürger durch Versicherungen, ihre Altersversorgung durch Kapitalanlagen sowie die Sicherung einer fairen marktwirtschaftlichen Ordnung durch Wettbewerbs- und Verbraucherschutz werden heute in weiten Teilen in den Strukturen des Privatrechts geregelt.

Zu dieser enorm gestiegenen gesellschaftlichen Bedeutung des Privatrechts passt es nicht, dass die Durchsetzung des Privatrechts heute noch mit den Mitteln des 19. Jahrhunderts stattfindet, d. h. mit einem Prozessrecht, welches fast ausschließlich die individuelle Rechtsdurchsetzung durch die einzelnen Bürgerinnen und Bürger im Blick hat. Für diese individuelle Rechtsdurchsetzung hat sich die deutsche Zivilprozessordnung (ZPO) zwar bewährt, aber sie muss durch neue Instrumente ergänzt werden, um der genannten gesellschaftlichen Bedeutung des Privatrechts auch auf der Ebene der Rechtsdurchsetzung gerecht werden zu können.

Diese neuen Instrumente eines kollektiven Rechtsschutzes reagieren vor allem auf zwei Probleme: Erstens auf das Problem des mangelnden Zugangs zum Recht bei – auch kleineren – massenhaft auftretenden Individualschäden und – damit verbunden – zweitens auf das dadurch entstehende Defizit bei der Rechtsdurchsetzung.

1. Zugang zum Recht

Das Problem des Zugangs zum Recht besteht darin, dass die oben angesprochenen Regelungsbereiche des Privatrechts zwar in der Theorie viele Ansprüche für die einzelnen Bürgerinnen und Bürger bereithalten, dass diese aber in der Praxis aufgrund faktischer Zugangshürden nicht geltend gemacht werden. Diese Zugangshürden sind sowohl sozialer und kultureller Natur – eine gerichtliche Auseinandersetzung ist für die meisten Bürgerinnen und Bürger etwas Ungewohntes und Unerwünschtes – aber auch finanzieller Natur. Angesichts des sich aus § 91 ZPO ergebenden Kostenrisikos ist es bei kleineren Schäden oft aus individueller Sicht rational, die entsprechenden Ansprüche nicht zu verfolgen, mögen sie auch materiell-rechtlich bestehen.

Dieses rationale Desinteresse ist nicht nur im Verbraucher-, Wettbewerbs- und Kapitalanlagerecht evident, sondern auch in anderen Bereichen des Privatrechts. Ein einzelner Bürger, der unter vorschriftswidrig entstehendem Fluglärm leidet, wird diesen oft hinnehmen, weil ihm die Mühe einer rechtlichen Auseinandersetzung belastender erscheint als die Hinnahme des Lärms – auch wenn das private Nachbarrecht ihm möglicherweise einen Unterlassungsanspruch bereitstellt. Eine Versicherungskundin, die aufgrund rechtswidriger Allgemeiner Geschäftsbedingungen finanzielle Nachteile erleidet, nimmt diese in der Regel ebenso stillschweigend hin wie eine Person, die zur Altersversorgung ein Wertpapier erworben hat, welches aufgrund rechtswidriger Kapitalmarktinformation zu teuer gekauft wurde. Und auch bei Schadenshandlungen, die von deutschen Unternehmen im Ausland begangen werden, schrecken Einzelpersonen häufig vor einer juristischen Auseinandersetzung zurück. Jede Bürgerin und jeder Bürger erfährt in ihrem bzw. seinem Alltag zahlreiche solcher Beispiele, in denen sie oder er aus Bequemlichkeit oder rationaler Abwägung mehr oder weniger bewusst auf die Durchsetzung der eigenen Rechte verzichtet.

2. Mangelnde Rechtsdurchsetzung

Dieses Phänomen könnte man als individuelle Entscheidung der einzelnen Bürgerinnen und Bürger hinnehmen, wenn die betreffenden Vorschriften ausschließlich im Interesse der jeweils Betroffenen erlassen wären. Dies entspräche auch dem Modell der Durchsetzung individueller Ansprüche, wie es in der ZPO des 19. Jahrhunderts entwickelt wurde – auch wenn schon damals erkannt wurde, dass die Durchsetzung individueller Ansprüche stets zugleich die Durchsetzung des objektiven Rechts bedeutet: Ohne individuelle Aktivität der privatrechtlich Berechtigten „ist der Rechtssatz thatsächlich lahmgelegt" (Jhering, Der Kampf um's Recht, S. 48).

Diese Erkenntnis spielt angesichts der im heutigen Privatrecht vorhandenen Regulierungszwecke eine entscheidende Rolle und beschreibt zugleich das zweite Problem: Wenn die Rechtsordnung weite Teile des Lebens privatrechtlich gestaltet, die Bürgerinnen und Bürger aber ihre privatrechtlichen Ansprüche nicht durchsetzen können oder wollen, dann kann das Recht seine gesellschaftliche Steuerungsfunktion auch nicht mehr ausreichend erfüllen. Das Verbraucher- und Wettbewerbsrecht soll eben nicht nur den Einzelnen schützen, sondern zugleich auch insgesamt für faire Marktbedingungen sorgen, das Kapitalmarktrecht soll zu einer ökonomisch effizienten Allokation von Ressourcen beitragen, das Umwelthaftungsrecht soll Anreize zu ökologischem Verhalten setzen usw.. Dies gilt sowohl im Inland, als auch bei wirtschaftlichen Betätigungen deutscher Unternehmen im Ausland.

Wenn Rechtsbruch aber nicht effektiv sanktioniert wird, haben Unternehmen, die das Recht brechen, einen Wettbewerbsvorteil gegenüber rechtstreuen Unternehmen. Das Verhalten solcher Unternehmen kann nur so gedeutet werden, dass diese Akteure anscheinend vermuten, dass Rechtsbruch sich lohnt – anders ist das Auftreten von Kartellen, rechtswidrigen Geschäftsbedingungen, verbraucherschutzwidrigen Praktiken, fehlerhafter Anlageberatung und anderen Rechtsverstößen kaum zu erklären.

Bei sehr kleinen Schadenssummen mag das rationale Desinteresse allerdings auch durch die hier vorgeschlagene opt-in-Gruppenklage nicht überwindbar sein: Wer etwa nur 25 Euro verloren hat, macht diesen Schaden – wenn er sich rational verhält – vor Gericht nicht geltend. Trotzdem kann ein solcher Schaden, wenn er sehr breit gestreut ist, volkswirtschaftlich relevant und im Sinne effektiver Rechtsdurchsetzung sanktionsbedürftig sein. In diesem Bereich besteht daher weiter ein Bedürfnis für andere Instrumente des kollektiven Rechtsschutzes, die ohne eine individuelle Beteiligung auskommen, etwa Ansprüche auf Gewinnabschöpfung o. Ä.. Allerdings lässt sich eine zahlenmäßige Grenze – also etwa eine Anspruchshöhe ab der oder bis zu der die opt-in-Gruppenklage geeignet ist – nicht abstrakt festlegen. Dazu sind die Bedingungen der Rechtsdurchsetzung zu sehr vom konkreten Fall und von der individuellen Lage der Geschädigten abhängig. Es muss daher abgewartet werden, ob das hier vorgelegte Instrument auch zur effektiven Bewältigung breit gestreuter Kleinschäden geeignet ist und ggf. bis zu welcher

Grenze. Soweit in der Praxis trotz Einführung des Gruppenverfahrens weiterhin ein sozial relevantes Rechtsdurchsetzungsdefizit bestehen bleiben sollte, wäre in der Zukunft an weiteren Instrumenten des kollektiven Rechtsschutzes zu arbeiten.

3. Rolle des Zivilverfahrensrechts

Es wäre allerdings naiv, nur vom Zivilverfahrensrecht die Lösung all dieser Probleme zu erwarten. Rechtsbefolgung und -durchsetzung findet auch und gerade über soziale Konventionen, informelle Sanktionen, Reputationssysteme, behördliche Aufsicht und im Extremfall über das Strafrecht statt. Das Zivilverfahrensrecht kann hier nur ein Instrument unter vielen sein. Dieses darf aber auch nicht vernachlässigt werden, zumal es die besondere Chance einer in gewissem Maße staatsfernen und von den Bürgerinnen und Bürgern selbst initiierten Rechtsdurchsetzung in sich birgt.

4. Internationale Entwicklung

Es verwundert daher nicht, dass die internationale Entwicklung in fast allen Industrienationen von einer Reform und Erweiterung der Instrumente des kollektiven Rechtsschutzes gekennzeichnet ist. In der internationalen Diskussion sieht man in diesen Instrumenten und in ihrem Zusammenspiel mit behördlicher Aufsicht einerseits und alternativen Formen der Streitbeilegung andererseits einen Beitrag zur Herstellung fairer und effizienter Märkte (so z. B. auf der Anfang 2012 von der Rückversicherung Swiss Re veranstalteten einschlägigen Tagung: „Building effective markets – The role of an integrated legal system").

Sammel- und Gruppenklageverfahren findet man daher heute nicht nur in den USA, Kanada und Australien, sondern auch in zahlreichen EU-Staaten wie etwa in Schweden und Dänemark, in den Niederlanden, in Polen, Spanien und Italien (Übersichten über die damit verbundenen Fragestellungen etwa bei Stadler, JZ 2009, 121; Hess, JZ 2011, 66; Koch, JZ 2011, 438). Auch die Europäische Union als Ganzes befasst sich mit der Entwicklung derartiger Verfahren vor allem im Kartell- und Verbraucherrecht (dazu etwa Meller-Hannich/Höland, GPR 2011, 168 m. w. N.). Diese Entwicklungen auf EU-Ebene können und müssen aber nicht erst abgewartet werden. Im Gegenteil: Das deutsche Rechtssystem sollte hier einen angemessenen eigenständigen Beitrag leisten (so bereits die Regierungsbegründung zum KapMuG, Bundestagsdrucksache 15/5091, S. 17: „Standortfrage").

II. Unzureichende Problemlösungen im geltenden deutschen Recht

Das geltende deutsche Verfahrensrecht löst die dargestellten Probleme bisher nicht ausreichend. Die Entwicklung des deutschen Rechts verlief bei der Entwicklung von Instrumenten des kollektiven Rechtsschutzes bisher in zwei Etappen: Erstens gibt es die insbesondere im Lauterkeitsrecht lange zurückreichende Tradition der vornehmlich auf Unterlassung gerichteten Verbandsklagen, mit denen keine individuellen Ansprüche gebündelt werden, sondern zusätzliche Interventionsbefugnisse für die klagebefugten Verbände geschaffen werden. Die zweite Etappe der Bündelung individueller Ansprüche zu einem Gruppenverfahren begann erst 2005 mit dem KapMuG.

1. Verbandsklagen

Die vor allem im Unterlassungsklagengesetz (UKlaG) und im Gesetz gegen den unlauteren Wettbewerb (UWG) geregelten Verbandsklagen auf Unterlassung sind einerseits eine Erfolgsgeschichte, andererseits aber in ihrer Wirkung noch unzureichend. Dieser Befund ergibt sich u. a. aus der Studie von Meller-Hannich und Höland aus 2009 (Evaluierung der Effektivität kollektiver Rechtsschutzinstrumente für Verbraucher im nationalen Recht und rechtliche Bewertung ausgewählter Ansätze zu ihrer Fortentwicklung): Zwar werden eine Vielzahl von Fällen konstatiert, in denen die Unterlassung rechtswidriger Praktiken mit Erfolg verlangt wurde – trotzdem bleibt die Steuerungswirkung dieses Instruments beschränkt, weil es nur die Unterlassung rechtswidrigen Verhaltens in der Zukunft in den Blick nimmt, die durch rechtswidriges Verhalten erzielten Gewinne jedoch unangetastet lässt (Meller-Hannich/Höland, a. a. O., S. 129: mangelnde Verknüpfung der Unterlassungsklagen mit individuell wirksamen Verbraucherschutz).

Auch der inzwischen eingeführte Gewinnabschöpfungsanspruch zu Gunsten des Bundeshaushalts, der von den nach UKlaG und UWG klageberechtigten Einrichtungen durchgesetzt werden soll, ist in der Praxis bisher kaum relevant geworden (Meller-Hannich/Höland, a. a. O., S. 123: „kein praktisch taugliches Mittel", keine Behebung von Durchsetzungsdefiziten des Rechts). So konnten z. B. weder die – vermutlich im Millionenbereich liegenden – Gewinne eines Mobilfunkunternehmens abgeschöpft werden, welches bei der Umrechnung von DM zu Euro erwiesenermaßen gegen die europarechtlichen Vorgaben verstieß, noch können in nennenswertem Ausmaß die durch rechtswidrige Vertragsklauseln erzielten und bisher nicht bezifferbaren Gewinne im Bereich von Finanzdienstleistungen und Versorgungsunternehmen abgeschöpft werden. Auch im Kartellrecht findet – trotz theoretisch bestehender Verbandsklagebefugnis in § 34a des Gesetzes gegen Wettbewerbsbeschränkungen (GWB) – eine wirksame Gewinnabschöpfung bisher allenfalls dort statt, wo ein einzelner Geschädigter einen sehr großen Schaden erlitten hat, nicht aber bei einer Häufung von kleineren oder mittleren Einzelschäden bei zahlreichen Verbraucherinnen und Verbrauchern.

2. Bündelung individueller Ansprüche: KapMuG

Das Problem der Häufung von Einzelschäden und ihre verfahrensmäßige Durchsetzung ist in Deutschland vor allem mit den seit über zehn Jahren laufenden Prospekthaftungsprozessen gegen die Deutsche Telekom in den Blick geraten. Dabei wurde erkannt, dass die im materiellen Recht und im Prozessrecht bisher vorgesehenen Bündelungsformen – nämlich insbesondere die Möglichkeit der Bündelung von Forderungen durch Inkassozession oder ihre prozessual verbundene Geltendmachung im Wege der streitgenössischen Klage – in echten Massenfällen an ihre Grenzen stoßen und daher aus heutiger Sicht keine befriedigende Lösung darstellen (Bundestagsdrucksache 15/5091, S. 13 f.).

Aus diesem Befund wurde 2005 das Kapitalanleger-Musterverfahrensgesetz (KapMuG) entwickelt, welches sich aufgrund seiner historischen Genese auf den besonderen Bereich des Kapitalmarktrechts beschränkt; 2012 erfolgte eine Neufassung des KapMuG mit zahlreichen Veränderungen aufgrund der bisherigen Erfahrungen. Das KapMuG ist jedoch auch in seiner heute geltenden Form nicht ausreichend, um die Probleme des Zugangs zum Recht und der kollektiven Rechtsdurchsetzung in angemessener Weise zu lösen. Insbesondere verbleiben auch nach der Reform 2012 drei gravierende Strukturprobleme des KapMuG.

Erstens ist das KapMuG auf einen bestimmten materiell-rechtlichen Bereich beschränkt, ohne dass es dafür eine über den historischen Zufall des Telekom-Prozesses hinausgehende innere Rechtfertigung gäbe (so bereits die Stellungnahme des Bundesrats zum Entwurf des KapMuG in Bundestagsdrucksache 15/5091, S. 40). Massenhafte Schäden mit im wesentlichen identischen tatsächlichen oder rechtlichen Fragen kommen nicht nur im Kapitalmarktrecht vor, sondern auch in vielen anderen Bereichen des Privatrechts.

Zweitens ändert das KapMuG nichts an den bestehenden Zugangsschranken zum Recht, indem es für die Anspruchsbündelung die Erhebung normaler Klagen voraussetzt. Das KapMuG ist daher – wiederum aufgrund seiner Entstehungsgeschichte verständlich – eher ein Mittel zur Bewältigung einer bereits vorhandenen Vielzahl von Einzelklagen, senkt aber nicht die Zugangsschwelle zum Recht, wie es für eine effektive kollektive Rechtsdurchsetzung notwendig wäre und wie es auch der international üblichen Praxis entspricht.

Drittens ist das KapMuG als zweistufiges Vorlageverfahren – Klageerhebung beim Landgericht, Musterverfahren beim Oberlandesgericht und anschließend Fortsetzung der Ausgangsverfahren vor dem Landgericht – zu kompliziert und zu langwierig; es sollte durch ein Verfahren auf einer Ebene ersetzt werden. Auch damit würde eine Anpassung an internationale Entwicklungen im kollektiven Rechtsschutz vollzogen; das komplizierte Vorlageverfahren des KapMuG ist im Rechtsvergleich ohne Beispiel und kann schon aufgrund seiner Komplexität und Schwerfälligkeit kaum als Vorbild für eine europäische Regelung dienen.

III. Ziele der Einführung des Gruppenverfahrens

Diese Defizite des KapMuG sollen mit der hier vorgeschlagenen Ersetzung des KapMuG durch ein Gruppenverfahren soweit wie möglich behoben werden. Der Gesetzentwurf verfolgt daher im wesentlichen drei Ziele: Erstens soll die mit dem KapMuG geschaffene Möglichkeit der Bündelung individueller Ansprüche verallgemeinert und in die Zivilprozessordnung integriert werden. Zweitens sollen die Zugangsschranken zum Gruppenverfahren gegenüber dem KapMuG abgesenkt werden, um eine stärkere Rechtsdurchsetzungswirkung zu erreichen. Drittens soll ein angemessener Rahmen geschaffen werden, in dem die Zivilgerichte bei massenhaften Schadensfällen zu einer angemessenen Konfliktlösung beitragen können.

Dabei ist von der Notwendigkeit einzelner Klagen schon deshalb abzusehen, weil ein nur auf individuellen Rechtsschutz fokussiertes System bei Massenschäden strukturell überfordert ist. Dies zeigt vor allem der extrem langwierige Telekom-Prozess. Das Gruppenverfahren als ein Instrument des kollektiven Rechtsschutzes beansprucht daher gerade nicht, jeden Einzelfall abschließend und in seiner vollen rechtlichen Komplexität zu klären. Diese Aufgabe bleibt dem insoweit bewährten Individualverfahren vorbehalten. Das Gruppenverfahren soll aber durch Klärung gemeinsamer Fragen eine überindividuelle Konfliktlösung erleichtern, die in einem Vergleich bestehen kann, oder auch darin, dass das Gericht diese gemeinsamen Fragen zu Gunsten der einen oder anderen Seite klärt, um eine Vielzahl von aufwendigen Einzelprozessen überflüssig zu machen.

IV. Struktur des Gruppenverfahrens

Die hier vorgeschlagene Struktur des Gruppenverfahrens baut einerseits auf den internationalen Erfahrungen auf, unter denen vor allem die dänische Gruppenklage als erfolgreiches Modell gilt, vgl. dazu Werlauff, European Business Law Review 24 (2013), S. 173 ff. Außerdem liegen bereits zahlreiche Vorschläge aus der wissenschaftlichen Literatur vor, die ebenfalls eingearbeitet wurden (insbesondere der Abschnitt zu „Gruppenklagen" aus Micklitz/Stadler, Das Verbandsklagerecht in der Informations- und Dienstleistungsgesellschaft, 2004; außerdem Lange, Das begrenzte Gruppenverfahren, 2011; sowie für Österreich Kodek, Die Gruppenklage nach der ZVN 2007, RdW 2007, 711; für eine opt-in-Gruppenklage auch Hess, JZ 2011, 66, 72).

1. Opt-in-Verfahren

In der internationalen Diskussion werden bei Gruppenverfahren „opt-out" und „opt-in"-Modelle unterschieden. Im „opt-out" -Verfahren treffen die Wirkungen einer Entscheidung jedes Mitglied der betroffenen Gruppe, es sei denn die betreffende Person tritt ausdrücklich aus dem Verfahren aus. Diese Spezies von Gruppenverfahren findet man insbesondere in den USA, Kanada und Australien vor, außerdem in den Niederlanden bei Vergleichsschlüssen sowie in Dänemark für Verfahren mit geringen Einzelstreitwerten. Da bei opt-out-Verfahren eine rechtliche Bindung auch ohne Zustimmung der Betroffenen eintreten kann, unterliegen diese Verfahren in den genannten Staaten strengen Anforderungen (vgl. etwa Halfmeier/Wimalasena, JZ 2012, 649 ff., dort auch zur verfassungsrechtlichen Zulässigkeit; vgl. den Vorschlag für eine opt-out-Gruppenklage für Deutschland bei Hopt/Baetge, in: Basedow u. a., Die Bündelung gleichgerichteter Interessen im Prozess, 1999, 11, 49 ff.).

Im Gegensatz dazu wird im vorliegenden Entwurf ein verfassungsrechtlich wesentlich unproblematischeres „opt-in"-Verfahren vorgeschlagen, d. h. die Wirkungen einer Entscheidung im Gruppenverfahren treffen nur diejenigen Personen, die ausdrücklich ihre Teilnahme erklärt haben. Derartige Verfahren sind in Dänemark und Schweden bereits etabliert. Das „opt-in"-Verfahren hat den Vorzug der strikten Freiwilligkeit ohne Vereinnahmung am Verfahren nicht Beteiligter.

Auch darin unterscheidet es sich vom geltenden KapMuG: Das KapMuG zwingt jeden Betroffenen, dessen Ansprüche von den im Musterverfahren zu treffenden Feststellungen abhängen, gemäß § 8 KapMuG in ein ggf. langwieriges Musterverfahren, auch wenn der Kläger dies möglicherweise gar nicht wünscht (kritisch dazu etwa Schneider/Heppner, BB 2012, 2703, 2710 f.). Das hier vorgeschlagene Gruppenverfahren ist dagegen freiwilliger Natur, d. h. es bleibt jedem Betroffenen selbst überlassen, ob er sich dem Gruppenverfahren als Teilnehmer anschließt oder ob er seinen individuellen Anspruch im normalen Verfahren durchzusetzen versucht oder auch ganz untätig bleibt.

Damit wird das eingangs konstatierte rationale Desinteresse zwar nicht komplett überwunden; demgegenüber überwiegen aber die mit der Freiwilligkeit verbundenen Vorzüge: Auch das Gruppenverfahren beruht auf dem Gedanken der Privatautonomie, denn es schreibt den Bürgerinnen und Bürgern weder vor, dass sie ihre Ansprüche durchsetzen müssten, noch auf welchem Wege dies zu geschehen hat; es macht ihnen nur ein zusätzliches Angebot der kollektiven Rechtsdurchsetzung.

Zugleich wird aber auch die Struktur des Verfahrens im Hinblick auf die Beteiligten gegenüber dem KapMuG verändert. Das KapMuG muss aufgrund seines Zwangscharakters sämtliche Kläger der Ausgangsverfahren zu „Beigeladenen" machen, denen umfassende prozessuale Rechte zustehen. Diese Rechte der Beigeladenen werden aber in der Praxis des KapMuG kaum wahrgenommen. Würden sie wiederum massenhaft wahrgenommen, wäre ein Massenverfahren kaum noch vernünftig abzuwickeln.

Das Gruppenverfahren wird dagegen auf Seiten der klägerischen Gruppe nur vom Gruppenkläger geführt. Die Teilnehmer werden über den Fortgang des Verfahrens informiert, können aber selbst keine Prozesshandlungen vornehmen. Wer mit der Verfahrensführung durch den Gruppenkläger nicht einverstanden ist, wird entweder gar nicht erst seine Teilnahme erklären oder im Laufe des Verfahrens wieder austreten. Das rechtliche Gehör der Teilnehmer des Gruppenverfahrens wird für sie durch den Gruppenkläger ausgeübt; dem haben sie durch ihre Teilnahme und ihren freiwilligen Verbleib im Gruppenverfahren zugestimmt, so dass ein individuelles Gehör jedes einzelnen Teilnehmers verfassungsrechtlich nicht geboten ist (ebenso bereits Micklitz/Stadler, a. a. O., S. 1385; Stadler, in: Meller-Hannich (Hrsg.), Kollektiver Rechtsschutz (2008), S. 93, 100).

Schon das geltende deutsche Recht geht diesbezüglich etwa in § 6 des Spruchverfahrensgesetzes (SpruchG) deutlich weiter: Dort wird das rechtliche Gehör sämtlicher Berechtigter zulässigerweise durch den vom Gericht bestellten Vertreter wahrgenommen, ohne dass den Betroffenen auch nur ein Ein- oder Austrittsrecht zustünde (vgl. zur Verfassungsmäßigkeit dieser Regelung Kubis, in: Münchener Kommentar zum Aktiengesetz, 3. Aufl. 2010, § 6 SpruchG Rn. 1 m. w. N.).

Die Interessen der Teilnehmer werden außerdem dadurch geschützt, dass der Gruppenkläger durch Beschluss des Gerichts auf Antrag eines Teilnehmers ausgewechselt werden kann, wenn er das Gruppenverfahren erkennbar nicht im Interesse der Gruppe führt.

2. Echtes oder begrenztes Gruppenverfahren möglich

Was den Gegenstand des Gruppenverfahrens angeht, so ermöglichen die hier vorgeschlagenen Regeln sowohl ein „echtes" Gruppenverfahren wie auch ein „begrenztes" Gruppenverfahren (Terminologie nach Lange, a. a. O., S. 185). Ein „echtes" Gruppenverfahren enthält z. B. einen Leistungsantrag wie im Individualverfahren und könnte mit einem Urteil mit vollstreckbarem Inhalt enden. Dies wird voraussichtlich die Ausnahme bleiben, da viele Ansprüche subjektive oder sonstige individuelle Voraussetzungen haben. Diese können so unterschiedlich sein, dass sie sich nicht für eine gemeinsame Behandlung im Gruppenverfahren eignen, weil z. B. die jeweils individuelle Beweisaufnahme dann keinen Effektivitätsgewinn gegenüber Einzelprozessen verspricht.

Andererseits sind auch Fälle vorstellbar, in denen die Anspruchsvoraussetzungen so einheitlich sind, dass sie vollständig im Gruppenverfahren abgearbeitet werden können: Wenn etwa das materielle Recht den Passagieren eines ausgefallenen Fluges eine pauschale Entschädigung gewährt (ohne Rücksicht auf individuell eingetretene Schäden), so ließe sich dies im Gruppenverfahren durchführen, da der Gruppenkläger dann im Streitfall nur beweisen muss, dass die Gruppenmitglieder in dem betreffenden verspäteten Flugzeug saßen. Auch etwaige Einwendungen wären dann genereller Natur (z. B. das Vorliegen höherer Gewalt, soweit dies den Anspruch ausschließt) und sinnvollerweise im Gruppenverfahren mit Wirkung für die ganze Gruppe zu klären.

Auch ein nach allgemeinen Regeln gemäß § 256 ZPO zulässiger Feststellungsantrag kann zulässiger und sinnvoller Gegenstand eines Gruppenverfahrens sein, z. B. die Unwirksamkeit einer Preiserhöhung oder sonstigen Vertragsänderung bezogen auf eine Gruppe von Kundinnen und Kunden eines bestimmten Unternehmens, die zu ein und denselben Vertragsbedingungen abgeschlossen haben. Auch hier kann das Gruppenverfahren effektiver als zahlreiche Einzelprozesse sein.

Neben diesen Bündelungen ohnehin zulässiger Leistungs- oder Feststellungsanträge kommt aber auch eine dritte Kategorie von Gruppenverfahren in Betracht, die insoweit dem Musterverfahren nach dem KapMuG ähnelt und dieses ersetzt. Ein solches „begrenztes" Gruppenverfahren beschränkt sich auf Feststellungen zu gemeinsamen Tatsachen oder Rechtsfragen (etwa wie im KapMuG zu fehlerhaften Kapitalmarktinformationen) und endet schon deswegen nicht mit einer vollstreckbaren Entscheidung. In diesen Fällen müsste ein individuelles Verfahren nachgeschaltet werden, um für einen einzelnen Anspruchsteller zu einem vollstreckbaren Titel zu kommen. Bei lebensnaher Betrachtung wird das nachgeschaltete Individualverfahren aber die Ausnahme bleiben: Siegt die klagende Gruppe im Gruppenverfahren, so wird für den Beklagten in der Regel ein starker Anreiz zur gütlichen Streitbeilegung gesetzt. Ist dagegen der Beklagte im Gruppenverfahren siegreich, so sind weitere Individualverfahren für die Kläger regelmäßig sinnlos. Es ist daher insgesamt effizienter, dass – wie hier vorgeschlagen – ein Gruppenverfahren von Anfang an eingeleitet werden kann, ohne dass man zunächst – wie noch im KapMuG – eine Reihe von Individualklagen erheben müsste.

3. Faire Kostenregeln auf beiden Seiten

Die Kostenregeln im Gruppenverfahren sehen vor, dass die finanziellen Zugangsschranken beim Gruppenverfahren im Vergleich zum Individualprozess abgesenkt werden. Dies wird dadurch erreicht, dass die bereits jetzt im KapMuG geltenden Kostenregeln zur Anmeldung von Ansprüchen auf die Teilnahme am Gruppenverfahren erstreckt werden. Außerdem wird das für den einzelnen Teilnehmer im Gruppenverfahren entstehende Kostenrisiko auf einen Höchstbetrag begrenzt. Dies macht die Teilnahme besser kalkulierbar. Der Entwurf folgt damit der insoweit erfolgreichen Regelung in Dänemark.

Zugleich wird aber das im deutschen Zivilprozessrecht bewährte „loser pays"-Prinzip (§ 91 ZPO) in vollem Umfang beibehalten. Dies dient vornehmlich dem Schutz des Beklagten. Er wird im Gruppenverfahren nicht schlechter gestellt als im Individualverfahren. Soweit ein obsiegender Beklagter eine Kostenerstattung aufgrund der zu Gunsten der Teilnehmer geltenden individuellen Höchstgrenzen nicht erlangen kann, haftet der Gruppenkläger für die restliche Kostenerstattung. Damit entfaltet das „loser pays"-Prinzip auch im Gruppenverfahren eine wichtige Steuerungswirkung zur Vermeidung sinnloser Prozesse: Gerade der Gruppenkläger wird aufgrund der für ihn bestehenden Residualhaftung keine aussichtslosen Verfahren führen.

4. Fortentwicklung des KapMuG

Das Gruppenverfahren löst das KapMuG ab und ersetzt dieses. Zugleich ist das Gruppenverfahren aber als Fortentwicklung des KapMuG zu verstehen: So weit wie möglich lehnen sich die Vorschriften zum Gruppenverfahren an diejenigen des KapMuG an, um so auf die unter dem KapMuG bereits gemachten Erfahrungen zurückgreifen zu können. Das Gruppenverfahren erfindet also das Rad nicht neu, sondern entwickelt das KapMuG mit den für die Erreichung seiner Ziele notwendigen Änderungen weiter.

B. Besonderer Teil

Zu Artikel 1

Der Entwurf sieht eine Integration der Regelungen zum Gruppenverfahren in die ZPO vor, um eine Zersplitterung des Verfahrensrechts zu vermeiden. Eine solche Integration ist in der Literatur mehrfach vorgeschlagen worden (zuletzt etwa durch Schilken, in: Festschrift Picker, 2010; Lange, a. a. O., S. 334 m. w. N.). Sie entspricht auch der Tendenz im materiellen Recht, in welchem z. B. die verbraucherrechtlichen Regelungen heute weitgehend innerhalb des Bürgerlichen Gesetzbuchs (BGB) vorzufinden sind und nicht mehr in einer Vielzahl von Sondergesetzen.

Zu § 606

Die Vorschrift beschreibt die Voraussetzungen eines Gruppenverfahrens und lehnt sich dabei sowohl an die Vorschläge von Micklitz und Stadler (a. a. O., S. 1431) wie auch an internationale Erfahrungen an. In der Norm kommen zahlreiche unbestimmte Rechtsbegriffe vor, insbesondere die „hinreichend bestimmbare" Gruppe und der „gleiche zugrunde liegende Lebenssachverhalt" in Nr. 1, die „ähnlichen" Umstände in Nr. 2, die Vorzugswürdigkeit des Gruppenverfahrens gegenüber zahlreichen Einzelverfahren (Nr. 3) sowie die Eignung des vorgeschlagenen Gruppenklägers (Nr. 4). Diese Merkmale sind vom Gericht bei der Zulassungsentscheidung gemäß § 612 zu überprüfen. Sie ermöglichen es dem Gericht, mit Blick auf den jeweiligen Einzelfall zu beurteilen, ob die Durchführung eines Gruppenverfahrens angemessen ist. Die dadurch entstehende starke Stellung des Gerichts im Hinblick auf die Zulassung des Gruppenverfahrens ist beabsichtigt und entspricht bewährter internationaler Praxis. Das Gruppenverfahren soll eine effiziente und angemessene Form der Konfliktlösung bereitstellen. Ob es dies im konkreten Fall leisten kann, ist vom Gericht anhand der in § 606 genannten Voraussetzungen zu entscheiden.

Der in Nr. 1 genannte Lebenssachverhalt stellt ebenso wie bereits in § 4 Absatz 1 KapMuG den „Bündelungsrahmen" (Lange, a. a. O., S. 233) dar, auf den sich das Verfahren bezieht. Er ist notwendig, um den Gegenstand und die Wirkung des Gruppenverfahrens zu bestimmen. Ein rein abstraktes Verfahren – etwa zu einzelnen Rechtsfragen – ohne Bezug auf einen konkreten Lebenssachverhalt ist nicht zulässig. Damit ist allerdings noch nicht vorgegeben, wie umfangreich ein solcher gleicher Lebenssachverhalt in einem Gruppenverfahren sein kann. Ebenso wie bereits im KapMuG mag man z. B. verschiedene Wertpapierprospekte zu einem Lebenssachverhalt zusammenfassen können, wenn sie ein und dieselbe Information betreffen (vgl. Kruis, in: Kölner Kommentar KapMuG, § 1 KapMuG a. F. Rn. 109 ff.).

Das Merkmal der hinreichend bestimmbaren Gruppe zielt in eine ähnliche Richtung und soll zu weite oder unbestimmte Gruppenverfahren vermeiden. So wäre etwa eine Gruppe „sämtliche Verbraucherinnen und Verbraucher" oder „alle Kundinnen und Kunden von Lebensversicherungen" zu unbestimmt. Hinreichend bestimmbar wäre daher eine Gruppe von sämtlichen Personen, die in einem bestimmten Zeitraum ein bestimmtes Produkt oder Wertpapier erworben haben, oder sämtliche Personen, die bei einem Versicherungsunternehmen X, in einem bestimmten Zeitraum die Versicherungspolice C abgeschlossen haben.

Die in Nr. 2 bezeichneten gleichen oder ähnlichen tatsächlichen Umstände beziehen sich ebenso wie im KapMuG auf anspruchsbegründende oder anspruchsausschließende Voraussetzungen; dasselbe gilt für die Rechtsfragen. Insoweit soll kein Unterschied zu § 2 Absatz 1 und § 3 Absatz 1 Nr. 1 KapMuG bestehen (zum Begriff der Abhängigkeit s. unten bei § 610). Die dennoch abweichende Formulierung im Hinblick auf „gleiche oder ähnliche" Umstände und Rechtsfragen soll den Gerichten jedoch die nötige Flexibilität ermöglichen; bei nur „ähnlichen" Umständen oder Rechtsfragen können ggf. Untergruppen gemäß § 610 Absatz 3 gebildet werden.

Nr. 3 verlangt außerdem, dass das Gruppenverfahren gegenüber zahlreichen Einzelverfahren „vorzugswürdig" ist. Damit soll darauf hingewiesen werden, dass ein Gruppenverfahren nur sinnvoll ist, wenn es im Vergleich zu vielen Einzelklagen als angemessene Form der Konfliktlösung erscheint. Eine zahlenmäßige Grenze ist dabei – abgesehen von dem Seriösitätsindiz der in § 609 Absatz 1 geforderten zehn Teilnahmeerklärungen – nicht vorgesehen, da die Vorzugswürdigkeit des Gruppenverfahrens von den Umständen des Einzelfalls abhängt: Schon bei zehn Anspruchstellern mag ein Gruppenverfahren sinnvoll sein, wenn alle Ansprüche sich auf dieselbe angeblich fehlerhafte Kapitalmarktinformation beziehen und dies die wesentliche zu beurteilende Frage darstellt. Andererseits ist aber auch vorstellbar, dass ein Gruppenverfahren auch bei einer größeren Zahl von Anspruchstellern gegenüber Einzelklagen nicht vorzugswürdig ist, wenn jeder Anspruch so starke materiell-rechtlich relevante individuelle Besonderheiten aufweist, dass eine Zusammenfassung im Gruppenverfahren kaum weiterhilft.

Bezüglich der in Nr. 4 verlangten Eignung des Gruppenklägers gibt § 613 Absatz 2 gewisse Anhaltspunkte. Im Grundsatz ist von einer Eignung des vorgeschlagenen Gruppenklägers auszugehen, sofern keine konkreten Anhaltspunkte dagegen sprechen. Der Gruppenkläger muss „willens" sein, diese Aufgabe zu übernehmen, d. h. die Ernennung zum Gruppenkläger kann nicht gegen den Willen des Betroffenen stattfinden; dies ist eine Klarstellung ggü. dem KapMuG (vgl. bereits Lange, in Vorwerk/Wolf, KapMuG, § 8 KapMuG a. F. Rn. 32).

Zu § 607

Anders als das KapMuG ist das Gruppenverfahren nicht auf ein bestimmtes Teilgebiet des Privatrechts beschränkt, so dass grundsätzlich alle Klagen im Anwendungsbereich der ZPO für ein Gruppenverfahren in Betracht kommen. Die Vorschrift des § 607 stellt daher nur klar, dass in den genannten Angelegenheiten ein Gruppenverfahren keinesfalls zulässig ist. Gesetzestechnisch ist im weiteren Verlauf des Gesetzgebungsverfahrens zu klären, ob anstelle des neuen § 607 BGB der Regelungsgehalt eher in das FamFG übernommen werden sollte.

Ob sich konkrete Ansprüche mit Blick auf ihren rechtlichen und tatsächlichen Zusammenhang für ein Gruppenverfahren eignen, wird daher hier nicht vom Gesetzgeber abstrakt vorgegeben. Vielmehr ist es Sache des angerufenen Gerichts, diese Frage im Rahmen seiner Entscheidung über die Zulassung des Gruppenverfahrens anhand der in § 606 vorgegeben Kriterien zu beantworten.

Zu § 608

Absatz 1 konzentriert die örtliche Zuständigkeit für Gruppenverfahren auf das Gericht am Sitz des Beklagten. Dies soll die Abwicklung ggf. konkurrierender Anträge auf die Durchführung von Gruppenverfahren erleichtern. Die Interessen der Kläger, an einem anderen Ort Klage erheben zu können, können im Gruppenverfahren aufgrund der möglichen Vielzahl von Klägern ohnehin nicht ohne Weiteres berücksichtigt werden.

Die Regelung des Absatzes 2 beruht auf der Überlegung, dass auch bei im Ausland befindlichen Beklagten die Möglichkeit bestehen sollte, ein Gruppenverfahren in Deutschland durchzuführen, wenn sich die Aktivitäten des ausländischen Beklagten in der Weise in Deutschland auswirken, dass sie hier nach den allgemeinen Regeln zuständigkeitsbegründend sind. Die internationale Zuständigkeit wird in der Vorschrift nicht behandelt; insoweit gehen ohnehin die europarechtlichen Regelungen im Rahmen ihres Anwendungsbereichs vor.

Die Regelung in Absatz 3 hängt mit der Entscheidung zusammen, die sachliche Zuständigkeit für Gruppenverfahren bei den Landgerichten anzusiedeln, soweit nicht die bisher dem KapMuG unterfallenden Materien betroffen sind (siehe Artikel 3). Die Länder werden damit ermächtigt, Gruppenverfahren bestimmten Land- und Oberlandesgerichten zuzuweisen, um diesbezügliche Spezialkompetenzen aufzubauen und die Gerichtsorganisation entsprechend anzupassen.

Zu § 609

Das Gruppenverfahren wird durch einen Antrag nach § 609 eingeleitet, der entweder zusammen mit der Klageschrift gestellt wird – so der in Absatz 1 vorgesehene Regelfall – oder gemäß Absatz 3 aus einem bereits anhängigen Prozess heraus. Der Antrag muss die Voraussetzungen für ein Gruppenverfahren gemäß § 606 darlegen und enthält zugleich den Vorschlag, wer als Gruppenkläger ernannt werden soll. Außerdem sind die genannten Teilnahmeerklärungen beizufügen, einschließlich jener des avisierten Gruppenklägers, da zu diesem Zeitpunkt noch nicht feststeht, ob er tatsächlich zum Gruppenkläger ernannt wird. Im Falle des § 611 Nr. 2 (qualifizierte Einrichtung als vorgeschlagener Gruppenkläger) wird diese Einrichtung i. d. R. keinen eigenen Anspruch geltend machen – sofern sie insoweit nicht als Zessionarin auftritt – und muss daher auch keine Teilnahmeerklärung abgeben. Die Anzahl von zehn Teilnehmern ist nur eine aus dem geltenden Recht des KapMuG entlehnte Mindestvoraussetzung, mit der eine gewisse zahlenmäßige Bedeutung des Antrags gesichert werden soll; die Einhaltung dieser Mindestanzahl führt noch nicht automatisch zur Zulässigkeit des Gruppenverfahrens.

Zu § 610

Die Vorschrift stellt in Absatz 1 zunächst klar, dass im Gruppenverfahren dieselben Anträge gestellt werden können wie im Individualverfahren.

Absatz 2 erweitert darüber hinaus den möglichen Gegenstand eines Gruppenverfahrens. Die hier verwendete Formulierung der möglichen Gegenstände eines auf bestimmte tatbestandlich relevante Feststellungen „begrenzten" Gruppenverfahrens entspricht den möglichen Feststellungszielen im bisherigen KapMuG (§ 2 Absatz 1 KapMuG). Wird ein solches „begrenztes" Gruppenverfahren gewählt, so ist der Streitgegenstand des Gruppenverfahrens ein „gebündelter Ausschnitt" aus den Individualverfahren der Gruppenmitglieder, nur dass die Klageerhebung durch jedes Gruppenmitglied hier – anders als im KapMuG – eben nicht mehr Voraussetzung des Gruppenverfahrens ist (vgl. dazu Lange, a. a. O. S. 233).

Der Begriff der „Abhängigkeit" der Ansprüche der Gruppenmitglieder von den beantragten Feststellungen ist wie in § 3 Absatz 1 Nr. 1 KapMuG zu verstehen, d. h. es ist eine abstrakte Abhängigkeit gemeint. Das Gruppenverfahren setzt nicht voraus, dass jeder einzelne Anspruch nur noch von der im Gruppenverfahren zu treffenden Feststellung abhängt. Vielmehr ist gemeint, dass die festzustellenden Tatsachen oder Rechtsfragen für jedes Gruppenmitglied entscheidungserheblich sein können.

Die gemäß § 610 Absatz 3 mögliche Bildung von Untergruppen ermöglicht ein gemeinsames Verfahren für Gruppenmitglieder, deren Anspruchsvoraussetzungen zwar in Teilen, aber nicht komplett identisch sind, z. B. Versicherungsnehmer mit unterschiedlichen Policen oder Erwerber von Wertpapieren aufgrund verschiedener Prospekte, die aber dennoch in der Weise verbunden sind, dass sie als ein Lebenssachverhalt zu werten sind.

Zu § 611

Gemäß Nr. 2 dieser Norm steht die Befugnis zur Beantragung eines Gruppenverfahrens und zu seiner Durchführung als Gruppenkläger nicht nur Mitgliedern der jeweiligen Gruppe zu, sondern auch den in Nr. 2 bezeichneten qualifizierten Einrichtungen. Diese haben insbesondere im Rahmen ihrer nach UWG und UKlaG bestehenden Unterlassungsklagebefugnisse ein erhebliches know-how im Bereich der Durchsetzung von Verbraucher- und Wettbewerbsrecht aufgebaut, das hier nicht ungenutzt bleiben soll. § 611 Nr. 2 ermöglicht diesen Institutionen die Führung eines Gruppenverfahrens, ohne dass auf eine Zession der zugrunde liegenden Ansprüche oder ähnliche Hilfskonstruktionen zurückgegriffen werden müsste. Tritt eine qualifizierte Einrichtung als Gruppenklägerin auf, so ist in dem zu stellenden Antrag deutlich zu machen, dass die begehrten Rechtswirkungen nicht zwischen ihr und dem Beklagten, sondern zwischen den Teilnehmern und dem Beklagten eintreten sollen.

Zu § 612

Da das Gruppenverfahren eine Ausnahme vom ansonsten die ZPO prägenden Grundsatz der individuellen Rechtsverfolgung darstellt, ist ein Vorverfahren zur Prüfung der Zulässigkeit des Gruppenverfahrens notwendig. Auch dies entspricht internationalen Standards. In diesem Vorverfahren prüft das Gericht die Zulässigkeitsvoraussetzungen und erörtert mit den Parteien die angemessene Durchführung des Verfahrens einschließlich der Formulierung der im Gruppenverfahren sachdienlichen Anträge. Möglicherweise ist bereits an dieser Stelle eine gütliche Einigung möglich.

Anders als im KapMuG, in dem die verfahrenseinleitenden Beschlüsse weitgehend als unanfechtbar ausgestaltet sind, ist der Beschluss über die Eröffnung oder Nichteröffnung des Gruppenverfahrens mit der sofortigen Beschwerde und der Rechtsbeschwerde anfechtbar. Dafür spricht schon die erhebliche Bedeutung, welche die Einleitung eines Gruppenverfahrens für die Verfahrensbeteiligten haben kann. Hinzu kommt, dass die unbestimmten Rechtsbegriffe des § 606 erst durch die Rechtsprechung ausgefüllt und präzisiert werden müssen, so dass eine Kontrolle der Rechtsanwendung hier auch im Interesse der Rechtsentwicklung nötig ist. Aus der Anfechtbarkeit des Beschlusses ergibt sich schon nach allgemeinen Regeln die Pflicht zur Begründung des Beschlusses (Musielak, ZPO, § 329 Rn. 5).

Zu § 613

Anders als das KapMuG enthält das Gruppenverfahren in der hier entworfenen Form keinen Zwang zum Anschluss an das Verfahren. Dies hat zur Konsequenz, dass auch die Führung paralleler Gruppenverfahren zu einem Lebenssachverhalt im Grundsatz denkbar ist, soweit es sich um unterschiedliche Teilnehmergruppen handelt. Aus Effizienzgesichtspunkten ist eine solche Doppelung von Gruppenverfahren jedoch nicht erwünscht und sollte daher in der Regel mit den in § 613 vorgesehenen Mitteln vermieden werden können.

Die in Absatz 2 genannten Kriterien zur Auswahl des Gruppenklägers unter mehreren Kandidaten entsprechen im wesentlichen dem geltenden Recht zur Auswahl des Musterklägers gemäß § 9 Absatz 2 KapMuG. Entscheidend ist gemäß § 613 Absatz 2 Satz 1 die Beurteilung der Eignung des potentiellen Gruppenklägers; die in Satz 2 genannten weiteren Kriterien sind nur Indizien für eine solche Eignung. Beantragt eine Einrichtung gemäß § 611 Nr. 2 ihre Ernennung zum Gruppenkläger, so wird diese – Fälle der Zession ausgenommen – regelmäßig keinen eigenen Anspruch haben, der dem Gruppenverfahren zugrunde liegen könnte; daraus ergibt sich jedoch nicht, dass diese Einrichtung im Vergleich zu einem möglichen Gruppenkläger mit hohem eigenen Anspruch weniger geeignet wäre.

Ist einmal ein Gruppenverfahren eröffnet, so ist es zweckmäßig, dass weitere Betroffene sich diesem Gruppenverfahren als Teilnehmer anschließen, anstatt ein weiteres eigenes Gruppenverfahren durchzuführen. § 613 enthält in dem Begriff „verwiesen werden können" insoweit ein Ermessen des Gerichts, dass es in besonderen Ausnahmefällen auch ein zweites Gruppenverfahren zulassen kann. Ein solcher Ausnahmefall könnte etwa vorliegen, wenn das erste Gruppenverfahren nicht interessengerecht geführt wird oder wenn eine Teilnahme am ersten Gruppenverfahren nicht mehr möglich ist – etwa weil dieses sich bereits in der Rechtsmittelinstanz befindet – und die versäumte Teilnahme von den Betroffenen nicht zu vertreten ist.

Zu § 614

Die Institution des Klageregisters wird aus dem KapMuG übernommen. Die Bekanntmachung des Eröffnungsbeschlusses im Klageregister dient dazu, anderen Gerichten die Möglichkeit zu geben, von dem Gruppenverfahren und seinen Teilnehmern Kenntnis zu erlangen, etwa für die Zwecke der Aussetzung gemäß § 618. Außerdem dient die Bekanntmachung der möglichen Erweiterung der Gruppe durch den Hinweis auf die Teilnahmemöglichkeit. De facto wird dieser Hinweis jedoch nicht zu einer tatsächlichen Information der Gruppenmitglieder führen, sondern der Gruppenkläger und sein Prozessvertreter werden im eigenen Interesse auf die Teilnahmemöglichkeit öffentlich hinweisen; dabei können sie jedoch auf das öffentlich zugängliche Klageregister verweisen.

Zu § 615

Für die Teilnahmeerklärung ist zur Vereinfachung der Abwicklung auch ein elektronisches Verfahren einzurichten. Der Anwaltszwang entspricht dem geltenden Recht für die Anmeldung von Ansprüchen gemäß § 10 Absatz 2 KapMuG und soll formwidrige Erklärungen verhindern helfen sowie eine Beratung des Teilnehmers ermöglichen.

Im Falle der des Antrags auf Durchführung eines Gruppenverfahrens durch die in § 611 Nummer 2 bezeichneten Verbände können auch Verbraucherverbände eine Teilnahmeerklärung abgeben. Dies entspricht der Vertretungsbefugnis der Verbraucherverbände für Einziehungsklagen von Verbrauchern, die bereits in § 79 Absatz 2 Satz 3 ZPO im deutschen Recht vorgesehen ist. Satz 3 stellt klar, dass die Teilnahmeerklärung nicht erst ab Veröffentlichung des Eröffnungsbeschlusses im Klageregister zulässig ist, sondern bereits ab Stellung des Antrags auf Durchführung des Gruppenverfahrens. Dies kann für die Verjährungshemmung von Bedeutung sein, zumal das Eröffnungsverfahren aufgrund der darin möglichen Rechtsmittel (§ 612 Absatz 4) eine gewisse Zeit dauern kann.

Zu § 616

Der notwendige Inhalt der Teilnahmeerklärung entspricht weitgehend dem geltenden Recht zur Anmeldung von Ansprüchen in § 10 Absatz 3 KapMuG. Die Zustellung der Teilnahmeerklärung an den Beklagten hemmt die Verjährung (siehe Ergänzung des § 204 BGB in Artikel 2). Die Angabe der Anspruchshöhe ist auch dann nötig, wenn im Gruppenverfahren kein Leistungsantrag verfolgt wird, sondern sich das Gruppenverfahren auf eine Feststellung von Tatsachen oder die Beantwortung von Rechtsfragen beschränkt: Schon für die Verjährungshemmung muss der Anspruch – soweit möglich – beziffert werden; außerdem knüpfen die vom Teilnehmer zu entrichtenden Gebühren an den Wert dieses einzelnen Anspruchs an (siehe den neu einzufügenden § 51b des Gerichtskostengesetzes (GKG) in Artikel 4).

Zu § 617

Bei der Zulassung von Teilnahmeerklärungen ist abzuwägen zwischen einer aus Effizienzgründen möglichst großen Gruppe einerseits und Aspekten der Rechtssicherheit andererseits, die zu einem gewissen Zeitpunkt eine Fixierung der Gruppe erfordern. Diese Fixierung ist spätestens mit Ende der mündlichen Verhandlung erster Instanz nötig, so dass eine spätere Teilnahme nicht möglich ist. Vorher sind auch verspätete Teilnahmeerklärungen regelmäßig zuzulassen, es sei denn sie sind aufgrund des Verfahrensfortschritts nicht mehr sachdienlich. Letzteres kann z. B. der Fall sein, wenn auf der Grundlage der bisher teilnehmenden Personen bereits ein Vergleichsvorschlag erarbeitet wurde.

Zu § 618

Die Teilnahme am Gruppenverfahren ist zwar freiwillig, aber sie darf zur Vermeidung widersprechender Entscheidungen und aus Effizienzgründen nicht mit einem parallel laufenden Individualverfahren verbunden werden. Daher wird ein solches Individualverfahren, wenn der Kläger im Individualverfahren zugleich am Gruppenverfahren als Gruppenkläger oder Teilnehmer beteiligt ist, wie in § 8 Absatz 1 KapMuG von Amts wegen ausgesetzt. Das Gericht wird in der Regel von den Parteien über die Existenz des Gruppenverfahrens informiert werden und kann die Angaben über das Klageregister verifizieren. Sollte ausnahmsweise ein Individualverfahren mangels entsprechender Information trotz parallelem Gruppenverfahren fortgesetzt werden, ergibt sich insoweit eine ähnliche Situation wie bei § 261 Absatz 3 Nr. 1 ZPO, so dass die dazu entwickelten Regeln angewandt werden können (vgl. Foerste, in: Musielak, ZPO, § 261 Rn. 9).

Zu § 619

Auf Seiten der klagenden Gruppe ist nur der Gruppenkläger Partei des Verfahrens. Er handelt mit Wirkung für die Teilnehmer und in deren Interesse. Dies ist jedoch eine rein prozessrechtliche Stellung, die nicht schon als solche zu schuldrechtlichen Beziehungen zwischen dem Gruppenkläger und den Teilnehmern führt. Dies wird in Absatz 2 klargestellt. Die in Absatz 3 geregelte Möglichkeit der Abberufung des Gruppenklägers entspricht § 9 Absatz 4 KapMuG, wobei mit dem Wort „offensichtlich" klargestellt wird, dass es sich hier um einen Ausnahmefall handeln wird. Klarstellenden Charakter hat auch § 619 Absatz 4 Satz 1, da die Eröffnung des Gruppenverfahrens immer eine mündliche Verhandlung voraussetzt (§ 612 Absatz 1). Die Regelung des § 619 Absatz 4 soll den Austausch des Gruppenklägers ermöglichen, wenn der bisherige Gruppenkläger das Gruppenverfahren nicht weiter betreiben möchte.

Zu § 620

Die Teilnehmer sind nicht Partei des Gruppenverfahrens. Sie nehmen an diesem freiwillig teil und stimmen somit der Wahrnehmung ihrer prozessualen Stellung durch den Gruppenkläger zu. Den Teilnehmern verbleibt als wichtigstes Recht das Informationsrecht, auf dessen Grundlage sie über ihren Verbleib im Gruppenverfahren entscheiden können. Die Regelung zum elektronischen Informationssystem folgt § 12 Absatz 2 KapMuG i. d. F. ab 1.7.2013. Darüber hinaus fasst Absatz 3 die gesetzlich geregelten Fälle zusammen, in denen die Teilnehmer eigene Rechte zur Wahrung ihrer Interessen haben, nämlich bei der vom Gruppenkläger beabsichtigten Klagerücknahme, bei einem beabsichtigten Vergleichsschluss und bei der Einlegung von Rechtsmitteln. Absatz 4 stellt klar, dass Teilnehmer nicht als Zeugen vernommen werden können.

Zu § 621

In der Literatur gibt es unterschiedliche Auffassungen darüber, ob es sinnvoll ist, den Teilnehmern die Möglichkeit zum Austritt aus dem Gruppenverfahren zu gewähren (dafür der österreichische Entwurf von 2007, vgl. Kodek, RdW 2007, 711, 713; für eine zeitlich engere Begrenzung etwa Lange, a. a. O., S. 306). § 621 Absatz 1 gibt den Teilnehmern dieses Recht, jedoch nur während des ersten Rechtszugs und unter Aufrechterhaltung der Pflicht zur Kostentragung. Damit wird ein Kompromiss angestrebt zwischen dem berechtigten Interesse des Teilnehmers, von einem aus seiner Sicht fehlerhaft geführten Gruppenverfahren nicht gebunden zu sein und andererseits zwischen dem Interesse des Beklagten an Rechtssicherheit und Kostenerstattung bei Obsiegen. In der Rechtsmittelinstanz tritt insoweit das Interesse des Teilnehmers zurück, da es nur noch um Kontrolle der erstinstanzlichen Entscheidung geht. Auch in der Rechtsmittelinstanz verbleibt jedoch dem Teilnehmer die Möglichkeit, bei offensichtlich unangemessener Verfahrensführung die Abberufung des Gruppenklägers gemäß § 619 Absatz 3 zu beantragen.

Zu § 622

Die Vorschrift entspricht dem geltenden Recht in § 11 Absatz 1 KapMuG.

Zu den §§ 623 bis 626

Auch die Regelungen zum Vergleichsschluss entsprechen im wesentlichen dem bisher im KapMuG geltenden Recht (§§ 17 bis 19 und 23 KapMuG).

Zu § 627

Das Gruppenverfahren endet als eigenständiges Verfahren mit einem Urteil, nicht durch Beschluss wie das Musterverfahren im KapMuG. Soweit im Gruppenverfahren Leistungs- oder Feststellungsanträge nach den allgemeinen Regeln gestellt werden, ergeben sich keine Besonderheiten: Diese Anträge sind begründet, wenn und soweit die behaupteten Ansprüche oder Rechtsverhältnisse bestehen.

Für die besonderen Anträge gemäß § 610 Absatz 2 bedarf es jedoch einer zusätzlichen Regelung in § 627 Absatz 1: Hier reicht es nicht aus, dass die begehrten Feststellungen zu treffen sind, sondern es muss hinzukommen, dass diese Feststellungen für den Anspruch eines jeden Teilnehmers relevant sind. Andernfalls könnte jedermann die Klärung bestimmter Tatsachen oder Rechtsfragen im Gruppenverfahren veranlassen, was nicht beabsichtigt ist. Daher wird hier das bereits in § 610 Absatz 2 verwendete Merkmal der (abstrakt zu beurteilenden, siehe Erläuterung zu § 610) Abhängigkeit des Anspruchs von den betreffenden Tatsachen oder Rechtsfragen eingeführt. Ist diese abstrakte Abhängigkeit für einen Teilnehmer nicht gegeben, ist die Klage – insoweit sie diesen Teilnehmer betrifft – mit der entsprechenden Kostenfolge abzuweisen.

Da das Urteil im Gruppenverfahren – je nach seinem Inhalt – unter Umständen vollstreckbar sein kann, verlangt Absatz 2 die Bezeichnung sämtlicher Teilnehmer. Die Belehrung gemäß § 627 Absatz 2 Satz 2 enthält auch den Hinweis auf die Berechtigung der Teilnehmer zum Einlegen von Rechtsmittel gemäß § 631.

Soweit das Urteil zu Gunsten der Teilnehmer vollstreckbar ist, ist zur Vollstreckung nach allgemeinen Regeln zunächst der siegreiche Gruppenkläger befugt. Außerdem gibt Absatz 3 den Teilnehmern bei berechtigtem Interesse die Möglichkeit, ebenfalls eine vollstreckbare Ausfertigung für ihren Teil zu beantragen. Ein solches Interesse liegt etwa vor, wenn der Gruppenkläger untätig bleibt. Der Schuldner wird in diesem Fall über § 733 geschützt.

Zu § 628

Die dogmatische Einordnung der Wirkung des Musterentscheids im KapMuG ist umstritten (vgl. zuletzt etwa Wolf/Lange, NJW 2012, 3751, 3756). Für das Urteil im Gruppenverfahren ist hier zu unterscheiden: Soweit ein auch im Individualverfahren möglicher Leistungs- oder Feststellungsantrag gemäß § 610 Absatz 1 Verfahrensgegenstand ist, entfaltet das Urteil materielle Rechtskraft für die Parteien und für die Teilnehmer (vgl. Lange, a. a. O., S. 258). Soweit aber ein „begrenztes" Gruppenverfahren (§ 610 Absatz 2) durchgeführt wird, passt der Begriff der Rechtskraft nicht, da eine Feststellung zu Tatsachen oder Rechtsfragen keine Aussage über das Bestehen eines Anspruchs oder sonstigen Rechtsverhältnisses trifft. Die vorliegende Vorschrift spricht daher nur von einer Wirkung für und gegen die Parteien und Teilnehmer, um die diesbezügliche dogmatische Diskussion nicht zu präjudizieren. Zugleich stellt die Vorschrift aber klar, dass die Bindungswirkung nicht etwa abstrakt besteht (etwa bei einer Rechtsfrage), sondern sich nur auf den dem Gruppenverfahren zugrunde liegenden Lebenssachverhalt bezieht. Dadurch wird der Zusammenhang zwischen Streitgegenstand und Entscheidungswirkung aufrechterhalten (vgl. Lange, a. a. O., S. 262).

Zu § 629

Die Kostenregelung für das Gruppenverfahren ist von besonderer Bedeutung, da hier einerseits die finanziellen Zugangsschwellen zum Rechtsschutz gesenkt werden sollen, andererseits aber auch der Beklagte entsprechend den bewährten Grundsätzen im deutschen Zivilverfahrensrecht – d. h. vor allem dem loser pays-Prinzip – zu schützen ist. Auf Seiten des Beklagten ändert das Gruppenverfahren daher nichts an den Kosten- und Gebührenregeln. Insbesondere findet keine Streitwertreduzierung oder -begrenzung allein aufgrund der Tatsache statt, dass ein Gruppenverfahren durchgeführt wird. Die Rechtsanwaltsgebühren auf Seiten des Beklagten sind daher anhand der allgemeinen Wertvorschriften zu ermitteln; der Prozessvertreter auf der Beklagtenseite ist also mit Blick auf die gesetzlichen Gebühren nicht schlechter gestellt als bei einer streitgenössischen Klage. Bei der Ermittlung des Gegenstandswerts ist jedoch die in der Rechtsprechung allgemein anerkannte Überlegung zu berücksichtigen, dass ein auf Feststellung gerichtetes Verfahren einen im Vergleich zur Leistungsklage in der Regel etwas geringeren Streitwert hat.

Auf Klägerseite dagegen orientieren sich im ersten Rechtszug die Gerichtskosten und die Anwaltsvergütung nicht an einem Gesamtstreitwert, zumal dieser ohnehin erst feststehen kann, wenn die Phase der Teilnahmeerklärungen abgeschlossen ist. Stattdessen wird jeder dem Gruppenverfahren zugrunde liegende Anspruch oder jedes sonstige Rechtsverhältnis einzeln betrachtet und mit einer entsprechenden Gerichts- und Anwaltsgebühr versehen (siehe § 51b des GKG in Artikel 4 und Artikel 5). Die Gebührensätze entsprechen dabei dem geltenden Recht zur Anmeldung eines Anspruchs nach dem KapMuG (0,5 Gerichtsgebühren und 0,8 Anwaltsgebühren). Diese einzelne Berücksichtigung der dem Gruppenverfahren zugrunde liegenden Ansprüche – und zwar ohne Reduktion des Werts aufgrund eines ggf. bloß (teilweise) feststellenden Charakters des Gruppenverfahrens – ist schon aufgrund der verjährungshemmenden Wirkung der Teilnahmeerklärung berechtigt und insoweit dem Mahnverfahren vergleichbar.

Bei den Gerichtsgebühren kann diese einzelne Betrachtung der Ansprüche der Teilnehmer im Vergleich zur streitgenössischen Klage zu niedrigeren oder höheren Gebühren führen. Beispiel: Es erklären 50 Personen ihre Teilnahme am Gruppenverfahren mit einer Anspruchshöhe von jeweils 800 €. Bei streitgenössischer Klage wären Gerichtsgebühren von 1.428 € einzuzahlen (3 Gebühren aus 40.000 € Streitwert); im Gruppenverfahren dagegen nur 1.325 € (50 halbe Gebühren aus 800 € Streitwert). Steigt die Anzahl der Teilnehmer bei gleich bleibendem individuellen Streitwert aber auf 90 an, so betragen die Gebühren im streitgenössischen Verfahren 2358 € (3 Gebühren aus 72.000,- € Streitwert), im Gruppenverfahren dagegen schon 2385 € (90 halbe Gebühren aus 800 € Streitwert). Aufgrund dieses Effekts ist eine erhebliche Belastung für den Justizfiskus nicht zu erwarten.

Bei den Anwaltsgebühren auf Klägerseite in erster Instanz ergibt sich – wiederum im Vergleich zur streitgenössischen Klage betrachtet – ein ähnlicher Effekt: In demselben Beispiel könnte die Anwältin oder der Anwalt der Kläger bei streitgenössischer Klage von 50 Streitgenossen für die erste Instanz eine Vergütung von 4.558, 50 € verlangen (Verfahrensgebühr von 1,3 zzgl. 2,0 Gebühren gemäß VV 1008 sowie Terminsgebühr von 1,2 = 4,5 Gebühren aus 40.000 € Streitwert); im Gruppenverfahren dagegen nur 3.200 € (50 mal 0,8 Gebühren aus 800 €). Gelingt es ihm aber, 150 Mandanten für das Gruppenverfahren zu sammeln, so ist die Vergütung im Gruppenverfahren bereits deutlich höher, nämlich 9.600 € (150 mal 0,8 Gebühren aus 800 €) im Vergleich zu 7.146 € bei der streitgenössischen Klage (4,5 Gebühren aus 120.000 €). Damit erweist sich das Gruppenverfahren aus Sicht der Klägeranwältin oder des Klägeranwalts vor allem für solche Fälle als attraktiv, in denen eine große Anzahl von Betroffenen als Mandanten entweder bereits vorhanden sind oder zumindest in Betracht kommen. In Fällen mit einer von Anfang an überschaubaren Anzahl von Betroffenen ist das Gruppenverfahren daher aus Anwaltssicht nicht attraktiv. Diese Anreizwirkungen sind beabsichtigt. Zugleich ergibt sich aus dieser Vergütungsstruktur auch ein Anreiz, dass eine Rechtsanwältin oder ein Rechtsanwalt möglichst viele Teilnehmer vertritt, während andererseits die Vertretung eines einzelnen Teilnehmers durch eine Rechtsanwältin oder einen Rechtsanwalt wenig lukrativ erscheint. Auch dies ist sinnvoll, da Interessenkonflikte innerhalb der Gruppe eher vermieden werden, wenn sich ein Großteil der teilnehmenden Gruppenmitglieder auf eine Rechtsanwältin oder einen Rechtsanwalt einigt.

Eine weitere Besonderheit des Gruppenverfahrens ist die – vom dänischen Recht inspirierte – Begrenzung der Kostenerstattungspflicht des Teilnehmers auf einen Höchstbetrag gemäß § 629 Absatz 2. Damit soll aus Sicht des einzelnen Teilnehmers das Risiko der Teilnahme kalkulierbar gemacht werden: Er weiß bereits bei seiner Entscheidung über die Teilnahme, was er bei einer bestimmten Anspruchshöhe im worst case des vollständigen Unterliegens höchstens an Kosten zu tragen hat. Auch damit wird die Schwelle zur Teilnahme ein Stück gesenkt, zumal anders als im Individualverfahren der Teilnehmer im Gruppenverfahren nicht immer eine persönliche Beratung durch den Anwalt erhalten wird, sondern diese zur effizienten Abwicklung eher über Webseiten oder andere Massenmedien organisiert werden wird. Die Höhe dieser „Deckelung“ wird mit vier Gebühren nach § 13 des Rechtsanwaltsvergütungsgesetzes (RVG) festgesetzt, was in den meisten Fällen zur Deckung auch der gegnerischen Anwaltskosten im Fall des Unterliegens ausreichen wird. In dem obigen Beispiel wäre also die Kostentragung für den einzelnen Teilnehmer, der einen Anspruch von 800 € geltend macht, auf einen Gesamtbetrag von 320 € begrenzt.

Die Deckelung gemäß § 629 Absatz 2 ändert aber nichts am loser-pays-Prinzip. Absatz 3 bestimmt daher, dass der Gruppenkläger residual für eine etwaige Kostenerstattung haftet, soweit diese aufgrund der „Deckelung“ von den Teilnehmern nicht verlangt werden kann. Ein solcher Fall mag ausnahmsweise vorkommen, wenn die Anzahl der Teilnehmer eher gering ist und das Verfahren sich über mehrere Instanzen zieht und ggf. teure Beweiserhebungen enthält. Der Gruppenkläger trägt somit ein etwas höheres Risiko als der einzelne Teilnehmer. Dieses Risiko kann er ggf. versichern, durch interne vertragliche Vereinbarungen auf einzelne Teilnehmer abwälzen oder schlicht selbst tragen. Daraus ergibt sich ein weiterer gewollter Anreiz, nämlich dass der Gruppenkläger eine Gruppenklage nicht leichtfertig, sondern nur bei überwiegender Erfolgsaussicht angestrengt.

Die Frage der Kostentragung bzw. Kostenverteilung bei Klage durch einen Verband bleibt dem weiteren Gesetzgebungsverfahren überlassen.

Zu § 630

In Gruppenverfahren sind Rechtsmittel gegen eine erstinstanzliche Entscheidung ebenso wie im KapMuG stets zulässig. Dafür spricht schon die in der Regel erhebliche gesellschaftliche Bedeutung derartiger Verfahren sowie die nötige Einheitlichkeit der Rechtsprechung in eine Vielzahl von Personen betreffenden Fällen. Urteilt das Landgericht in erster Instanz, so erklärt § 630 Absatz 1 die Berufung für stets zulässig, daraus ergibt sich auch die grundsätzliche Eröffnung der Sprungrevision, sofern deren weitere Voraussetzungen (§ 566) vorliegen.

Urteilt das Oberlandesgericht in erster Instanz (siehe dazu unten Artikel 3), so wird das dann zulässige Rechtsmittel in § 630 Absatz 2 als Revision bezeichnet und die §§ 545 ff. ZPO finden entsprechende Anwendung. Urteilt das Oberlandesgericht dagegen als Berufungsgericht, so trifft § 630 keine Regelung, so dass die allgemeinen Vorschriften über die Zulassung der Revision zur Anwendung kommen.

Zu § 631

Die Einlegung von Rechtsmitteln auf Seiten der Gruppe ist Sache des Gruppenklägers; nur wenn er kein Rechtsmittel einlegt, kann aus den dazu bereiten Teilnehmern gemäß § 631 Absatz 1 und 2 ein neuer Gruppenkläger bestimmt werden, der dann das Rechtsmittelverfahren betreibt. Um sich diese Möglichkeit zu erhalten, muss ein Teilnehmer jedoch innerhalb der Rechtsmittelfrist vorsorglich das Rechtsmittel einlegen, damit nach Ablauf der Rechtsmittelfrist Klarheit über die Einlegung oder Nichteinlegung des Rechtsmittels besteht.

Für die Rechtsmittelinstanzen kommen die allgemeinen Wert- und Gebührenvorschriften zur Anwendung. Daher erfolgt, anders als in der ersten Instanz, die Berechnung nicht anhand des Einzelstreitwerts der Teilnehmer, sondern gemäß dem allgemeinen Kostenrecht anhand des Gesamtstreitwerts.

Die Teilnehmer sind verpflichtet, die jeweils auf sie entfallenden Gerichtsgebühren zu Beginn des Rechtsmittelverfahrens zu entrichten (§ 631 Absatz 3). Dies gilt jedoch nur insoweit als der Höchstbetrag der vom einzelnen

Teilnehmer zu tragenden Kosten (§ 629 Absatz 2) nicht überschritten ist. Abweichend von den allgemeinen Regelungen beginnt das Verfahren in der Rechtsmittelinstanz jedoch auch bereits, wenn noch nicht sämtliche Teilnehmer die Gerichtsgebühr eingezahlt haben.

Die Rechtsanwaltsgebühren der Rechtsmittelinstanz sind zunächst vom Gruppenkläger zu tragen (§ 631 Absatz 4). Er kann jedoch von den Teilnehmern eine anteilige Beteiligung an diesen Kosten verlangen, aber ebenfalls nur insoweit als dadurch nicht der Höchstbetrag der vom einzelnen Teilnehmer zu tragenden Kosten (§ 629 Absatz 2) überschritten wird.

Zu Artikel 2

Bereits nach geltendem Recht hemmt die Anmeldung eines Anspruchs zu einem KapMuG-Verfahren die Verjährung. Dies wird im einzufügenden § 204 Absatz 1 Nr. 15 BGB auch für die Teilnahme am Gruppenverfahren normiert. Die Verjährungshemmung kann aber nur für solche Ansprüche gelten, denen der gleiche Lebenssachverhalt zugrunde liegt wie dem Gruppenverfahren – ob dies der Fall ist, muss ggf. im Folgeprozess entschieden werden. Die Hemmung endet gemäß § 204 Absatz 2 Satz 1 BGB sechs Monate nach Beendigung des Gruppenverfahrens, d. h. etwa bei Nichteröffnung des Gruppenverfahrens sechs Monate nach Unanfechtbarkeit des die Eröffnung des Gruppenverfahrens ablehnenden Beschlusses.

Zu Artikel 3

Bisher ist für Musterverfahren nach dem KapMuG das Oberlandesgericht sachlich zuständig, welches insoweit der Sache nach erstinstanzliche Funktionen einschließlich der Beweisaufnahme wahrnimmt. Das soll für den bisherigen Anwendungsbereich des KapMuG unverändert bleiben, um die bereits aufgebaute Expertise der Oberlandesgerichte weiterhin zu nutzen (§ 118 des Gerichtsverfassungsgesetzes (GVG)). Damit verbleibt es zugleich bei dem für das KapMuG festgestellten Vorteil, dass wichtige Fragen des Kapitalmarktrechts vergleichsweise zügig bis zum Bundesgerichtshof gebracht und dort mit erheblicher faktischer Breitenwirkung entschieden werden können.

Da aber das vorliegende Gesetz den Anwendungsbereich des Gruppenverfahrens für sämtliche bürgerliche Rechtsstreitigkeiten öffnet (mit Ausnahme der in § 607 ZPO-E genannten Angelegenheiten), könnte es – je nach Nutzungsintensität des neuen Verfahrens – zu einer Überlastung der Oberlandesgerichte und des Bundesgerichtshofs kommen, wenn man auch für diese Gruppenverfahren die erstinstanzliche Zuständigkeit der Oberlandesgerichte festlegen würde. Daher werden diese sonstigen Gruppenverfahren gemäß dem neuen § 71 Absatz 2 Nummer 6 GVG im ersten Rechtszug den Landgerichten zugeordnet. Die Landesregierungen können hier auch mit Hilfe der Verordnungsermächtigung in § 608 Absatz 3 ZPO-E die notwendigen organisatorischen Maßnahmen treffen.

Zu den Artikeln 4 und 5

Zu den Kostenregelungen siehe oben bei der Erläuterung zu § 629 ZPO-E.

Zu den Artikeln 6 und 7

Das vorliegende Gesetz ersetzt das KapMuG, da sämtliche Regelungsintentionen des KapMuG in dem neuen Gesetz enthalten sind. Für Musterverfahren, in denen bereits ein Vorlagebeschluss im Klageregister veröffentlicht wurde, ist in Absatz 2 eine Übergangsregelung getroffen worden, um diese Verfahren nicht „rückabwickeln" zu müssen. Ist ein Vorlagebeschluss noch nicht bekanntgemacht, so werden mit Inkrafttreten des vorliegenden Gesetzes etwaige Musterverfahrensanträge nach dem KapMuG gegenstandslos und können durch Anträge auf Durchführung eines Gruppenverfahrens ersetzt werden.

Von einer Befristung des Gesetzes wurde – insoweit abweichend vom KapMuG – abgesehen. Zweifellos müssen auch die hier vorgeschlagenen Regelungen in Zukunft erprobt, evaluiert und verbessert werden. Darin unterscheiden sie sich aber nicht von anderen gewichtigen Änderungen im Verfahrensrecht, die in der Vergangenheit ebenfalls ohne Befristung eingeführt wurden; man denke etwa an die Einführung der Insolvenzordnung oder an die Neuregelung des Rechtsmittelrechts. Eine Befristung suggeriert, dass eine Beurteilung der neu eingeführten Normen innerhalb eines jetzt schon zu übersehenden Zeitraums möglich und zugleich notwendig wäre. Das geht aber an der Praxis vorbei: Ein Reformbedarf kann sich bei einer Neuregelung sehr schnell zeigen; in einem solchen Falle kann und wird der Gesetzgeber auch zügig handeln. Andererseits kann es aber auch lange dauern, bis die

Entwicklung von Rechtsprechung und Dogmatik einen deutlichen Reformbedarf erkennen lässt; eine solche Entwicklung kann nicht durch fixe Fristen vorhergesehen werden. Es liegt im Wesen der Demokratie, dass jede gesetzliche Regelung nur vorläufigen Charakter hat und von einem zukünftigen Gesetzgeber verändert und verbessert werden kann.

Satz: Satzweiss.com Print, Web, Software GmbH, Mainzer Straße 116, 66121 Saarbrücken, www.satzweiss.com
Druck: Printsystem GmbH, Schafwäsche 1-3, 71296 Heimsheim, www.printsystem.de
Vertrieb: Bundesanzeiger Verlag GmbH, Postfach 10 05 34, 50445 Köln, Telefon (02 21) 97 66 83 40, Fax (02 21) 97 66 83 44, www.betrifft-gesetze.de
ISSN 0722-8333

X. Gesetzentwurf CDU/CSU und SPD – 5.6.2018

Am 5. Juni 2018 leiteten die Regierungsfraktionen CDU/CSU und SPD für die Bundesregierung mit dem Gesetzentwurf BT-Drucksache 19/2507[17] das Gesetzgebungsverfahren[18] ein.

17 http://dip21.bundestag.de/dip21/btd/19/025/1902507.pdf.

18 Zum Verlauf des Gesetzgebungsverfahrens: https://www.bundestag.de/#url=L2Rva3VtZW50ZS90ZXh0YXJjaGl2LzIwMTgva3cyNC1kZS1tdXN0ZXJmZXN0c3RlbGx1bmdza2xhZ2UvNTU4ODUw&mod=mod493054.

Deutscher Bundestag **Drucksache 19/2507**

19. Wahlperiode 05.06.2018

Gesetzentwurf

der Fraktionen der CDU/CSU und SPD

Entwurf eines Gesetzes zur Einführung einer zivilprozessualen Musterfeststellungsklage

A. Problem und Ziel

In einem durch standardisierte Massengeschäfte geprägten Wirtschaftsleben hinterlassen unrechtmäßige Verhaltensweisen von Anbietern häufig eine Vielzahl gleichartig geschädigter Verbraucherinnen und Verbraucher. Gerade wenn der erlittene Nachteil im Einzelfall gering ist, werden Schadensersatz- oder Erstattungsansprüche oft nicht individuell verfolgt, da der erforderliche Aufwand aus Sicht des Geschädigten unverhältnismäßig erscheint („rationales Desinteresse"). Kommt eine Einigung der Parteien – etwa im Rahmen der außergerichtlichen Streitschlichtung – nicht zustande und sehen die Betroffenen von einer Klage ab, verbleibt der unrechtmäßig erlangte Gewinn bei dem Anbieter, der hierdurch einen Wettbewerbsvorteil gegenüber rechtstreuen Wettbewerbern erzielt.

Vor dem Hintergrund entsprechender Feststellungen hat sich die Europäische Kommission in ihrer Empfehlung 2013/396/EU vom 11. Juni 2013 für „Gemeinsame Grundsätze für kollektive Unterlassungs- und Schadensersatzverfahren bei Verletzung von durch Unionsrecht garantierten Rechten" (ABl. L 201 vom 26.7.2013, S. 60) ausgesprochen und diese Empfehlungen in ihrem Bericht vom 25. Januar 2018 über die Umsetzung dieser Empfehlung nochmals bekräftigt (Ratsdok. 6043/18; Kom-Dok. COM(2018) 40 final).

Die Regierungskoalition hat sich im Koalitionsvertrag für die 19. Legislaturperiode zum Ziel gesetzt, durch die Einführung einer Musterfeststellungsklage die Rechtsdurchsetzung für Verbraucherinnen und Verbraucher zu verbessern.

B. Lösung

Der Entwurf sieht die Einführung des Rechtsschutzinstruments der zivilprozessualen Musterfeststellungsklage vor. Danach sollen eingetragene Verbraucherschutzverbände die Möglichkeit erhalten, zugunsten von mindestens zehn betroffenen Verbraucherinnen und Verbrauchern das Vorliegen oder Nichtvorliegen zentraler anspruchsbegründender bzw. anspruchsausschließender Voraussetzungen feststellen zu lassen (Feststellungsziele). Die Musterfeststellungsklage soll ausschließlich zwischen dem klagenden Verbraucherschutzverband und der beklagten Partei geführt werden. Die betroffenen Verbraucherinnen und Verbraucher sollen jedoch die Möglichkeit erhalten, ihre Ansprüche gegen die beklagte Partei mit verjährungshemmender Wirkung und ohne Anwaltszwang zu einem

Klageregister anzumelden. Außerdem soll das Musterfeststellungsurteil Bindungswirkung für nachfolgende Klagen der Verbraucherinnen und Verbraucher entfalten. Damit steigt die Wahrscheinlichkeit einer einvernehmlichen Regelung aufgrund einer erfolgreichen Musterentscheidung, insbesondere als Grundlage für Einigungen der Parteien im Rahmen der außergerichtlichen Streitschlichtung.

C. Alternativen

Keine.

D. Haushaltsausgaben ohne Erfüllungsaufwand

Der Mehrbedarf an Sach- und Personalmitteln soll finanziell und stellenmäßig im Einzelplan 07 ausgeglichen werden. Über Einzelheiten zur Deckung des Mehrbedarfs soll im Rahmen kommender Haushaltsaufstellungsverfahren entschieden werden.

E. Erfüllungsaufwand

Die vorgeschlagene Musterfeststellungsklage gibt nicht nur denjenigen Verbraucherinnen und Verbrauchern ein effektives Mittel der Rechtsdurchsetzung an die Hand, die ohne dieses auf die individuelle Rechtsdurchsetzung verzichten würden. Sie führt darüber hinaus zu einer Entlastung potentieller Parteien gerichtlicher Verfahren von anfallenden Gerichts- und Rechtsanwaltsgebühren.

E.1 Erfüllungsaufwand für Bürgerinnen und Bürger

Die Entlastung von Bürgerinnen und Bürgern wird insoweit auf 2 367 000 Euro jährlich geschätzt, ohne dass dem Belastungen gegenüberstehen, da die Bürgerinnen und Bürger keine Gebühren oder Kosten der Musterfeststellungsklage zu tragen haben werden.

E.2 Erfüllungsaufwand für die Wirtschaft

Für die Wirtschaft wird ebenfalls von einer jährlichen Entlastung von geschätzt 2 367 000 Euro ausgegangen. Dem stehen jedoch laufende Belastungen durch zukünftige Musterfeststellungsklagen von 920 408 Euro gegenüber, so dass sich eine jährliche Gesamtersparnis von 1 446 592 Euro ergibt.

Im Rahmen der „One in, one out"-Regel der Bundesregierung stellt dies ein „out" dar.

Davon Bürokratiekosten aus Informationspflichten

Keine.

E.3 Erfüllungsaufwand der Verwaltung

Der Erfüllungsaufwand für die übergangsweise rein manuelle Führung des Klageregisters ab 1. November 2018 beläuft sich beim Bundesamt für Justiz schätzungsweise jährlich auf rund 823 000 Euro für Personalmittel sowie auf einmalige Sachkosten in Höhe von 28 000 Euro. Dabei ist davon auszugehen, dass sich die rein manuelle Registerführung mit dem veranschlagten Aufwand nur für eine begrenzte Dauer als Übergangslösung betreiben lässt. Sie ist jedoch keine wirtschaftlich tragfähige Dauerlösung. Es ist daher parallel ein elektronisches Fachverfahren aufzubauen, wofür ein zeitlicher Rahmen von voraussichtlich 26 Monaten zu veranschlagen ist. Hierfür werden einmalige Personalmittel in Höhe von insgesamt rund 1 523 000 Euro (rund 703 000 Euro pro Jahr) sowie einmalige Sachkosten in Höhe von insgesamt etwa 2 600 000 Euro benötigt. Für den laufenden Betrieb ist ab dem Jahr 2021 mit jährlichen Personalkosten in Höhe von etwa 1 302 000 Euro und Sachkosten von 110 000 Euro zu rechnen. Der Umstellungsaufwand auf Bundesebene beläuft sich mithin voraussichtlich auf 4 151 000 Euro, der zusätzliche jährliche Erfüllungsaufwand auf rund 823 000 Euro bis 2020 und auf 1 412 000 Euro ab 2021.

F. Weitere Kosten

Durch die Einführung von Musterfeststellungsklagen entstehen den klagenden Verbraucherschutzverbänden Kosten in Höhe von geschätzt jährlich 920 408 Euro. Den Gerichten der Länder entstehen keine Mehrbelastungen, vielmehr werden sie insgesamt entlastet. Dem zusätzlichen Personalaufwand durch jährlich schätzungsweise 450 Musterfeststellungsklagen bei den Landgerichten steht eine Entlastung der Amtsgerichte um geschätzt 11 250 Individualverfahren gegenüber.

Entwurf eines Gesetzes zur Einführung einer zivilprozessualen Musterfeststellungsklage

Vom ...

Der Bundestag hat das folgende Gesetz beschlossen:

Artikel 1

Änderung des Gerichtsverfassungsgesetzes

§ 71 des Gerichtsverfassungsgesetzes in der Fassung der Bekanntmachung vom 9. Mai 1975 (BGBl. I S. 1077), das zuletzt durch … geändert worden ist, wird wie folgt geändert:

1. Absatz 2 wird wie folgt geändert:
   a) In Nummer 5 Buchstabe b wird der Punkt am Ende durch ein Semikolon ersetzt.
   b) Folgende Nummer 6 wird angefügt:
      „6. für Musterfeststellungsklagen nach Buch 6 der Zivilprozessordnung."
2. In Absatz 4 Satz 1 werden die Wörter „und Nummer 5" durch ein Komma und die Wörter „Nummer 5 und 6" ersetzt.

Artikel 2

Änderung der Zivilprozessordnung

Die Zivilprozessordnung in der Fassung der Bekanntmachung vom 5. Dezember 2005 (BGBl. I S. 3202; 2006 I S. 431; 2007 I S. 1781), die zuletzt durch … geändert worden ist, wird wie folgt geändert:

1. In der Inhaltsübersicht wird die Angabe zu Buch 6 wie folgt gefasst:

„Buch 6

Musterfeststellungsverfahren

§ 606 Musterfeststellungsklage

§ 607 Bekanntmachung der Musterfeststellungsklage

§ 608 Anmeldung von Ansprüchen oder Rechtsverhältnissen

§ 609 Klageregister; Verordnungsermächtigung

§ 610 Besonderheiten der Musterfeststellungsklage

§ 611 Vergleich

§ 612 Bekanntmachungen zum Musterfeststellungsurteil

§ 613 Bindungswirkung des Musterfeststellungsurteils; Aussetzung

§§ 614 bis 687 (weggefallen)".

2. § 29c wird wie folgt geändert:

   a) Nach Absatz 1 wird folgender Absatz 2 eingefügt:

      „(2) Verbraucher ist jede natürliche Person, die bei dem Erwerb des Anspruchs oder der Begründung des Rechtsverhältnisses nicht überwiegend im Rahmen ihrer gewerblichen oder selbständigen beruflichen Tätigkeit handelt."

   b) Die bisherigen Absätze 2 und 3 werden die Absätze 3 und 4.

3. Buch 6 wird wie folgt gefasst:

„Buch 6

Musterfeststellungsverfahren

§ 606

Musterfeststellungsklage

(1) Mit der Musterfeststellungsklage können qualifizierte Einrichtungen die Feststellung des Vorliegens oder Nichtvorliegens von tatsächlichen und rechtlichen Voraussetzungen für das Bestehen oder Nichtbestehen von Ansprüchen oder Rechtsverhältnissen (Feststellungsziele) zwischen Verbrauchern und einem Unternehmer begehren. Qualifizierte Einrichtungen im Sinne von Satz 1 sind die in § 3 Absatz 1 Satz 1 Nummer 1 des Unterlassungsklagengesetzes bezeichneten Stellen, die

1. als Mitglieder mindestens zehn Verbände, die im gleichen Aufgabenbereich tätig sind, oder mindestens 350 natürliche Personen haben,
2. mindestens vier Jahre in der Liste nach § 4 des Unterlassungsklagengesetzes oder dem Verzeichnis der Europäischen Kommission nach Artikel 4 der Richtlinie 2009/22/EG des Europäischen Parlaments und des Rates vom 23. April 2009 über Unterlassungsklagen zum Schutz der Verbraucherinteressen (ABl. L 110 vom 1.5.2009, S. 30) eingetragen sind,
3. in Erfüllung ihrer satzungsmäßigen Aufgaben Verbraucherinteressen weitgehend durch nicht gewerbsmäßige aufklärende oder beratende Tätigkeiten wahrnehmen,
4. Musterfeststellungsklagen nicht zum Zwecke der Gewinnerzielung erheben und
5. nicht mehr als 5 Prozent ihrer finanziellen Mittel durch Zuwendungen von Unternehmen beziehen.

Bestehen ernsthafte Zweifel daran, dass die Voraussetzungen nach Satz 2 Nummer 4 oder 5 vorliegen, verlangt das Gericht vom Kläger die Offenlegung seiner finanziellen Mittel. § 4 Absatz 2 Satz 2 des Unterlassungsklagengesetzes ist entsprechend anzuwenden.

(2) Die Klageschrift muss Angaben und Nachweise darüber enthalten, dass

1. die in Absatz 1 Satz 2 genannten Voraussetzungen vorliegen;
2. von den Feststellungszielen die Ansprüche oder Rechtsverhältnisse von mindestens zehn Verbrauchern abhängen.

Die Klageschrift soll darüber hinaus für den Zweck der Bekanntmachung im Klageregister eine kurze Darstellung des vorgetragenen Lebenssachverhaltes enthalten. § 253 Absatz 2 bleibt unberührt.

(3) Die Musterfeststellungsklage ist nur zulässig, wenn

1. sie von einer qualifizierten Einrichtung im Sinne des Absatzes 1 Satz 2 erhoben wird,
2. glaubhaft gemacht wird, dass von den Feststellungszielen die Ansprüche oder Rechtsverhältnisse von mindestens zehn Verbrauchern abhängen und

3. zwei Monate nach öffentlicher Bekanntmachung der Musterfeststellungsklage mindestens 50 Verbraucher ihre Ansprüche oder Rechtsverhältnisse zur Eintragung in das Klageregister wirksam angemeldet haben.

§ 607

Bekanntmachung der Musterfeststellungsklage

(1) Die Musterfeststellungsklage ist im Klageregister mit folgenden Angaben öffentlich bekannt zu machen:

1. Bezeichnung der Parteien,
2. Bezeichnung des Gerichts und des Aktenzeichens der Musterfeststellungsklage,
3. Feststellungsziele,
4. kurze Darstellung des vorgetragenen Lebenssachverhaltes,
5. Zeitpunkt der Bekanntmachung im Klageregister,
6. Befugnis der Verbraucher, Ansprüche oder Rechtsverhältnisse, die von den Feststellungszielen abhängen, zur Eintragung in das Klageregister anzumelden, Form, Frist und Wirkung der Anmeldung sowie ihrer Rücknahme,
7. Wirkung eines Vergleichs, Befugnis der angemeldeten Verbraucher zum Austritt aus dem Vergleich sowie Form, Frist und Wirkung des Austritts,
8. Verpflichtung des Bundesamts für Justiz, nach rechtskräftigem Abschluss des Musterfeststellungsverfahrens jedem angemeldeten Verbraucher auf dessen Verlangen einen schriftlichen Auszug über die Angaben zu überlassen, die im Klageregister zu ihm und seiner Anmeldung erfasst sind.

(2) Das Gericht veranlasst innerhalb von 14 Tagen nach Erhebung der Musterfeststellungklage deren öffentliche Bekanntmachung, wenn die Klageschrift die nach § 606 Absatz 2 Satz 1 vorgeschriebenen Anforderungen erfüllt.

(3) Das Gericht veranlasst unverzüglich die öffentliche Bekanntmachung seiner Terminbestimmungen, Hinweise und Zwischenentscheidungen im Klageregister, wenn dies zur Information der Verbraucher über den Fortgang des Verfahrens erforderlich ist. Die öffentliche Bekanntmachung von Terminen muss spätestens eine Woche vor dem jeweiligen Terminstag erfolgen.

§ 608

Anmeldung von Ansprüchen oder Rechtsverhältnissen

(1) Bis zum Ablauf des Tages vor Beginn des ersten Termins können Verbraucher Ansprüche oder Rechtsverhältnisse, die von den Feststellungszielen abhängen, zur Eintragung in das Klageregister anmelden.

(2) Die Anmeldung ist nur wirksam, wenn sie frist- und formgerecht erfolgt und folgende Angaben enthält:

1. Name und Anschrift des Verbrauchers,
2. Bezeichnung des Gerichts und Aktenzeichen der Musterfeststellungsklage,
3. Bezeichnung des Beklagten der Musterfeststellungsklage,
4. Gegenstand und Grund des Anspruchs oder des Rechtsverhältnisses des Verbrauchers,

5. Betrag der Forderung,
6. Versicherung der Richtigkeit und Vollständigkeit der Angaben.

Die Angaben der Anmeldung werden ohne inhaltliche Prüfung in das Klageregister eingetragen.

(3) Die Anmeldung kann bis zum Ablauf des Tages vor Beginn des ersten Termins zurückgenommen werden.

(4) Anmeldung und Rücknahme sind in Textform gegenüber dem Bundesamt für Justiz zu erklären.

§ 609

Klageregister; Verordnungsermächtigung

(1) Klageregister ist das Register für Musterfeststellungsklagen. Es wird vom Bundesamt für Justiz geführt und kann elektronisch betrieben werden.

(2) Bekanntmachungen und Eintragungen nach den §§ 607 und 608 sind unverzüglich vorzunehmen. Die im Klageregister zu einer Musterfeststellungsklage erfassten Angaben sind bis zum Schluss des dritten Jahres nach rechtskräftigem Abschluss des Verfahrens aufzubewahren.

(3) Öffentliche Bekanntmachungen können von jedermann unentgeltlich im Klageregister eingesehen werden.

(4) Nach § 608 angemeldete Verbraucher können vom Bundesamt für Justiz Auskunft über die zu ihrer Anmeldung im Klageregister erfassten Angaben verlangen. Nach rechtskräftigem Abschluss des Musterfeststellungsverfahrens hat das Bundesamt für Justiz einem angemeldeten Verbraucher auf dessen Verlangen einen schriftlichen Auszug über die Angaben zu überlassen, die im Klageregister zu ihm und seiner Anmeldung erfasst sind.

(5) Das Bundesamt für Justiz hat dem Gericht der Musterfeststellungsklage auf dessen Anforderung einen Auszug aller im Klageregister zu der Musterfeststellungsklage erfassten Angaben über die Personen zu übersenden, die bis zum Ablauf des in § 606 Absatz 3 Nummer 3 genannten Tages zur Eintragung in das Klageregister angemeldet sind. Das Gericht übermittelt den Parteien formlos eine Abschrift des Auszugs.

(6) Das Bundesamt für Justiz hat den Parteien auf deren Anforderung einen schriftlichen Auszug aller im Klageregister zu der Musterfeststellungsklage erfassten Angaben über die Personen zu überlassen, die sich bis zu dem in § 608 Absatz 1 genannten Tag zur Eintragung in das Klageregister angemeldet haben.

(7) Das Bundesministerium der Justiz und für Verbraucherschutz wird ermächtigt, durch Rechtsverordnung ohne Zustimmung des Bundesrates die näheren Bestimmungen über Inhalt, Aufbau und Führung des Klageregisters, die Einreichung, Eintragung, Änderung und Vernichtung der im Klageregister erfassten Angaben, die Erteilung von Auszügen aus dem Klageregister sowie die Datensicherheit und Barrierefreiheit zu treffen.

§ 610

Besonderheiten der Musterfeststellungsklage

(1) Ab dem Tag der Rechtshängigkeit der Musterfeststellungsklage kann gegen den Beklagten keine andere Musterfeststellungsklage erhoben werden, soweit deren Feststellungsziele denselben zugrunde liegenden Lebenssachverhalt betreffen. Die Wirkung von Satz 1 entfällt, sobald die Musterfeststellungsklage ohne Entscheidung in der Sache beendet wird.

(2) Während der Rechtshängigkeit der Musterfeststellungsklage kann ein angemeldeter Verbraucher gegen den Beklagten keine Klage erheben, deren Streitgegenstand denselben Lebenssachverhalt und dieselben Feststellungsziele betrifft.

(3) Auf die Musterfeststellungsklage sind § 128 Absatz 2, § 278 Absatz 2 bis 5 sowie die §§ 306 und 348 bis 350 nicht anzuwenden.

(4) Die §§ 66 bis 74 finden keine Anwendung im Verhältnis zwischen den Parteien der Musterfeststellungsklage und Verbrauchern, die

1. einen Anspruch oder ein Rechtsverhältnis angemeldet haben oder
2. behaupten, entweder einen Anspruch gegen den Beklagten zu haben oder vom Beklagten in Anspruch genommen zu werden oder in einem Rechtsverhältnis zum Beklagten zu stehen.

§ 611

Vergleich

(1) Ein gerichtlicher Vergleich kann auch mit Wirkung für und gegen die angemeldeten Verbraucher geschlossen werden.

(2) Der Vergleich soll Regelungen enthalten über

1. die auf die angemeldeten Verbraucher entfallenden Leistungen,
2. den von den angemeldeten Verbrauchern zu erbringenden Nachweis der Leistungsberechtigung,
3. die Fälligkeit der Leistungen und
4. die Aufteilung der Kosten zwischen den Parteien.

(3) Der Vergleich bedarf der Genehmigung durch das Gericht. Das Gericht genehmigt den Vergleich, wenn es ihn unter Berücksichtigung des bisherigen Sach- und Streitstandes als angemessene gütliche Beilegung des Streits oder der Ungewissheit über die angemeldeten Ansprüche oder Rechtsverhältnisse erachtet. Die Genehmigung ergeht durch unanfechtbaren Beschluss.

(4) Den zum Zeitpunkt der Genehmigung angemeldeten Verbrauchern wird der genehmigte Vergleich mit einer Belehrung über dessen Wirkung, über ihr Recht zum Austritt aus dem Vergleich sowie über die einzuhaltende Form und Frist zugestellt. Jeder Verbraucher kann innerhalb einer Frist von einem Monat nach Zustellung des genehmigten Vergleichs seinen Austritt aus dem Vergleich erklären. Der Austritt muss bei dem Gericht schriftlich oder zu Protokoll der Geschäftsstelle erklärt werden. Durch den Austritt wird die Wirksamkeit der Anmeldung nicht berührt.

(5) Der genehmigte Vergleich wird wirksam, wenn weniger als 30 Prozent der angemeldeten Verbraucher ihren Austritt aus dem Vergleich erklärt haben. Das Gericht stellt durch unanfechtbaren Beschluss den Inhalt und die Wirksamkeit des genehmigten Vergleichs fest. Der Beschluss ist im Klageregister öffentlich bekannt zu machen. Mit der Bekanntmachung des Beschlusses wirkt der Vergleich für und gegen diejenigen angemeldeten Verbraucher, die nicht ihren Austritt erklärt haben.

(6) Der Abschluss eines gerichtlichen Vergleichs vor dem ersten Termin ist unzulässig.

§ 612

Bekanntmachungen zum Musterfeststellungsurteil

(1) Das Musterfeststellungsurteil ist nach seiner Verkündung im Klageregister öffentlich bekannt zu machen.

(2) Die Einlegung eines Rechtsmittels gegen das Musterfeststellungsurteil ist im Klageregister öffentlich bekannt zu machen. Dasselbe gilt für den Eintritt der Rechtskraft des Musterfeststellungsurteils.

§ 613

Bindungswirkung des Musterfeststellungsurteils; Aussetzung

(1) Das rechtskräftige Musterfeststellungsurteil bindet das zur Entscheidung eines Rechtsstreits zwischen einem angemeldeten Verbraucher und dem Beklagten berufene Gericht, soweit dessen Entscheidung die Feststellungsziele und den Lebenssachverhalt der Musterfeststellungsklage betrifft. Dies gilt nicht, wenn der angemeldete Verbraucher seine Anmeldung wirksam zurückgenommen hat.

(2) Hat ein Verbraucher vor der Bekanntmachung der Angaben zur Musterfeststellungsklage im Klageregister eine Klage gegen den Beklagten erhoben, die die Feststellungsziele und den Lebenssachverhalt der Musterfeststellungsklage betrifft, und meldet er seinen Anspruch oder sein Rechtsverhältnis zum Klageregister an, so setzt das Gericht das Verfahren bis zur rechtskräftigen Entscheidung oder sonstigen Erledigung der Musterfeststellungsklage oder wirksamen Rücknahme der Anmeldung aus."

Artikel 3

Änderung des Arbeitsgerichtsgesetzes

In § 46 Absatz 2 Satz 2 des Arbeitsgerichtsgesetzes in der Fassung der Bekanntmachung vom 2. Juli 1979 (BGBl. I S. 853, 1036), das zuletzt durch … geändert worden ist, werden nach den Wörtern „über den Urkunden- und Wechselprozess (§§ 592 bis 605a der Zivilprozessordnung)" ein Komma und die Wörter „über die Musterfeststellungsklage (§§ 606 bis 613 der Zivilprozessordnung)" eingefügt.

Artikel 4

Änderung des Gerichtskostengesetzes

In § 48 Absatz 1 Satz 2 des Gerichtskostengesetzes in der Fassung der Bekanntmachung vom 27. Februar 2014 (BGBl. I S. 154), das zuletzt durch … geändert worden ist, werden nach dem Wort „In" die Wörter „Musterfeststellungsklagen nach Buch 6 der Zivilprozessordnung und in" eingefügt.

Artikel 5

Änderung des Rechtsanwaltsvergütungsgesetzes

In § 19 Absatz 1 Satz 2 Nummer 1a des Rechtsanwaltsvergütungsgesetzes vom 5. Mai 2004 (BGBl. I S. 718, 788), das zuletzt durch … geändert worden ist, werden nach dem Wort „Schutzschriften" die Wörter „und die Anmeldung von Ansprüchen oder Rechtsverhältnissen zum Klageregister für Musterfeststellungsklagen sowie die Rücknahme der Anmeldung" eingefügt.

Artikel 6

Änderung des Bürgerlichen Gesetzbuchs

§ 204 des Bürgerlichen Gesetzbuchs in der Fassung der Bekanntmachung vom 2. Januar 2002 (BGBl. I S. 42, 2909; 2003 I S. 738), das zuletzt durch … geändert worden ist, wird wie folgt geändert:

1. Nach Absatz 1 Nummer 1 wird folgende Nummer 1a eingefügt:

   „1a. die Erhebung einer Musterfeststellungsklage für einen Anspruch, den ein Gläubiger zu dem zu der Klage geführten Klageregister wirksam angemeldet hat, wenn dem angemeldeten Anspruch derselbe Lebenssachverhalt zugrunde liegt wie den Feststellungszielen der Musterfeststellungsklage,“.

2. Nach Absatz 2 Satz 1 wird folgender Satz eingefügt:

   „Die Hemmung nach Absatz 1 Nummer 1a endet auch sechs Monate nach der Rücknahme der Anmeldung zum Klageregister.“

Artikel 7

Änderung der Verwaltungsgerichtsordnung

In § 173 Satz 1 der Verwaltungsgerichtsordnung in der Fassung der Bekanntmachung vom 19. März 1991 (BGBl. I S. 686), die zuletzt durch … geändert worden ist, werden nach dem Wort „ausschließen“ ein Semikolon und die Wörter „Buch 6 der Zivilprozessordnung ist nicht anzuwenden“ eingefügt.

Artikel 8

Änderung der Finanzgerichtsordnung

In § 155 Satz 1 der Finanzgerichtsordnung in der Fassung der Bekanntmachung vom 28. März 2001 (BGBl. I S. 442, 2262; 2002 I S. 679), die zuletzt durch … geändert worden ist, werden nach dem Wort „anzuwenden“ ein Semikolon und die Wörter „Buch 6 der Zivilprozessordnung ist nicht anzuwenden“ eingefügt.

Artikel 9

Änderung des Sozialgerichtsgesetzes

In § 202 Satz 1 des Sozialgerichtsgesetzes in der Fassung der Bekanntmachung vom 23. September 1975 (BGBl. I S. 2535), das zuletzt durch … geändert worden ist, werden nach dem Wort „ausschließen“ ein Semikolon und die Wörter „Buch 6 der Zivilprozessordnung ist nicht anzuwenden“ eingefügt.

Artikel 10

Änderung des Gesetzes gegen Wettbewerbsbeschränkungen

In § 33h Absatz 6 Satz 3 des Gesetzes gegen Wettbewerbsbeschränkungen in der Fassung der Bekanntmachung vom 26. Juni 2013 (BGBl. I S. 1750, 3245), das zuletzt durch Artikel 10 Absatz 9 des Gesetzes vom 30. Oktober 2017 (BGBl. I S. 3618) geändert worden ist, werden die Wörter „Satz 2 und 3 des Bürgerlichen Gesetzbuchs" durch die Wörter „Satz 3 und 4 des Bürgerlichen Gesetzbuchs" ersetzt.

Artikel 11

Inkrafttreten

(1) Dieses Gesetz tritt vorbehaltlich des Absatzes 2 am 1. November 2018 in Kraft.

(2) Am Tag nach der Verkündung treten in Kraft:

1. Artikel 1,
2. in Artikel 2 Nummer 3 § 609 Absatz 7 der Zivilprozessordnung.

Berlin, den 5. Juni 2018

Volker Kauder, Alexander Dobrindt und Fraktion
Andrea Nahles und Fraktion

Begründung

A. Allgemeiner Teil

I. Zielsetzung und Notwendigkeit der Regelungen

1. Vorbemerkung

In einem durch standardisierte Massengeschäfte geprägten Wirtschaftsleben hinterlassen unrechtmäßige Verhaltensweisen von Anbietern häufig eine Vielzahl gleichartig geschädigter Verbraucherinnen und Verbraucher. Gerade wenn der erlittene Nachteil im Einzelfall gering ist, werden Schadensersatz- oder Erstattungsansprüche oft nicht individuell verfolgt, da der erforderliche Aufwand aus Sicht des Geschädigten unverhältnismäßig erscheint („rationales Desinteresse"). Der in der Summe mitunter erhebliche Gewinn verbleibt in diesem Fall – soweit nicht eine Rückerstattung etwa im Rahmen der außergerichtlichen Streitschlichtung erfolgt – bei dem Anbieter, der hierdurch einen Wettbewerbsvorteil gegenüber rechtstreuen Anbietern erzielt.

Vor dem Hintergrund entsprechender Feststellungen hat sich die Europäische Kommission in ihrer Empfehlung 2013/396/EU vom 11. Juni 2013 für „Gemeinsame Grundsätze für kollektive Unterlassungs- und Schadensersatzverfahren bei Verletzung von durch Unionsrecht garantierten Rechten" (ABl. L 201 vom 26.7.2013, S. 60) ausgesprochen und diese Empfehlungen in ihrem Bericht vom 25. Januar 2018 über die Umsetzung dieser Empfehlung nochmals bekräftigt (Ratsdok. 6043/18; Kom-Dok. COM (2018) 40 final). Europaweit werden prozessuale Institute geschaffen oder ausgeweitet, um der beschriebenen Problematik abzuhelfen. So halten unter anderem die EU-Mitgliedstaaten Belgien, Bulgarien, Dänemark, Finnland, Frankreich, Griechenland, Großbritannien, Italien, Litauen, Luxemburg, die Niederlande, Polen, Portugal, Schweden und Spanien in unterschiedlichem Umfang bereits Möglichkeiten vor, gleichgerichtete Ansprüche durch ein Verfahren des kollektiven Rechtsschutzes gebündelt zu verfolgen. In zahlreichen dieser Staaten bestehen schon seit längerer Zeit entsprechende Verfahrensmöglichkeiten. Dagegen wurden in Polen erst im Jahr 2010 sowie in Belgien und in Frankreich im Jahr 2014 entsprechende Rechtsschutzinstitute geschaffen.

In der Bundesrepublik Deutschland hat sich die Regierungskoalition im Koalitionsvertrag für die 19. Legislaturperiode zum Ziel gesetzt, die Rechtsdurchsetzung für die Verbraucherinnen und Verbraucher durch Einführung der Musterfeststellungsklage zu verbessern. Überdies haben sich die Justizministerinnen und Justizminister der Länder mit Beschluss vom 21./22. Juni 2017 und die Verbraucherschutzministerinnen und -minister der Länder mit Beschluss vom 28. April 2017 für eine zeitnahe Stärkung des kollektiven Rechtsschutzes für Verbraucherinnen und Verbraucher ausgesprochen.

Die effektive Rechtsdurchsetzung erfordert wirksame Instrumente des zivilprozessualen Rechtsschutzes, die so ausgestaltet sind, dass sie von Verbraucherinnen und Verbrauchern auch tatsächlich in Anspruch genommen werden.

Erforderlich ist neben der bereits erfolgten Förderung der außergerichtlichen Streitbeilegung die Stärkung zivilprozessualer Möglichkeiten des Rechtsschutzes, um die Durchsetzung bestehender Ansprüche und Rechtsverhältnisse für Bürgerinnen und Bürger zu vereinfachen. Durch einen vereinfachten Zugang zu gerichtlichen Verfahren wird zugleich das Interesse der Allgemeinheit an einem funktionsfähigen und sicheren Rechtsverkehr gewahrt. Die zur Überwindung des rationalen Desinteresses notwendige Bündelung der Rechtsverfolgung in Verbraucherstreitverfahren mit Breitenwirkung ist nach der bisherigen Rechtslage noch nicht ausreichend möglich. Die beabsichtigte Musterfeststellungsklage ergänzt damit die bereits etablierten Verfahren außergerichtlicher Streitbeilegung um den Aspekt prozessualer Durchsetzung, ohne die etablierten Verfahren zu beschränken oder zu verdrängen.

2. Bündelungsmöglichkeiten nach der Zivilprozessordnung (ZPO)

Das in der ZPO geregelte Zivilprozessrecht ist auf den Zweiparteienprozess zugeschnitten. In diesem Rahmen kennt es aber mit der Streitgenossenschaft, der Nebenintervention, der Verfahrensverbindung und der Aussetzung wegen Vorgreiflichkeit Institute zur Einbeziehung von Dritten. Diese Dritten müssen sich jedoch stets, wenngleich mit einem reduzierten Kostenrisiko, an dem Prozess beteiligen. Dies ist häufig mit erheblichem Aufwand verbunden. Es hat sich deshalb in der Praxis gezeigt, dass die genannten prozessualen Institute das „rationale Desinteresse“ der Geschädigten nicht überwinden.

Auch die Einziehungsklage nach § 79 Absatz 2 Nummer 3 ZPO, mit der insbesondere Verbraucherzentralen die gerichtliche Einziehung von Forderungen von Verbrauchern betreiben können, dient nur beschränkt der effektiven Rechtsdurchsetzung. Sie stellt zwar ein taugliches Mittel dar, Verbraucherinteressen prozessual gebündelt durchzusetzen, ohne dass die Verbraucherinnen und Verbraucher sich unmittelbar in ein Gerichtsverfahren einbringen müssen. Sie verursacht indes bei den Verbraucherschutzverbänden angesichts der Koordination zahlreicher individueller Ansprüche erheblichen Aufwand, der diese Verbände in Verfahren mit Breitenwirkung an die Grenzen ihrer Leistungsfähigkeit führt.

3. Sonderfälle des kollektiven Rechtsschutzes im Zivilprozess außerhalb der ZPO

Außerhalb der ZPO kennt das deutsche Zivilprozessrecht bereits Sonderformen des kollektiven Rechtsschutzes. Dazu gehören das Kapitalanleger-Musterverfahren nach dem Gesetz über Musterverfahren in kapitalmarktrechtlichen Streitigkeiten (Kapitalanleger-Musterverfahrensgesetz – KapMuG) sowie die Verbandsklagen nach dem Gesetz über Unterlassungsklagen bei Verbraucherrechts- und anderen Verstößen (UKlaG) und nach dem Gesetz gegen den unlauteren Wettbewerb (UWG). Sowohl das Kapitalanleger-Musterverfahren als auch die Verbandsklagen sind auf einen engen Anwendungsbereich beschränkt und unterliegen besonderen prozessualen Voraussetzungen.

So sind Musterverfahren nach dem KapMuG ausschließlich auf die Geltendmachung spezifischer kapitalmarktrechtlicher Schadensersatzansprüche sowie vertraglicher Erfüllungsansprüche im Zusammenhang mit öffentlichen Kapitalmarktinformationen beschränkt. Ein Musterentscheid kann nur dann erwirkt werden, wenn die zu klärende Musterfrage in mehr als zehn rechtshängigen Prozessen entscheidungserheblich ist und die Parteien einen Musterverfahrensantrag gestellt haben. Das Musterverfahren setzt grundsätzlich voraus, dass ein Betroffener seinen Anspruch zunächst selbst klageweise verfolgt. Zur Überwindung des „rationalen Desinteresses“ außerhalb des Anwendungsbereichs des KapMuG ist das Verfahren deshalb nicht geeignet.

Das UKlaG gewährt Unterlassungs- und Widerrufsansprüche bei Verbraucherrechts- und anderen Verstößen, insbesondere wegen der Verwendung von nach den §§ 307 bis 309 des Bürgerlichen Gesetzbuchs (BGB) unwirksamen Allgemeinen Geschäftsbedingungen und wegen verbraucherschutzgesetzwidriger Praktiken. Durch Unterlassungsklagen der in § 3 UKlaG genannten klageberechtigten Stellen kann insbesondere die Unwirksamkeit bestimmter Vertragsklauseln und die Rechtswidrigkeit bestimmter Praktiken festgestellt werden, ohne dass es einer Beteiligung der von diesen Klauseln und Praktiken Betroffenen bedarf. Individuelle Ansprüche oder Rechtsverhältnisse, wie sie im Rahmen von breit gestreuten Schäden mit vielen Betroffenen entstehen und deren Rechtsverfolgung erleichtert werden soll, können allerdings im Rahmen der im UKlaG vorgesehenen Klagearten nicht verfolgt werden.

Eine mit dem UKlaG vergleichbare Sachlage ergibt sich hinsichtlich der Ansprüche auf Beseitigung und Unterlassung unlauterer geschäftlicher Handlungen aus § 8 Absatz 1 UWG sowie des Anspruchs auf Gewinnabschöpfung aus § 10 Absatz 1 UWG. Auch insoweit können Ansprüche einzelner Betroffener bislang nicht verfolgt werden.

4. Lösungskonzept

Da die bestehenden zivilprozessualen Möglichkeiten der Bündelung von Ansprüchen sowie des kollektiven Rechtsschutzes bislang nicht ausreichen, um die gerichtliche Rechtsverfolgung der Ansprüche einer Vielzahl gleichartig geschädigter Verbraucherinnen und Verbraucher wirksam auszugestalten, soll als neues Mittel der kollektiven Rechtsverfolgung in Verbraucherstreitsachen eine Musterfeststellungsklage eingeführt werden. Der Anwendungsbereich für diese Klageart soll – anders als die bereits vorhandenen Institute des Kapitalanleger-

Musterverfahrens und der Verbandsklage – nicht auf ein hochspezifisches zivilrechtliches Sondergebiet beschränkt werden. Vielmehr soll die Musterfeststellungsklage in verbraucherrechtlichen Angelegenheiten allgemein angewendet werden können.

Die Musterfeststellungsklage soll anerkannten Verbraucherschutzverbänden ermöglichen, zugunsten von jeweils mindestens 50 betroffenen Verbraucherinnen und Verbrauchern das Vorliegen oder Nichtvorliegen zentraler Voraussetzungen für das Bestehen oder Nichtbestehen von Ansprüchen oder Rechtsverhältnissen feststellen und Rechtsfragen klären zu lassen. Das Verfahren soll ausschließlich zwischen dem klagenden Verbraucherschutzverband und der beklagten Partei geführt werden. Verbraucherinnen und Verbraucher sollen jedoch die Möglichkeit erhalten, ihre Ansprüche gegen die beklagte Partei mit verjährungshemmender Wirkung zu einem noch einzurichtenden Klageregister anzumelden. Das rechtskräftige Musterfeststellungsurteil soll sodann grundsätzlich Bindungswirkung für eine nachfolgende Klage zwischen einem angemeldeten Verbraucher und dem beklagten Unternehmen entfalten.

Die Musterfeststellungsklage bietet mit der Möglichkeit der kostenfreien Anmeldung von Ansprüchen oder Rechtsverhältnissen einen einfachen Weg der kollektiven Rechtsverfolgung, mit dem für den einzelnen Betroffenen kein Prozesskostenrisiko verbunden ist. Sie ist geeignet, das „rationale Desinteresse" zu überwinden, ohne berechtigten Interessen der Wirtschaft zuwiderzulaufen. Darüber hinaus dient sie der effektiven Rechtsdurchsetzung, kann durch die verbindliche Entscheidung wesentlicher Tatsachen- und Rechtsfragen zu einer Entlastung der Justiz beitragen und trägt zur Stärkung des Gerichtsstandortes der Bundesrepublik Deutschland bei. Zugleich stärkt sie die außergerichtliche Streitschlichtung, indem sie durch die Entscheidung zentraler Tatsachen- und Rechtsfragen die Grundlagen für eine einvernehmliche Lösung der Parteien schafft.

Die Musterfeststellungsklage soll im Buch 6 der ZPO geregelt werden und die bereits vorhandenen Klagearten ergänzen. Daraus ergibt sich, dass die allgemeinen Vorschriften der ZPO gelten sollen, soweit keine Sonderregelungen vorgesehen sind. Die Sonderregelungen sind zum Teil dem Kapitalanleger-Musterverfahren und den beschriebenen Verbandsklagen angelehnt. Gleichwohl stellt die Musterfeststellungsklage eine eigenständige zivilprozessuale Klage dar.

II. Wesentlicher Inhalt des Entwurfs

Der Entwurf regelt erstmalig die Musterfeststellungsklage und führt diese in die ZPO ein. Die Musterfeststellungsklage ermöglicht die Feststellung des Vorliegens oder Nichtvorliegens von tatsächlichen und rechtlichen Voraussetzungen von Ansprüchen oder Rechtsverhältnissen (Feststellungsziele). Sie dient damit der einheitlichen Entscheidung zentraler Streitfragen mit Breitenwirkung. Die Klage soll deshalb nur zulässig sein, wenn glaubhaft gemacht wird, dass Ansprüche oder Rechtsverhältnisse von mindestens zehn Betroffenen von den in der Musterfeststellungsklage verhandelten Feststellungszielen abhängen und binnen zwei Monaten ab öffentlicher Bekanntmachung mindestens 50 betroffene Verbraucherinnen und Verbraucher ihre Ansprüche zum Klageregister anmelden (§ 606 Absatz 3 ZPO in der Entwurfsfassung – ZPO-E).

Klagebefugt sollen die in § 3 Absatz 1 Nummer 1 UKlaG genannten qualifizierten Einrichtungen sein (§ 606 Absatz 1 ZPO-E), allerdings mit der Maßgabe, dass sie mindestens zehn Verbände, die im gleichen Aufgabenbereich tätig sind, oder 350 natürliche Personen als Mitglieder haben. Des Weiteren müssen die Einrichtungen bereits seit mindestens vier Jahren als qualifizierte Einrichtungen in die Liste nach § 4 UKlaG oder in dem Verzeichnis der Europäischen Kommission nach Artikel 4 Absatz 3 der Richtlinie 2009/22/EG des Europäischen Parlaments und des Rates vom 23. April 2009 über Unterlassungsklagen zum Schutz der Verbraucherinteressen (ABl. L 110 vom 1.5.2009, S. 30) eingetragen sein. Die qualifizierten Einrichtungen müssen daneben weitere strenge Voraussetzungen erfüllen. Dadurch ist insbesondere sichergestellt, dass Musterfeststellungsklagen ohne Gewinnerzielungsabsicht und nur im Interesse betroffener Verbraucherinnen und Verbraucher und nur von Organisationen erhoben werden können, welche aufgrund ihrer bisherigen Tätigkeit und der Herkunft ihrer finanziellen Mittel die Gewähr für eine sachgerechte Aufgabenerfüllung und keine Anhaltspunkte für Missbrauch bieten.

Die Beschränkung der Klagebefugnis gewährleistet zugleich, dass keine sachwidrigen oder missbräuchlichen Musterfeststellungsklagen erhoben werden.

Eine Musterfeststellungsklage soll durch das Gericht in einem neu zu schaffenden Klageregister für Musterfeststellungsklagen bekannt gemacht werden (§ 607 ZPO-E). Hierdurch sollen potenziell betroffene Verbraucherinnen und Verbraucher über die Rechtshängigkeit der Musterfeststellungsklage informiert werden und damit zugleich die Möglichkeit erhalten, ihre Ansprüche oder Rechtsverhältnisse anzumelden. Im Vergleich zu einer Klage ist der Aufwand eines Betroffenen bei der Anmeldung deutlich reduziert: Neben seinem Namen, den Namen der Parteien, dem Gericht und dem Aktenzeichen der Musterfeststellungsklage muss der Verbraucher lediglich den Gegenstand und den Grund des Anspruchs oder Rechtsverhältnisses , den Betrag der Forderung sowie eine Versicherung der Richtigkeit und Vollständigkeit der Angaben angeben (§ 608 Absatz 2 ZPO-E). Die Anmeldung soll auch elektronisch erfolgen können. Eine anwaltliche Vertretung ist bei der Anmeldung nicht erforderlich. Die Anmeldung birgt kein prozessuales Kostenrisiko. Durch diese niederschwelligen Anforderungen ist das Verfahren vor allem attraktiv für solche Verbraucherinnen und Verbraucher, die bislang vor einer individuellen Rechtsverfolgung wegen des Kostenrisikos und des Aufwandes eines Gerichtsverfahrens zurückschrecken.

Die Anmeldung bewirkt, dass die Feststellungen, die im Urteil der Musterfeststellungsklage getroffen werden, im Verhältnis zwischen Verbraucherinnen und Verbrauchern, die ihre Ansprüche oder Rechtsverhältnisse zum Klageregister wirksam angemeldet haben, und dem Beklagten Bindungswirkung entfalten (§ 613 Absatz 1 ZPO-E).

Mit der Musterfeststellungsklage können auf diese Weise tatsächliche oder rechtliche Fragen, die für eine Vielzahl von Ansprüchen oder Rechtsverhältnissen von Bedeutung sind, mit Wirkung für die angemeldeten Verbraucherinnen und Verbraucher gebündelt und verbindlich geklärt werden. Auf diese Weise wird das Verfahren besonders effizient und ermöglicht eine abschließende Befriedung aller Streitigkeiten.

Zudem wird die Verjährung der von den Feststellungszielen abhängenden, im Klageregister angemeldeten Ansprüche durch die Erhebung der Musterfeststellungsklage gehemmt (§ 204 Absatz 1 Nummer 1a BGB-E).

Die Musterfeststellungsklage soll der zügigen Klärung von Tatsachen- und Rechtsfragen dienen und hierdurch zu einem effektiven Mittel der Rechtsverfolgung werden. Die Ausrichtung auf bestimmte Feststellungsziele ermöglicht die hierfür erforderliche Konzentration auf die wesentlichen Streitfragen. Individuelle Streitfragen, etwa konkrete Einwendungen gegen die einer Musterfeststellungsklage zugrunde liegenden Individualansprüche, die für die Feststellungsziele nicht von Bedeutung sind, sind in der Musterfeststellungsklage nicht zu klären. Dementsprechend werden die angemeldeten Verbraucher nicht unmittelbar Prozessbeteiligte im Musterfeststellungsverfahren und können selbst auch keine Prozesshandlungen vornehmen. Die angemeldeten Verbraucher als Zeugen zu berufen, bleibt hingegen möglich.

Der Anspruch des angemeldeten Verbrauchers auf rechtliches Gehör wird nicht verletzt, weil er selbst entscheidet, ob er sich an der Musterfeststellungsklage beteiligen möchte und hierdurch seine prozessualen Möglichkeiten der Rechtsverfolgung erweitert werden. Es steht jedem angemeldeten Verbraucher weiterhin frei, seine Ansprüche oder Rechtsverhältnisse selbst gerichtlich geltend zu machen. Auch kann er bis zum Ablauf des Tages vor dem ersten Termin (§ 220 Absatz 1 ZPO) durch Rücknahme seiner Anmeldung erreichen, dass er nicht an ein Musterfeststellungsurteil gebunden wird.

Durch das Musterfeststellungsurteil wird der Ausgleich individueller Ansprüche erheblich vereinfacht. Zwar müssen die angemeldeten Verbraucher ihre Ansprüche weiterhin individuell durchsetzen. Aufgrund der verbindlichen Klärung der Feststellungsziele ist aber davon auszugehen, dass sich in den meisten Fällen die angemeldeten Verbraucher und der Beklagte außergerichtlich einigen. Verbleiben Streitpunkte, steht es angemeldeten Verbrauchern und Beklagten offen, die außergerichtliche Streitschlichtung in Anspruch zu nehmen oder den Rechtsweg zu beschreiten. Das Musterfeststellungsurteil erleichtert den Parteien auch insoweit die individuelle Rechtsverfolgung. Denn im Folgeverfahren müssen die bereits verbindlich festgestellten Tatsachen und die entschiedenen Rechtsfragen nicht erneut verhandelt werden. Für Beklagte erweist sich die Musterfeststellungsklage auch in ökonomischer Hinsicht als positiv, weil sie geeignet ist, zahlreiche Parallelprozesse zu vermeiden und das hieraus folgende Kostenrisiko zu senken.

Die Musterfeststellungsklage kann nicht nur durch Urteil, sondern auch durch einen Vergleich zwischen den Parteien beendet werden, der Bindungswirkung für die angemeldeten Verbraucher entfaltet, soweit sie nicht aus dem vorgeschlagenen Vergleich austreten (§ 611 ZPO-E). Dies ermöglicht den Parteien eine auf die zentralen Streitfragen zugeschnittene einvernehmliche Gesamtlösung, die der einfachen Befriedung in gleichgelagerten Streitigkeiten dient.

Die sachliche Zuständigkeit für Musterfeststellungsklagen wird unabhängig vom Streitwert den Landgerichten zugewiesen.

Die einschlägigen und vorrangigen Bestimmungen des Unionsrechts zur internationalen Zuständigkeit von Gerichten bleiben hiervon unberührt. Die klageberechtigten Verbraucherverbände können in der Bundesrepublik Deutschland nur klagen, wenn deutsche Gerichte nach der EU-Verordnung Nr. 2015/2012 (sogenannte Brüssel-Ia-Verordnung) international zuständig sind. Verbraucherinnen und Verbraucher sind nicht gehindert, ihre Ansprüche außerhalb der Musterfeststellungsklage vor den international zuständigen Gerichten zu verfolgen. Auch die vorrangigen Regelungen des Unionsrechts zur Wirkungserstreckung von Gerichtsentscheidungen, die ebenfalls in der Brüssel-Ia-Verordnung enthalten sind, können durch die Musterfeststellungsklage nicht geändert werden. Wenn die deutsche Gerichtsentscheidung im Musterverfahren in Nachfolge-Verfahren von Verbraucherinnen und Verbrauchern vor Gerichten eines anderen Mitgliedstaats Wirkung entfalten soll, muss sie nach deren Bestimmungen vorher dort anerkannt werden.

Dasselbe gilt außerhalb des Anwendungsbereichs dieser EU-Verordnung für die nationalen Vorschriften, die im Verhältnis zu Drittstaaten anzuwenden sind. Ob deutsche Gerichte für eine Musterfeststellungsklage international zuständig sind, bestimmt sich dann entweder nach völkerrechtlichen Vereinbarungen oder nach dem autonomen deutschen Recht. Die Wirkungserstreckung hängt von einer Anerkennung der deutschen Gerichtsentscheidung im Ausland ab, die völkervertraglich festgelegt sein oder sich aus dem autonomen Recht des Anerkennungsstaates ergeben kann.

Auch die einschlägigen und vorrangigen Bestimmungen des Unionsrechts zum anwendbaren Recht, die in der Verordnung EG Nr. 593/2008 (sogenannte Rom-I-Verordnung) niedergelegt sind, werden von diesem Entwurf nicht berührt.

III. Alternativen

Keine.

IV. Gesetzgebungskompetenz

Die Gesetzgebungskompetenz des Bundes ergibt sich aus Artikel 74 Absatz 1 Nummer 1 des Grundgesetzes (gerichtliches Verfahren, Gerichtsverfassung und bürgerliches Recht).

V. Vereinbarkeit mit dem Recht der Europäischen Union und völkerrechtlichen Verträgen

Der Entwurf ist mit dem Recht der Europäischen Union und mit völkerrechtlichen Verträgen, die die Bundesrepublik Deutschland geschlossen hat, vereinbar. Er setzt die Empfehlung 2013/396/EU der Europäischen Kommission vom 11. Juni 2013 für „Gemeinsame Grundsätze für kollektive Unterlassungs- und Schadensersatzverfahren bei Verletzung von durch Unionsrecht garantierten Rechten“ (ABl. L 201 vom 26.7.2013, S. 60) durch eine eigenständige nationale Regelung innerhalb des empfohlenen Rechtsrahmens um.

VI. Gesetzesfolgen

1. Rechts- und Verwaltungsvereinfachung

Der Entwurf verringert den Verwaltungsaufwand der Gerichte. Es entstehen zwar neue zivilprozessuale Streitigkeiten in Musterfeststellungsklagen. Diesen steht jedoch eine Aufwandsersparnis gegenüber, die sich aus einer Reduzierung von Individualstreitigkeiten ergibt.

Dem für die Einrichtung und den Betrieb eines zentralen Klageregisters für Musterfeststellungsklagen beim Bundesamt für Justiz anfallenden Verwaltungsaufwand steht eine deutliche Entlastung der Bürgerinnen und Bürger bei der Rechtsdurchsetzung ihrer Ansprüche und Rechtsverhältnisse gegenüber.

2. Nachhaltigkeitsaspekte

Der Entwurf steht im Einklang mit den Leitgedanken der Bundesregierung zur nachhaltigen Entwicklung im Sinne der Deutschen Nachhaltigkeitsstrategie. Die Musterfeststellungsklage soll der zügigen Klärung von Tatsachen- und Rechtsfragen dienen und hierdurch zu einem effektiven Mittel der Rechtsverfolgung werden. Die Ausrichtung auf bestimmte Feststellungsziele ermöglicht die hierfür erforderliche Konzentration auf die wesentlichen Streitfragen. Durch ein Musterfeststellungsurteil kann darüber hinaus der Ausgleich individueller Ansprüche erheblich vereinfacht werden. Zwar müssen die angemeldeten Verbraucher ihre Ansprüche weiterhin individuell durchsetzen; aufgrund der verbindlichen Klärung der Feststellungsziele ist aber davon auszugehen, dass sich in vielen Fällen angemeldete Verbraucher und Beklagter außergerichtlich einigen. Mit diesen beiden vornehmlichen Zielen steht der Entwurf insbesondere im Einklang mit der Managementregel Nummer 9 der Deutschen Nachhaltigkeitsstrategie, nach der der soziale Zusammenhalt gestärkt werden soll. Denn der soziale Zusammenhalt wird zum einen dadurch gestärkt, dass effektive Mittel zur Rechtsverfolgung bestehen und zur Verfügung gestellt werden. Zum anderen wird durch die zu erwartenden außergerichtlichen Einigungen im Nachgang zu einem Musterfeststellungsurteil der Rechtsfrieden und die Rechtsakzeptanz gestärkt.

3. Haushaltsausgaben ohne Erfüllungsaufwand

Der Mehrbedarf an Sach- und Personalmitteln soll finanziell und stellenmäßig im Einzelplan 07 ausgeglichen werden. Über Einzelheiten zur Deckung des Mehrbedarfs soll im Rahmen kommender Haushaltsaufstellungsverfahren entschieden werden.

4. Erfüllungsaufwand

Die vorgeschlagene Musterfeststellungsklage gibt nicht nur denjenigen Verbraucherinnen und Verbrauchern ein effektives Mittel der Rechtsdurchsetzung an die Hand, die ohne dieses auf die individuelle Rechtsdurchsetzung verzichten würden. Sie führt darüber hinaus zu einer Entlastung potentieller Parteien gerichtlicher Verfahren von anfallenden Gerichts- und Rechtsanwaltsgebühren.

Dabei wird von folgenden Annahmen ausgegangen:

Die Einführung einer Musterfeststellungsklage wird schätzungsweise zu einer Reduzierung erstinstanzlicher Individualprozesse mit einem Streitwert-Median von 600 Euro um 11 250 pro Jahr führen. Die Gebühren eines Rechtsstreits mit einem Streitwert von 600 Euro belaufen sich regelmäßig auf 682,60 Euro, wenn beide Parteien anwaltlich vertreten sind. Findet keine anwaltliche Vertretung statt, ergeben sich regelmäßig Gebühren von 159 Euro. Dabei wird davon ausgegangen, dass in den einschlägigen Verfahren etwa 50 Prozent der Parteien anwaltliche Hilfe in Anspruch nehmen und dass die Unternehmen in der Hälfte der Individualprozesse unterliegen.

Dem stehen voraussichtlich jährlich 450 neue Musterfeststellungsklagen mit geschätzt im Schnitt 75 Anmeldern und einem Streitwert von geschätzt durchschnittlich 10 000 Euro gegenüber. Mithin ist von schätzungsweise 33 750 Anmeldungen zum Klageregister auszugehen. Die Gebühren landgerichtlicher Verfahren mit Rechtsanwaltszwang belaufen sich bei einem Streitwert von 10 000 Euro auf regelmäßig 4 090,70 Euro. Dabei wird auch hier davon ausgegangen, dass die Unternehmen in der Hälfte der 450 Fälle unterliegen.

a) Erfüllungsaufwand für Bürgerinnen und Bürger

Somit ergibt sich durch die Musterfeststellungsklage für die Bürgerinnen und Bürgern eine jährliche Entlastung von etwa 2 367 000 Euro, ohne dass dem Belastungen gegenüber stehen, da die Bürgerinnen und Bürger keine Gebühren oder Kosten der Musterfeststellungsklage zu tragen haben werden.

b) Erfüllungsaufwand für die Wirtschaft

Für die Wirtschaft wird – unter Zugrundelegung der vorgenannten Annahmen – ebenfalls von einer jährlichen Entlastung von etwa 2 367 000 Euro ausgegangen. Dem stehen jedoch Belastungen aufgrund Gerichts- und Rechtsanwaltsgebühren zukünftiger Musterfeststellungsklagen von 920 408 Euro gegenüber, die die beklagten Unternehmen bei Unterliegen zu tragen haben werden. Die Wirtschaft wird daher voraussichtlich um insgesamt um 1 446 592 Euro jährlich entlastet werden. Im Rahmen der „One in, one out"-Regel der Bundesregierung stellt dies ein „out" dar.

Davon Bürokratiekosten aus Informationspflichten:

Keine.

c) Erfüllungsaufwand der Verwaltung

Der Erfüllungsaufwand für die übergangsweise rein manuelle Führung des Klageregisters ab 1. November 2018 beläuft sich beim Bundesamt für Justiz schätzungsweise jährlich auf rund 823 000 Euro für Personalmittel sowie auf einmalige Sachkosten in Höhe von 28 000 Euro. Dabei ist davon auszugehen, dass sich die rein manuelle Registerführung mit dem veranschlagten Aufwand nur für eine begrenzte Dauer als Übergangslösung betreiben lässt. Sie ist jedoch keine wirtschaftlich tragfähige Dauerlösung. Es ist daher parallel ein elektronisches Fachverfahren aufzubauen, wofür ein zeitlicher Rahmen von 26 Monaten zu veranschlagen ist. Hierfür werden einmalige Personalmittel in Höhe von insgesamt etwa 1 523 000 Euro (rund 703 000 Euro pro Jahr) sowie einmalige Sachkosten in Höhe von etwa 2 600 000 Euro benötigt. Für den laufenden Betrieb ist ab dem Jahr 2021 mit jährlichen Personalkosten in Höhe von etwa 1 302 000 Euro und Sachkosten von 110 000 Euro zu rechnen. Der Umstellungsaufwand auf Bundesebene beläuft sich mithin voraussichtlich auf 4 151 000 Euro, der zusätzliche jährliche Erfüllungsaufwand auf rund 823 000 Euro bis 2020 und auf 1 412 000 Euro ab 2021.

Für die manuelle Führung des Klageregisters voraussichtlich vom 1. November 2018 bis 31. Dezember 2020 werden sieben Stellen des mittleren Dienstes, 1,6 Stellen des gehobenen Dienstes und eine Stelle des höheren Dienstes benötigt.

In der voraussichtlich 26 Monate dauernden Projektphase zum Aufbau des elektronischen Klageregisters voraussichtlich vom 1. November 2018 bis 31. Dezember 2020 werden im IT-Bereich eine Stelle im mittleren Dienst, fünf Stellen im gehobenen Dienst und eine Stelle im höheren Dienst benötigt. Hieraus ergibt sich ein Personalaufwand von rund 703 000 Euro pro Jahr und damit insgesamt ein Personalaufwand in der Projektphase von 1 523 000 Euro.

Des Weiteren ist während der Projektphase ein Sach- und Investitionsmittelbedarf von 2 600 000 Euro zu erwarten, wobei der Sach- und Investitionsmittelbedarf im Jahr 2018 etwa 200 000 Euro, im Jahr 2019 etwa 1 100 000 Euro sowie im Jahr 2020 voraussichtlich 1 300 000 Euro betragen wird.

Ab der Aufnahme des Betriebs des elektronischen Fachverfahrens (voraussichtlich ab 1. Januar 2021 werden voraussichtlich folgende Stellen im Fachbereich benötigt werden: 4,1 Stellen des mittleren Dienstes, 1,6 Stellen des gehobenen Dienstes und eine Stelle des höheren Dienstes. Im IT-Bereich werden voraussichtlich folgende Stellen benötigt: eine Stelle im mittleren Dienst, fünf Stellen im gehobenen Dienst und eine Stelle im höheren Dienst. Hieraus folgt ein Personalaufwand von insgesamt rund 1 302 000 Euro jährlich.

Der Sach- und Investitionsmittelbedarf für den laufenden Registerbetrieb wird sich ab der Aufnahme des Betriebs voraussichtlich auf 110 000 Euro jährlich belaufen. Er setzt sich zusammen aus 50 000 Euro jährlich für Wartung und Pflege der Hardware sowie für Lizenzgebühren und 60 000 Euro jährlich für die Bereitstellung eines Servers.

5. Weitere Kosten

Durch die Einführung von Musterfeststellungsklagen entstehen den klagenden Verbraucherschutzverbänden Kosten im Falle des Unterliegens. Unter der Annahme, dass die Verbände in der Hälfte der geschätzten 450 jährlichen Fälle unterliegen, beliefen sich diese Kosten auf 920 408 Euro.

Den Gerichten der Länder entstehen keine Mehrbelastungen, vielmehr werden sie insgesamt entlastet. Dem zusätzlichen Personalaufwand durch jährlich schätzungsweise 450 Musterfeststellungsklagen bei den Landgerichten steht eine Entlastung der Amtsgerichte um geschätzt 11 250 Individualverfahren gegenüber.

6. Weitere Gesetzesfolgen

Weitere Gesetzesfolgen, insbesondere gleichstellungspolitische und demografische Auswirkungen, sind nicht zu erwarten.

VII. Befristung; Evaluierung

Eine Befristung ist nicht angezeigt. Das Gesetz zur Einführung einer zivilprozessualen Musterfeststellungsklage soll frühestens fünf Jahre nach dem Inkrafttreten evaluiert werden, weil erst zu diesem Zeitpunkt mit belastbarem Datenmaterial zu rechnen ist. Dabei wird die Bundesregierung auf Grundlage der beim Bundesamt für Justiz vorgehaltenen Rechtspflegestatistiken in fachlich geeigneter Weise prüfen, ob und inwieweit die beabsichtigten Wirkungen (Verbesserung der Rechtsdurchsetzung für Verbraucher, Entlastung der Gerichte) erreicht worden sind. Die Evaluierung wird die Frage nach unbeabsichtigten Nebenwirkungen sowie nach der Akzeptanz und Praktikabilität der Regelungen einschließen.

B. Besonderer Teil

Zu Artikel 1 (Änderung des Gerichtsverfassungsgesetzes)

Zu Nummer 1 (Änderung des § 71 Absatz 2)

Nummer 1 sieht die Ergänzung des § 71 Absatz 2 des Gerichtsverfassungsgesetzes (GVG) vor. Die sachliche Zuständigkeit für Musterfeststellungsklagen wird den Landgerichten gesetzlich zugewiesen. Angesichts der Breitenwirkung der in der Musterfeststellungsklage bedeutsamen Feststellungsziele rechtfertigt die Bedeutung der Sache unabhängig vom Streitwert – der voraussichtlich entsprechend der bewährten Rechtsprechung zur Streitwertbestimmung in Streitsachen nach dem UKlaG bestimmt werden wird – eine Befassung des Landgerichts.

Zu Nummer 2 (Änderung des § 71 Absatz 4 Satz 1)

Zugleich werden in Nummer 2 die Landesregierungen durch die Anpassung des § 71 Absatz 4 Satz 1 GVG ermächtigt, durch Rechtsverordnung die örtliche Zuständigkeit für Musterfeststellungsklagen zu konzentrieren. Dies ermöglicht die organisatorische und inhaltliche Spezialisierung besonderer Gerichte für Musterfeststellungsklagen und damit der Erhöhung von Effizienz des Verfahrens und Qualität der Entscheidungen.

Zu Artikel 2 (Änderung der Zivilprozessordnung)

Zu Nummer 1 (Inhaltsübersicht)

Die Inhaltsübersicht wird um die nach Nummer 2 in die ZPO einzufügenden Vorschriften ergänzt.

Zu Nummer 2 (Änderung des § 29c)

Zu Buchstabe a

§ 29c ZPO wird um die in Absatz 1 einzufügende Definition eines prozessrechtlichen Verbraucherbegriffs ergänzt. Während der materiell-rechtliche Verbraucherbegriff des § 13 BGB die Verbrauchereigenschaft an den Abschluss eines Rechtsgeschäfts mit einem Verbraucher anknüpft, ist es im Sinne einer umfassenden Verbraucherrechtsdurchsetzung zweckmäßig, den Verbraucherbegriff für die prozessuale Geltendmachung weiter zu fassen, um auch eine Einbeziehung (konkurrierender) gesetzlicher Ansprüche eines Verbrauchers zu ermöglichen. Aus diesem Grund soll nicht auf die rechtsgeschäftliche Entstehung des einzelnen Anspruchs abgestellt werden, sondern vielmehr darauf, dass der Verbraucher bei Erwerb des Anspruchs oder der Begründung des Rechtsverhältnisses nicht überwiegend im Rahmen seiner gewerblichen oder selbständigen beruflichen Tätigkeit handelte.

Zu Buchstabe b

Die Nummerierung der bisherigen Absätze 2 und 3 ist entsprechend anzupassen.

Zu Nummer 3 (Buch 6)

Die vorgeschlagene Musterfeststellungsklage stellt ein modernes Rechtsschutzinstrument zur Bewältigung von Verfahren mit Breitenwirkung dar, das sich widerspruchsfrei in das Zivilprozessrecht einfügt. Sie soll im Buch 6 der ZPO geregelt werden. Das Buch 6 enthält die Voraussetzungen und Durchführungsbestimmungen einer Musterfeststellungsklage, soweit dieses über die allgemeinen Grundsätze des Klageverfahrens hinaus besondere Bestimmungen erfordert.

Die Musterfeststellungsklage ist auf Feststellungsziele ausgerichtet und kann ausschließlich von einer klagebefugten Stelle (§ 606) eingeleitet werden. Musterfeststellungsklagen und bedeutende Zwischenentscheidungen sind im Klageregister für Musterfeststellungsklagen öffentlich bekannt zu machen (§ 607). Diese Bekanntmachung dient Verbraucherinnen und Verbrauchern als Grundlage einer Anmeldung eigener Ansprüche oder Rechtsverhältnisse (§ 608). Die Musterfeststellungsklage endet durch Vergleich (§ 611) oder Urteil (§ 612). Ein Musterfeststellungsurteil entfaltet für Streitigkeiten zwischen angemeldeten Verbrauchern und dem Beklagten über von den Feststellungszielen abhängige Sachverhalte grundsätzlich Bindungswirkung (§ 613). Im Übrigen finden die allgemeinen Vorschriften für das landgerichtliche Verfahren unmittelbare Anwendung.

Zu § 606 (Musterfeststellungsklage)

Die Vorschrift regelt die wesentlichen Voraussetzungen der Musterfeststellungsklage. Die Musterfeststellungsklage dient nach Absatz 1 der Feststellung des Vorliegens oder Nichtvorliegens von tatsächlichen und rechtlichen Voraussetzungen für das Bestehen oder Nichtbestehen eines Anspruches oder Rechtsverhältnisses zwischen einem Unternehmer und einem Verbraucher (Feststellungsziele).

Die Ausrichtung des Streitgegenstands auf Feststellungsziele ist an die Regelung in § 2 Absatz 1 KapMuG angelehnt. Den Parteien und Gerichten wird es auf diesem Weg ermöglicht, sich auf die Klärung grundsätzlicher, in einer Vielzahl von Fällen wiederkehrender tatsächlicher oder rechtlicher Fragen zu konzentrieren. Durch die Benennung der Feststellungsziele und des Lebenssachverhalts bestimmt der Kläger den Steitgegenstand der Musterfeststellungsklage. Dies dient der Einheitlichkeit der Rechtsprechung und ist geeignet, die Ressourcen der Parteien und der Justiz zu schonen.

Ziel der Musterfeststellungsklage ist es, ein Feststellungsziel oder mehrere Feststellungsziele einheitlich mit Breitenwirkung feststellen zu lassen. Über § 256 ZPO hinaus können dabei auch einzelne Elemente oder Vorfragen eines Rechtsverhältnisses oder einer Anspruchsgrundlage festgestellt werden. Des Weiteren können reine Rechtsfragen mit Bedeutung für eine Vielzahl von betroffenen Rechtsverhältnissen geklärt werden. Dies dient insoweit nicht zuletzt der Fortentwicklung des Rechts.

Für die Klagebefugnis wird grundsätzlich auf § 3 Absatz 1 Satz 1 Nummer 1 UKlaG verwiesen. Sie steht danach Einrichtungen zu, die in die Liste qualifizierter Einrichtungen nach § 4 UKlaG oder das Verzeichnis der Europäischen Kommission nach Artikel 4 der Richtlinie 2009/22/EG des Europäischen Parlaments und des Rates vom 23. April 2009 über Unterlassungsklagen zum Schutz der Verbraucherinteressen eingetragen sind, sofern diese die gesteigerten Anforderungen des § 606 Absatz 1 Nummer 1 bis 5 erfüllen.

Die bestehende Liste der qualifizierten Einrichtungen beim Bundesamt für Justiz unterliegt vollständiger Transparenz; die eingetragenen Verbände werden laufend überprüft (§ 4 UKlaG). Damit wird verhindert, dass unseriöse Verbände Musterfeststellungsklagen erheben können. Das Bundesamt für Justiz prüft halbjährlich von Amts wegen, ob die qualifizierten Einrichtungen die Voraussetzungen für die Eintragung erfüllen, und nimmt eine entsprechende Aktualisierung der Liste vor. Verbände, die die Voraussetzungen nicht (mehr) erfüllen, werden aus der Liste gestrichen. Die jeweils aktuelle Liste ist auf der Internetseite des Bundesamts für Justiz unter https://www.bundesjustizamt.de/DE/SharedDocs/Publikationen/Verbraucherschutz/Liste_qualifizierter_Einrichtungen.pdf?__blob=publicationFile&v=60 einsehbar (§ 4 Absatz 1 Satz 1 UKlaG). Besteht die Befürchtung, dass ein eingetragener Verband unseriös ist, so können entsprechende Vorbehalte beim Bundesamt für Justiz vorgebracht werden und müssen dort geprüft werden. Stellt sich nach Prüfung heraus, dass die Befürchtungen begründet sind, so muss die Eintragung aufgehoben werden (§ 4 Absatz 2 Satz 4 UKlaG). Darüber hinaus besteht die Möglichkeit, bei begründeten Zweifeln an dem Vorliegen der Klagebefugnis auch eine außerordentliche Überprüfung der Eintragung anzustoßen (vgl. § 4 Absatz 4 UKlaG). Der Vierjahreszeitraum, der zwischen der Eintragung und der Klageerhebung liegen muss, bietet hinreichend Gelegenheit, die Seriosität der Einrichtungen zu überprüfen.

Bei den qualifizierten Einrichtungen nach § 4 UKlaG handelt es sich um rechtsfähige Vereine, zu deren satzungsmäßigen Aufgaben es gehört, Interessen der Verbraucherinnen und Verbraucher durch nicht gewerbsmäßige Aufklärung und Beratung wahrzunehmen. Aufgrund ihrer bisherigen Tätigkeit erscheint gesichert, dass sie ihre satzungsmäßigen Aufgaben auch künftig dauerhaft wirksam und sachgerecht erfüllen werden. Bei den qualifizierten

Einrichtungen aus anderen Mitgliedstaaten der Europäischen Union, die in das bei der Europäischen Kommission geführte Verzeichnis eingetragen sind, handelt es sich um vergleichbare Organisationen, die ebenso Kollektivinteressen der Verbraucher schützen.

Darüber hinaus müssen die qualifizierten Einrichtungen nach § 606 Absatz 1 Satz 2 Nummern 1 bis 5 auch noch die folgenden Voraussetzungen erfüllen:

Zu ihren Mitgliedern müssen mindestens zehn Verbände, die im gleichen Aufgabenbereich tätig sind, oder mindestens 350 natürliche Personen zählen. Sie müssen seit mindestens vier Jahren in die Liste der qualifizierten Einrichtungen nach § 4 UKlaG oder das Verzeichnis der Europäischen Kommission nach Artikel 4 der Richtlinie 2009/22/EG des Europäischen Parlaments und des Rates vom 23. April 2009 über Unterlassungsklagen zum Schutz der Verbraucherinteressen eingetragen sein. Durch das Erfordernis der Mindesteintragungsdauer von vier Jahren wird mit Blick auf die regelmäßigen Verjährungsfristen ausgeschlossen, dass sich Einrichtungen aus verbraucherschutzfremden Motiven gründen, nur um für einen bestimmten Einzelfall kurzfristig die Klagebefugnis zu erlangen.

Mit dem Erfordernis nach Nummer 3 soll sichergestellt werden, dass der Verband nicht vorwiegend Musterfeststellungsklagen erhebt, sondern vielmehr im Einklang mit seiner Satzung im Verbraucherinteresse nicht gewerbsmäßig und weit überwiegend aufklärend und/oder beratend tätig wird. Die gerichtliche Geltendmachung von Verbraucherinteressen darf auch in der gelebten Praxis der Einrichtung nur eine untergeordnete Rolle spielen. Dies ist durch geeignete Nachweise über die tatsächliche Tätigkeit zu belegen.

Ferner soll gewährleistet sein, dass der Verband eine Musterfeststellungsklage nicht zum Zwecke der Gewinnerzielung erhebt (Nummer 4). Durch dieses zusätzliche Erfordernis soll eine kommerzielle Klageindustrie oder missbräuchliche Klageerhebung zur Gewinnerzielung verhindert werden.

Die Regelung in Nummer 5 gewährleistet, dass es nicht zu einer Kollision von Verbraucher- und Unternehmensinteressen kommt. Es soll ausgeschlossen werden, dass Unternehmen durch die Zuwendung finanzieller Mittel verdeckt Einfluss auf den (gegebenenfalls auch ausländischen) Verband nehmen und das Instrument der Musterfeststellungsklage zur Schädigung eines Wettbewerbers oder Unternehmens, von dem sie in Abhängigkeit stehen, einsetzen können.

Satz 3 schafft Transparenz über die Mittelherkunft der klagenden qualifizierten Einrichtung, insbesondere auch bei ausländischen Einrichtungen aus dem EU-Verzeichnis. Zudem gewährleistet die Regelung die Überprüfung des Vorliegens der Voraussetzungen der Nummern 4 und 5 durch die Gerichte.

Durch die Beschränkung der Klagebefugnis auf diese besonders qualifizierten Einrichtungen wird sichergestellt, dass Musterfeststellungsklagen nur im Interesse betroffener Verbraucherinnen und Verbraucher und von Organisationen erhoben werden können, welche aufgrund ihrer bisherigen Tätigkeit die Gewähr für eine sachgerechte Aufgabenerfüllung und keine Anhaltspunkte für Missbrauch bieten.

Durch die entsprechende Anwendung der Vermutungsregelung des § 4 Absatz 2 Satz 2 UKlaG wird sichergestellt, dass die dortige unwiderlegliche Vermutung zugunsten von Verbraucherzentralen und anderen öffentlich geförderten Verbraucherverbänden, also solchen, die eine substanzielle (nicht lediglich projektbezogene) öffentliche Förderung erhalten, auch im Musterfeststellungsverfahren gilt. Sie sind danach stets als klagebefugte qualifizierte Einrichtungen im Sinne des Absatz 1 Satz 2 anzusehen. Absatz 2 stellt besondere Voraussetzungen für die Zulässigkeit einer Musterfeststellungsklage auf. Die Klageschrift muss bereits Angaben und Nachweise zum Vorliegen der besonderen Voraussetzungen der Klagebefugnis enthalten (Satz 1 Nummer 1), soweit nicht die Vermutung nach Absatz 1 Satz 4 eingreift. Dieses Erfordernis gewährleistet von vornherein Transparenz über das Vorliegen der Voraussetzungen für die Klagebefugnis der klagenden Einrichtung. Durch Satz 1 Nummer 2 wird sichergestellt, dass die Klageschrift bereits bei Einreichung Angaben und Nachweise zu der Glaubhaftmachung (von mindestens zehn betroffenen Verbrauchern) enthält.

Mit der knappen Darstellung des vorgetragenen Lebenssachverhaltes, die in der Klageschrift enthalten sein soll (Absatz 2 Satz 2), soll später die Bekanntmachung im Klageregister den betroffenen Verbrauchern möglichst einfach und verständlich vermittelt werden. Der Hinweis auf § 253 Absatz 2 stellt schließlich klar, dass im Übrigen auch bei einer Musterfeststellungsklage die Anforderungen des § 253 Absatz 2 einzuhalten sind.

Absatz 3 stellt klar, dass die Einhaltung der Voraussetzungen des Absatz 1 Satz 2 durch die qualifizierten Einrichtungen Zulässigkeitsvoraussetzung der Musterfeststellungsklage ist (Nummer 1); die Vermutungsregelung nach Absatz 1 Satz 4 ist zu beachten. Darüber hinaus ist die Musterfeststellungsklage nur zulässig, wenn glaubhaft gemacht wird (§ 294 ZPO), dass die Ansprüche oder Rechtsverhältnisse von mindestens zehn betroffenen Verbraucherinnen und Verbrauchern von der Entscheidung über die Feststellungsziele abhängen (Nummer 2). Der Umfang der Darlegungslast wird von der Rechtsprechung im Einzelfall unter Berücksichtigung der jeweiligen Umstände bestimmt. Durch das Erfordernis der wirksamen Anmeldung gleichgelagerter Ansprüche oder Rechtsverhältnisse zum Klageregister durch mindestens 50 betroffene Verbraucherinnen und Verbraucher binnen zwei Monaten ab öffentlicher Bekanntmachung der Klage im Klageregister (Absatz 3 Nummer 3) wird ausgeschlossen, dass Verfahren mit lediglich individueller Bedeutung geführt werden. Sollte die Zahl der angemeldeten Verbraucher nach Ablauf von zwei Monaten unter 50 sinken, berührt dies nicht die Zulässigkeit der Musterfeststellungsklage, da die mit Ablauf des Stichtages erfüllte Zulässigkeitsvoraussetzung nicht rückwirkend wieder entfallen kann.

Zu § 607 (Bekanntmachung der Musterfeststellungsklage)

§ 607 Absatz 1 sieht die öffentliche Bekanntmachung einer Musterfeststellungsklage in einem neu zu schaffenden Klageregister vor. Ziel der Bekanntmachung ist, die betroffenen Verbraucherinnen und Verbraucher über die Rechtshängigkeit einer Musterfeststellungsklage zu informieren und ihnen so zu ermöglichen, von dem Verfahren durch die Anmeldung eigener Ansprüche oder Rechtsverhältnisse zu profitieren.

Die im Klageregister bekannt zu machenden Angaben beschränken sich auf die in Absatz 1 genannten Angaben. Die Bezeichnung der Parteien, die Bekanntmachung der Feststellungsziele sowie die knappe Darstellung des vorgetragenen Lebenssachverhaltes durch das Gericht dienen dabei der umfassenden Information Betroffener, damit diese die Relevanz der in der Musterfeststellungsklage geltend gemachten Feststellungsziele für eigene Ansprüche oder Rechtsverhältnisse einschätzen können. Die Bekanntmachung des Aktenzeichens und des Gerichts ermöglicht betroffenen Verbraucherinnen und Verbrauchern die Anmeldung ihrer Ansprüche oder der sie betreffenden Rechtsverhältnisse zum Klageregister und die zügige und korrekte Zuordnung der Anmeldung zur einschlägigen Musterfeststellungsklage. § 607 Absatz 1 Nummer 6 und 7 sehen zwecks umfassender Information der Verbraucherinnen und Verbraucher vor, dass in der öffentlichen Bekanntmachung über die Möglichkeit der Anmeldung einschließlich der formellen Voraussetzungen und ihrer Wirkungen, die Möglichkeit der Rücknahme der Anmeldung sowie des Austritts bei Bekanntmachung eines Vergleichsvorschlags zu informieren ist. Nach § 607 Absatz 1 Nummer 8 sind die Verbraucherinnen und Verbraucher schließlich auch darüber zu informieren, dass ihnen nach Abschluss des Musterfeststellungsverfahrens ein Auskunftsanspruch zusteht. Auf diese Weise können sie einen Auszug über ihre Angaben im Klageregister erhalten und so in einem etwaigen Folgeprozess ihre wirksame Anmeldung darlegen und beweisen. Es soll gewährleistet sein, dass diese Informationen die Verbraucherinnen und Verbraucher tatsächlich erreichen. Einzelheiten hierzu werden durch Rechtsverordnung geregelt.

Die Regelung des Absatz 2 gewährleistet zum einen, dass die durch die Musterfeststellungsklage Betroffenen möglichst frühzeitig von der Musterfeststellungsklage erfahren, indem das Gericht die öffentliche Bekanntmachung spätestens 14 Tage nach Rechtshängigkeit der Klage veranlasst . Zum anderen darf die öffentliche Bekanntmachung jedoch nur dann erfolgen, wenn die Klageschrift die nach § 606 Absatz 2 Satz 2 vorgeschriebenen Anforderungen erfüllt, also die entsprechenden Angaben und Nachweise zu den Voraussetzungen des § 606 Absatz 1 Satz 2 und zu der Glaubhaftmachung der zehn betroffenen Verbraucher nach § 606 Absatz 3 Nummer 2 beigefügt sind. Die öffentliche Bekanntmachung erfolgt sodann unverzüglich durch das Bundesamt für Justiz (§ 609 Absatz 2 Satz 1).

Nach Absatz 3 sind auch im weiteren Laufe der Musterfeststellungsklage gerichtliche Terminbestimmungen, Hinweise und Zwischenentscheidungen im Klageregister öffentlich bekannt zu machen, soweit dies für die Information über den Fortgang des Verfahrens erforderlich ist. Die Bekanntmachung durch das Bundesamt für Justiz ist durch das Gericht unverzüglich zu veranlassen und vom Bundesamt für Justiz ebenfalls unverzüglich vorzunehmen. Einzelheiten hierzu werden durch Rechtsverordnung geregelt. Da die angemeldeten Verbraucher (§ 608) an dem Verfahren nicht unmittelbar beteiligt sind, wird hierdurch sichergestellt, dass sie die nötigen Informationen erhalten. Aber auch für die betroffenen Verbraucherinnen und Verbraucher, die noch nicht angemeldet sind, sind die gerichtlichen Hinweise, Termin- und Zwischenentscheidungen von Bedeutung, um über das weitere Vorgehen, insbesondere die fristgerechte Anmeldung zur Musterfeststellungsklage (§ 608 Absatz 1) oder die individuelle Rechtsverfolgung, entscheiden zu können. Da sowohl die Anmeldung von Ansprüchen als auch die Rücknahme der Anmeldung nur bis zum Ablauf des Tages vor dem ersten Termin möglich ist, ist es für die Verbraucher von besonderem Interesse, möglichst frühzeitig von dem Termin Kenntnis zu erlangen. Unter Berücksichtigung der allgemeinen Ladungsfristen des § 217 ZPO muss die Terminbestimmung daher zumindest eine Woche vor dem Termin öffentlich bekannt gemacht werden.

Zu § 608 (Anmeldung von Ansprüchen oder Rechtsverhältnissen)

§ 608 ermöglicht es betroffenen Verbraucherinnen und Verbrauchern, Ansprüche oder Rechtsverhältnisse, die von den geltend gemachten Feststellungszielen abhängig sind, innerhalb einer bestimmten Frist zur Musterfeststellungsklage anzumelden. Die Anmeldung kann nur bis zum Ablauf des Tages vor Beginn des ersten Termins erklärt werden. Die Anspruchsanmeldung soll den Rechtsschutz derjenigen Verbraucherinnen und Verbraucher erhöhen, die bisher angesichts des Prozesskostenrisikos von der gerichtlichen Durchsetzung ihrer Ansprüche absehen. Sie werden auf diese Weise in die Lage versetzt, von den Wirkungen einer Musterfeststellungsklage zu profitieren. Die Regelung bewirkt deshalb eine Stärkung der Rechtsdurchsetzung, indem sie das „rationale Desinteresse" von Verbraucherinnen und Verbrauchern zu überwinden vermag. Ein Prozesskostenrisiko tragen Betroffene mangels unmittelbarer Beteiligung am allein zwischen der klagebefugten Stelle und dem Beklagten geführten Rechtsstreit nicht. Für die Anmeldung zur Musterfeststellungsklage entstehen keine Kosten. Die Betroffenen müssen sich hierbei nicht anwaltlich vertreten lassen.

Angemeldeten Verbrauchern stehen besondere Rechte zu (§ 609 Absatz 4, § 611 Absatz 4). Die wirksame Anmeldung bewirkt zudem, dass die Verjährung von Ansprüchen gemäß § 204 Absatz 1 Nummer 1a BGB-E durch die Erhebung der Musterfeststellungsklage gehemmt wird, soweit diesen der gleiche Lebenssachverhalt zugrunde liegt wie den Feststellungszielen der Musterfeststellungsklage. Zudem entfalten die im Musterfeststellungsurteil getroffenen Feststellungen grundsätzlich Bindungswirkung in etwaigen zivilprozessualen Folgeverfahren, soweit die Streitigkeiten von den Feststellungszielen abhängen (§ 613 Absatz 1).

Absatz 2 stellt klar, dass die Anmeldung nur wirksam ist, wenn sie fristgerecht bis zum Ablauf des Tages vor dem ersten Termin (§ 220 Absatz 1 ZPO) erfolgt, in Textform erklärt wird und den beschriebenen notwendigen Inhalt enthält. Neben dem Vor- und Nachnamen und der Anschrift des angemeldeten Verbrauchers, der Angabe des aus dem Klageregister zu entnehmenden Gerichts sowie des gerichtlichen Aktenzeichens und der Bezeichnung des Beklagten setzt die Anmeldung voraus, dass der Betroffene den Gegenstand und den Grund des Anspruchs oder des Rechtsverhältnisses sowie die Höhe seiner Forderung bestimmt bezeichnet. Die Anforderungen an die Benennung des angemeldeten Verbrauchers, des Beklagten sowie des geltend gemachten Anspruchs bzw. des betroffenen Rechtsverhältnisses entsprechen denjenigen an eine Klageschrift gemäß § 253 Absatz 2 ZPO. Absatz 2 stellt damit sicher, dass der Beklagte einer Musterfeststellungsklage über die Identität der angemeldeten Verbraucher Kenntnis erlangen kann. Zudem ermöglicht die genaue Bezeichnung des potentiellen Streitgegenstandes den Parteien und Gerichten in einem nachfolgenden Rechtsstreit die Prüfung, ob die Verjährung gemäß § 204 Absatz 1a BGB-E gehemmt wurde. Die Angabe des Aktenzeichens gewährleistet die einfache und genaue Zuordnung der Anmeldung. Die Angabe der Anschrift des angemeldeten Verbrauchers ist schließlich auch für die Zustellung eines gerichtlichen Vergleichs sowie die Übersendung etwaiger Auskünfte durch das Bundesamt für Justiz erforderlich. Um Missbrauch auszuschließen und zu gewährleisten, dass Sinn und Zweck dieser Angaben nicht verfehlt und die Anmeldung nicht lediglich zu Täuschungszwecken erfolgt, muss der angemeldete Verbraucher schließlich die Richtigkeit und Vollständigkeit seiner Angaben versichern.

Die angemeldeten Verbraucher sind nach Absatz 3 berechtigt, ihre Anmeldung bis zum Ablauf des Tages vor dem ersten Termin zurückzunehmen. Durch die Rücknahme entfällt für den betroffenen Verbraucher die Bindungswirkung des Musterfeststellungsurteils (§ 613 Absatz 1 Satz 2) sowie die Verjährungshemmung (§ 204 Absatz 2 Satz 2 BGB-E). Die Rücknahme bewirkt auch, dass sich Betroffene nicht länger über den weiteren Verfahrensgang informiert halten müssen. Zugleich gewinnen die Parteien der Musterfeststellungsklage und das Gericht einen Überblick über das fortbestehende Interesse der betroffenen angemeldeten Verbraucher.

Nach Absatz 4 können die Anmeldung und die Rücknahme auf einfache Weise gegenüber der das Klageregister führenden Stelle erfolgen.

Zu § 609 (Klageregister; Verordnungsermächtigung)

§ 609 bildet die Rechtsgrundlage für die Errichtung eines zentralen Klageregisters für Musterfeststellungsklagen beim Bundesamt für Justiz und enthält im Übrigen Vorgaben zur Einsicht in das Register, zu Auskunftsrechten und zur technischen und organisatorischen Ausgestaltung des Registers.

Absatz 2 Satz 1 regelt, dass das Bundesamt für Justiz die Bekanntmachungen und Eintragungen nach den §§ 607, 608 unverzüglich vorzunehmen hat. Die in dem Register hinterlegten Angaben sind bis zum Schluss des dritten Jahres nach rechtskräftigem Abschluss des Verfahrens aufzubewahren (Absatz 2 Satz 2). Eine Aufbewahrung in diesem Zeitraum erscheint geboten, um angemeldeten Verbraucherinnen und Verbrauchern binnen der regelmäßigen Verjährungsfrist eine Einsicht in die Registerangaben zu ermöglichen; außerdem können sie in einem etwaigen Folgeprozess ihre Anmeldung durch einen schriftlichen Auszug (Absatz 4 Satz 2) belegen, die Grundlage der Bindungswirkung im Sinne des § 613 ist.

Das Recht zur Einsicht der wesentlichen Informationen der Musterfeststellungsklage steht jedermann zu (Absatz 3). Einsehbar sind alle vom Gericht veranlassten öffentlichen Bekanntmachungen im Klageregister. Dazu zählen die Bekanntmachung der Musterfeststellungsklage nach § 607 Absatz 1, die bekannt zu machenden Terminbestimmungen und Zwischenentscheidungen nach § 607 Absatz 3 Satz 1, gerichtlich genehmigte (§ 611 Absatz 3 Satz 4) und wirksam gewordene Vergleiche (§ 611 Absatz 5 Satz 3) sowie das Urteil und die Einlegung von Rechtsmitteln und die Rechtskraft (§ 612). Das Einsichtsrecht gewährleistet, dass sich Interessierte darüber informieren können, ob eine sie betreffende Musterfeststellungsklage rechtshängig ist und ob eine Anmeldung eigener Ansprüche oder Rechtsverhältnisse in Betracht kommt. Das Klageregister stellt somit eine niederschwellige Informationsquelle dar. Die Einsicht ist unentgeltlich und erfolgt über das Bundesamt für Justiz.

Da Anmeldungen und andere gespeicherte Informationen personenbezogene Angaben enthalten können, werden die weitergehenden Auskunftsrechte auf die angemeldeten Verbraucher beschränkt (Absatz 4 Satz 1). Diese haben nach Abschluss des Verfahrens zudem zum Zwecke der Beweissicherung einen Anspruch auf Erteilung eines schriftlichen Auszugs ihrer Anmeldung (Absatz 4 Satz 2).

Das zuständige Gericht bekommt einen Auszug sämtlicher verfahrensrelevanter und im Klageregister gespeicherter Informationen, insbesondere auch die Angaben der angemeldeten Verbraucher (Absatz 5). Diese Informationen sind für das Gericht insbesondere für die Beurteilung der Zulässigkeit der Musterfeststellungsklage von Bedeutung. Daher muss aus dem Auszug ersichtlich sein, wie viele Verbraucher welche Angaben bis zum Stichtag des § 606 Absatz 3 Nummer 3 zur Eintragung in das Klageregister eingereicht haben, ohne ihre Anmeldung zwischenzeitlich bereits wieder zurückzunehmen. Dabei kommt es auf den fristgerechten Eingang der Anmeldung bei dem Bundesamt für Justiz an. Daher ist unbeachtlich, ob das Bundesamt für Justiz die Angaben der Anmeldung bereits zum Stichtag in das Klageregister eingetragen hat. Die Kenntnis dieser Angaben ist für die sachgerechte Prozessführung und die Verhandlung über einen Vergleich mit Wirkung für die angemeldeten Verbraucherinnen und Verbraucher (§ 611) von Bedeutung. Die gerichtliche Verwendung der Angaben ist aus Gründen der Datensparsamkeit auf das für die Erfüllung der gesetzlichen Aufgaben Erforderliche zu beschränken.

Absatz 6 sieht vor, dass auch die Parteien als unmittelbare Verfahrensbeteiligte der Musterfeststellungsklage einen Anspruch auf einen entsprechenden Auszug aus dem Klageregister haben, insbesondere um die gerichtlichen Feststellungen zur Zulässigkeit der Klage überprüfen zu können.

Absatz 7 ermächtigt das Bundesministerium der Justiz und für Verbraucherschutz, ohne Zustimmung des Bundesrates eine Rechtsverordnung zu erlassen, in der die nähere Ausgestaltung des Klageregisters, insbesondere die Einzelheiten der elektronischen Registerführung, bestimmt werden.

Zu § 610 (Besonderheiten der Musterfeststellungsklage)

Auf die Musterfeststellungsklage finden die allgemeinen zivilprozessualen Bestimmungen grundsätzlich Anwendung. Lediglich soweit den Besonderheiten der Struktur der Musterfeststellungsklage Rechnung zu tragen ist, bedarf es der in § 610 statuierten Ausnahmen.

Absatz 1 regelt die Unzulässigkeit einer Musterfeststellungsklage, sobald eine andere Musterfeststellungsklage, deren Feststellungsziele den gleichen zugrunde liegenden Lebenssachverhalt betreffen, gegen denselben Beklagten rechtshängig ist. Die Regelung enthält damit eine besondere Form der Unzulässigkeit wegen anderweitiger Rechtshängigkeit und trägt dem Umstand Rechnung, dass § 261 Absatz 3 Nummer 1 ZPO mangels Parteiidentität eine weitere Musterfeststellungsklage nicht ausschließen würde, wenn eine andere klagebefugte Stelle eine inhaltlich identische Klage gegen denselben Beklagten erhebt. Sie stellt sicher, dass mit der Rechtshängigkeit einer Musterfeststellungsklage jede weitere gleichgerichtete Musterfeststellungsklage unzulässig ist. Diese Sperrwirkung bleibt auch nach rechtskräftigem Abschluss des Musterfeststellungsverfahrens erhalten. Sie entfällt nur dann, wenn die Musterfeststellungklage ohne Entscheidung in der Sache beendet wird, zum Beispiel wenn sie als unzulässig verworfen, zurückgenommen oder übereinstimmend für erledigt erklärt wird.

Die einschlägigen Bestimmungen des Unionsrechts zur internationalen Zuständigkeit von Gerichten bleiben von den dargestellten Regelungen unberührt. Gleiches gilt für die Regelungen des Unionsrechts zur Wirkungserstreckung von Gerichtsentscheidungen. Dasselbe gilt außerhalb des Anwendungsbereichs des Unionsrechts für die nationalen Vorschriften, die im Verhältnis zu Drittstaaten anzuwenden sind.

Auch die einschlägigen und vorrangigen Bestimmungen des Unionsrechts zum anwendbaren Recht, die in der Rom-I-Verordnung niedergelegt sind, werden von diesem Gesetzentwurf nicht berührt.

Absatz 2 legt fest, dass ein angemeldeter Verbraucher gegen den Beklagten während der Rechtshängigkeit der Musterfeststellungsklage keine Klage erheben kann, deren Streitgegenstand denselben Lebenssachverhalt und dieselben Feststellungsziele betrifft.

Nach Absatz 3 soll das schriftliche Vorverfahren gemäß § 128 Absatz 2 ausgeschlossen sein. Ebensowenig soll § 278 Absatz 2 bis 5 ZPO zur Anwendung kommen. Das Landgericht soll zwar auf eine gütliche Beilegung der Musterfeststellungsklage bedacht sein und einen Vergleichsabschluss im schriftlichen Verfahren herbeiführen können. Eine obligatorische Güteverhandlung mit persönlichem Erscheinen der Parteien, einem Ruhen des Verfahrens bei Nichterscheinen sowie der Delegation an einen beauftragten oder ersuchten Richter erscheinen mit dem Charakter und der Funktion der Musterfeststellungsklage allerdings nicht vereinbar. Zudem ist zu beachten, dass im Hinblick auf die An- und Abmeldefrist des § 608 Absatz 1 und Absatz 3 ein Vergleich frühestens im ersten Termin geschlossen werden kann (§ 611 Absatz 6).

Ebenfalls nicht zur Anwendung kommen sollen nach Absatz 3 die §§ 348 bis 350 ZPO. Angesichts der Bedeutung der Musterfeststellungsklage für eine Vielzahl betroffener Verbraucherinnen und Verbraucher erscheint eine Befassung allein durch einen Einzelrichter nicht sachgerecht.

Aufgrund der Struktur des Verfahrens soll schließlich nach Absatz 3 auch ein Verzicht der klagebefugten Stelle nach § 306 ZPO ausgeschlossen werden.

Die Regelung in Absatz 4 soll verhindern, dass Verbraucherinnen und Verbraucher, die ihre Ansprüche bereits angemeldet haben oder behaupten, in einem Rechtsverhältnis zu dem Beklagten zu stehen, über eine Nebenintervention oder Streitverkündung nach den §§ 66 ff. ZPO in den Rechtsstreit hineingezogen werden. Sie haben zwar ein rechtliches Interesse am Ausgang der Musterfeststellungsklage, weil die Entscheidung mittelbar auf ihre privatrechtlichen Verhältnisse mit dem Beklagten einwirkt. Im Interesse eines effektiven Verfahrens und zum Schutz der Dritten ist aber eine Begrenzung der Verfahrensbeteiligten unerlässlich. Nachteilige Wirkungen können sich damit für die Verbraucherinnen und Verbraucher aus der Musterfeststellungsklage nicht ergeben.

Zu § 611 (Vergleich)

§ 611 ermöglicht es den Parteien, einen Vergleich mit Wirkung für und gegen die angemeldeten Verbraucher zu schließen (Absatz 1). Das Verfahren richtet sich nach den allgemeinen Vorschriften, insbesondere nach § 278 ZPO. Mangels unmittelbarer Beteiligung der angemeldeten Verbraucher an der Musterfeststellungsklage bedarf es allerdings verfahrensrechtlicher Sicherungsmaßnahmen, um einen wirksamen Rechtsschutz der angemeldeten Verbraucher zu gewährleisten. Der Vergleich muss daher vom Gericht genehmigt werden. Die gerichtliche Genehmigung darf nur erteilt werden, wenn das Gericht den Vergleich als angemessen erachtet (Absatz 3 Satz 2). Sodann sind die angemeldeten Verbraucher über den Abschluss des Vergleichs zu informieren und erhalten die Möglichkeit, binnen einer Frist von einem Monat ab Zustellung aus dem Vergleich auszutreten (Absatz 4).

Um dem Gericht die Angemessenheitsprüfung zu ermöglichen, sollen nach Absatz 2 die Parteien bestimmte Inhalte zur Grundlage des Vergleichs machen. Die entsprechenden Angaben geben dem Gericht zugleich Anhaltspunkte bezüglich der wesentlichen formalen Inhalte, die der Vergleich enthält.

Im Rahmen der inhaltlichen Angemessenheitsprüfung hat das Gericht zu untersuchen, ob die von den Parteien vorgeschlagene Regelung die vorgetragenen typischerweise zu erwartenden Streitigkeiten angemessen beilegt (Absatz 3 Satz 2). Die Entscheidung ergeht durch unanfechtbaren Beschluss, der im Klageregister öffentlich bekannt zu machen ist. Der genehmigte Vergleich muss nach Absatz 4 Satz 1 den im Zeitpunkt der Genehmigung des Vergleichs im Klageregister angemeldeten Verbrauchern zugestellt werden, wobei sie über die Wirkung des Vergleichs, ihr Recht zum Austritt und dessen Form- und Fristerfordernisse zu belehren sind (Absatz 4 Satz 1).

Die Zustellung des genehmigten Vergleichs nebst Belehrung ermöglicht den angemeldeten Verbrauchern, sich mit dem Inhalt des Vergleichs auseinanderzusetzen und so eine informierte und eigenverantwortliche Entscheidung zu treffen. Sie erhalten Gelegenheit, binnen eines Monats zu entscheiden, ob sie die einvernehmliche Lösung der Streitigkeit akzeptieren oder gegebenenfalls von ihrem Austrittsrecht Gebrauch machen wollen (Absatz 4 Satz 2).

Der vom Gericht genehmigte Vergleich wird nur dann wirksam, wenn innerhalb der in Absatz 4 Satz 2 geregelten Einmonatsfrist weniger als 30 Prozent der angemeldeten Verbraucher ihren Austritt aus dem Vergleich erklären (Absatz 5). Denn eine befriedende Funktion ist dem vorgeschlagenen Vergleich nicht beizumessen, wenn ein Großteil der angemeldeten Verbraucher sich ihm nicht unterwerfen möchte. Das Ergebnis des Vergleichsverfahrens ist durch gerichtlichen Beschluss festzustellen und im Klageregister öffentlich bekannt zu machen. Dies ermöglicht auch den Betroffenen, die sich nicht zur Musterfeststellungsklage angemeldet haben, auf der Basis des gerichtlich auf seine Angemessenheit geprüften Vergleichs mit dem Beklagten über eine Streitbeilegung zu verhandeln.

Damit dem Vergleich eine möglichst weitreichende befriedende Wirkung zukommt, soll der Vergleichsabschluss nach Absatz 6 nicht schon während der noch laufenden Anmeldefrist möglich sein, sondern frühestens im ersten Termin.

Zu § 612 (Bekanntmachungen zum Musterfeststellungsurteil)

Die Entscheidung des Gerichts über die Musterfeststellungsklage richtet sich grundsätzlich nach den allgemeinen Vorschriften der ZPO, wenn sie durch Urteil getroffen wird. Dies gilt auch für die Zustellung des Urteils an die Parteien des Rechtsstreits (§ 317 Absatz 1 ZPO). Wegen der besonderen Bedeutung des Ergebnisses der Musterfeststellungsklage für die betroffenen Verbraucher ist vorgesehen, dass sowohl das Urteil als auch die Einlegung von Rechtsmitteln und der Eintritt der Rechtskraft im Klageregister öffentlich bekannt zu machen sind.

Zu § 613 (Bindungswirkung des Musterfeststellungsurteils; Aussetzung)

Einem Musterfeststellungsurteil kommt gemäß § 613 erhebliche Bedeutung insoweit zu, als die getroffenen Feststellungen für einen Folgerechtsstreit zwischen einem angemeldeten Verbraucher und dem Beklagten der Musterfeststellungsklage Bindungswirkung entfalten (Absatz 1 Satz 1). Dies gilt auch für den Fall, dass die Musterfeststellungsklage abgewiesen wird. Auf diese Weise ist das Verfahren besonders effizient und ermöglicht eine abschließende Beilegung aller Streitigkeiten.

Der Anspruch der angemeldeten Verbraucher auf rechtliches Gehör wird nicht verletzt, weil es ihrer freien Entscheidung obliegt, ob sie sich zur Eintragung in das Klageregister anmelden und am Ausgang des Musterfeststellungsverfahrens teilhaben möchten. Denn hierdurch werden die prozessualen Möglichkeiten der Rechtsverfolgung ausschließlich erweitert. Es steht jedem Verbraucher frei, seine Ansprüche oder Rechtsverhältnisse selbst gerichtlich geltend zu machen und nicht zur Musterfeststellungsklage anzumelden. Auch kann er durch Rücknahme seiner Anmeldung bis zum ersten Termin von der Teilhabe am Ausgang des Musterfeststellungsverfahrens Abstand nehmen.

Voraussetzung für den Eintritt der Bindungswirkung ist allerdings, dass der Betroffene seinen Anspruch oder sein Rechtsverhältnis angemeldet hat (§ 606 Absatz 1, § 608) und er die Anmeldung nicht frist- und formgerecht zurückgenommen hat (Absatz 1 Satz 2 Nummer 1).

Die Bindungswirkung tritt auch dann ein, wenn der angemeldete Verbraucher vor Bekanntmachung der Musterfeststellungsklage im Klageregister Individualklage erhoben hat. In diesem Fall setzt das Gericht den Rechtsstreit gemäß Absatz 2 bis zur rechtskräftigen Entscheidung oder anderweitigen Erledigung der Musterfeststellungsklage oder der Anmeldung aus, zum Beispiel bis zur Wirksamkeit eines Vergleichs oder der Rücknahme der Anmeldung.

Zu Artikel 3 (Änderung des Arbeitsgerichtsgesetzes)

Durch Artikel 3 wird klargestellt, dass die vorgeschlagenen Regelungen zur Musterfeststellungsklage im arbeitsgerichtlichen Verfahren keine Anwendung finden.

Zu Artikel 4 (Änderung des Gerichtskostengesetzes)

Der Streitwert einer Musterfeststellungsklage bestimmt sich gemäß § 48 Absatz 1 Satz 1 des Gerichtskostengesetzes nach den für die Zuständigkeit des Prozessgerichts geltenden Vorschriften über den Wert des Streitgegenstands. Er ist daher gemäß § 3 ZPO nach freiem Ermessen zu bestimmen. Es erscheint sachgerecht, dabei vom Interesse der Allgemeinheit an den mit der Musterfeststellungsklage verfolgten Feststellungszielen auszugehen und nicht von der wirtschaftlichen Bedeutung für diejenigen, deren Ansprüche oder Rechtsverhältnisse von den Feststellungszielen abhängen. Wie in Rechtsstreitigkeiten aufgrund des UKlaG soll eine Wertobergrenze von 250 000 Euro vorgesehen werden.

Zu Artikel 5 (Änderung des Rechtsanwaltsvergütungsgesetzes)

Mit der Ergänzung von § 19 Absatz 1 Satz 2 Nummer 1a des Rechtsanwaltsvergütungs-gesetzes (RVG) soll klargestellt werden, dass die Anmeldung zum Klageregister für Musterfeststellungsklagen zu dem Verfahren gehört, für das der Rechtsanwalt einen Klageauftrag hat. Die Einreichung von Anmeldungen zum Klageregister ist für diesen Anwalt mit der Verfahrensgebühr für das Prozessverfahren abgegolten. Die ausdrückliche Nennung der Einreichung von Anmeldungen zum Klageregister vermeidet auch eine Anwendung von § 19 Absatz 1 Satz 2 Nummer 1 RVG, wonach Vorbereitungshandlungen zur Klage dann nicht zum Rechtszug gehören, wenn ein besonderes behördliches Verfahren – wie hier die Entgegennahme einer Anmeldung durch das Bundesamt für Justiz und die Eintragung in das Klageregister – stattfindet.

Besteht nur ein anwaltlicher Auftrag zur außergerichtlichen Vertretung, ist die Anmeldung von Ansprüchen und Rechtsverhältnissen zum Klageregister mit der Geschäftsgebühr abgegolten und kann im Rahmen der Bestimmung der konkreten Gebühr berücksichtigt werden.

Zu Artikel 6 (Änderung des Bürgerlichen Gesetzbuchs)

Zu Nummer 1 (Änderung des § 204 Absatz 1)

§ 204 Absatz 1 Nummer 1a des BGB regelt, unter welchen Voraussetzungen die Anmeldung von Ansprüchen zur Musterfeststellungsklage die Verjährung hemmt. Hierdurch soll sichergestellt werden, dass angemeldete Verbraucher, die den Ausgang der Musterfeststellungsklage im Hinblick auf die Bindungswirkung des Musterfeststellungsurteils abwarten, nicht durch den Ablauf von Verjährungsfristen während der Dauer der Musterfeststellungsklage daran gehindert werden, ihren Anspruch gerichtlich durchzusetzen.

Zu Nummer 2 (Änderung des § 204 Absatz 2)

Der neue Tatbestand in § 204 Absatz 2 Satz 2 BGB soll neben dem schon bestehenden § 204 Absatz 2 Satz 1 BGB als weiterer gleichberechtigter Tatbestand zur Beendigung der Hemmung treten. § 204 Absatz 2 Satz 1 BGB und § 204 Absatz 2 Satz 2 BGB gelten alternativ. Liegt einer der Tatbestände vor, endet die Hemmung nach § 204 Absatz 1 Nummer 1a BGB.

Zu den Artikeln 7 bis 9 (Änderung der Verwaltungsgerichtssordnung, der Finanzgerichtsordnung und des Sozialgerichtsgesetzes)

Die Artikel 7, 8 und 9 stellen klar, dass die zivilprozessuale Musterfeststellungsklage in den öffentlich-rechtlichen Gerichtsbarkeiten keine Anwendung findet. Die Generalverweise in den Fachgerichtsgesetzen (§ 173 Satz 1 der Verwaltungsgerichtsordnung, § 155 Satz 1 der Finanzgerichtsordnung und § 202 Satz 1 des Sozialgerichtsgesetzes) werden entsprechend angepasst. Im Übrigen verbleibt es bei der bisherigen Rechtslage.

Zu Artikel 10 (Änderung des Gesetzes gegen Wettbewerbsbeschränkungen)

Artikel 10 passt den Verweis in § 33h Absatz 6 Satz 3 GWB auf die Verjährungsregelung des § 204 Absatz 2 BGB an die neue Fassung an. Im Übrigen verbleibt es bei der bisherigen Rechtslage.

Zu Artikel 11 (Inkrafttreten)

Artikel 1 sowie in Artikel 2 Nummer 3 § 609 Absatz 7 sollen am Tag nach der Verkündung in Kraft treten. Hierdurch wird es den Ländern ermöglicht, die sachliche Zuständigkeit für Musterfeststellungsklagen rechtzeitig bei einem Landgericht für die Bezirke mehrerer Landgerichte zu konzentrieren. Darüber hinaus sichert die Regelung ein gleichzeitiges Inkrafttreten der nach § 609 Absatz 7 zu erlassenden Rechtsverordnung mit den sonstigen Bestimmungen.

Im Übrigen soll das Gesetz am 1. November 2018 in Kraft treten.

Satz: Satzweiss.com Print, Web, Software GmbH, Mainzer Straße 116, 66121 Saarbrücken, www.satzweiss.com
Druck: Printsystem GmbH, Schafwäsche 1-3, 71296 Heimsheim, www.printsystem.de
Vertrieb: Bundesanzeiger Verlag GmbH, Postfach 10 05 34, 50445 Köln, Telefon (02 21) 97 66 83 40, Fax (02 21) 97 66 83 44, www.betrifft-gesetze.de
ISSN 0722-8333

XI. Beschlussempfehlung und Bericht des Ausschusses für Recht und Verbraucherschutz (6. Ausschuss) – 13.6.2018

Auf der Grundlage der Beschlussempfehlungen des zuständigen Ausschusses (BT-Drucksache 19/2741) hat der Bundestag schon am 14. Juni 2018 und damit wenige Tage nach der Anhörung vor dem Ausschuss am 11. Juni 2018[19] das Gesetz verabschiedet.

19 Zum Verlauf und Ergebnissen der Anhörung: https://www.bundestag.de/#url=L2Rva3VtZW50ZS90ZXh0YXJjaGl2LzIwMTgva3cyNC1kZS1tdXN0ZXJmZXN0c3RlbGx1bmdza2xhZ2UvNTU4ODUw&mod=mod493054 und Heute im Bundestag (hib) vom 12. Juni 2018 Nr. 399 https://www.bundestag.de/hib#url=L3ByZXNzZS9oaWIvMjAxOF8wNi8tLzU1OTY2Mg==&mod=mod454590.

Deutscher Bundestag Drucksache 19/**2741**
19. Wahlperiode 13.06.2018

Beschlussempfehlung und Bericht

des Ausschusses für Recht und Verbraucherschutz (6. Ausschuss)

a) zu dem Gesetzentwurf der Fraktionen der CDU/CSU und SPD
– Drucksache 19/2507 –

Entwurf eines Gesetzes zur Einführung einer zivilprozessualen Musterfeststellungsklage

b) zu dem Gesetzentwurf der Bundesregierung
– Drucksache 19/2439, 19/2701 –

Entwurf eines Gesetzes zur Einführung einer zivilprozessualen Musterfeststellungsklage

c) zu dem Gesetzentwurf der Fraktion BÜNDNIS 90/DIE GRÜNEN
– Drucksache 19/243 –

Entwurf eines Gesetzes zur Einführung von Gruppenverfahren

A. Problem

Die Gesetzentwürfe beruhen auf der Feststellung, dass im heutigen Wirtschaftsleben unrechtmäßige Verhaltensweisen häufig eine Vielzahl von Verbrauchern in gleich gelagerter Weise betreffen. Häufig verfolgen betroffene Verbraucher ihre Ansprüche nicht individuell, da ihnen der Aufwand und das Kostenrisiko mit

Blick auf die Höhe des Schadens unverhältnismäßig erscheinen. Mit den Gesetzentwürfen soll in derartigen Konstellationen die Rechtsdurchsetzung für Verbraucher verbessert werden.

Zu den Buchstaben a und b

Die Gesetzentwürfe sehen die Einführung einer zivilprozessualen Musterklage vor. Danach sollen bestimmte Verbraucherschutzverbände die Möglichkeit erhalten, zugunsten von mindestens zehn betroffenen Verbrauchern das Vorliegen zentraler Anspruchsvoraussetzungen feststellen zu lassen. Die Musterfeststellungsklage soll dabei ausschließlich zwischen dem klagenden Verbraucherschutzverband und der beklagten Partei geführt werden. Betroffene Verbraucher sollen jedoch die Möglichkeit erhalten, sich in ein Klageregister einzutragen. Die Eintragung soll die Hemmung der Verjährung der Ansprüche der Verbraucher zur Folge haben und gleichzeitig Voraussetzung für die Bindungswirkung sein, die ein Musterfeststellungsurteil für nachfolgende Klagen der Verbraucher haben soll. Diese Bindungswirkung soll die Wahrscheinlichkeit einer einvernehmlichen Regelung im Nachgang zu einer erfolgreichen Musterentscheidung erhöhen.

Zu Buchstabe c

Der Gesetzentwurf zielt darauf ab, die mit dem Kapitalanleger-Musterverfahrensgesetz geschaffene Möglichkeit der Bündelung individueller Ansprüche durch die Einführung eines Gruppenverfahrens zu verallgemeinern und vereinheitlicht in die Zivilprozessordnung zu integrieren. Möglich sollen zum einen „echte" Gruppenverfahren sein, in denen alle Anspruchsvoraussetzungen so einheitlich sind, dass sie vollständig im Gruppenverfahren abgearbeitet werden können. Zum anderen sollen die vorgeschlagenen Regelungen auch „begrenzte" Gruppenverfahren ermöglichen, also solche, die auf Feststellungen zu gemeinsamen Tatsachen oder Rechtsfragen beschränkt sind und ein weiteres individuelles Verfahren im Nachgang erfordern. Das Gruppenverfahren soll nach dem „opt-in"-Modell ausgestaltet sein, wonach die Wirkungen einer Entscheidung im Gruppenverfahren nur diejenigen Personen treffen sollen, die ausdrücklich ihre Teilnahme erklärt haben. Ferner sollen die Kostenregeln angepasst werden, etwa durch die Begrenzung auf einen Höchstbetrag für den einzelnen Teilnehmer im Gruppenverfahren.

B. Lösung

Zu Buchstabe a

Annahme des Gesetzentwurfs in geänderter Fassung. Die Änderungen beinhalten unter anderem eine Straffung des Instanzenzuges und eine Zuständigkeitskonzentration sowie Veränderungen hinsichtlich der Anmeldung und Abmeldung von Ansprüchen zum Klageregister.

Annahme des Gesetzentwurfs auf Drucksache 19/2507 in geänderter Fassung mit den Stimmen der Fraktionen der CDU/CSU und SPD gegen die Stimmen der Fraktionen AfD, FDP und BÜNDNIS 90/DIE GRÜNEN und einer Stimme aus der Fraktion DIE LINKE. bei einer Stimmenthaltung aus der Fraktion der CDU/CSU bei Abwesenheit der übrigen Mitglieder der Fraktion DIE LINKE.

Zu Buchstabe b

Erledigterklärung des Gesetzentwurfs auf Drucksachen 19/2439, 19/2701 mit den Stimmen der Fraktionen der CDU/CSU, SPD und FDP bei Stimmenthaltung der Fraktionen AfD, DIE LINKE. und BÜNDNIS 90/DIE GRÜNEN.

Zu Buchstabe c

Ablehnung des Gesetzentwurfs auf Drucksache 19/243 mit den Stimmen der Fraktionen der CDU/CSU, SPD und AfD gegen die Stimmen der Fraktion BÜNDNIS 90/DIE GRÜNEN bei Stimmenthaltung der Fraktionen FDP und DIE LINKE. und einer Stimme aus der Fraktion der AfD.

Annahme einer Entschließung mit den Stimmen der Fraktionen der CDU/CSU und SPD gegen die Stimmen der Fraktionen der AfD und FDP bei Stimmenthaltung der Fraktionen DIE LINKE. und BÜNDNIS 90/DIE GRÜNEN und einer Stimme aus der Fraktion der CDU/CSU.

C. Alternativen

Keine.

D. Weitere Kosten

Wurden im Ausschuss nicht erörtert.

Beschlussempfehlung

Der Bundestag wolle beschließen,

a) den Gesetzentwurf auf Drucksache 19/2507 in der aus der nachstehenden Zusammenstellung ersichtlichen Fassung anzunehmen;

b) den Gesetzentwurf auf Drucksachen 19/2439, 19/2701 für erledigt zu erklären;

c) den Gesetzentwurf auf Drucksache 19/243 abzulehnen;

d) folgende Entschließung anzunehmen:

„Der Deutsche Bundestag wolle beschließen:

I. Der Deutsche Bundestag stellt fest:

Seit dem 25. Mai 2018 gelten die neuen Datenschutzregeln gemäß der Datenschutzgrundverordnung und des neugefassten Bundesdatenschutzgesetzes. Die neuen Vorschriften bringen erheblichen Anpassungsbedarf auch für kleine und mittelständische Unternehmen sowie gemeinnützige Organisationen, Vereine und Selbständige mit sich. Um zu verhindern, dass insbesondere auch diese mit ungerechtfertigten Abmahnungen oder sonstigen Zahlungspflichten überzogen werden, bedarf es einer gesetzlichen Klarstellung. Denn gerade diese Akteure bedürfen des besonderen Schutzes vor missbräuchlicher Inanspruchnahme. Die ergänzenden Maßnahmen sind einzubetten in das Gesamtvorhaben der Bundesregierung, den Missbrauch des Abmahnungsrechts weiter einzudämmen und damit zu verhindern.

II. Der Deutsche Bundestag fordert die Bundesregierung auf,

1. einen Gesetzesvorschlag zur Bekämpfung von Abmahnmissbrauch bis zum 1. September 2018 vorzulegen;

2. darin insbesondere den Sorgen vor Abmahnmissbrauch von kleinen und mittelständischen Unternehmen, gemeinnützigen Organisationen, Vereinen und Selbständigen Rechnung zu tragen; bei nicht erheblichen und geringfügigen Verstößen gegen die Datenschutzgrundverordnung dürfen keine kostenpflichtigen Abmahnungen möglich sein;

3. darin insgesamt geeignete und wirkungsvolle Maßnahmen zur Eindämmung von Abmahnmissbrauch vorzulegen."

Berlin, den 13. Juni 2018

Der Ausschuss für Recht und Verbraucherschutz

Stephan Brandner
Vorsitzender

Sebastian Steineke Berichterstatter	**Dr. Johannes Fechner** Berichterstatter	**Jens Maier** Berichterstatter
Katharina Kloke Berichterstatterin	**Amira Mohamed Ali** Berichterstatterin	**Dr. Manuela Rottmann** Berichterstatterin

Zusammenstellung

des Entwurfs eines Gesetzes zur Einführung einer zivilprozessualen Musterfeststellungsklage
– Drucksache 19/2507 –
mit den Beschlüssen des Ausschusses für Recht und Verbraucherschutz (6. Ausschuss)

Entwurf	Beschlüsse des 6. Ausschusses
Entwurf eines Gesetzes zur Einführung einer zivilprozessualen Musterfeststellungsklage	**Entwurf eines Gesetzes zur Einführung einer zivilprozessualen Musterfeststellungsklage**
Vom ...	Vom ...
Der Bundestag hat das folgende Gesetz beschlossen:	Der Bundestag hat das folgende Gesetz beschlossen:
Artikel 1	**Artikel 1**
Änderung des Gerichtsverfassungsgesetzes	**Änderung des Gerichtsverfassungsgesetzes**
§ *71* des Gerichtsverfassungsgesetzes in der Fassung der Bekanntmachung vom 9. Mai 1975 (BGBl. I S. 1077), das zuletzt durch … geändert worden ist, wird *wie folgt geändert*:	**Dem** § **119** des Gerichtsverfassungsgesetzes in der Fassung der Bekanntmachung vom 9. Mai 1975 (BGBl. I S. 1077), das zuletzt durch … geändert worden ist, wird **folgender Absatz 3 angefügt**:
1. Absatz 2 wird wie folgt geändert:	**1. entfällt**
a) In Nummer 5 Buchstabe b wird der Punkt am Ende durch ein Semikolon ersetzt.	
b) Folgende Nummer 6 wird angefügt:	
„6. für Musterfeststellungsklagen nach Buch 6 der Zivilprozessordnung.“	
2. In Absatz 4 Satz 1 werden die Wörter „und Nummer 5“ durch ein Komma und die Wörter „Nummer 5 und 6“ ersetzt.	**2. entfällt**
	„(3) In Zivilsachen sind Oberlandesgerichte ferner zuständig für die Verhandlung und Entscheidung von Musterfeststellungsverfahren nach Buch 6 der Zivilprozessordnung im ersten Rechtszug. Ein Land, in dem mehrere Oberlandesgerichte errichtet sind, kann durch Rechtsverordnung der Landesregierung einem Oberlandesgericht die Entscheidung und Verhandlung für die Bezirke mehrerer Oberlandesgerichte oder dem Obersten Landesgericht zuweisen, sofern die Zuweisung für eine sachdienliche Förderung oder schnellere Erledigung der Verfahren zweckmäßig ist. Die Landesregierungen

Entwurf	Beschlüsse des 6. Ausschusses
	können die Ermächtigung durch Rechtsverordnung auf die Landesjustizverwaltungen übertragen.“
Artikel 2	Artikel 2
Änderung der Zivilprozessordnung	**Änderung der Zivilprozessordnung**
Die Zivilprozessordnung in der Fassung der Bekanntmachung vom 5. Dezember 2005 (BGBl. I S. 3202; 2006 I S. 431; 2007 I S. 1781), die zuletzt durch … geändert worden ist, wird wie folgt geändert:	Die Zivilprozessordnung in der Fassung der Bekanntmachung vom 5. Dezember 2005 (BGBl. I S. 3202; 2006 I S. 431; 2007 I S. 1781), die zuletzt durch … geändert worden ist, wird wie folgt geändert:
1. In der Inhaltsübersicht wird die Angabe zu Buch 6 wie folgt gefasst:	1. In der Inhaltsübersicht wird die Angabe zu Buch 6 wie folgt gefasst:
„Buch 6 Musterfeststellungsverfahren	u n v e r ä n d e r t
§ 606 Musterfeststellungsklage	§ 606 u n v e r ä n d e r t
§ 607 Bekanntmachung der Musterfeststellungsklage	§ 607 u n v e r ä n d e r t
§ 608 Anmeldung von Ansprüchen oder Rechtsverhältnissen	§ 608 u n v e r ä n d e r t
§ 609 Klageregister; Verordnungsermächtigung	§ 609 u n v e r ä n d e r t
§ 610 Besonderheiten der Musterfeststellungsklage	§ 610 u n v e r ä n d e r t
§ 611 Vergleich	§ 611 u n v e r ä n d e r t
§ 612 Bekanntmachungen zum Musterfeststellungsurteil	§ 612 u n v e r ä n d e r t
§ 613 Bindungswirkung des Musterfeststellungsurteils; Aussetzung	§ 613 u n v e r ä n d e r t
	§ 614 Rechtsmittel
§§ *614* bis 687 (weggefallen)“.	§§ **615** bis 687 (weggefallen)“.
2. § 29c wird wie folgt geändert:	2. u n v e r ä n d e r t
a) Nach Absatz 1 wird folgender Absatz 2 eingefügt:	
„(2) Verbraucher ist jede natürliche Person, die bei dem Erwerb des Anspruchs oder der Begründung des Rechtsverhältnisses nicht überwiegend im Rahmen ihrer gewerblichen oder selbständigen beruflichen Tätigkeit handelt.“	

Entwurf	Beschlüsse des 6. Ausschusses
b) Die bisherigen Absätze 2 und 3 werden die Absätze 3 und 4.	
	3. Nach § 32b wird folgender § 32c eingefügt:
	„§ 32c
	Ausschließlicher Gerichtsstand bei Musterfeststellungsverfahren
	Für Klagen in Musterfeststellungsverfahren nach Buch 6 ist das Gericht des allgemeinen Gerichtsstands des Beklagten ausschließlich zuständig, sofern sich dieser im Inland befindet.“
	4. § 148 wird wie folgt geändert:
	a) Der Wortlaut wird Absatz 1.
	b) Folgender Absatz 2 wird angefügt:
	„(2) Das Gericht kann ferner, wenn die Entscheidung des Rechtsstreits von Feststellungszielen abhängt, die den Gegenstand eines anhängigen Musterfeststellungsverfahrens bilden, auf Antrag des Klägers, der nicht Verbraucher ist, anordnen, dass die Verhandlung bis zur Erledigung des Musterfeststellungsverfahrens auszusetzen sei.“
3. Buch 6 wird wie folgt gefasst:	**5.** Buch 6 wird wie folgt gefasst:
„Buch 6	„Buch 6
Musterfeststellungsverfahren	Musterfeststellungsverfahren
§ 606	§ 606
Musterfeststellungsklage	Musterfeststellungsklage
(1) Mit der Musterfeststellungsklage können qualifizierte Einrichtungen die Feststellung des Vorliegens oder Nichtvorliegens von tatsächlichen und rechtlichen Voraussetzungen für das Bestehen oder Nichtbestehen von Ansprüchen oder Rechtsverhältnissen (Feststellungsziele) zwischen Verbrauchern und einem Unternehmer begehren. Qualifizierte Einrichtungen im Sinne	(1) Mit der Musterfeststellungsklage können qualifizierte Einrichtungen die Feststellung des Vorliegens oder Nichtvorliegens von tatsächlichen und rechtlichen Voraussetzungen für das Bestehen oder Nichtbestehen von Ansprüchen oder Rechtsverhältnissen (Feststellungsziele) zwischen Verbrauchern und einem Unternehmer begehren. Qualifizierte Einrichtungen im Sinne

Entwurf	Beschlüsse des 6. Ausschusses
von Satz 1 sind die in § 3 Absatz 1 Satz 1 Nummer 1 des Unterlassungsklagengesetzes bezeichneten Stellen, die	von Satz 1 sind die in § 3 Absatz 1 Satz 1 Nummer 1 des Unterlassungsklagengesetzes bezeichneten Stellen, die
1. als Mitglieder mindestens zehn Verbände, die im gleichen Aufgabenbereich tätig sind, oder mindestens 350 natürliche Personen haben,	1. u n v e r ä n d e r t
2. mindestens vier Jahre in der Liste nach § 4 des Unterlassungsklagengesetzes oder dem Verzeichnis der Europäischen Kommission nach Artikel 4 der Richtlinie 2009/22/EG des Europäischen Parlaments und des Rates vom 23. April 2009 über Unterlassungsklagen zum Schutz der Verbraucherinteressen (ABl. L 110 vom 1.5.2009, S. 30) eingetragen sind,	2. u n v e r ä n d e r t
3. in Erfüllung ihrer satzungsmäßigen Aufgaben Verbraucherinteressen weitgehend durch nicht gewerbsmäßige aufklärende oder beratende Tätigkeiten wahrnehmen,	3. u n v e r ä n d e r t
4. Musterfeststellungsklagen nicht zum Zwecke der Gewinnerzielung erheben und	4. u n v e r ä n d e r t
5. nicht mehr als 5 Prozent ihrer finanziellen Mittel durch Zuwendungen von Unternehmen beziehen.	5. u n v e r ä n d e r t
Bestehen ernsthafte Zweifel daran, dass die Voraussetzungen nach Satz 2 Nummer 4 oder 5 vorliegen, verlangt das Gericht vom Kläger die Offenlegung seiner finanziellen Mittel. *§ 4 Absatz 2 Satz 2 des Unterlassungsklagengesetzes ist entsprechend anzuwenden.*	Bestehen ernsthafte Zweifel daran, dass die Voraussetzungen nach Satz 2 Nummer 4 oder 5 vorliegen, verlangt das Gericht vom Kläger die Offenlegung seiner finanziellen Mittel. **Es wird unwiderleglich vermutet, dass Verbraucherzentralen und andere Verbraucherverbände, die überwiegend mit öffentlichen Mitteln gefördert werden, die Voraussetzungen des Satzes 2 erfüllen.**
(2) Die Klageschrift muss Angaben und Nachweise darüber enthalten, dass	(2) u n v e r ä n d e r t
1. die in Absatz 1 Satz 2 genannten Voraussetzungen vorliegen;	
2. von den Feststellungszielen die Ansprüche oder Rechtsverhältnisse von mindestens zehn Verbrauchern abhängen.	
Die Klageschrift soll darüber hinaus für den Zweck der Bekanntmachung im Klageregister eine kurze Darstellung des vorgetragenen Lebenssachverhaltes enthalten. § 253 Absatz 2 bleibt unberührt.	

Entwurf	Beschlüsse des 6. Ausschusses
(3) Die Musterfeststellungsklage ist nur zulässig, wenn	(3) unverändert
1. sie von einer qualifizierten Einrichtung im Sinne des Absatzes 1 Satz 2 erhoben wird,	
2. glaubhaft gemacht wird, dass von den Feststellungszielen die Ansprüche oder Rechtsverhältnisse von mindestens zehn Verbrauchern abhängen und	
3. zwei Monate nach öffentlicher Bekanntmachung der Musterfeststellungsklage mindestens 50 Verbraucher ihre Ansprüche oder Rechtsverhältnisse zur Eintragung in das Klageregister wirksam angemeldet haben.	
§ 607	§ 607
Bekanntmachung der Musterfeststellungsklage	Bekanntmachung der Musterfeststellungsklage
(1) Die Musterfeststellungsklage ist im Klageregister mit folgenden Angaben öffentlich bekannt zu machen:	(1) unverändert
1. Bezeichnung der Parteien,	
2. Bezeichnung des Gerichts und des Aktenzeichens der Musterfeststellungsklage,	
3. Feststellungsziele,	
4. kurze Darstellung des vorgetragenen Lebenssachverhaltes,	
5. Zeitpunkt der Bekanntmachung im Klageregister,	
6. Befugnis der Verbraucher, Ansprüche oder Rechtsverhältnisse, die von den Feststellungszielen abhängen, zur Eintragung in das Klageregister anzumelden, Form, Frist und Wirkung der Anmeldung sowie ihrer Rücknahme,	
7. Wirkung eines Vergleichs, Befugnis der angemeldeten Verbraucher zum Austritt aus dem Vergleich sowie Form, Frist und Wirkung des Austritts,	
8. Verpflichtung des Bundesamts für Justiz, nach rechtskräftigem Abschluss des Musterfeststellungsverfahrens jedem angemeldeten Verbraucher auf dessen Verlangen einen schriftlichen Auszug über die Angaben zu	

Entwurf	Beschlüsse des 6. Ausschusses
überlassen, die im Klageregister zu ihm und seiner Anmeldung erfasst sind.	
(2) Das Gericht veranlasst innerhalb von 14 Tagen nach Erhebung der Musterfeststellungklage deren öffentliche Bekanntmachung, wenn die Klageschrift die nach § 606 Absatz 2 Satz 1 vorgeschriebenen Anforderungen erfüllt.	(2) unverändert
(3) Das Gericht veranlasst unverzüglich die öffentliche Bekanntmachung seiner Terminbestimmungen, Hinweise und Zwischenentscheidungen im Klageregister, wenn dies zur Information der Verbraucher über den Fortgang des Verfahrens erforderlich ist. Die öffentliche Bekanntmachung von Terminen muss spätestens eine Woche vor dem jeweiligen Terminstag erfolgen.	(3) Das Gericht veranlasst unverzüglich die öffentliche Bekanntmachung seiner Terminbestimmungen, Hinweise und Zwischenentscheidungen im Klageregister, wenn dies zur Information der Verbraucher über den Fortgang des Verfahrens erforderlich ist. Die öffentliche Bekanntmachung von Terminen muss spätestens eine Woche vor dem jeweiligen Terminstag erfolgen. **Das Gericht veranlasst ferner unverzüglich die öffentliche Bekanntmachung einer Beendigung des Musterfeststellungsverfahrens; die Vorschriften der §§ 611, 612 bleiben hiervon unberührt.**
§ 608	§ 608
Anmeldung von Ansprüchen oder Rechtsverhältnissen	Anmeldung von Ansprüchen oder Rechtsverhältnissen
(1) Bis zum Ablauf des Tages vor Beginn des ersten Termins können Verbraucher Ansprüche oder Rechtsverhältnisse, die von den Feststellungszielen abhängen, zur Eintragung in das Klageregister anmelden.	(1) unverändert
(2) Die Anmeldung ist nur wirksam, wenn sie frist- und formgerecht erfolgt und folgende Angaben enthält:	(2) Die Anmeldung ist nur wirksam, wenn sie frist- und formgerecht erfolgt und folgende Angaben enthält:
1. Name und Anschrift des Verbrauchers,	1. unverändert
2. Bezeichnung des Gerichts und Aktenzeichen der Musterfeststellungsklage,	2. unverändert
3. Bezeichnung des Beklagten der Musterfeststellungsklage,	3. unverändert
4. Gegenstand und Grund des Anspruchs oder des Rechtsverhältnisses des Verbrauchers,	4. unverändert
5. Betrag der Forderung,	**5. entfällt**
6. Versicherung der Richtigkeit und Vollständigkeit der Angaben.	**5.** unverändert
Die Angaben der Anmeldung werden ohne inhaltliche Prüfung in das Klageregister eingetragen.	Die **Anmeldung soll ferner** Angaben **zum Betrag** der **Forderung enthalten. Die Angaben der**

Entwurf	Beschlüsse des 6. Ausschusses
	Anmeldung werden ohne inhaltliche Prüfung in das Klageregister eingetragen.
(3) Die Anmeldung kann bis zum Ablauf des Tages *vor Beginn* des ersten *Termins* zurückgenommen werden.	(3) Die Anmeldung kann bis zum Ablauf des Tages des **Beginns der mündlichen Verhandlung in der** ersten **Instanz** zurückgenommen werden.
(4) Anmeldung und Rücknahme sind in Textform gegenüber dem Bundesamt für Justiz zu erklären.	(4) u n v e r ä n d e r t
§ 609	§ 609
Klageregister; Verordnungsermächtigung	u n v e r ä n d e r t
(1) Klageregister ist das Register für Musterfeststellungsklagen. Es wird vom Bundesamt für Justiz geführt und kann elektronisch betrieben werden.	
(2) Bekanntmachungen und Eintragungen nach den §§ 607 und 608 sind unverzüglich vorzunehmen. Die im Klageregister zu einer Musterfeststellungsklage erfassten Angaben sind bis zum Schluss des dritten Jahres nach rechtskräftigem Abschluss des Verfahrens aufzubewahren.	
(3) Öffentliche Bekanntmachungen können von jedermann unentgeltlich im Klageregister eingesehen werden.	
(4) Nach § 608 angemeldete Verbraucher können vom Bundesamt für Justiz Auskunft über die zu ihrer Anmeldung im Klageregister erfassten Angaben verlangen. Nach rechtskräftigem Abschluss des Musterfeststellungsverfahrens hat das Bundesamt für Justiz einem angemeldeten Verbraucher auf dessen Verlangen einen schriftlichen Auszug über die Angaben zu überlassen, die im Klageregister zu ihm und seiner Anmeldung erfasst sind.	
(5) Das Bundesamt für Justiz hat dem Gericht der Musterfeststellungsklage auf dessen Anforderung einen Auszug aller im Klageregister zu der Musterfeststellungsklage erfassten Angaben über die Personen zu übersenden, die bis zum Ablauf des in § 606 Absatz 3 Nummer 3 genannten Tages zur Eintragung in das Klageregister angemeldet sind. Das Gericht übermittelt den Parteien formlos eine Abschrift des Auszugs.	
(6) Das Bundesamt für Justiz hat den Parteien auf deren Anforderung einen schriftlichen	

Entwurf	Beschlüsse des 6. Ausschusses
Auszug aller im Klageregister zu der Musterfeststellungsklage erfassten Angaben über die Personen zu überlassen, die sich bis zu dem in § 608 Absatz 1 genannten Tag zur Eintragung in das Klageregister angemeldet haben.	
(7) Das Bundesministerium der Justiz und für Verbraucherschutz wird ermächtigt, durch Rechtsverordnung ohne Zustimmung des Bundesrates die näheren Bestimmungen über Inhalt, Aufbau und Führung des Klageregisters, die Einreichung, Eintragung, Änderung und Vernichtung der im Klageregister erfassten Angaben, die Erteilung von Auszügen aus dem Klageregister sowie die Datensicherheit und Barrierefreiheit zu treffen.	
§ 610	§ 610
Besonderheiten der Musterfeststellungsklage	Besonderheiten der Musterfeststellungsklage
(1) Ab dem Tag der Rechtshängigkeit der Musterfeststellungsklage kann gegen den Beklagten keine andere Musterfeststellungsklage erhoben werden, soweit deren *Feststellungsziele* denselben *zugrunde liegenden* Lebenssachverhalt *betreffen*. Die Wirkung von Satz 1 entfällt, sobald die Musterfeststellungsklage ohne Entscheidung in der Sache beendet wird.	(1) Ab dem Tag der Rechtshängigkeit der Musterfeststellungsklage kann gegen den Beklagten keine andere Musterfeststellungsklage erhoben werden, soweit deren **Streitgegenstand** denselben Lebenssachverhalt **und dieselben Feststellungsziele betrifft**. Die Wirkung von Satz 1 entfällt, sobald die Musterfeststellungsklage ohne Entscheidung in der Sache beendet wird.
	(2) Werden am selben Tag mehrere Musterfeststellungsklagen, deren Streitgegenstand denselben Lebenssachverhalt und dieselben Feststellungsziele betrifft, bei Gericht eingereicht, findet § 147 Anwendung.
(*2*) Während der Rechtshängigkeit der Musterfeststellungsklage kann ein angemeldeter Verbraucher gegen den Beklagten keine Klage erheben, deren Streitgegenstand denselben Lebenssachverhalt und dieselben Feststellungsziele betrifft.	**(3)** u n v e r ä n d e r t
	(4) Das Gericht hat spätestens im ersten Termin zur mündlichen Verhandlung auf sachdienliche Klageanträge hinzuwirken.
(*3*) Auf die Musterfeststellungsklage sind § 128 Absatz 2, § 278 Absatz 2 bis 5 sowie die §§ 306 und 348 bis 350 *nicht anzuwenden*.	**(5)** Auf die Musterfeststellungsklage sind **die im ersten Rechtszug für das Verfahren vor den Landgerichten geltenden Vorschriften entsprechend anzuwenden, soweit sich aus den Vorschriften dieses Buches nicht Abweichun-**

Entwurf	Beschlüsse des 6. Ausschusses
	gen ergeben. Nicht anzuwenden sind § 128 Absatz 2, § 278 Absatz 2 bis 5 sowie die §§ 306 und 348 bis 350.
(*4*) Die §§ 66 bis 74 finden keine Anwendung im Verhältnis zwischen den Parteien der Musterfeststellungsklage und Verbrauchern, die	**(6)** u n v e r ä n d e r t
1. einen Anspruch oder ein Rechtsverhältnis angemeldet haben oder	
2. behaupten, entweder einen Anspruch gegen den Beklagten zu haben oder vom Beklagten in Anspruch genommen zu werden oder in einem Rechtsverhältnis zum Beklagten zu stehen.	
§ 611	§ 611
Vergleich	u n v e r ä n d e r t
(1) Ein gerichtlicher Vergleich kann auch mit Wirkung für und gegen die angemeldeten Verbraucher geschlossen werden.	
(2) Der Vergleich soll Regelungen enthalten über	
1. die auf die angemeldeten Verbraucher entfallenden Leistungen,	
2. den von den angemeldeten Verbrauchern zu erbringenden Nachweis der Leistungsberechtigung,	
3. die Fälligkeit der Leistungen und	
4. die Aufteilung der Kosten zwischen den Parteien.	
(3) Der Vergleich bedarf der Genehmigung durch das Gericht. Das Gericht genehmigt den Vergleich, wenn es ihn unter Berücksichtigung des bisherigen Sach- und Streitstandes als angemessene gütliche Beilegung des Streits oder der Ungewissheit über die angemeldeten Ansprüche oder Rechtsverhältnisse erachtet. Die Genehmigung ergeht durch unanfechtbaren Beschluss.	
(4) Den zum Zeitpunkt der Genehmigung angemeldeten Verbrauchern wird der genehmigte Vergleich mit einer Belehrung über dessen Wirkung, über ihr Recht zum Austritt aus dem Vergleich sowie über die einzuhaltende Form und Frist zugestellt. Jeder Verbraucher kann innerhalb einer Frist von einem Monat nach Zustellung des	

Entwurf	Beschlüsse des 6. Ausschusses
genehmigten Vergleichs seinen Austritt aus dem Vergleich erklären. Der Austritt muss bei dem Gericht schriftlich oder zu Protokoll der Geschäftsstelle erklärt werden. Durch den Austritt wird die Wirksamkeit der Anmeldung nicht berührt.	
(5) Der genehmigte Vergleich wird wirksam, wenn weniger als 30 Prozent der angemeldeten Verbraucher ihren Austritt aus dem Vergleich erklärt haben. Das Gericht stellt durch unanfechtbaren Beschluss den Inhalt und die Wirksamkeit des genehmigten Vergleichs fest. Der Beschluss ist im Klageregister öffentlich bekannt zu machen. Mit der Bekanntmachung des Beschlusses wirkt der Vergleich für und gegen diejenigen angemeldeten Verbraucher, die nicht ihren Austritt erklärt haben.	
(6) Der Abschluss eines gerichtlichen Vergleichs vor dem ersten Termin ist unzulässig.	
§ 612	§ 612
Bekanntmachungen zum Musterfeststellungsurteil	u n v e r ä n d e r t
(1) Das Musterfeststellungsurteil ist nach seiner Verkündung im Klageregister öffentlich bekannt zu machen.	
(2) Die Einlegung eines Rechtsmittels gegen das Musterfeststellungsurteil ist im Klageregister öffentlich bekannt zu machen. Dasselbe gilt für den Eintritt der Rechtskraft des Musterfeststellungsurteils.	
§ 613	§ 613
Bindungswirkung des Musterfeststellungsurteils; Aussetzung	Bindungswirkung des Musterfeststellungsurteils; Aussetzung
(1) Das rechtskräftige Musterfeststellungsurteil bindet das zur Entscheidung eines Rechtsstreits zwischen einem angemeldeten Verbraucher und dem Beklagten berufene Gericht, soweit dessen Entscheidung die Feststellungsziele und den Lebenssachverhalt der Musterfeststellungsklage betrifft. Dies gilt nicht, wenn der angemeldete Verbraucher seine Anmeldung wirksam zurückgenommen hat.	(1) u n v e r ä n d e r t

Entwurf	Beschlüsse des 6. Ausschusses
(2) Hat ein Verbraucher vor der Bekanntmachung der Angaben zur Musterfeststellungsklage im Klageregister eine Klage gegen den Beklagten erhoben, die die Feststellungsziele und den Lebenssachverhalt der Musterfeststellungsklage betrifft, und meldet er seinen Anspruch oder sein Rechtsverhältnis zum Klageregister an, so setzt das Gericht das Verfahren bis zur rechtskräftigen Entscheidung oder sonstigen Erledigung der Musterfeststellungsklage oder wirksamen Rücknahme der Anmeldung aus. “	(2) Hat ein Verbraucher vor der Bekanntmachung der Angaben zur Musterfeststellungsklage im Klageregister eine Klage gegen den Beklagten erhoben, die die Feststellungsziele und den Lebenssachverhalt der Musterfeststellungsklage betrifft, und meldet er seinen Anspruch oder sein Rechtsverhältnis zum Klageregister an, so setzt das Gericht das Verfahren bis zur rechtskräftigen Entscheidung oder sonstigen Erledigung der Musterfeststellungsklage oder wirksamen Rücknahme der Anmeldung aus.
	§ 614
	Rechtsmittel
	Gegen Musterfeststellungsurteile findet die Revision statt. Die Sache hat stets grundsätzliche Bedeutung im Sinne des § 543 Absatz 2 Nummer 1.“
Artikel 3	**Artikel 3**
Änderung des Arbeitsgerichtsgesetzes	**u n v e r ä n d e r t**
In § 46 Absatz 2 Satz 2 des Arbeitsgerichtsgesetzes in der Fassung der Bekanntmachung vom 2. Juli 1979 (BGBl. I S. 853, 1036), das zuletzt durch … geändert worden ist, werden nach den Wörtern „über den Urkunden- und Wechselprozess (§§ 592 bis 605a der Zivilprozessordnung)“ ein Komma und die Wörter „über die Musterfeststellungsklage (§§ 606 bis 613 der Zivilprozessordnung)“ eingefügt.	
Artikel 4	**Artikel 4**
Änderung des Gerichtskostengesetzes	**u n v e r ä n d e r t**
In § 48 Absatz 1 Satz 2 des Gerichtskostengesetzes in der Fassung der Bekanntmachung vom 27. Februar 2014 (BGBl. I S. 154), das zuletzt durch … geändert worden ist, werden nach dem Wort „In“ die Wörter „Musterfeststellungsklagen nach Buch 6 der Zivilprozessordnung und in“ eingefügt.	

Entwurf	Beschlüsse des 6. Ausschusses
Artikel 5	**Artikel 5**
Änderung des Rechtsanwaltsvergütungsgesetzes	**u n v e r ä n d e r t**
In § 19 Absatz 1 Satz 2 Nummer 1a des Rechtsanwaltsvergütungsgesetzes vom 5. Mai 2004 (BGBl. I S. 718, 788), das zuletzt durch … geändert worden ist, werden nach dem Wort „Schutzschriften" die Wörter „und die Anmeldung von Ansprüchen oder Rechtsverhältnissen zum Klageregister für Musterfeststellungsklagen sowie die Rücknahme der Anmeldung" eingefügt.	
Artikel 6	**Artikel 6**
Änderung des Bürgerlichen Gesetzbuchs	**u n v e r ä n d e r t**
§ 204 des Bürgerlichen Gesetzbuchs in der Fassung der Bekanntmachung vom 2. Januar 2002 (BGBl. I S. 42, 2909; 2003 I S. 738), das zuletzt durch … geändert worden ist, wird wie folgt geändert:	
1. Nach Absatz 1 Nummer 1 wird folgende Nummer 1a eingefügt:	
„1a. die Erhebung einer Musterfeststellungsklage für einen Anspruch, den ein Gläubiger zu dem zu der Klage geführten Klageregister wirksam angemeldet hat, wenn dem angemeldeten Anspruch derselbe Lebenssachverhalt zugrunde liegt wie den Feststellungszielen der Musterfeststellungsklage,".	
2. Nach Absatz 2 Satz 1 wird folgender Satz eingefügt:	
„Die Hemmung nach Absatz 1 Nummer 1a endet auch sechs Monate nach der Rücknahme der Anmeldung zum Klageregister."	
Artikel 7	**Artikel 7**
Änderung der Verwaltungsgerichtsordnung	**u n v e r ä n d e r t**
In § 173 Satz 1 der Verwaltungsgerichtsordnung in der Fassung der Bekanntmachung vom 19. März 1991 (BGBl. I S. 686), die zuletzt durch … geändert	

Entwurf	Beschlüsse des 6. Ausschusses
worden ist, werden nach dem Wort „ausschließen“ ein Semikolon und die Wörter „Buch 6 der Zivilprozessordnung ist nicht anzuwenden“ eingefügt.	
Artikel 8	**Artikel 8**
Änderung der Finanzgerichtsordnung	**u n v e r ä n d e r t**
In § 155 Satz 1 der Finanzgerichtsordnung in der Fassung der Bekanntmachung vom 28. März 2001 (BGBl. I S. 442, 2262; 2002 I S. 679), die zuletzt durch … geändert worden ist, werden nach dem Wort „anzuwenden“ ein Semikolon und die Wörter „Buch 6 der Zivilprozessordnung ist nicht anzuwenden“ eingefügt.	
Artikel 9	**Artikel 9**
Änderung des Sozialgerichtsgesetzes	**u n v e r ä n d e r t**
In § 202 Satz 1 des Sozialgerichtsgesetzes in der Fassung der Bekanntmachung vom 23. September 1975 (BGBl. I S. 2535), das zuletzt durch … geändert worden ist, werden nach dem Wort „ausschließen“ ein Semikolon und die Wörter „Buch 6 der Zivilprozessordnung ist nicht anzuwenden“ eingefügt.	
Artikel 10	**Artikel 10**
Änderung des Gesetzes gegen Wettbewerbsbeschränkungen	**u n v e r ä n d e r t**
In § 33h Absatz 6 Satz 3 des Gesetzes gegen Wettbewerbsbeschränkungen in der Fassung der Bekanntmachung vom 26. Juni 2013 (BGBl. I S. 1750, 3245), das zuletzt durch Artikel 10 Absatz 9 des Gesetzes vom 30. Oktober 2017 (BGBl. I S. 3618) geändert worden ist, werden die Wörter „Satz 2 und 3 des Bürgerlichen Gesetzbuchs“ durch die Wörter „Satz 3 und 4 des Bürgerlichen Gesetzbuchs“ ersetzt.	

Entwurf	Beschlüsse des 6. Ausschusses
Artikel 11	**Artikel 11**
Inkrafttreten	**Inkrafttreten**
(1) Dieses Gesetz tritt vorbehaltlich des Absatzes 2 am 1. November 2018 in Kraft.	(1) Dieses Gesetz tritt vorbehaltlich des Absatzes 2 am 1. November 2018 in Kraft.
(2) Am Tag nach der Verkündung treten in Kraft:	(2) Am Tag nach der Verkündung treten in Kraft:
1. Artikel 1,	1. Artikel 1,
2. in Artikel 2 Nummer 3 § 609 Absatz 7 der Zivilprozessordnung.	2. in Artikel 2 Nummer 3 § 609 Absatz 7 der Zivilprozessordnung.

Bericht der Abgeordneten Sebastian Steineke, Dr. Johannes Fechner, Jens Maier, Katharina Kloke, Amira Mohamed Ali und Dr. Manuela Rottmann

I. Überweisung

Zu Buchstabe a

Der Deutsche Bundestag hat die Vorlage auf **Drucksache 19/2507** in seiner 37. Sitzung am 8. Juni 2018 beraten und an den Ausschuss für Recht und Verbraucherschutz zur federführenden Beratung sowie an den Ausschuss für Wirtschaft und Energie, den Ausschuss für Verkehr und digitale Infrastruktur sowie den Ausschuss für Tourismus zur Mitberatung überwiesen.

Zu Buchstabe b

Der Deutsche Bundestag hat die Vorlage auf **Drucksache 19/2439** in seiner 36. Sitzung am 7. Juni 2018 beraten und an den Ausschuss für Recht und Verbraucherschutz zur federführenden Beratung sowie an den Ausschuss für Wirtschaft und Energie, den Ausschuss für Verkehr und digitale Infrastruktur sowie den Ausschuss für Tourismus zur Mitberatung überwiesen. Die Stellungnahme des Bundesrates und die Gegenäußerung der Bundesregierung auf **Drucksache 19/2701** hat der Deutsche Bundestag in seiner 38. Sitzung am 13. Juni 2018 ebenfalls an den Ausschuss für Recht und Verbraucherschutz zur federführenden Beratung sowie an den Ausschuss für Wirtschaft und Energie, den Ausschuss für Verkehr und digitale Infrastruktur sowie den Ausschuss für Tourismus zur Mitberatung überwiesen.

Zu Buchstabe c

Der Deutsche Bundestag hat die Vorlage auf **Drucksache 19/243** in seiner 21. Sitzung am 16. März 2018 beraten und an den Ausschuss für Recht und Verbraucherschutz zur federführenden Beratung und an den Ausschuss Digitale Agenda zur Mitberatung überwiesen.

II. Stellungnahmen der mitberatenden Ausschüsse

Zu den Buchstaben a und d

Der **Ausschuss für Wirtschaft und Energie** hat die Vorlage auf Drucksache 19/2507 in seiner 12. Sitzung am 13. Juni 2018 beraten und empfiehlt mit den Stimmen der Fraktionen der CDU/CSU und SPD gegen die Stimmen der Fraktionen AfD, FDP, DIE LINKE. und BÜNDNIS 90/DIE GRÜNEN die Annahme in der Fassung des Änderungsantrages. Der Änderungsantrag der Fraktionen der CDU/CSU und SPD wurde mit den Stimmen der Fraktionen der CDU/CSU und SPD gegen die Stimmen der Fraktionen AfD, FDP und BÜNDNIS 90/DIE GRÜNEN bei Stimmenthaltung der Fraktion DIE LINKE. angenommen. Die Entschließung hat der Ausschuss für Wirtschaft und Energie mit dem gleichen Stimmenverhältnis angenommen.

Der **Ausschuss für Verkehr und digitale Infrastruktur** hat die Vorlage auf Drucksache 19/2507 in seiner 12. Sitzung am 13. Juni 2018 beraten und empfiehlt mit den Stimmen der Fraktionen der CDU/CSU und SPD gegen die Stimmen der Fraktionen AfD, FDP und BÜNDNIS 90/DIE GRÜNEN bei Stimmenthaltung der Fraktion DIE LINKE. die Annahme in der Fassung des Änderungsantrages. Der Änderungsantrag der Fraktionen der CDU/CSU und SPD wurde mit dem gleichen Stimmenverhältnis angenommen. Die Entschließung hat der Ausschuss für Verkehr und digitale Infrastruktur mit den Stimmen der Fraktionen CDU/CSU, SPD und DIE LINKE. gegen die Stimmen der Fraktionen AfD, FDP und BÜNDNIS 90/DIE GRÜNEN angenommen.

Der **Ausschuss für Tourismus** hat die Vorlage auf Drucksache 19/2507 in seiner 9. Sitzung am 13. Juni 2018 beraten und empfiehlt mit den Stimmen der Fraktionen der CDU/CSU und SPD gegen die Stimmen der Fraktionen AfD, FDP, BÜNDNIS 90/DIE GRÜNEN und DIE LINKE. die Annahme in der Fassung des Änderungsantrages. Der Änderungsantrag der Fraktionen der CDU/CSU und SPD wurde mit den Stimmen der Fraktionen der CDU/CSU und SPD gegen die Stimmen der Fraktionen der AfD und FDP bei Stimmenthaltung der Fraktionen

DIE LINKE. und BÜNDNIS 90/DIE GRÜNEN angenommen. Die Entschließung hat der Ausschuss für Tourismus mit den Stimmen der Fraktionen der CDU/CSU und SPD gegen die Stimmen der Fraktionen AfD, FDP und BÜNDNIS 90/DIE GRÜNEN bei Stimmenthaltung der Fraktion DIE LINKE. angenommen.

Zu Buchstabe b

Der **Ausschuss für Wirtschaft und Energie** hat die Vorlage auf Drucksachen 19/2439, 19/2701 in seiner 12. Sitzung am 13. Juni 2018 beraten und empfiehlt mit den Stimmen der Fraktionen der CDU/CSU, SPD, AfD gegen die Stimmen der Fraktionen FDP, DIE LINKE. und BÜNDNIS 90/DIE GRÜNEN, den Gesetzentwurf für erledigt zu erklären.

Der **Ausschuss für Verkehr und digitale Infrastruktur** hat die Vorlage auf Drucksache 19/2439 in seiner 12. Sitzung am 13. Juni 2018 beraten und empfiehlt einstimmig, den Gesetzentwurf für erledigt zu erklären. Ebenfalls einstimmig empfiehlt der Ausschuss für Verkehr und digitale Infrastruktur, die Vorlage auf BR-Drucksache 176/18 zur Kenntnis zu nehmen.

Der **Ausschuss für Tourismus** hat die Vorlage auf Drucksache 19/2439 in seiner 9. Sitzung am 13. Juni 2018 beraten und empfiehlt mit den Stimmen der Fraktionen der CDU/CSU und SPD gegen die Stimmen der Fraktionen AfD, FDP, DIE LINKE. und BÜNDNIS 90/DIE GRÜNEN die Annahme. Der Ausschuss empfiehlt einstimmig die Kenntnisnahme der Unterrichtung auf Drucksache 19/2701.

Zu Buchstabe c

Der **Ausschuss Digitale Agenda** hat die Vorlage auf Drucksache 19/243 in seiner 13. Sitzung am 13. Juni 2018 beraten und empfiehlt mit den Stimmen der Fraktionen der CDU/CSU, SPD und FDP gegen die Stimmen der Fraktionen AfD und BÜNDNIS 90/DIE GRÜNEN bei Stimmenthaltung der Fraktion DIE LINKE. die Ablehnung.

III. Beratungsverlauf und Beratungsergebnisse im federführenden Ausschuss

Der Ausschuss für Recht und Verbraucherschutz hat in seiner 12. Sitzung am 4. Juni 2018 die Vorlagen auf Drucksache 19/2507 und 19/243 anberaten und beschlossen, am 11. Juni 2018 eine öffentliche Anhörung zu der Vorlage auf Drucksache 19/2507 durchzuführen und die Vorlage auf Drucksache 19/243 in die Anhörung einzubeziehen. In seiner 13. Sitzung am 6. Juni 2018 hat der Ausschuss die Vorlage auf Drucksache 19/2439 anberaten und beschlossen, die Vorlage in die bereits in der 12. Sitzung beschlossene Anhörung einzubeziehen. An der öffentlichen Anhörung in der 15. Sitzung des Ausschusses am 11. Juni 2018 haben folgende Sachverständige teilgenommen:

- Prof. Dr. Susanne Augenhofer, LL.M. (Yale), Humboldt-Universität zu Berlin, Lehrstuhl für Bürgerliches Recht, Europäisches Privatrecht, Rechtsvergleichung sowie Marktregulierung durch Verbraucher- und Wettbewerbsrecht
- Axel Kleinlein, Bund der Versicherten e. V., Henstedt-Ulzburg, Vorstandssprecher
- Dr. Otmar Lell, Verbraucherzentrale Bundesverband e. V. (vzbv), Berlin, Teamleiter Recht und Handel
- Dr. Marc Liebscher, Rechtsanwalt, Berlin
- Dr. Gesa Lutz, Vorsitzende Richterin am Landgericht München I
- Prof. Dr. Caroline Meller-Hannich, Martin-Luther-Universität Halle-Wittenberg, Lehrstuhl für Bürgerliches Recht, Zivilprozess- und Handelsrecht
- Dr. Carsten A. Salger, Deutscher Anwaltverein e. V., Berlin, Ausschuss Zivilverfahrensrecht
- Prof. Dr. Martin Schmidt-Kessel, Universität Bayreuth, Lehrstuhl für deutsches und europäisches Verbraucherrecht und Privatrecht sowie Rechtsvergleichung, Direktor der Forschungsstelle für Verbraucherrecht
- Prof. Dr. Stephan Wernicke, Deutscher Industrie- und Handelskammertag e. V. (DIHK), Berlin, Bereichsleiter Recht

Hinsichtlich des Ergebnisses der Anhörung wird auf das Protokoll der 15. Sitzung am 11. Juni 2018 mit den anliegenden Stellungnahmen der Sachverständigen verwiesen.

Zu dem Gesetzentwurf auf Drucksache 19/243 lagen dem Ausschuss für Recht und Verbraucherschutz mehrere Petitionen vor.

Zu den Buchstaben a und d

Der Ausschuss für Recht und Verbraucherschutz hat die Vorlage auf Drucksache 19/2507 in seiner 16. Sitzung am 13. Juni 2018 abschließend beraten. Der **Ausschuss für Recht und Verbraucherschutz** empfiehlt mit den Stimmen der Fraktionen der CDU/CSU und SPD gegen die Stimmen der Fraktionen AfD, FDP und BÜNDNIS 90/DIE GRÜNEN und einer Stimme aus der Fraktion DIE LINKE. bei einer Stimmenthaltung aus der Fraktion der CDU/CSU bei Abwesenheit der übrigen Mitglieder der Fraktion DIE LINKE., den Gesetzentwurf auf Drucksache 19/2507 in der aus der Beschlussempfehlung ersichtlichen Fassung anzunehmen. Die Änderungen beruhen auf einem Änderungsantrag, den die Fraktionen der CDU/CSU und SPD in den Ausschuss eingebracht haben und der mit den Stimmen der Fraktionen der CDU/CSU und SPD gegen die Stimmen der Fraktionen AfD, FDP und BÜNDNIS 90/DIE GRÜNEN bei Abwesenheit der Fraktion DIE LINKE. angenommen wurde. Darüber hinaus empfiehlt der **Ausschuss für Recht und Verbraucherschutz** mit den Stimmen der Fraktionen der CDU/CSU und SPD gegen die Stimmen der Fraktionen der AfD und FDP bei Stimmenthaltung der Fraktionen DIE LINKE. und BÜNDNIS 90/DIE GRÜNEN und einer Stimme aus der Fraktion der CDU/CSU die Annahme der aus der Beschlussempfehlung ersichtlichen Entschließung, die die Fraktionen der CDU/CSU und SPD in den Ausschuss eingebracht haben.

Zu Buchstabe b

Der Ausschuss für Recht und Verbraucherschutz hat den Gesetzentwurf auf Drucksachen 19/2439, 19/2701 in seiner 16. Sitzung am 13. Juni 2018 abschließend beraten. Der **Ausschuss für Recht und Verbraucherschutz** empfiehlt mit den Stimmen der Fraktionen der CDU/CSU, SPD und FDP bei Stimmenthaltung der Fraktionen AfD, DIE LINKE. und BÜNDNIS 90/DIE GRÜNEN, den Gesetzentwurf für erledigt zu erklären.

Zu Buchstabe c

Der **Ausschuss für Recht und Verbraucherschutz** hat die Vorlage auf Drucksache 19/243 in seiner 16. Sitzung am 13. Juni 2018 abschließend beraten. Der Ausschuss empfiehlt mit den Stimmen der Fraktionen der CDU/CSU, SPD und AfD gegen die Stimmen der Fraktion BÜNDNIS 90/DIE GRÜNEN bei Stimmenthaltung der Fraktionen FDP und DIE LINKE. sowie eines Mitglieds der Fraktion der AfD, den Gesetzentwurf abzulehnen.

Zu Buchstaben a bis d

Die **Fraktion der CDU/CSU** erläuterte die vorliegenden Änderungen und erklärte, dass diese auf den Ergebnissen der öffentlichen Anhörung im Ausschuss sowie den Anmerkungen des Bundesrates beruhten. Der Schutz von kleinen und mittelständischen Unternehmen werde dadurch sichergestellt, dass Nicht-Verbraucher in entsprechenden Konstellationen die Möglichkeit erhielten, ohne Zustimmung des Beklagten eine Verhandlung bis zur Erledigung des Musterfeststellungsverfahrens auszusetzen. Gerichte unterer Instanzen würden in aller Regel keine Möglichkeit besitzen, von den in einer Musterfeststellungsklage getroffenen Feststellungen abzuweichen. Für die beklagten Unternehmen habe die Musterfeststellungsklage den Vorteil, dass sie die Möglichkeit erhielten, sich einheitlich und in einem Verfahren zu verteidigen und zu vergleichen. Allgemein sei hinsichtlich des Einwandes, dass die Musterfeststellungsklage sich auf die Ebene der Feststellung beschränke, darauf hinzuweisen, dass auch bei den amerikanischen Vergleichsverfahren als echte Sammelklagen ein nachgeschaltetes Verfahren zur Feststellung des jeweils individuellen Schadens erforderlich sei. Mit der Entschließung werde die Bundesregierung aufgefordert, kleine und mittlere Unternehmen sowie gemeinnützige Vereine vor Abmahnmissbrauch im Zusammenhang mit der Datenschutzgrundverordnung zu schützen.

Die **Fraktion BÜNDNIS 90/DIE GRÜNEN** kritisierte die vorlegten Änderungen am Gesetzentwurf. Insbesondere seien die Anforderungen an die Anmeldung von Forderungen zum Klageregister immer noch zu komplex und damit riskant für die Anmelder. Besonders bedauerlich sei, dass der in öffentlichen Anhörung aus der Praxis geäußerte Wunsch nach der Schaffung eines Eröffnungsbeschlusses zur Stärkung der Stellung des Gerichts nicht verwirklicht worden sei. Das Gericht habe so nicht die Möglichkeit, das Verfahren selbst effizient zu gestalten. Zu kritisieren sei weiterhin, dass das sogenannte Windhundprinzip im Wesentlichen erhalten bleibe. Danach könne nur der Verband die Klage führen, dessen Klage zuerst rechtshängig geworden sei, also zuerst zugestellt worden sei. Erreichten das Gericht am selben Tag zufällig mehrere Musterfeststellungsklagen, könnten diese zwar miteinander verbunden werden. Im Übrigen bleibe es aber bei der Sperrung für weitere Klagen. Dramatisch sei zudem, dass keine Haftungsregelungen geschaffen worden seien. Zu kritisieren sei außerdem hinsichtlich der

Frage der Verjährung, dass weiter offen sei, wann und unter welchen Bedingungen für Forderungen im Zusammenhang mit der Musterfeststellungsklage Verjährung eintrete. Das Offenlassen solcher Fragen sei Verbrauchertäuschung, die durch die vorgelegten Änderungen nicht besser werde.

Die **Fraktion der SPD** begrüßte vor dem Hintergrund der drohenden Verjährung die anstehende Verabschiedung des Gesetzentwurfs. Der große Vorteil des Verfahrens der Musterfeststellungsklage bestehe darin, dass Verbraucher sich kostenlos ihre Anspruchsvoraussetzungen rechtsverbindlich klären lassen könnten. Neben den Änderungen zur Instanzenstraffung und Zuständigkeitskonzentration seien insbesondere die Änderungen hinsichtlich der Rücknahme einer Anmeldung zum Klageregister hervorzuheben. Danach könne der Verbraucher nun die Anmeldung bis zum Ablauf des Tages des Beginns der mündlichen Verhandlung in der ersten Instanz zurücknehmen. Anstelle der von der Fraktion favorisierten Haftungsbeschränkungen als Sicherheit für die qualifizierten Einrichtungen gebe es die klare Zusage, dass der Verbraucherzentrale Bundesverband die notwendigen finanziellen Mittel erhalten werde. Insgesamt handele es sich bei dem Gesetz damit um einen Meilenstein für den Verbraucherschutz. Es werde nicht nur für Geschädigte im Zusammenhang mit den Abschalteinrichtungen bei Dieselmotoren eine Hilfe sein, sondern auch für Inhaber deutlich niedrigerer Forderungen.

Die **Fraktion DIE LINKE.** schloss sich den Ausführungen der Fraktion BÜNDNIS 90/DIE GRÜNEN an und bedauerte ebenfalls, dass die Vorschläge aus der Justiz nicht aufgegriffen worden seien. Zu kritisieren sei ferner, dass die Frist für die Anmeldung im Klageregister zu kurz ausgestaltet sei. Unklar sei in diesem Zusammenhang auch, welche Konsequenzen Formfehler bei der Anmeldung hätten und inwieweit auf solche Fehler hingewiesen werde. In Hinblick auf die Ziele des Gesetzentwurfs der Entlastung der Gerichte und der Gewährung einfachen Rechtsschutzes für Verbraucher sei nicht nachvollziehbar, dass die Musterfeststellungsklage keinerlei Leistungskomponenten enthalte.

Die **Fraktion der FDP** warf die Frage auf, inwieweit die vorgelegten Änderungen den Kleinselbstständigen helfen würden, die noch gravierender von entsprechenden Schäden betroffen sein könnten als Verbraucher. Die Kleinselbstständigen könnten als Unternehmer nicht Beteiligte einer Musterfeststellungsklage sein und die jetzt vorgelegte Sonderregelung zur Aussetzung einer Verhandlung für Nicht-Verbraucher beinhalte gerade nicht die erforderliche Rechtskrafterstreckung. Eine solche sei insbesondere in Bezug auf Feststellungen in tatsächlicher Hinsicht von Bedeutung. Weiter stelle sich in Anbetracht der Pläne zur Bereitstellung von zusätzlichen Mitteln für den Verbraucherzentrale Bundesverband die Frage, wie mit weiteren Verbänden, die als qualifizierte Einrichtungen im Sinne der Musterfeststellungsklage in Betracht kämen, verfahren werden solle. Hinsichtlich des Antrages zum Abmahnmissbrauch sei anzumerken, dass dieser in seiner politischen Zielrichtung zwar richtig, jedoch so allgemein gefasst sei, dass er die erstrebte Abschreckungswirkung nicht entfalten werde.

Die **Fraktion der AfD** kritisierte die Differenzierung des Gesetzentwurfs zwischen Verbrauchern und Nicht-Verbrauchern, die bei echten Massenverfahren nicht angemessen sei. In Bezug auf Unternehmen sei darüber hinaus auch zu berücksichtigen, dass diesen ein hoher Reputationsverlust drohe, wenn sie Beklagte in einem Musterfeststellungsverfahren seien. Bedauerlich sei, dass die Frage der Übertragung der Klageberechtigung auf eine öffentlich-rechtliche Ombudsstelle nicht aufgegriffen worden sei. Weiter sei angesichts des Haftungsrisikos nicht ersichtlich, welcher Anwalt seinem Mandanten die Teilnahme an einer Musterfeststellungsklage unter Verzicht auf eine Individualklage empfehlen sollte.

Die **Bundesregierung** erklärte zum Kreis der Klageberechtigten, dass das Gesetz die Voraussetzungen regele, die die Verbände erfüllen müssten, jedoch keine Aufzählung der konkreten Verbände enthalte. Das Bundesamt für Justiz führe eine solche Liste der Verbände. Zusätzliche Mittel seien lediglich für den Verbraucherzentrale Bundesverband vorgesehen, da die Verbraucherzentralen staatlich finanziert seien und sie für die zukünftige Erhebung von Musterfeststellungsklagen entsprechend ausgestattet werden müssten. Hinsichtlich der Frage der Verjährung sei festzuhalten, dass die Verjährungshemmungsregelung zur Musterfeststellungsklage in das allgemeine Prinzip der Hemmung von Verjährung eingebaut worden sei. Danach werde mit Erhebung der Musterfeststellungsklage die Verjährung gehemmt. Der weitere Akt der Anmeldung zum Klageregister sei hiervon losgelöst. Dementsprechend sei ein Anspruch auch nicht verjährt, wenn er später zum Klageregister angemeldet werde.

IV. Zur Begründung der Beschlussempfehlung

Im Folgenden werden lediglich die vom Ausschuss für Recht und Verbraucherschutz empfohlenen Änderungen gegenüber der ursprünglichen Fassung des Gesetzentwurfs erläutert. Soweit der Ausschuss die unveränderte Annahme des Gesetzentwurfs empfiehlt, wird auf die jeweilige Begründung in Drucksache 19/2507 verwiesen.

1. Allgemeines

Die Fraktionen der CDU/CSU und der SPD haben sich darauf verständigt, dem Verbraucherzentrale Bundesverband zusätzliche Mittel zur Verfügung zu stellen, die für die durch dieses Gesetz möglich werdenden Tätigkeiten als klagebefugte Einrichtung notwendig sind. Dies umfasst insbesondere auch zusätzliche Mittel für eine Vermögenschadenshaftpflichtversicherung.

2. Im Einzelnen

Artikel 1 (Änderung des Gerichtsverfassungsgesetzes)

§ 119 Absatz 3 GVG weist die erstinstanzliche Zuständigkeit für Musterfeststellungsklagen den Oberlandesgerichten zu. Zugleich wird den Ländern ermöglicht, eine Zuständigkeitskonzentration bei einem Oberlandesgericht oder einem Obersten Landesgericht vorzusehen und damit durch die entsprechende Spezialisierung der Gerichte noch effizientere und zügigere Verfahrenserledigungen zu ermöglichen.

Artikel 2 (Änderung der Zivilprozessordnung)

Zu Nummer 1 (Inhaltsübersicht zu Buch 6)

Es handelt sich lediglich um eine redaktionelle Folgeänderung der Inhaltsübersicht aufgrund der Einfügung von § 614 (vgl. Nummer 5 § 614).

Zu Nummer 3

Mit der Regelung wird klargestellt, dass für Musterfeststellungsklagen gegen ein Unternehmen das Gericht örtlich ausschließlich zuständig ist, bei dem der Beklagte seinen allgemeinen Gerichtsstand hat. Der allgemeine Gerichtsstand von Unternehmen richtet sich gemäß § 17 ZPO nach seinem Sitz. Ausschließlich örtlich zuständig für Musterfeststellungsklagen ist also das Gericht am Sitz des jeweiligen beklagten Unternehmens.

Zu Nummer 4

Durch § 148 Absatz 2 wird geregelt, dass in Verfahren, in denen die Entscheidung des Rechtsstreits von Feststellungszielen abhängt, die den Gegenstand eines anhängigen Musterfeststellungsverfahrens bilden, das Gericht auf Antrag des Klägers anordnen kann, dass die Verhandlung bis zur Erledigung des Musterfeststellungsverfahrens ausgesetzt wird. Voraussetzung ist allerdings, dass der Kläger nicht Verbraucher ist.

Mit dieser Regelung wird dem Umstand Rechnung getragen, dass Gegenstand des Musterfeststellungsverfahrens Ansprüche oder Rechtsverhältnisse von Verbrauchern sein können. Unternehmer können also nicht ihre Ansprüche oder Rechtsverhältnisse zur Eintragung in das Klageregister anmelden und sich gegebenenfalls in einem späteren Verfahren auf eine Bindungswirkung des Musterfeststellungsurteils berufen. Um ihnen zumindest die Möglichkeit zu eröffnen, von dem Ausgang eines Musterfeststellungsverfahrens zu profitieren, sollen sie daher die Möglichkeit erhalten, in einem Individualprozess einen Antrag auf Aussetzung des Verfahrens zu stellen und so zunächst den Ausgang des Musterfeststellungsverfahrens abzuwarten.

Zu Nummer 5

Zu § 606 (Musterfeststellungsklage)

Absatz 1 Satz 4 stellt nach dem Vorbild von § 4 Absatz 2 Satz 2 des Unterlassungsklagengesetzes für bestimmte Verbände die unwiderlegliche Vermutung auf, dass sie die Voraussetzungen des Satzes 2 erfüllen. Voraussetzung ist allerdings, dass es sich um Verbraucherzentralen und andere Verbraucherverbände handelt, die überwiegend mit öffentlichen Mitteln gefördert werden.

Zu § 607 (Bekanntmachung der Musterfeststellungsklage)

Endet das Musterfeststellungsverfahren durch Vergleich oder Urteil, so ist dies nach §§ 611, 612 öffentlich zu machen. Mit der Ergänzung in Absatz 3 Satz 3 wird festgelegt, dass zusätzlich dazu und zu den in den § 607 Absatz 3 Satz 1 vorgeschriebenen öffentlichen Bekanntmachungen über verfahrensrelevante Informationen auch Fälle sonstiger Verfahrensbeendigung durch Klagerücknahme oder übereinstimmende Erledigungserklärung der Parteien bekannt zu machen sind. Auch in diesen Fällen haben die Verbraucher ein berechtigtes Interesse, hiervon über das Klageregister Kenntnis zu erlangen; anderenfalls wäre für diese nicht ersichtlich, ob es sich bei einem dort eingetragenen Verfahren um ein laufendes oder ein bereits abgeschlossenes Verfahren handelt.

Zu § 608 (Anmeldung von Ansprüchen oder Rechtsverhältnissen)

Zu Absatz 2

Abweichend vom Fraktionsentwurf soll darauf verzichtet werden, dass der Verbraucher bei der Anmeldung den Betrag der Forderung angeben muss; anderenfalls ist die Anmeldung nicht wirksam. Diese strikte Vorgabe kann insbesondere dann problematisch werden, wenn mit der Musterfeststellungsklage gar keine Geldleistung erstrebt wird, sondern es beispielsweise um die Unwirksamkeit von Verträgen geht. Die Angabe des Betrags der Forderung erscheint zwar in den Fällen, in denen dies möglich ist, grundsätzlich sinnvoll, da sie den Parteien eine Bezifferung aller streitigen Verbraucheransprüche und die Beurteilung der wirtschaftliche Bedeutung des Verfahrens ermöglicht. Allerdings soll die Wirksamkeit der Anmeldung nicht von der Angabe eines konkreten Forderungsbetrags abhängig gemacht werden.

Zu Absatz 3

Durch diese Regelung wird in Abweichung vom Fraktionsentwurf der Zeitpunkt, bis zu dem der Verbraucher die Anmeldung seiner Ansprüche und Rechtsverhältnisse noch zurücknehmen kann, auf den Ablauf des Tages des Beginns der mündlichen Verhandlung in der ersten Instanz verschoben. Diese Regelung erleichtert dem Verbraucher die Entscheidung, ob er an seiner Anmeldung festhalten will.

Zu § 610 (Besonderheiten der Musterfeststellungsklage)

Zu Absatz 1

Nach dem Fraktionsentwurf kann dann, wenn bereits eine Musterfeststellungsklage erhoben wurde, keine andere Musterfeststellungsklage mehr erhoben werden, wenn die Feststellungsziele denselben zugrunde liegenden Lebenssachverhalt betreffen. Diese Regelung erscheint zu weitgehend. Denn sie bedeutet, dass der Vortrag eines umfassenden Lebenssachverhalts weitere Musterfeststellungsklagen auch dann blockieren kann, wenn der entsprechende Feststellungsantrag eng gefasst ist. Um diese Folge zu vermeiden, verlangt nunmehr Absatz 1, dass der Streitgegenstand denselben Lebenssachverhalt und dieselben Feststellungsziele betrifft. Mit der Änderung in Absatz 1 werden zugleich die Formulierungen in Absatz 1 und Absatz 2 vereinheitlicht.

Zu Absatz 2

Die Regelung berücksichtigt die Fälle, in denen beinahe identische oder sehr ähnliche Klagen am selben Tag eingehen. Es erscheint nicht sachgerecht, es in diesen Fällen vom Zufall abhängig zu machen, welche Klage zuerst zugestellt und damit zuerst rechtshängig wird mit der Folge, dass diese Klage für die nur zufällig später zugestellte Klage Sperrwirkung entfaltet. Nach Absatz 2 sind daher alle zeitgleich eingereichten Klagen parallel zulässig, können jedoch vom Gericht zur gemeinsamen Verhandlung verbunden werden.

Zu Absatz 3

Es handelt sich um eine redaktionelle Folgeänderung.

Zu Absatz 4

Ungeachtet der nach § 139 bestehenden materiellen Prozessleitungspflicht regelt Absatz 4, dass das Gericht spätestens im ersten Termin zur mündlichen Verhandlung auf sachdienliche Klageanträge hinzuwirken hat. Ziel ist, dem Gericht durch verfahrenslenkende Maßnahmen zu ermöglichen, das Verfahren möglichst effektiv durchzuführen.

Zu Absatz 5

Aufgrund der erstinstanzlichen Zuständigkeit der Oberlandesgerichte regelt Absatz 5, vorbehaltlich bestehender Sonderregelungen, die Anwendbarkeit der Vorschriften für das Verfahren vor den Landgerichten im ersten Rechtszug.

Zu Absatz 6

Es handelt sich um eine redaktionelle Folgeänderung.

Zu § 614 (Rechtsmittel)

Aufgrund der erstinstanzlichen Zuständigkeit der Oberlandesgerichte kommt gegen ein Musterfeststellungsurteil nur das Rechtsmittel der Revision vor dem Bundesgerichtshof in Betracht. Festgelegt wird, dass die Sache stets grundsätzliche Bedeutung im Sinne des § 543 Absatz 2 Nummer 1 hat, so dass eine Revision ungeachtet des § 26 Nummer 8 EGZPO stets zulässig ist.

Berlin, den 13. Juni 2018

Sebastian Steineke Berichterstatter	**Dr. Johannes Fechner** Berichterstatter	**Jens Maier** Berichterstatter
Katharina Kloke Berichterstatterin	**Amira Mohamed Ali** Berichterstatterin	**Dr. Manuela Rottmann** Berichterstatterin

Satz: Satzweiss.com Print, Web, Software GmbH, Mainzer Straße 116, 66121 Saarbrücken, www.satzweiss.com
Druck: Printsystem GmbH, Schafwäsche 1-3, 71296 Heimsheim, www.printsystem.de
Vertrieb: Bundesanzeiger Verlag GmbH, Postfach 10 05 34, 50445 Köln, Telefon (02 21) 97 66 83 40, Fax (02 21) 97 66 83 44, www.betrifft-gesetze.de
ISSN 0722-8333

XII. Entschließungsantrag BÜNDNIS 90/DIE GRÜNEN zur Verlängerung der Verjährung – 13.6.2018

Dieser Antrag in der BT-Drucksache 19/2743[20] zielt auf eine sachgerechte Verlängerung der Verjährung, um den Zeitdruck aus diesem Gesetzgebungsverfahren zu nehmen. Sie soll für die Fälle gelten, in denen „der tatsächliche Zustand einer Kaufsache von ihrem gesetzlich vorgegebenen oder dokumentierten Zustand" abweicht. Dieser Antrag fand keine Zustimmung[21].

---

20 http://dip21.bundestag.de/dip21/btd/19/027/1902743.pdf.
21 https://www.bundestag.de/#url=L2Rva3VtZW50ZS90ZXh0YXJjaGl2LzIwMTgva3cyNC1kZS1tdXN0ZXJmZXN0c3RlbGx1bmdza2xhZ2UvNTU4ODUw&mod=mod493054.

Deutscher Bundestag **Drucksache 19/2743**

19. Wahlperiode 13.06.2018

Entschließungsantrag

der Abgeordneten Dr. Manuela Rottmann, Tabea Rößner, Oliver Krischer, Dr. Konstantin von Notz, Katja Keul, Renate Künast, Luise Amtsberg, Annalena Baerbock, Canan Bayram, Harald Ebner, Matthias Gastel, Britta Haßelmann, Dr. Bettina Hoffmann, Christian Kühn (Tübingen), Monika Lazar, Steffi Lemke, Irene Mihalic, Filiz Polat, Daniela Wagner und der Fraktion BÜNDNIS 90/DIE GRÜNEN

zu der dritten Beratung des Gesetzentwurfs der Fraktionen der CDU/CSU und SPD – Drucksachen 19/2507, 19/2741 –

Entwurf eines Gesetzes zur Einführung einer zivilprozessualen Musterfeststellungsklage

Der Bundestag wolle beschließen:

I. Der Deutsche Bundestag stellt fest:

Wenn bei der Herstellung von Produkten durch unerlaubtes Handeln des Herstellers sowohl für die Käufer aber auch für mit Genehmigungs-, Zulassungs- und Kontrollaufgaben betraute Behörden nicht direkt erkennbare und nur mit speziellen Prüfungen feststellbare Fehler und dadurch Schäden verursacht werden, darf das bei der Geltendmachung von Ansprüchen gegenüber Herstellern und Verkäufern nicht zu Lasten der Käufer gehen. In Fällen, bei denen aufgrund unerlaubten Handelns der tatsächliche Zustand (Ist-Zustand) einer Kaufsache von ihrem gesetzlich vorgegebenen, amtlich oder durch Angaben des Herstellers oder Verkäufers dokumentierten Soll-Zustand abweicht, fehlt es an einer sachgerechten Verjährungsregelung. Aktuelles Beispiel sind die seit September 2015 öffentlich gewordenen und laufend weiter neu bekannt werdenden Manipulationen der Emissionskontrolle in Dieselfahrzeugen. Betroffen von Abgasmanipulationen sind allein in Deutschland mehrere Millionen Käufer solcher Fahrzeuge. Es geht aber darüber hinaus generell um Fälle, in denen durch dieselbe rechtswidrige Praxis jedweder Art (z. B. Produktfehler, Arzneimängel) Ansprüche entstanden sind und Geschädigte effektiven Rechtsschutz suchen. Das Musterfeststellungsklage-Gesetz (MuFKG) schafft hier keine rechtssichere Abhilfe, obwohl die die Bundesregierung tragende Koalition versprochen hat, mit Ablauf des Jahres 2018 drohende Verjährungen der Ansprüche der von Abgasmanipulationen betroffenen Käufer zu verhindern (Koalitionsvertrag Zeilen 5799/5800).

II. Der Deutsche Bundestag fordert die Bundesregierung auf,

dem Deutschen Bundestag unverzüglich einen Gesetzentwurf vorzulegen, mit dem in Fällen, bei denen aufgrund unerlaubten Handelns des Herstellers der tatsächliche Zustand (Ist-Zustand) einer Kaufsache von ihrem gesetzlich vorgegebenen, amtlich oder durch Angaben des Herstellers oder Verkäufers dokumentierten Soll-Zustand abweicht, eine sachgerechte Verjährungsregelung für Ansprüche Geschädigter getroffen wird. Dafür ist zu prüfen, den Beginn der Verjährungsfrist bei genehmigungs- bzw. zulassungspflichtigen Produkten von einer konkreten amtlichen Information über die von der zuständigen Stelle festgestellten Umstände (Abweichung des Ist- vom Soll-Zustand der Sache) und die davon betroffenen Produkte abhängig zu machen. Bei Produkten, die – wie bei Kraftfahrzeugen der Fall – einzelnen natürlichen und juristischen Personen zuzuordnen sind, sind diese zu informieren, ansonsten hat die Information durch geeignete öffentliche Bekanntmachung zu erfolgen. Schreiben von KFZ-Herstellern oder des Kraftfahrt-Bundesamts mit einer Aufforderung zu einem Software-Update sind keine ausreichende Information.

Berlin, den 12. Juni 2018

Katrin Göring-Eckardt, Dr. Anton Hofreiter und Fraktion

Begründung

Für die o. g. Fälle ist kurzzeitig eine sachgerechte Regelung des Beginns der Verjährungsfrist erforderlich und auch machbar. Durch das MuFKG wird eine solche Regelung nicht nur nicht geschaffen, sondern das Risiko der Anspruchsverjährung für die Betroffenen sogar vergrößert (ganz abgesehen davon, dass das MuFKG nur für Verbraucher gilt, nicht aber für sonstige Betroffene wie Unternehmer oder Handwerker, die z. B. ein abgasmanipuliertes Dieselfahrzeug gekauft haben). Eine sachgerechte Verjährungsregelung würde nicht nur den Betroffenen Käufern Sicherheit geben, sondern zugleich im Sinne guter Gesetzgebung die erforderliche umfassende Beratung ermöglichen für eine Ergänzung der Zivilprozessordnung durch Regelungen für kollektiven Rechtsschutz. Hierbei handelt es sich um eine grundlegende Ergänzung des bisherigen Rechts, die einschließlich von Alternativen (wie des Gesetzentwurfs der Fraktion BÜNDNIS 90/DIE GRÜNEN auf Drucksache 19/243 zu Gruppenverfahren) sorgfältigerer Behandlung bedarf als bei dem von der die Bundesregierung tragenden Koalition ohne Not gewählten Eilverfahren (Fristverkürzung Bundesrat, Stellungnahme-Beschluss des Bundesrats am 8. Juni 2018, Sachverständigenanhörung am 11. Juni 2018 – mit einwöchigem Vorlauf für die Sachverständigen –, Ausschussberatung am 13. Juni 2018 (Vorlage der Gegenäußerung der Bundesregierung zur Bundesratsstellungnahme erst während der Ausschusssitzung und ohne Vorliegen des Protokolls der Anhörung und einer hinreichenden Möglichkeit ihrer Auswertung), 2. und 3. Lesung am 14. Juni 2018). Welche Sachverständigen werden künftig solchen Umgang mit ihren Stellungnahmen und ihrer Befragung noch akzeptieren?

Die 70. Jahrestagung der Präsidentinnen und Präsidenten der Oberlandesgerichte, des Kammergerichts und des Bundesgerichtshofs vom 28. bis 30. Mai 2018 in Stuttgart hat zwar einhellig und nachdrücklich das Anliegen der Bundesregierung unterstützt, die Rechtsdurchsetzung für Verbraucherinnen und Verbraucher zu verbessern. Die Präsidentinnen und Präsidenten sind allerdings der Ansicht, dass die derzeit geplanten gesetzlichen Regelungen die damit verbundenen und in der Öffentlichkeit vielfach beschriebenen Erwartungen nicht werden erfüllen können. Dies betreffe nicht zuletzt die sogenannten Abgas-Fälle. Hierzu schlagen die Präsidentinnen und Präsidenten als wesentlich besseren Weg ein beschleunigtes Musterklageverfahren vor, das mit wenigen Gesetzesänderungen in den bewährten Strukturen entwickelt werden könnte. Bis zu deren Inkrafttreten fordern die Präsidentinnen und Präsidenten eine Regelung, die den Eintritt der Verjährung dieser Ansprüche verhindert. Auch für die Geltendmachung von Bagatell- oder Streuschäden bringe der Gesetzentwurf der Bundesregierung keine entscheidende Verbesserung. Dieser bleibe vielmehr auf halbem Weg stehen, weil mit einem solchen Urteil für Verbraucherinnen und Verbraucher noch nicht viel gewonnen sei, diese müssten ihre konkreten Ansprüche nach einem Musterfeststellungsurteil selbst noch individuell durchsetzen (www.olg-stuttgart.de/pb/,Lde/Startseite/Medien/Ergebnisse+der+70_+Jahrestagung+der+Praesidentinnen+und+Praesidenten+der+Oberlandesgerichte_+des+Kammergerichts+und+des+Bundesgerichtshofs+vom+28_+bis+30_+Mai+2018+in+Stuttgart/?LISTPAGE=1178164).

Der Beginn der Verjährungsfrist für einen Anspruch (§ 199 Abs. 1 BGB, hier: Kenntnis oder grobfahrlässige Nichtkenntnis der einen Anspruch begründenden Umstände) ist bei nicht direkt wahrnehmbaren Produktmanipulationen (etwa der Verbauung einer Abgasmanipulations-Software in Kraftfahrzeugen) für Käufer in zumutbarer Weise nicht zu erkennen. Wann liegt hinreichende Kenntnis oder grobfahrlässige Nichtkenntnis vor etwa bei Pressemeldungen über die Abgasmanipulationen oder Abschalteinrichtungen oder bei wessen Aufforderungen mit welchem Inhalt zu einem Software-Update? Wie kann ein Betroffener zumutbar feststellen, ob gerade sein Dieselfahrzeug zu den manipulierten Fahrzeugen gehört? Das kann rechtssicher nur durch eine amtliche Information erfolgen. Solange sie nicht erfolgt ist, sollte die Verjährungsfrist nicht beginnen. Eine solche Regelung würde auch – soweit nicht vorhanden – zu rascher Schaffung entsprechender konkreter Informationspflichten der für Genehmigungs-, Zulassungs- und Kontrollaufgaben zuständigen öffentlichen Stellen, etwa des Kraftfahrt-Bundesamtes, führen.

Ebenso problematisch ist für anwaltlich nicht beratene Verbraucher die Erfüllung der gesetzlichen Wirksamkeitsvoraussetzungen des MuFKG für die Anmeldung von Ansprüchen. Denn von der Wirksamkeit der Anspruchsanmeldung hängt die Hemmung der Verjährung des Anspruchs ab. Ein Anwaltszwang ist nicht vorgesehen. Das Risiko liegt bei den Anmeldenden. Erhalten sie Kenntnis von der Unwirksamkeit ihrer Anmeldung, kann die Anspruchsverjährung bereits eingetreten sein.

Ein erhebliches Risiko besteht auch bei mehreren Musterfeststellungsklagen zu lediglich ähnlichen Lebenssachverhalten – diese von gleichen Lebenssachverhalten rechtssicher abzugrenzen und sich zu der einschlägigen zulässigen Klage anzumelden, ist für anwaltlich nicht beratene Betroffene kaum möglich. Das gilt auch für die sichere Feststellung, ob der gleiche oder andere Beklagte adressiert sind.

Völlig unklar ist außerdem, wie Verbraucher hinsichtlich der Hemmung der Verjährung ihrer Ansprüche geschützt werden, wenn eine klagebefugte Einrichtung unwirksame Musterfeststellungklage erhoben hat oder das Verfahren nicht weiter betreibt.

Und schließlich ist ebenfalls völlig unklar, ob wegen der Beschränkung der Musterfeststellungsklage auf Verbraucher deliktische Ansprüche überhaupt erfasst werden können.

Um sicher zu gehen, müssten also Betroffene immer zugleich Individualklage erheben, die dann bei wirksamer Anmeldung zu einer Musterfeststellungsklage ausgesetzt wird. Das Erheben einer Individualklage soll durch die Musterfeststellungklage im ersten Schritt (Feststellung des Vorliegens oder Nichtvorliegens von tatsächlichen und rechtlichen Voraussetzungen für das Bestehen oder Nichtbestehen von Ansprüchen oder Rechtsverhältnissen) aber gerade entbehrlich gemacht werden und wird im Übrigen durch § 610 Abs. 2 ZPO-E des Gesetzentwurfs (Bundestagsdrucksachen 19/2439 bzw. 19/2507) für angemeldete Verbraucher auch explizit ausgeschlossen.

Satz: Satzweiss.com Print, Web, Software GmbH, Mainzer Straße 116, 66121 Saarbrücken, www.satzweiss.com
Druck: Printsystem GmbH, Schafwäsche 1-3, 71296 Heimsheim, www.printsystem.de
Vertrieb: Bundesanzeiger Verlag GmbH, Postfach 10 05 34, 50445 Köln, Telefon (02 21) 97 66 83 40, Fax (02 21) 97 66 83 44, www.betrifft-gesetze.de
ISSN 0722-8333

XIII. VzfK, Musterfeststellungsklage – Kritikpunkte zum Gesetzentwurf, Stand 21.6.2018

Einige der wesentlichen Kritikpunkte am „Gesetz zur Einführung einer zivilprozessualen Musterfeststellungsklage“ fast die Verbraucherzentrale für Kapitalanleger e.V. unter dem 21. Juni 2018 zusammen.

VzfK e. V.

Verbraucherzentrale für Kapitalanleger e. V.
Hiddenseer Straße 9
D-10437 Berlin

Musterfeststellungsklage – Kritikpunkte zum Gesetzesentwurf
Stand 21.06.2018

Inhalt

Für weitere Einzelheiten:
https://www.bundestag.de/dokumente/textarchiv/2018/kw23-de-musterfeststellungsklage/556812 (Materialien aus dem Gesetzgebungsverfahren)
www.kollektiverrechtsschutz.de
www.vzfk.de/kollektiver-rechtsschutz/index.html

Verbraucherzentrale für Kapitalanleger e. V. (VzfK)
Tel: 0049–30–39509428, Fax: 0049–30–39509429, Email: info@vzfk.de
Vereinsregister-Nr. 24862 Nz (AG Charlottenburg)
Vorstand: Dr. Martin Weimann

VzfK e. V.

Verbraucherzentrale für Kapitalanleger e. V.

Hiddenseer Straße 9
D-10437 Berlin

Seite 2

I. Gesamtkonzept

Rechtsschutzziele im kollektiven Rechtsschutz:
- **Leistung / Schadensersatz**
- **Justizentlastung**

1. Warum eine Feststellungsklage?

Macht eine Musterfeststellungsklage überhaupt Sinn?
- § 148 ZPO ermöglicht ein Aussetzen wegen Vorgreiflichkeit anderer Rechtsstreite. Wirkt faktisch wie ein Musterentscheid.
- Wenn man aber von der Musterfeststellungsklage so überzeugt ist, spricht nichts gegen eine Einbeziehung auch in die anderen Prozessordnungen: ArbGG, FGG, SGG, VwGO

2. Offener Handlungsbedarf

Früher oder später muss sich der Gesetzgeber mit dem folgenden, offenen Handlungsbedarf befassen:
- Ohne **Justizentlastung** kein effektiver Rechtsschutz
    - Dritter Börsengang Deutsche Telekom: seit etwa 2000 warten 17.000 Verfahren auf Entscheidung
    - Dieselgate:
        - Zigtausend Klagen von Haltern, bei allen Landgerichten dürften hunderte von Klagen liegen, in Braunschweig zigtausend.
        - Viele Klagen von Anlegern wegen Ad-hoc-Verletzung
- In der Praxis zeigt sich immer wieder, dass gerade bei großen Schadenslagen ohne weiteres keine Vergleichsbereitschaft entsteht. Daher spricht einiges dafür, dass auch nach einem Musterentscheid weitere Klagen erforderlich sind. Die Musterklage wirbt um weitere Verfahren, die dann als Leistungsklagen abgearbeitet werden müssen.
- **Kostenrisiko für Zahlungsklage** bei einem Streitwert von EUR 10.000:
    - Zwei Instanzen: ohne Beweisgebühr und Kosten für ein Gutachten: EUR 8.820,82
    - Drei Instanzen: ohne Beweisgebühr und Kosten für ein Gutachten: EUR 15.119,98

  Irgendwann wird die Praxis fragen, warum bei der Kostenfrage keine Entlastung eintritt.
- EU-Kommission plant mit dem „**New Deal for Consumers**" weitere Empfehlungen. Spätestens dann muss der Gesetzgeber wieder tätig werden.
- Nach **§ 28 KapMuG** tritt das Kapitalanleger-Musterverfahrensgesetz am 1. November 2020 außer Kraft.

Verbraucherzentrale für Kapitalanleger e. V. (VzfK)
Tel: 0049–30–39509428, Fax: 0049–30–39509429, Email: info@vzfk.de
Vereinsregister-Nr. 24862 Nz (AG Charlottenburg)
Vorstand: Dr. Martin Weimann

VzfK e. V.

Verbraucherzentrale für Kapitalanleger e. V.

Hiddenseer Straße 9
D-10437 Berlin

Im Gesetzgebungsentwurf und der Presseberichterstattung wird diese Verbandsklage häufig als „Schutzmechanismus" für Unternehmen diskutiert, die Missbrauch vermeiden sollen. Daher dürfte sie eher wie ein „gefühlter Rechtsbehelf" wirken. Zudem enthält das vorliegende Regelungskonzept aber schon so verfahrenstechnische Probleme, dass sie den Anspruchsinhabern kaum weiterhelfen wird.

Vorschlag: Verjährungsverlängerung für alle Dieselgate-Schäden und dann einen durchdachten Gesetzentwurf für eine Gruppenzahlungsklage erstellen.

II. Lösungsvorschlag

Gruppenzahlungsklage:
- Das Gericht verhandelt die identischen Sach- und Rechtsfragen – wie im aktienrechtlichen Spruchverfahren – zusammen und typisiert beim Zahlungsanspruch.
- Verfahrensverbindung reduziert das Kostenrisiko.

Eigentlich muss der Gesetzgeber nur die Verbindung regeln. Den Rest gibt es schon:
- Verbindung und typisierende Betrachtung im Verfahren und Tenor
- Gegebenenfalls
  - Grundurteil zu den Anspruchsvoraussetzungen
  - Endurteil zur Schadenshöhe

III. Qualifizierte Einrichtungen

Die „qualifizierten Einrichtungen" – im Gesetzesentwurf einheitlich „Verbraucherschutzverbände" genannt – sind so nicht arbeitsfähig:
- Rechtsstatus und Finanzierung bleiben offen.
- Fremdkörper im Zivilrecht
- Haftung: kein Zugang zur Anwaltshaftpflicht

Bei Verbandsklagen treten neben die Interessen der Anspruchsinhaber auch die Eigeninteressen des Verbands.

Vorschlag: Keine Verbandsklage, sondern Klagen durch Rechtsanwälte.

Verbraucherzentrale für Kapitalanleger e. V. (VzfK)
Tel: 0049–30–39509428, Fax: 0049–30–39509429, Email: info@vzfk.de
Vereinsregister-Nr. 24862 Nz (AG Charlottenburg)
Vorstand: Dr. Martin Weimann

VzfK e. V.

Verbraucherzentrale für Kapitalanleger e. V.

Hiddenseer Straße 9
D-10437 Berlin

IV. Mängel

1. Gesamtkonzept

Bereits das Gesamtkonzept für den Gesetzesentwurf hat mehrere Mängel:

- Die Feststellungsklage spielt in der anwaltlichen Praxis keine Rolle, weil sie nicht zu einem Zahlungstitel führt. Eine Aussetzung wegen Vorgreiflichkeit nach § 148 ZPO führt auch zu einer Musterentscheidung.
- Eine Feststellungsklage entlastet auch nicht die Justiz. Sie muss die nachfolgenden Zahlungsklagen einzeln abarbeiten.
- Der Anspruchsinhaber erhält keine Unterstützung bei einer nachfolgenden Leistungsklage. Er trägt dann auch das volle Kostenrisiko.Damit beseitigt die Musterfeststellungsklage nicht das "rationale Desinteresse" der Anspruchsinhaber.
- Die wesentlichen Unterschiede in der rechtstechnischen Handhabung zwischen Massenschäden und Streuschäden (Bagatellbereich) werden nicht berücksichtigt.
- innovative zur Konzepte wie zur Gewnnabschöpfung, für Whistleblower oder für einen vereinfachten Zugriff auf Beweismittel fehlen vollständig.
- Man hätte - wie im ↗Entschließungsantrag von Bündnis90 / Die Grünen vom 12. Juni 2018 BT - Drucksache 19/2743 vorgeschlagen - die Verjährung in § 197 BGB auf dreißig Jahre verlängern können, wenn der Kaufgegenstand von der öffentlich-rechtlichen Zulassung wie z.B. der Typengenehmigung für Kraftfahrzeuge abweicht.
- Kein Vortrag zur Schadenshöhe – wie soll es dann zu einem individualisierten Vergleich kommen?
- Keine Änderungen im materiellen Recht wie z.B. bei der Beweislastverteilung oder Verjährung.
- Die „qualifizierten Einrichtungen" – im Gesetzesentwurf einheitlich „Verbraucherschutzverbände" genannt – sind so nicht arbeitsfähig: Rechtsstatus und Finanzierung bleiben offen.
- Der "Verbraucherschutzverbände" verfügen nicht über die Erfahrungen und Kenntnisse von erfahrenen Rechtsanwälten.

Verbraucherzentrale für Kapitalanleger e. V. (VzfK)
Tel: 0049–30–39509428, Fax: 0049–30–39509429, Email: info@vzfk.de
Vereinsregister-Nr. 24862 Nz (AG Charlottenburg)
Vorstand: Dr. Martin Weimann

VzfK e. V.

Verbraucherzentrale für Kapitalanleger e. V.

Hiddenseer Straße 9
D-10437 Berlin

2. Keine Justizentlastung / weiterer Handlungsbedarf

Ohne Justizentlastung kein effektiver Rechtsschutz!

- Diese Verfahrensart wirbt um Rechtsschutzbegehren von weiteren Anspruchsinhabern. Das führt zu weiteren Einzelklagen, soweit kein Vergleich gelingt. Vor allem bei großen Schadenssummen ist das unwahrscheinlich. Damit führt dieses Konzept zu einer weiteren Belastung der Justiz.
- Der Gesetzgeber hat den sich schon jetzt abzeichnenden Handlungsbedarf zur Justizentlastung nicht erkannt:
  - ↗Die 17.000 Klagen wegen dem dritten Börsengang bei der Deutsche Telekom AG müssen beim LG Frankfurt einzeln entschieden werden, dann dürfte in den meisten Verfahren eine Berufung folgen.
  - Zigtausend Klagen wegen Dieselgate überlasten die Landgerichte.

Die Musterfeststellungsklage ist nur ein erster Schritt in den kollektiven Rechtsschutz. Schon jetzt zeichnet sich der folgende weitere **Handlungsbedarf** ab:

- Ohne eine **Gruppenzahlungsklage** gibt es keine Justizentlastung und damit auch keinen effektiven kollektiven Rechtsschutz.
- Die **Musterfeststellungsklage** muss novelliert werden, damit sie in der Praxis funktioniert.
- Das **Kapitalanleger-Musterverfahrensgesetz (KapMuG)** tritt nach § 28 KapMuG am 1. November 2020 außer Kraft.
- Die sich abzeichnenden Empfehlungen der EU für einen ↗**"New Deal for Consumers" (COM(2018)185)** muss der Bundestag schon bald umsetzen.

3. Wer wird Kläger?

↗BT Drucksache 19/2507, Seite 15: *„Das Verfahren soll ausschließlich zwischen dem klagenden Verbraucherschutzverband und der beklagten Partei geführt werden.“*

- Welchen Status sollen die Verbände haben?
  - Zulassung nach § 10 Rechtsdienstleistungsgesetz?
  - Klagen für Anmelder, die nicht an dem Verfahren beteiligt werden?
    - Rechtliches Gehör
    - Ermittlung und Geltendmachung des relevanten Sachverhalts?
    - Nachfragen zum Sachverhalt?
  - Das ist ein Status wie aus § 158 FamFG: Bevormundung von unbeschränkt geschäftsfähigen Personen / Prozessstandschaft nach § 1629 Abs. 3 BGB

VzfK e. V.

Verbraucherzentrale für Kapitalanleger e. V.

Hiddenseer Straße 9
D-10437 Berlin

Seite 6

- Die Rechtsbeziehungen zwischen den zehn Verbrauchern bzw. 50 Anmeldern bleibt unklar.
  - Werden sie zum Beispiel zur Informationsbeschaffung verpflichtet?
  - Müssen die Schriftsätze mit ihnen abgestimmt bzw. genehmigt werden?

4. Streitgegenstand

BT Drucksache 19/2507, Seite 15: "*Die Musterfeststellungsklage soll anerkannten Verbraucherschutzverbänden ermöglichen, zugunsten von jeweils mindestens 50 betroffenen Verbraucherinnen und Verbrauchern das Vorliegen oder Nichtvorliegen zentraler Voraussetzungen für das Bestehen oder Nichtbestehen von Ansprüchen oder Rechtsverhältnissen feststellen und Rechtsfragen klären zu lassen. Das Verfahren soll ausschließlich zwischen dem klagenden Verbraucherschutzverband und der beklagten Partei geführt werden. Verbraucherinnen und Verbraucher sollen jedoch die Möglichkeit erhalten, ihre Ansprüche gegen die beklagte Partei mit verjährungshemmender Wirkung zu einem noch einzurichtenden Klageregister anzumelden. Das rechtskräftige Musterfeststellungsurteil soll sodann grundsätzlich Bindungswirkung für eine nachfolgende Klage zwischen einem angemeldeten Verbraucher und dem beklagten Unternehmen entfalten.*"

a. Verfahrensführung

Das Verfahren wird ausschließlich von den Verbraucherschutzverbänden geführt, die keine wie auch immer geartete Beziehung zum relevanten Sachverhalt haben.

BT Drucksache 19/2507, Seite 16: *Die Musterfeststellungsklage soll der zügigen Klärung von Tatsachen- und Rechtsfragen dienen und hierdurch zu einem effektiven Mittel der Rechtsverfolgung werden. Die Ausrichtung auf bestimmte Feststellungsziele ermöglicht die hierfür erforderliche Konzentration auf die wesentlichen Streitfragen. Individuelle Streitfragen, etwa konkrete Einwendungen gegen die einer Musterfeststellungsklage zugrunde liegenden Individualansprüche, die für die Feststellungsziele nicht von Bedeutung sind, sind in der Musterfeststellungsklage nicht zu klären. Dementsprechend werden die angemeldeten Verbraucher nicht unmittelbar Prozessbeteiligte im Musterfeststellungsverfahren und können selbst auch keine Prozesshandlungen vornehmen. Die angemeldeten Verbraucher als Zeugen zu berufen, bleibt hingegen möglich.*

- Es bleibt auch unklar, wie sie die erforderlichen Informationen für ihren Sach- und Rechtsvortrag erhalten sollen. Sie müssten eigentlich an dieser Stelle wie ein Rechtsanwalt den relevanten Sachverhalt über den Mandanten ermitteln.
- Mangels Angaben zum individuellen Schaden entsteht auch keine Grundlage für wie auch immer geartete Vergleichsverhandlungen über individuelle Ansprüche.

Verbraucherzentrale für Kapitalanleger e. V. (VzfK)
Tel: 0049–30–39509428, Fax: 0049–30–39509429, Email: info@vzfk.de
Vereinsregister-Nr. 24862 Nz (AG Charlottenburg)
Vorstand: Dr. Martin Weimann

VzfK e. V.

Verbraucherzentrale für Kapitalanleger e. V.

Hiddenseer Straße 9
D-10437 Berlin

Seite 7

b. Vergleich

↗BT Drucksache 19/2507, Seite 15: *„Zugleich stärkt sie die außergerichtliche Streitschlichtung, indem sie durch die Entscheidung zentraler Tatsachen- und Rechtsfragen die Grundlagen für eine einvernehmliche Lösung der Parteien schafft."*

§ 611 ZPO-E regelt einen möglichen Vergleich.

- Streitgegenstand sind Feststellungen zu Sach- und Rechtsfragen, nicht aber die Schadenshöhe. Wie soll ein Gericht außerhalb des Streitgegenstandes einen Vergleichsvorschlag zur Schadenshöhe machen?
- Wie soll sich es zu einem konkreten Vergleichsvorschlag kommen, wenn der individuelle Schaden gar nicht verfahrensgegenständlich ist?
    - Keine Einschätzung durch gegnerische Anwälte möglich;
    - Gericht kann keine Empfehlung aussprechen;
- Auch ein abstrakter Schaden lässt sich nicht berechnen, wenn nur zum Schadensgrund vorgetragen wird.
- Auch § 611 ZPO-E klärt nicht, wie der relevante Sachverhalt zur individuellen Schadenshöhe
    - dem Beklagten zur Prüfung und
    - dem Gericht zur Genehmigung des Vergleichs nach § 611 Abs. 3 ZPO-E zur Kenntnis gebracht wird.

5. Anwaltliche „Waffengleichheit" / RVG

Eigentlich müsste der kollektive Rechtsschutz asymmetrische Prozesslagen ausgleichen. Das Gebot der Waffengleichheit gilt auch im Kostenrecht.

a. Decklelung der Kosten für die Beklagtenseite

Die Rechtsanwälte der Verursacher erhalten mehr Honorar, als zur effektiven Rechtsverfolgung erforderlich ist. Z.B. falls eine Kanzlei die Deutsche Telekom AG vertritt, bekommt sie 17.000 mal z.B EUR 2.000 (oft nur Zuteilung von wenigen Aktien) für zwei Instanzen = 34.000.000 EUR

Vorschlag: Solche Beträge sind für eine effektive Rechtsverfolgung nicht erforderlich = Kürzung!

Verbraucherzentrale für Kapitalanleger e. V. (VzfK)
Tel: 0049–30–39509428, Fax: 0049–30–39509429, Email: info@vzfk.de
Vereinsregister-Nr. 24862 Nz (AG Charlottenburg)
Vorstand: Dr. Martin Weimann

VzfK e. V.

Verbraucherzentrale für Kapitalanleger e. V.

Hiddenseer Straße 9
D-10437 Berlin

Seite 8

b. Keine Kostenregelung für Kläger / Beklagte im RVG

Der erste – und einzige Rechtsakt für die Anspruchsinhaber – ist hier die Anmeldung von Ansprüchen. Nach § 19 Abs. 1 Satz 2 Nr. 1a RVG soll das als Vorbereitungshandlung nicht weiter abgerechnet werden.

- Wenn es – wie von der Bundesregierung suggeriert – nicht zu einem Folgeverfahren kommt: Wie wird das bezahlt?
- Erfassung wie KapMuG geht nicht, weil es dort immer erst einmal Leistungsklagen gibt, die zu verbinden sind.
- Die Anmeldung erfordert eine inhaltliche Befassung, die so im Normalfall nicht abgerechnet wird. § 204a Abs. 1 Nr. 1a BGB: Musterfeststellungsklage / Lebenssachverhalt ermitteln und darstellen wird so nicht abgerechnet.

Wie soll die Tätigkeit der „Verbraucherschutzverbände" und ihrer Anwälte abgerechnet werden?

- Auch bei Feststellungsklagen kommt es auf den Streitwert der Hauptforderung an, BLAH ZPO 76. Auflage 2018, Anh. § 3 Stichwort „Feststellungsklage"
- § 23b RVG regelt den Gegenstandswert im Musterverfahren nach dem Kapitalanleger-Musterverfahrensgesetz: Gegenstandswert im Ausgangsverfahren, das es hier nicht gibt.

Waffengleichheit: unbeschränktes Budget beim Beklagten, und beim Kläger?

- Während die Beklagten im Normal hochspezialisierte Rechtsanwälte beauftragen, regelt das RVG schon nicht, wie die Erstellung der Musterklage bezahlt werden soll.
- Das ist eine weitere, nicht akzeptable Privilegierung des Verursachers, der im Falle des Unterliegens diese Kosten der Rechtsverfolgung nicht zu erstatten hat.
- Auf der anderen Seite stellt sich die Frage, wer die Kosten der qualifizierten Einrichtungen tragen soll. Für den Bundesverband Verbraucherzentralen soll es wohl eine Lösung über den Bundeshaushalt geben. Der Gleichbehandlungsgrundsatz führt dazu, dass auch die anderen zu finanzieren sind, und zwar durch den Steuerzahler.
- In der Anlage 1 zu § 2 Abs. 2 RVG wird das KapMuG-Verfahren in den Ziffern 1003, 3338 geregelt.
- Für die Durchführung der Musterfeststellungsklage durch eine „Verbrauchervereinigung" bleibt es bei den allgemeinen Grundsätzen, die aber am Streitwert der Hauptforderung festmachen.

Vorschlag: Angemessene Finanzierung über Streitwertregelung in der ZPO und Gebührenanspruch im RVG regeln.

Verbraucherzentrale für Kapitalanleger e. V. (VzfK)
Tel: 0049–30–39509428, Fax: 0049–30–39509429, Email: info@vzfk.de
Vereinsregister-Nr. 24862 Nz (AG Charlottenburg)
Vorstand: Dr. Martin Weimann

VzfK e. V.

Verbraucherzentrale für Kapitalanleger e. V.

Hiddenseer Straße 9
D-10437 Berlin

6. "qualifzierte Einrichtungen" / Verbandsklage

a. Status / Terminologie / Nachweis

§ 606 ZPO-E spricht von einer „qualifizierten Einrichtungen", siehe auch Seiten 15, 22 f. des Gesetzentwurfs ↗BT Drucksache 19/2507;

- Sonst redet der Gesetzentwurf ↗BT Drucksache 19/2507 von „*Verbraucherschutzverbänden*": Seiten 1, 3, 14, 19, obwohl dieser Begriff gesetzlich nicht definiert wird.
- Nachweis der Voraussetzungen
  - Bei den Verfahren nach dem UKlaG können sich die Kläger wohl auf den Bestand ihrer Eintragung nach Prüfung durch das Bundesamt für Justiz verlassen.
  - Bei der Musterfeststellungsklage werden die weiteren Anforderungen an den klagenden Verein aus § 606 Abs. 1 Satz 2 ZPO-E sowie den quantitativen Anforderungen aus § 606 Abs. 2 Satz 1 Nr. 2 und Abs. 3 Ziff. 2 ZPO-E (zehn Verbraucher) sowie § 606 Abs. 3 Ziff. 3 ZPO-E (fünfzig Verbraucher) zur Zulässigkeitsvoraussetzung der Klage.

Damit trägt der – sonst weitgehend entmündigte / betreute Verbraucher – ein Risiko, das in keinem Zusammenhang mit seiner Forderung steht und das er nicht einschätzen kann. Zur Reduzierung des Prozessrisikos bietet sich auch insoweit eine Prüfung und Eintragung in ein Register durch das Bundesamt für Justiz an.

Vorschlag: Eintragung in ein Register beim Justizverwaltungsamt mit Bestandsschutz / Gutglaubenswirkungen

Völlig offen ist auch die Frage, was passiert, wenn die Voraussetzungen nach Beauftragung bzw. Klageerhebung entfallen. Damit die Klageberechtigung nicht entfällt, ist ein entsprechender Vertrauensschutz zu normieren.

b. Fachliche und organisatorische Eignung

In der ↗Gesetzesbegründung BT Drucksache 19/2507 heißt es auf Seite 14: "*Auch die Einziehungsklage nach § 79 Absatz 2 Nummer 3 ZPO, mit der insbesondere Verbraucherzentralen die gerichtliche Einziehung von Forderungen von Verbrauchern betreiben können, dient nur beschränkt der effektiven Rechtsdurchsetzung. Sie stellt zwar ein taugliches Mittel dar, Verbraucherinteressen prozessual gebündelt durchzusetzen, ohne dass die Verbraucherinnen und Verbraucher sich unmittelbar in ein Gerichtsverfahren einbringen müssen. Sie verursacht indes bei den Verbraucherschutzverbänden angesichts der Koordination zahlreicher individueller Ansprüche erheblichen Aufwand, der diese Verbände in Verfahren mit Breitenwirkung an die Grenzen ihrer Leistungsfähigkeit führt.*"

Verbraucherzentrale für Kapitalanleger e. V. (VzfK)
Tel: 0049–30–39509428, Fax: 0049–30–39509429, Email: info@vzfk.de
Vereinsregister-Nr. 24862 Nz (AG Charlottenburg)
Vorstand: Dr. Martin Weimann

VzfK e. V.

Verbraucherzentrale für Kapitalanleger e. V.

Hiddenseer Straße 9
D-10437 Berlin

- Warum beauftragt der Gesetzgeber die Verbraucherschutzverbände nun damit, noch komplexere Verfahren durchzuführen?
- Bei der Verschärfung einzelner Voraussetzungen scheint es letztlich nur um einen Ausschluss der ↗**Deutsche Umwelthilfe e.V.** zu gehen.
- Angesichts der Weite möglicher Ansprüche und vilefältigkeit der Lebenssachverhalte hätten die Schwellen für eine Zulassung als "Verbaucherschutzvereinigung" noch abgesenkt werden müssen, damit auch hinreichend qualifzierte Neugründungen einen "Marktzugang" erhalten können.
- An die Stelle eines "Windhundrennens" muss ein Auswahlermessen für das Gericht treten. Es muss hier auf qualitative und quantitative (Anzahl der vertretenen Anspruchsinhaber) Kriterien ankommen.

c. Tätigkeit für Gewerbetreibende

Falls die „Verbraucherschutzverbände" auch für Gewerbetreibende tätig werden sollen, müssen sie wahrscheinlich ihre Satzungen ändern. Die jetzt vorgesehene Aussetzung hätte auch über↗ § 148 ZPO (Aussetzung wegen Vorgreiflichkeit) erreicht werden können.

d. Erfüllungsaufwand: Schaffung von faktischen Behörden

Die „qualifizierten Einrichtungen" haben die Spielräume und Kompetenzen von „faktisch Beliehenen". Es fehlen die Kosten für die Ausstattung des Bundesverbands Verbraucherzentralen, siehe Interview von ↗Klaus Müller in der Ostseezeitung vom 09.05.2017.

- Gesetzesbegründung: Keine Darstellung beim Erfüllungsaufwand für die Gründung solcher „Behörden"
- Lassen sich die Verfahrenskosten auf den Verursacher übertragen?
- Gleichbehandlungsgrundsatz?

Verbraucherzentrale für Kapitalanleger e. V. (VzfK)
Tel: 0049–30–39509428, Fax: 0049–30–39509429, Email: info@vzfk.de
Vereinsregister-Nr. 24862 Nz (AG Charlottenburg)
Vorstand: Dr. Martin Weimann

VzfK e. V.

Verbraucherzentrale für Kapitalanleger e. V.

Hiddenseer Straße 9
D-10437 Berlin

e. Haftung

Die „Verbraucherschutzverbände" trifft ein doppeltes Haftungsrisiko:

- Entscheidung über die Aufnahme eines Verfahrens
- Was machen die zurückgewiesenen Anspruchsinhaber, wenn ein anderer seine Forderungen in einer anwaltlich vertretenen Klage durchsetzt?
- Fehlerfreie Durchführung des Verfahrens

Vorschlag: Eine Zulassung nach § 10 RDG eröffnet den Weg in eine Haftpflichtversicherung. Außerdem spricht nichts dafür, hier "Verbraucherschutzverbände" mit den typischen Aufgaben und Tätigkeiten von Rechtsanwälten zu betrauen.

7. Gewerbetreibende

Zunächst gibt es keinen Grund, warum Gewerbetreibende nicht auch die Musterfeststellungsklage betreiben können. Allerdings stellt sich die Frage, ob diese Tätigkeiten von ihrem Satzungszweck abgedeckt sind. Die nun beschlossene Aussetzung der Verfahren von Gewerbetreibenden wiederholt im Kern nur § 148 ZPO: Aussetzung wegen Vorgreiflichkeit.

8. Verbraucherbegriff

Macht es Sinn, die Verbrauchereigenschaft in § 29c ZPO als einer Regelung für die Zuständigkeit zu klären? Das wirkt missverständlich. Ein § 29d ZPO wäre besser. Zudem gibt aber keinen Grund, warum im Prozessrecht ein anderer Verbraucherbegriff gelten soll als in § 13 BGB.

9. Voraussetzungen einer Musterfeststellungsklage

§ 606 ZPO-E verlagert die Darlegungslast für mehrere Voraussetzungen in die Sphäre der Antragssteller, obwohl sie dafür keine Verantwortung tragen:

- § 606 Abs. 1 Satz 2 ZPO-E Ziffer 1 bis 5 betreffen die Voraussetzungen, die der Verbraucherschutzverein für eine Klageberechtigung erfüllen muss. Zu den Punkten Nr. 3, 4 und 5 kann der Anspruchsinhaber keine Informationen erlangen.
- § 606 Abs. 2 ZPO-E: Nachweis der Voraussetzungen, mindestens zehn Verbraucher
- § 606 Abs. 3 ZPO-E: 10 „Antragsteller" und 50 „Anmelder"
- § 608 Abs. 2 Satz 2 ZPO-E: Aufnahme der Anmeldungen in das Klageregister ohne inhaltliche Prüfung;

VzfK e. V.

Verbraucherzentrale für Kapitalanleger e. V.

Hiddenseer Straße 9
D-10437 Berlin

Vorschlag: Anmeldung zu einem Register beim Bundesamt für Justiz und Aufnahme in das Klageregister nur nach einer ersten Prüfung durch das Prozessgericht.

- Das reduziert die Risiken für die Zulässigkeit der Klage.
- Beklagter kann diese Voraussetzungen sonst nicht prüfen.

10. Anmeldung von Forderungen im Klageregister

Der anwaltlich nicht vertretene Anspruchsinhaber wird an dieser Stelle schnell überfordert:

- Kann ein bereits verjährter Anspruch angemeldet werden, wenn die Bekanntmachung erst nach Eintritt der Verjährung erfolgt?
- Am 1. November 2018 tritt das Gesetz in Kraft, um im Hinblick auf Dieselgate, Updategate und Valuegate vor der Verjährung handeln zu können. Die Frist von zwei Monaten für eine Anmeldung dürfte erst Anfang 2019 enden. Warum hat man das Inkrafttreten nicht vorgezogen? Schließlich wurde das Gesetz schon am 14. Juni 2018 verabschiedet.
- Bezeichnung des "Streitgegenstandes", § 608 Abs. 2 Nr. 4 ZPO: Wie soll ein Laie den Lebenssachverhalt, den Rechtsrahmen und einen Betrag angeben, der so z.B. auch in einem Mahnbescheid zugrunde liegen könnte?
- Wie soll ein Betrag der Forderung z.B. bei Updategate oder Valuegate ohne Wertgutachten angegeben werden? Zudem kann sich der Betrag bis zum Tag der Musterentscheidung bzw. Leistungsklage auch noch verändern!
- Eine formale und materielle Prüfung der Anmeldungen durch z.B. das Prozessgericht erhöht die Rechtssicherheit, die Schwelle von 50 Anmeldungen zu überschreiten.
- Die Fristen von
    - zwei Wochen für die Bekanntmachung,
    - zwei Monaten für eine Anmeldung und
    - eine Woche für die Terminierung einer mündlichen Verhandlung

  sind bedeutend zu kurz. Für Dieselgate Ansprüche gegen VW enden diese zwei Monate erst nach dem 31.12.2018.

Verbraucherzentrale für Kapitalanleger e. V. (VzfK)
Tel: 0049–30–39509428, Fax: 0049–30–39509429, Email: info@vzfk.de
Vereinsregister-Nr. 24862 Nz (AG Charlottenburg)
Vorstand: Dr. Martin Weimann

VzfK e. V.

Verbraucherzentrale für Kapitalanleger e. V.

Hiddenseer Straße 9
D-10437 Berlin

11. Erfüllungsaufwand

Die Ausführungen in der Gesetzesbegründung zum Erfüllungsaufwand sind nicht vollständig:

- Die Beispielsrechnung geht von einem durchschnittlichen Streitwert in der Höhe von EUR 600. Bei den Dieselgate-Klagen dürfte es aber eher um mehr als EUR 10.000 gehen.
- Es fehlen die Kosten für die Durchführung der Verfahren durch die „Verbraucherschutzverbände". Dabei geht es um
  - die Prüfung eines Falls und Entscheidung über die Annahme,
  - eine etwaige Werbung für dieses Verfahren sowie
  - die fehlerfreie Verfahrensführung vor Gericht.

  Es bleibt offen, wie dieser Aufwand abgerechnet werden muss.

- Bedauerlicherweise gibt es keine Gebührenregelung im Rechtsanwaltsvergütungsgesetz (RVG) für die Musterfeststellungsklage (MFK). Unabhängig davon dürften die Kosten bei komplexen Verfahren weit über den Ansätzen im RVG liegen.
- In jedem Fall ist hier auch der Gleichbehandlungsgrundsatz zu beachten: Wahrscheinlich wollen alle „qualifizierten Einrichtungen" mit der erforderlichen Mitgliederzahl die gleichen Geldmittel wie der Bundesverband Verbraucherzentralen.

Verbraucherzentrale für Kapitalanleger e. V. (VzfK)
Tel: 0049–30–39509428, Fax: 0049–30–39509429, Email: info@vzfk.de
Vereinsregister-Nr. 24862 Nz (AG Charlottenburg)
Vorstand: Dr. Martin Weimann

Stichwortverzeichnis

https://doi.org/10.1515/9783110609172-009